WILD GUIDE

SKANDINAVIEN

NORWEGEN, SCHWEDEN, DÄNEMARK UND ISLAND

SCHWIMMEN, CAMPEN, KANUFAHREN
IN EUROPAS GRÖSSTER WILDNIS

Ben Love

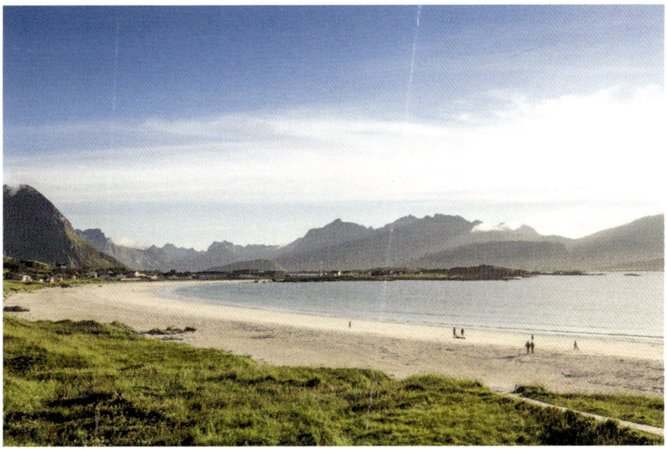

Aus dem Englischen von Juliane Zaubitzer

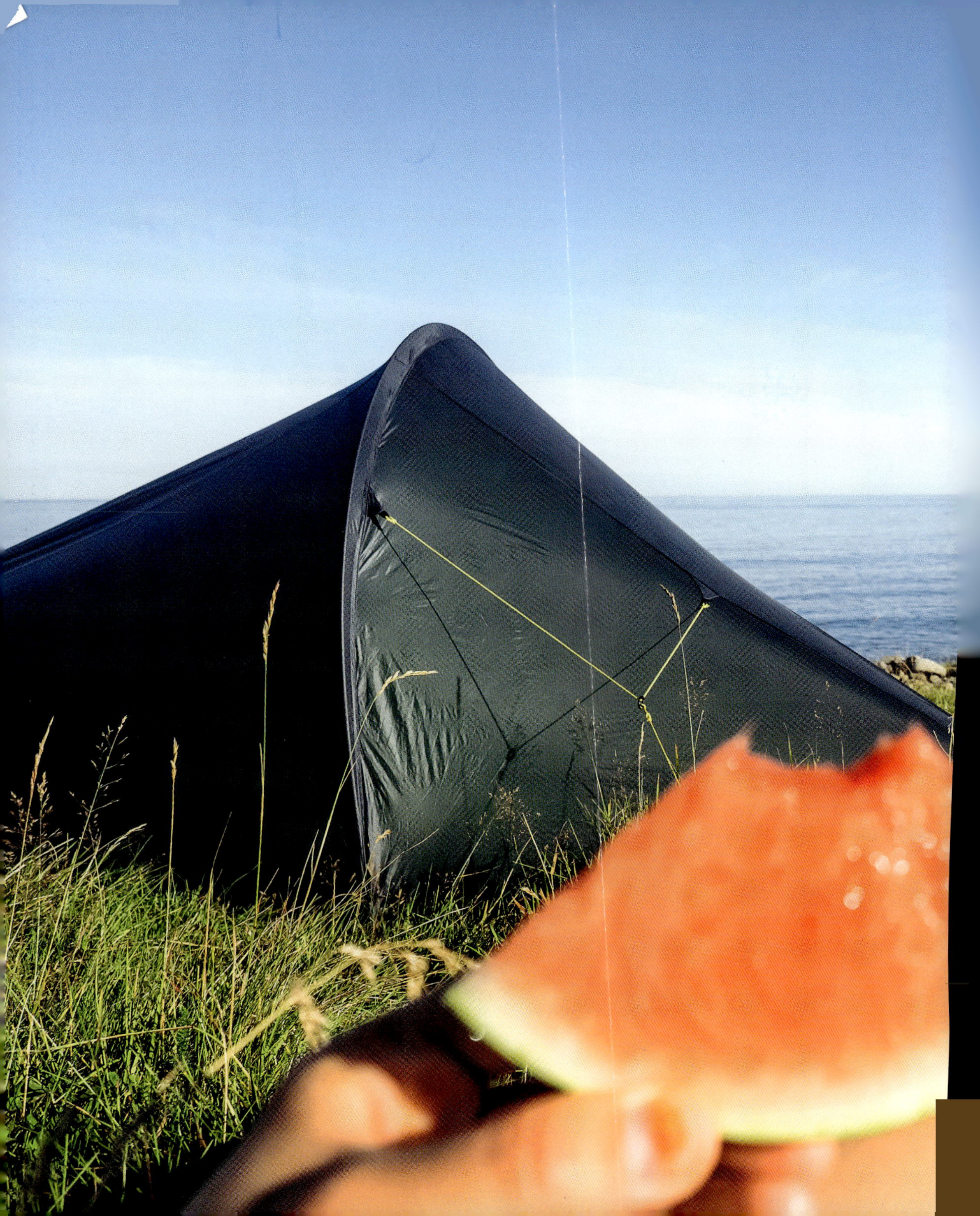

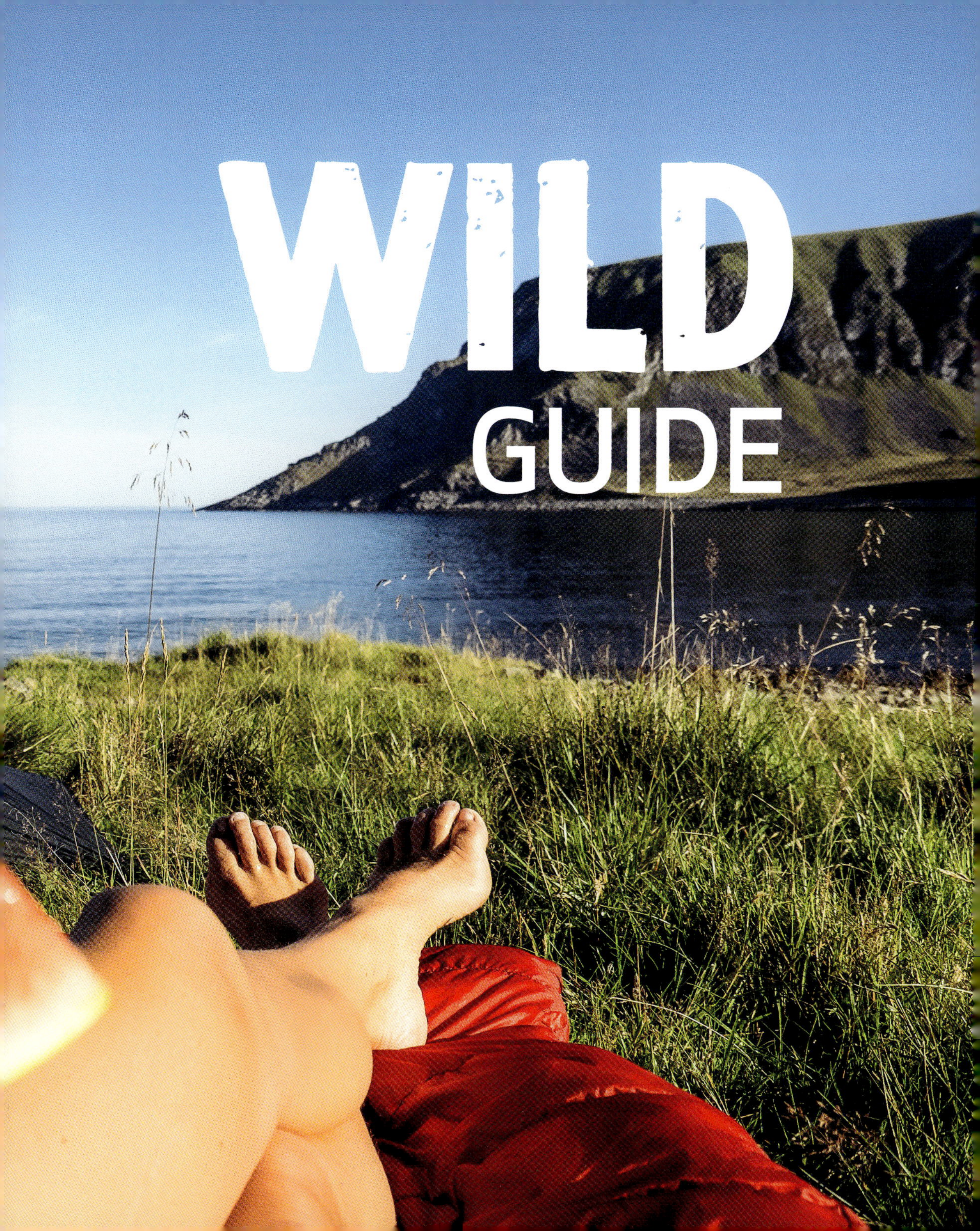
WILD
GUIDE

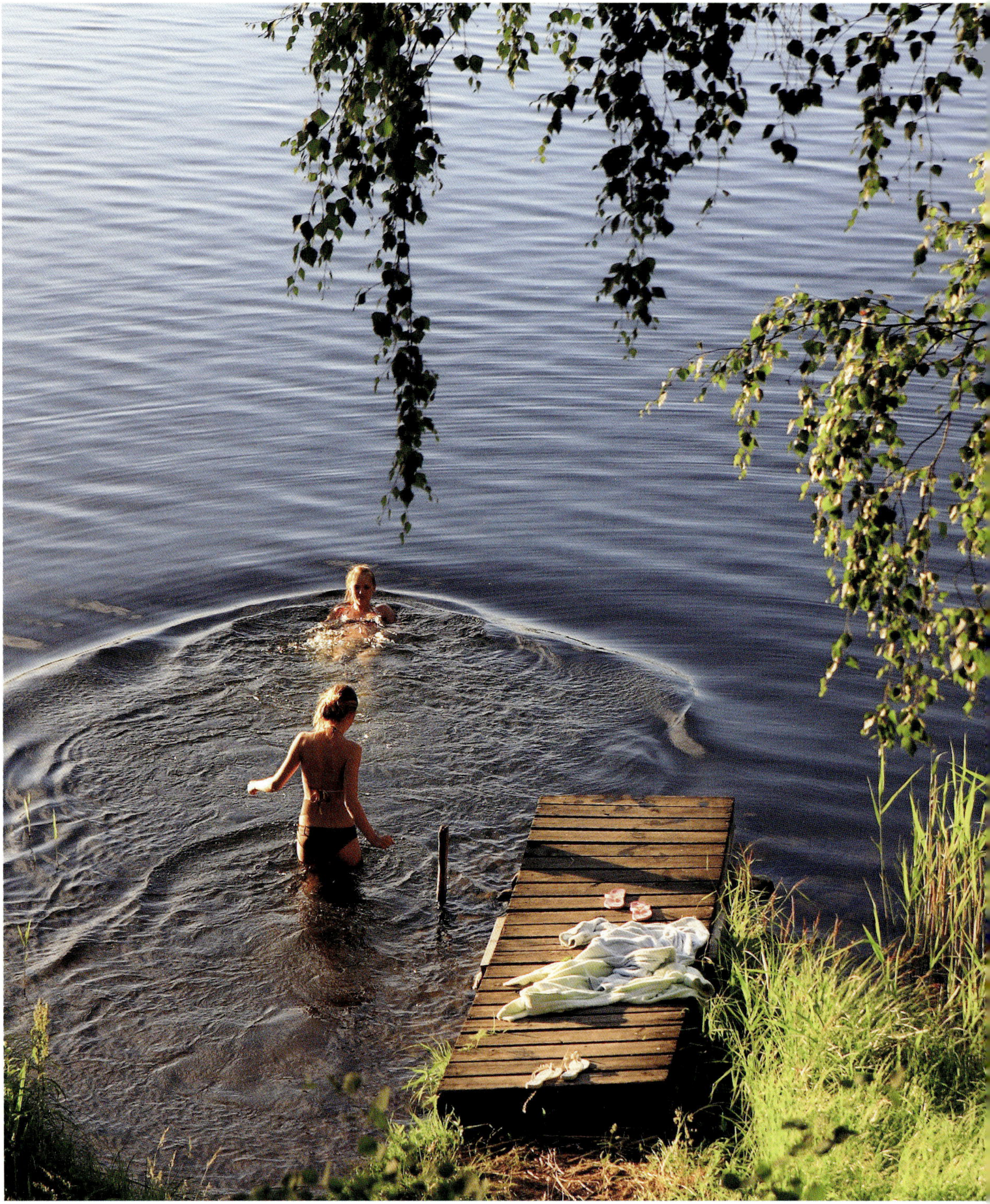

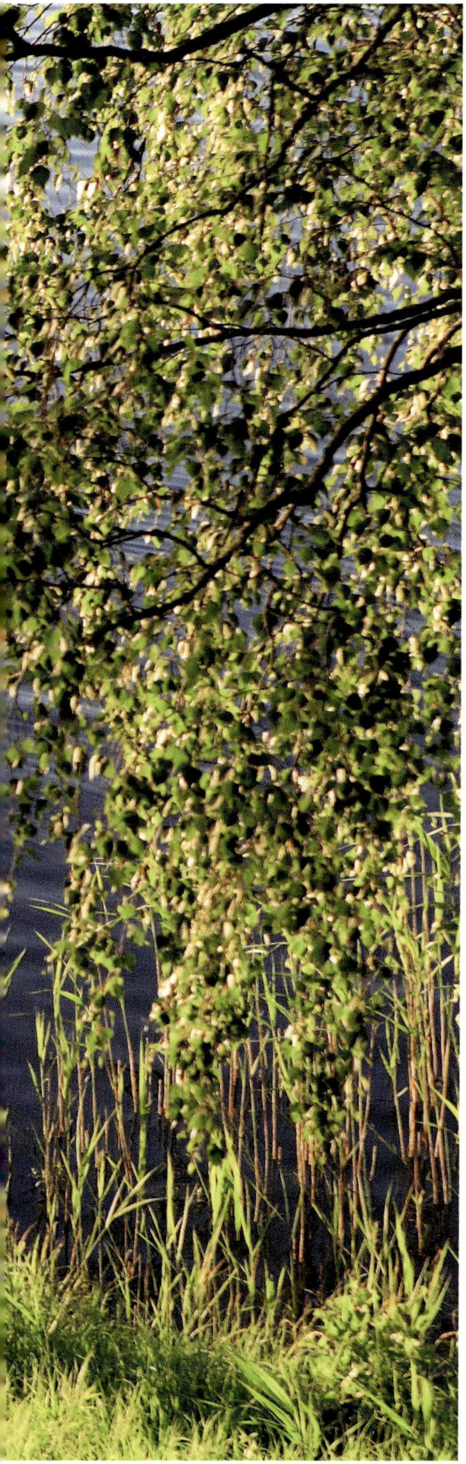

Inhalt

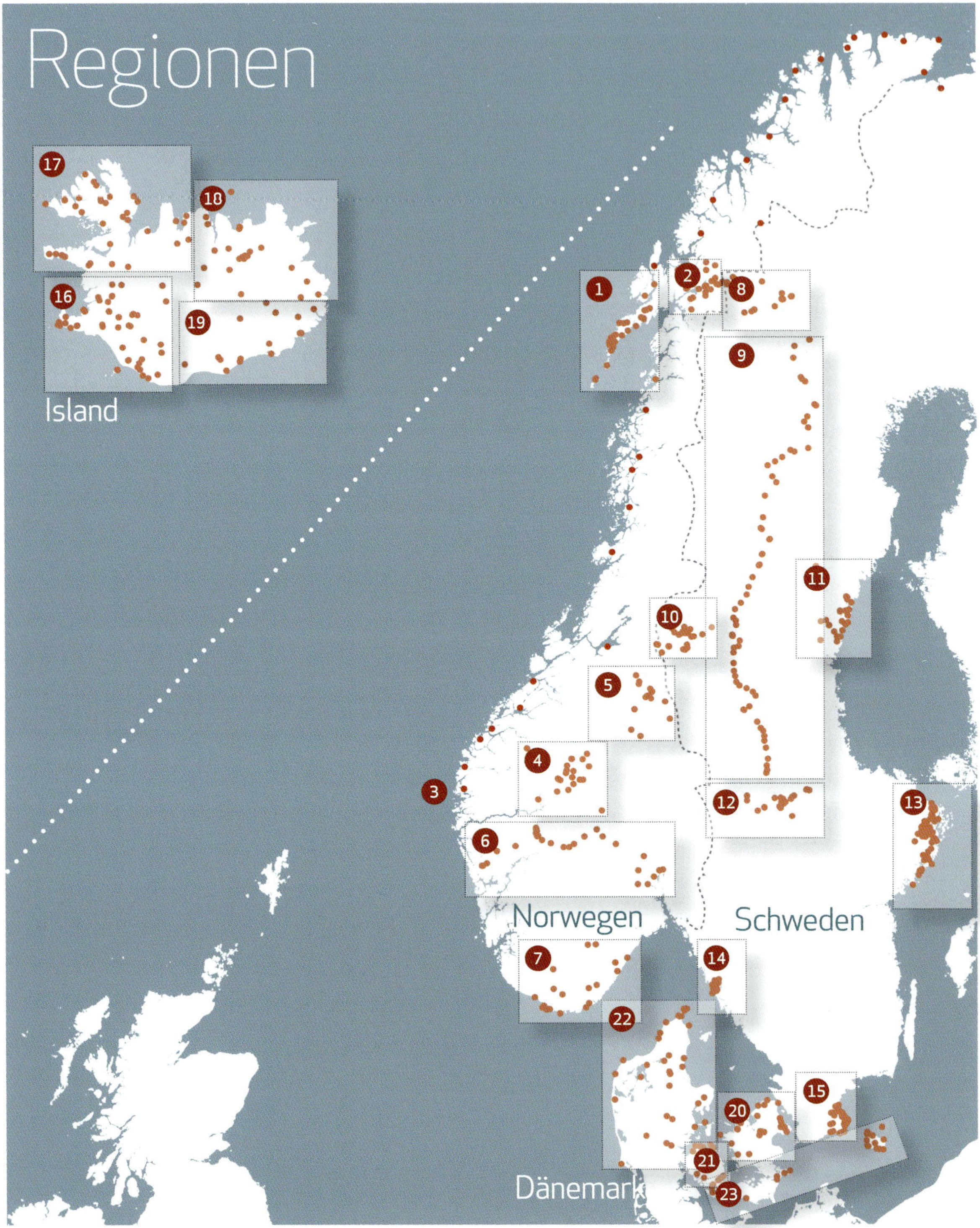

Regionen
17
18
16
19
Island
1
2
8
9
11
10
5
4
3
12
13
6
Norwegen
Schweden
7
14
22
15
20
21
23
Dänemark

Norwegen

1 Lofoten

S. 40

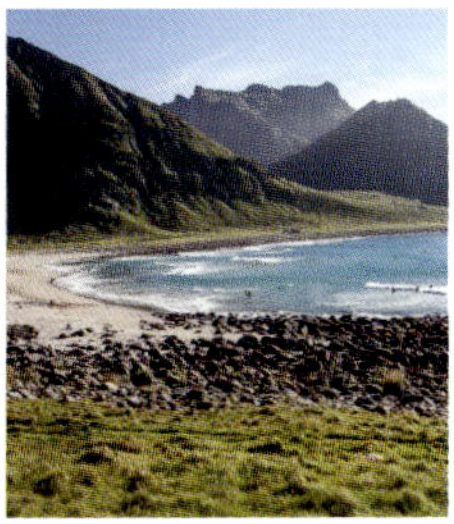

Nördlich des Polarkreises liegt eine Inselgruppe mit dramatischen Klippen, atemberaubenden Gebirgspanoramen und einsamen weißen Sandstränden, umgeben vom azurblauen Meer. Genießen Sie das milde Sommerwetter mit einem Bad im Meer unter der Mitternachtssonne.

2 Narvik

S. 50

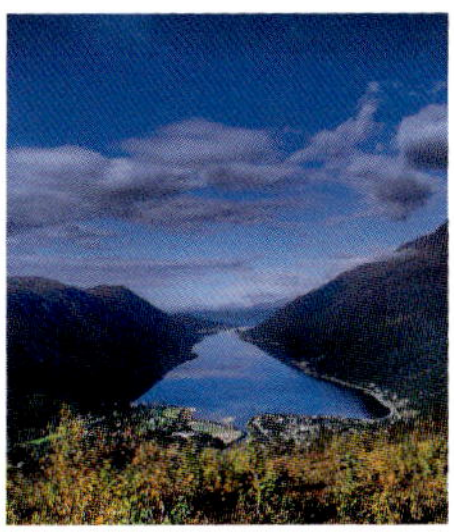

Die Hafenstadt, eingebettet in den schönen Ofotfjord und umrahmt von spektakulären Bergen, ist Ausgangspunkt für Wander- und Paddeltouren. Erleben Sie, wie die Samen auf Bergfarmen ihre Rentieren hüten, lernen Sie, Körbe aus Birkenrinde zu flechten, und übernachten Sie an der Küste in einer Öko-Lodge mit Rasendach.

3 Hurtigruten

S. 60

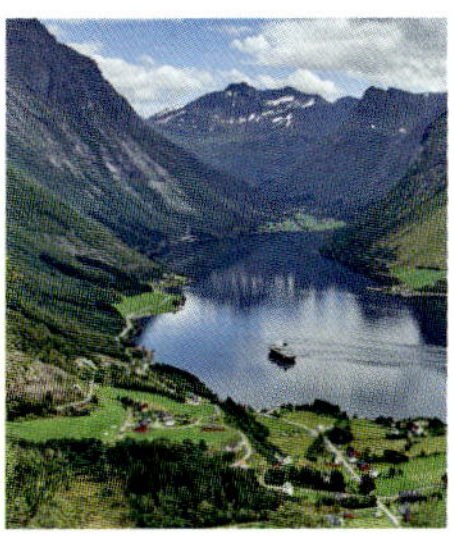

Historischer Seeweg entlang der atemberaubend schönen norwegischen Küste von Bergen bis an die russische Grenze. Mieten Sie an Bord eine Kabine oder steigen Sie nach Lust und Laune in den abgelegenen Hafenstädtchen aus, um auf eigene Faust die Küste zu erkunden.

5 Jotunheimen

S. 72

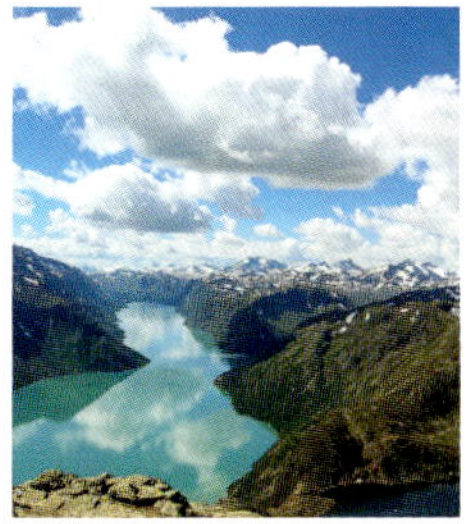

Das „Land der Riesen" mit 29 der höchsten Gipfel Norwegens verdankt seinen Namen der nordischen Mythologie. Ob prächtige Wasserfälle, Gletscher, Fjorde oder Gebirgspässe, die Kulisse ist atemberaubend. Übernachten Sie auf einem Bergbauernhof und kosten Sie den Biokäse oder besichtigen Sie eine der vielen Stabkirchen.

4 Røros

S. 80

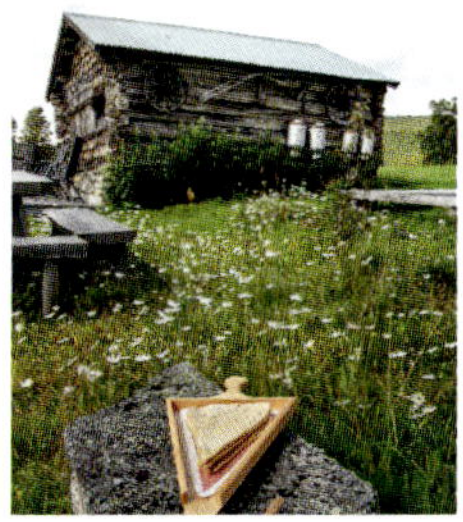

Hoch in den Bergen liegt Røros, eine kleine Bergarbeiterstadt und UNESCO-Weltkulturerbe. Besuchen Sie den Nationalpark und übernachten Sie in einer der vielen Berghütten oder unternehmen Sie mit einer Kutschfahrt durch die charmanten Holzdörfer aus dem 16. und 17. Jahrhundert eine Reise in die Vergangenheit.

Bergensbanen

S. 88

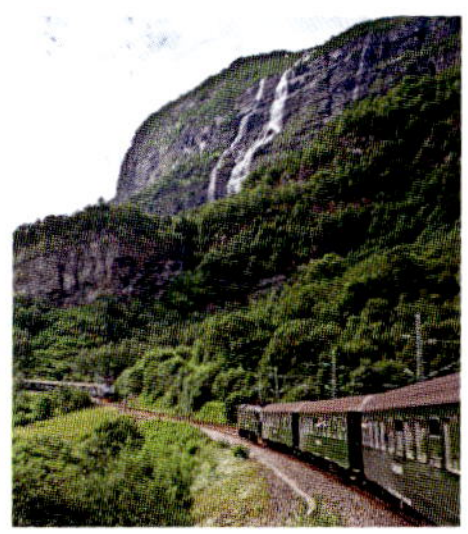

Spektakuläre Zugstrecke, die aus Oslo mitten ins skandinavische Gebirge führt und dann über ein Hochplateau hinunter bis nach Bergen. Sie können auch die dramatischere Abfahrt über eine Nebenstrecke wählen oder ein Fahrrad leihen und genüsslich über den autofreien Rallarvegen bergab radeln.

7 Sørlandets Kysten

S. 100

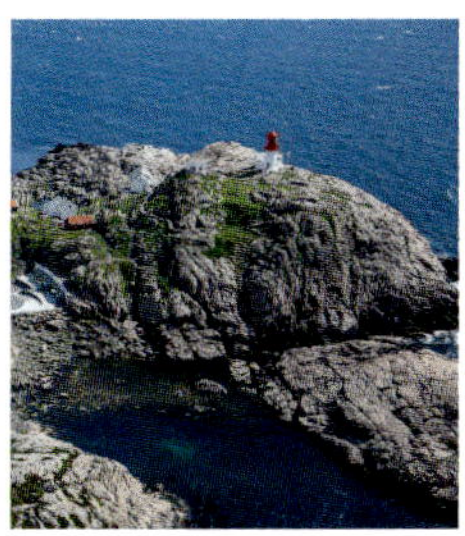

Die Mischung aus Wasserfällen, Stränden, Felsküste und eine ungewöhnliche Geologie – zu der auch Brujfell gehört, ein komplett natürlicher Wasserpark – macht die „Riviera Norwegens" zu einem tollen Sommerziel. Überqueren Sie den Gjeveden-See mit einem Holzfloß oder übernachten Sie in einem einsamen Leuchtturm.

Schweden

8 Kiruna, Lappland S. 110

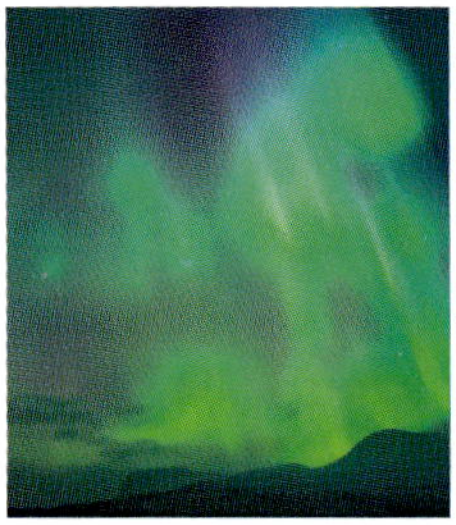

Für manche ist diese weite, unendlich schöne Landschaft Europas letzte echte Wildnis. Schwimmen Sie unter der Mitternachtssonne, erklimmen Sie Schwedens höchsten Berg, erleben Sie das nördliche Polarlicht. Fahren Sie mit dem Kanu über die Seen und campen Sie am Ufer, schwitzen Sie in einer Holzsauna.

9 Inlandsbanan S. 120

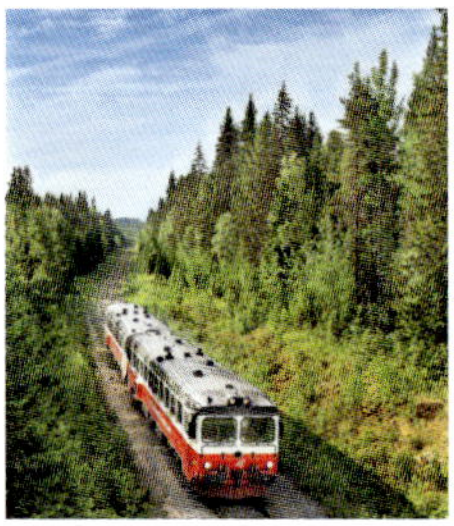

Entdecken Sie auf der Fahrt in die Tundra einsame Dörfer und Landstriche. Der Weg ist das Ziel, und so hält der Lokführer auch gern mal an, um auf wilde Tiere wie Elche und Bären aufmerksam zu machen. Probieren Sie geräucherte Forelle aus dem Vojmån, und suchen Sie am Ufer des Ljusnan nach Schwarzen Kohlröschen.

10 Åre Fjällen S. 130

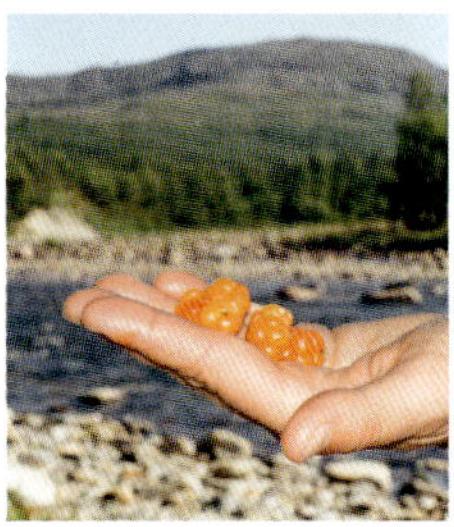

Berge, Flüsse und einige der imposantesten Wasserfälle Schwedens nähren ein ganzes Netzwerk aus Seen, perfekt für Kanutouren. Sammeln Sie Moltebeeren, probieren Sie den Birkenwein aus der Region und übernachten Sie in einer gemütlichen Berghütte.

11 Höga Kusten S. 140

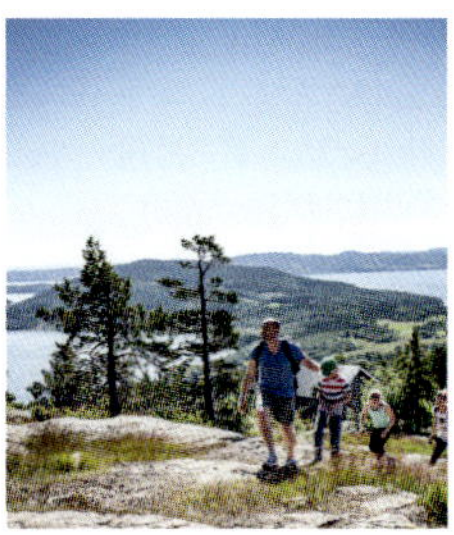

Atemberaubende Landschaft, berühmt für ihre steilen Klippen, mit ausgezeichneten Wanderwegen, einsamen Stränden und unbewohnten Inseln. Unerschrockene können mit dem Kanu geheime Höhlen entdecken, im Leuchtturm übernachten oder die berühmt-berüchtigte schwedische Spezialität, vergorener Hering, probieren.

12 Dala-Floda S. 148

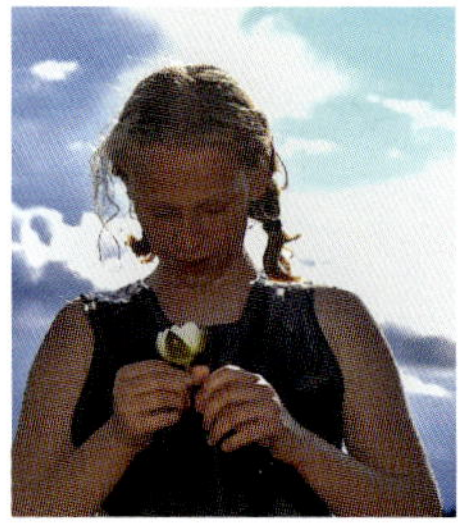

Gut erschlossene, dennoch verwunschene, historische Region, wo die Mädchen zur traditionellen Fidel um den Maibaum tanzen. Hier sagen sich Wolf und Luchs noch gute Nacht. Lassen Sie sich von den roten Holzhäusern verzaubern, machen Sie eine romantische Kutschfahrt und baden Sie in den unzähligen Seen.

13 Stockholmer Schärengarten S. 158

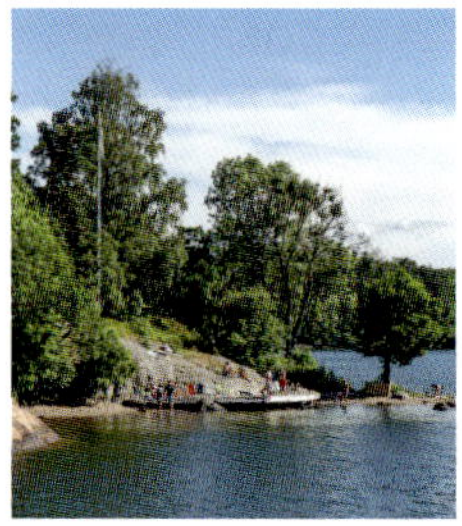

Eine kurze Bootsfahrt von der schwedischen Hauptstadt, und man befindet sich im Herzen der über 30.000 Inseln dieses spektakulären Archipels. Man kann schnorcheln, schwimmen und Kanu fahren, aber auch Edelsteine finden, Burgruinen und ein altes Labyrinth – alles verbunden durch einfache Personenfähren.

14 Tjörn S. 170

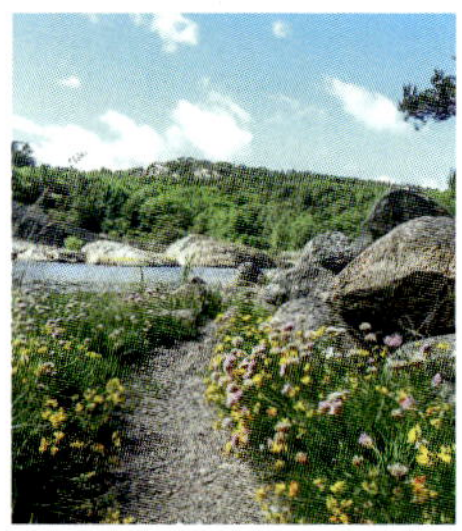

Malerische Insel, die sich wunderbar mit einem geliehenen Kajak erkunden lässt. Campen Sie auf den umliegenden unbewohnten Inseln, versorgen Sie sich in den kleinen Häfen mit Lebensmitteln und lassen Sie sich den frischen Fisch schmecken. Landeinwärts findet man Wildblumenwiesen und Überreste der Bronze- und Wikingerzeit.

15 Österlen S. 178

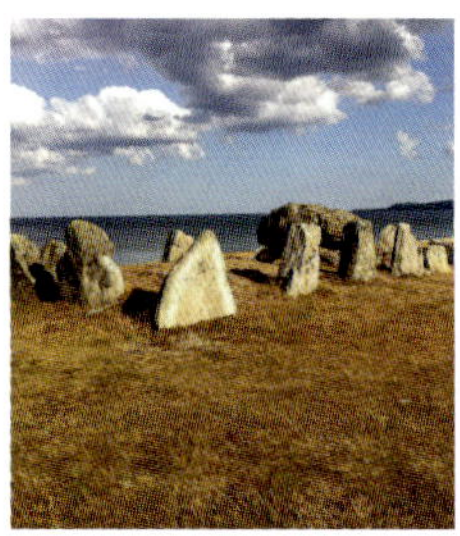

Hier spielen die beliebten Wallander-Bücher und -Filme. Idyllische Küstenlandschaft, reich an Hinkelsteinen und Felszeichnungen. Machen Sie eine gemütliche Radtour, baden Sie an weißen Sandstränden, campen Sie in den Dünen und kosten Sie die Erzeugnisse der vielen Biohöfe – zum Beispiel leckeren Apfelwein.

Island

16 Südwesten & Reykjavik S. 190

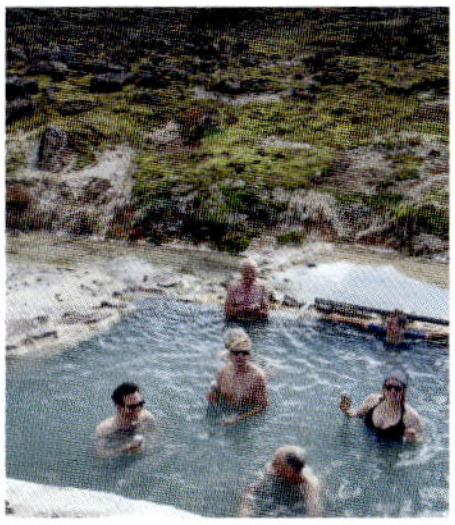

Region mit riesigen Wasserfällen, schwarzen Sandstränden, Vulkankratern, Gletschern und heißen Quellen. Geysire speien kochendes Wasser 40 Meter hoch in die Luft, und Sie können in einem Spalt zwischen zwei Kontinentalplatten schnorcheln. Zu den ungewöhnlichen Delikatessen gehört u. a. Gammelhai!

17 Nordwesten S. 204

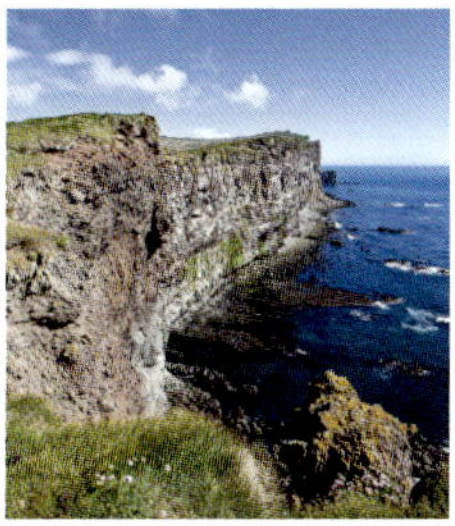

Der Nordwesten erstreckt sich vom eisbedeckten Vulkan der Halbinsel Snæfellsnes (Ausgangspunkt für Jules Vernes „Reise zum Mittelpunkt der Erde") bis zu den einsamen Westfjorden. Hier gibt es zahlreiche heiße Quellen, oft in herrlicher Küstenlage und mehr Wildpferde als Menschen.

18 Nordosten S. 214

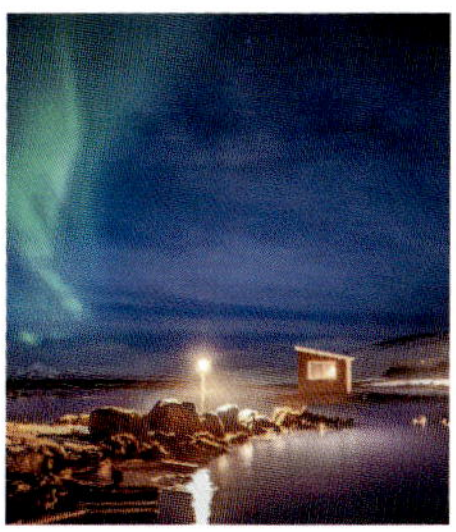

Vulkan-Region mit dem mächtigsten Wasserfall Europas (Dettifoss), Gletscherflüssen, die tiefe Schluchten gegraben haben, und vergletscherten Berggipfeln. Erkunden Sie brodelnde Schlammtöpfe, unterirdische Quellen und kolossale Lavagebilde, bevor Sie sich in einem erholsamen Thermalbad entspannen.

19 Südosten S. 222

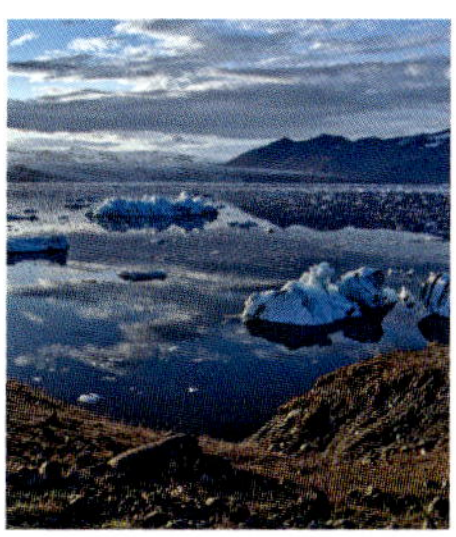

Islands unberührteste Region mit einer einsamen Küstenstraße, die an einer blau leuchtenden Lagune vorbeiführt, in der Eisberge treiben, und an Vatnajökull, dem größten Gletscher Islands. Suchen Sie am schwarzen Sandstrand nach Eisdiamanten und duschen Sie unter einem dampfenden Wasserfall.

Dänemark

20 Seelands Küste & Kopenhagen S. 232

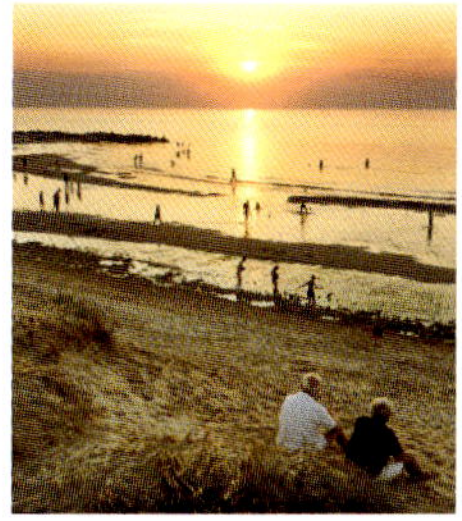

Auf Seeland befindet sich auch Kopenhagen. Von der Hauptstadt gelangt man locker mit dem Fahrrad an einen der vielen langen Sandstrände. Verbringen Sie ein langes Wochenende am Meer, tauchen Sie in die Geschichte der Wikinger ein und lassen Sie sich die Biokost im Café Fuglebjerggaard schmecken.

21 Fünen S. 240

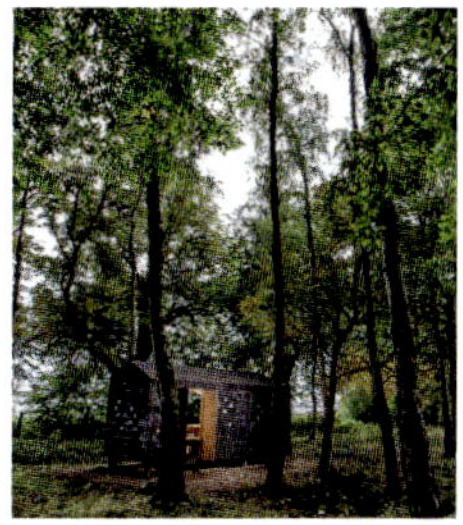

Entdecken Sie die idyllische und magische Insel Fünen in einem Planwagen und erkunden Sie dann mit dem Kajak die 96 Inseln vor der Südküste. Campen Sie stilvoll in einer der vielen trendigen, von Architekten entworfenen Hütten.

22 Nordjütland S. 246

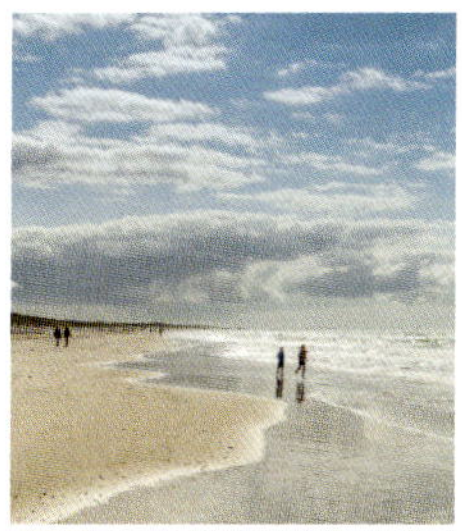

Die nördliche Region der Halbinsel Jütland mit ihren Dünen und weißen Sandstränden eignet sich perfekt für einen entspannten Sommerurlaub mit frischem Fisch, herrlichen Sonnenuntergängen und Bernsteinsuche am Strand. Leihen Sie sich ein Fahrrad und besuchen Sie eine der vielen Ruinen, Museen und Wikingerstätten.

23 Bornholm & die Südseeinseln S. 258

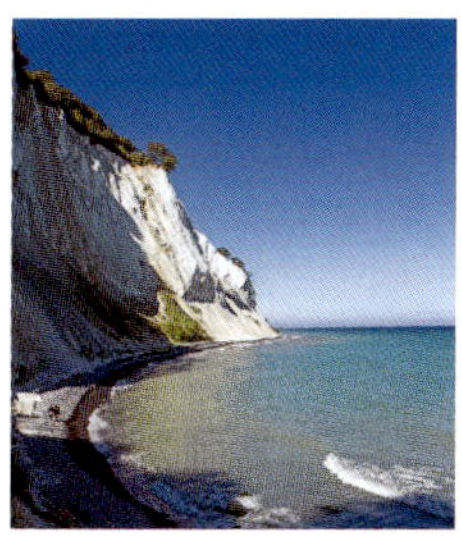

Bornholm und die dänischen Südseeinseln Ærö, Langeland, Lolland, Falster und Møn haben einen ganz eigenen Charakter und können mit Fähre und Fahrrad erkundet werden. Schon auf Bornholm gibt es Burgruinen, prähistorische Grabstätten, Sandstrände, steile Klippen und Wälder zu erkunden.

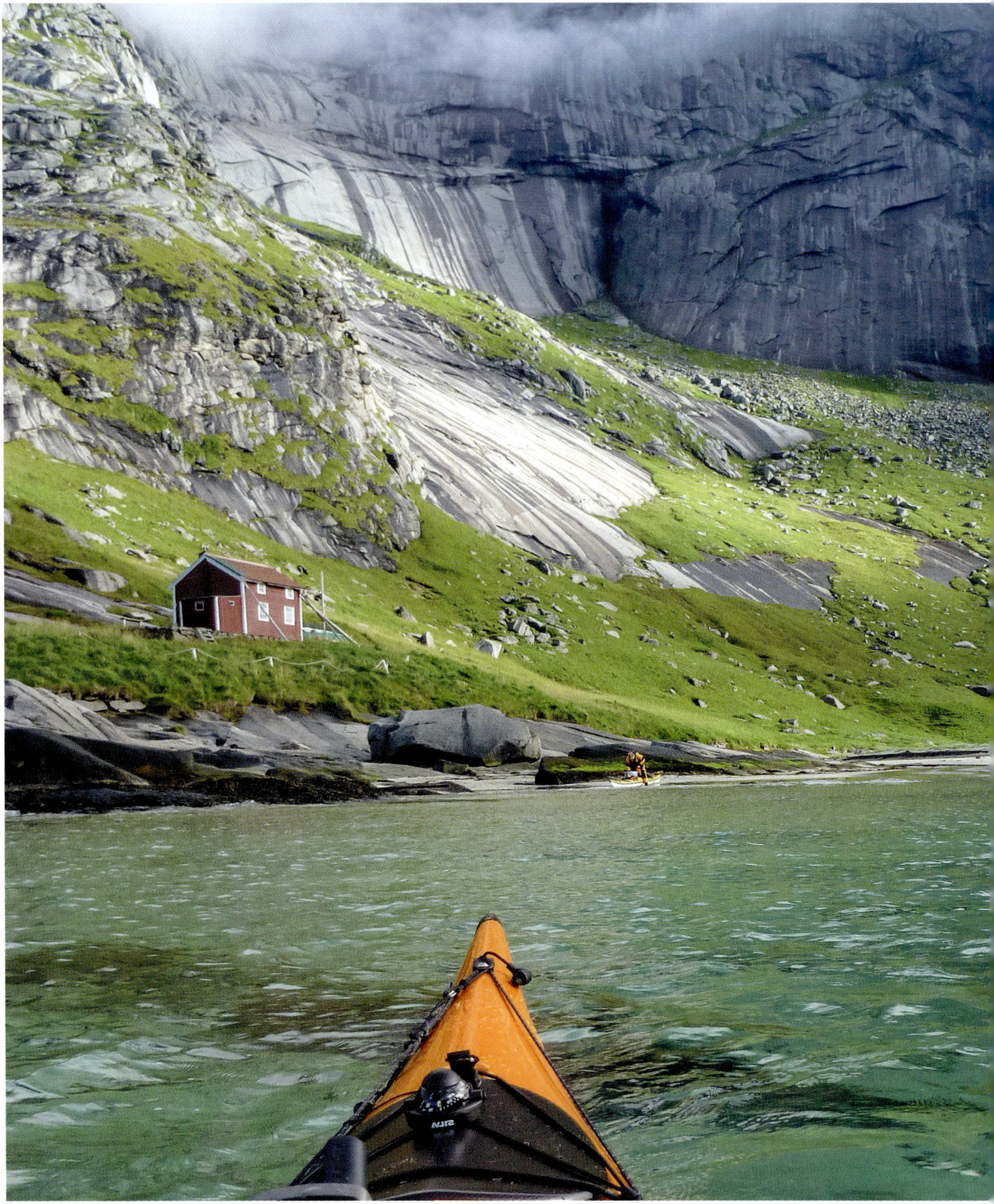

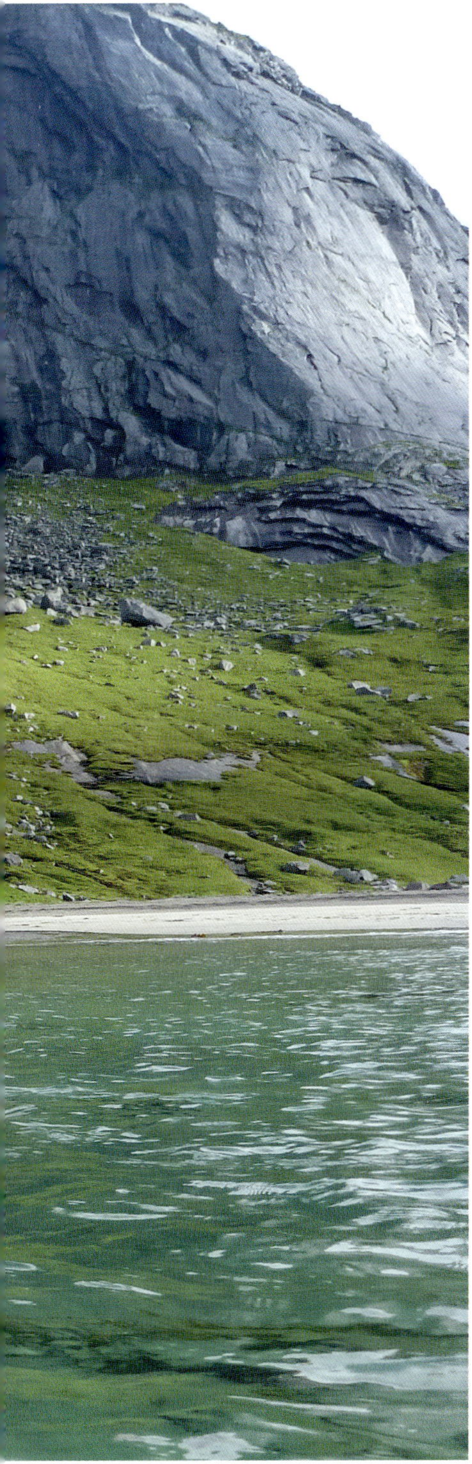

Vorwort

Die skandinavischen Länder und Island sind durch ihr gemeinsames sprachliches und kulturelles Erbe eng miteinander verbunden und, bis auf Dänemark, Heimat der größten, noch unberührten Wildnis Europas. Schweden und Norwegen allein sind schon so groß, dass man ihnen nicht in einem einzigen Reiseführer gerecht werden könnte. Bei diesen beiden Ländern konzentrieren wir uns auf acht Regionen beziehungsweise ausgewählte Routen. Die Auswahl soll Ihnen einen Vorgeschmack auf die verschiedenen Landstriche geben, die Schweden und Norwegen zu bieten haben.

Die deutlich kleineren Länder Dänemark und Island wurden in vier geografische Regionen unterteilt. Jede Region – und das gilt für alle Länder – hat einen klaren Fokus auf ein bestimmtes Fortbewegungsmittel oder eine bestimmte Aktivität. Diese Vorschläge bieten die Möglichkeit, Orte zu entdecken, an denen weitere Abenteuer warten. Das Buch ist hauptsächlich für den Sommerurlaub gedacht, aber viele Regionen in Skandinavien und Island sind das ganze Jahr über eine Reise wert.

Von Feuer und Eis geformte Landschaften

Die Landschaft des skandinavischen Festlands ist hauptsächlich durch Gletscherbildung in der letzten Eiszeit und deren Nachwehen entstanden. Am offensichtlichsten ist dies bei Seen und Fjorden, aber es gibt auch andere Beispiele für die Gletscherlandschaft. Die schwedische Steilküste beispielsweise hebt sich immer noch mit einer Geschwindigkeit von 8 mm pro Jahr. Dieses Phänomen nennt sich postglaziale Landhebung und entsteht dadurch, dass die Erkruste nicht mehr vom Gewicht des Eises runtergedrückt wird. Sie wird sich weiter heben, bis ein Gleichgewicht erreicht ist. Allein in dieser Region hat sich das Land seit der letzten Eiszeit 800 Meter gehoben.

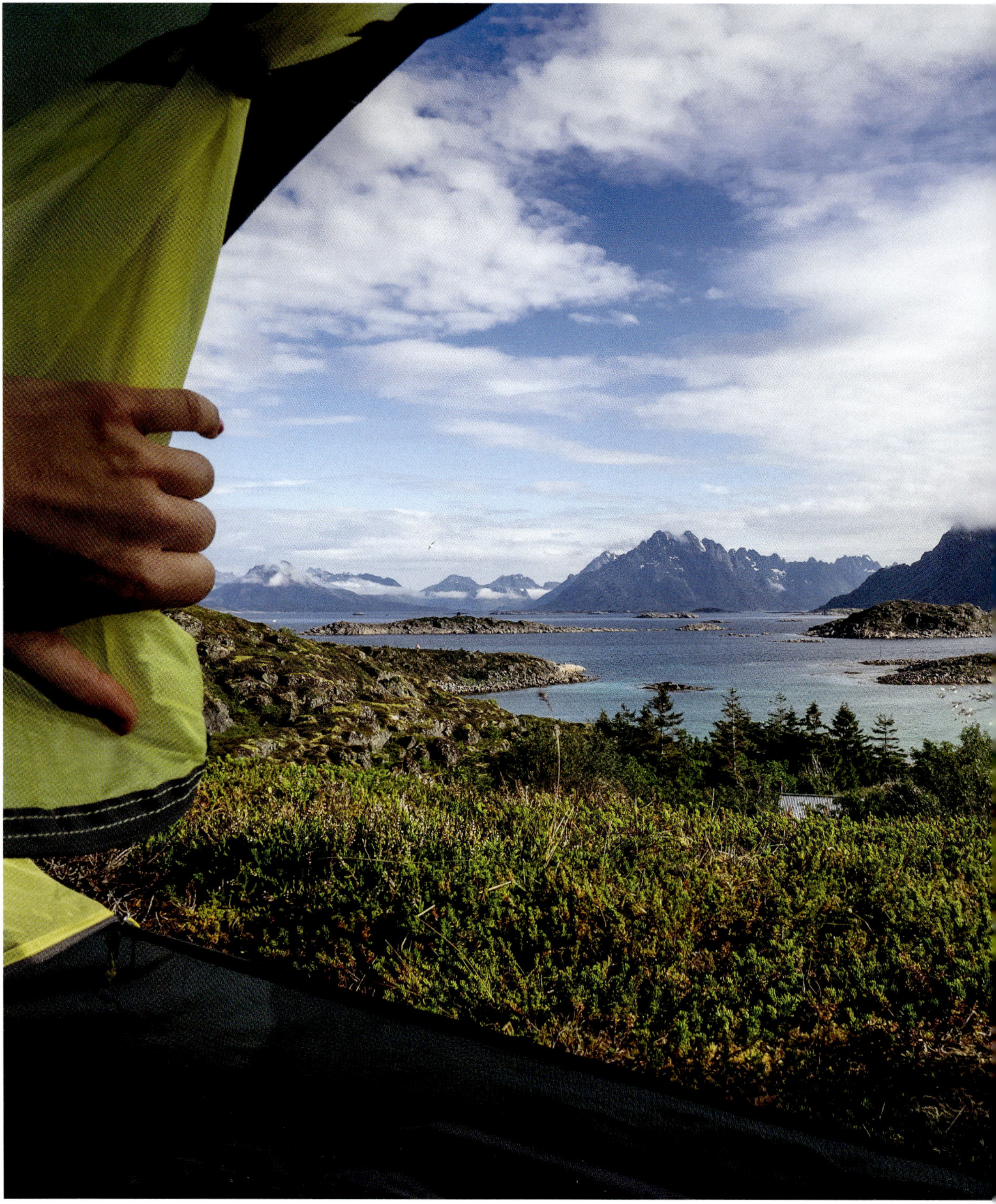

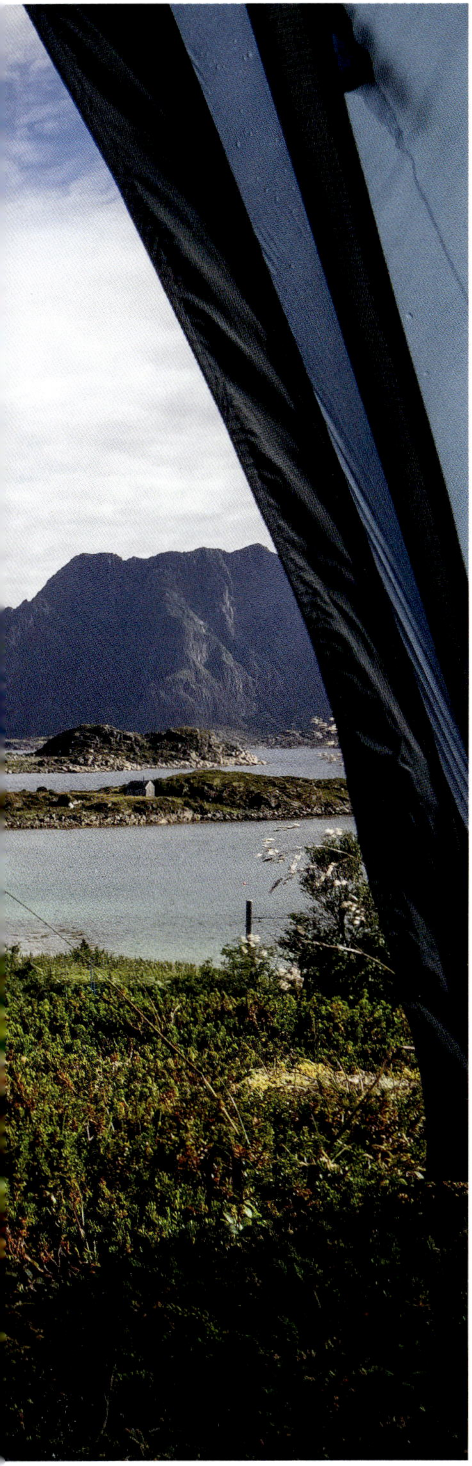

Island ist in geologischer Hinsicht dagegen ein viel jüngeres Land. Außerdem liegt es an der Grenze zweier auseinanderdriftender tektonischer Platten – der Eurasischen und der Nordamerikanischen – direkt über einem Hotspot namens „Island-Plume". Die seismische Aktivität an dieser Grenze vor etwa 16 bis 18 Millionen Jahren ist wahrscheinlich verantwortlich für die Entstehung der isländischen Landmasse, die durch zahlreiche Vulkane und heiße Quellen geprägt ist.

Sprache und Kultur

Dänen, Schweden und Norweger können sich gegenseitig verstehen, während das moderne Isländisch sich kaum vom Altnordisch der ursprünglichen Siedler im 9. Jahrhundert unterscheidet. Die Länder weisen viele kulturelle Ähnlichkeiten auf, wie gemeinsame Bräuche und Feste, gleichzeitig gibt es aber durchaus Unterschiede. Oft bilden diese die Grundlage stereotyper Witze und freundschaftlicher Rivalitäten zwischen den Nationen.

Im Norden von Schweden und Norwegen, deren gemeinsame Grenze ein Gebirgsgrat bildet, trifft man die indigenen Samen. Ihr Lebensraum erstreckt sich bis nach Finnland und zur russischen Halbinsel Kola. Die Samen, die ihre eigene Sprache und eigenen Bräuche beibehalten haben, leben traditionell von der Rentierwirtschaft und vom Fischfang. Die meisten Familien haben das Nomadenleben inzwischen aufgegeben und sind auf Rentierfarmen sesshaft geworden.

Friluftsliv

Hinter dem Konzept des *Friluftsliv* („Leben an der frischen Luft") steht die skandinavische Lebensphilosophie von der Verbundenheit mit der Natur. Draußen zu sein, an der frischen Luft, im Einklang mit Natur und Landschaft, steht dabei im Zentrum. Der Begriff ist relativ neu und wurde zum ersten Mal 1859 vom norwegischen Dichter Henrik Ibsen verwendet, doch das Konzept an sich ist viel älter. Wenn Sie die freie Natur Skandinaviens erkunden wollen, nehmen Sie sich vorher die Zeit, ein wenig über die Vorzüge des *Friluftsliv* zu lesen.

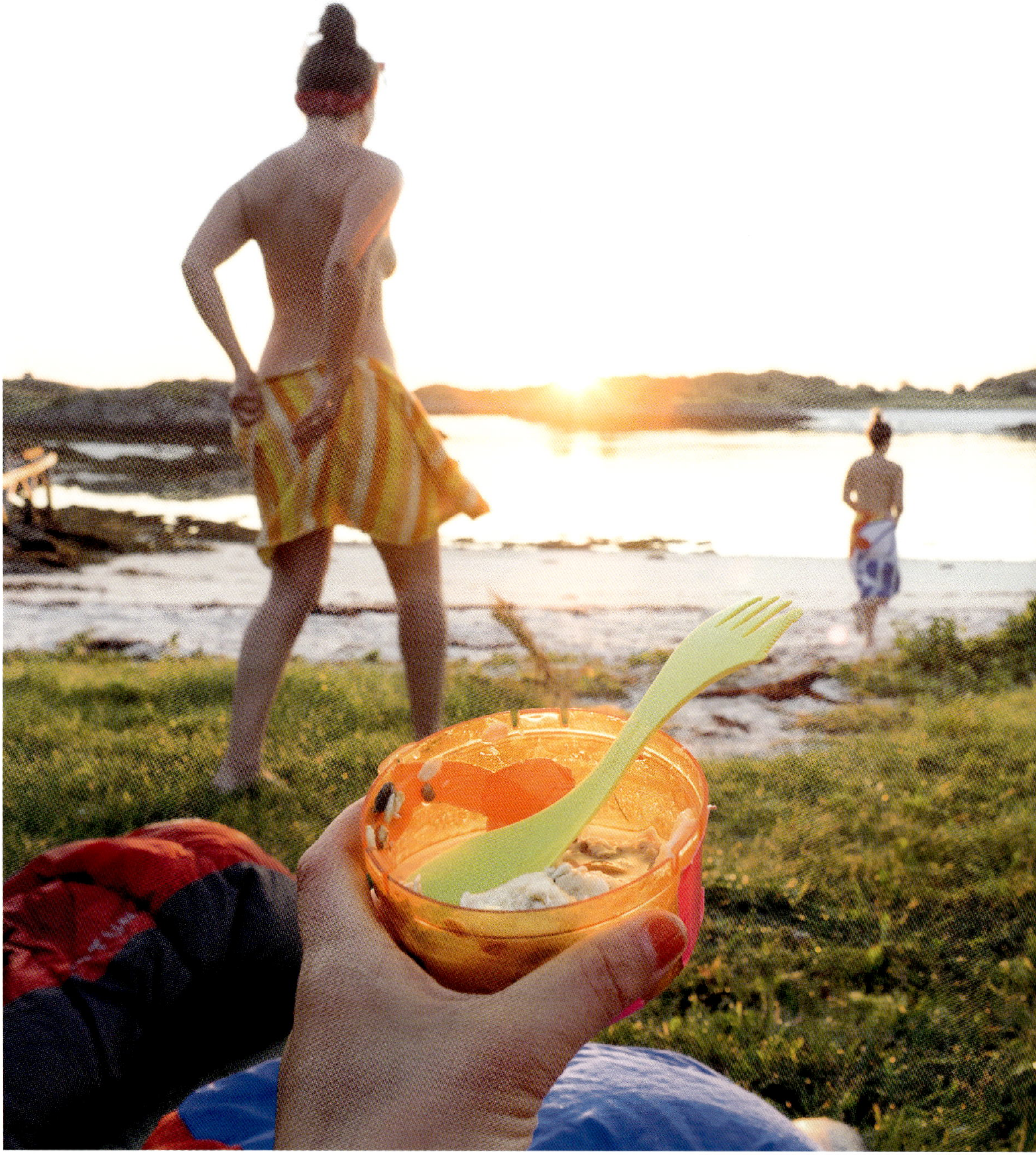

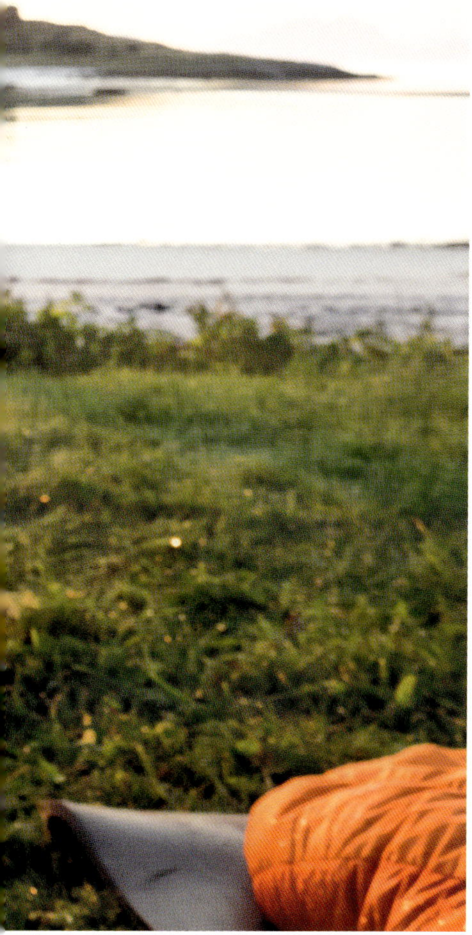

Genuss auf Skandinavisch

Im Buch findet sich eine Auswahl an außergewöhnlichen Ess- und Schlafgelegenheiten. Im Allgemeinen werden Cafés und Restaurants mit regionaler Küche empfohlen, die Zutaten aus biologischer oder nachhaltiger Landwirtschaft verwenden.

Die aufgelisteten Schlafgelegenheiten sind entweder originell, besonders geeignet für Outdoor-Abenteuer oder erfordern Ortskenntnisse, um sie zu finden. In Gegenden, wo sich spektakuläres Campen in der Wildnis anbietet, sind entsprechend weniger Übernachtungsmöglichkeiten aufgeführt.

Das Buch enthält viele Tipps zum Beeren- und Pilzesammeln, aber auch zum Angeln. Die Verwendung einheimischer, traditioneller, saisonaler Erzeugnisse in der modernen Küche hat sogar einen Namen – New Nordic Cuisine –, und es schmeckt köstlich!

Aus Liebe zu dieser Region habe ich die skandinavischen Sprachen erlernt und viele Jahre damit verbracht, die spektakuläre Landschaft zu erkunden. Ich bin sicher, Sie werden das wilde Skandinavien mit seiner faszinierenden Kultur und Geschichte ebenfalls lieben lernen.

Ben Love

adventure@wildthingspublishing.com

Orientierung

Jedes wilde Fleckchen lässt sich anhand von Karten und Wegbeschreibungen finden, aber um sicher dort anzukommen, benötigen Sie die Angaben zu Breiten- und Längengrad. Die Koordinaten werden in Dezimalgraden angegeben (WGS84) und können direkt in jeden internetbasierten Kartendienst, wie z. B. Google, Map.krak.dk (Dänemark), Kartor.eniro.se (Schweden) oder Ja.is/kort (Island) eingegeben werden. Drucken Sie die Karte aus, bevor Sie aufbrechen, oder machen Sie einen Screenshot, für den Fall, dass Sie dort keinen Empfang haben. Sie können die Koordinaten auch in Ihr GPS, Ihr Navi (Dezimalgrade aktivieren) oder Ihr Handy eingeben, falls es über GPS verfügt. Die geschätzten Zeiten gelten nur für jeweils eine Strecke, nicht für Hin- und Rückweg.

Wildnis, Sicherheit & Verantwortung

1. Bedenken Sie, dass manche der empfohlenen Gegenden extrem abgelegen sind. Deshalb immer die passende Ausrüstung dabeihaben sowie Umgebungskarten und einen Kompass, und Dritte gegebenenfalls informieren, wo man ist und wann man zurückkommt. Tipps, für die man einen erfahrenen Führer braucht (z. B. Gletscherwanderungen), sind gekennzeichnet.
2. Informieren Sie sich über die Zugangsrechte im jeweiligen Land (siehe Informationen am Ende des Buches).
3. Bleiben Sie in den isländischen Vulkangebieten auf den Wegen und beachten Sie die Sicherheitswarnungen.
4. Befolgen Sie die Sicherheitshinweise für die Fahrt auf Gebirgsstraßen. Flüsse nur mit einem entsprechenden Fahrzeug durchqueren und Straßensperrungen respektieren.
5. Informieren Sie sich über das Wetter vor Ort, bevor Sie in einsame Gegenden aufbrechen.
6. Beachten Sie, dass scheinbar ruhige Flüsse und Seen plötzlich in einen Wasserfall münden können. Vor dem Schwimmen prüfen.
7. Für Norwegen und Schweden reichlich Mückenschutz einpacken.
8. Hinterlassen Sie nichts als Ihre Fußspuren.

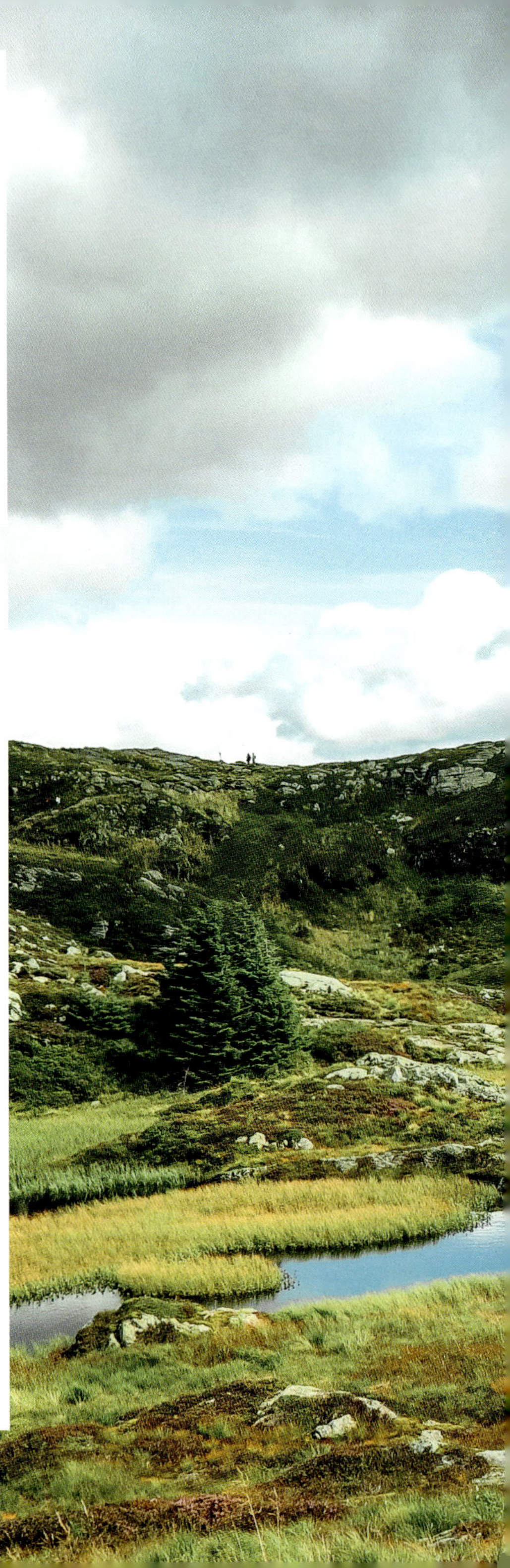

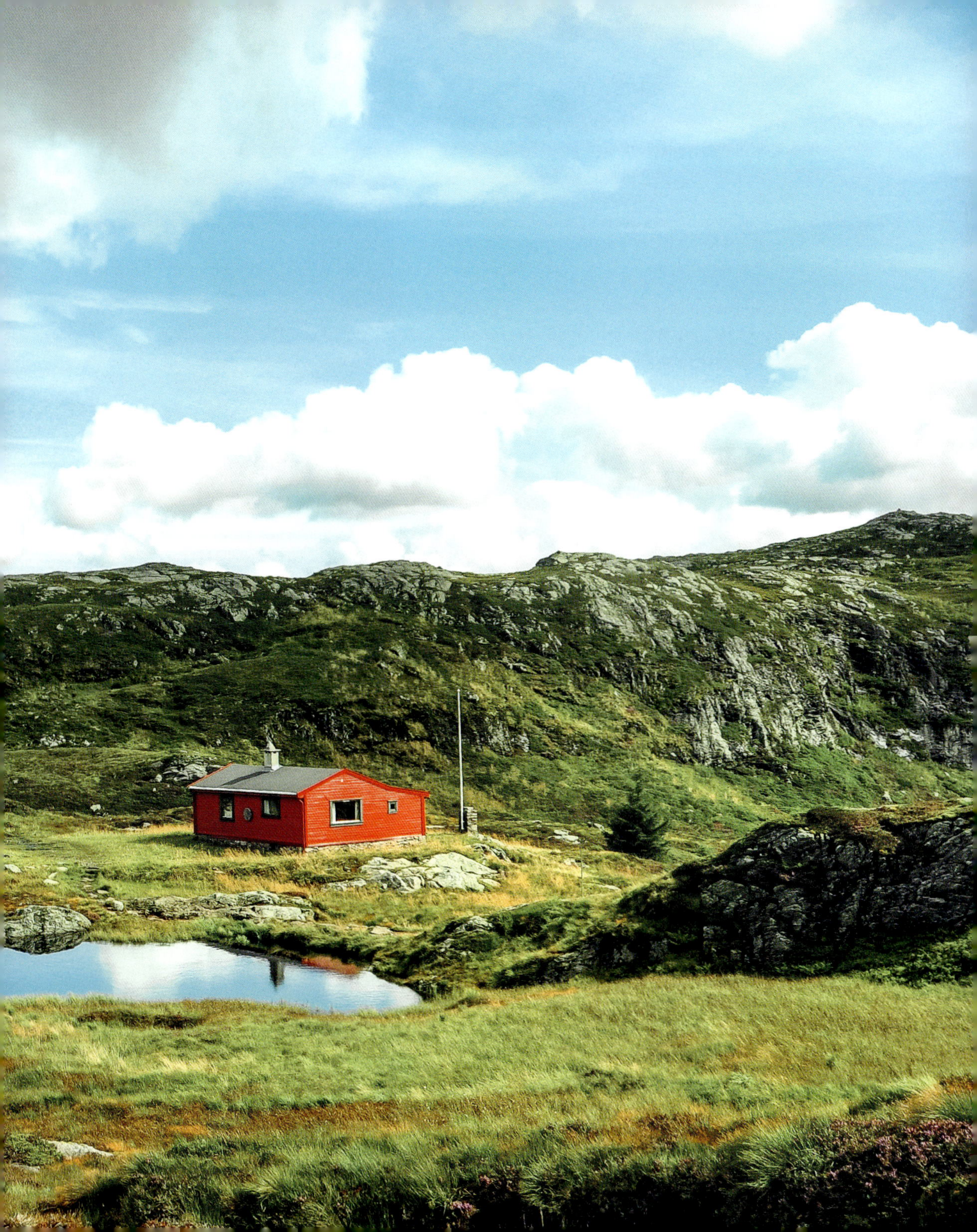

Jedermannsrecht

Die skandinavischen Länder und Island haben eine jahrhundertealte Tradition namens Jedermannsrecht. Man darf sich überall in der Natur frei bewegen, solange man niemanden stört und nichts kaputt macht. In Naturschutzgebieten wie den Nationalparks gibt es allerdings Einschränkungen, z. B. dass man mit dem Fahrrad nur auf den markierten Wegen fahren darf.
Fürs Angeln braucht man eine Erlaubnis.

Norwegen (*Allemannsrett*) Nicht bewirtschaftetes Land ist für jedermann zugänglich. Ackerland darf man nur betreten, wenn es gefroren und schneebedeckt ist. Auf nicht bewirtschaftetem Land darf man, mindestens 150 m vom nächsten Wohnhaus entfernt, überall bis zu zwei Tage zelten. Kanufahren und Schwimmen ist in Flüssen, Seen (nicht aber in Trinkwasser-Reservoiren) und im Meer erlaubt. Beeren- und Pilzesammeln ist erlaubt.

Schweden (*Allemansrätt*) Man darf überall zelten, außer in privaten Gärten, unmittelbarer Nachbarschaft von Wohnhäusern und auf Anbauflächen. Beeren- und Pilzesammeln ist ebenfalls erlaubt (bis auf geschützte Arten). Kanufahren und Schwimmen ist (wenn nicht ausdrücklich verboten) in Flüssen, Seen und im Meer erlaubt.

Island (*Almannarétt*) Man darf Privatgrundstücke ungefragt durchqueren, solange keine Verbotsschilder aufgestellt sind. Öffentliches Land ist für jedermann zugänglich. Fahren im Gelände ist nur erlaubt, wenn Schnee liegt. Kanufahren und Schwimmen ist (wenn nicht ausdrücklich verboten) in Flüssen, Seen und im Meer erlaubt. Auf nicht bewirtschaftetem Land kann man für eine einzige Nacht bis zu drei Zelte aufschlagen (wenn es keine gegenteiligen Hinweise gibt). Beeren- und Pilzesammeln ist für den unmittelbaren Verzehr erlaubt.

Dänemark (*Offentlighedens adgang til naturen*) Dünen, Strände und öffentliche Wälder sind frei zugänglich. Nicht bewirtschaftetes Land, das nicht eingezäunt ist, darf tagsüber betreten werden, unabhängig davon, wem es gehört. Wald in Privatbesitz darf nur auf Straßen und Wegen betreten werden, und Pilze und Beeren darf man nur auf öffentlichem Land sammeln. Wild Camping ist erlaubt, aber nur an ausgewiesenen Orten. Kanufahren und Schwimmen in Flüssen, Seen und im Meer ist erlaubt.

Für mehr Informationen siehe die Links am Ende des Buches.

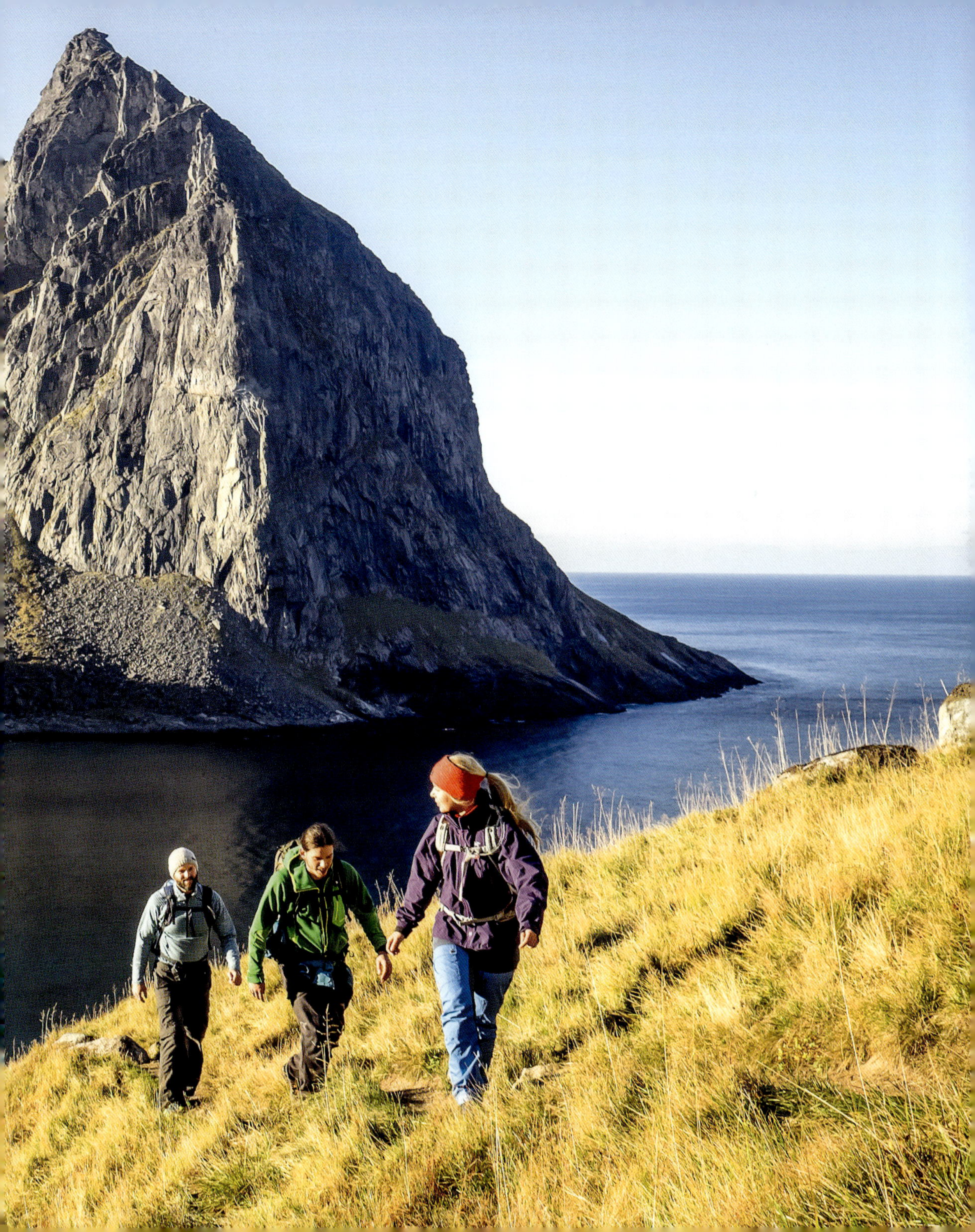

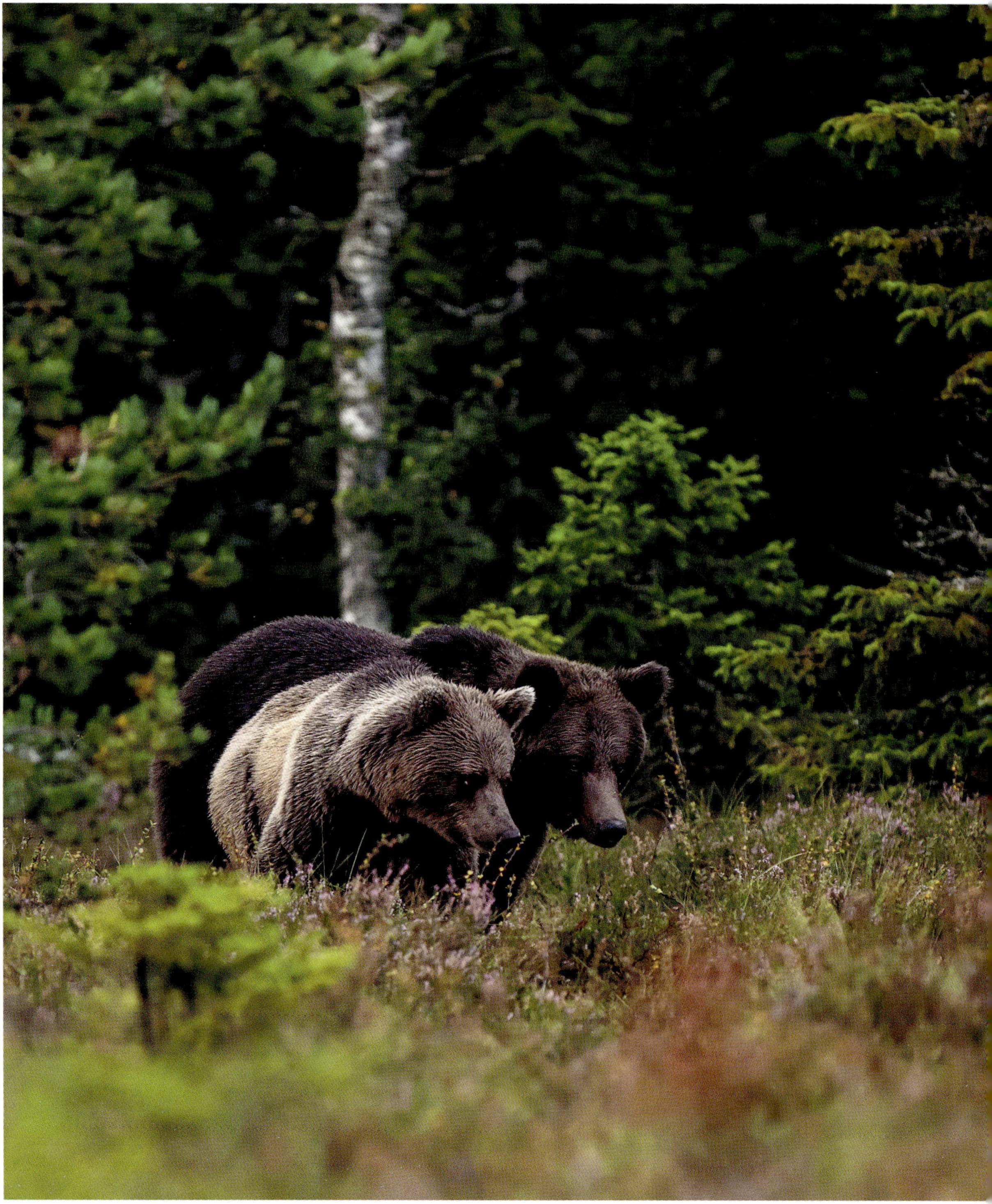

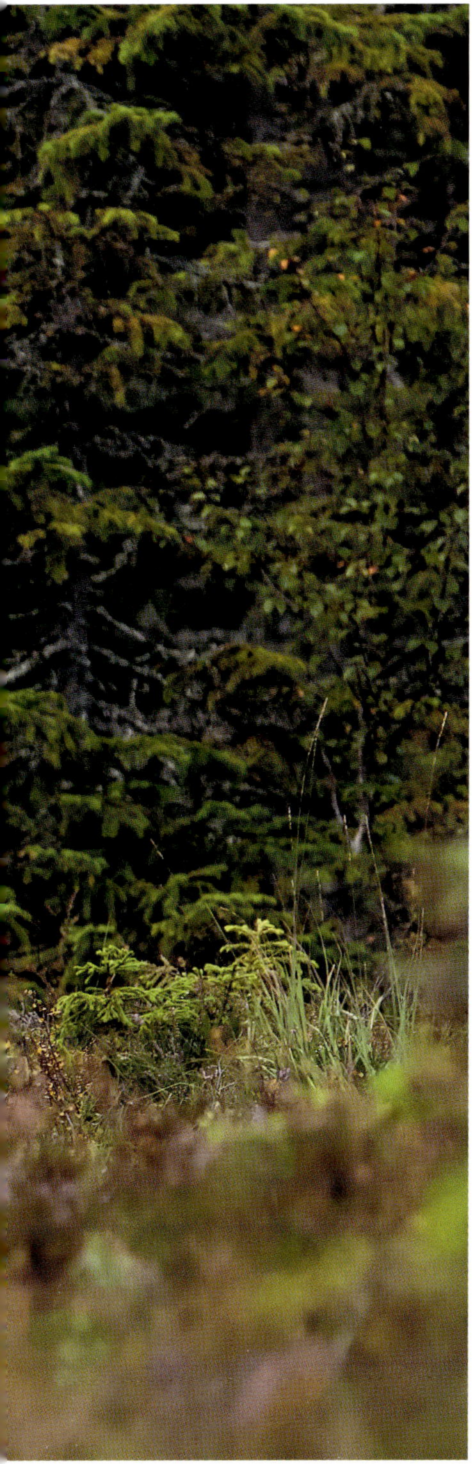

Skandinavische Tierwelt

Die meisten Touristen kommen wegen der spektakulären Natur nach Skandinavien – Fjorden, schneebedeckten Bergen, immergrünen Nadelwäldern. Der skandinavischen Fauna wird dabei oft zu wenig Beachtung geschenkt. Während es die meisten Wildlife-Touristen immer noch auf den afrikanischen Kontinent zieht, richten die ersten Pioniere ihre Ferngläser und Kameras inzwischen jedoch auch gen Norden.

Skandinavien hat eine reiche Tierwelt, und obwohl die Natur unter der Ausbeutung durch Forstwirtschaft und Bergbau leidet, steigt die Zahl der Säugetiere, vor allem der großen Raubtiere. Der Wolf beispielsweise war in Skandinavien nach jahrhundertelanger Jagd ausgerottet. Aber in den 1980er Jahren sind einige aus Finnland und Russland zurückgekehrt, und inzwischen gibt es wieder über 500 Wölfe, die meisten davon in Mittelschweden.

Das typischste der nordischen Tiere ist vielleicht der majestätische Elch, der fast überall auf dem schwedischen und norwegischen Festland zu finden ist. Ebenso kultig sind die Rentiere, und bis heute hüten die indigenen Samen in den meisten Teilen Nordschwedens und Norwegens halbdomestizierte Rentierherden. Wilde Rentiere findet man nur noch in den Bergen Südnorwegens.

Skandinavien hat seine eigenen „Big Five", die man allerdings selten zu Gesicht bekommt. Dazu zählen Wolf, Vielfraß, Luchs, Braunbär und Steinadler. Braunbären findet man in großen Teilen Schwedens und Norwegens, sie sind aber durch Überjagung bedroht. Steinadler und Seeadler dagegen haben sich in den vergangenen Jahren wieder stark vermehrt.

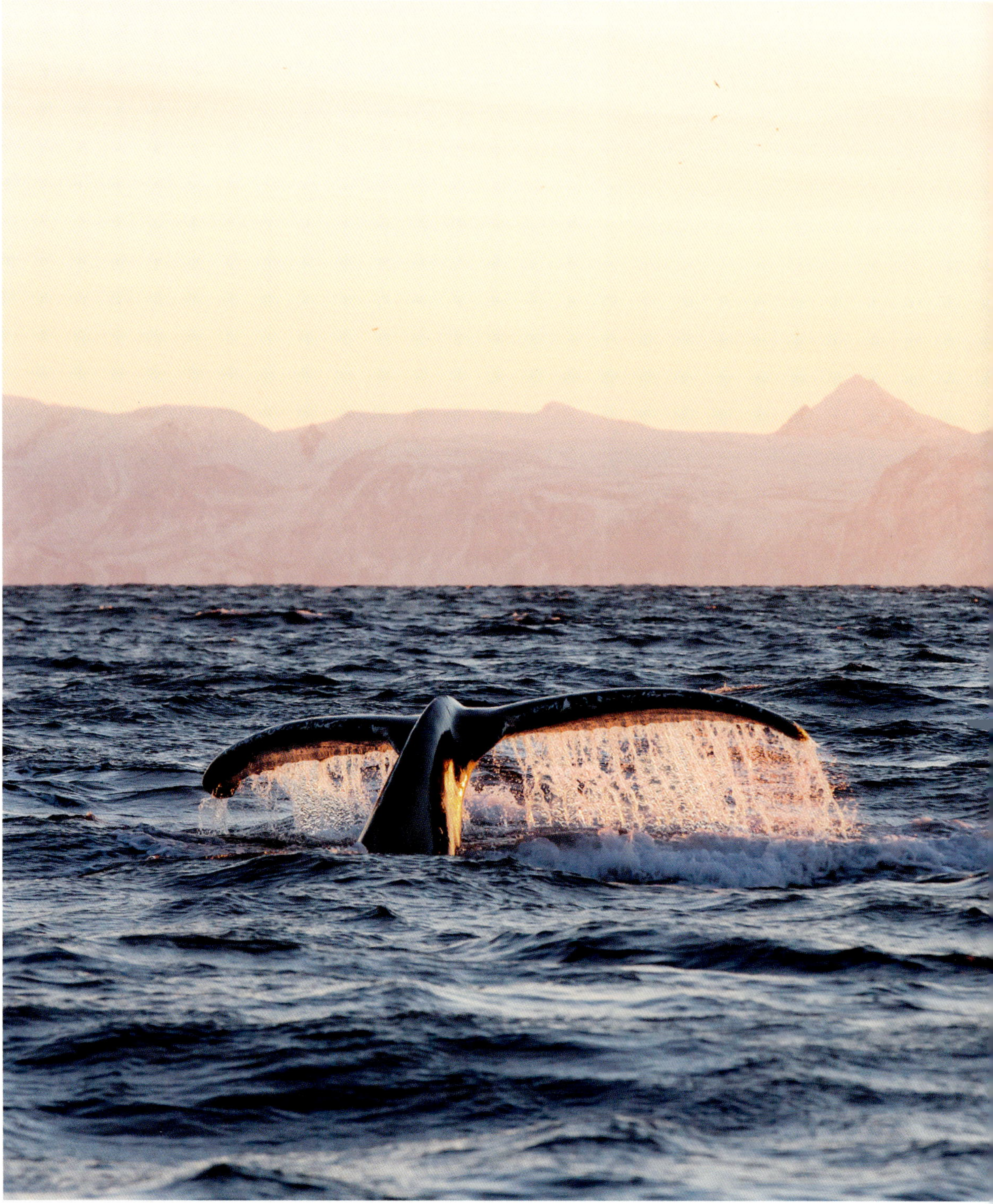

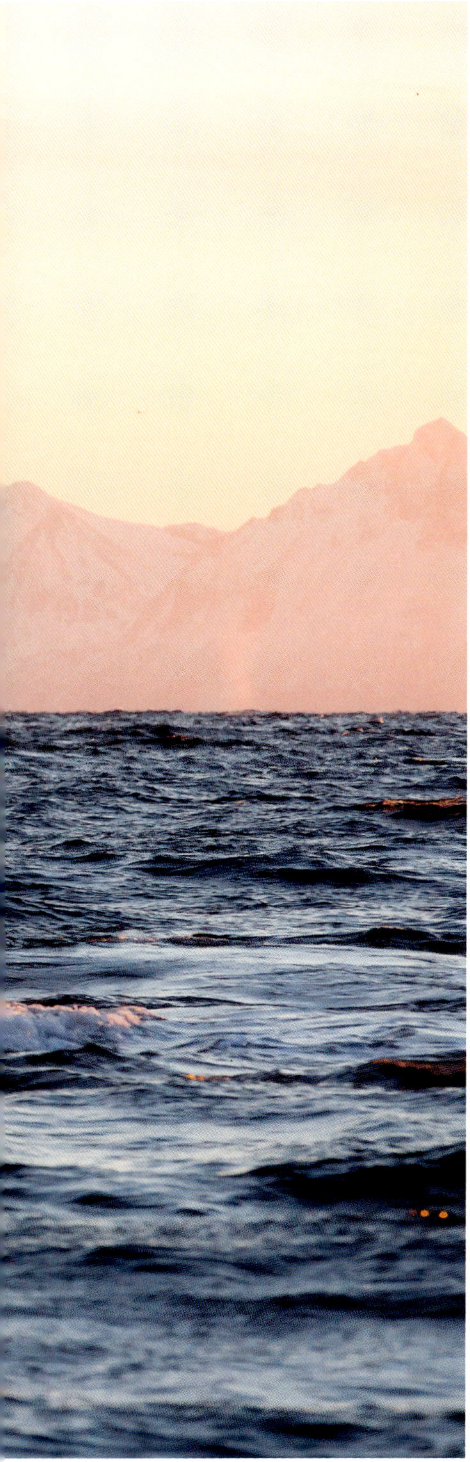

Weitere faszinierende Tierarten sind der Europäische Biber in Schweden und Ostnorwegen, der Polarfuchs in Nordnorwegen, Schweden und Island und riesige Papageitaucher-Kolonien an den Küsten Islands und Nordnorwegens.

Das größte aller Säugetiere an Land ist der Moschusochse, den man im Nationalpark Dovrefjell-Sunndalsfjella in Norwegen sehen kann. Dieser Bestand wurde 1932 und 1947 wieder angesiedelt und besteht inzwischen aus rund 200 Tieren. Im Sommer leben sie typischerweise in Gruppen aus 10 bis 15 Tieren, und eine dieser Gruppen ist nach Härjedalen in Schweden gezogen.

Skandinavien besitzt auch einen unglaublichen Reichtum an Meeressäugetieren, und Island und Nord-Norwegen gehören zu den besten Orten Europas, um Pottwale, Weißschnauzendelfine und Orcas zu beobachten.

Tipps zur Beobachtung wilder Tiere

1. Jahreszeit – Verhaltensmuster verändern sich im Lauf des Jahres.
2. Lebensraum – Im Sommer sind z. B. Wiesen und Lichtungen am besten geeignet, um Elche zu beobachten.
3. Tageszeit – Wann frisst das Tier? Wann schläft es? Wann trinkt es? Morgengrauen und Abenddämmerung eignen sich meist am besten.
4. Leise sein – aufmerksam lauschen.
5. In Windrichtung stehen – damit die Tiere Ihren Geruch nicht wahrnehmen.
6. Unsichtbar sein – Tragen Sie neutrale Farben und halten Sie Abstand. Suchen Sie sich einen guten Beobachtungsposten und warten Sie.
7. Ausrüstung – Fernglas und Kamera.
8. Ortskenntnisse – Nehmen Sie sich einen einheimischen Führer oder erkundigen Sie sich.

Marcus Eldh, Gründer von Wild Sweden
www.wildsweden.com

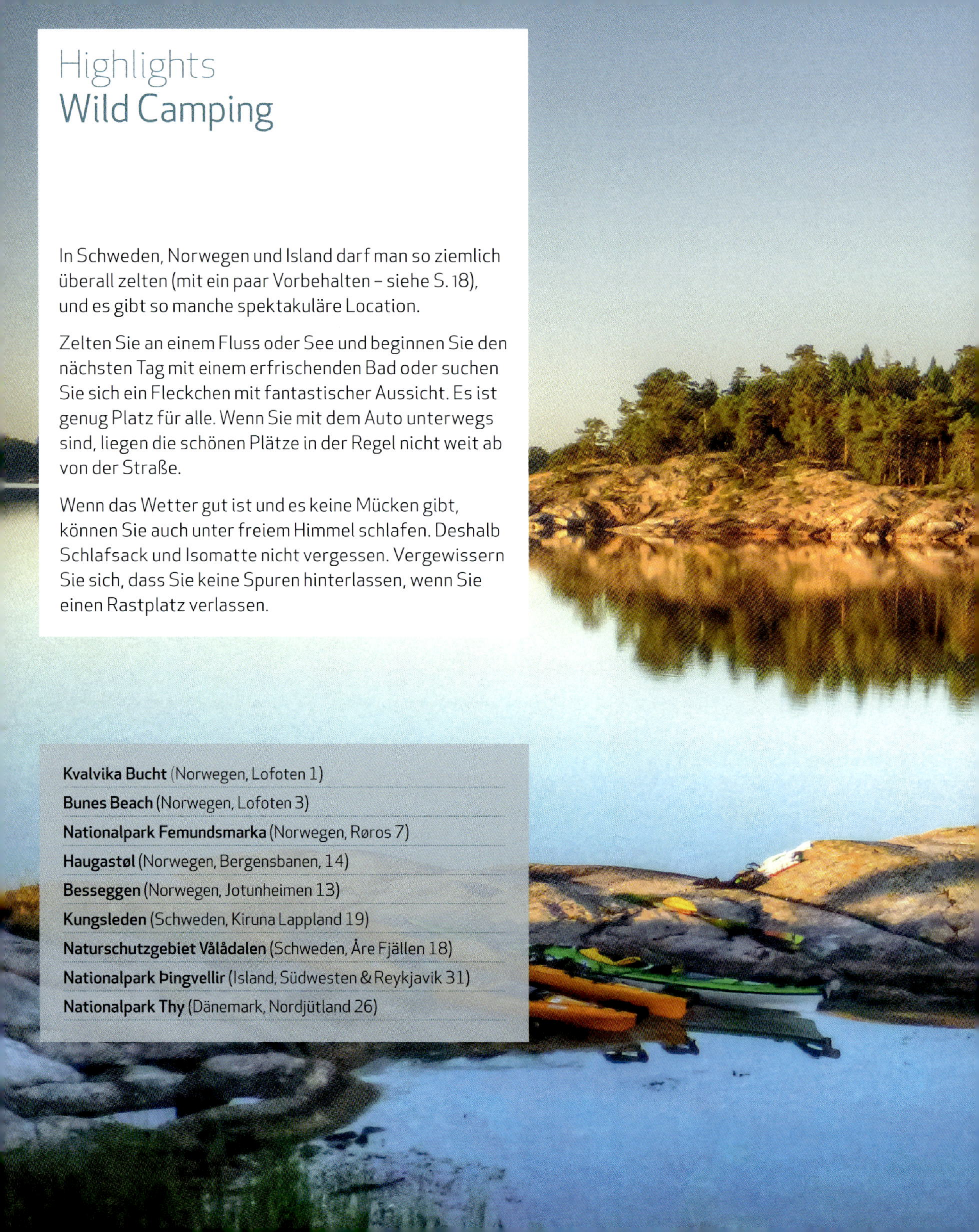

Highlights
Wild Camping

In Schweden, Norwegen und Island darf man so ziemlich überall zelten (mit ein paar Vorbehalten – siehe S. 18), und es gibt so manche spektakuläre Location.

Zelten Sie an einem Fluss oder See und beginnen Sie den nächsten Tag mit einem erfrischenden Bad oder suchen Sie sich ein Fleckchen mit fantastischer Aussicht. Es ist genug Platz für alle. Wenn Sie mit dem Auto unterwegs sind, liegen die schönen Plätze in der Regel nicht weit ab von der Straße.

Wenn das Wetter gut ist und es keine Mücken gibt, können Sie auch unter freiem Himmel schlafen. Deshalb Schlafsack und Isomatte nicht vergessen. Vergewissern Sie sich, dass Sie keine Spuren hinterlassen, wenn Sie einen Rastplatz verlassen.

Kvalvika Bucht (Norwegen, Lofoten 1)

Bunes Beach (Norwegen, Lofoten 3)

Nationalpark Femundsmarka (Norwegen, Røros 7)

Haugastøl (Norwegen, Bergensbanen, 14)

Besseggen (Norwegen, Jotunheimen 13)

Kungsleden (Schweden, Kiruna Lappland 19)

Naturschutzgebiet Vålådalen (Schweden, Åre Fjällen 18)

Nationalpark Þingvellir (Island, Südwesten & Reykjavik 31)

Nationalpark Thy (Dänemark, Nordjütland 26)

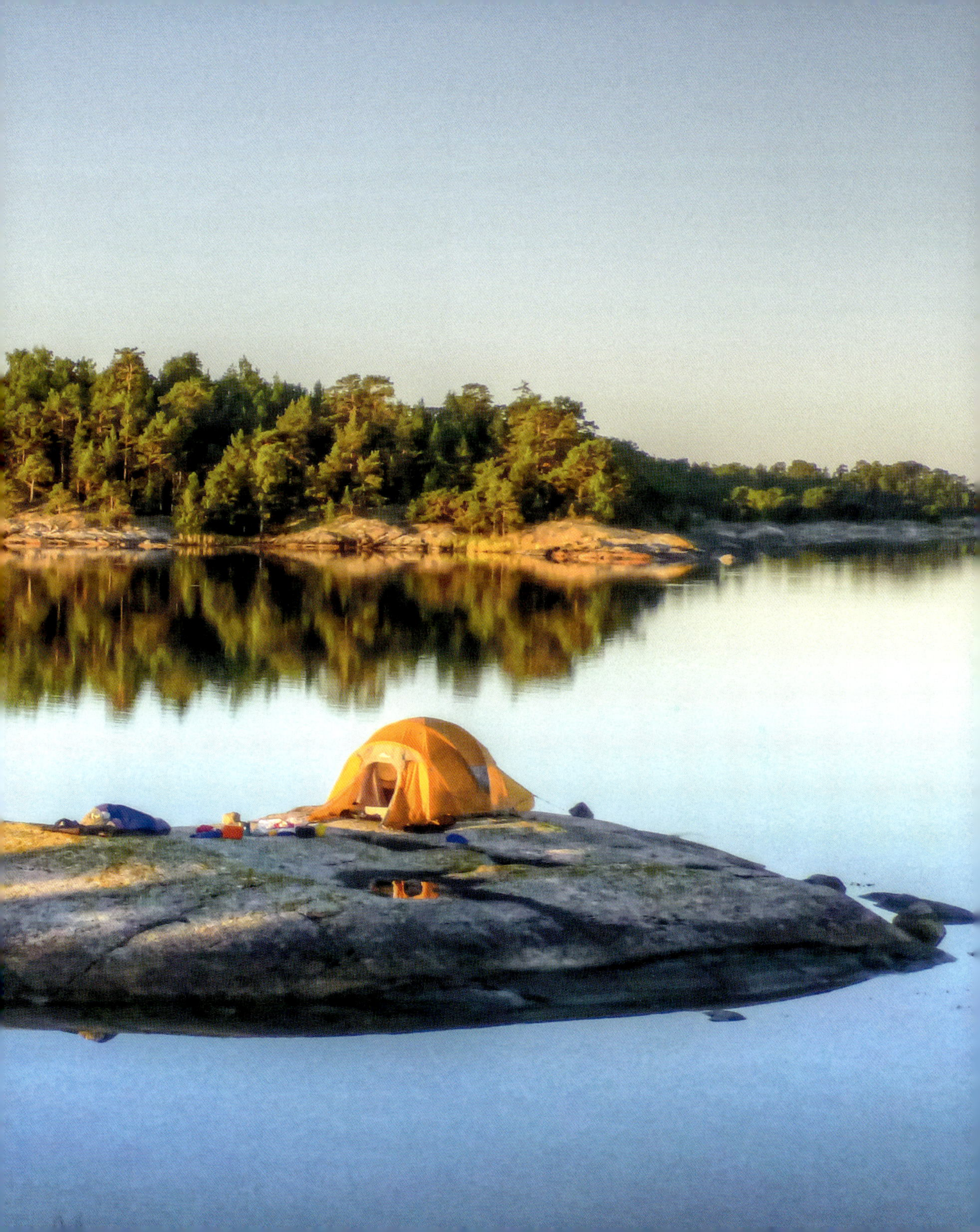

Highlights

Wild Swimming & heiße Quellen

In den skandinavischen Ländern und Island badet man im Sommer in der freien Natur, in kristallklaren Flüssen oder Seen mit einsamen Inseln. Viele der abgelegenen Flüsse, Seen und Strände haben Sprungbretter und ähnliche Extras. Natürlich gibt es noch entlegenere Badestellen, an denen man ungestört nackt baden und sich auf warmen, glatten Felsen in der Sonne trocknen kann.

In Island findet man überall heiße Quellen, manche an spektakulären Locations. Außerdem finden sich mancherorts natürliche Erlebnisbäder mit warmem Wasser, Rutschen und blubbernden Wasserbecken. Und man hat die einzigartige Möglichkeit, in einem Spalt zwischen zwei Kontinentalplatten zu schwimmen.

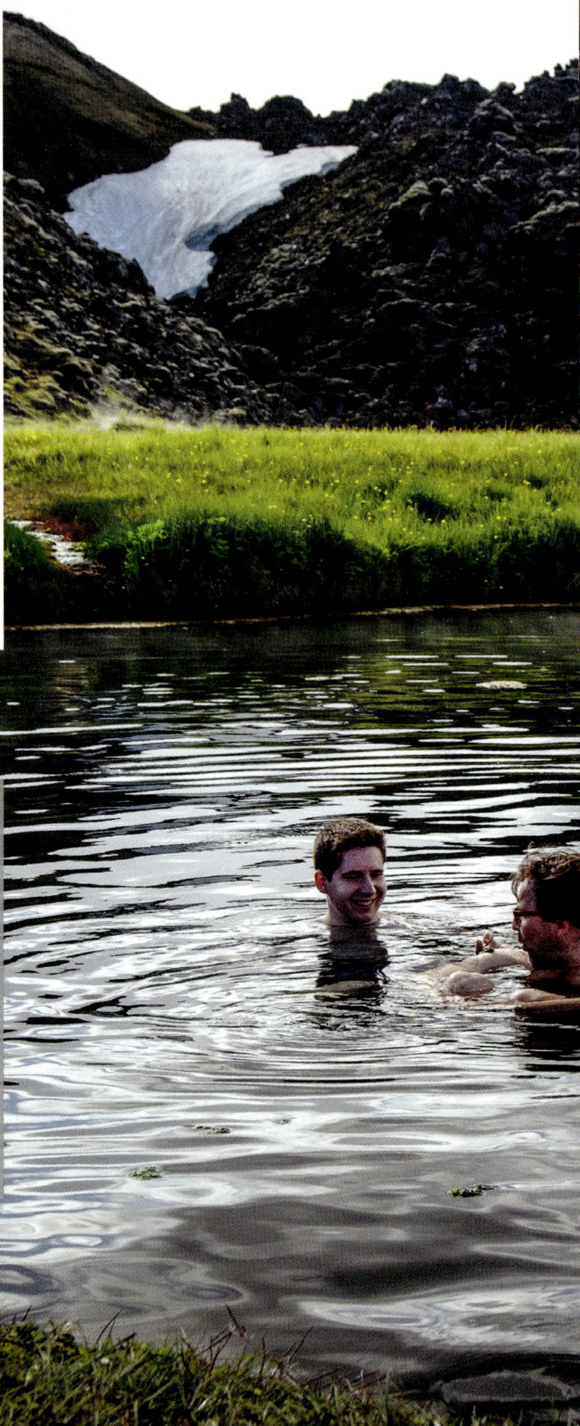

Nissedal (Norwegen, Sørlandets Kysten 8)
Lappforsen (Schweden, Åre Fjällen 1)
Ullån (Schweden, Åre Fjällen 4)
Lilla Askerön (Schweden, Tjörn 3)
Reykjadalur (Island, Südwesten & Reykjavík 9)
Silfra (Island, Südwesten & Reykjavik 33)
Krossnes (Island, Nordwesten 22)
Stóragjá (Island, Nordosten 3)
Kaldbakslaug (Island, Nordosten 4)
Hveragil (Island, Südosten 5)

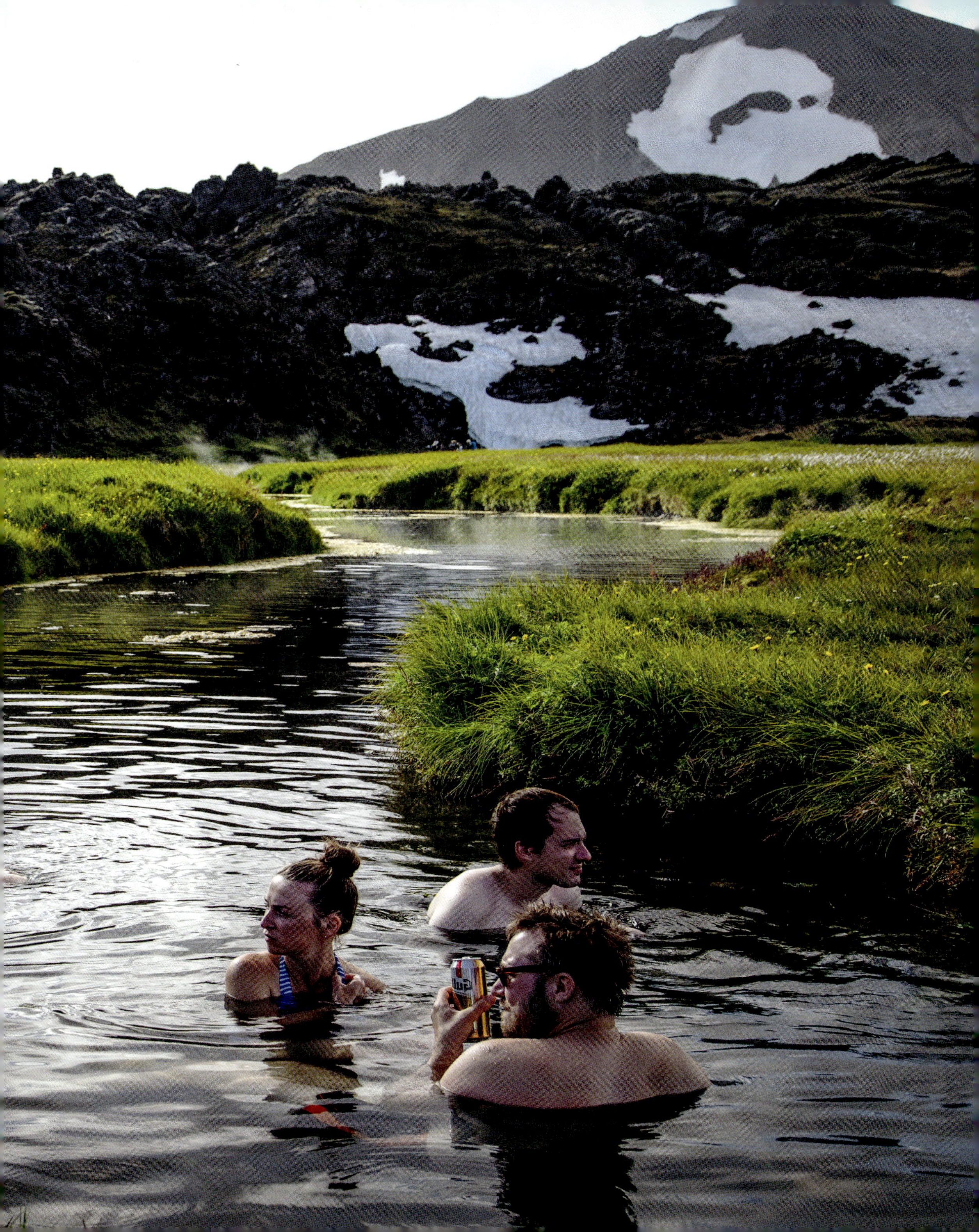

Highlights
Kanu & Kajak

Die zahlreichen geschützten Archipele in Skandinavien bieten fantastische Möglichkeiten für Kanu- und Kajaktouren. Nehmen Sie Ihre Campingausrüstung mit, um auf einer einsamen Insel oder an einem einsamen Strand zu zelten.

Überall wo man gut paddeln kann, gibt es auch die Möglichkeit, Boote und Ausrüstung zu leihen. Paddle-Lappland in Kiruna kümmert sich auch um die Organisation aufwändigerer Touren. Sie können sich sogar zu einem Fluss oder See fliegen lassen, mitsamt Kajak oder Kanu, das in einem Netz unter dem Hubschrauber baumelt. In Island eignen sich Meer und Seen wunderbar für Kajaktouren, Flüsse jedoch erfordern beträchtliche Wildwasser-Erfahrung: fast alle haben spektakuläre Stromschnellen oder Wasserfälle.

Wundervolle Abenteuer kann man in jedem dieser Länder erleben, unabhängig von Können oder Erfahrung, und nichts ist schöner, als sich treiben zu lassen.

Reine Kayaking (Norwegen, Lofoten 6)
Tømmerrennene (Norwegen, Røros 10)
Vistas Paddle (Schweden, Kiruna, Lappland 6)
Laddjujokka (Schweden, Kiruna, Lappland 7)
Ottsjön (Schweden, Åre Fjällen 9)
Harpikön (Schweden, Dala-Floda 6)
Norra Stavsudda (Schweden, Stockholmer Schärengarten 34)
Stora Dyrön (Schweden, Tjörn 9)
Stigfjorden (Schweden, Tjörn 12)
Dänische Südsee (Dänemark, Fünen 6)

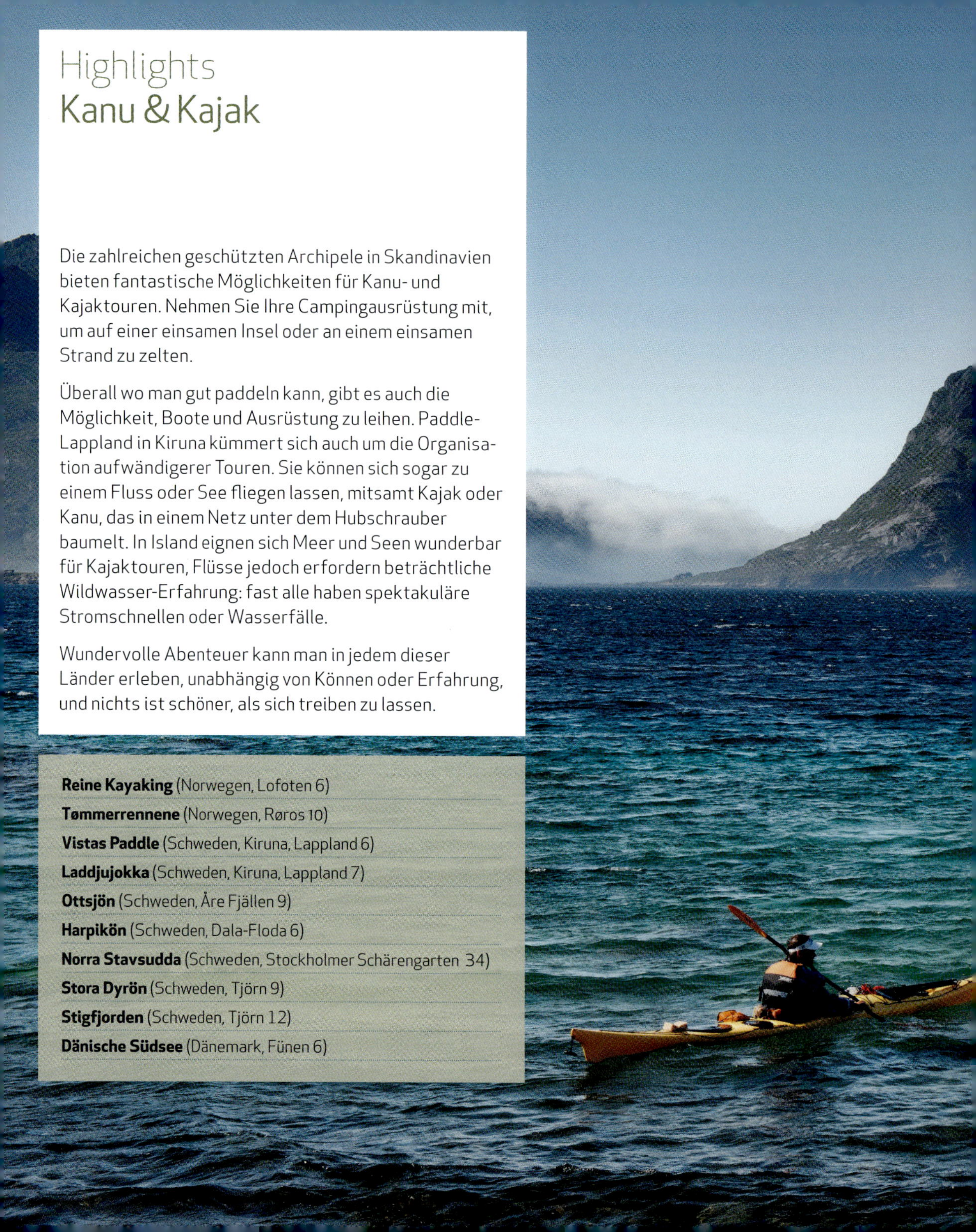

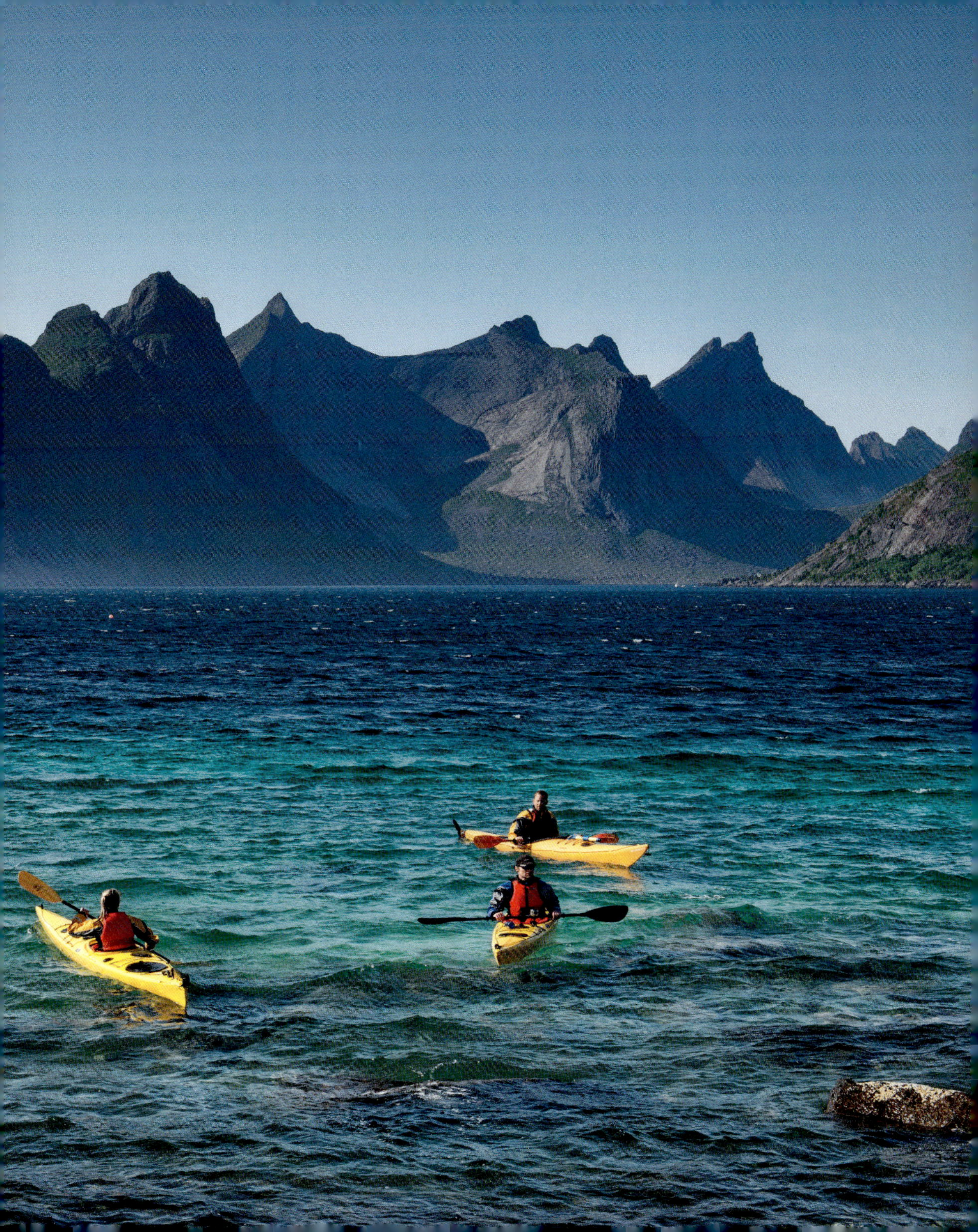

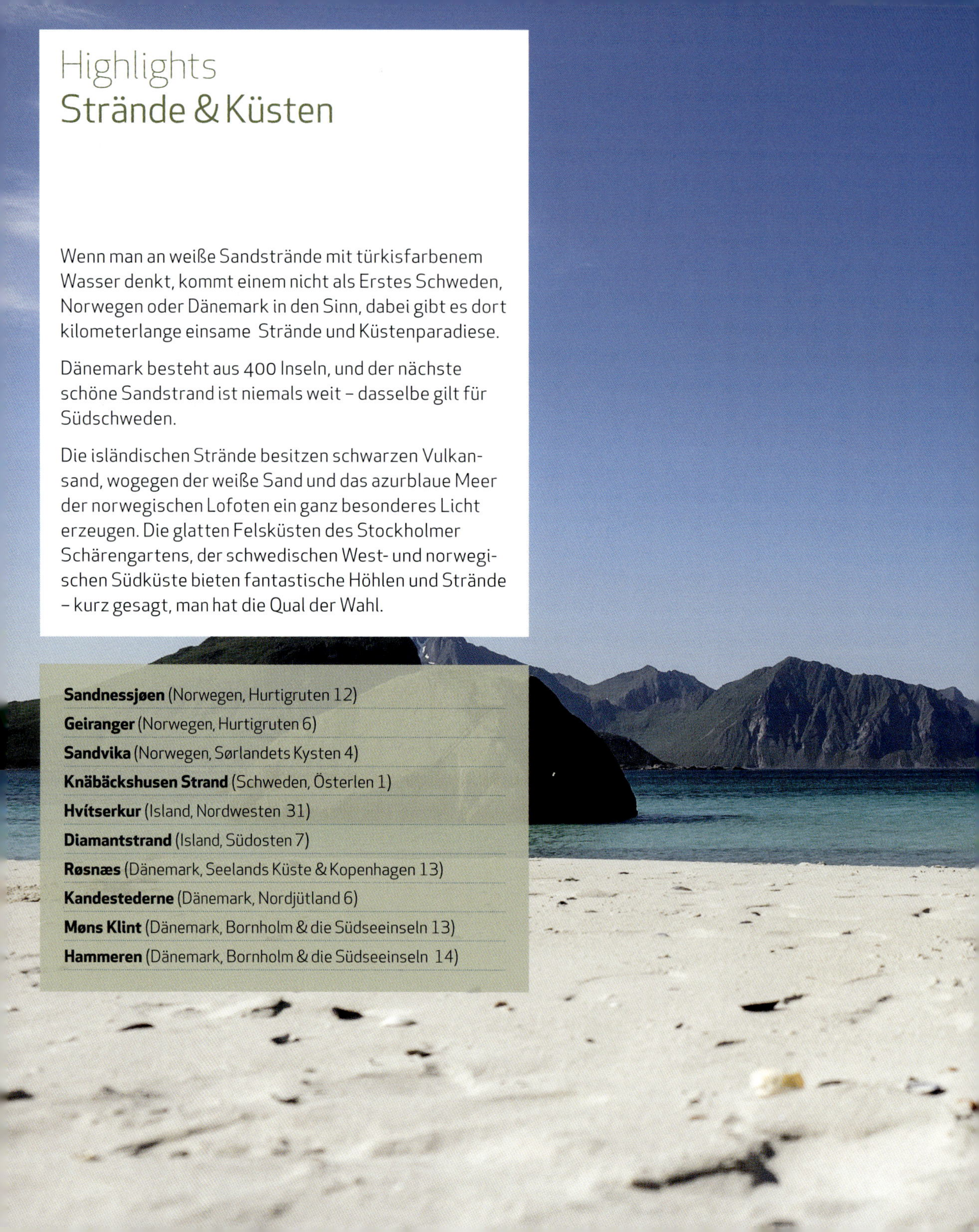

Highlights
Strände & Küsten

Wenn man an weiße Sandstrände mit türkisfarbenem Wasser denkt, kommt einem nicht als Erstes Schweden, Norwegen oder Dänemark in den Sinn, dabei gibt es dort kilometerlange einsame Strände und Küstenparadiese.

Dänemark besteht aus 400 Inseln, und der nächste schöne Sandstrand ist niemals weit – dasselbe gilt für Südschweden.

Die isländischen Strände besitzen schwarzen Vulkansand, wogegen der weiße Sand und das azurblaue Meer der norwegischen Lofoten ein ganz besonderes Licht erzeugen. Die glatten Felsküsten des Stockholmer Schärengartens, der schwedischen West- und norwegischen Südküste bieten fantastische Höhlen und Strände – kurz gesagt, man hat die Qual der Wahl.

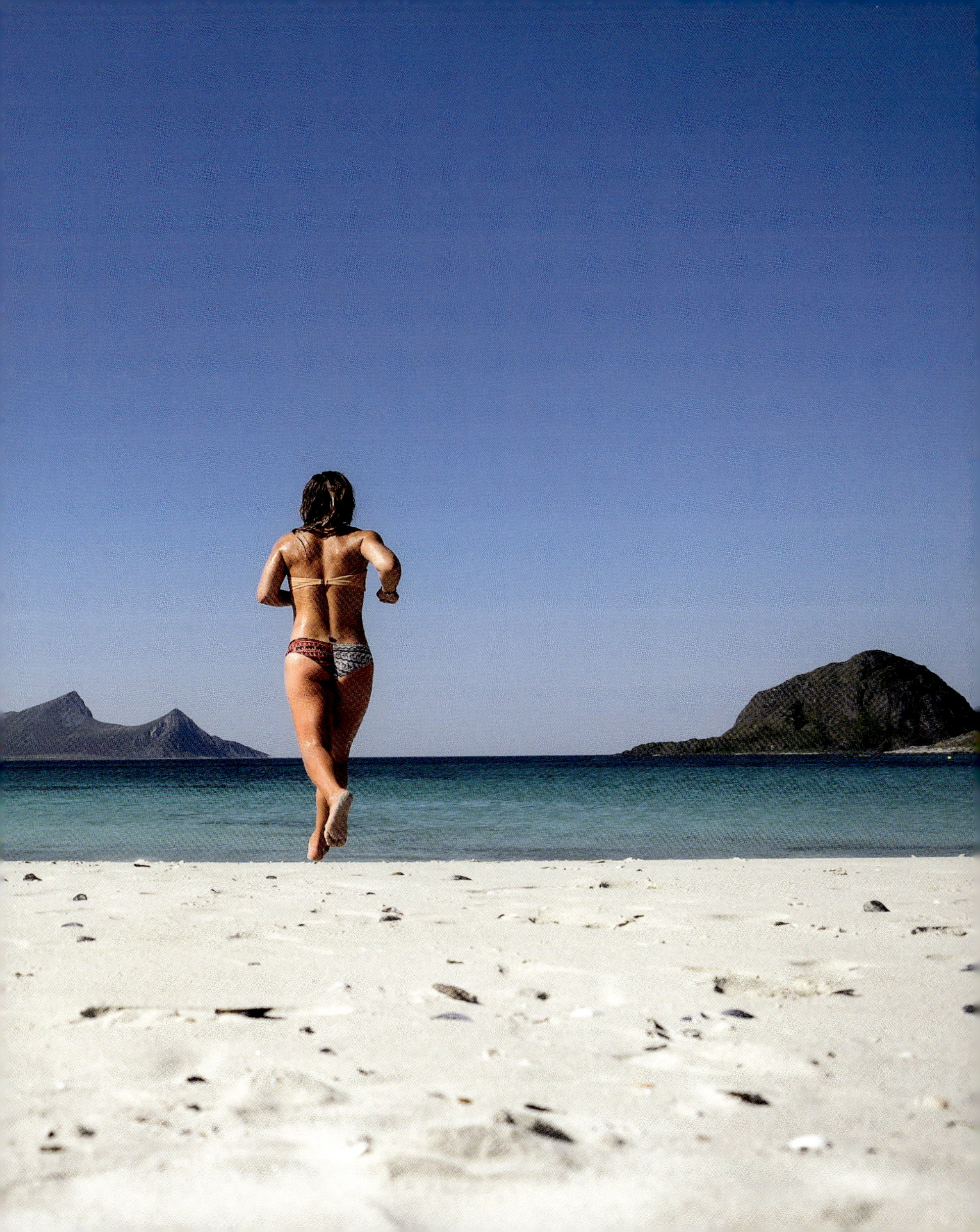

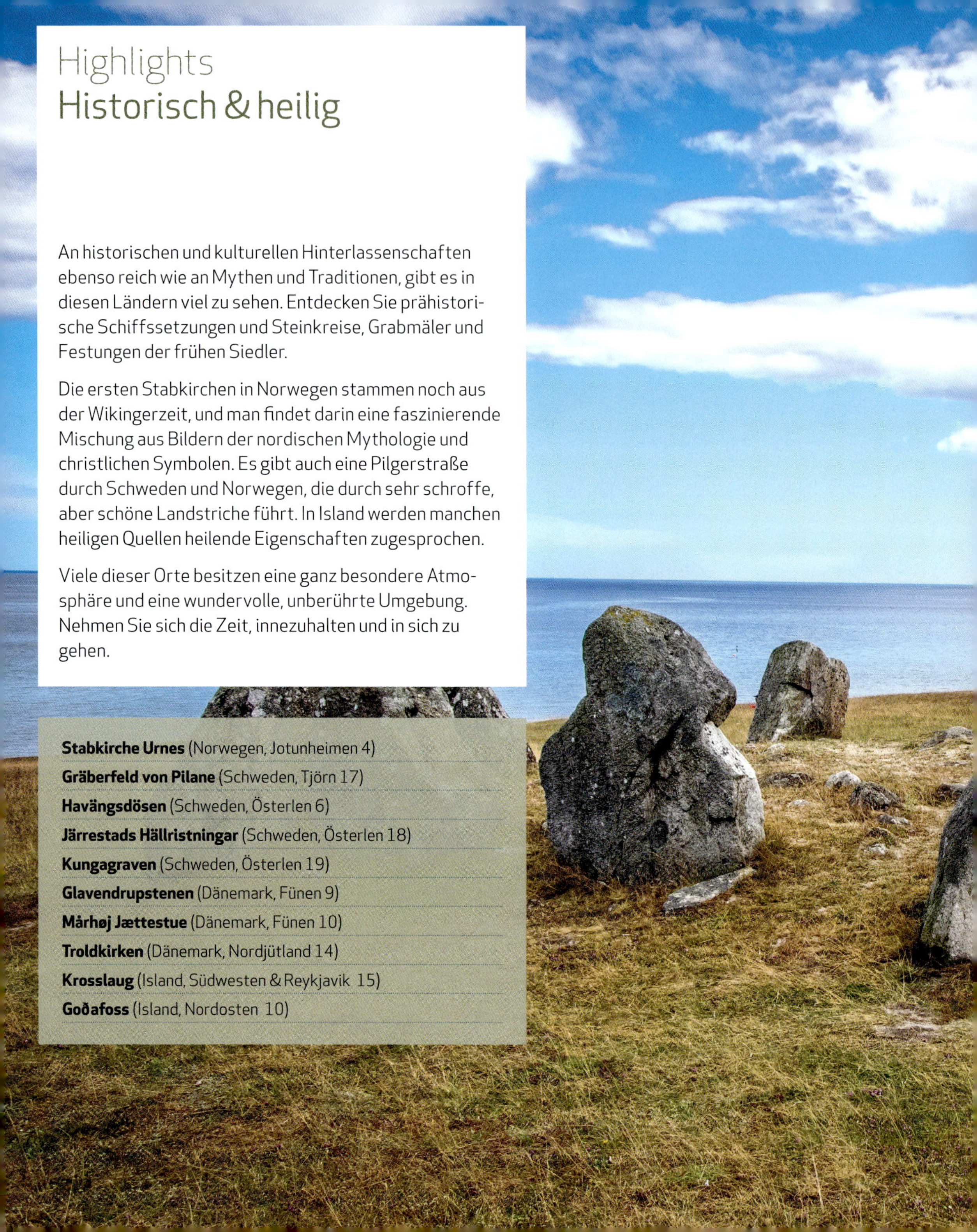

Highlights
Historisch & heilig

An historischen und kulturellen Hinterlassenschaften ebenso reich wie an Mythen und Traditionen, gibt es in diesen Ländern viel zu sehen. Entdecken Sie prähistorische Schiffssetzungen und Steinkreise, Grabmäler und Festungen der frühen Siedler.

Die ersten Stabkirchen in Norwegen stammen noch aus der Wikingerzeit, und man findet darin eine faszinierende Mischung aus Bildern der nordischen Mythologie und christlichen Symbolen. Es gibt auch eine Pilgerstraße durch Schweden und Norwegen, die durch sehr schroffe, aber schöne Landstriche führt. In Island werden manchen heiligen Quellen heilende Eigenschaften zugesprochen.

Viele dieser Orte besitzen eine ganz besondere Atmosphäre und eine wundervolle, unberührte Umgebung. Nehmen Sie sich die Zeit, innezuhalten und in sich zu gehen.

Stabkirche Urnes (Norwegen, Jotunheimen 4)
Gräberfeld von Pilane (Schweden, Tjörn 17)
Havängsdösen (Schweden, Österlen 6)
Järrestads Hällristningar (Schweden, Österlen 18)
Kungagraven (Schweden, Österlen 19)
Glavendrupstenen (Dänemark, Fünen 9)
Mårhøj Jættestue (Dänemark, Fünen 10)
Troldkirken (Dänemark, Nordjütland 14)
Krosslaug (Island, Südwesten & Reykjavik 15)
Goðafoss (Island, Nordosten 10)

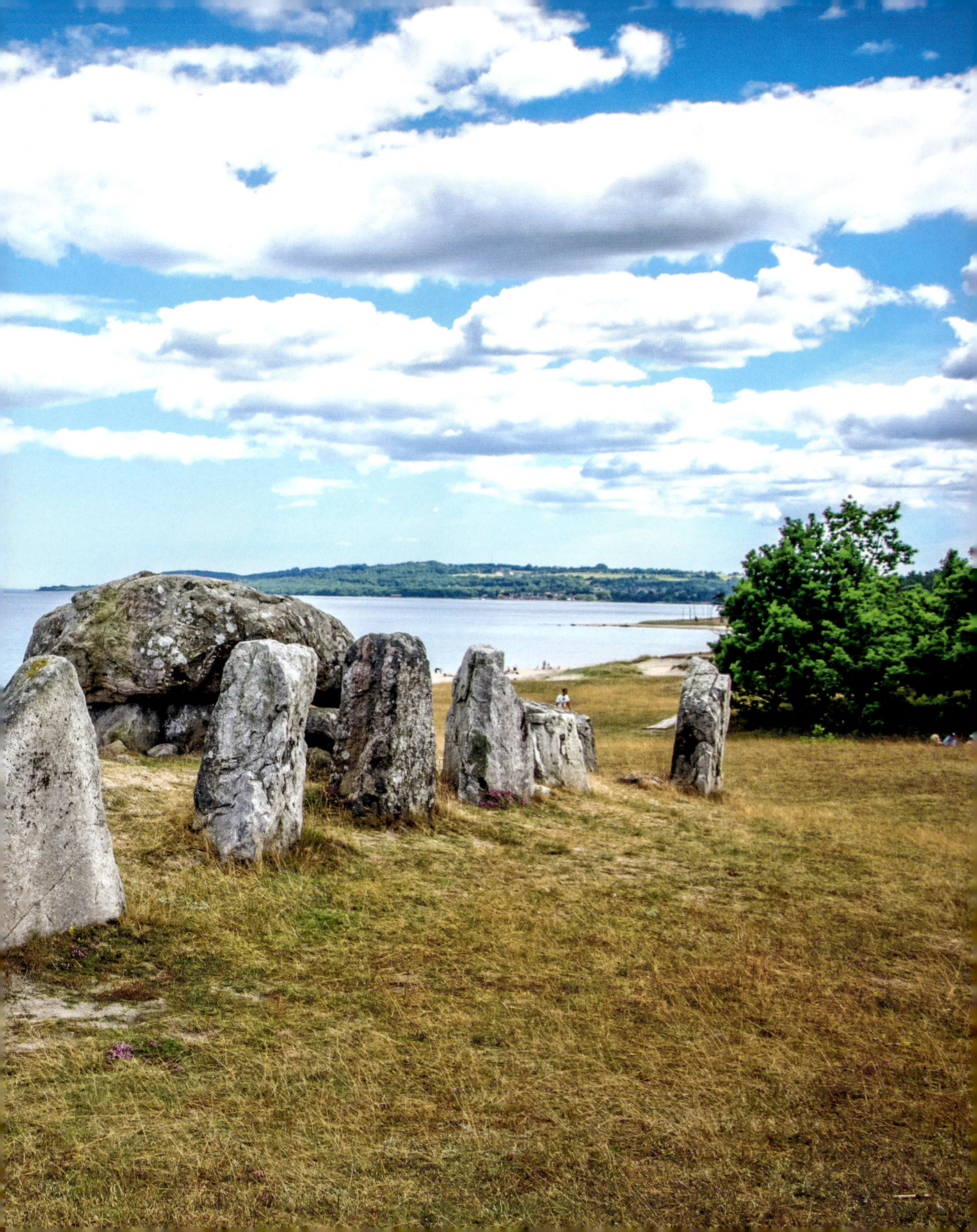

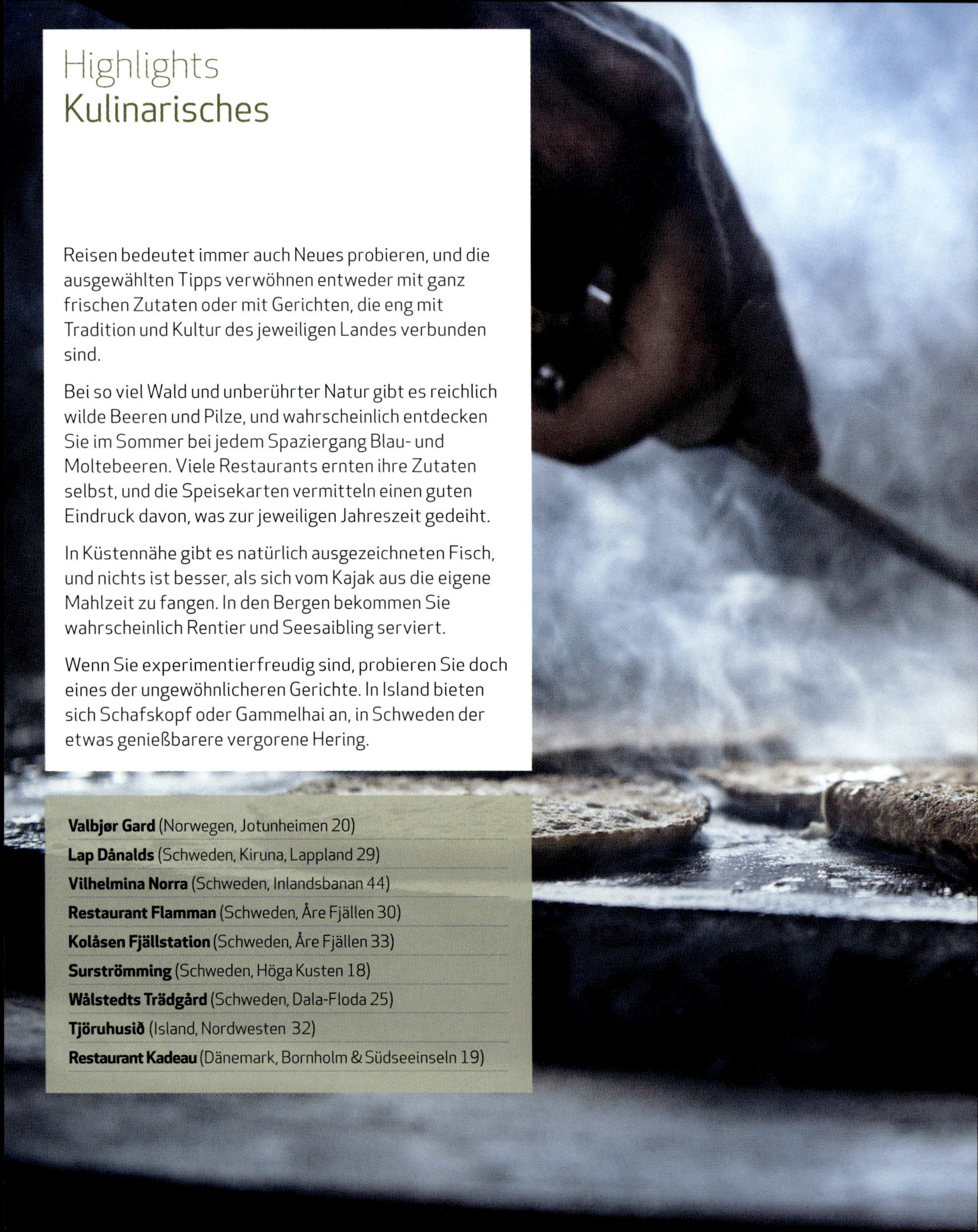

Highlights Kulinarisches

Reisen bedeutet immer auch Neues probieren, und die ausgewählten Tipps verwöhnen entweder mit ganz frischen Zutaten oder mit Gerichten, die eng mit Tradition und Kultur des jeweiligen Landes verbunden sind.

Bei so viel Wald und unberührter Natur gibt es reichlich wilde Beeren und Pilze, und wahrscheinlich entdecken Sie im Sommer bei jedem Spaziergang Blau- und Moltebeeren. Viele Restaurants ernten ihre Zutaten selbst, und die Speisekarten vermitteln einen guten Eindruck davon, was zur jeweiligen Jahreszeit gedeiht.

In Küstennähe gibt es natürlich ausgezeichneten Fisch, und nichts ist besser, als sich vom Kajak aus die eigene Mahlzeit zu fangen. In den Bergen bekommen Sie wahrscheinlich Rentier und Seesaibling serviert.

Wenn Sie experimentierfreudig sind, probieren Sie doch eines der ungewöhnlicheren Gerichte. In Island bieten sich Schafskopf oder Gammelhai an, in Schweden der etwas genießbarere vergorene Hering.

Valbjør Gard (Norwegen, Jotunheimen 20)
Lap Dånalds (Schweden, Kiruna, Lappland 29)
Vilhelmina Norra (Schweden, Inlandsbanan 44)
Restaurant Flamman (Schweden, Åre Fjällen 30)
Kolåsen Fjällstation (Schweden, Åre Fjällen 33)
Surströmming (Schweden, Höga Kusten 18)
Wålstedts Trädgård (Schweden, Dala-Floda 25)
Tjöruhusið (Island, Nordwesten 32)
Restaurant Kadeau (Dänemark, Bornholm & Südseeinseln 19)

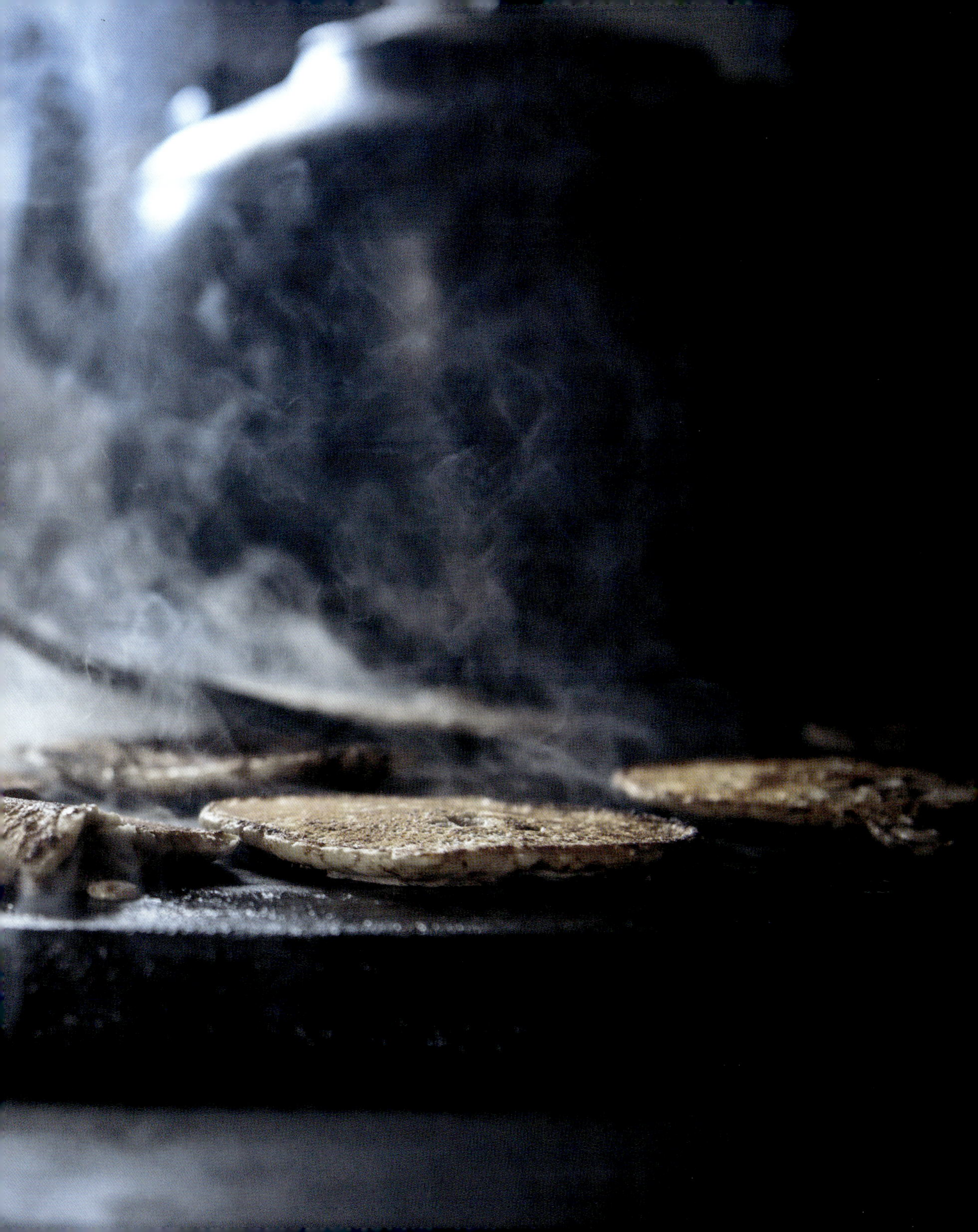

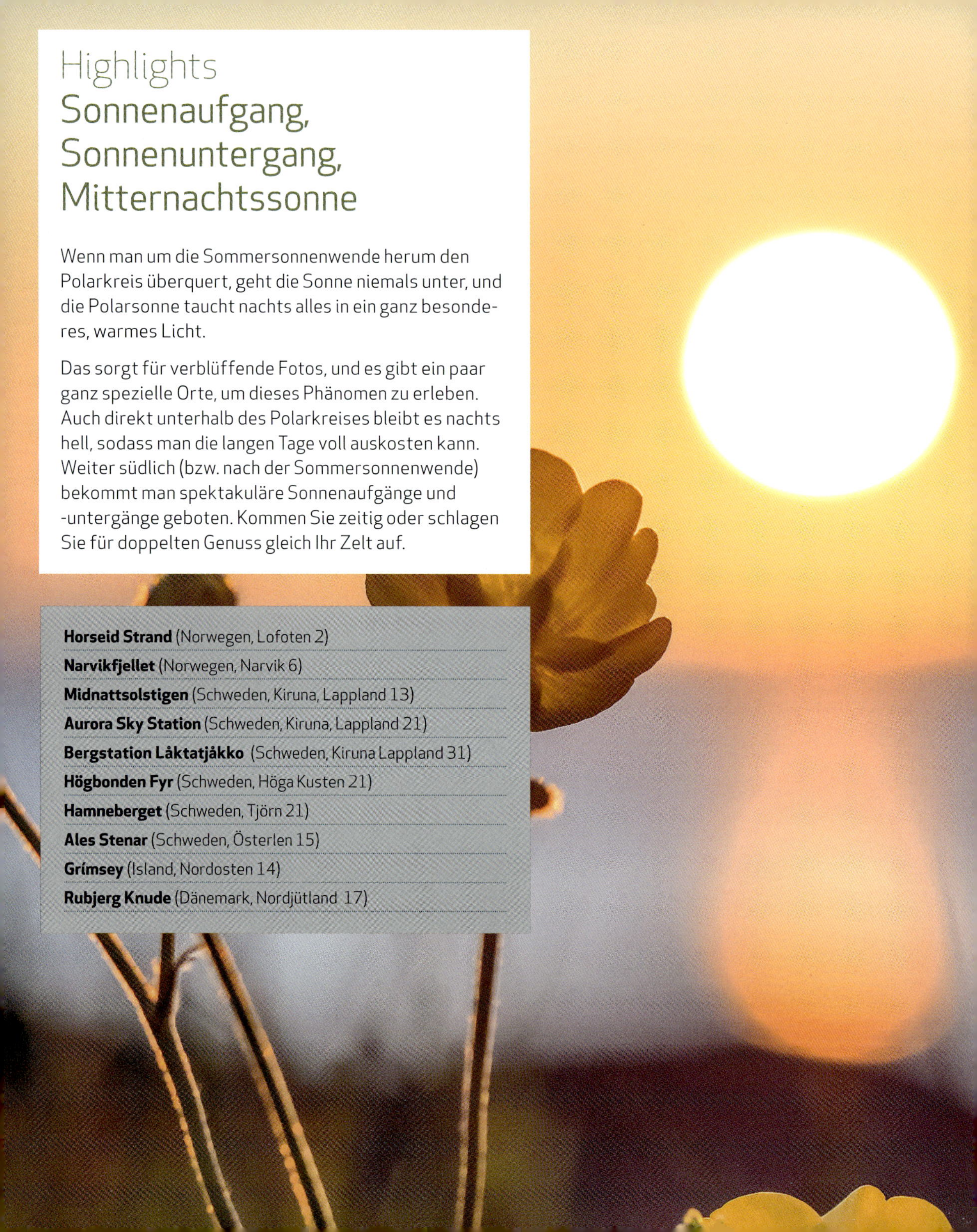

Highlights
Sonnenaufgang, Sonnenuntergang, Mitternachtssonne

Wenn man um die Sommersonnenwende herum den Polarkreis überquert, geht die Sonne niemals unter, und die Polarsonne taucht nachts alles in ein ganz besonderes, warmes Licht.

Das sorgt für verblüffende Fotos, und es gibt ein paar ganz spezielle Orte, um dieses Phänomen zu erleben. Auch direkt unterhalb des Polarkreises bleibt es nachts hell, sodass man die langen Tage voll auskosten kann. Weiter südlich (bzw. nach der Sommersonnenwende) bekommt man spektakuläre Sonnenaufgänge und -untergänge geboten. Kommen Sie zeitig oder schlagen Sie für doppelten Genuss gleich Ihr Zelt auf.

- **Horseid Strand** (Norwegen, Lofoten 2)
- **Narvikfjellet** (Norwegen, Narvik 6)
- **Midnattsolstigen** (Schweden, Kiruna, Lappland 13)
- **Aurora Sky Station** (Schweden, Kiruna, Lappland 21)
- **Bergstation Låktatjåkko** (Schweden, Kiruna Lappland 31)
- **Högbonden Fyr** (Schweden, Höga Kusten 21)
- **Hamneberget** (Schweden, Tjörn 21)
- **Ales Stenar** (Schweden, Österlen 15)
- **Grímsey** (Island, Nordosten 14)
- **Rubjerg Knude** (Dänemark, Nordjütland 17)

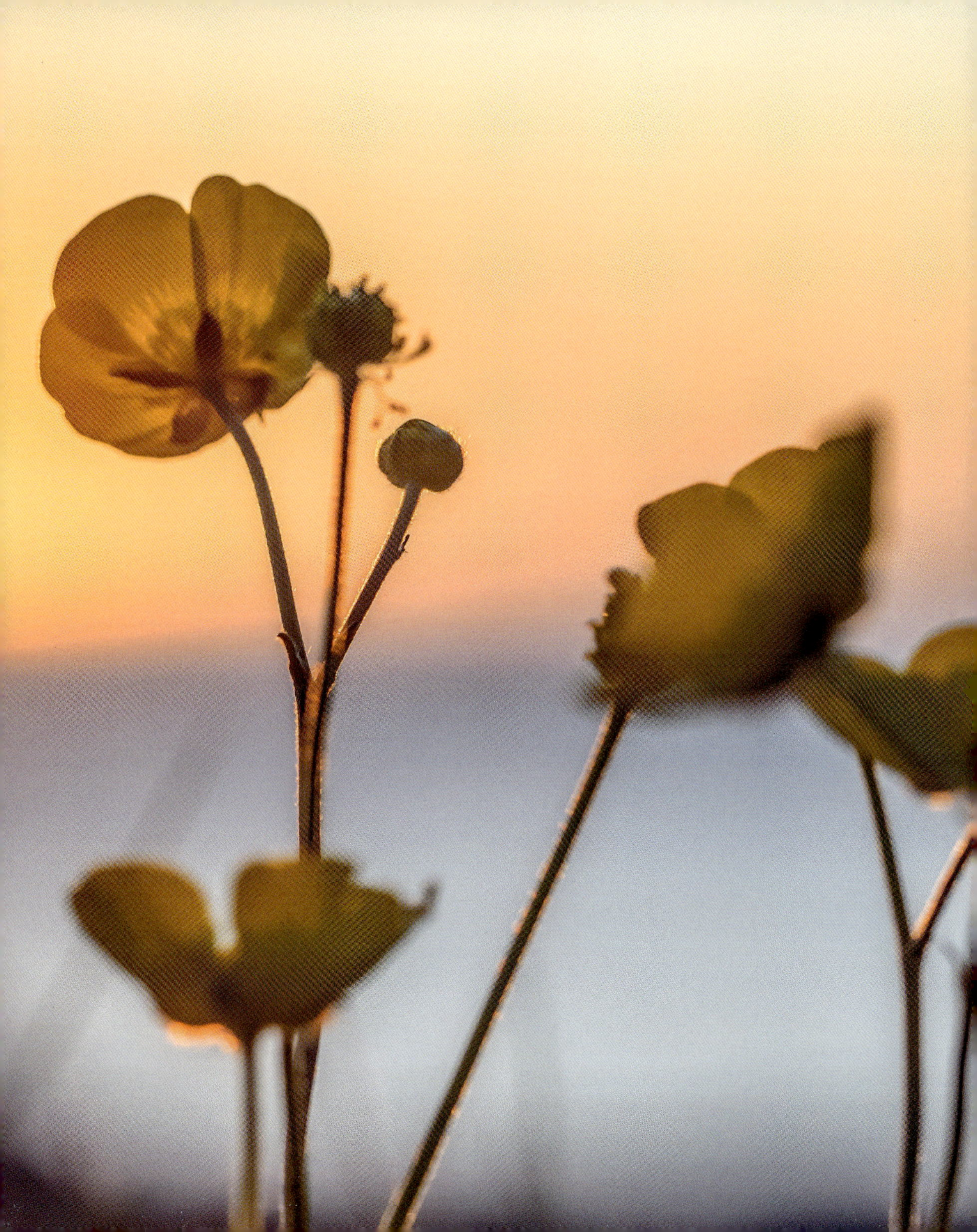

NORWEGEN

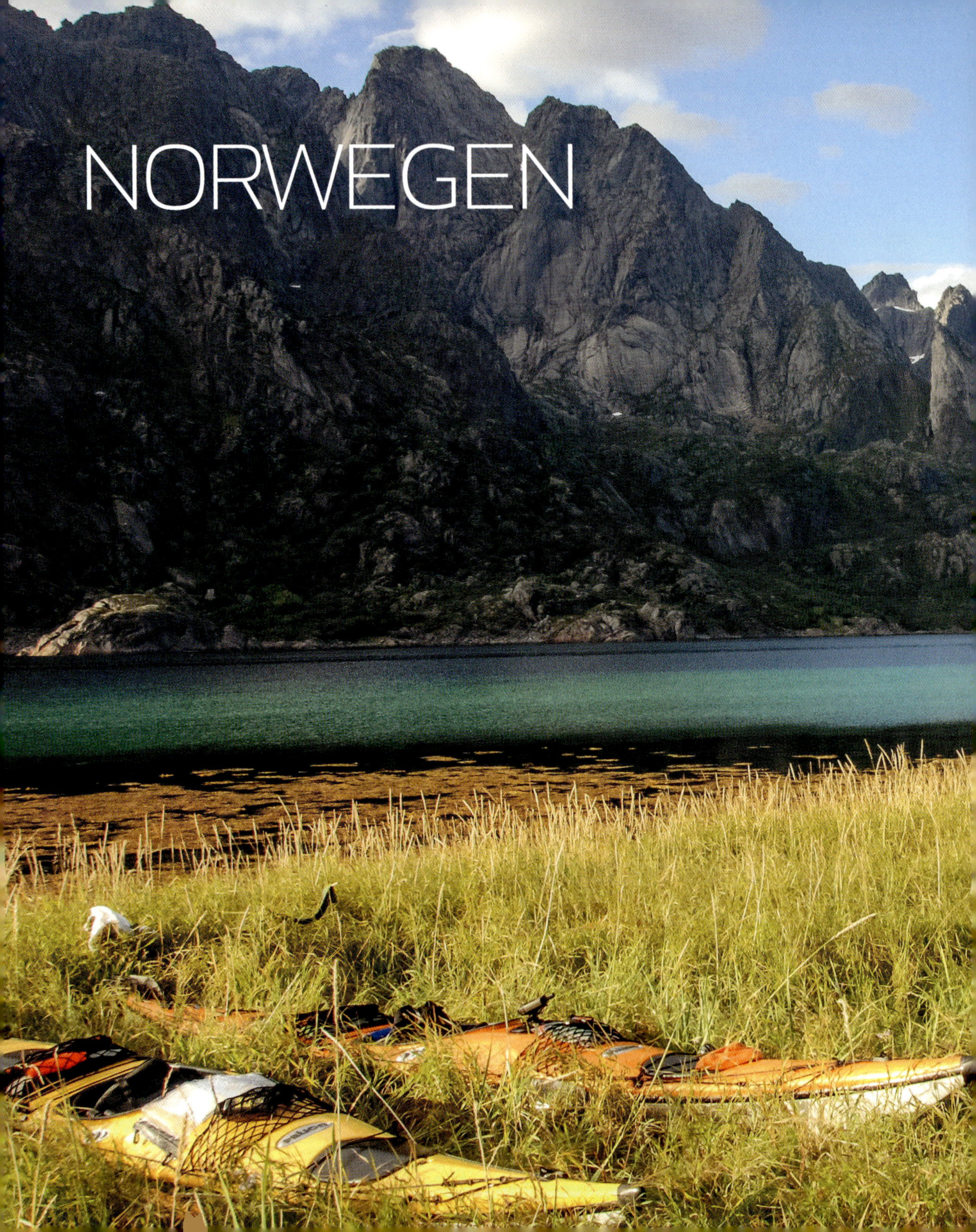

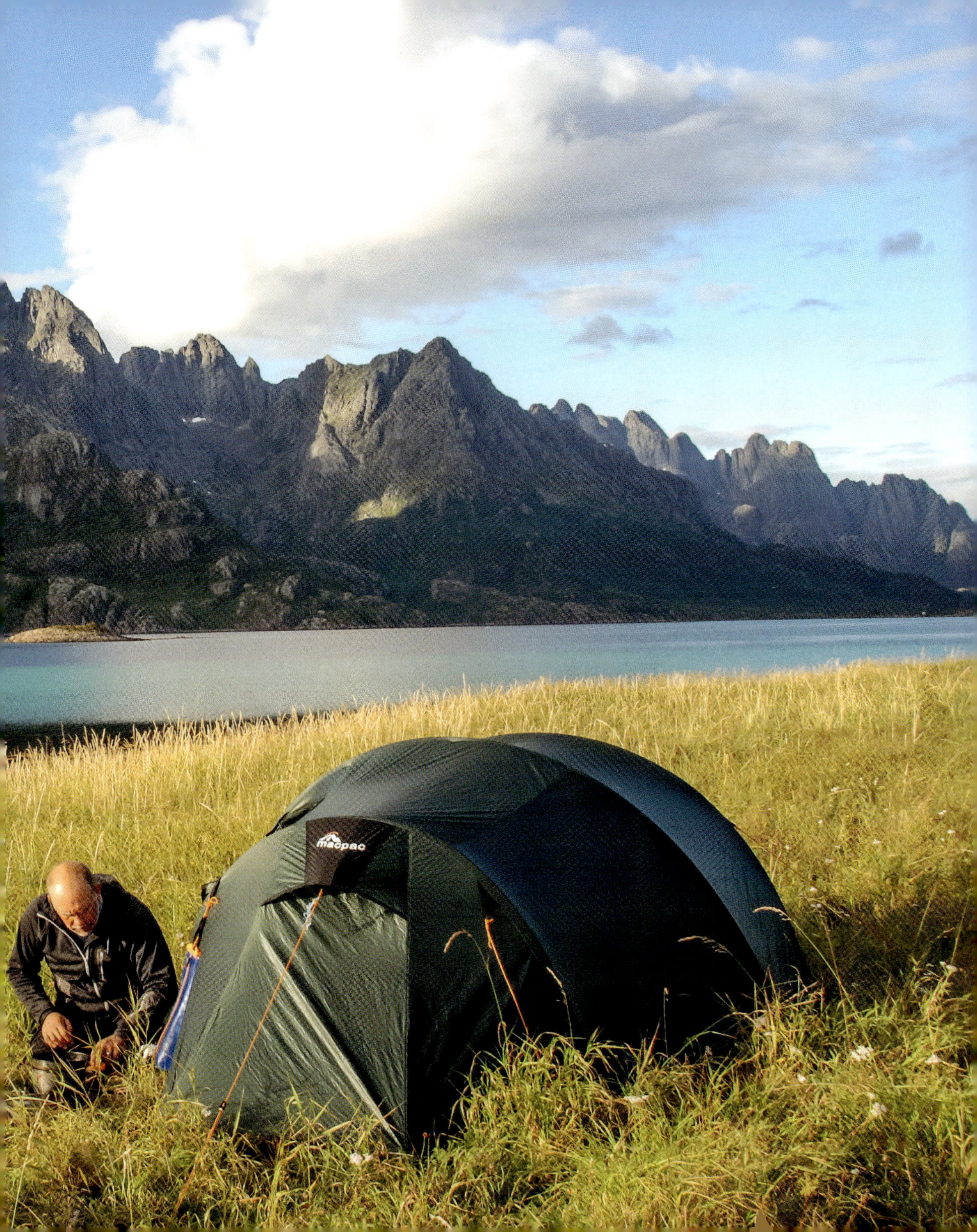
macpac

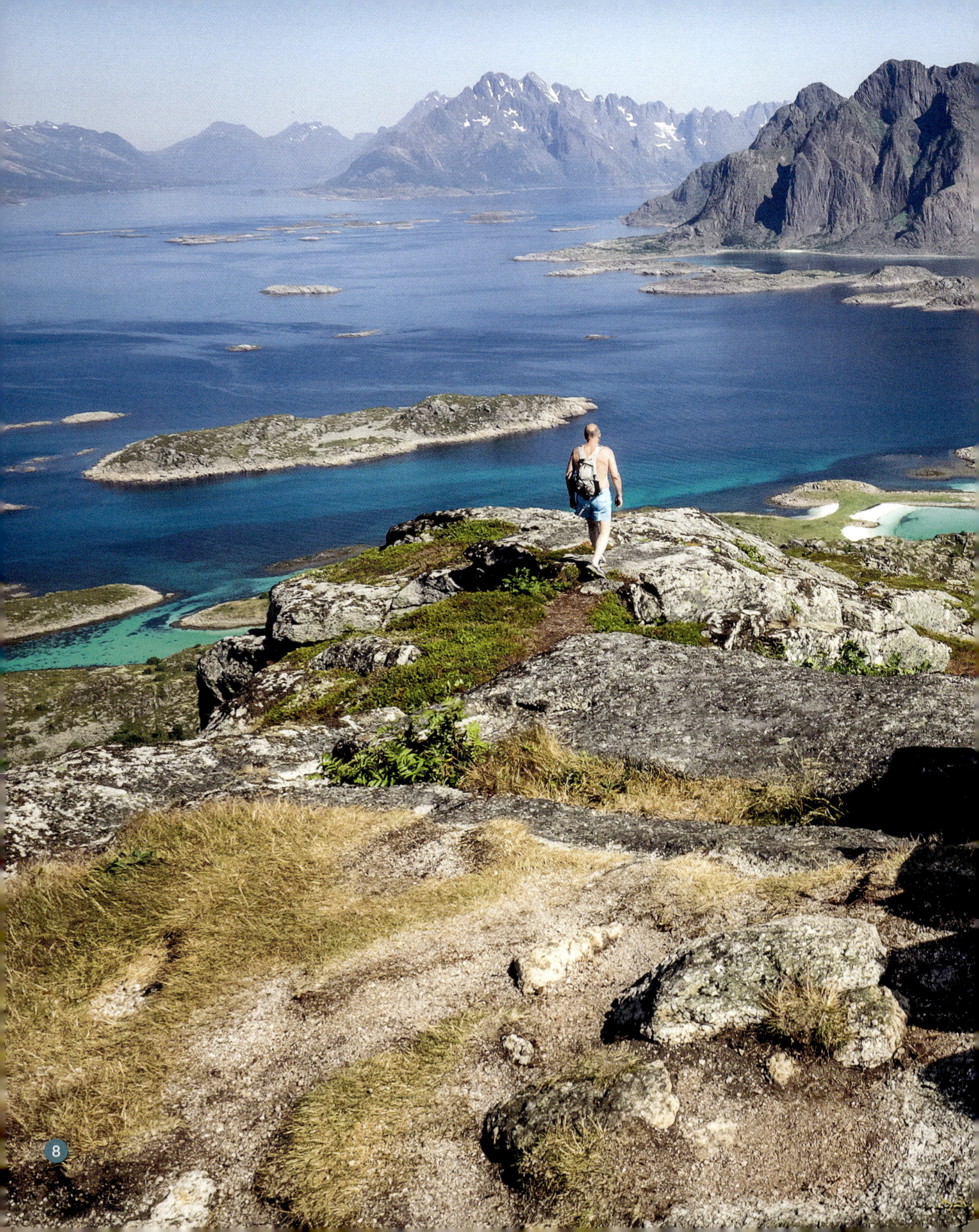

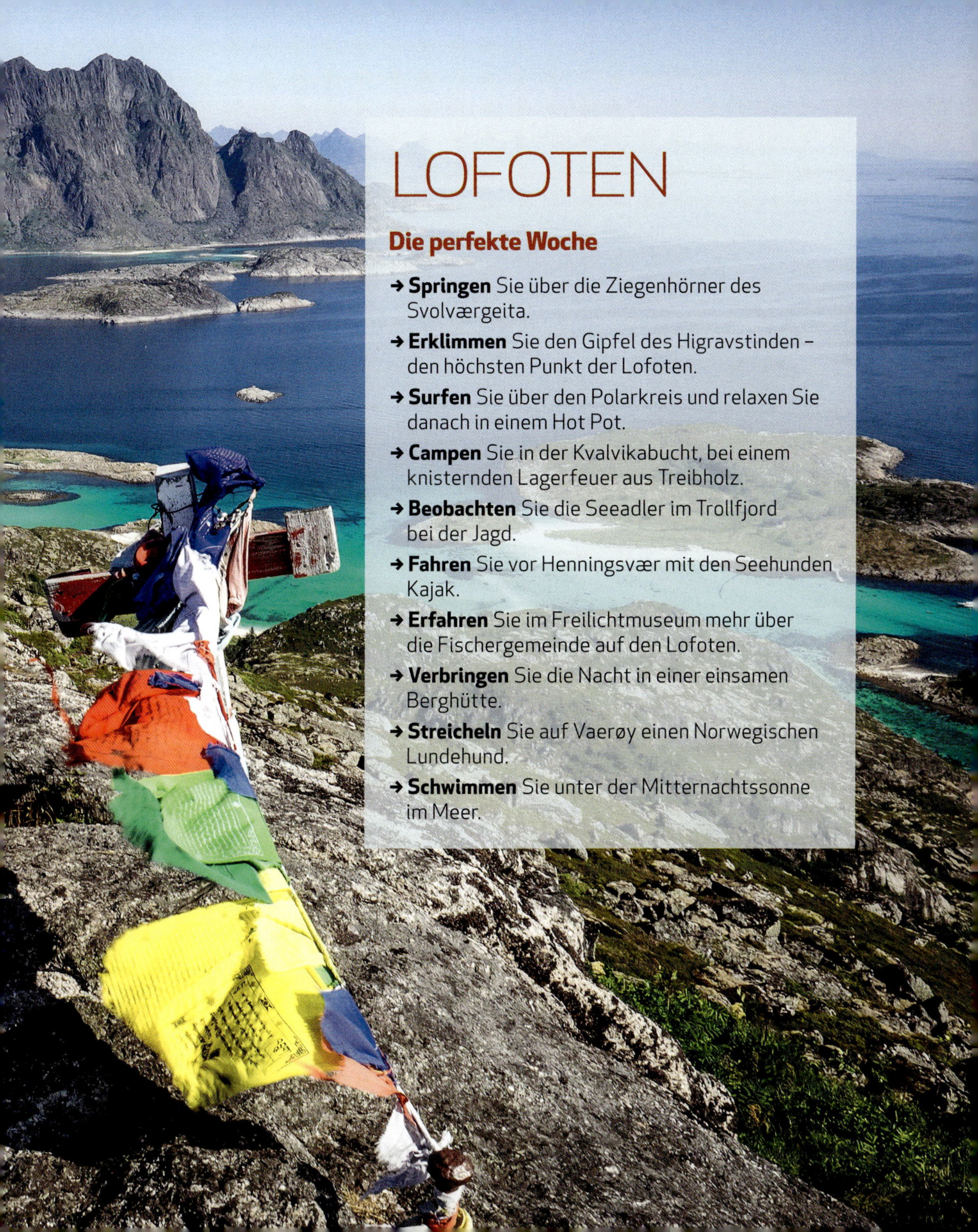

LOFOTEN

Die perfekte Woche

- → **Springen** Sie über die Ziegenhörner des Svolværgeita.
- → **Erklimmen** Sie den Gipfel des Higravstinden – den höchsten Punkt der Lofoten.
- → **Surfen** Sie über den Polarkreis und relaxen Sie danach in einem Hot Pot.
- → **Campen** Sie in der Kvalvikabucht, bei einem knisternden Lagerfeuer aus Treibholz.
- → **Beobachten** Sie die Seeadler im Trollfjord bei der Jagd.
- → **Fahren** Sie vor Henningsvær mit den Seehunden Kajak.
- → **Erfahren** Sie im Freilichtmuseum mehr über die Fischergemeinde auf den Lofoten.
- → **Verbringen** Sie die Nacht in einer einsamen Berghütte.
- → **Streicheln** Sie auf Vaerøy einen Norwegischen Lundehund.
- → **Schwimmen** Sie unter der Mitternachtssonne im Meer.

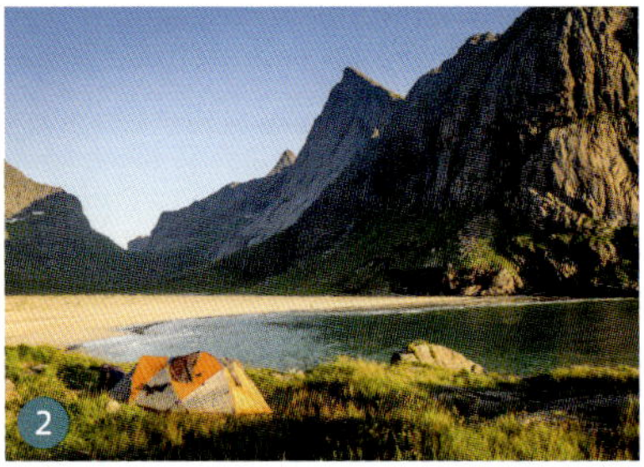

2

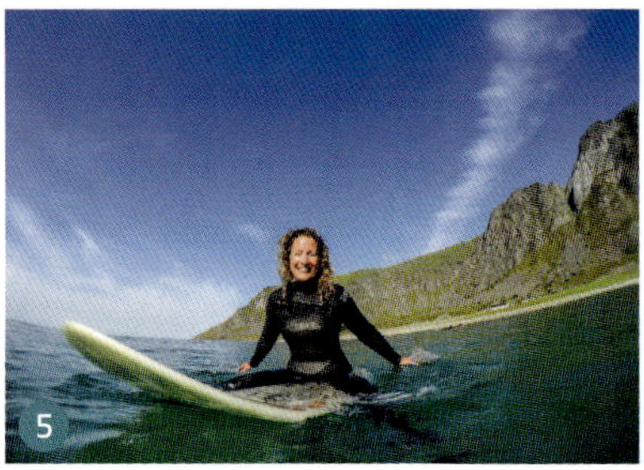

5

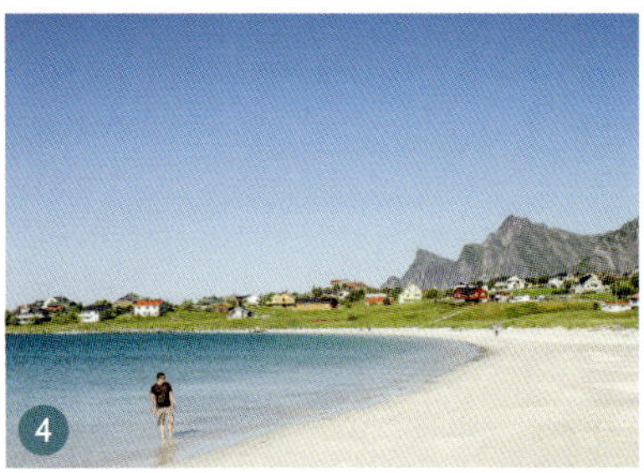

4

Charakteristisch für die vielen Inseln der Lofoten sind ihre aufregenden Gipfel, kleinen Buchten und weißen Sandstrände vor der Kulisse des türkisfarbenen Meeres. Obwohl sie über dem Polarkreis liegen, kann es hier im Sommer sehr warm werden, und dank der Mitternachtssonne setzt die Dunkelheit der Abenteuerlust keine Grenzen.

Hinkommen ist ganz leicht: Man fliegt direkt zu dem kleinen Flughafen in Svolvær oder alternativ nach Bodø auf dem Festland und nimmt von dort die Fähre. Diese hält unterwegs an den einsamen Inseln Værøy und Røstlandet.

Die E10 verbindet alle Hauptinseln durch ein beeindruckendes Netz aus Tunneln und Brücken. Die Straße ist eine Panoramastraße und an sich schon ein Abenteuer – Sie werden ständig anhalten, um den atemberaubenden Blick in sich aufzunehmen. Deshalb eignet sich die Strecke auch hervorragend für eine Fahrradtour.

Fischfang ist seit Jahrhunderten der Hauptwirtschaftszweig der Inseln. Von Mitte Februar bis Ende April wandert der Dorsch in großer Zahl von den nährstoffreichen Gebieten der Barentssee zu den Laichgründen in der Nähe der Lofoten. Der Fisch wird traditionell gefangen und auf großen Gestellen zum Trocknen aufgehängt. Mehr darüber erfährt man im Norwegischen Fischereimuseum. Es überrascht nicht, dass Fisch auch in der regionalen Küche eine wichtige Rolle spielt.

Die Küste lässt sich wunderbar mit dem Kajak erkunden, das man vielerorts leihen kann. Viele der Strände kann man nur vom Meer aus erreichen oder sie erfordern einen langen Fußmarsch, deshalb hat man die atemberaubend schönen Strände oft für sich allein.

Zelten kann man überall, aber wenn man ein richtiges Bett will, sind der Klassiker auf den Lofoten alte Fischerhütten (Rorbuer). Ein Ende der Hütte liegt über dem Wasser, sodass man den Tag mit einem erfrischenden Bad im Meer beginnen kann. Im Sommer kann man leicht vergessen, dass man sich über dem Polarkreis befindet.

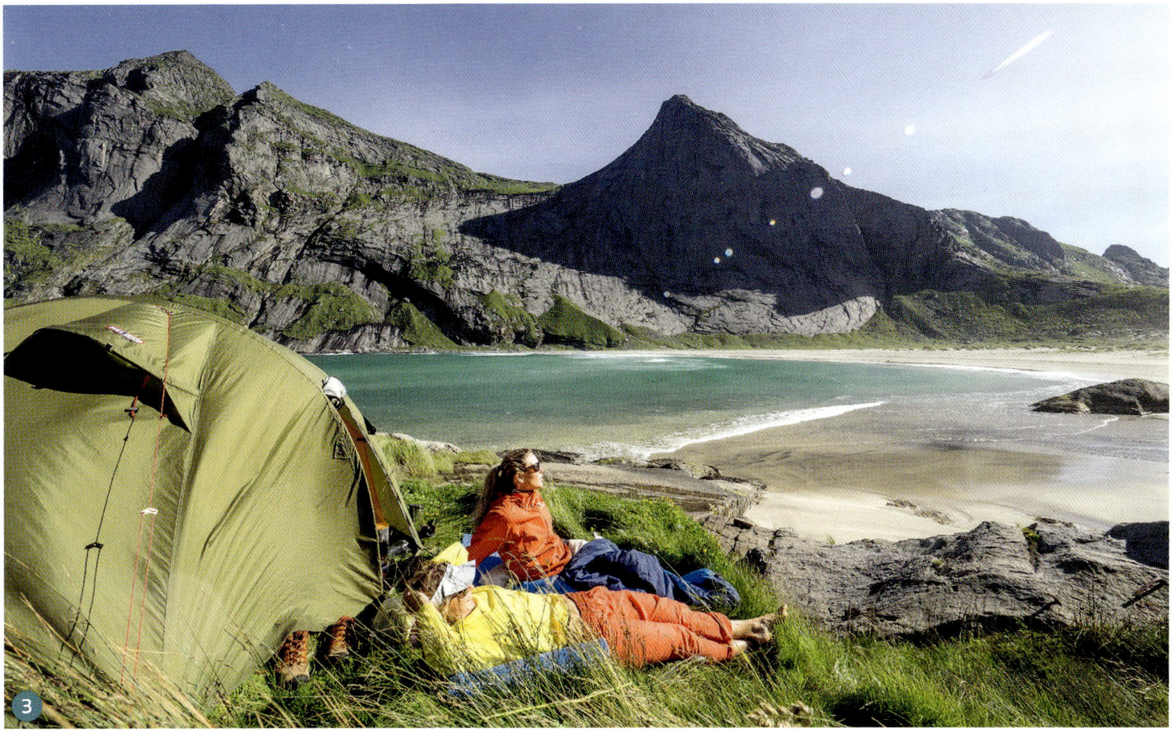

STRÄNDE

1 KVALVIKA STRAND

Einer der malerischsten Strände auf den Inseln. Die Surfer-Doku *Nördlich der Sonne* wurde hier gefilmt, und die Hütte, die in dem Film gebaut wurde, steht noch. Campen Sie vor den Dünen am türkisblauen Meer, mit einem tosenden Lagerfeuer aus Treibholz. Sie werden nie wieder weg wollen.

→ Von der E10 (südlich von Ramberg) auf die FV808 nach Moskenesøya und hinter der Brücke links Richtung Fredvang. Der Straße ca. 3 km folgen bis zum roten Bootshaus links und gleich dahinter rechts parken (68.0695, 13.1305). Von dort führt ein Weg zum Strand.

1 Std., 68.0776, 13.0982

2 HORSEID STRAND

Schmaler Keil aus weißem Sand zwischen hohen Bergen mit Grasflächen zum Campen. Treibholz zum Feuermachen gibt es reichlich, aber Sie sollten frisches Wasser mitbringen. Sonst müssen Sie einen der Berge hochlaufen, bis Sie auf sauberes Wasser stoßen. Gehen Sie bis zum Ende des Strandes und klettern Sie rechts ein kleines Stück hoch. Nah am Meer und zugleich sehr geschützt, ist dies der beste Platz zum Campen.

→ Vom Hafen in Reine die Fähre nach Kjerkfjorden (67.9924, 13.0137) nehmen. Am Ende des Piers rechts. Nach 100 m sieht man links ein Schild. Dem Weg 3,5 km zum Strand folgen. Reinefjorden Fähre, +47 76 092090. www.reinefjorden.no

2 Std., 68.0220, 12.9923

3 BUNES STRAND

Schöner einsamer Strand unter der Westwand des Helvetestinden, perfekt, um der Zivilisation zu entfliehen. Im Spätsommer schöne Sonnenuntergänge. Normalerweise reichlich Treibholz für Lagerfeuer, und ein Wasserfall spendet frisches Wasser. In Vindstad gibt es keine Möglichkeit, Proviant zu kaufen, man muss also alles mitbringen – obwohl man sich sein Abendessen natürlich selber angeln kann. Schön zum Campen.

→ Vom Hafen in Reine die Fähre nach Vindstad (67.9578, 13.0037) nehmen. Von dort dem Weg durchs Dorf und den Fjord entlang 2 km folgen. Am Ende des Dorfes links dem Schild nach Bunes folgen. Reinefjorden Fähre. +47 76 092090. www.reinefjorden.no

1 Std. vom Dorf, 67.9778, 12.9665

4 RAMBERGSTRAND

Schöner weißer Sandstrand mit türkisfarbenem Wasser, leicht zugänglich und perfekt für ein Mitternachtsbad. Hinter dem Dorf befindet sich eine Felsformation, die aussieht wie ein Troll (68.0859, 13.2343). Die Legende besagt, dass er ins Dorf kam, um einem hübschen Mädchen einen Heiratsantrag zu machen. Als sie ihn abwies, setzte er sich dorthin und blieb, bis die Sonne aufging und er zu Stein wurde. Noch immer beobachtet er die hübschen Mädchen im Dorf, und herabfallende Felsbrocken sollen seine Tränen sein.

→ Der Strand befindet sich in Ramberg, an der E10.

68.0959, 13.2408

5 UNSTAD ARCTIC SURF

Campingplatz und Surfboard-Verleih im Surferparadies über dem Polarkreis, betrieben von der Tochter eines Surf-Pioniers der 1960er. Übernachten Sie nach dem Surfen unter der Mitternachtssonne in einer Hütte oder im Zelt, mit Nutzung von Sauna und Whirlpool. Kurse für Anfänger.

→ Unstadveien 105, 8363 Bøstad, +47 970 61201. www.unstadarcticsurf.com

68.2652, 13.5910

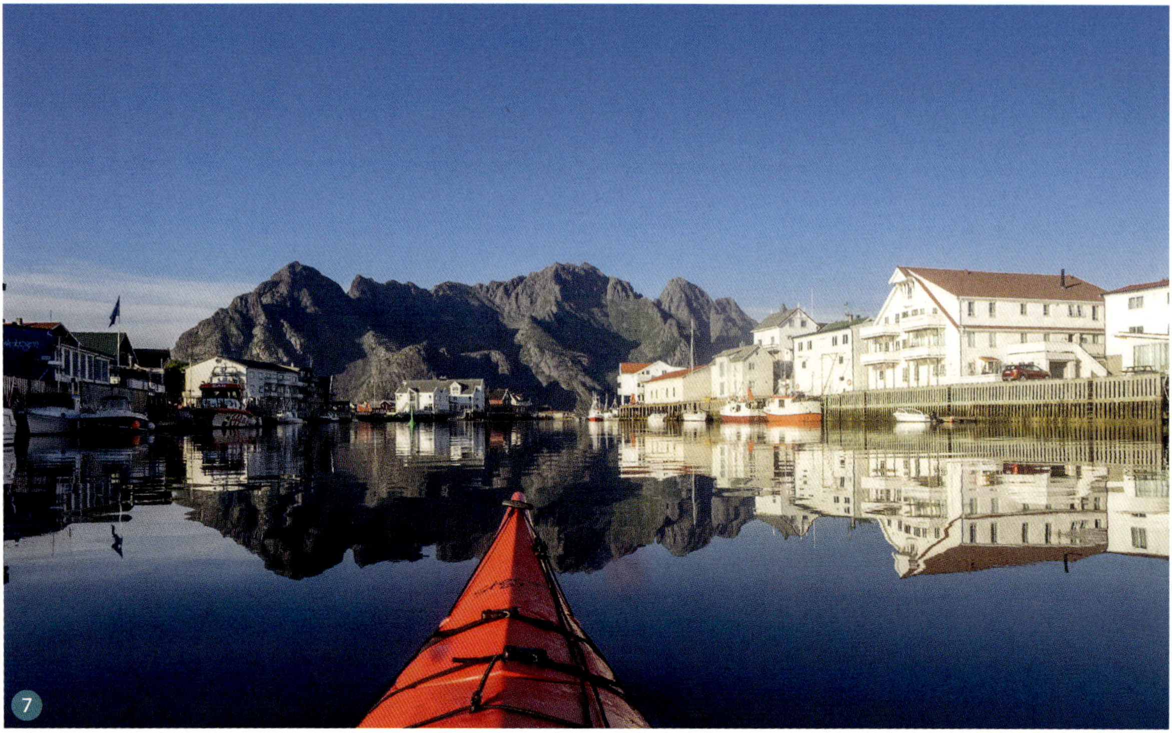

7

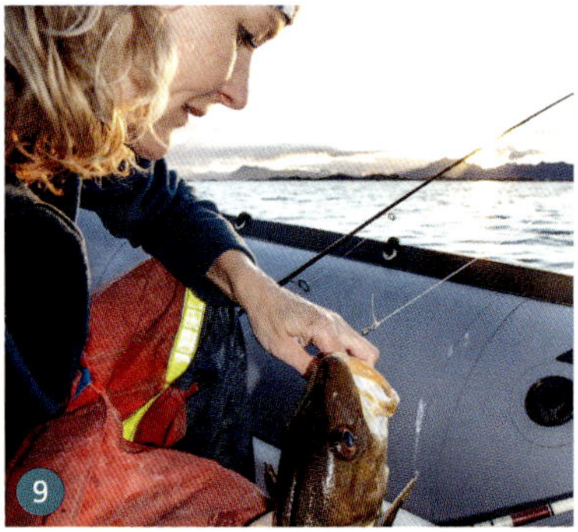

9

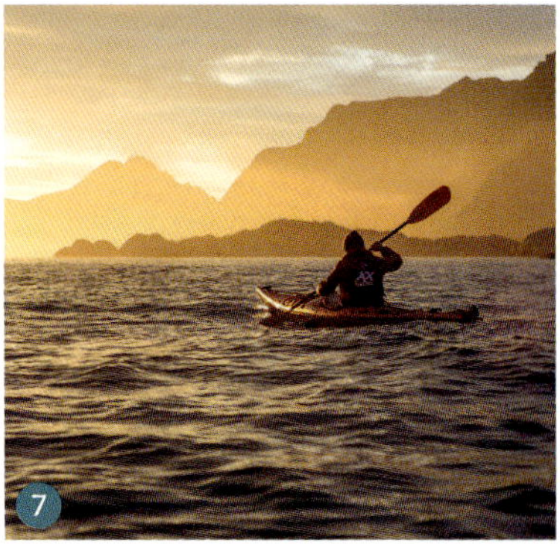

7

KAJAK

6 REINE

Leihen Sie im schönen Dörfchen Reine auf Moskenes Kajaks und erkunden Sie den geschützten Reinefjord. Um die Sommersonnenwende kann man unter der Mitternachtssonne paddeln. Angeln Sie unterwegs frischen Fisch und campen Sie am einsamen Strand. Von hier aus kann man auch an die Strände von Horseid (siehe 2) und Bunes (siehe 3) paddeln (kurzer Fußweg).

→ Reineadventure, Reine, 8390 Reine, +47 932 14596. www.reineadventure.com 67.9325, 13.0895

7 HENNINGSVÆR

Das Fischerdorf Henningsvær erstreckt sich über mehrere kleine Inseln. Leihen Sie sich Kajaks und starten Sie die große Hafenrundfahrt. Paddeln Sie dann zwischen den Inseln hindurch und suchen Sie sich eine abgelegene Schäre zum Picknicken. Vielleicht stellen Sie bei Ihrer Rückkehr fest, dass Ihnen eine neugierige Robbe folgt.

→ Kajakverleih XXLofoten in Svolvær: Johan E. Paulsens Gate 12, 8300 Svolvær, +47 916 55500. www.xxlofoten.no Mind. 3 Std., 68.1543, 14.2054

BOOTSFAHRTEN & ANGELN

8 TROLLFJORD

Beeindruckender Fjord am Raftsund, zwischen Lofoten und Vesterålen. Sein Eingang ist nur 100 m breit, flankiert von nackten Klippen. Auf seinen 2 km Länge wird er bis zu 800 m breit. Machen Sie eine Bootstour und halten Sie nach Seeadlern Ausschau, die hier nach Fischen tauchen. Die Reise führt vorbei an diversen kleinen Inseln, darunter Skrova (siehe S. 40).

→ Bootsfahrten Svolvær zum Trollfjord: Trollfjord Cruise, Torget 16, 8300 Svolvær, +47 451 57587. www.trollfjordcruise.com 2–3 Std., 68.3638, 14.9466

9 ANGELTOUR

Das Meer um die Inseln bietet reiche Fischgründe, und die Fischerei ist seit Jahrhunderten deren Hauptwirtschaftszweig. Versuchen Sie doch, einen der legendären Riesendorsche zu fangen. Nigel Hearn, ein englischer Fischer, der hier zu Hause ist, versorgt Sie mit der nötigen Ausrüstung und bringt Sie in einem seiner kleinen Boote zu den richtigen Stellen. Jeder Angeltrip ist gleichzeitig eine Meeres-Safari, bei der Sie Seeadlern, Robben und Delfinen begegnen.

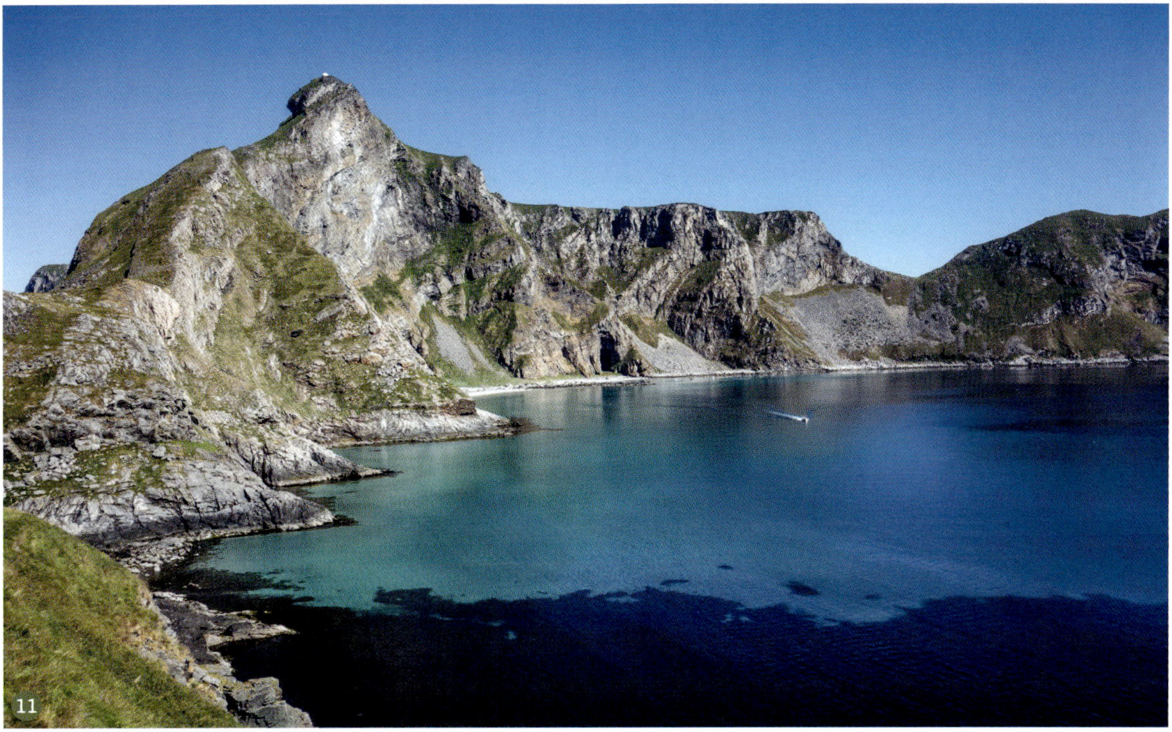

11

➜ Abfahrt von verschiedenen Häfen, Buchung: Vestpollen Vei 61, 8316 Laupstad, +47 997 59342. www.noproblemsportfishing.com
68.3585, 14.7200

10 RØST

365 Inseln, Holmen und Schären, die nur mit dem Boot erreichbar sind. Von Moskenes fährt man 65 km mit der Fähre zur Hauptinsel Røstlandet. Während diese nur 12 mNN liegt, ragen die anderen Inseln hoch aus dem Wasser auf – Storfjellet ist mit 259 m die höchste. Ein Viertel aller norwegischen Seevögel soll hier leben, und wahrscheinlich werden Sie seltene Arten wie Sturmschwalben und Eissturmvögel sehen. Man kann auf der Insel campen, es gibt aber auch Unterkünfte.
➜ Fährbetrieb von Torghatten Nord, +47 906 20700. www.torghatten-nord.no
105 Min (Hinfahrt), 67.5194, 12.1152

KULTUR & GESCHICHTE

11 VÆRØY

18 km² große, zerklüftete Insel, auf der es weit mehr Vögel gibt als die 775 ständigen Bewohner. Zahlreiche Wanderwege und noch mehr Möglichkeiten, ungestört zu campen, von schönen weißen Sandstränden bis zu Aussichtspunkten auf den Klippen. Die Insel hat außerdem ein verlassenes Dort (Mostad), diverse Grabstätten aus der Wikingerzeit und die älteste Kirche der Lofoten, aus dem Jahre 1714. Von hier stammt auch der seltene (sechszehige) Norwegische Lundehund, der für die Papageientaucher-Jagd gezüchtet wurde. Die Fähre verkehrt zwischen Moskenes und der Hauptinsel Sørland.
➜ Fährbetrieb Torghatten Nord, +47 906 20700. www.torghatten-nord.no
75 Min. (Hinfahrt), 67.6769, 12.6675

12 LEUCHTTURM SKOMVÆR & HÖHLENMALEREIEN HELVETET

Nehmen Sie in Røstlandet ein Boot, um die anderen Inseln und deren Vogelwelt zu erkunden. Am weitesten entfernt liegt mit 15 km Skomvær (67.4108, 11.8751). Der dortige Leuchtturm stammt von 1887 und ist inzwischen voll automatisiert – bis 1978 gab es noch einen Leuchtturmwärter. Auf Trenyken (67.4369, 11.8912) gibt es eine 100 m lange Höhle mit Malereien, die um 1500 v. Chr. entstanden sind. Wegen der nistenden Vögel ist es zwischen 15. April und 15. August verboten, dort anzulegen. Nehmen Sie ein Fernglas mit.

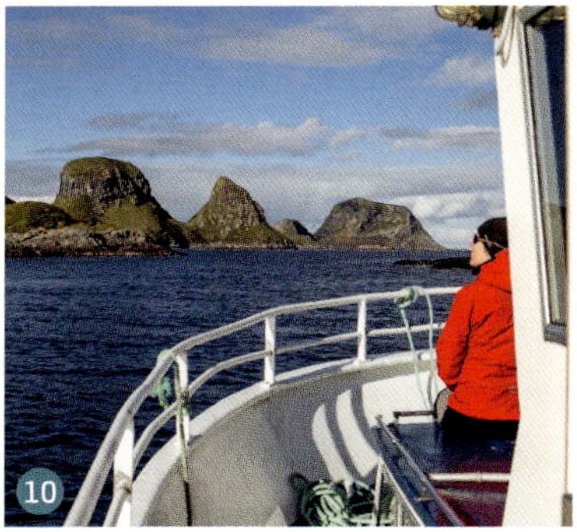

10

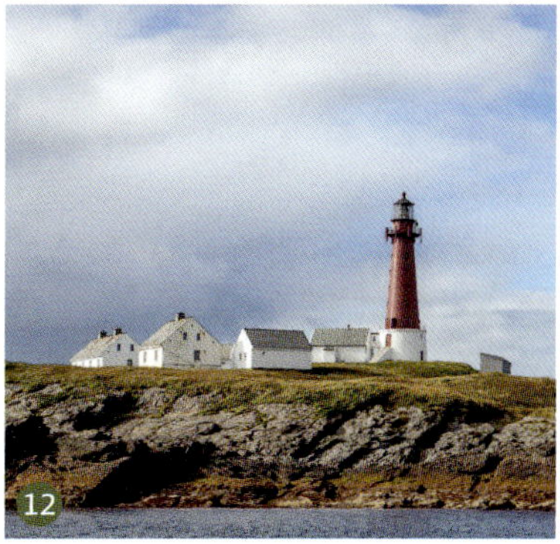

12

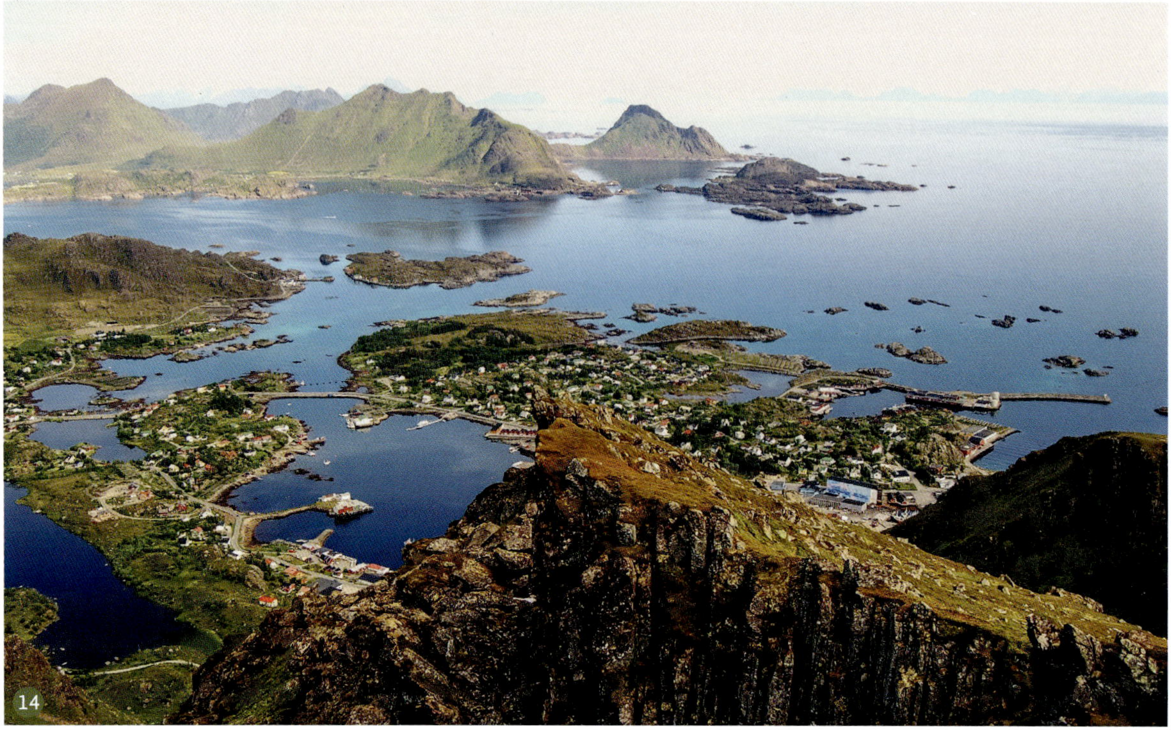

14

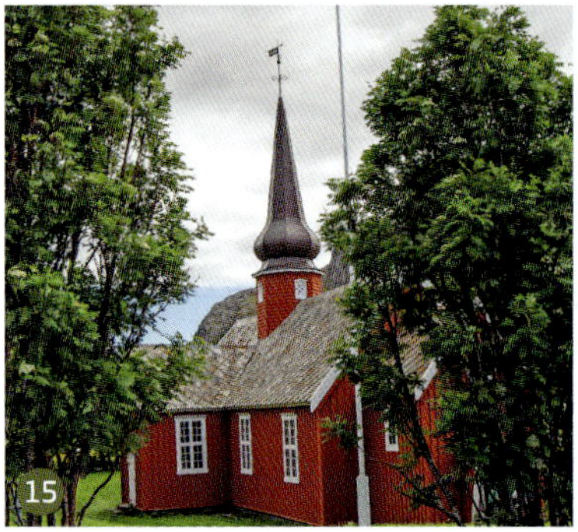

15

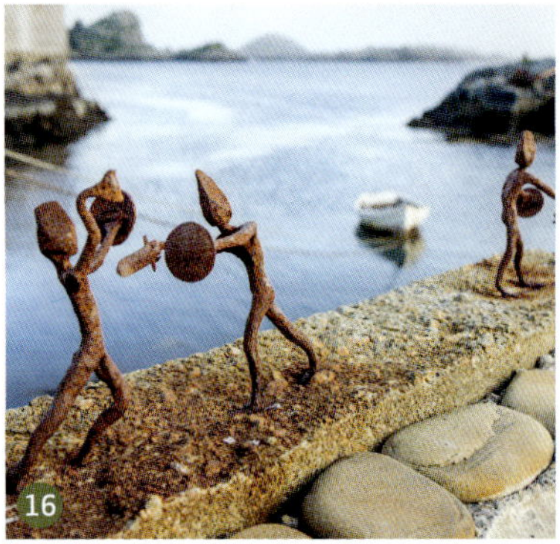

16

➔ Sightseeing-Boote von Lofottur fahren im Sommer täglich vom Røst Bryggehotell auf Röstlandet. +47 934 97445. www.lofottur.com 2.5 Std., 67.5057, 12.0772

13 LOFOTR WIKINGERMUSEUM

Das größte, je entdeckte Wikinger-Langhaus wurde in ein faszinierendes Museum umgewandelt. Jedes Jahr im August gibt es ein Fest mit diversen Veranstaltungen. In einer nahen Bucht liegt die Nachbildung des Wikingerschiffs Gokstad.

➔ Lofotr Wikingermuseum, Prestegårdsveien 59, 8360 Bøstad, +47 76 154000. www.lofotr.no 68.2439, 13.7565

14 FISCHERDORF BALLSTAD

Eines der größten und ältesten Fischerdörfer der Lofoten auf einer kleinen Insel bei Vestvågøya und immer noch sehr lebhaft. Besichtigen Sie die traditionellen Fischerhütten (Rorbuer) im Hafen, die mit einem Ende auf Pfählen im Wasser stehen, um den Zugang zu den Booten zu erleichtern. Auf der anderen Seite der Insel sieht man die Gestelle, auf denen der Fisch getrocknet wird.

➔ Rorbu-Vermietung: Kræmervika Rorbuer, 8373 Ballstad, +47 76 060920. www.kremmervika.no 68.0743, 13.5505

15 KIRCHE VON FLAKSTAD

Zweitälteste Kirche der Lofoten aus dem 18. Jahrhundert – ein Sturm hat das Original aus dem 15. Jahrhundert zerstört. Sie wurde aus russischem Holz erbaut, das mit Fisch bezahlt wurde, und hat wie russische Kirchen einen Zwiebelturm. Ein Fenster des ursprünglichen Baus ist erhalten geblieben. Der Turm wurde 1874 von einem Wirbelsturm umgerissen und 1938 wieder aufgebaut. Rambergstrand (siehe 4) liegt ganz in der Nähe.

➔ Flakstad Kirke, Kjerkveien, 8380 Ramberg. 68.1046, 13.3062

16 SCHMIED IN SUND

Der Schmied in Sund fertigt kleine schmiedeeiserne Kormorane an. In nordnorwegischen Volkssagen taucht manchmal ein verwunschenes Land namens Utrøst aus dem Meer auf, in dem drei Bauern leben, die sich in Kormorane verwandeln können. Besuchen Sie den Schmied und sehen Sie ihm bei der Arbeit zu.

➔ Smeden i Sund, 8384 Sund, +47 76 093629. www.smedenisund.no 68.0049, 13.2070

17 LOFOTEN FISCHERDORF-MUSEUM

Faszinierendes Freilichtmuseum über das

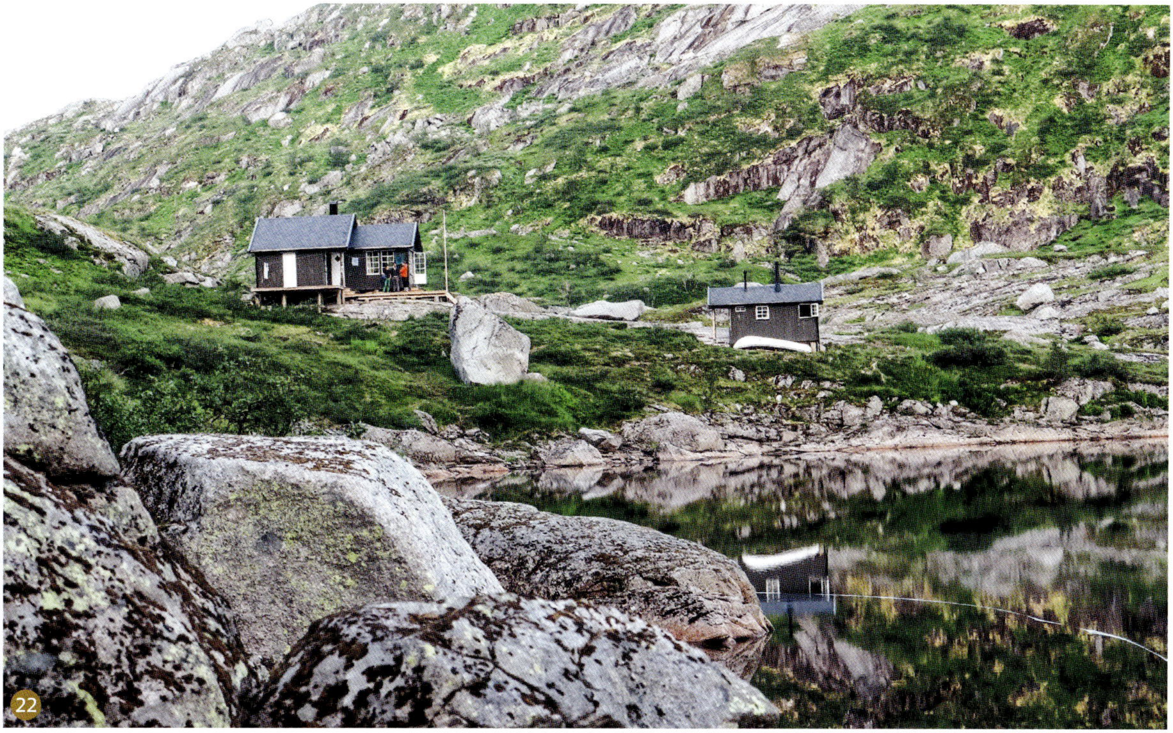

22

Leben der Fischer in den letzten 200 Jahren. Erfahren Sie mehr über den Fischfang (Lofotfiske) und die Herstellung von Lebertran. Im Sommer gibt es eine funktionstüchtige Bäckerei sowie Führungen.

➔ Å i Lofoten, 8392 Sørvågen, +47 76 091488. www.museumnord.no

67.8799, 12.9829

WANDERUNGEN

18 HIGRAVSTINDEN

Man kann fast bis zum Gipfel des höchsten Berges der Lofoten klettern – 1.146 mNN. Es ist ein Stück Arbeit, aber an guten Tagen macht die Aussicht es mehr als wett.

➔ An der Kreuzung von E10 und Lilandveien in Higravseidet (68.3555, 14.7473) parken. Der Weg beginnt hier, ist aber nicht immer gut zu erkennen, deshalb eine Karte mitnehmen!

3–4 Std., 68.3562, 14.7913

19 SVOLVÆRGEITA

150 m hohe Felsgipfelformation, die zwei Hörnern gleicht – der Name bedeutet Ziege von Svolvær. Man kann das höhere der beiden Hörner erklimmen und von dort auf das kleinere springen.

➔ Northern Alpine Guides bringt fitte Leute (auch ohne Kletter-Erfahrung) rauf: Kalleveien 21, 8310 Kabelvåg, +47 942 49110. www.alpineguides.no

68.2461, 14.5883

KULINARISCHES

20 AALAN GÅRD

Leckerer Bio-Ziegenmilchkäse, der traditionell hergestellt wird. Dazu gibt es einen schönen Kräutergarten und im Sommer ein Café mit hausgemachten Speisen.

➔ Lauvdalen 186, 8360 Bøstad, +47 76 084534. www.aalan.no

68.2448, 13.8981

21 LOFOTEN GÅRDSYSTERI

Kleiner Biobauernhof, der Käse, Eier, selbst gemachte Wurst und Honig verkauft – ideal für ein Strandpicknick.

➔ Unstadveien 235, 8360 Bøstad, +47 76 089631. www.lofoten-gardsysteri.no

68.2672, 13.5873

HÜTTEN & CAMPING

22 NØKKSÆTRA HYTTA

Leichter Weg zu einer Berghütte am Ufer des Austre-Nøkkvatnet-Sees mit herrlichem Panoramablick. Nach der Wanderung kann man sich bei einem Bad im See abkühlen. In der Hütte haben bis zu 16 Personen Platz, den Schlüssel bekommt man bei der Touristeninformation im Ort. Lofoten Turlag, ein Ableger der DNT (Norwegischer Wanderverein), betreibt diverse Berghütten auf den Inseln. Infos und Buchung unter: www.vesteralen.turistforeningen

➔ In Svolvær (68.2473, 14.5492) beim Roten Kreuz im Leirskoleveien parken. Auf der Schotterstraße, die zum ausgeschilderten Wanderweg wird, Richtung Norden gehen. Anstieg ca. 250 m.

1.5 Std., 68.2630, 14.5035

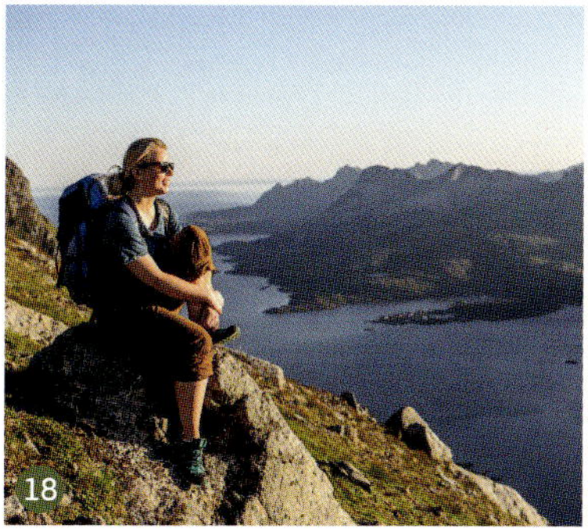

18

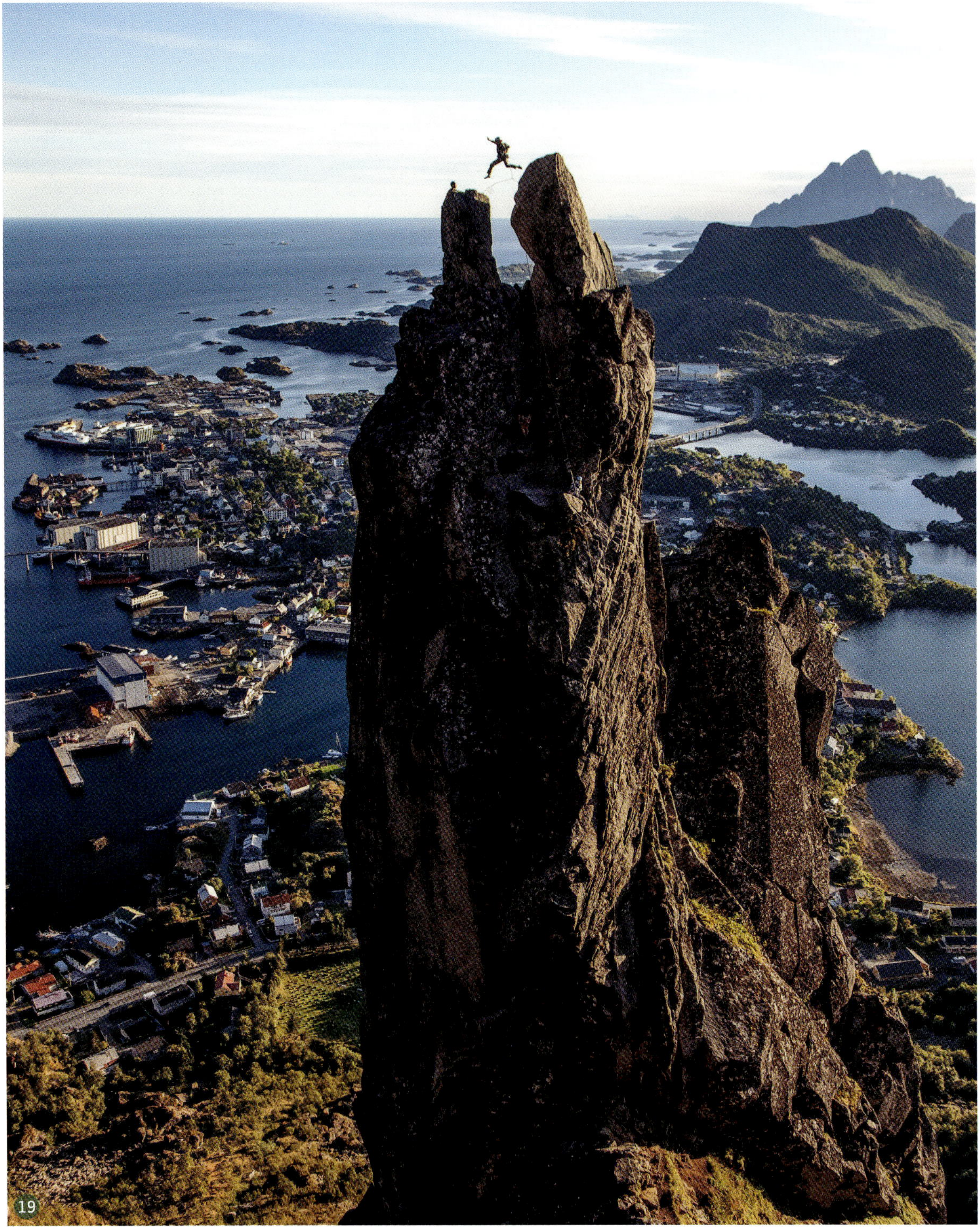
19

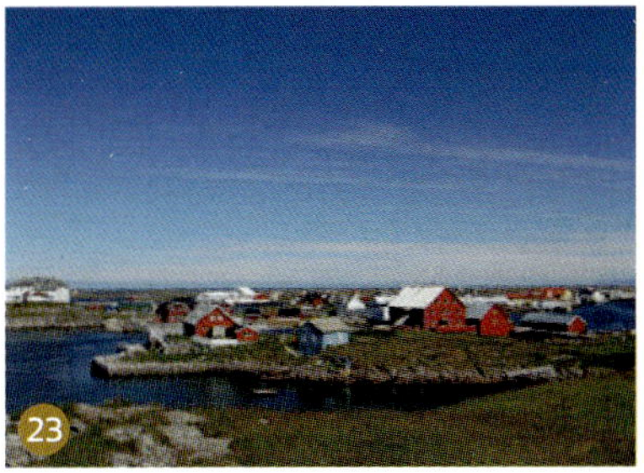

23 KÅRØY RORBUCAMPING

Sehr coole Unterkunft im Jugendherbergsstil auf der winzigen Insel Kårøy vor der Küste von Røstlandet. Da es keine direkte Verbindung zur Hauptinsel gibt, muss man mit dem zur Verfügung gestellten Boot 5 Min. rudern. Hier ist praktisch alles noch so wie in den 60er Jahren. Es gibt mehrere Gemeinschaftsküchen und -bäder. Man kann selbst kochen oder nach Røstlandet rudern und in einem der Restaurants essen.

→ In Røst (siehe 10) der Straße folgen, am Røst Bryggehotel vorbei, dann rechts. Am Anleger warten und (wenn man noch keine Anweisungen erhalten hat) Kårøy anrufen: Kårøy Rorbucamping, 8064 Røst, +47 760 96238. www.karoy.no

67.5049, 12.0777

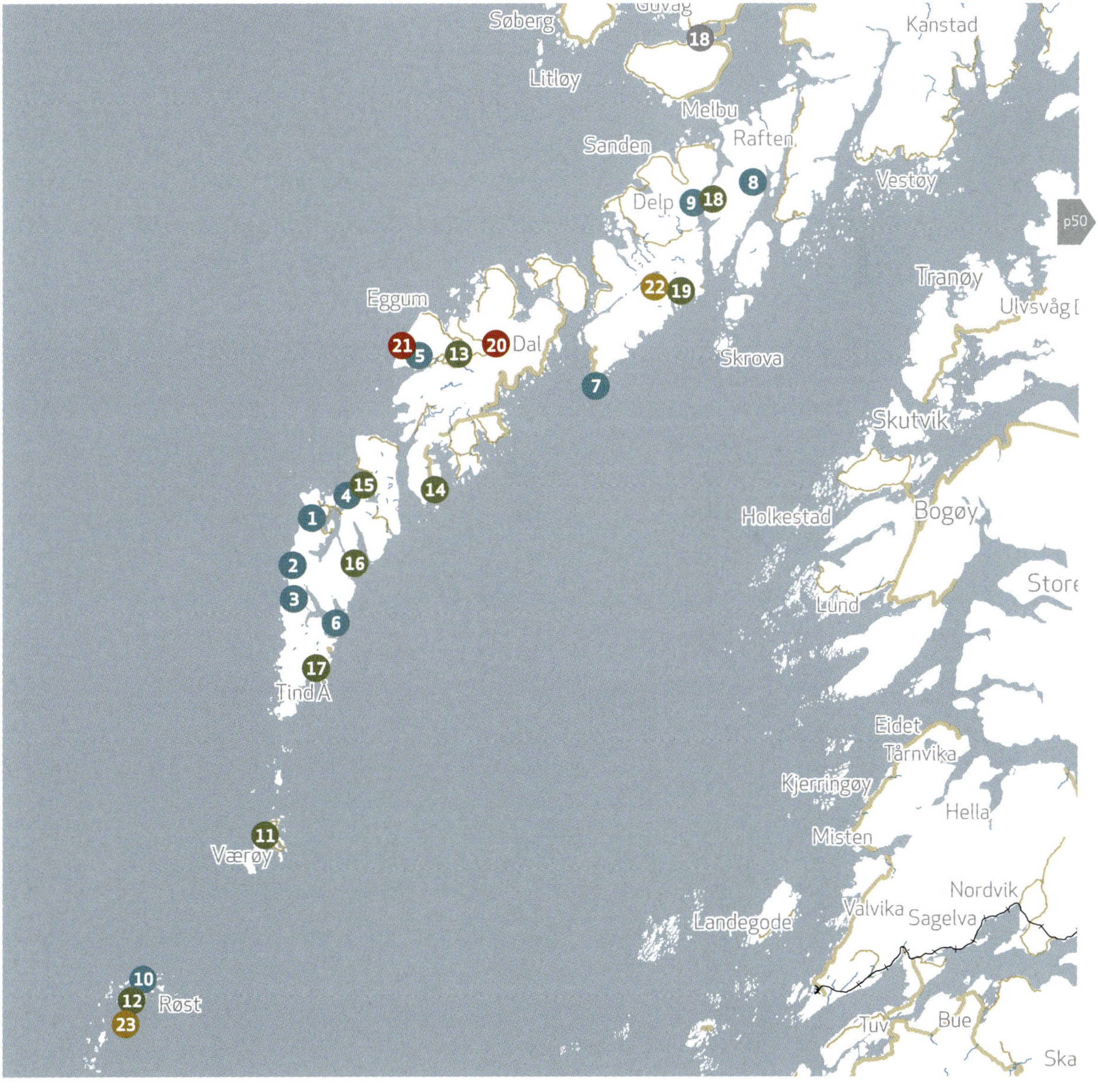

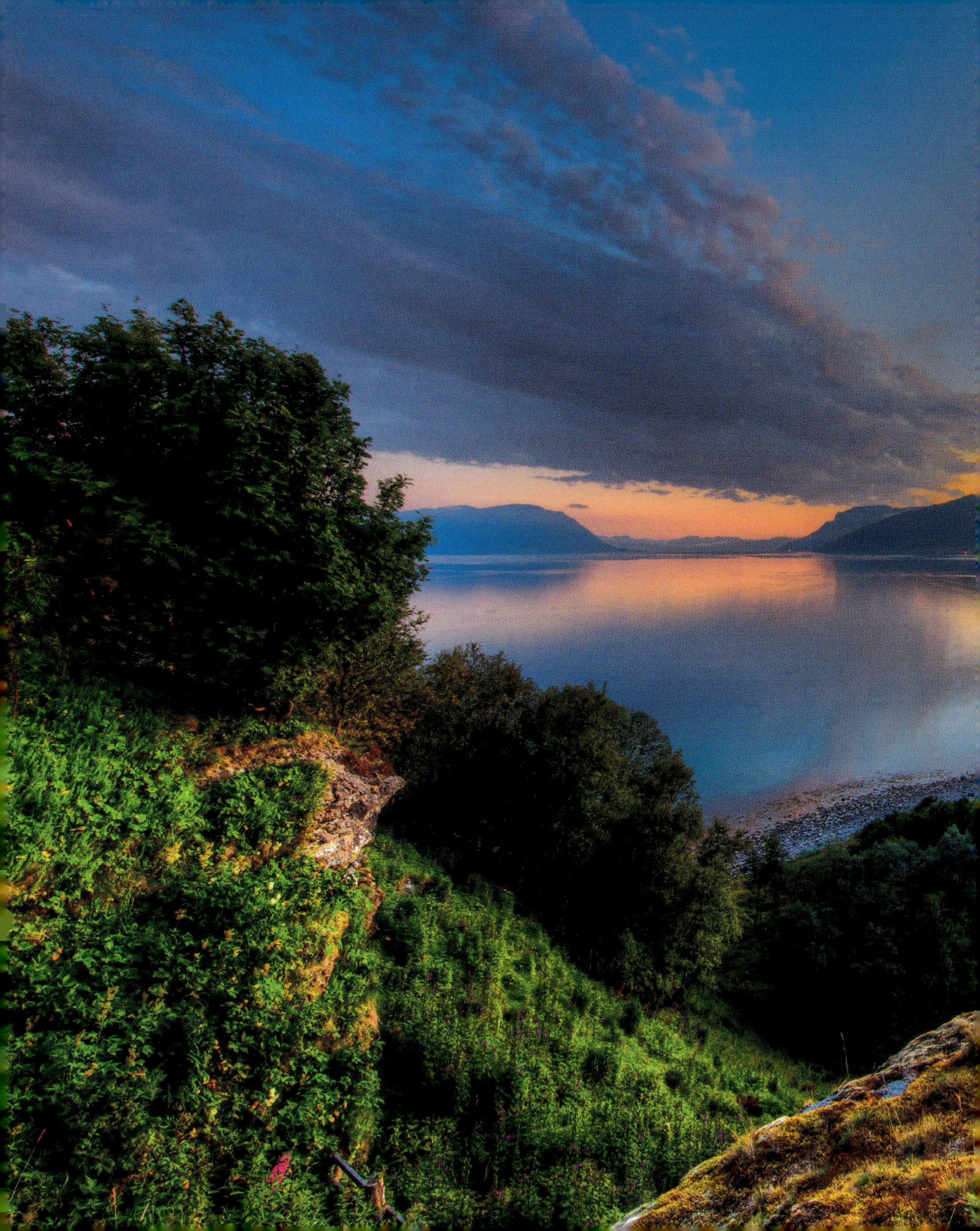

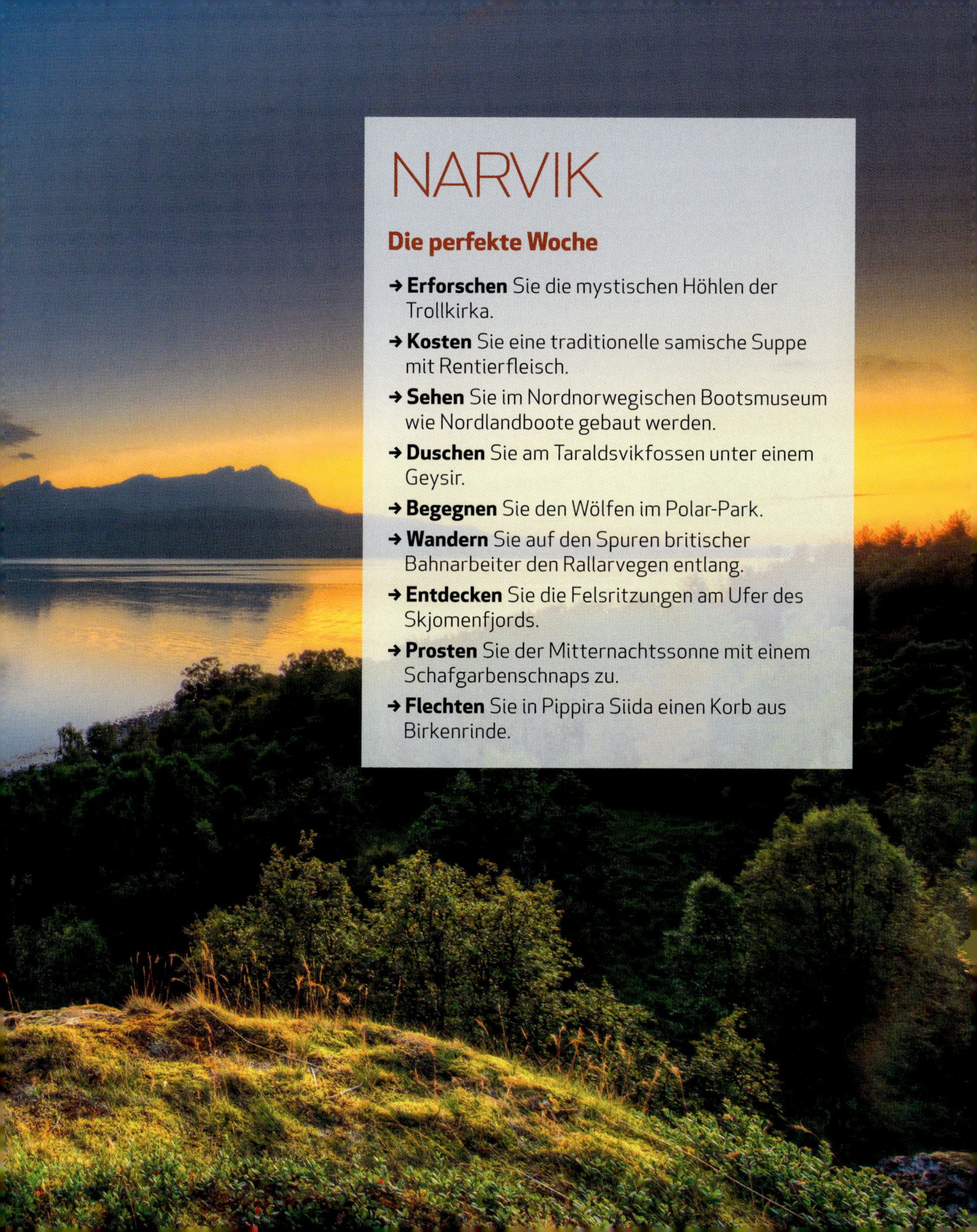

NARVIK

Die perfekte Woche

- → **Erforschen** Sie die mystischen Höhlen der Trollkirka.
- → **Kosten** Sie eine traditionelle samische Suppe mit Rentierfleisch.
- → **Sehen** Sie im Nordnorwegischen Bootsmuseum wie Nordlandboote gebaut werden.
- → **Duschen** Sie am Taraldsvikfossen unter einem Geysir.
- → **Begegnen** Sie den Wölfen im Polar-Park.
- → **Wandern** Sie auf den Spuren britischer Bahnarbeiter den Rallarvegen entlang.
- → **Entdecken** Sie die Felsritzungen am Ufer des Skjomenfjords.
- → **Prosten** Sie der Mitternachtssonne mit einem Schafgarbenschnaps zu.
- → **Flechten** Sie in Pippira Siida einen Korb aus Birkenrinde.

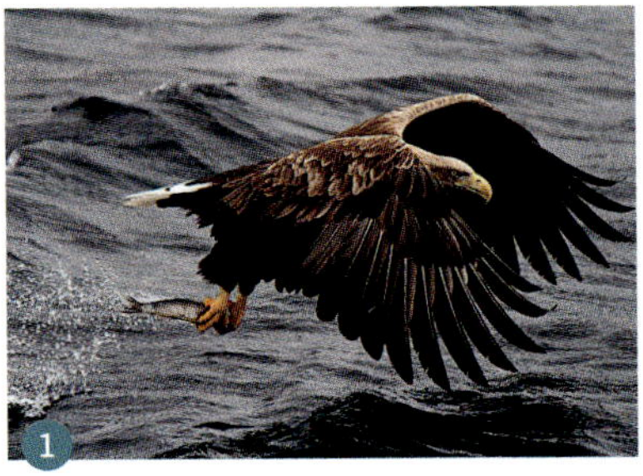

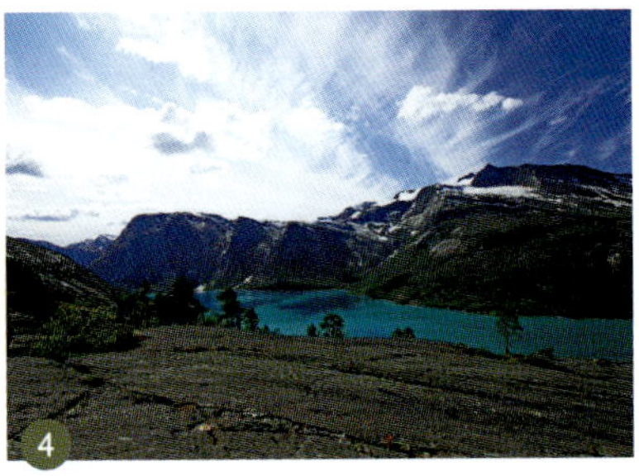

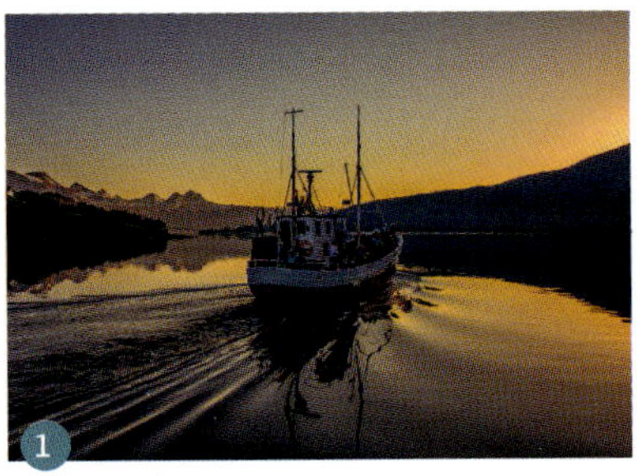

Nehmen Sie von Narvik die 43 km lange Ofotbanen in die Berge zur schwedischen Grenze. Kurz vor der Grenze steigen Sie aus und gehen den alten Weg der Gleisarbeiter entlang. Bei jeder Wegbiegung des Abstiegs bis zur Baumgrenze blickt man abwechselnd auf die Berge oder das dunkle Wasser des Fjords. Auf dem Boot zurück in den Ort sehen Sie vielleicht einen Otter oder sogar einen Seeadler.

Seit Anfang des 20. Jahrhunderts profitiert Narvik, das an der Küste des Ofotfjords liegt, von einer symbiotischen Beziehung mit Kiruna, gleich hinter der schwedischen Grenze. Das Eisenerz aus der Mine in Kiruna wird mit der Bahn nach Narvik transportiert und von dort für den Export in alle Welt auf Schiffe verladen. Die atemberaubende Zugstrecke verbindet die Mine mit einem Hafen, der ganzjährig eisfrei ist, und ohne die daraus resultierende Infrastruktur wäre Narvik wahrscheinlich immer noch ein Dorf.

Durch Narviks Verbindung mit Kiruna kam der Region auch im Zweiten Weltkrieg große strategische Bedeutung zu, als Fjorde und Berge Schauplatz eines erbitterten Kampfes wurden. Wegen der heftigen Seegefechte ist der Grund des Fjords mit gesunkenen Schiffen übersät, und auf den Felsplateaus an der schwedischen Grenze findet man manchmal noch die Überreste der Behälter, in denen die Deutschen 1940 mit Fallschirmen ihre Ausrüstung abwarfen.

Lange vor den Minen und der Bahn verbrachten die nomadischen Samen den Sommer in Siedlungen an der Küste, bevor sie sich für den Winter wieder nach Schweden zurückzogen. Manche Familien folgen den Rentieren noch immer über die Grenze, während die sesshaften Samen ihre Tiere inzwischen auf Bergbauernhöfen hüten.

220 km über dem Polarkreis kommt Narvik nicht nur in den Genuss der Mitternachtssonne, die Kombination aus Golfstrom und geschützter Lage zwischen den Bergen führt auch zu einem für die nördliche Lage relativ milden Klima. Und wenn man vom Narvikfjellet, 656 mNN, auf die Stadt und den Hafen herabblickt, vergisst man die Industrie und sieht nur das atemberaubende Panorama.

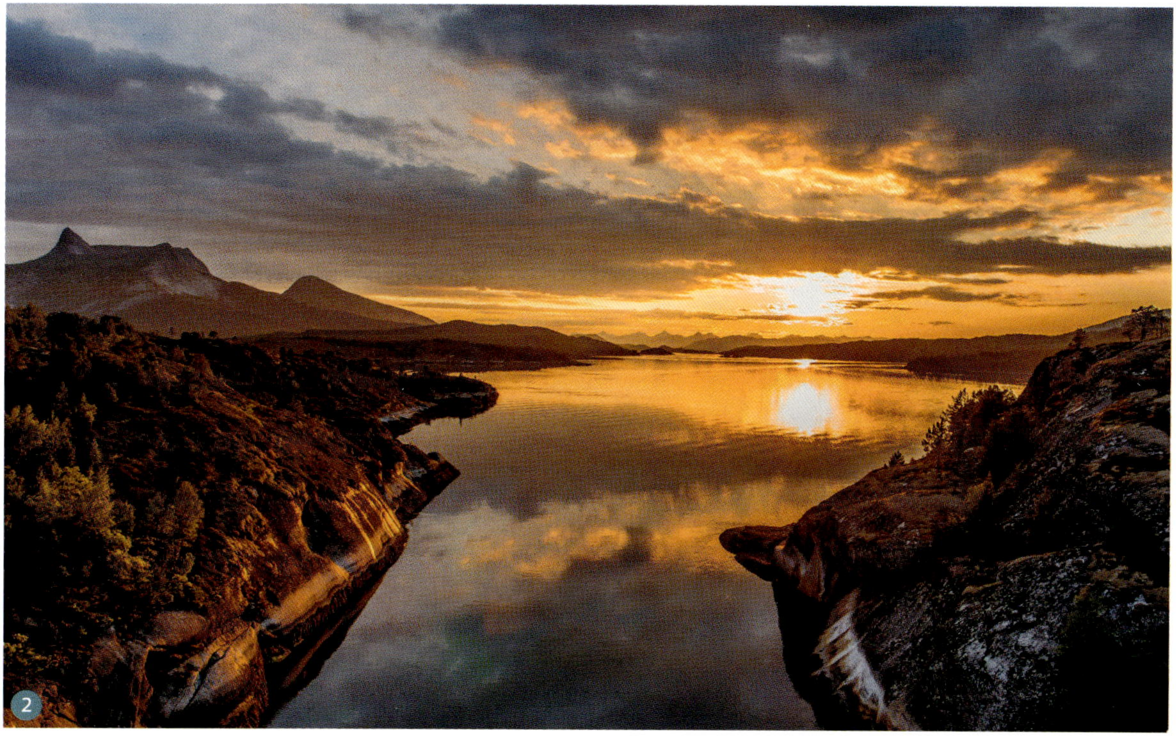

FJORDE

1 BOOTSFAHRT DURCH DEN ROMBAKSFJORD

Nehmen Sie am Ende des Rallarvegen in dem alten Arbeiterdorf Rombaksbotn (siehe 9) ein Schnellboot durch den Fjord nach Sildvik (68.4101, 17.7953). Von dort steigen Sie in den Bus nach Narvik. Halten Sie Ausschau nach Seeadlern und Ottern. Während des Zweiten Weltkriegs wurde der deutsche Zerstörer Georg Thiele hier versenkt, und das Wrack ist noch sichtbar.

→ Im Sommer fährt das Boot mehrmals wöchentlich. Information und Buchung über Visit Narvik:+ 47 7696 5600, www.visitnarvik.com

30 Min., 68.4182, 17.9001

2 SKJOMENFJORD

Unglaublich schöner 25 km langer Nebenarm des Ofotfjords. Umrahmt von steilen Bergen, darunter Skjomtind, Reintind und Klubbviktind. Das Wasser ist kristallklar und perfekt für ein erfrischendes Bad. Am südlichen Ufer des Fjords, im Schatten des Reintind (68.2856, 17.3079), gibt es etwa 80 Felsritzungen, die vermutlich 5000 v. Chr. entstanden sind.

→ Von Narvik auf der E6 Richtung Süden und nach 10 km links auf die 761 Richtung Elvegård. Die Straße führt am Wasser entlang, und man kann jederzeit Halt machen.

68.2958, 17.3193

MEERESLEBEN

3 WRACKTAUCHEN

Mit 78 km ist der Ofotfjord Norwegens zwölftlängster Fjord, und im Zweiten Weltkrieg wurden hier diverse denkwürdige Seeschlachten ausgetragen. Wer schon Taucherfahrung hat, kann sich die spektakulären Wracks unter Wasser ansehen, alle anderen besteigen das Tauchboot Jane R (ursprünglich aus Schottland und mit einem schottischen Kapitän), das Sightseeingtouren zu den sichtbaren Wracks und Küstenbefestigungen anbietet. Mit etwas Glück bekommen Sie auch Killerwale, Robben, Seeadler und andere Meeresvögel zu Gesicht.

→ Dive Norway, Roald Amundsens vei 14, 8516 Narvik, +47 994 74234. www.divenorway.com

68.4305, 17.1332

BERGE & WANDERUNGEN

4 SKJOMTINDEN

Der Berg ist von Narvik aus zu sehen und wurde von den britischen Bahnarbeitern zu Ehren von Königin Victoria auch „Schlafende Königin" genannt. Von oben hat man einen beeindruckenden Blick über den Skjomenfjord.

→ Der Wanderweg ist mit einem roten T deutlich markiert und beginnt südlich der Autobrücke am Ende des Nervatnet-Sees in der Håkvikdalveien (68.3763, 17.3779).

4 Std., (round trip), 68.3436 17.3527

5 TROLLKIRKA

Die Trollkirche, 5 km nördlich von Tårstad, ist eine der längsten und spektakulärsten Kalksteinhöhlen Norwegens. Das Wasser speist sich aus dem Arnfinnvannet-See, aber niemand weiß, wohin es verschwindet. Die Gesamtlänge des Höhlensystems mit zahlreichen Kammern beträgt etwa 4 km und sollte am besten mit einem ortskundigen Führer, zumindest aber mit geeigneter Ausrüstung erkundet werden.

→ Geführte Touren: Aktiv Events, Samasjøveien 26, 9404 Harstad, +47 900 74666. www.aktivevents.no.

68.4893, 16.6410

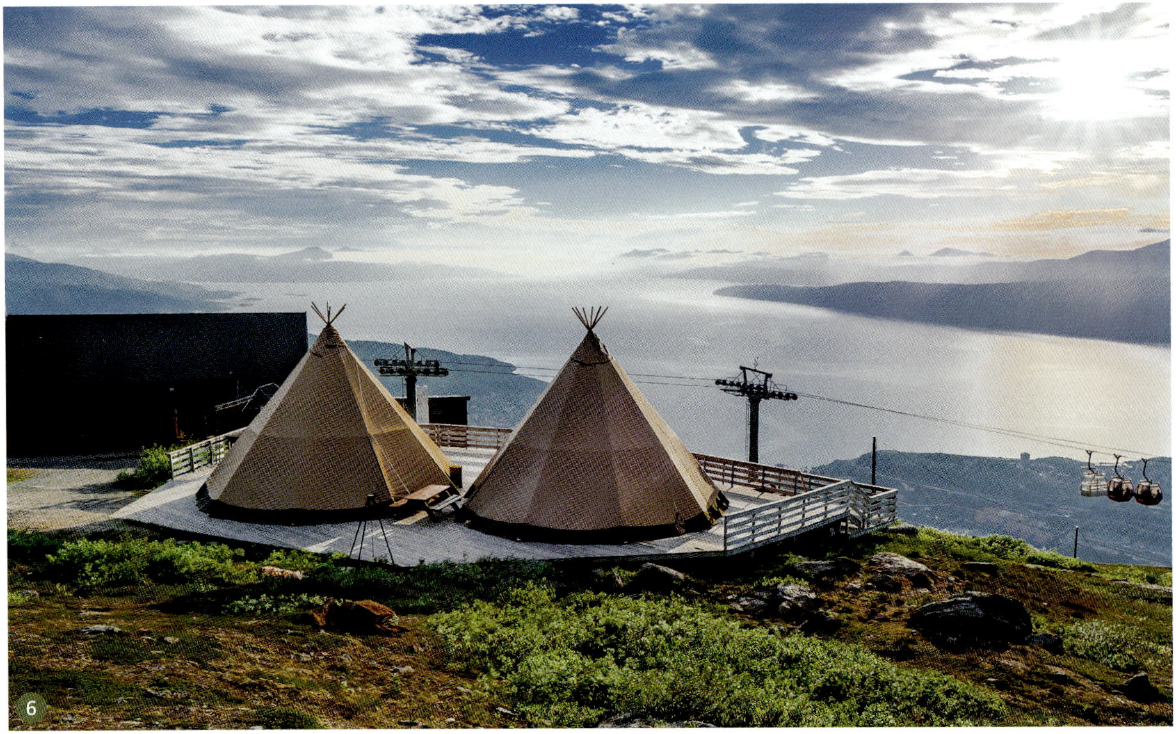

6

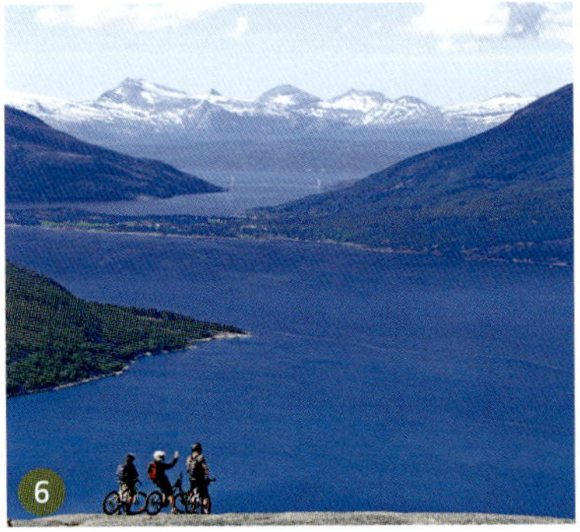

6

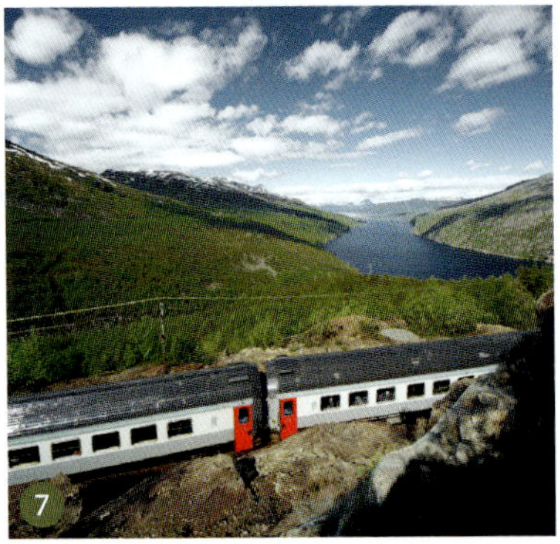

7

6 NARVIKFJELLET

Nehmen Sie die Seilbahn zur Mountain Lodge auf dem Gipfel des Narvikfjellet, 656 mNN. Von hier hat man einen atemberaubenden Panoramablick auf den Ofotfjord und die benachbarten Berge, z. B. den Skjomtinden (siehe 4). Die 1810 m lange Fahrt zur Spitze dauert ca. 8 Min. Man kann in der Lodge essen (und übernachten) oder picknicken.

➜ Seilbahnstation: Narvikfjellet AS, Skistuaveien 7, 8505 Narvik, +47 905 40088. www.narvikfjellet.no. Narvik Mountain Lodge: +47 995 38045. www.nmlodge.no

10 Min., 68.43319, 17.4595

7 OFOTBANEN

Die Ofot-Bahn, eine 43 km lange Strecke zwischen Narvik und der schwedischen Grenze, gilt als eine der spektakulärsten Bahnstrecken der Welt. Als Teil der Malmbanan (Erzbahn) führt sie von Narvik über die Berge nach Luleå an der schwedischen Ostseeküste. Sie wurde in zwei Zeitabschnitten gebaut, von 1884–1888 und von 1898–1903, um das Eisenerz der LKAB-Mine in Kiruna (siehe Kiruna, Lappland, Schweden) zum Hafen in Narvik zu transportieren. Wenn man den Zug von Narvik nach Bjørnfjell (68.4322, 18.0711) an der schwedischen Grenze nimmt, passiert man sechs Stationen und 18 Tunnel und bekommt eine atemberaubende Aussicht auf den Rombaksfjord und die Berge geboten. Verbinden Sie den Ausflug mit dem Rallarvegen (siehe 9) und einer Bootsfahrt im Rombaksfjord (siehe 1) für den Rückweg nach Narvik.

➜ Bahnhof Narvik, Stasjonsveien 1, 8514 Narvik. Fahrplan unter www.sj.se

68.4416, 17.4415

8 STETIND

1.400 m hoher Gipfel, den die Norweger in einer Umfrage des NRK (Norwegischer Staatsrundfunk) zu ihrem Nationalberg gewählt haben. Seine sehr markante Form mit der steilen, glatten Granitoberfläche macht ihn zu einer Orientierungshilfe für Seefahrer. Um ihn zu erklimmen, braucht man eine Spezialausrüstung und einen Führer, aber man kann ihn auch aus der Ferne bewundern.

➜ Informationen zu Wanderrouten und Bergführern auf der Website der Gemeinde: www.visitstetind.com

68.1652, 16.5927

9 RALLARVEGEN

Weg, der von den Gleisarbeitern der Ofotbanen gebaut wurde. Er führt von ihren Unterkünften in Rombaksbotn zu den Gleisen bei

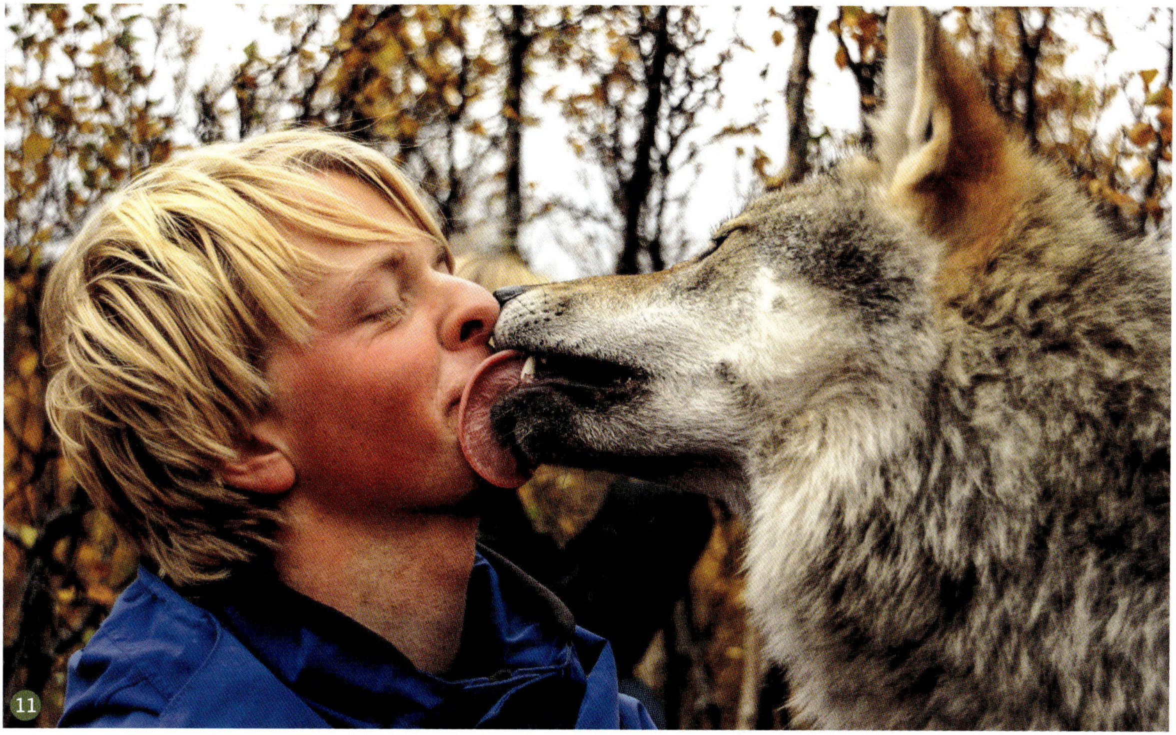

Katterat, von dort weiter nach Bjørnfjell und über die schwedische Grenze. (Siehe Kiruna, Lappland, Schweden, für Informationen über den schwedischen Schienenabschnitt). Von der Station Katterat führt der Weg im Zickzack 15,5 km hinunter bis zum Rombaksfjord. Unterwegs kommt man an diversen gekennzeichneten historischen Stätten vorbei, die den Bau der Bahn und die Zeit des Zweiten Weltkriegs dokumentieren. Legen Sie Ihre Wanderung so, dass Sie mit dem Boot nach Narvik zurückfahren können (siehe 1).

➔ Der gut ausgeschilderte Weg startet am Bahnhof Bjørnfjell oder Katterat und endet in Rombaksbotn (68.4182, 17.9001).
2,5 Std., 68.3976, 17.9660

10 GEYSIR VON NARVIK

Eine tolle Aussicht über den Ofotfjord hat man vom Wasserkraftwerk Taraldsvikfossen oberhalb von Narvik. Hier gibt es im Sommer zweimal täglich eine riesige Wasserfontäne, die durch die Öffnung eines großen Ventils entsteht und bis zur Stadt zu sehen ist. Kinder lieben es. Ausgangspunkt diverser Wanderrouten.

➔ Taraldsvikfossen kraftverk, Reinveien, 8516 Narvik.
68.4404, 17.4703

TIERE

11 POLAR PARK

Nördlichster Wildpark der Welt mit einheimischen Tieren, die man in der Wildnis selten sieht, darunter Wölfe, Braunbären, Luchse, Vielfraße, Elche, Rentiere und Polarfüchse. Auf Wunsch mit Führung.

➔ 9360 Bardu + 47 77 186630.
www.polarpark.no
68.6913, 18.1100

KULTUR & GESCHICHTE

12 KRIEGSMUSEUM VOM ROTEN KREUZ

Der strategisch wichtige Hafen von Narvik wurde 1940 zu Beginn der Operation Weserübung – Hitlers Überfall auf Dänemark und Norwegen – von Deutschland besetzt. Es folgte ein bitterer zweimonatiger Feldzug, bei dem die Deutschen gegen die verbündeten französischen, polnischen, britischen und norwegischen Truppen kämpften. Obwohl sie in der Schlacht von Narvik siegreich waren, zogen sich die alliierten Truppen später aus Norwegen zurück und überließen Narvik bis 1945 den Nazis. Das Museum dokumentiert die Zeit von 1940–1945, und zu den Ausstellungsstücken zählen ein echtes Viktoriakreuz und eine Enigma.

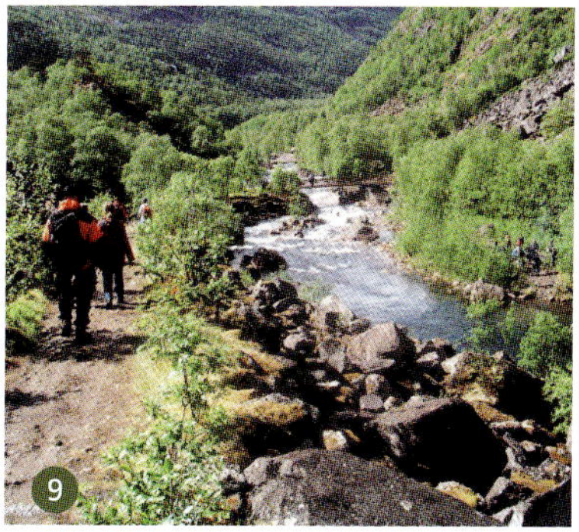

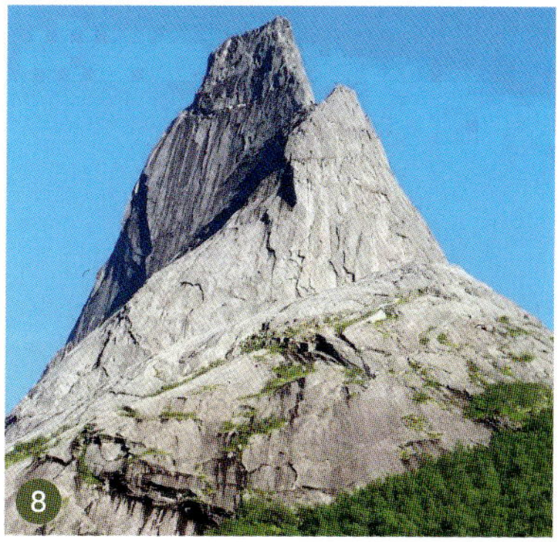

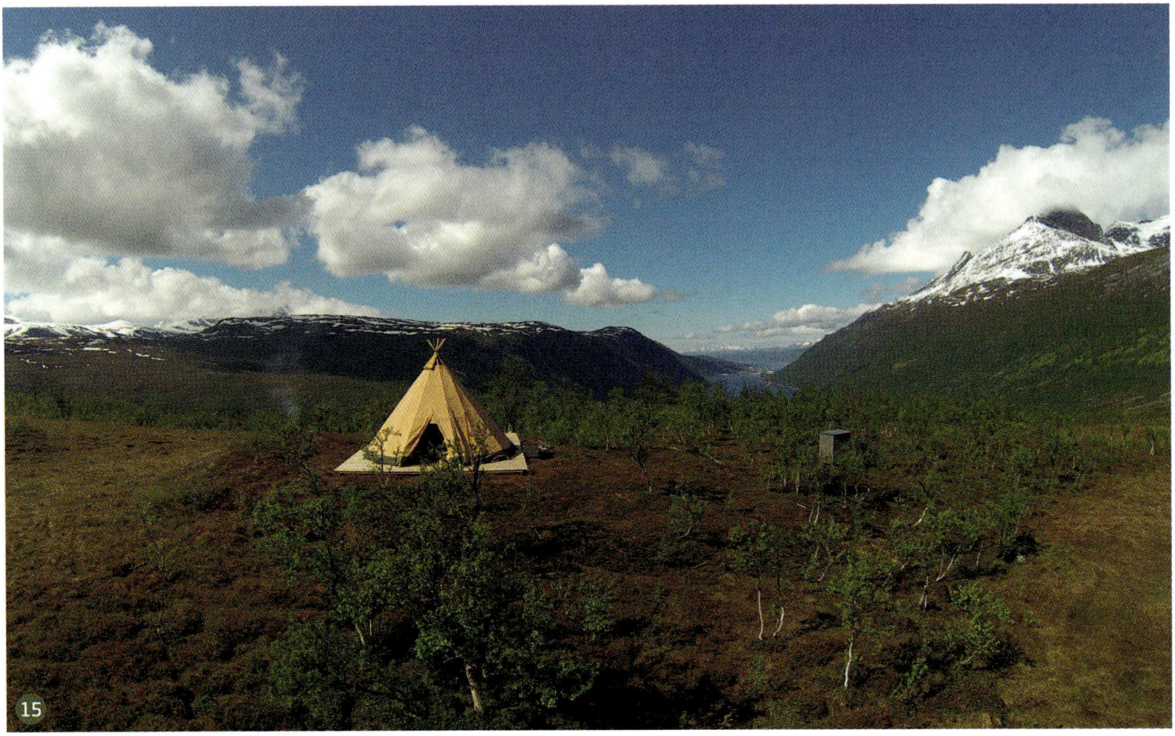

15

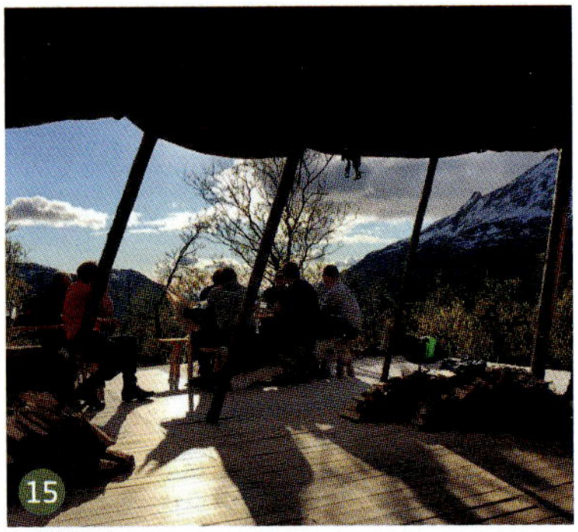

15

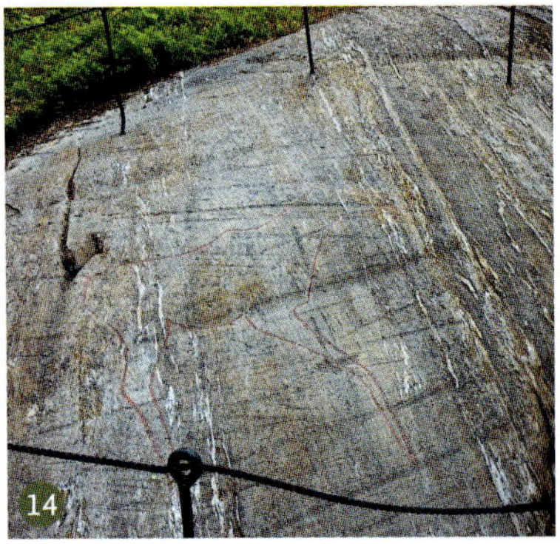

14

→ Torgsvingen 15, 8509 Narvik, +47 76 944426. www.warmuseum.no
68.4383, 17.4287

13 OFOTEN MUSEUM

Museum über Narviks Eisenbahn, die Samen, Fischfang und Eisenerz. Viele interaktive Features für Kinder. Es lohnt sich ein Besuch, bevor man die Wanderung über den Rallarvegen antritt, da man auch viel über die Bahnarbeiter erfährt, viele von ihnen Briten, die die Ofotbanen gebaut haben.

→ Administrasjonsveien 3, 8514 Narvik, +47 76 969650 www.museumnord.no
68.4317, 17.4261

14 FELSRITZUNG

Sehr gut erhaltene Felsritzung von einem Elch oder Rentier in einem kleinen Park mitten in Narvik. Entdeckt in den 1960ern, entstanden vermutlich um 3000–4000 v. Chr.

→ Folgen Sie dem ausgeschilderten Weg am Ende des Einerveien.
10 Min., 68.4454, 17.4293

15 RENTIER-AKTIVITÄTEN

Verbringen Sie Zeit mit der samischen Familie Njala, die seit Generationen in den Bergen um Narvik Rentiere hütet. Erfahren Sie etwas über die Kultur der Samen, während Sie beim Hüten der Rentiere, beim Markieren der Kälber oder vielleicht sogar bei der Herbstschlachtung helfen. Lernen Sie, wie man ein Rentier mit dem Lasso einfängt! Auch ein traditionelles Mahl kann arrangiert werden.

→ Njalasouka Adventures, Hesjemoen 6, 8522 Beisfjord, +47 427 63992
www.njalasoukaadventures.no
68.3693, 17.5959

16 ST HANS FEIRING

Das Mittsommerfest Sankthans am 23. Juni wird in ganz Norwegen mit großen Feuern und Umzügen gefeiert. In Narvik gibt es ein Feuer mit herrlichem Blick an der oberen Seilbahnstation (Øvre Fjellheisstasjon) auf dem Narvikfjellet.

→ Narvikfjellet, 8517 Narvik, +47 76 942799. www.narvikfjellet.no
68.4331, 17.4602

17 BJØRNFJELL

Die Kämpfe in den Bergen um Narvik während des Zweiten Weltkriegs waren grimmig, und die Deutschen erhielten währenddessen Nachschub, der an Fallschirmen abgeworfen wurde. Vielleicht finden Sie noch Überreste

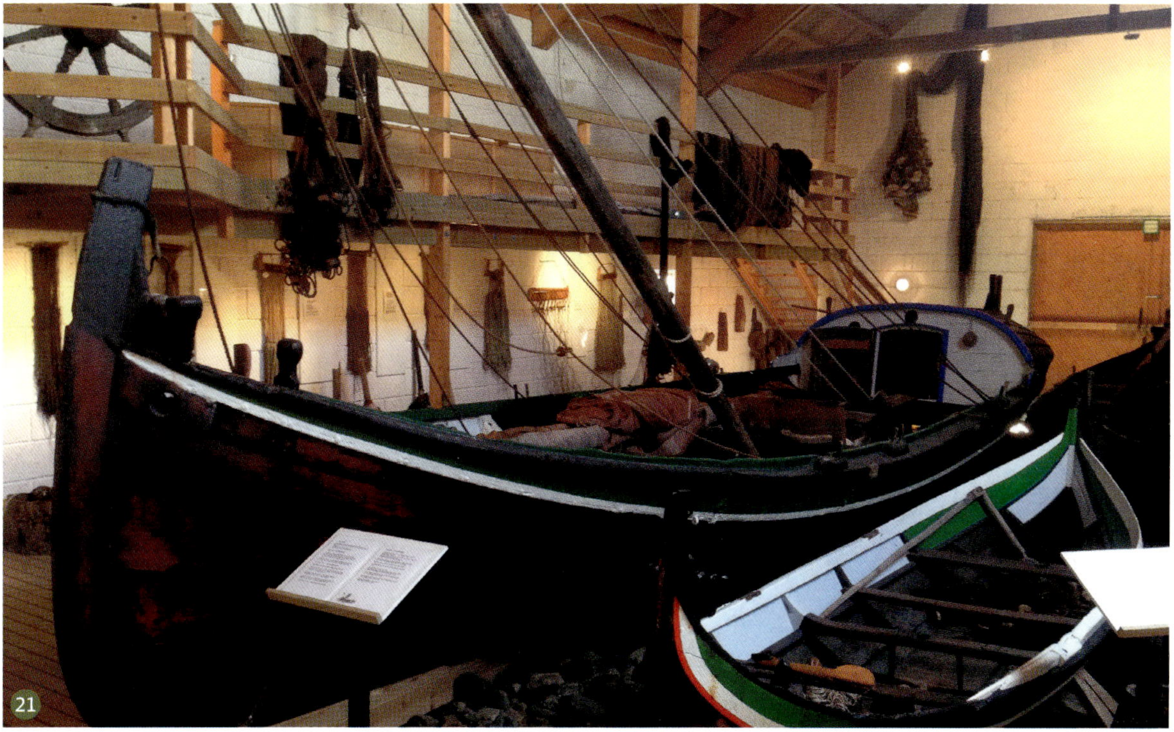

21

davon. Wenn Sie tatsächlich etwas entdecken, machen Sie ein Foto und informieren Sie das Kriegsmuseum in Narvik (siehe 12). Halten Sie Kinder von allem fern, das wie alte Munition aussieht.

➔ Von Narvik auf der E6 nach Osten, dann auf die E10 Richtung Bjørnfjell und Schweden. Rechts hinter der Brücke über den Øvre Jernvatnet auf dem Parkstreifen halten. Ein Schild mit dem Hinweis „Krigsminne" weist den Weg, und das fragliche Gelände reicht bis zum Ufer des Sees.

68.5087, 17.9454

18 GÁLLOGIEDDI

Faszinierendes Freiluftmuseum der samischen Kultur und Geschichte in einem Küstengebiet mit vielen Sommersiedlungen. Diese wurden von Rentier-Nomaden bewohnt, die ihr Winterquartier in Jukkasjärvi in Schweden (siehe Kiruna, Lappland, Schweden) hatten. Der 2 km lange Kulturpfad beginnt beim Museum, wo es an manchen Tagen auch Veranstaltungen zu Kunsthandwerk und Küche der Samen gibt.

➔ Bedringens vei 9, 8536 Evenes, +47 76 985020. www.vardobaiki.no

68.4968, 16.7019

19 MUSEUM BALLANGEN

Vom 17. Jahrhundert bis 1964 war Ballangen, etwa 40 km südlich von Narvik, das Zentrum des Bergbaus in Nordnorwegen (hauptsächlich Kupfer und Schwefelkies). Das Museum von Ballangen dokumentiert die Geschichte des Bergbaus in der Region sowie Alltag und Kultur im Lauf der Jahrhunderte. Erfahren Sie, wie das Leben in dieser Region war, bevor die Ofotbanen und das Eisenerz Narvik bekannt gemacht haben.

➔ Syllaveien 36, 8540 Ballangen, +47 76 929120. www.museumnord.no

68.3287, 16.7928

20 FREDSKAPELLET

Kapelle, die 1957 im Namen des Friedens wieder aufgebaut wurde, nachdem sie 1940 bei der Schlacht von Narvik zerstört worden war. Umgeben von einem Kriegsgräberfriedhof mit Gefallenen verschiedener Nationen.

➔ Rombaksveien 44, 8517 Narvik

68.4431, 17.4528

21 NORDNORWEGISCHES BOOTSMUSEUM

Faszinierendes maritimes Museum mit der weltgrößten Sammlung an Nordlandbooten, die die Fischer der Region seit Jahrhunderten benutzen, eng verwandt mit den Langschiffen

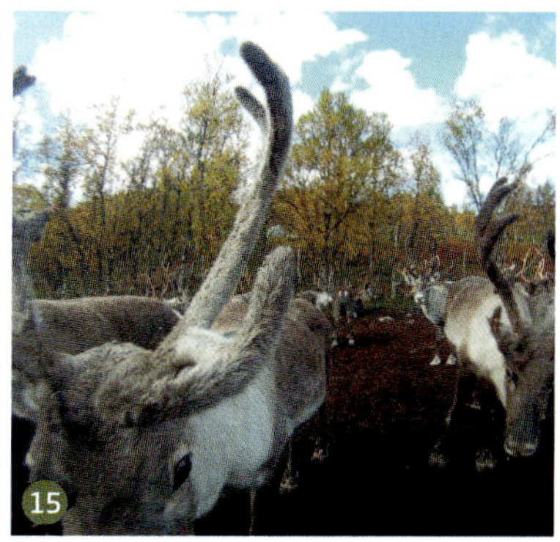

15

der alten Wikinger. Boote waren für die Küstenbewohner lebenswichtig und galten als das Wertvollste, was man besitzen konnte. Es war nicht nur zum Fischen da, sondern z. B. auch, um die Hebamme zu holen.

➔ Hellarbogen, 9470, Gratangen, +47 77 020370. www.nnfa.no

68.6695, 17.6789

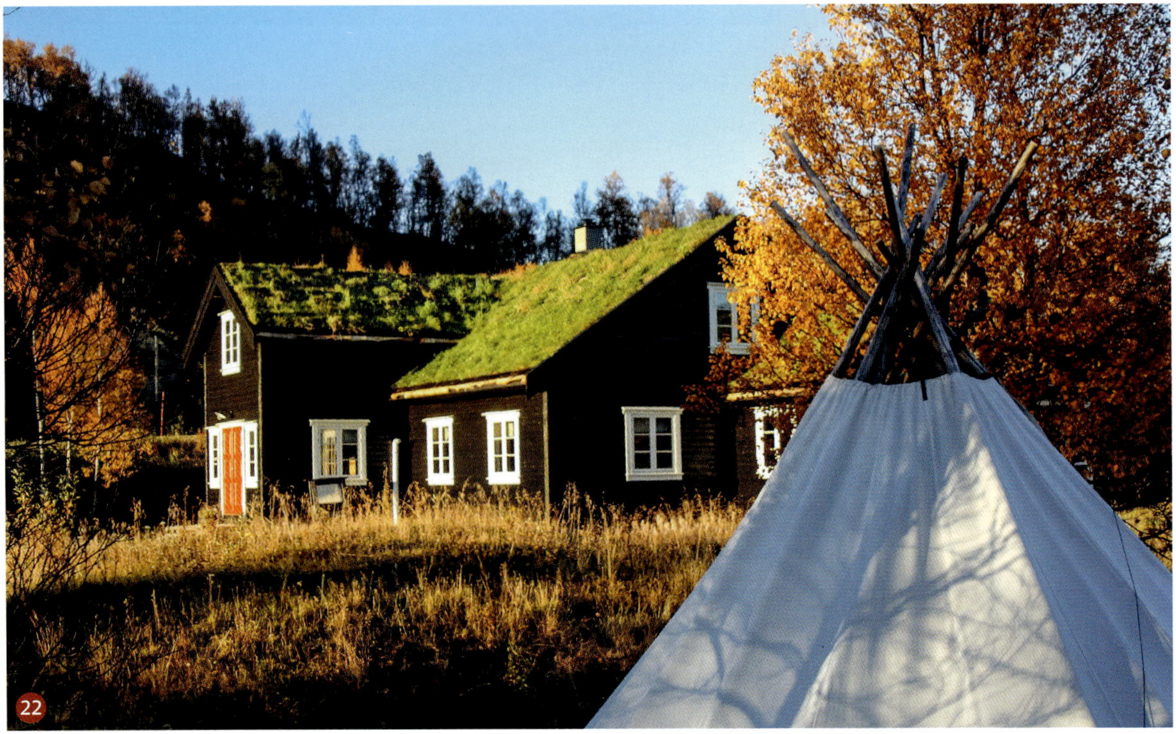

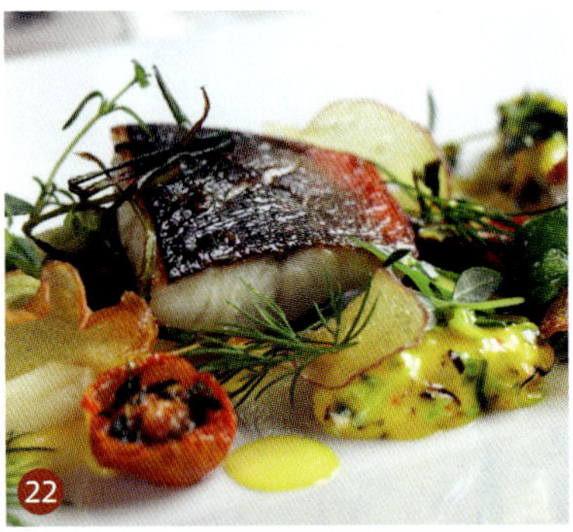

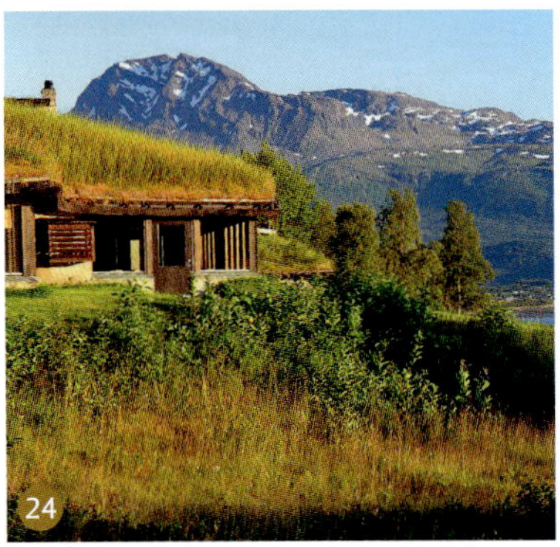

SAMISCHE ESSKULTUR

22 TINJA MOUNTAIN LODGE

Rentierfarm in schroffer Berglandschaft mit Kost und Logis. Die Küche verwendet nur eigene oder selbst gefangene bzw. gesammelte Erzeugnisse, z. B. Moorhühner, Forellen, Pilze, Molte- und andere Beeren. Es gibt sogar selbst gebrautes Bier und selbst gebrannten Schafgarben-Schnaps.

➔ Kong Olavs vei, 8517 Narvik, +47 40 60600. www.tinja.no

68.4788, 17.7567

23 PIPPIRA SIIDA

Samische Siedlung, wo man etwas über die Samen erfährt, die das Nomadenleben aufgegeben haben. Im Café wird traditionelle Kost serviert, z. B. Bidos – eine Suppe mit Rentierfleisch, Zwiebeln, Kartoffeln und Karotten. Probieren Sie mal, ein Rentier mit dem Lasso einzufangen oder aus Birkenrinde einen Korb zu flechten. Es gibt Hütten, in denen man übernachten kann.

➔ Kalvås, 8540 Ballangen, +47 91 150282. www.pippirasiida.blogspot.no

68.3212, 16.6816

UNTERKUNFT

24 FJELLKYSTEN GUEST HOUSE

Hotel an der Küste in einem ungewöhnlichen Ökohaus, das von der traditionellen Bauweise inspiriert ist. Es ist an einen Hang gebaut, teils unterirdisch, und besitzt das größte Rasendach Norwegens. Die Spezialität der Küche ist Fisch, aber man kann sich auch selbst versorgen. Fantastischer Meerblick.

➔ Fjellkysten, Åbrekka, 9357 Tennevoll, +47 47 924792. www.fjellkysten.com

68.7817, 17.7954

25 TROLLVIKEN LODGE

Lodge in idealer Lage an der Kante des Ofotfjords in der Nähe von Bjervik, die ursprünglich mal eine Fischfarm war. Betrieben wird sie von Narvik Mountain Guides, man kann also gleich ein paar Touren buchen – siehe www.narvikguides.no

➔ Südlich der E10, ca. 6 km südöstlich von Bjervik: Herjangen 290, 8530 Bjerkvik, +47 45 295395. www.trollvikenlodge.no

68.5253, 17.4383

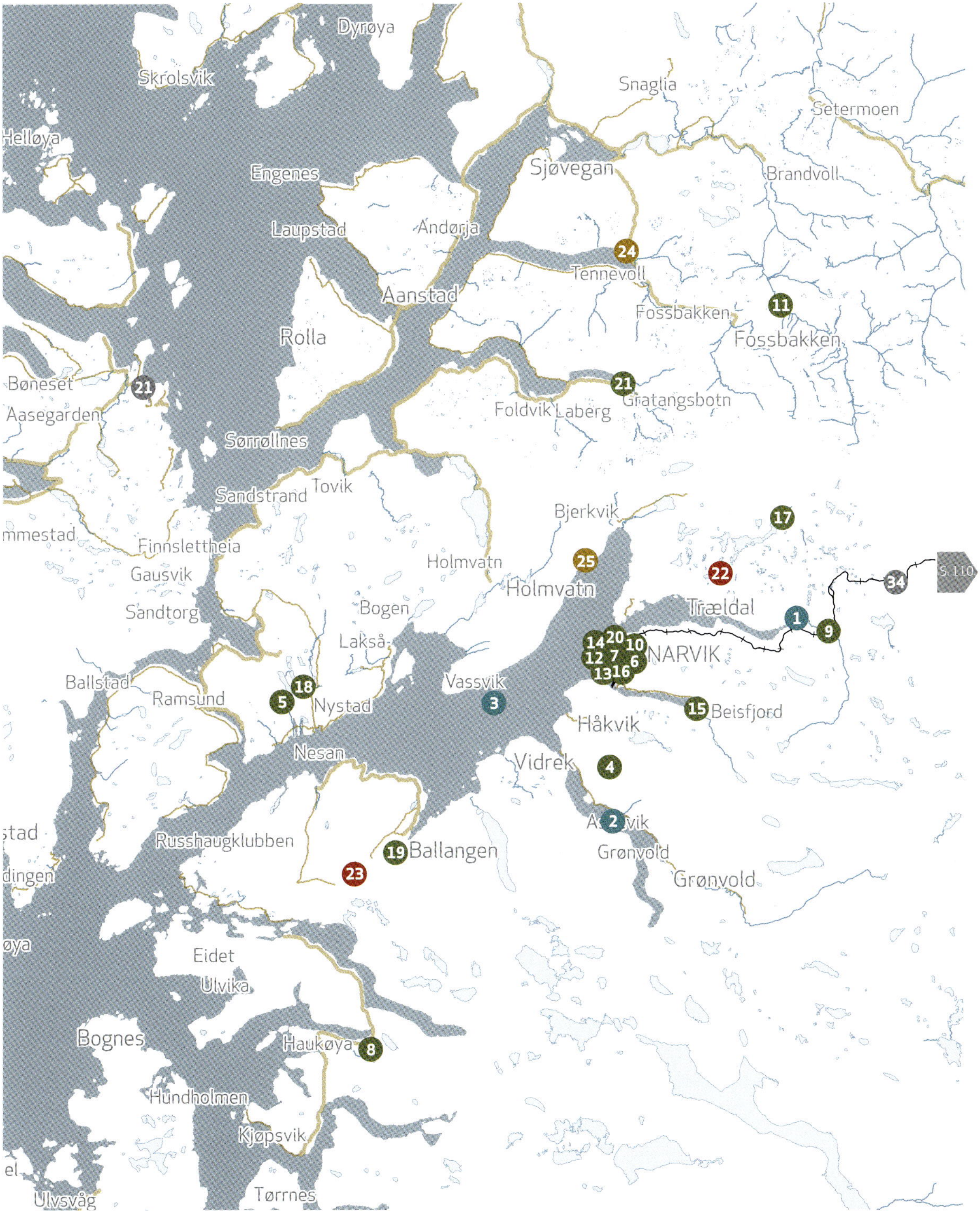
Dyrøya
Skrolsvik
Snaglia
Setermoen
Helløya
Engenes
Sjøvegan
Brandvoll
Laupstad
Andørja
24
Tennevoll
Aanstad
Fossbakken
11
Rolla
Fossbakken
Bøneset
21
21
Gratangsbotn
Aasegarden
Foldvik
Laberg
Sørrøllnes
Tovik
Sandstrand
Bjerkvik
17
mmestad
Finnsletthelia
Holmvatn
25
22
Gausvik
Holmvatn
S. 110
34
Sandtorg
Bogen
Trældal
1
Lakså
14
20
10
9
12
7
6
NARVIK
13
16
Ballstad
18
Vassvik
Ramsund
5
Nystad
3
15
Beisfjord
Håkvik
Nesan
Vidrek
4
stad
2
Russhaugklubben
19
Ballangen
Grønvold
dingen
23
Grønvold
øya
Eidet
Ulvika
Bognes
Hauköya
8
Hundholmen
Kjøpsvik
el
Ulvsvåg
Tørrnes

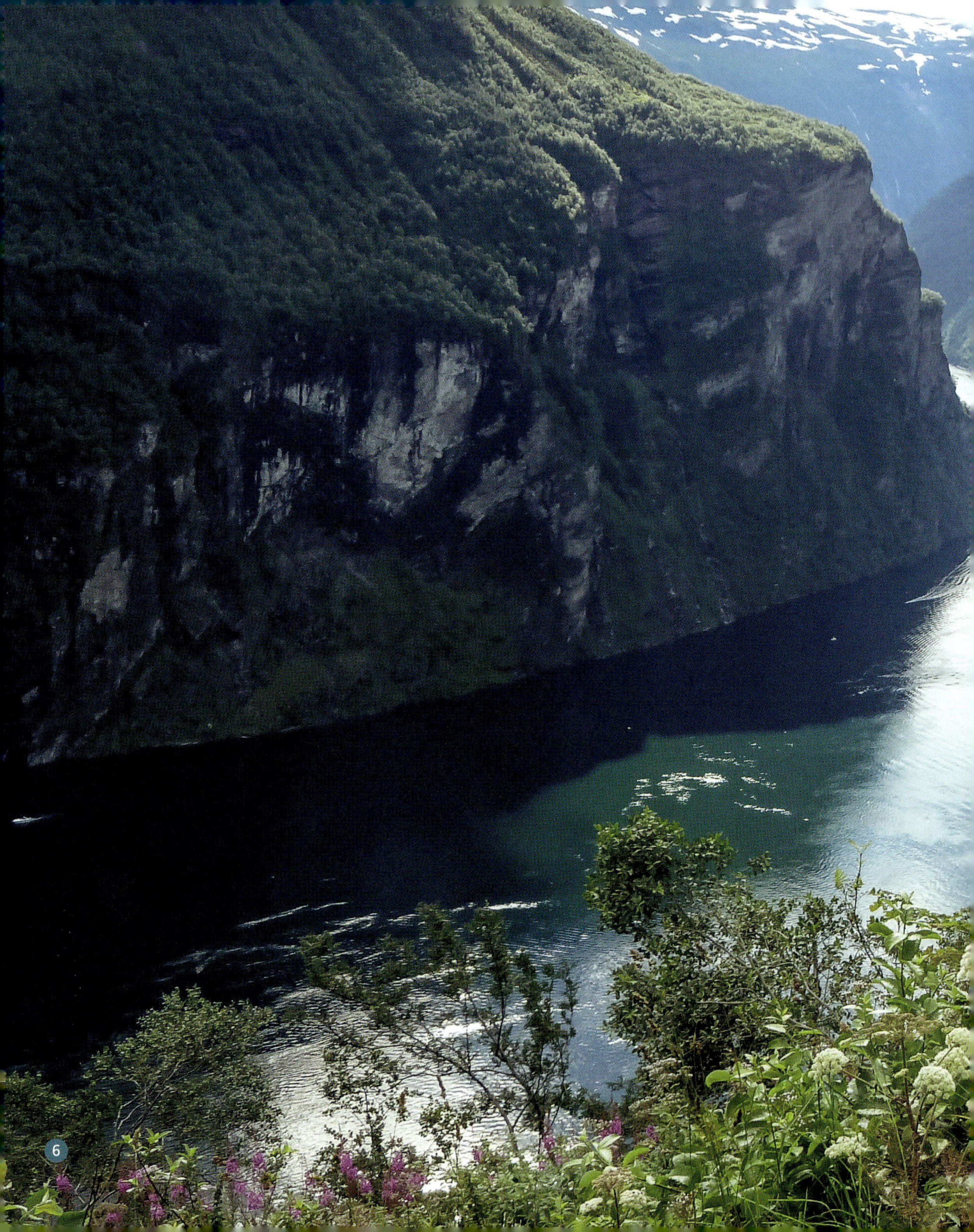

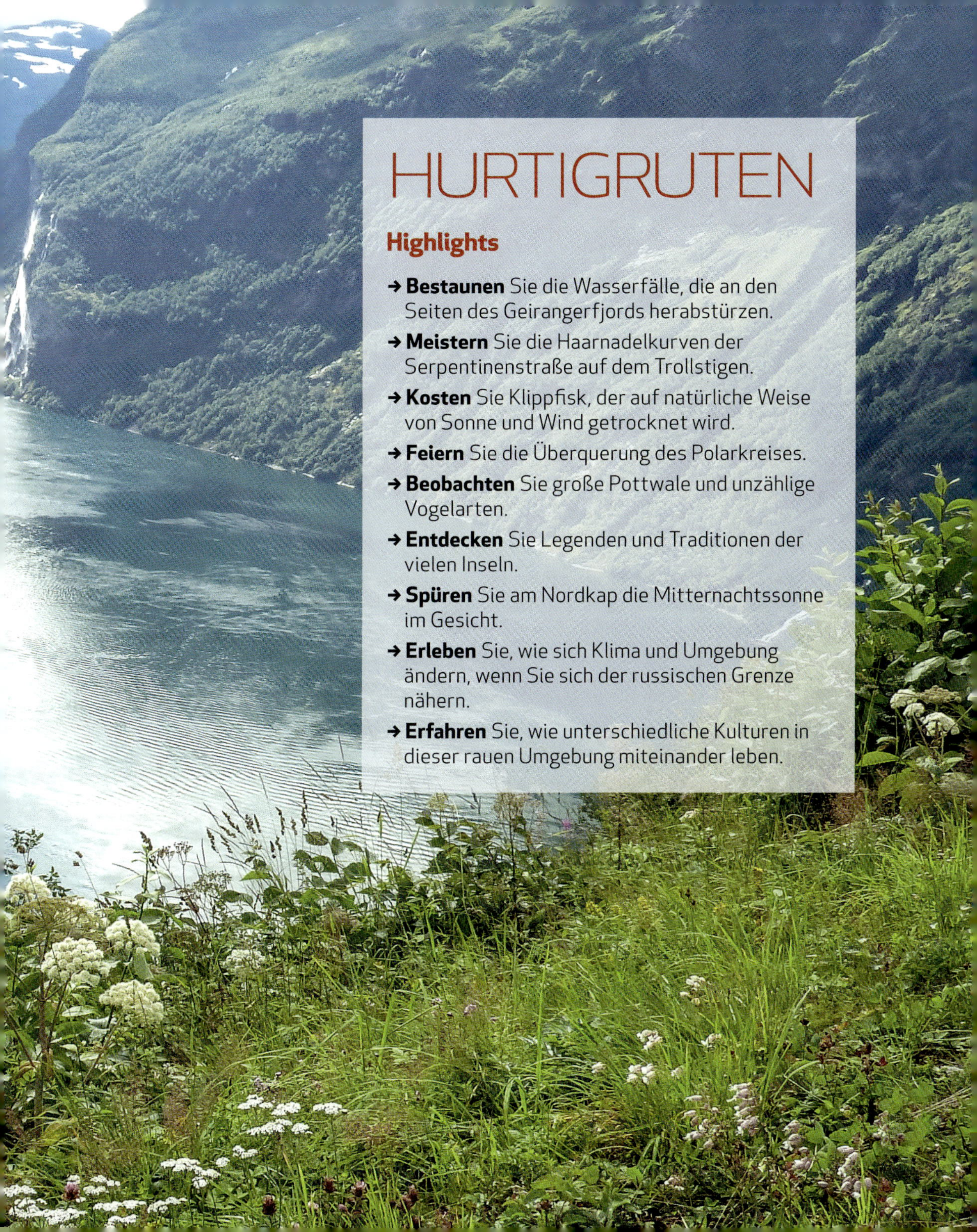

HURTIGRUTEN

Highlights

→ **Bestaunen** Sie die Wasserfälle, die an den Seiten des Geirangerfjords herabstürzen.

→ **Meistern** Sie die Haarnadelkurven der Serpentinenstraße auf dem Trollstigen.

→ **Kosten** Sie Klippfisk, der auf natürliche Weise von Sonne und Wind getrocknet wird.

→ **Feiern** Sie die Überquerung des Polarkreises.

→ **Beobachten** Sie große Pottwale und unzählige Vogelarten.

→ **Entdecken** Sie Legenden und Traditionen der vielen Inseln.

→ **Spüren** Sie am Nordkap die Mitternachtssonne im Gesicht.

→ **Erleben** Sie, wie sich Klima und Umgebung ändern, wenn Sie sich der russischen Grenze nähern.

→ **Erfahren** Sie, wie unterschiedliche Kulturen in dieser rauen Umgebung miteinander leben.

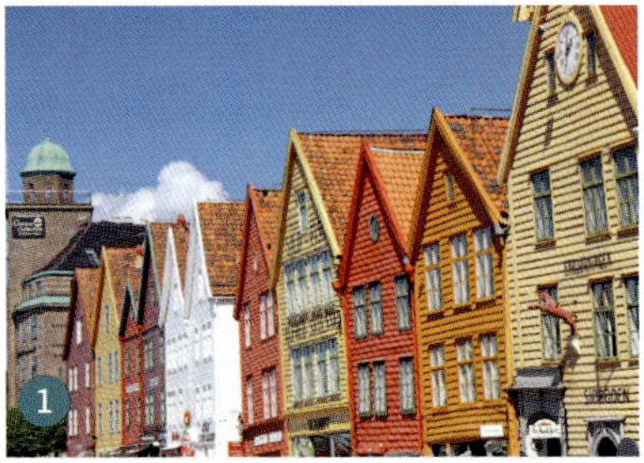

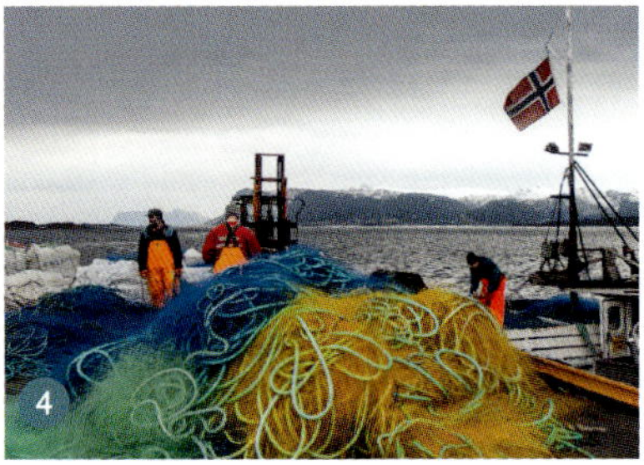

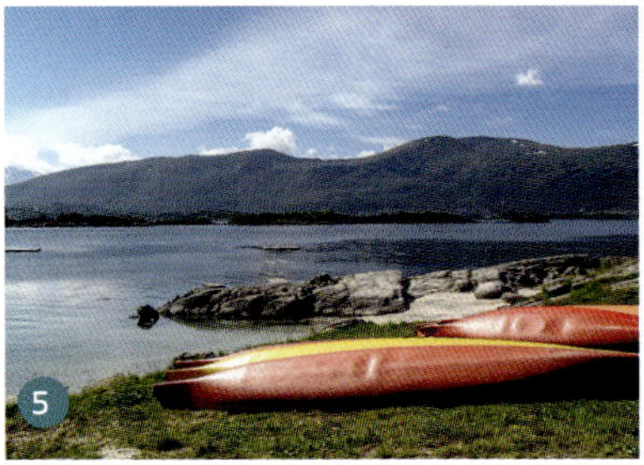

Wenn man an Deck sitzt und die norwegische Küste entlang nach Norden bis zur russischen Grenze fährt, ist man völlig gebannt von der spektakulären Landschaft. Die Route schlängelt sich durch Fjorde und atemberaubende schöne Archipele und macht in abgelegenen Dörfern Halt. Wenn das Schiff in einer Mittsommernacht den Polarkreis überquert, ist alles in das warme Licht der Mitternachtssonne getaucht, und man will unbedingt an Deck bleiben, um alles in sich aufzunehmen.

Am Ende des 19. Jahrhunderts waren die vielen abgelegenen Fischerinseln vor der wilden 1.255 km langen Küste zwischen dem Haupthandelshafen Bergen und Kirkenes an der russischen Grenze nur mit dem Boot erreichbar. Alle möglichen Dampfer und Segelboote befuhren diese tückische Strecke, doch bei nur 28 Leuchttürmen nördlich von Trondheim, war es nachts zu gefährlich, weshalb es eine lange Reise war. Um die Kommunikation mit den abgeschiedenen Gemeinden zu verbessern, bot die norwegische Regierung der Firma Hurtigruten 1893 einen Vertrag für einen Linienverkehr an. Obwohl die Hurtigruten-Schiffe immer noch Fracht transportieren, wenn sie eine der weltweit schönsten und dramatischsten Küsten entlangfahren, gilt das Hauptaugenmerk inzwischen dem Komfort der Passagiere.

Die Fahrt von Bergen nach Kirkenes und zurück dauert 12 Tage und ist sehr beliebt – auf der Rückfahrt sieht man die Küstenabschnitte, an denen man auf der Hinfahrt nachts vorbeigefahren ist. Da die Schiffe täglich von jedem Anlaufhafen in beide Richtungen fahren, kann man jederzeit von Bord gehen und wieder einsteigen und auch an Land campen, statt eine Kabine zu mieten. Die Mitreisenden sind eine Mischung aus Einheimischen, die die Linie als Fähre benutzen, und „Kreuzfahrt"-Touristen. Für Letztere gibt es an Bord jedes Schiffes einen Mitarbeiter, der bei der Buchung diverser organisierter Ausflüge in den verschiedenen Häfen behilflich ist.

Der Name Hurtigruten – wörtlich „schnelle Route" – bezieht sich auf den ursprünglichen Transport von Post und Passagieren in den Anfangstagen. Doch seien Sie versichert, obwohl seit damals alles schneller und effektiver geworden ist, fühlt man sich hier nie gehetzt.

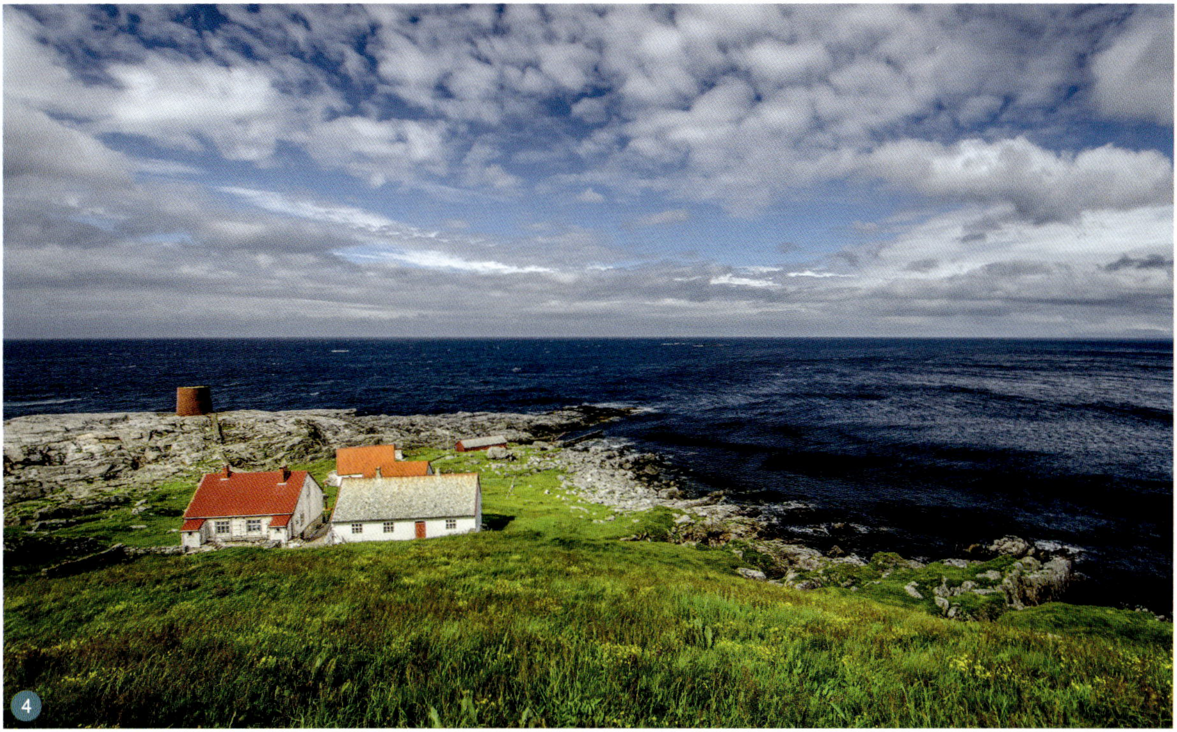

4

DIE HURTIGRUTEN-ROUTE

1 BERGEN

Die alte Hansestadt ist der südlichste Hafen der Hurtigruten-Strecke und das Hafenviertel Bryggen mit seinen mittelalterlichen Holzhäusern UNESCO-Weltkulturerbe. Nehmen Sie in der Nähe des Hafens die Standseilbahn Fløibanen auf den Gipfel des Fløybergs. Von hier hat man einen spektakulären Panoramablick über die Stadt und die Inseln, das Meer und die Berge. Bis zum 19. Jahrhundert war Bergen das Handelszentrum Norwegens und größer als die Hauptstadt Oslo. Man nennt die Stadt auch das „Tor zu den Fjorden", und viele Fjordfahrten der Hurtigruten-Schiffe starten hier (sehr zu empfehlen sind Hardangerfjord und Sognefjord). Von Bergen geht es zunächst in den Hjeltefjord, vermutlich dieselbe Route, die die Wikinger nahmen, als sie um 800 die Shetlandinseln eroberten.

60.3922, 5.3107

2 FLORØ

Norwegens westlichste Stadt war über Jahrhunderte eine Hochburg des Schiffsbaus, dann der Fischzucht und ist jüngst Versorgungshafen der vorgelagerten Ölindustrie. Nach Florø geht es vorbei an Vingen, wo sich mit über 2.000 Bildern eines der größten Felder mit Felszeichnungen Nordeuropas befindet. Im Westen ragt der Gipfel des Hornelen auf, wo sich laut Legende zur Sommersonnenwende und an Weihnachten die Hexen versammeln, um mit dem Teufel zu tanzen. Kurz vor der Ankunft in Måløy überquert das Schiff die Mündung des Nordfjords, der sich landeinwärts bis zum Jostedalsbreen erstreckt, dem größten Gletscher des europäischen Festlandes.

61.6017, 5.0258

3 MÅLØY

Fischerhafen im Süden der Insel Vågsøy, der durch eine lange Brücke mit dem Festland verbunden ist. An der Küste gibt es vier Leuchttürme in spektakulärer Lage, einen der schönsten Strände Norwegens und den Kannesteinen – einen pilzförmigen Felsen, den das Meer im Lauf der Jahrhunderte geformt hat.

61.9391, 5.1222

4 TORVIK

Kleines Dorf auf der Insel Leinøya in einem der wichtigsten Fischfang- und Fischzuchtgebiete Norwegens. Schöne, raue Landschaft mit zahlreichen Gletschern, Wasserfällen und Nationalparks. Die Nachbarinsel Runde beheimatet 240 verschiedene Seevogelarten, und über 500.000 Vögel nisten dort jedes Jahr. Hinter Torvik kommen die Sunnmørsalpene (die Sunnmøre Alpen), die allgemein als der spektakulärste Gebirgszug Norwegens gelten. Die schneebedeckten Gipfel sind im Sommer bei Wanderern, im Winter bei Skifahrern beliebt.

62.3368, 5.7283

5 ÅLESUND

Stadt mit Märchenfeeling, die 1904 nach einem verheerenden Brand im Jugendstil wiederaufgebaut wurde. Der Aksla überblickt die Stadt, und der Weg zum Gipfel bietet eine fantastische Aussicht auf die Inseln und die Sunnmøre Alpen. Ein Stück landeinwärts findet man die Trollstigen (Trollstraße) – eine dramatische Serpentinenstraße. Die spektakulären Haarnadelkurven sind alle benannt, häufig nach dem verantwortlichen Vorarbeiter des Straßenabschnitts. Neben und unter der Straße rauscht der ebenso beeindruckende Wasserfall. Nichts für schwache Nerven!

62.4756, 6.1529

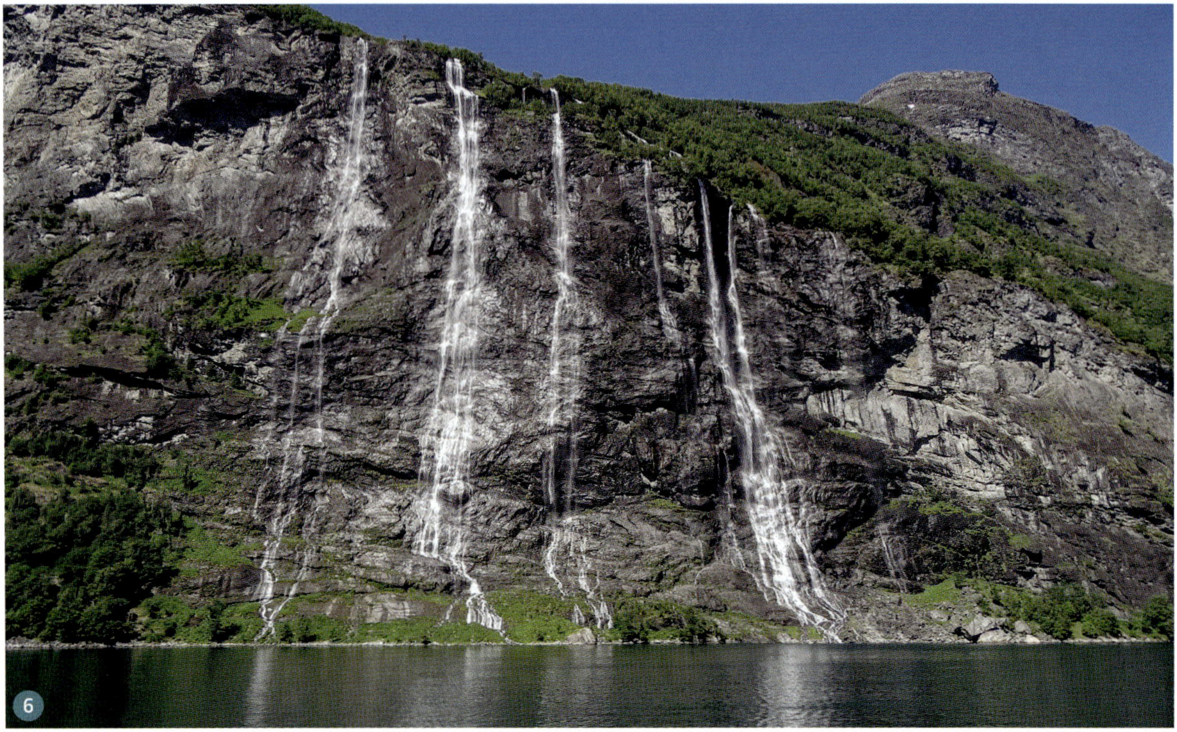

6

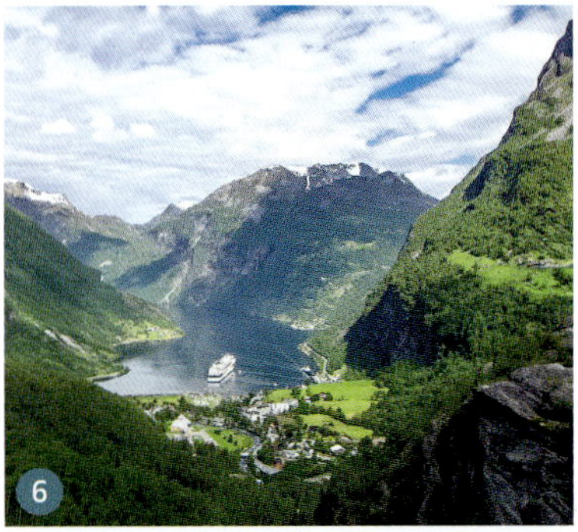

6

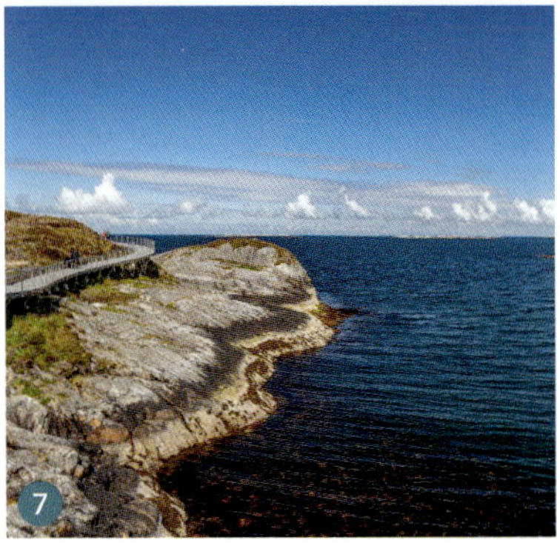

7

6 GEIRANGER

Der Geirangerfjord wird oft als schönster Fjord Norwegens bezeichnet und ist UNESCO-Weltnaturerbe. Im Sommer machen die Hurtigruten-Schiffe im kleinen Dörfchen Geiranger am Kopfende des Fjords Halt, und man kann an Land gehen. Das blaue Wasser des Geirangerfjords ist ca. 300 m tief, und aus den umliegenden Bergen stürzen zahlreiche spektakuläre Wasserfälle hinein. Brudesløret (der Brautschleier) und De Syv Søstrene (die sieben Schwestern) sind die berühmtesten, und man hat vom Schiff aus auf beide einen guten Blick.

62.1035, 7.2028

7 MOLDE

Kleine Küstenstadt und Hafen in wundervoller Landschaft und Heimat eines der größten Volkskundemuseen Norwegens. Ein Großteil der Stadt wurde bei deutschen Luftangriffen zerstört und nach dem Zweiten Weltkrieg wiederaufgebaut. Ein 8,3 km langer dramatischer Abschnitt zwischen Molde und Kristiansund, genannt Atlanterhavsveien (Atlantikstraße), gilt als eine der schönsten Panoramastraßen, und viele Autohersteller drehen hier ihre Werbespots. Die Aneinanderreihung von Dämmen, Viadukten und Brücken verknüpft mehrere kleine Inseln und Schären, um die Insel Averøy mit dem Festland und der Halbinsel Romsdalshalvøya zu verbinden.

62.7363, 7.1669

8 KRISTIANSUND

Fischerhafen auf vier Inseln, dessen Wohlstand auf getrocknetem, gesalzenem Dorsch gründet, auch bekannt als Klippfisk (Klippfisch), weil er von den Klippen gehängt wurde, um in Wind und Sonne zu trocken. Kleine Passagierfähren bringen Besucher von Insel zu Insel. Besonders interessant ist die Altstadt mit ihren schmalen Gassen und gut erhaltenen Holzhäusern.

63.1147, 7.7367

9 TRONDHEIM

Bevor es in den Trondheimfjord geht, fährt das Schiff am Leuchtturm Kjeungskjær vorbei, der auf einer winzig kleinen Schäre sitzt. Er ist nicht mehr bemannt, aber man kann die ehemalige Wohnung des Leuchtturmwärters mieten. Trondheim hat viele interessante alte Holzhäuser, manche in schmalen mittelalterlichen Gassen, andere an breiten Boulevards, die im 17. Jahrhundert gebaut wurden, um die Ausbreitung von Feuern zu verhindern. Die

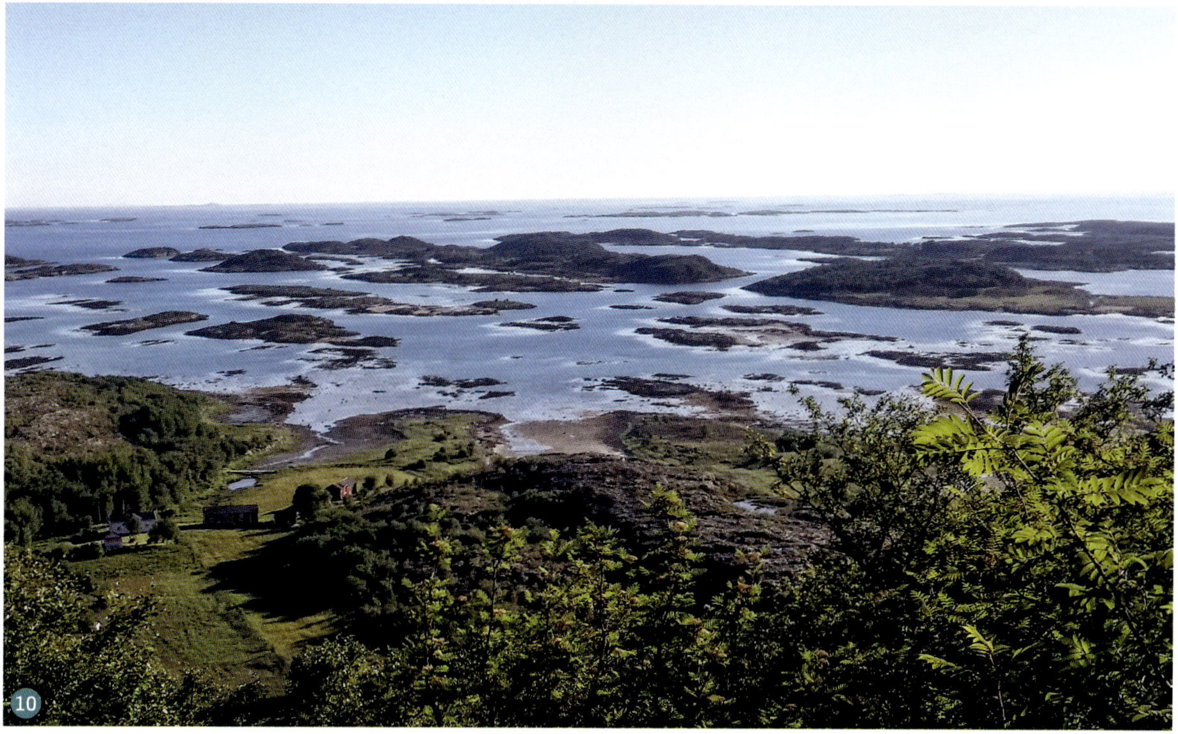

10

Kirche aus dem Jahr 1070 ist letztes Pilgerziel des St. Olavswegs (siehe Åre, Schweden).
63.4426, 10.4068

10 RØRVIK

Stadt in perfekter Lage, um von dort die Tausende Inseln und Schären des Vikna-Archipels zu erkunden, mit mildem maritimen Klima, in dem Pflaumen- und Apfelbäume gedeihen. Das Schiff fährt am Torghatten vorbei, einem ungewöhnlichen Granitberg mit einem großen Loch in der Mitte, zu dem es eine schöne Sage gibt. Von Lekamøya verschmäht, schoss der Troll Hestmannen einen Pfeil auf das junge Mädchen, doch der König warf seinen Hut dazwischen, und der Pfeil ging hindurch. Als die Sonne aufging, wurden sie alle zu Stein, auch der Hut.
64.8604, 11.2390

11 BRØNNØYSUND

Brønnøysund liegt auf einer schmalen Halbinsel in der geografischen Mitte zwischen Nordkap und Lindesnes, in einer Landschaft mit sämtlichen klassischen norwegischen Zutaten – Meer, Inseln, Fjorde, Berge, Seen, Wildflüsse und Wasserfälle. Eine der hiesigen Einnahmequellen ist seit mehr als 1.500 Jahren die nachhaltige Produktion von Eiderdaunen. Die Brustfedern werden aus den Eiderentennestern gesammelt und durch Heu ersetzt.
65.4756, 12.2106

12 SANDNESSJØEN

Zwischen Brønnøysund und dem Inselhafen Sandnessjøen liegt einer der schönsten Küstenabschnitte der Welt. Das Schiff fährt vorbei an der Insel Alsta und De Syv Søstre (den sieben Schwestern) – eine Gebirgskette mit sieben Gipfeln, die so nah beieinander sind, dass man sie alle an einem Tag schafft. Laut Legende handelt es sich um weibliche Trolle, die zu Stein geworden sind.
66.0237, 12.6372

13 NESNA

Nach einem kurzen Aufenthalt in Nesna erblickt man die weiße Zunge des mächtigen Svartisen-Gletschers. Vor ein paar Jahrhunderten reichten die Gletscher der Region noch bis zum Meer, doch der Klimawandel beschleunigt ihren Rückzug. Bei 66° 33″ nördlicher Breite, wenn das Schiff den Polarkreis überquert, scheint die Sonne im Sommer 24 Std. am Tag. Ein großer Globus auf der Insel Vikingen markiert den Punkt, und es darf mit Feierlichkeiten an Bord gerechnet werden.
66.2003, 13.0085

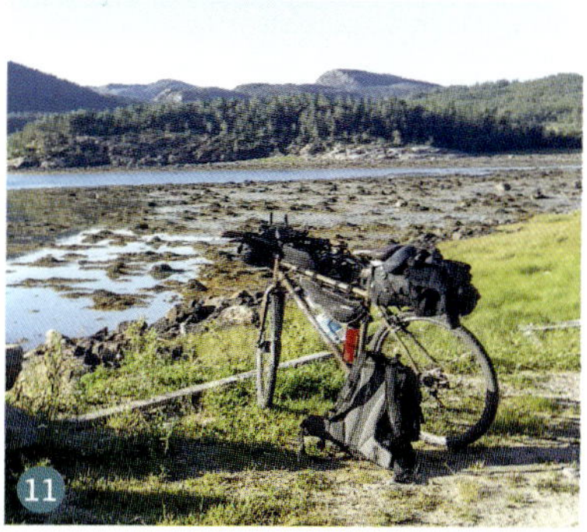

11

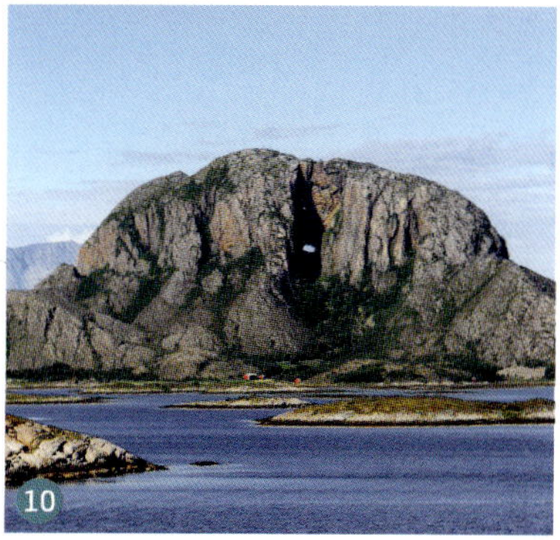

10

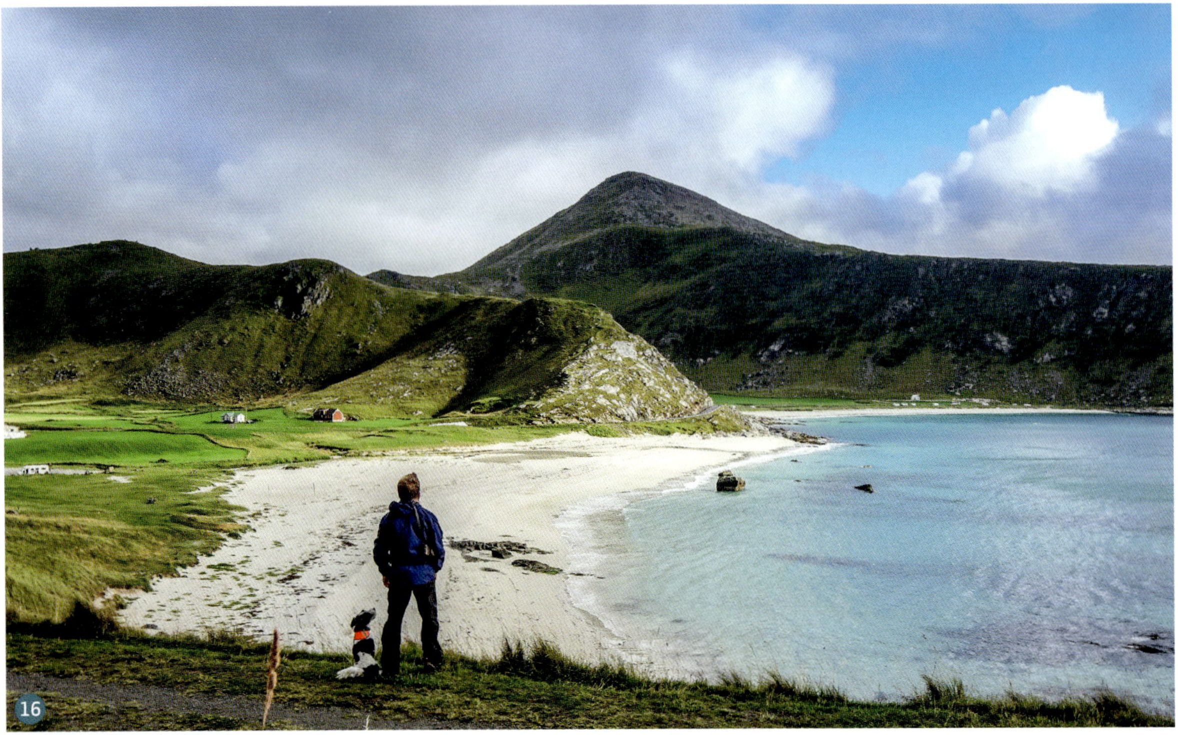

16

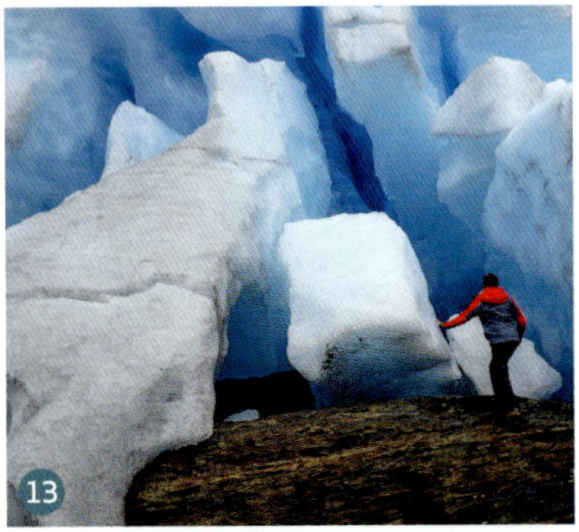

13

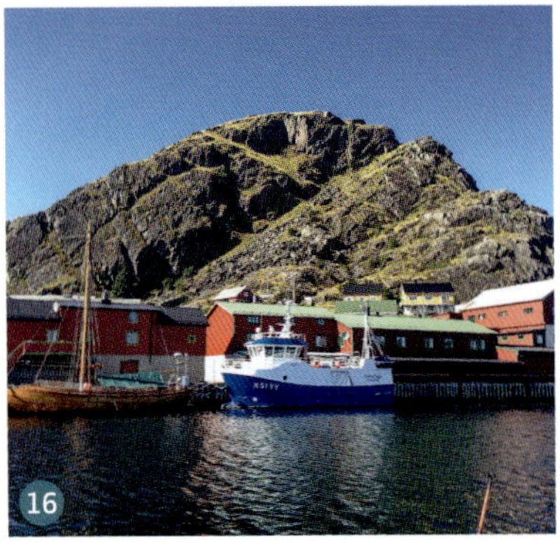

16

14 ØRNES

Das Küstendorf kurz über dem Polarkreis mit einem vorgelagerten Archipel aus über 700 Inseln und Schären markiert das Ende des Küstenabschnitts namens Helgelandskysten. Am Hafen steht die romantische Kjærlighetsbenken (Liebesbank), auf der man mit seiner Liebsten sitzen kann, oder man bringt ein Schloss an und wirft den Schlüssel ins Meer.

66.8689, 13.7034

15 BODØ

Größte Stadt der Region Nordland, gegründet 1816 als Handelszentrum und oft das Tor zum wahren Norden genannt. Saltstraumen, der beeindruckende Gezeitenstrom im Südosten der Stadt, ist mit einer Geschwindigkeit von bis zu 22 Knoten der stärkste der Welt. Von Bodø fährt das Schiff nach Vestfjorden, kein echter Fjord, sondern eher ein Meeresarm zwischen den Lofoten und dem norwegischen Festland und von großer Bedeutung für den Kabeljaufang (siehe Lofoten S. 42). Wenn man sich dem Archipel nähert, scheint die Silhouette der Lofotenwand wie eine einzige, ungebrochene Linie aus dem Meer aufzutauchen.

67.2892, 14.3959

16 STAMSUND

Fischerdorf im Süden der Insel Vestvågøy in den Lofoten. Während des Zweiten Weltkriegs gab es hier die ersten erfolgreichen Überfälle britischer und norwegischer Kommandos auf die von Nazis besetzten Gebiete. Sie kehrten mit Gefangenen und norwegischen Freiwilligen sowie dem Code-Buch für eine Enigma und ein paar ihrer Walzen zurück. Von hier fährt das Schiff Richtung Osten am spektakulären Südrand der Lofoten entlang.

68.1214, 13.8411

17 SVOLVÆR

Die Hauptstadt der Lofoten lebt von Fischfang und Tourismus. Das Schiff fährt auch durch den nahegelegenen Trollfjord (siehe Lofoten S. 44).

68.2307, 14.5666

18 STOKMARKNES

In dieser kleinen Siedlung im Norden der Insel Hadseløya befindet sich die Zentrale der Hurtigruten-Linie. Das Museum erzählt die faszinierende Geschichte von der Gründung 1893 bis heute. Neben dem Museum liegt der alte Küstendampfer MS Finnmarken (Baujahr 1956) auf dem Trockenen. Ein neues Schiff

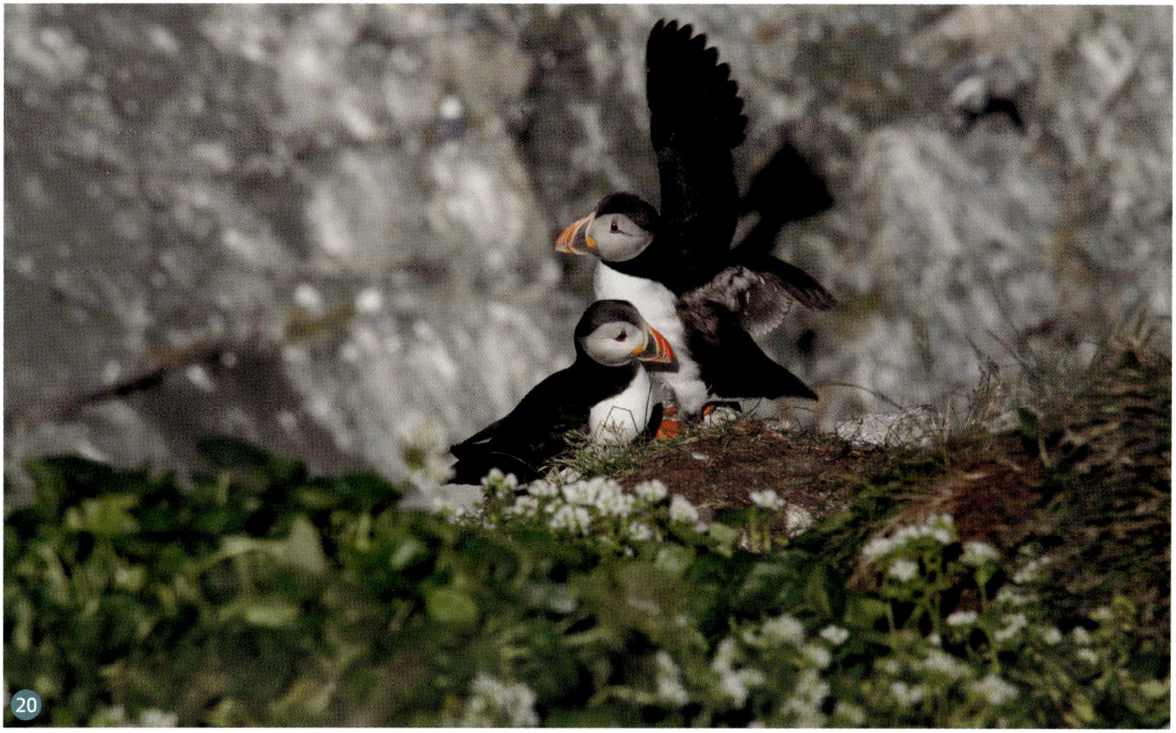

20

mit demselben Namen wurde 2001 zu Wasser gelassen.
68.5702, 14.9080

19 SORTLAND

Risøyrenna (der Risøy-Kanal), ein flacher Sund, der bei Ebbe zu Pferd durchquert werden konnte, wurde 1922 zur Schiffsstraße ausgebaggert und verbreitert. Der tiefe Kanal ermöglicht es den Hurtigruten-Schiffen, in Sortland anzulegen. Zur Jahrtausendwende beschloss das Städtchen, blau zu werden, und hat dieses Farbschema seither mithilfe von Künstlern und Gemeinde fortgesetzt. Sehr skurril!
68.6987, 15.4207

20 RISØYHAMN

Winziges Dorf auf der Insel Andøya und trotz seiner Größe Station auf der Hurtigruten-Strecke. In der Nähe gibt es zahlreiche Seevogekolonien, darunter auch eine mit mehr als 160.000 Papageientauchern. In den Minen bei Ramså hat man vollständige Skelette von Ichthyosauriern gefunden, und in der Nähe von Risøyhamn gibt es diverse Grabhügel und die Überreste einer Siedlung aus der Eisenzeit. Halten Sie Ausschau nach Pottwalen.

68.7988, 16.5481

21 HARSTAD

Hafen und Stadt auf Hinnøya, der größten Insel Norwegens, auf der jedes Jahr im Juni das Nordnorwegen-Festival stattfindet – eine bunte Mischung aus regionaler und internationaler Livemusik. Jüngste archäologische Ausgrabungen (u. a. eine Bronzeaxt und eine Halskette) deuten auf eine ausgeprägte Kultur in der Bronzezeit. Harstad war eine Wikingerhochburg, und der Name leitet sich wahrscheinlich vom altnordischen Wort Harðarstaðir ab – eine Kombination aus dem Männernamen Hörðr und staðir, was Gehöft oder Bauernhof bedeutet.
68.7988, 16.5481

22 FINNSNES

Kleine Stadt auf dem Festland neben der Brücke zur Insel Senja, wo sich der Nationalpark Ånderdalen befindet. Dieser 1970 zum Naturschutzgebiet erklärte Küstenabschnitt beherbergt diverse Biotope, wie z. B. Pinien- und Birkenwald. Man findet dort Robben, Otter, Elche und Rentiere sowie viele bunte Bergblumenarten.
69.2290, 17.9733

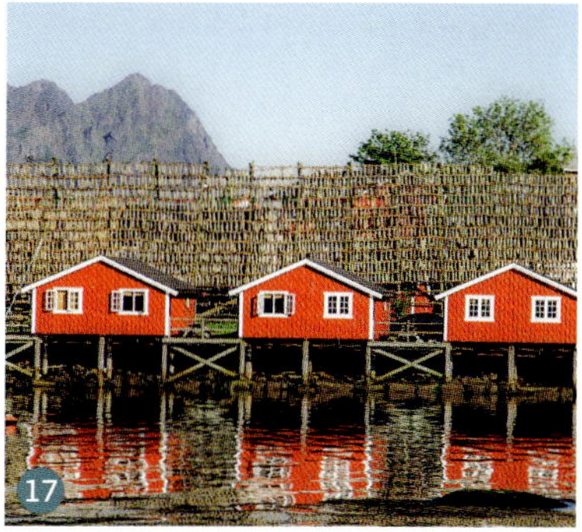

17

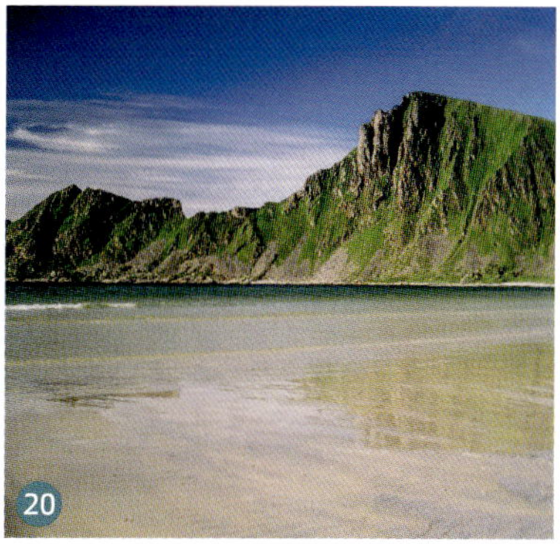

20

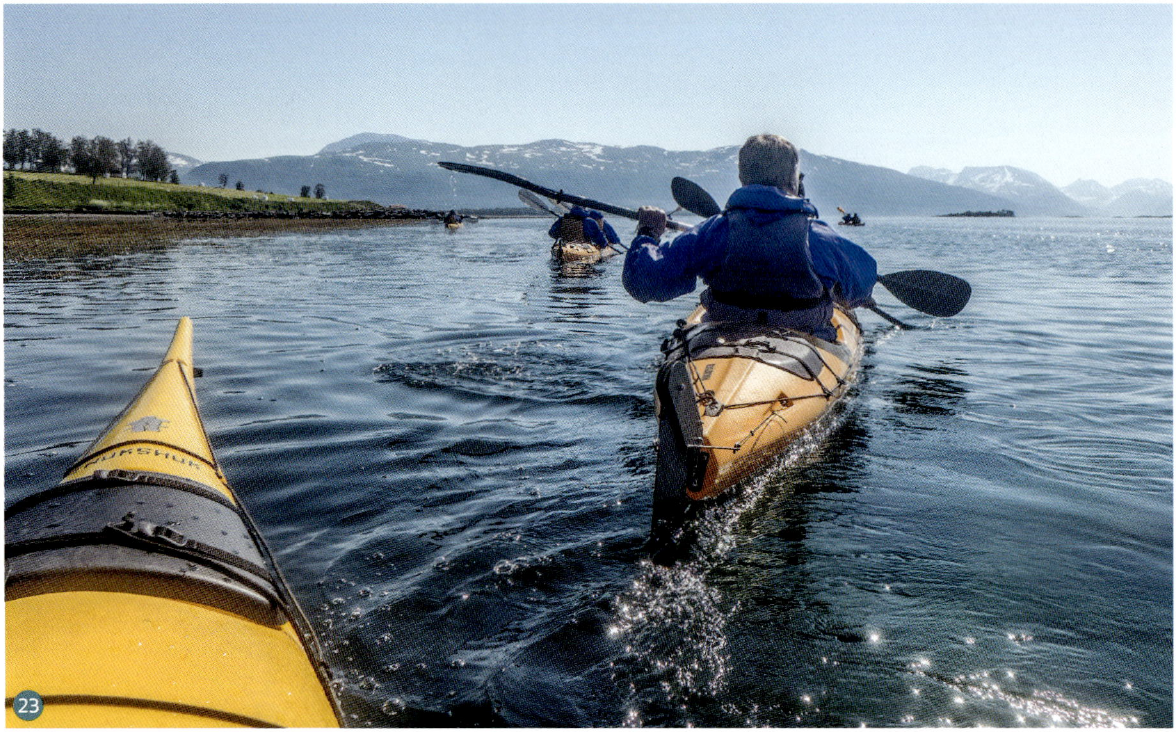

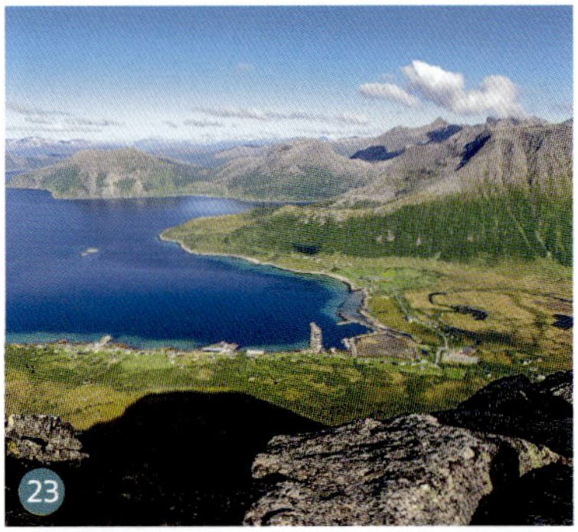

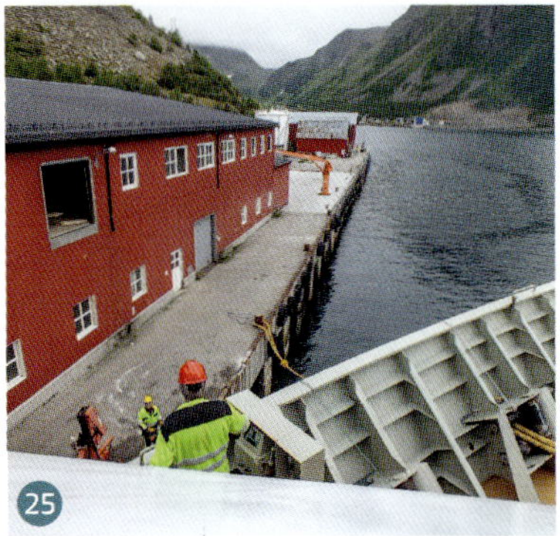

23 TROMSØ

Einst Ausgangspunkt für Polarexpeditionen, über die man etwas im Polarmuseum am Hafen erfahren kann. Das sogenannte „Paris des Nordens" ist reich an Kultur und Geschichte und liegt vor einer majestätischen Bergkulisse. Nehmen Sie die Fjellheisen-Seilbahn zum Gipfel des Fløyfjellet und genießen Sie die atemberaubende Aussicht. Das Museum der Universität von Tromsø erklärt Kultur und Natur der Region, mit Fokus auf die indigenen Samen. Nach Tromsø folgt der dramatische Anblick der Lyngsalpene (Lyngen-Alpen) – eine Gebirgskette, die steil ins Meer abfällt. Im Winter kann man einen ungewöhnlichen Skiausflug ins Hinterland unternehmen. Man kommt vom Meer und klettert auf einen der Gipfel, bevor man auf Skiern zum Boot zurückkehrt.

69.6484, 18.9629

24 SKJERVØY

Inseldorf an einem wilden, abgelegenen Küstenabschnitt, wo man hauptsächlich von Fischfang und Fischzucht lebt. 1896 war dies der erste Anlaufhafen für die MS Fram nach Fridtjof Nansens missglückter Expedition zum geografischen Nordpol. Nansen und sein Hundeschlittenführer Hjalmar Johansen waren eine Woche zuvor allein in Vardø eingetroffen, und ganz Norwegen erwartete gespannt die Rückkehr des Schiffs und seiner Crew.

70.0352, 20.9826

25 ØKSFJORD

Fischerdorf und erster Anlaufhafen in der Region Finnmark. Bunte angemalte Häuser hängen dramatisch am Berghang, und an klaren Tagen kann man den Øksfjordjøkulen sehen, einen der größten Gletscher Norwegens und der einzige auf dem norwegischen Festland, der direkt ins Meer „kalbt". Man erzählt sich, dass ein Anwalt aus Tromsø (der schlecht Englisch sprach) die Jagdrechte für nur $2.000 an einen reichen Engländer verkauft hat.

70.2379, 22.3492

26 HAMMERFEST

Mit 70°7" nördlicher Breite erhebt Hammerfest Anspruch auf den Titel der nördlichsten Stadt der Welt, und obwohl es ungefähr auf demselben Breitengrad liegt wie Nordalaska und Sibirien gibt es keinen Dauerfrostboden. Als Fischerhafen betreibt die Stadt traditionell Handel an der russischen Küste. Viele Grabstätten aus der Steinzeit zeigen, dass

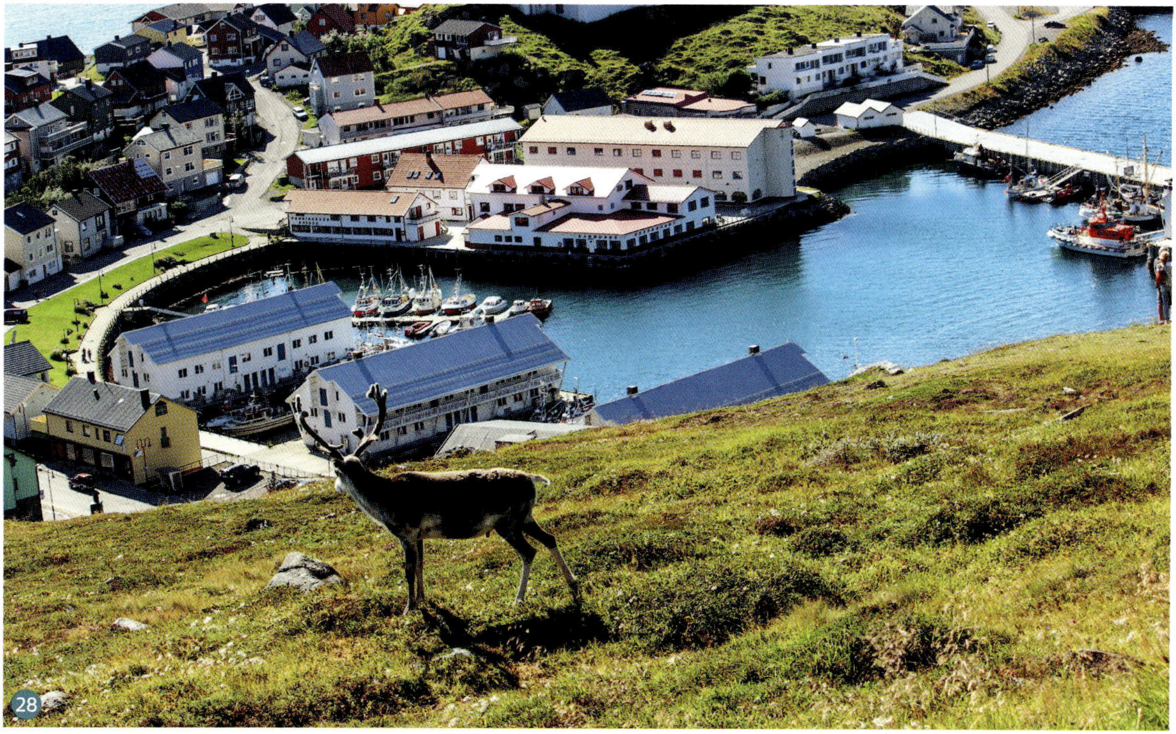

28

die Gegend schon lange besiedelt ist. Der Name Hammerfest stammt vom altnordischen *hamarr*, was „steiler Berghang“ bedeutet, und *fest*, „festmachen“ (von Booten).
70.6642, 23.6837

27 HAVØYSUND

Fischergemeinde auf einer einsamen Insel in der Barentssee mit bunten Häusern, zumeist aus der Nachkriegszeit, die typisch für die kleinen Fischerdörfer der Region sind. Die meisten der älteren Häuser wurden am Kriegsende von den Deutschen auf dem Rückzug vor der Roten Armee niedergebrannt. Auf der vorgelagerten Felseninsel Hjelmsøystauren gibt es die am dichtesten besiedelte Vogelkolonie Europas: Dreizehenmöwen, Trottellummen und Tordalke nisten unter anderem hier. Zwischen 1740 und 1917 war die Gegend auch ein wichtiger Handelsplatz für russische Pomoren – Siedler vom Weißen Meer und der Kola-Halbinsel.
70.9948, 24.6863

28 HONNINGSVÅG

In der Nähe der Stadt Honningsvåg, aber nicht direkt auf der Hurtigruten-Strecke, liegt das Nordkap (71°10"21"), der nördlichste Punkt des europäischen Festlands. Es wurde 1553 von drei englischen Schiffen auf der Suche nach dem Nördlichen Seeweg entdeckt: Zwei kehrten nie zurück, und die Besatzung des dritten taufte es Nordkap. Es ist ein Felsplateau hoch über dem Meer mit einem Globus als Wahrzeichen. Im Frühling kann man erleben, wie die norwegische Armee etwa 3.800 Rentiere mit einem Landungsboot vom Festland auf die Insel Magerøya transportiert, aber spannender ist es im Herbst, wenn die Tiere und ihre Kälber die 1,8 km zu ihrer Winterweidefläche zurückschwimmen.
70.9816, 25.9682

29 KJØLLEFJORD

Das große Fischerdorf an der Westküste der Nordkinnhalbinsel liegt am Kopfende des Kjøllefjords, der in den wesentlich größeren Laksefjord mündet. Jedes Jahr treiben mehrere samische Familien ihre Rentiere auf die Sommerweiden in der Gegend. Nach Kjøllefjord fährt das Schiff an der prächtigen Finnkirka vorbei – einem dramatischen Felsen, der aussieht wie eine Kathedrale und einst ein Opferplatz der Samen war. Die Fischer machten hier Halt, wenn sie den Fjord verließen, und beteten für gutes Wetter, und bei ihrer Rückkehr bedankten sie sich hier für die sichere Fahrt. Wenn die Hurtigruten-Schiffe

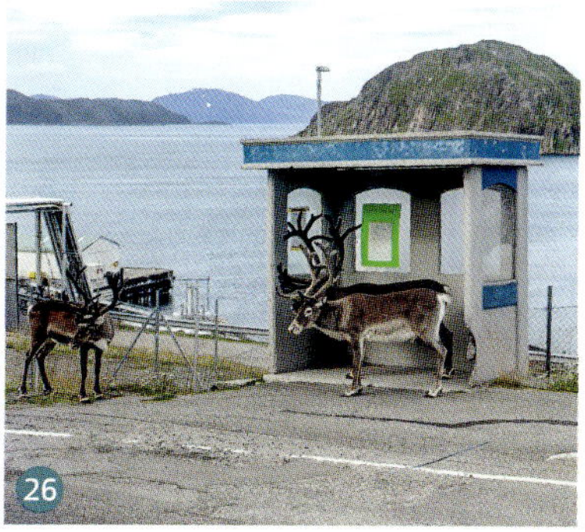

26

nachts vorbeifahren, ist die Finnkirka beleuchtet.
70.9489, 27.3364

30 MEHAMN

Der nördlichste Hafen der Route liegt im Norden der Nordkinnhalbinsel. 1903 gab es hier auf der großen Walfangstation einen Aufstand, bekannt als Mehamn-Rebellion. Die Fischer machten den Walfang verantwortlich für ihre schlechten Fänge, weil sie glaubten, die Wale trieben die Fische zum Ufer. Als der Leiter der Station sich weigerte, einem Fischerboot in Seenot zu helfen, gin-

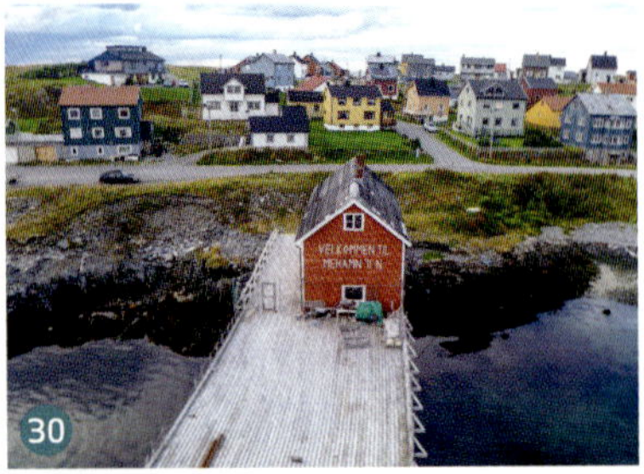

30

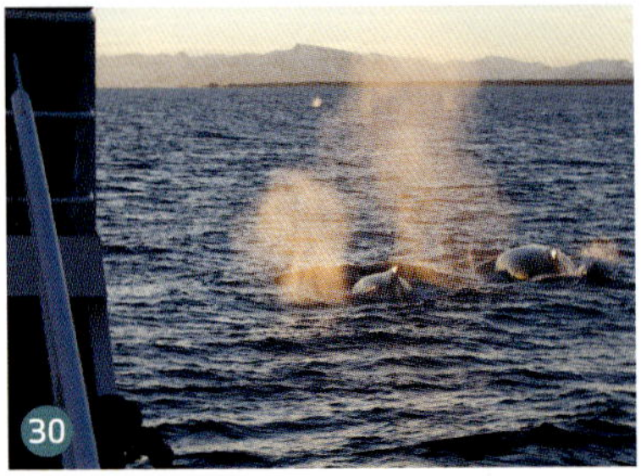

30

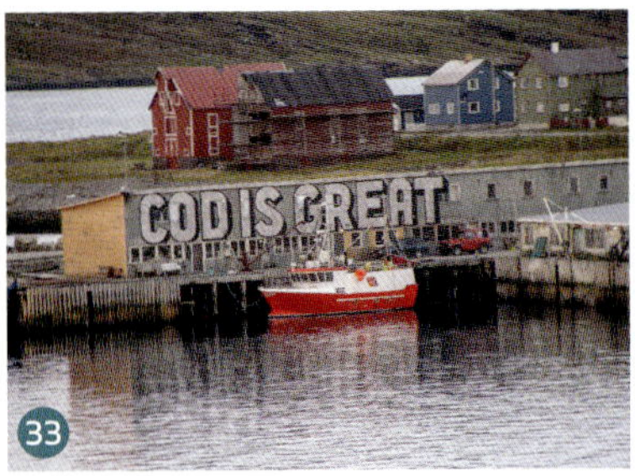

33

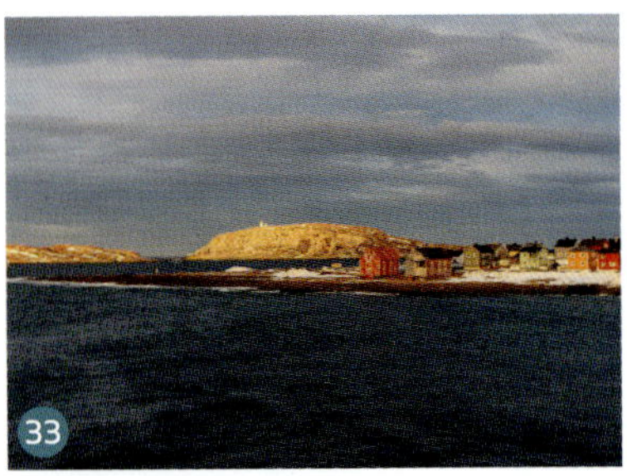

33

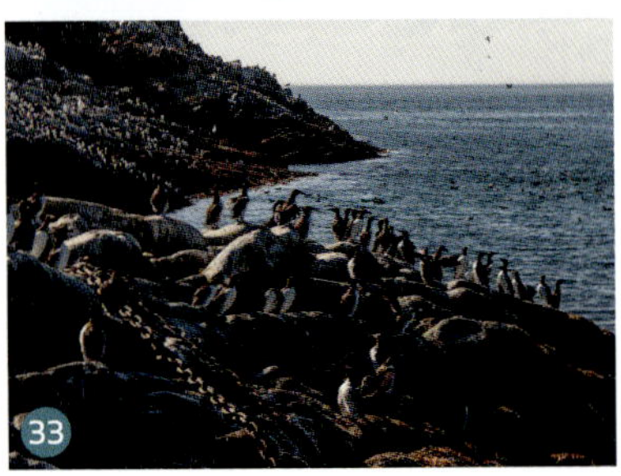

33

gen die Fischer auf die Barrikaden, und bis das Militär eintraf, war die Walfangstation völlig zerstört. Manche der Täter erhielten milde Strafen, und im Jahr darauf gewann die Arbeiterpartei, die sich für den Schutz der Wale stark gemacht hatte, erstmals Sitze im norwegischen Parlament. Diese ersten vier Parlamentsmitglieder der Arbeiterpartei kamen aus dem Norden und brachten ein Gesetz zum Schutz der Wale in den Regionen Finnmark, Nordland und Troms auf den Weg.
70.0414, 27.8438

31 BERLEVÅG

An der Mündung des Tanafjords passiert das Schiff den Tanahorn, ein heiliger Berg der Samen, der 270 m aus dem Wasser ragt. Kurz darauf erreicht es Berlevåg, ein großes Fischerdorf mit diversen Fischfabriken.
Ein Museum dokumentiert die Geschichte der Gemeinde, mit Fokus auf den Bau des Hafendamms über einen Zeitraum von 70 Jahren. Auf einem Hochplateau ganz in der Nähe befindet sich der Nationalpark Varangerhalvøya, ein eigenständiges alpines Ökosystem mit Rentieren, Vielfraßen und Polarfüchsen. Nach dem Verlassen des Hafens fährt man an einem der markantesten Leuchttürme der Hurtigruten-Strecke vorbei, auf einem schmalen Landstreifen, der in die Barentssee ragt. Der Leuchtturm Kjølnes beherbergte einst vier Familien, ist inzwischen jedoch voll automatisiert.
70.8574, 29.1148

32 BÅTSFJORD

Wichtiger Hafen für Norwegens Fischindustrie am Kopfende des Fjords auf der Halbinsel Varanger. Die ungewöhnlichen Streifen an den Klippen, bekannt als Båtsfjord-Formation, sind Sedimentgestein, das sich ursprünglich unter Wasser gebildet hat. Der Felsen besteht aus violettem und grünem Schlammgestein, grauem und rosa Sandstein, gelbgrauem Dolomitgestein und grauem Kalkstein.
70.6294, 29.7245

33 VARDØ

Diese älteste Stadt Nordnorwegens liegt auf der Insel Vardøya. Bei 31° östlicher Länge ist sie die östlichste Stadt Skandinaviens und liegt sogar noch östlicher als St. Petersburg und Istanbul. Ein Unterwassertunnel verbindet die Insel mit dem Festland. Die vorgelagerte Insel Hornøya wird von Tausenden von Seevögeln bevölkert. Vardø hat ein Museum über den Pomoren-Handel und eins über die Geschichte der Region, die stark von ihrer Nähe zu Russland und Finnland geprägt ist. Die Festung aus dem 14. Jahrhundert war erstmals im Zweiten Weltkrieg Schauplatz einer militärischen Auseinandersetzung.
70.3746, 31.1045

34 VADSØ

Multikulturelle Stadt mit einer Mischung aus norwegischen, finnischen und samischen Bewohnern an der Mündung des Varangerfjords und wie die anderen Küstenorte der Finnmark traditionell dem Fischfang verhaftet. Die Stadt wurde im Zweiten Weltkrieg fast vollständig zerstört. Nur zwei Gebäude blieben verschont und sind heute Teil des Stadtmuseums, das u. a. die Geschichte der finnischen Immigranten dokumentiert. Am Wasser sieht man noch den Ankerturm der Norge – der Zeppelin, mit dem erst Roald Amundsen und dann Umberto Nobile 1926 und 1928 ihre Polarexpeditionen unternommen haben.
70.0708, 29.7961

35 KIRKENES

Beim letzten Halt kehrt das Schiff um und fährt zurück. Die Bewohner der Stadt am Bøkfjord, nah an den Grenzen Russlands und Finnlands, sind eine Mischung aus Samen, Norwegern und Finnen und jüngst auch Russen. Am Ende des Zweiten Weltkriegs befreite die Rote Armee Kirkenes, und man fühlt sich Russland bis heute stark verbunden. Das Klima ähnelt eher dem Sibiriens, und es gibt Braunbären, Vielfraße, Luchse, und gelegentlich verirren sich auch Wölfe aus Russland hierher. Die Fischer fangen hier die riesigen, leckeren Königskrabben, die in alle Welt exportiert werden.
69.7288, 30.0722

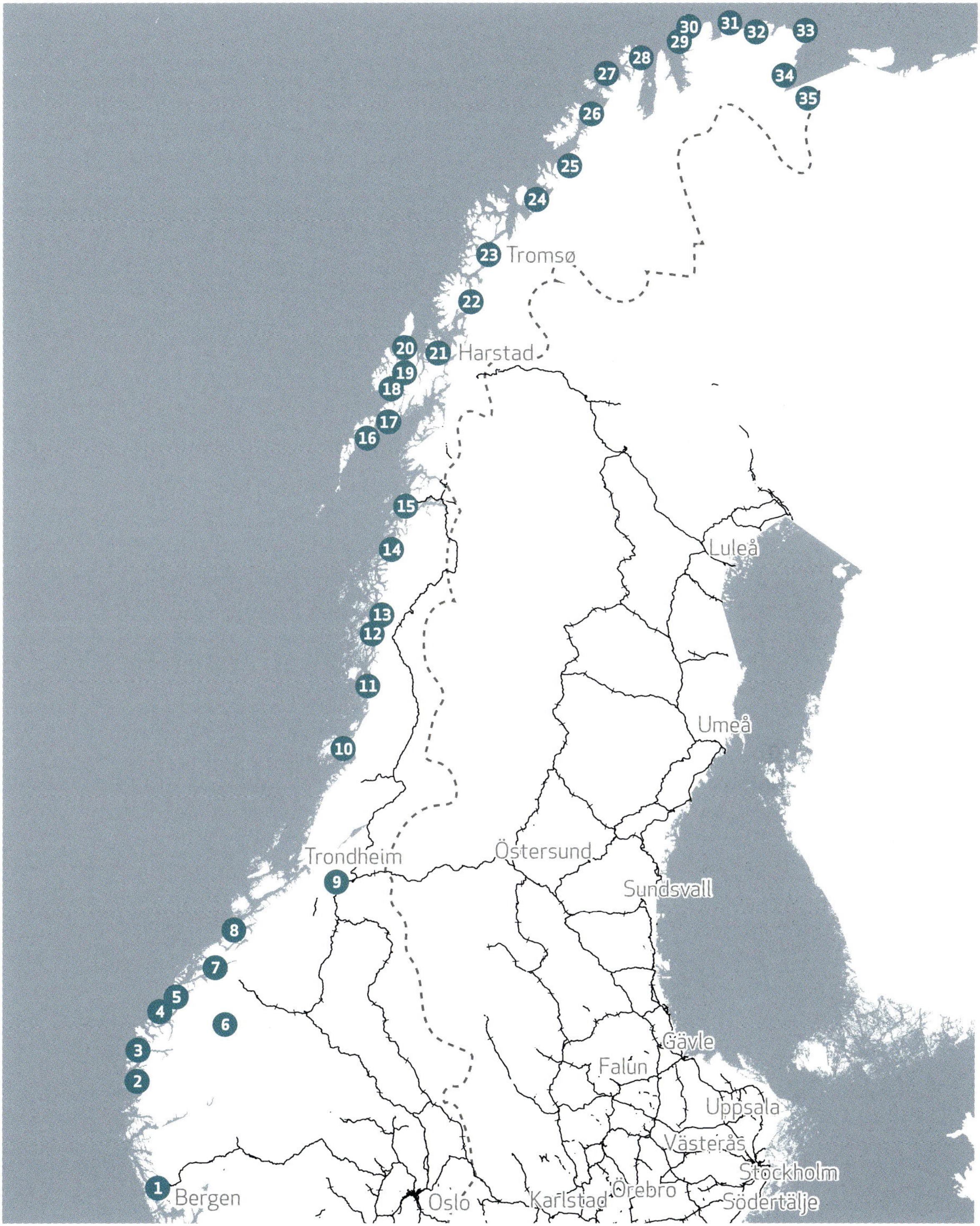

1
2
3
4
5
6
7
8
9
10
11
12
13
14
15
16
17
18
19
20
21
22
23
24
25
26
27
28
29
30
31
32
33
34
35
Tromsø
Harstad
Luleå
Umeå
Trondheim
Östersund
Sundsvall
Gävle
Falun
Uppsala
Västerås
Stockholm
Södertälje
Bergen
Oslo
Karlstad
Örebro

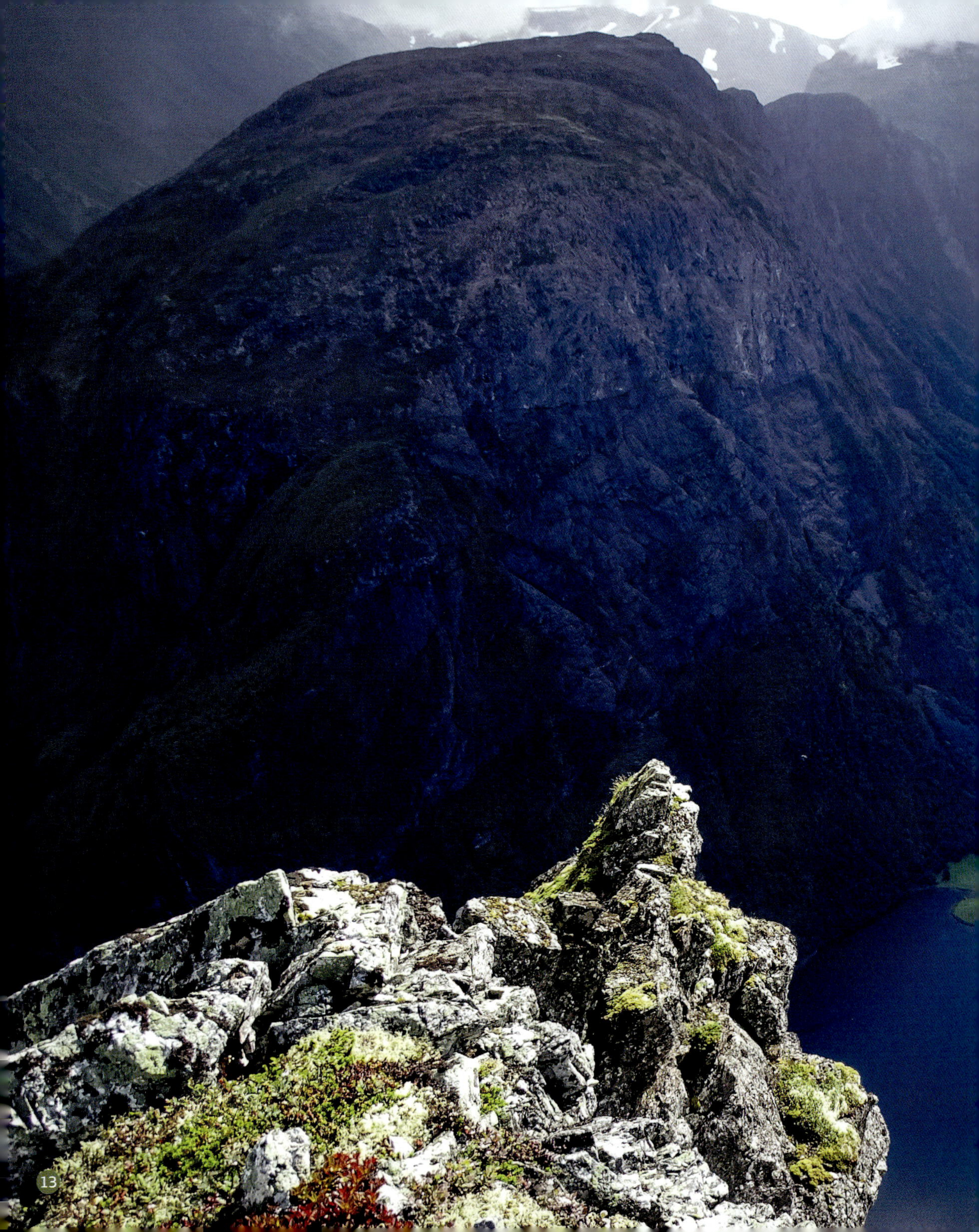

13

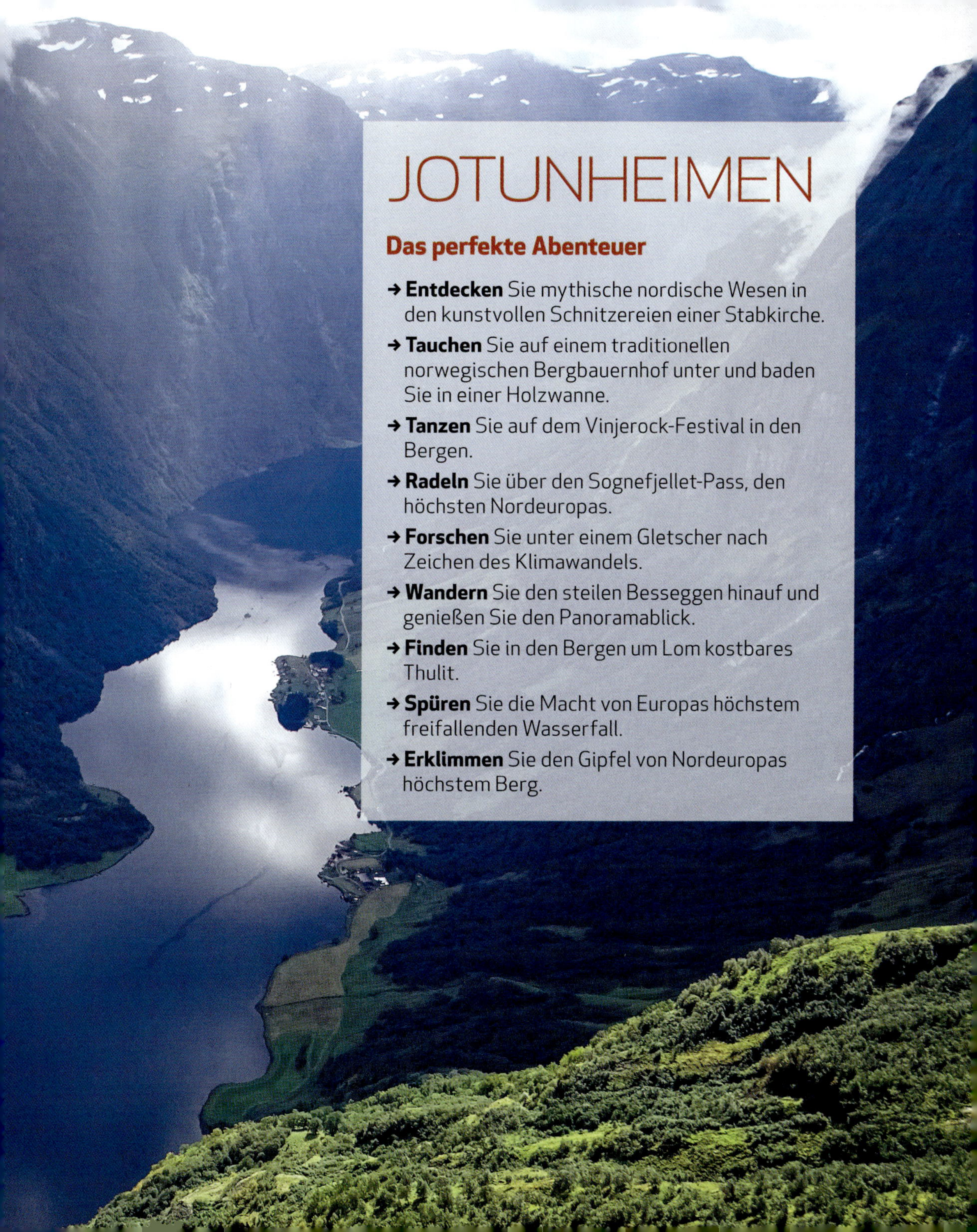

JOTUNHEIMEN

Das perfekte Abenteuer

- **Entdecken** Sie mythische nordische Wesen in den kunstvollen Schnitzereien einer Stabkirche.
- **Tauchen** Sie auf einem traditionellen norwegischen Bergbauernhof unter und baden Sie in einer Holzwanne.
- **Tanzen** Sie auf dem Vinjerock-Festival in den Bergen.
- **Radeln** Sie über den Sognefjellet-Pass, den höchsten Nordeuropas.
- **Forschen** Sie unter einem Gletscher nach Zeichen des Klimawandels.
- **Wandern** Sie den steilen Besseggen hinauf und genießen Sie den Panoramablick.
- **Finden** Sie in den Bergen um Lom kostbares Thulit.
- **Spüren** Sie die Macht von Europas höchstem freifallenden Wasserfall.
- **Erklimmen** Sie den Gipfel von Nordeuropas höchstem Berg.

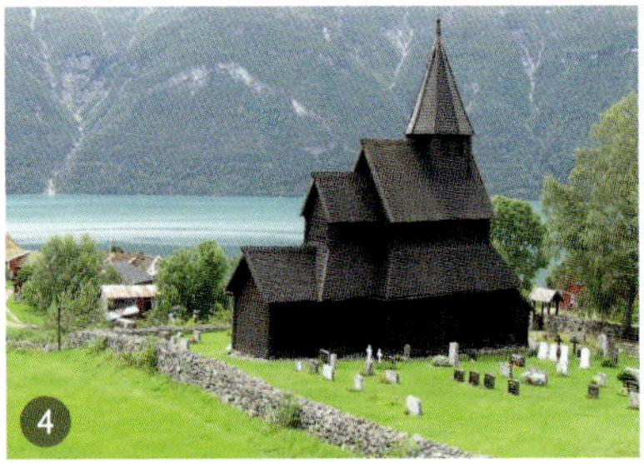

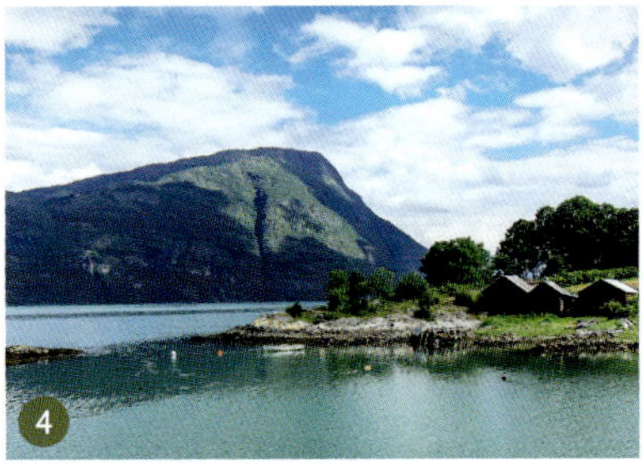

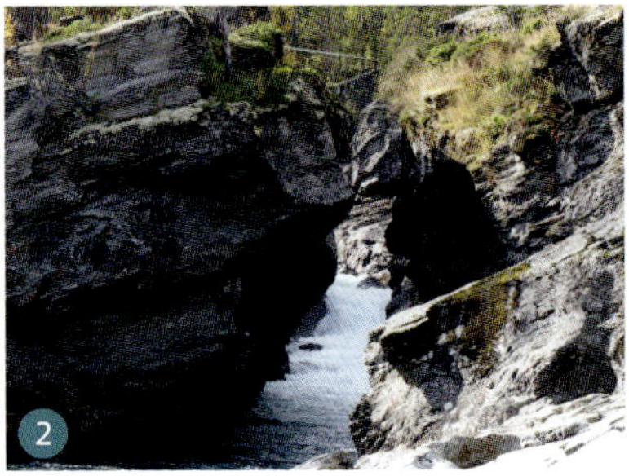

Diese hochalpine Landschaft erhielt ihren Namen in den 1860ern von dem Dichter Aasmund Olavsson Vinje. In der nordischen Mythologie ist Jötunheimen das Land der Riesen, und hier findet man 29 der höchsten Berge Norwegens. Jotunheimen umfasst 3.500 km² und ist der beliebteste Nationalpark des Landes.

Die Berge laden im Winter zum Skifahren, im Sommer zum Wandern ein, die wilden Flüsse sind ein Magnet für Kajakfahrer aus aller Welt. Es ist ein Paradies für Bergsteiger, Kanuten, Radfahrer und sogar für Höhlenkletterer, die zwischen traditionellen Kalksteinhöhlen oder Eishöhlen unter Gletschern wählen können.

In einem der Gletscher wurden Spuren menschlichen Lebens entdeckt, die von 1800 v. Chr. stammen, darunter ein Schuh, diverse Pfeile und ein Holzspaten. Ein Abstecher in das Norwegische Bergmuseum lohnt sich, nicht nur wegen dieser Funde, sondern auch, um mehr über das Leben der Menschen hier in den vergangenen Jahrhunderten zu erfahren.

In manchen der umliegenden Bergdörfer scheint die Zeit stehen geblieben zu sein. Es gibt Holzschuppen, die noch aus der Wikingerzeit stammen, und majestätische Stabkirchen, in denen man Symbole der nordischen Mythologie entdecken kann.

Das Dorf Lom, wo es ebenfalls eine schöne Stabkirche gibt, bietet sich als Ausgangspunkt an, um die Gegend zu erkunden. Die Landschaftsroute Sognefjellet führt von dort direkt zum höchsten Gebirgspass Nordeuropas, und die Landschaft ist wirklich atemberaubend schön.

Der Name Jotunheimen passt, nicht nur wegen der Weite der Landschaft, sondern auch, weil sie so gewaltig ist. Lassen Sie sich von ihr mitreißen und verzaubern.

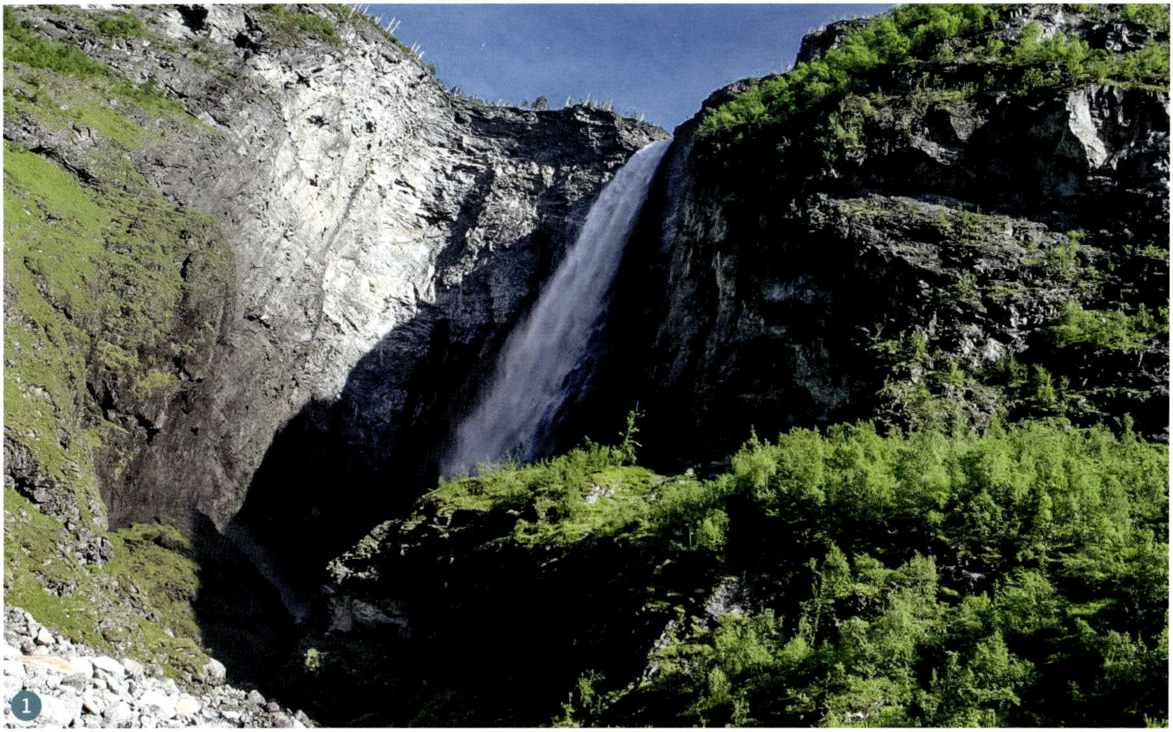

STROMSCHNELLEN & WASSERFÄLLE

1 VETTISFOSSEN

Mit 275 m Europas höchster freifallender Wasserfall (61.3791, 7.9476), der allein schon durch die schiere Wassermasse beeindruckt.

→ Man erreicht den Wasserfall von Øvre Årdal (61.3089, 7.8028), durch das Utladalen. Karte und Kompass erforderlich.

1 Std., 61.3791, 7.9476

2 RIDDERSPRANGET

Der Rittersprung – eine sehr schmale Schlucht über dem Sjoa – mit Stromschnellen, die bei Raftern und Kajakfahrern sehr beliebt sind. Laut Legende sind ein Ritter und ein schönes Mädchen auf der Flucht vor deren Bräutigam hier über das Wasser gesprungen. Nicht zur Nachahmung empfohlen, aber die Aussicht ist betörend.

→ Von der Rv51 ausgeschildert. Parkplatz, Information und Toiletten in der Nähe der Schlucht. Karte und Kompass erforderlich.

61.6825, 9.0752

HISTORISCH & HEILIG

3 STABKIRCHE LOM

Eine der größten, noch erhaltenen Stabkirchen, erbaut in der 2. Hälfte des 12. Jahrhunderts. Kunstvolle Schnitzereien, und das Dach ist mit Drachenköpfen verziert – ein Symbol der Wikinger. Im Mittelalter war die Kirche Anziehungspunkt für Pilger und andere Reisende. Bis heute finden hier Gottesdienste statt.

→ Bergomsvegen 21, 2686 Lom, +47 61 217300. www.lom.kommune.no

61.8398, 8.5661

4 STABKIRCHE URNES

Stabkirche aus dem 12. Jahrhundert am Ufer des Lustrafjords, direkt gegenüber von Solvorn. Seit 1979 UNESCO-Weltkulturerbe. Vermutlich eine der ältesten ihrer Art mit mittelalterlicher christlicher Symbolik, aber auch Darstellungen aus der Wikingerzeit. Wunderschöne Holzschnitzereien zeigen ein vierbeiniges Tier, das eine Schlange beißt, möglicherweise Jesus, der gegen Satan kämpft, oder ein Porträt des Drachen Nidhöggr aus der nordischen Mythologie, der an der Wurzel der Weltesche Yggdrasil nagt.

→ 6870 Ornes, Luster, +47 57 678840.

61.2982, 7.3226

KULTUR & GESCHICHTE

5 NORSK FJELLMUSEUM

Das Thema des Norwegischen Bergmuseums ist die Beziehung zwischen Menschen und Bergen und wie sich diese seit der Eiszeit bis zum heutigen Tag verändert hat. Erfahren Sie, wie die Steinzeitmenschen sich in den Bergen fortbewegt haben und welche archäologischen Funde schmelzender Schnee und Gletscher zutage gefördert haben – fast 1.600 Artefakte aus der Region Upland, darunter viele aus Jotunheimen, gehören zu den Ausstellungsstücken. Das Museum dient auch als Touristeninformation des Nationalparks Jotunheimen.

→ 2688 Lom, +47 61 211600. www.norskfjellsenter.no

61.8376, 8.5677

6 VALDRES FOLK MUSEUM

Freiluftmuseum für die ganze Familie mit faszinierenden Einblicken in die norwegische Kultur. Bewundern Sie Norwegens größte Sammlung regionaler Trachten, hören Sie traditionelle Musik, lernen Sie die hiesigen Volkstänze. Es gibt regionale Delikatessen und regelmäßige Konzerte und Veranstaltungen. Kinder freuen sich über die zum Museum

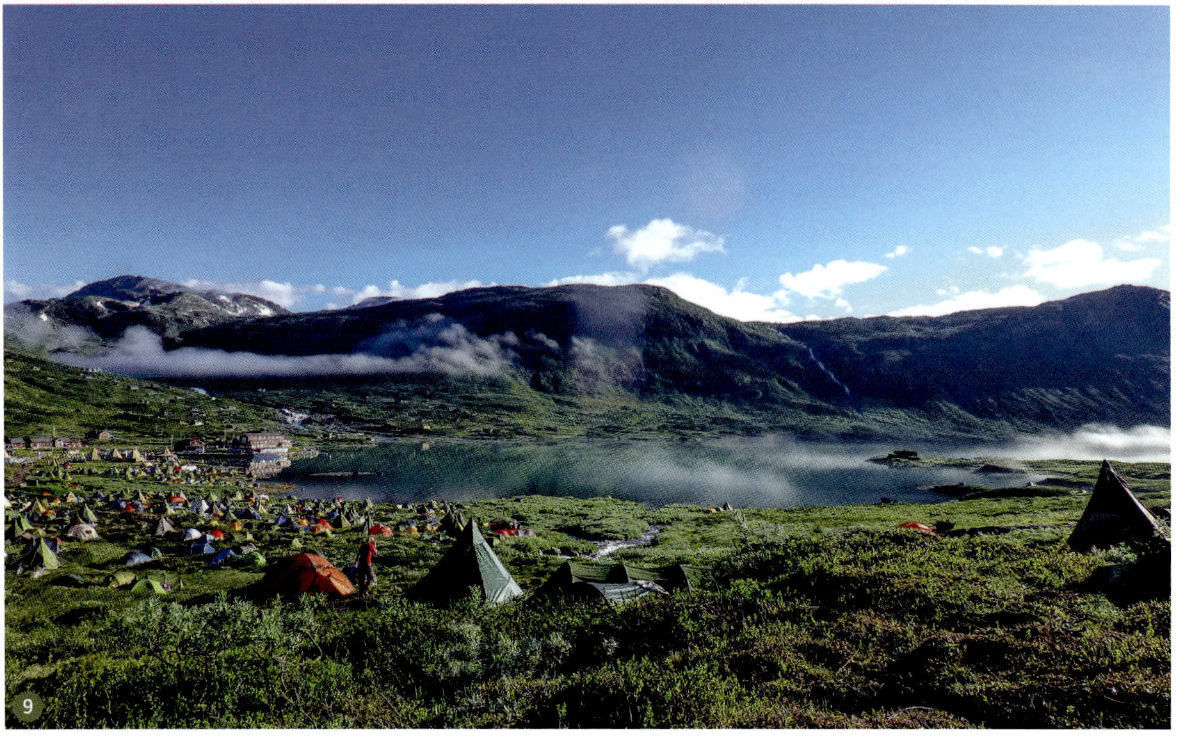

9

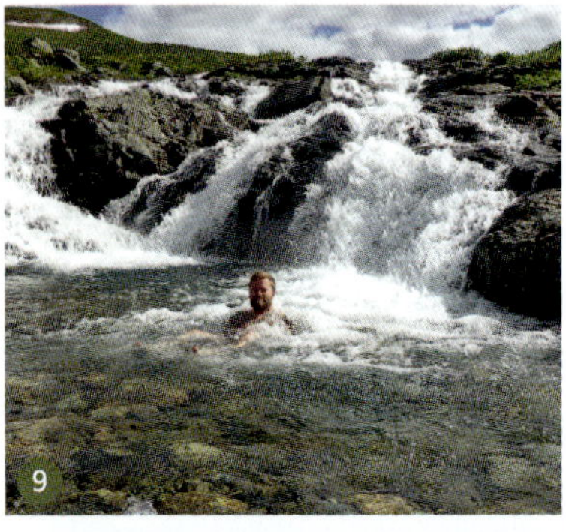

9

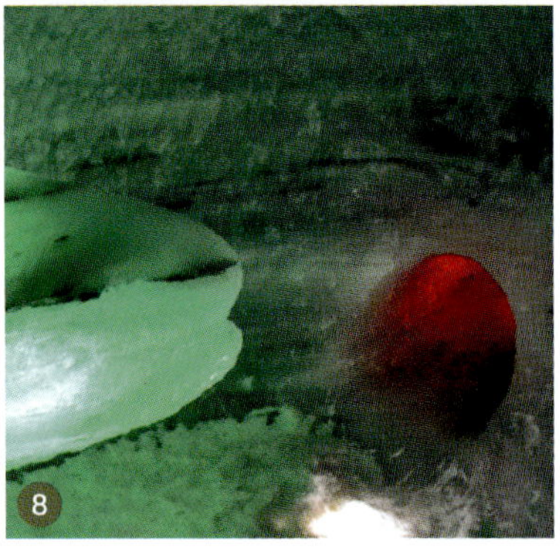

8

gehörigen Bauernhoftiere. Aktuelle Informationen auf der Website.

→ Tyinvegen 27, 2900 Fagernes, +47 61 359900. www.valdresmusea.no
60.9812, 9.2306

7 FOSSHEIM STEINZENTRUM

Größte Mineral- und Halbedelsteinsammlung Norwegens und eine interessante Fossilienabteilung. Außerdem gibt es eine Werkstatt, wo Schmuck und Kunsthandwerksgegenstände verkauft werden. Erfahren Sie mehr über den norwegischen National-Edelstein Thulit, der in Lom abgebaut wird.

→ Bergomsvegen 30, 2686 Lom, +47 61 211460. www.fossheimsteinsenter.no
61.8388, 8.5740

8 MÍMISBRUNNR KLIMAPARK

Sehr ungewöhnliches Museum, das 70 m in einen Eistunnel unter einem Gletscher führt, um den Klimawandel zu veranschaulichen. In der nordischen Mythologie ist Mímisbrunnr der Brunnen unter der Weltesche Yggdrasil und die Quelle allen Wissens und aller Weisheit. Die Originalfunde aus dem Eis befinden sich im Norwegischen Bergmuseum (siehe 5).

→ 2688 Lom, +47 61 211600. www.mimisbrunnr.no
61.6750, 8.3531

9 VINJEROCK

Die Besucher sind angehalten, zu Fuß zu diesem Musikfestival in 1.060 m Höhe in Eidsbugarden zu kommen. Tolle Musik und andere Outdooraktivitäten in spektakulärer Location. Das Festival ist nach dem berühmten norwegischen Dichter Aasmund Vinje benannt – der als Erster eine Berghütte in dieser Region gebaut hat und ihr den Namen Jotunheimen (Land der Riesen) verpasst hat. Das Festival findet jedes Jahr im Juli statt.

→ Eidsbugarden, 2985 Vang i Valdres, +47 971 09903. www.vinjerock.no
61.3729, 8.2988

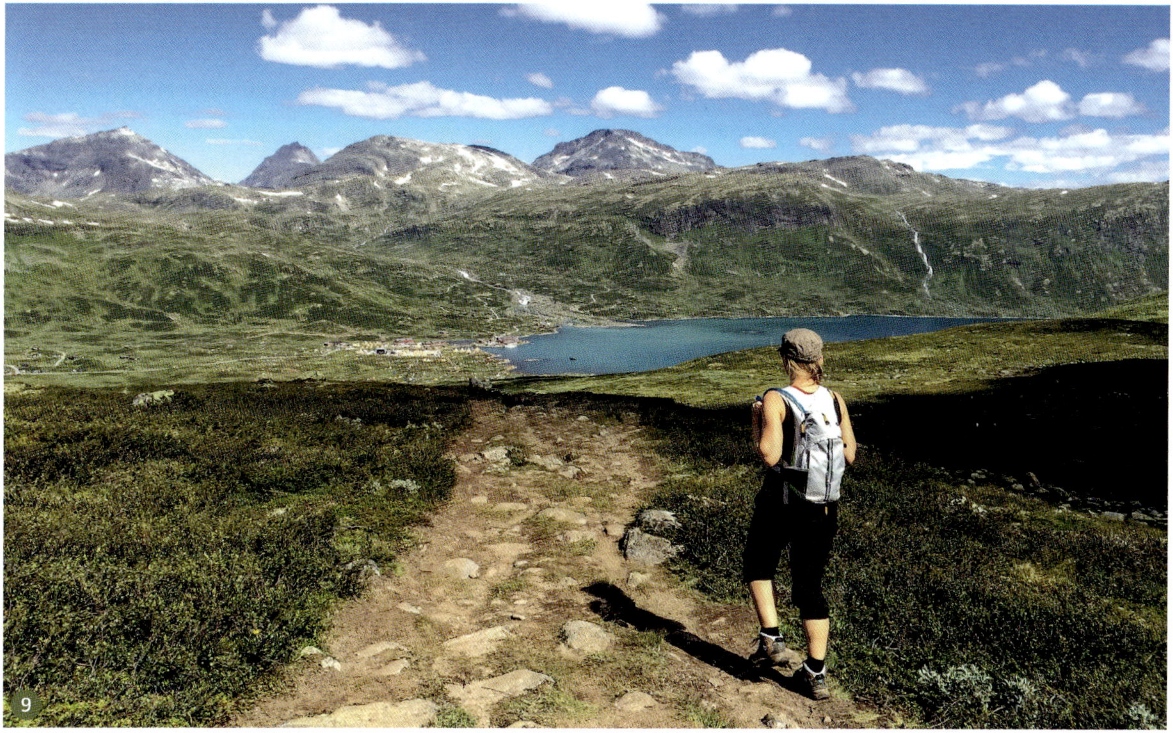

9

BERGE & KLETTERTOUREN

10 LANDSCHAFTSROUTE SOGNEFJELLET

Spektakulärer Gebirgspass und einer der weltschönsten Auto- und Fahrradrouten. Nur im Sommer für den Verkehr geöffnet, führt die berühmte Nationalstraße bis auf 1.434 m hinauf und bietet von Anfang bis Ende einen atemberaubenden Panoramablick. Fahren Sie im Frühling, kurz nach Öffnung der Straße, und staunen Sie über die 10 m hohen Schneewände am Straßenrand. Es gibt diverse Rastplätze, alle mit fantastischer Aussicht. Befahrbar mit Auto und Fahrrad.

→ Die Fv55 ist 108 km lang und verläuft zwischen Gaupne (61.4026, 7.2934) am Sognefjord und Lom (61.8366, 8.5666) im Gudbrandsdalen.

61.5536, 8.4842

11 GALDHØPIGGEN

Mit 2.469 m höchster Berg Norwegens und ganz Nordeuropas. Der Gipfel kann ohne Kletterausrüstung bestiegen werden, aber es ist eine anspruchsvolle Wanderung, und für eine der Routen braucht man einen Führer, um den Gletscher zu überqueren. Bereiten Sie sich gut vor und besorgen Sie sich eine Wanderkarte. 1850 waren drei Männer aus der Gegend die Ersten, die den Gipfel erklommen. Inzwischen sind es jeden Sommer mehrere Tausend. Oben gibt es eine kleine Hütte, die Getränke und Schokolade verkauft.

→ Bergführer über: Aktiv i Lom SA, 2687 Bøverdalen,+47 61 212799.

61.6370, 8.3092

12 GLITTERTIND

Der Nationalpark Jotunheimen heißt nicht umsonst Land der Riesen. Glittertind, mit 2.465 m der zweithöchste Berg Norwegens, war einst Titelanwärter, doch ist der Gletscher auf seinem Gipfel geschrumpft. Die erste Besteigung erfolgte 1841, und heute ist er ein beliebtes Wanderziel. Am besten ist er von Westen zugänglich, über die Spiterstulen Lodge, doch man muss sich gut vorbereiten und benötigt Karte und Kompass. Oder man nimmt sich einen Führer. Der Blick vom Gipfel ist überwältigend.

→ Für Bergführer siehe Galdhøpiggen (11).

61.6512, 8.5575

13 BESSEGGEN-GRAT

Eine der berühmtesten Tagestouren Norwegens. Der Wanderweg beginnt am Ufer des Gjende-Sees, führt zum Bergrücken

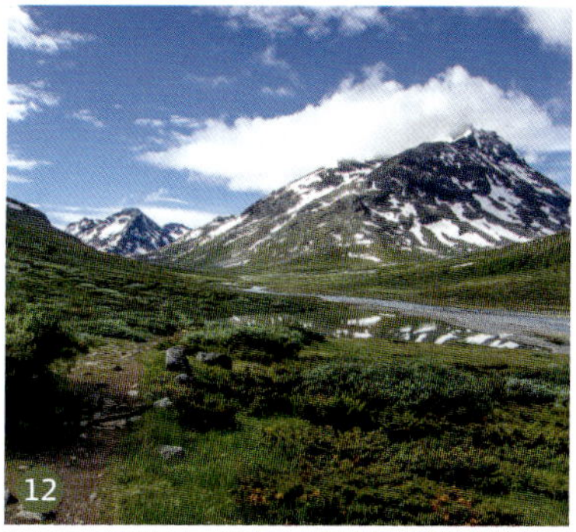

12

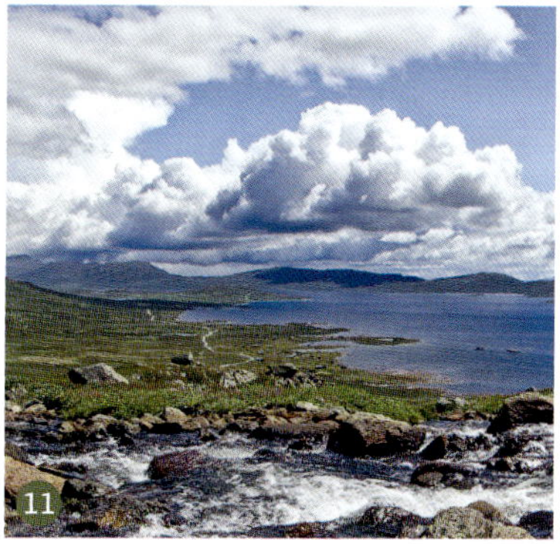

11

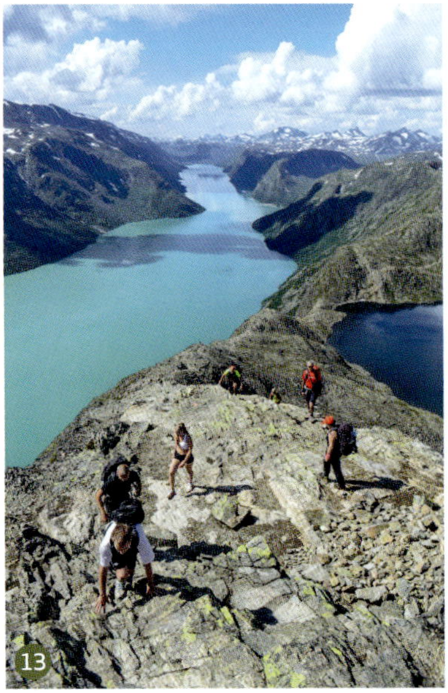

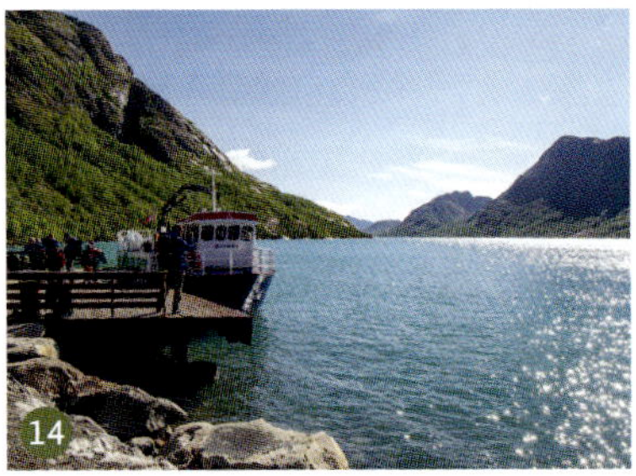

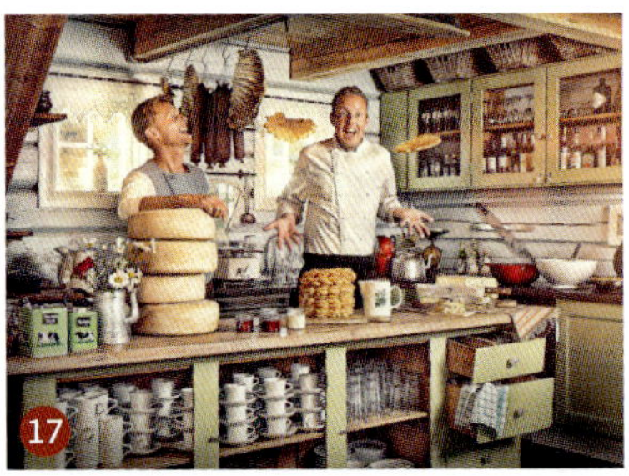

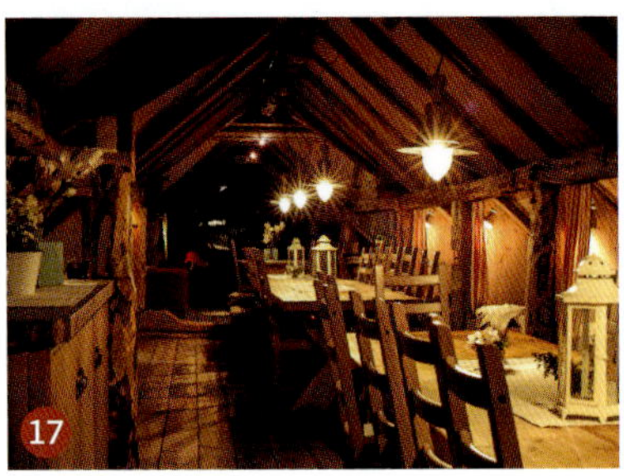

hinauf und dann zurück zum See. Der Weg ist deutlich mit roten Ts auf Felsen markiert. Entweder geht man von Gjendesheim nach Memurubu und nimmt die Fähre zurück oder andersherum. Die Wanderung ist anspruchsvoll und erfordert körperliche Fitness. Wählen Sie einen wolkenlosen Tag, der Blick ist atemberaubend. In Memurubu (siehe 19) gibt es eine Hütte des DNT (Norwegischer Wanderverein), aber man kann auch campen.

→ Der Wanderweg beginnt in Gjendesheim (61.4941, 8.8134) und endet in Memurubu (61.4910, 8.6311), höchster Punkt ist der Veslfjellet (61.5073, 8.7637). Für die Fähre zurück nach Gjendesheim siehe 14. Karte und Kompass erforderlich.

7–8 Std., 61.5010, 8.7174

14 BOOTSFAHRT AUF DEM GJENDE-SEE

Auf dem hoch gelegenen Gebirgssee, der 20 km lang und an seiner tiefsten Stelle 150 m tief ist, verkehrt regelmäßig eine Fähre. Unternehmen Sie eine Sightseeingfahrt auf dem schönen blaugrünen Wasser – die Farbe stammt von Gletscherpartikeln. Man kann die Fähre auch nutzen, um zum Ausgangspunkt der Wanderung auf den Besseggen-Grat zu gelangen (siehe 13).

→ Die Fähre verkehrt regelmäßig von Gjendesheim (61.4941, 8.8134) nach Memurubu (61.49099, 8.63107) und weiter bis zum Ende des Fjords in Gjendebu (61.4511, 8.4882). Fahrpläne unter www.gjende.no

61.4941, 8.8134

GLETSCHER & HÖHLEN

15 DUMMDALSGROTTENE

Vom Dumma im Laufe der Jahrtausende gebildetes Höhlensystem, mit zahlreichen Kammern und interessanten Felsformationen. Sie brauchen einen Führer und Spezialausrüstung. Tolles Abenteuer für die ganze Familie.

→ Geführte Touren inklusive Ausrüstung: Aktiv i Lom SA, 2687 Bøverdalen, +47 61 212799.

61.5564, 8.0521

16 SMØRSTABBREEN

Spektakulärer Gletscher. Machen Sie eine Führung, und lassen Sie sich erzählen, wie Gletscher funktionieren. Betreten Sie dann die beeindruckenden Höhlen unter dem Gletscher.

→ Jotunheimen Glacier Guides, 2688 Lom, +47 91 301906. www.jotunheimenglacierguides.com

61.5414, 8.1064

KULINARISCHES

17 BRIMI SÆTER

Bezaubernder traditioneller Milchbauernhof mit Café, Restaurant und Übernachtungsmöglichkeiten. Genießen Sie regionale Delikatessen, wie selbst gemachten Käse und Waffeln in idyllischer Atmosphäre. Kinder lieben die Tiere und dürfen beim Melken helfen – gut möglich, dass Sie länger bleiben als beabsichtigt.

→ Smørlivegen, 2685 Garmo, +47 91 137558. www.brimi-seter.no

61.8070, 8.9144

ESSEN & SCHLAFEN

18 KROSSBU TURISTSTASJON

Die Lodge im Privatbesitz am Gebirgspass Sognefjellet ist ein wunderbarer Ausgangspunkt für die zahlreichen markierten Wanderwege der Umgebung. Im Sommer gibt es geführte Touren über die Gletscher Smørstabbreen und Fannaråkbreen. Ausgezeichnetes Restaurant mit Aussicht.

→ 2687 Bøverdalen, +47 61 212922. www.krossbu.no

61.5742, 8.0324

19 BERGHÜTTE GJENDEBU

Hütte des DNT (Norwegischer Wanderverein) mit 119 Betten am westlichen Ende des Gjende-Sees im Herzen vom Nationalpark Jotunheimen auf 995 m. Toller Blick über den See und die Berge. Hin kommt man zu Fuß oder mit dem Boot über den Gjende-See (siehe 14). Der DNT hat noch zahlreiche andere Hütten in der Region Jotunheimen. Informationen unter: www.turistforeningen.no/cabin

→ 2684 Vågå, +47 91 574 965. www.gjendebu.com

61.4511, 8.4882

20 VALBJØR GARD

Hoch über Vågå und 650 mNN liegt der Biobauernhof Valbjør, dessen Ursprünge in die Wikingerzeit zurückreichen. Tolle Location vor der Kulisse von Jotunheimen mit Blick auf den Vågå-See. Neben Schaf- und Ziegenzucht, Gemüse- und Kräuteranbau 12 Holzhütten, die man mieten kann, und Betten auf dem alten Heuboden. Alle Speisen aus der Region, selbst gemacht und köstlich. Diverse markierte Wanderwege führen am Bauernhof vorbei.

→ Øvre Nordheradsveg 472, 2680 Vågå, +47 61 237301. www.valbjoer.no

61.8745, 9.0858

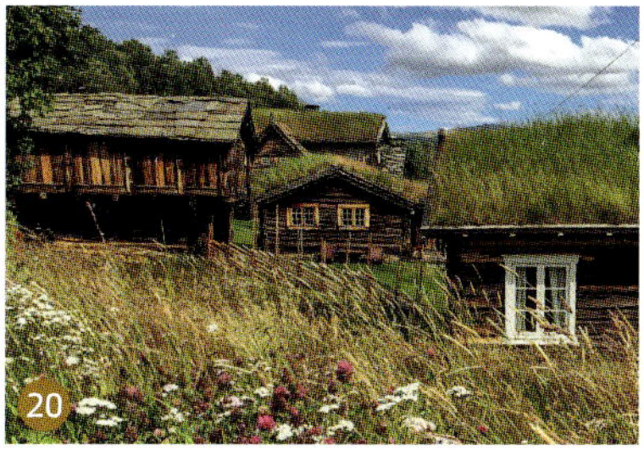

21 RØISHEIM

Kleines Hotel in der Herberge einer Poststation aus dem 18. Jahrhundert. Ideal, wenn man in den Bergen des Nationalparks klettern will. Leckere regionale Küche und ein herzhaftes, traditionelles norwegisches Frühstück. Manche Zimmer haben Holzbadewannen.

➜ 2687 Bøverdalen, +47 61 21 20 31.
www.roisheim.no
61.7493, 8.3851

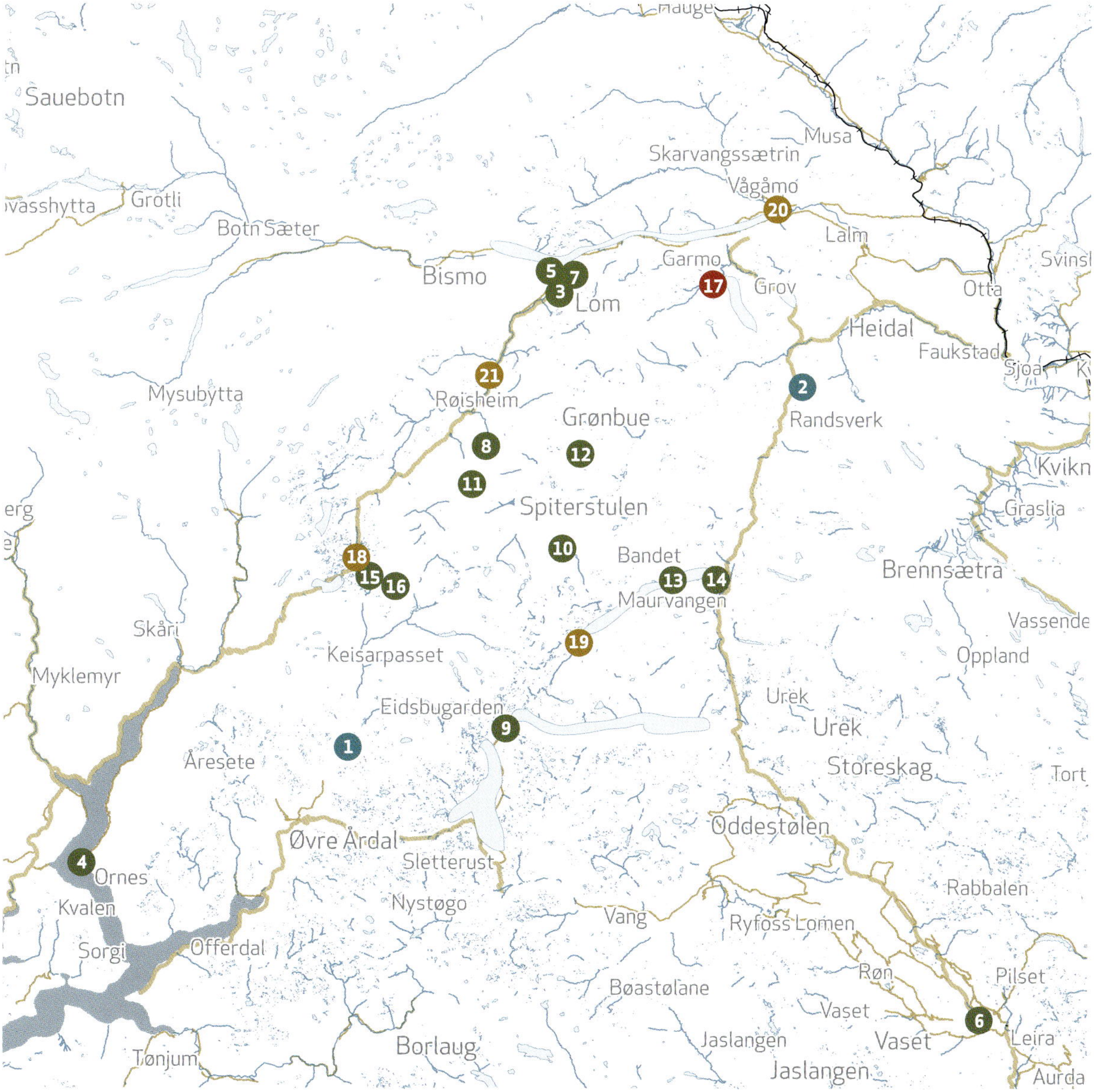

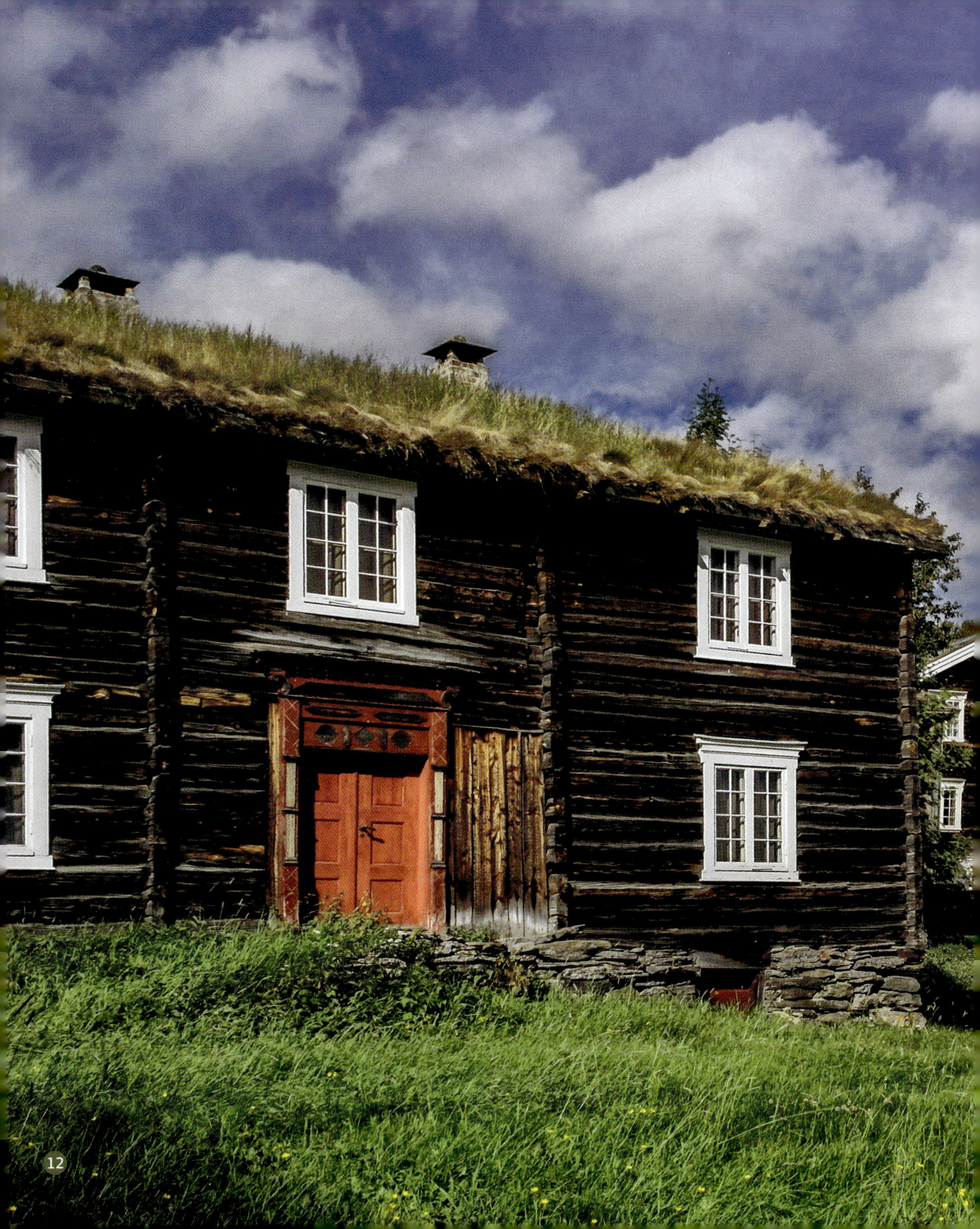

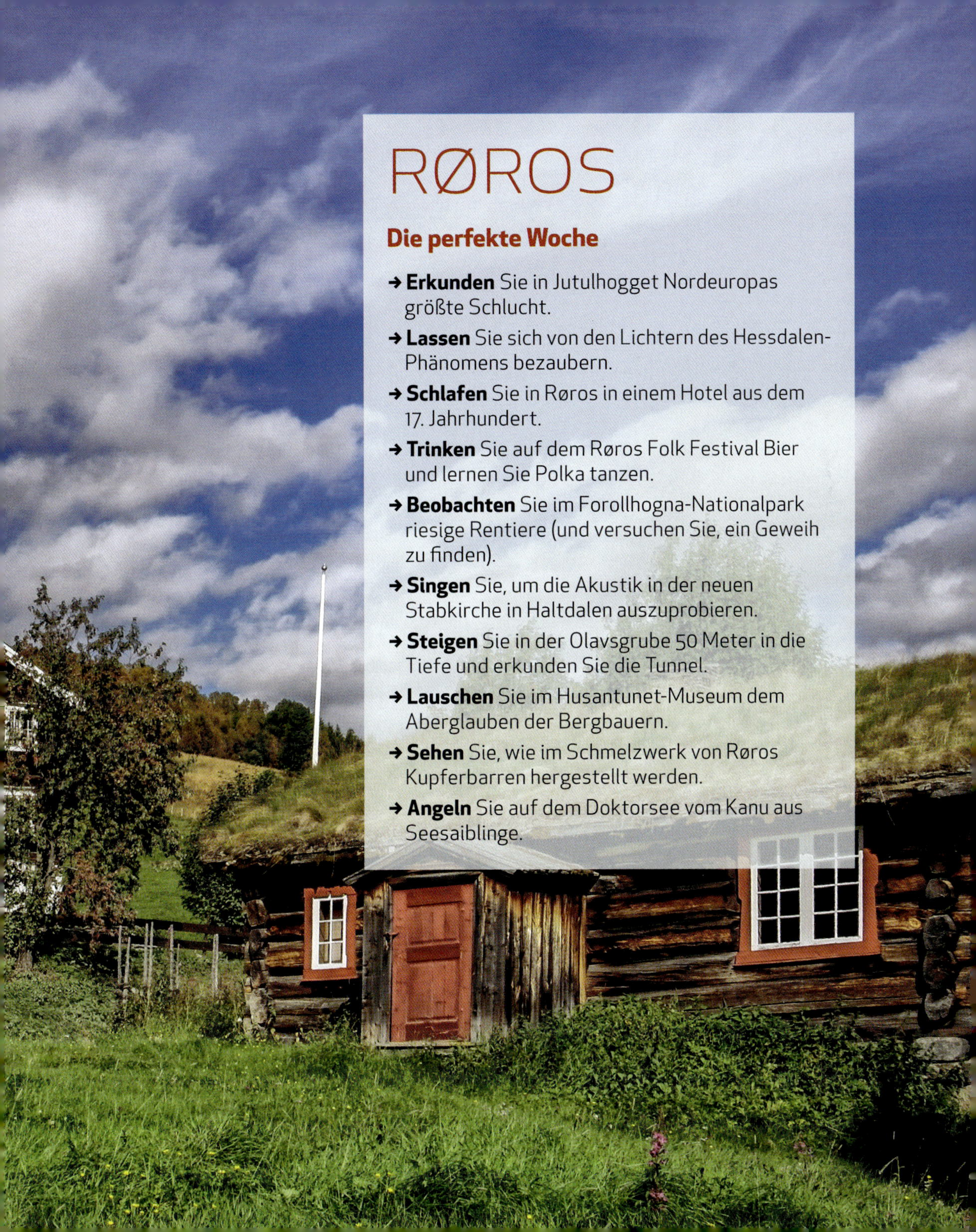

RØROS

Die perfekte Woche

- → **Erkunden** Sie in Jutulhogget Nordeuropas größte Schlucht.
- → **Lassen** Sie sich von den Lichtern des Hessdalen-Phänomens bezaubern.
- → **Schlafen** Sie in Røros in einem Hotel aus dem 17. Jahrhundert.
- → **Trinken** Sie auf dem Røros Folk Festival Bier und lernen Sie Polka tanzen.
- → **Beobachten** Sie im Forollhogna-Nationalpark riesige Rentiere (und versuchen Sie, ein Geweih zu finden).
- → **Singen** Sie, um die Akustik in der neuen Stabkirche in Haltdalen auszuprobieren.
- → **Steigen** Sie in der Olavsgrube 50 Meter in die Tiefe und erkunden Sie die Tunnel.
- → **Lauschen** Sie im Husantunet-Museum dem Aberglauben der Bergbauern.
- → **Sehen** Sie, wie im Schmelzwerk von Røros Kupferbarren hergestellt werden.
- → **Angeln** Sie auf dem Doktorsee vom Kanu aus Seesaiblinge.

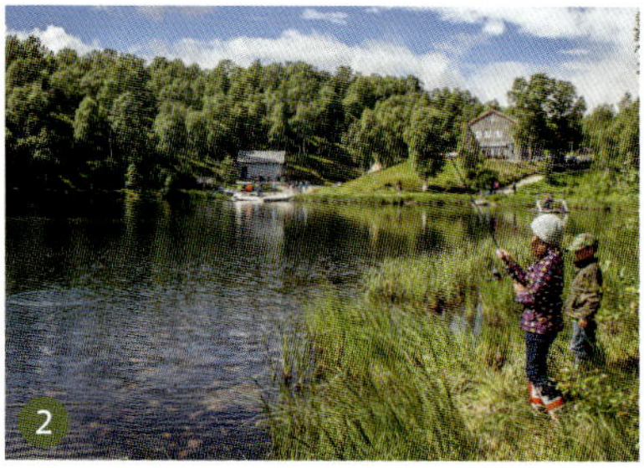

2

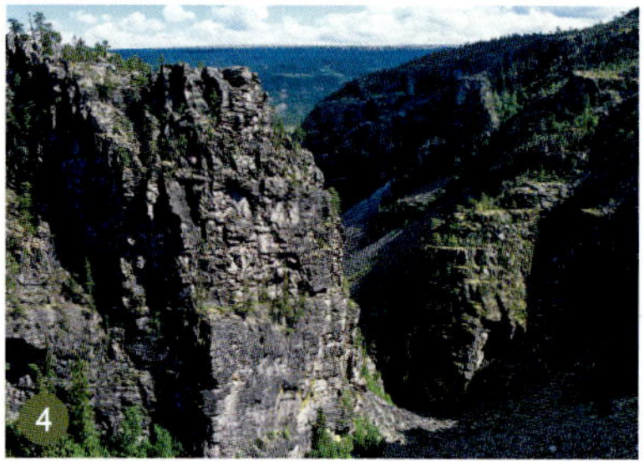

4

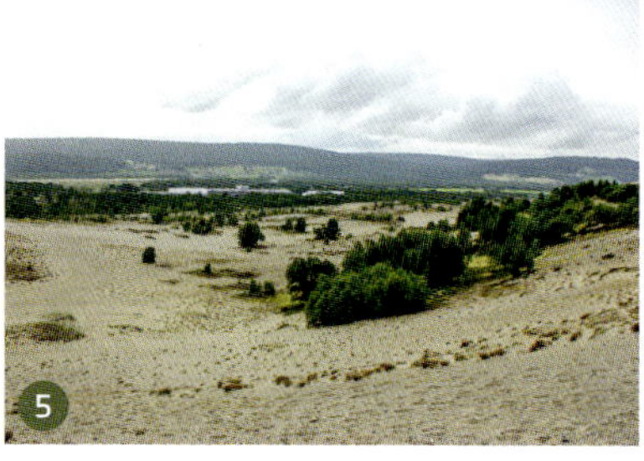

5

Die idyllische, friedliche Bergstadt Røros liegt 600 mNN, nahe der schwedischen Grenze. 330 Jahre wurde hier Kupfer abgebaut, und die Bergstaden (die Bergstadt, wie sie einst genannt wurde) ist seit dem 18. Jahrundert fast unverändert und UNESCO-Weltkulturerbe. Wenn man die alten Bergarbeiterhäuschen mit ihren dunklen Holzfassaden besichtigt, die oft um mittelalterliche Plätze angeordnet sind, fühlt man sich in die Vergangenheit zurückversetzt.

Die Landschaft in der Umgebung ist größtenteils Ende der letzten Eiszeit durch Vergletscherung entstanden, und Sie werden viele Landformen finden, die typischerweise von Gletscherschmelzwasser geformt werden. Røros hat sogar eine eigene Mini-Flugsandwüste.

Die Stadt ist um das florierende Kupferwerk herum gewachsen, mit diversen Erzfeldern und zahlreichen Minen. Das Leben der Bergarbeiter war kein Zuckerschlecken – an einem Ort, wo oft Norwegens kälteste Wintertemperaturen verzeichnet werden. Man kann eine der Minen besichtigen, in die Schächte hinabsteigen und durch die Stollen gehen, die die Minen miteinander verbinden. Das Museum befindet sich auf dem Gelände des alten Schmelzwerks, und in der Umgebung gibt es viele weitere historische Schauplätze.

Røros ist an der Grenze zu Schweden von wilden Bergen umgeben, inklusive zweier Nationalparks. Es gibt unendlich viele Möglichkeiten zu wandern, Kanu zu fahren und sich direkt aus der Natur zu ernähren.

Lange vor Beginn des Kupferabbaus haben samische Rentierhirten die Berge beherrscht, und die Kultur der Samen ist hier in der Gegend noch immer sehr stark vertreten. Versuchen Sie, die Landschaft durch ihre Augen zu sehen, und Sie werden erkennen, dass sie überhaupt nicht unfruchtbar ist, sondern reich an Beeren und essbaren Pflanzen, mit fischreichen Gewässern.

Setzen Sie doch das mittelalterliche, märchenhafte Motiv von Røros fort, indem Sie die Nacht im Hessdalen verbringen und sich die mysteriösen, bis heute ungeklärten Lichter des Hessdalen-Phänomens (siehe 6) ansehen. Das Erlebnis wird Ihre Fantasie beflügeln.

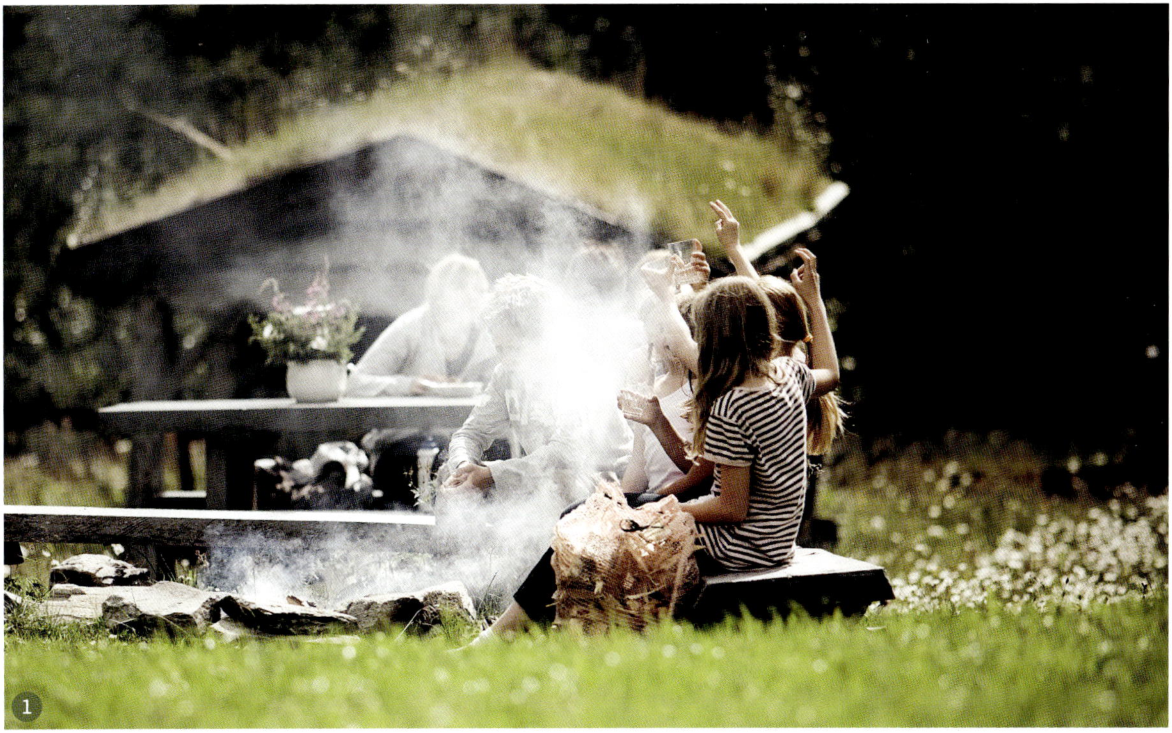

LANDSCHAFT & NATUR

1 MØLMANNSDALEN

Gletschertal aus der letzten Eiszeit. Folgen Sie dem 8,5 km langen, ausgeschilderten Weg mit Informationstafeln. Außerdem gibt es diverse Seen, um sich an einem heißen Sommertag abzukühlen. Eine schlichte Unterkunft abseits der Zivilisation bietet der historische Bauernhof Mølmannsdalsgården, der sich im Besitz der Gemeinde Røros befindet.

→ Der ausgeschilderte Weg beginnt am alten Bauernhof: Mølmannsdalen, Prubergjellan, 7374 Røros. Buchung unter: +47 72 410000. www.roros.no

62.5327, 11.4746

2 DOKTORTJØNNA

Am Ende der letzten Eiszeit ist ein großer Eisblock geschmolzen und hat diesen Kesselsee geformt, der heute ein Freizeitpark ist. Im 19. Jahrhundert gehörte er einem Arzt aus der Gegend, auf Norwegisch bedeutet der Name „Doktorsee". Der See speist sich nur aus nährstoffreichem Grundwasser und ist Heimat von Forellen und Saiblingen, falls Sie angeln möchten. Zahlreiche ausgeschilderte Wanderwege beginnen hier, und man kann ein Kanu oder ein Ruderboot leihen, um den See zu erkunden, und dann in einem der Cafés Pause machen. Im Sommer Freizeitangebote für Kinder.

→ Johan Falkbergets vei 16, 7374 Røros. +47 72 410880

62.5825, 11.3670

3 SAKRISODDEN

Naturschutzgeiet am nördlichen Aursund-Ufer, wo man Norwegens seltenste Pflanze findet – die Arktische Aster (Aster sibiricus), die auch auf der russischen Halbinsel Kola wächst. Von vier Exemplaren im Jahr 1975 hat sich die Zahl auf über 800 erhöht. Wenn Sie eine Besuch planen, kontaktieren Sie Jorunn Sakrisvoll im Artenschutzzentrum.

→ Jorunn Sakrisvoll, Sakrisodden, 7482 Glåmos, +47 72 414725.

62.6808, 11.5234

4 JUTULHOGGET-CANYON

Mit 2,4 km Länge, zwischen 150–500 m Breite und 240 m hohen Klippen Nordeuropas größte Schlucht. Genießen Sie den dramatischen Blick vom Rand oder wagen Sie den Abstieg über einen der steilen Pfade. Der Canyon entstand durch das Ablaufen des Sees Nedre Glåmsjø während der letzten Eiszeit, vor etwa 10.000 Jahren, doch heute fließt kein Wasser mehr hindurch.

→ Von Alvdal (62.1093, 10.6290) 20 km der R3 folgen bis Urstrømmen. Beim Schild nach Jutulhogget links.

61.9976, 10.8882

5 KVITSANDA

Die seltene Gelegenheit, eine norwegische Wüste zu erkunden! Dieses Naturschutzgebiet mit weniger als 1 km² Fläche, das aus Sand- und Kiesablagerungen während der letzten Eiszeit entstand, sieht aus wie eine Mini-Sahara, ist jedoch keine richtige Wüste. Um dieses Kriterium zu erfüllen, dürfte es nicht mehr als 250 mm pro Jahr regnen, was wegen der Berge sehr unwahrscheinlich ist. Zur Befestigung wurden Kiefern und Büsche gepflanzt.

→ Am Doktortjønna (siehe 2) parken und dem ausgeschilderten Weg 1 km folgen.

62.5824,11.3592

6 HESSDALEN-LICHTER

Seit den 1940ern werden nachts über dem Hessdalen ungewöhnliche weiße, gelbe oder rote Lichter gesichtet. Manchmal bewegen sich die Lichter ganz schnell, manchmal stehen sie stundenlang still. Die Erklärungen für diese Phänomen reichen von UFOs bis zu

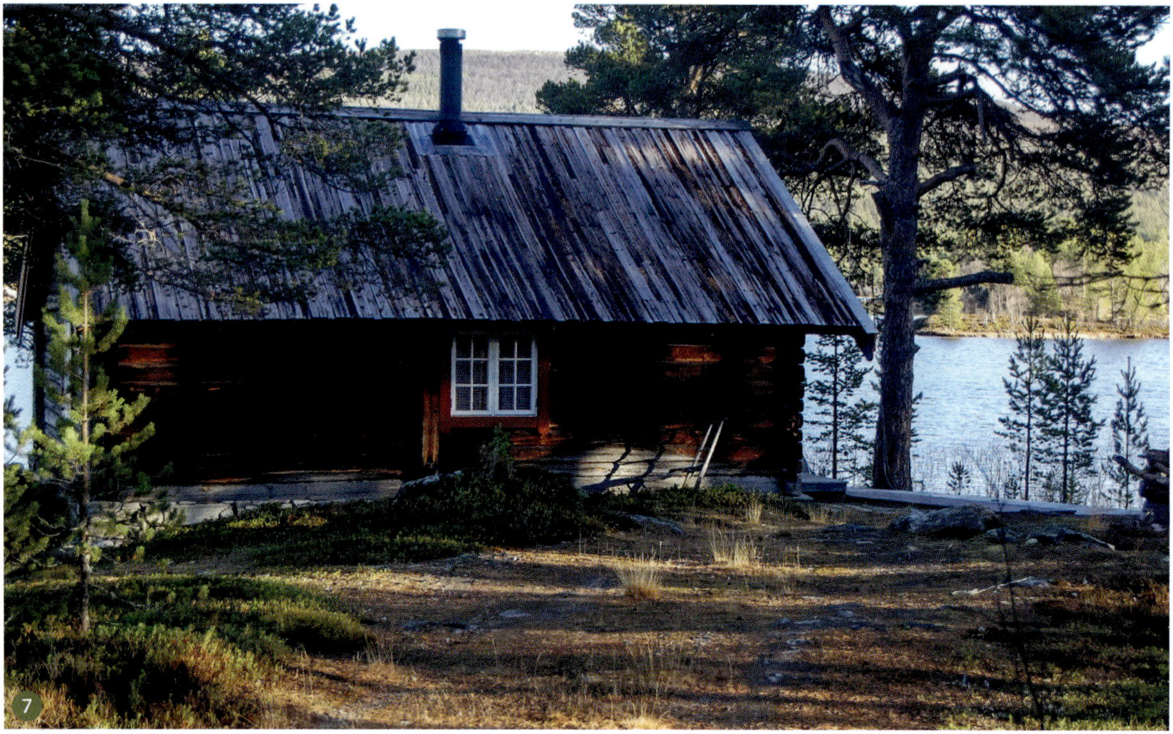

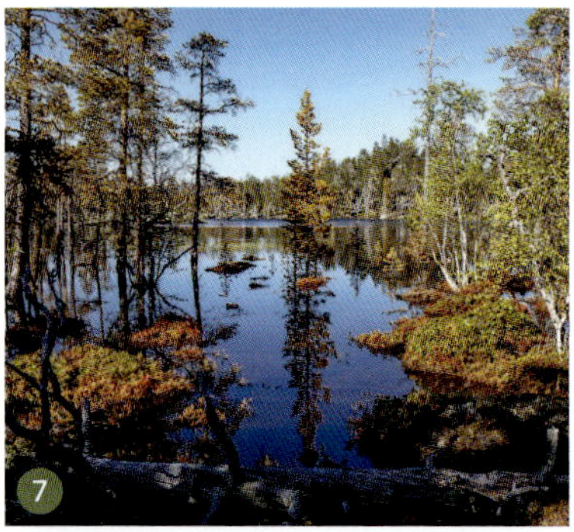

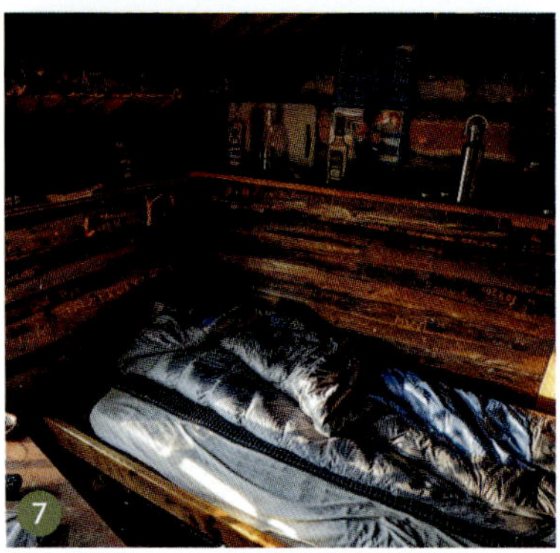

wissenschaftlichen Theorien. Doch sehen Sie selbst und ziehen Sie Ihre eigenen Schlüsse.

→ Am besten sieht man die Lichter im Hessdalen. Die Adresse der Forschungsstation ist: Hessdalen AMS, 7380 Holtålen. www.hessdalen.org

62.8214, 11.2019

7 NATIONALPARK FEMUNDSMARKA

573 km² unberührte Wildnis an der Grenze zu Schweden, die sich kaum verändert hat, seit sie aus dem Eis aufgetaucht ist. Der Nationalpark Femundsmarka eignet sich perfekt zum Wandern, Kanufahren, um Beeren zu sammeln oder Forellen, Saiblinge und Äschen zu angeln, während man über die miteinander verbundenen Seen paddelt. Beginnen Sie Ihre Abenteuer im Besucherzentrum, wo man Karten und Informationen über die vielen Berghütten in der Gegend erhält. Femundsmarka ist auch das südlichste Weideland für die Rentiere der Samen und stark von der samischen Kultur geprägt.

→ Besucherzentrum des Nationalparks: 2446 Elgå, +47 62 458787, www.femunden.no

62.1653, 11.9440

8 NATIONALPARK FOROLLHOGNA

1.061 km² fantastisches Wandergebiet mit sanften Hängen, bekannt für seine große Herde wilder Rentiere, deren Männchen besonders prächtige Geweihe haben. Im Besucherzentrum in Vingelen (siehe 12) bekommen Sie alle Informationen, die Sie brauchen.

→ Besucherzentrum Vingelen, 2542 Vingelen, +47 479 21187, www.midtnorsknatur.no

62.4173, 10.8663

FAHRRAD & KANU

9 FAHRRADVERLEIH

In der Umgebung von Røros gibt es zahlreiche Fahrradwege entlang alter Grubenbahnen, und bei der Touristeninformation bekommt man Karten für diverse Routen. Leihen Sie sich ein Hybrid, ein Mountain- oder ein elektrisches Bike, um die unmittelbare Umgebung zu erkunden.

→ Bergmannsgata 13, 7374 Røros, +47 72 411218. www.gsport.no

62.5750, 11.3863

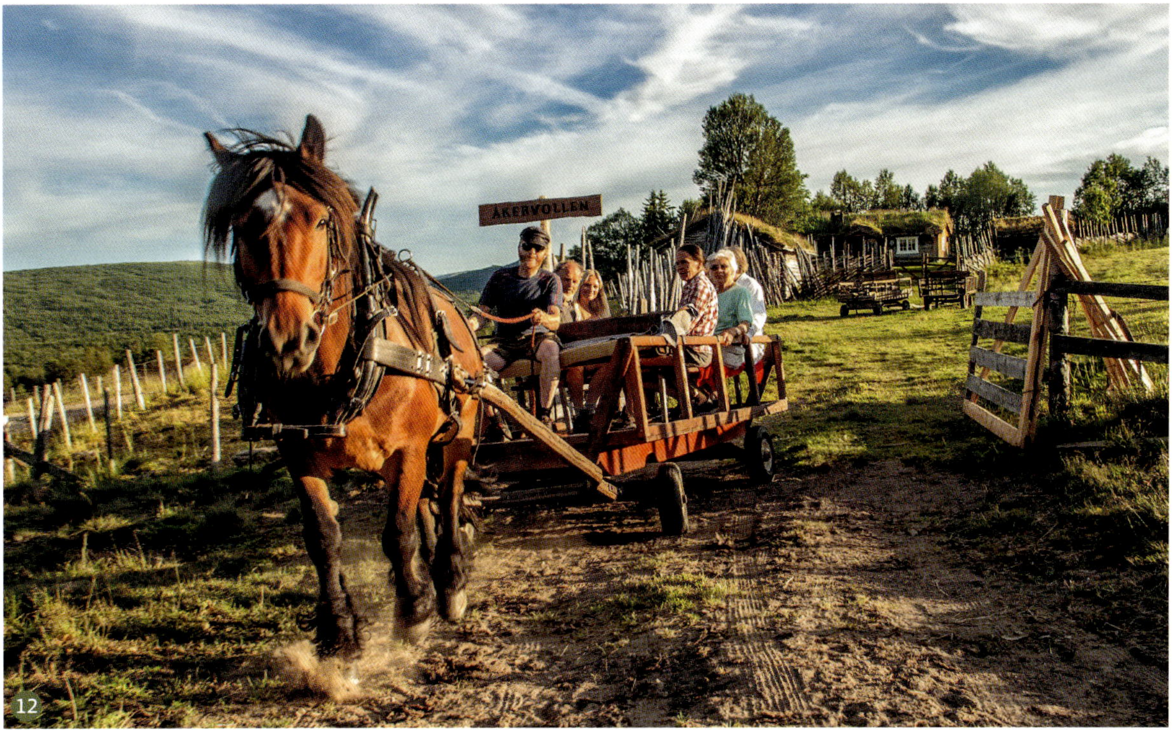

12

10 TØMMERRENNENE

Weil man für den Bergbau in Røros Grubenholz benötigte und Holzkohle für den Schmelzofen, war die unmittelbare Umgebung schnell entwaldet. Deshalb verband man die Seen im 18. Jahrhundert durch Kanäle, um das Holz vom Femundsee zum Feragen (62.5617, 11.8597) zu transportieren. Man kann die Strecke zu Fuß, mit dem Fahrrad oder dem Kanu erkunden.

→ Von Røros der 532 (Femundsveien) 34 km folgen, bis die Straße am Femundsee endet, von dort entweder 2 km Richtung Nordosten (Karte benutzen) oder dem Weg am Seeufer entlang folgen (oder paddeln), bis man nach 8 km am Ende des Sees die erste Wasserstraße erreicht.

62.4345, 11.9177

KULTUR & GESCHICHTE

11 FREILUFTMUSEUM HUSANTUNET

Faszinierendes Dorfmuseum mit einer der am besten erhaltenen Hofanlagen Norwegens, wo man sich von den 17 Häusern mit Rasendach aus dem 18. Jahrhundert eine Menge für die Konstruktion des eigenen, modernen Ökohauses abgucken kann. Erfahren Sie etwas über die traditionelle Berglandwirtschaft, darüber, wie die Bauern mit den harten Wintern zurechtkamen und welchen Aberglauben sie hegten.

→ Husantunet, 2560 Alvdal, +47 62 487877, www.alvdal.kommune.no

62.1201, 10.6293

12 BERGDORF VINGELEN

Ursprüngliches Dorf inmitten von Sommerweiden und Wiesen am Rand des Nationalparks Forollhogna, das als eines der schönsten des Landes gilt. Die gut 800 Holzhäuser sind 100 Jahre alt, und viele davon bieten im Sommer Unterkünfte. Machen Sie eine Rundfahrt mit Kutsche, und bummeln Sie dann durch die schrulligen Trödel- und Kunsthandwerksläden. Diverse Bauernhöfe bieten Selbstgekochtes aus Eigenanbau.

→ Vingelen, 2542 Vingelen, +47 47 921187, www.vingelen.no

62.4172, 10.8663

13 RØROS SMELTHYTTA

Faszinierendes Museum auf dem Gelände des alten Schmelzwerks, das 1975 abgebrannt ist. In der Schmelzhütte wurde das Kupfer aus dem Erzgestein gewonnen, und Modelle zeigen, wie Pferde bei dem Prozess zum Einsatz kamen. Im Sommer gibt es an

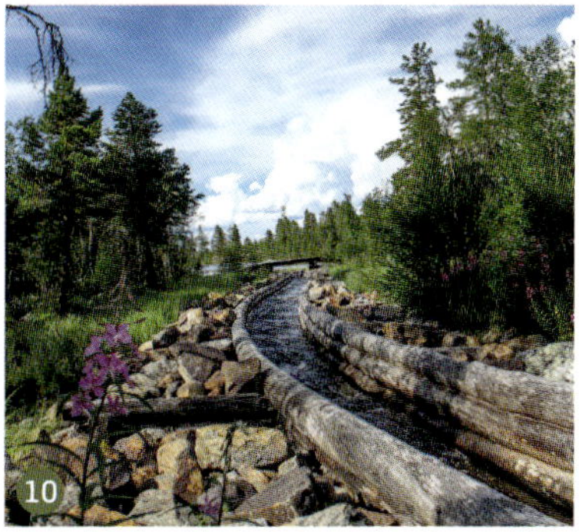
10

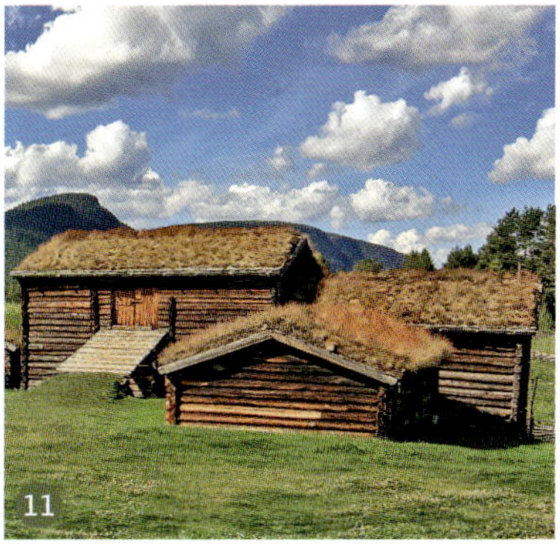
11

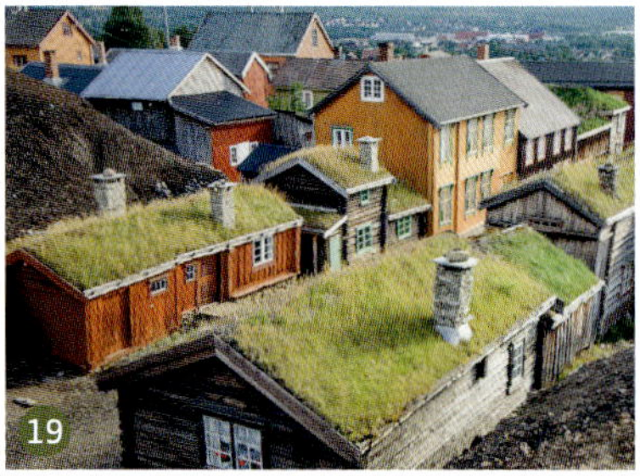

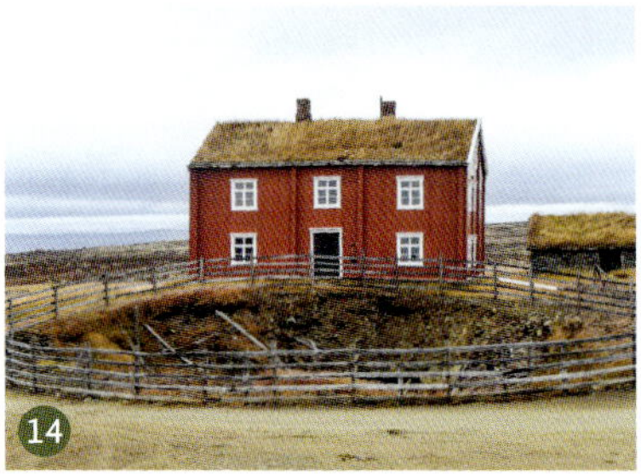

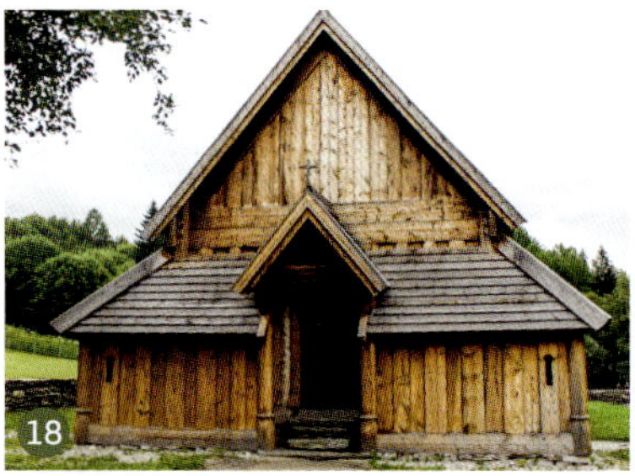

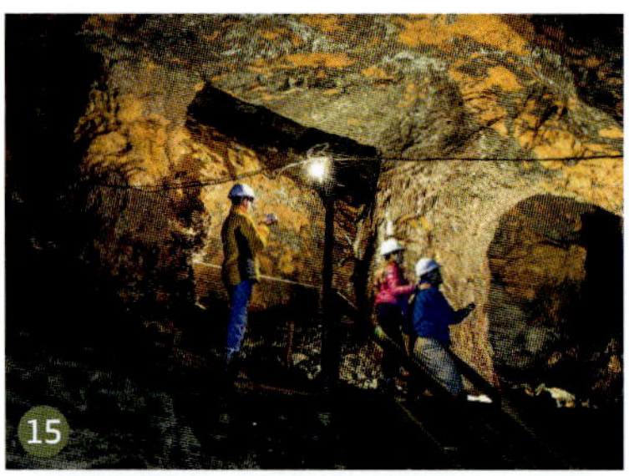

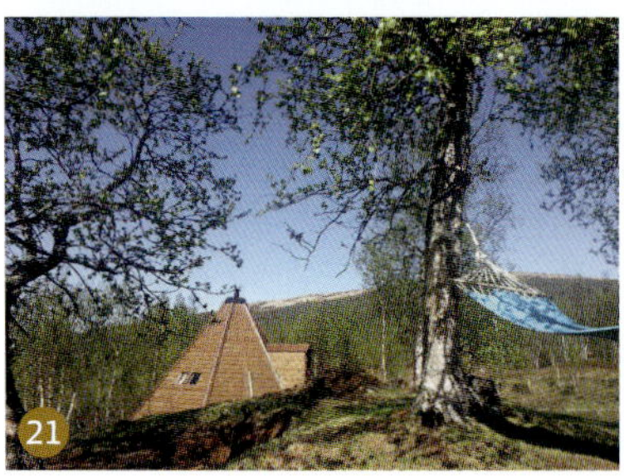

Wochentagen Vorführungen des traditionellen Schmelzvorgangs. Das Museum umfasst auch eine Ausstellung mit Kleidung aus dem 19. Jahrhundert.

➔ Malmplassen, 7374 Røros, +47 72 406170. www.rorosmuseet.no

62.5769, 11.3918

14 STORWARTZFELTET

Auf dem Storwartz-Feld, eines der größten Grubengelände von Røros, gibt es gleich 9 verschiedene Kupferminen, in denen zwischen 1645 und 1972 gearbeitet wurde. 10 km nördlich Røros. Der Weg ist gut ausgeschildert, man kann aber auch vom Stadtzentrum mit dem Fahrrad die alte Grubenstraße entlangfahren. Erkunden Sie die faszinierende Landschaft und die Überreste der Industrievergangenheit – z. B. die Steinhaufen, die im 17. Jahrhundert von Hand aus den Minen geschleppt wurden.

➔ Storwartz, 7374 Røros, +47 72 406170. www.rorosmuseet.no

62.6224, 11.5327

15 OLAVSGRUVA

Die Olavsgrube, eine der reichsten und wichtigsten Minen der Region, die 1936–1972 betrieben wurde, befindet sich im Storwartzfeltet (siehe 14). Sie ist mit der älteren Nyberget-Mine verbunden (betrieben 1650–1717 und 1861–1890), und beide können von Besuchern des Røros-Museums besichtigt werden. Steigen Sie 50 m hinab, um auf den Spuren der Bergarbeiter zu wandeln.

➔ Rørosmuseet (Røros Museum), 7374 Røros, +47 72 406170. www.rorosmuseet.no

62.6320,11.5600

16 BERGVERKDIREKTØR HIORTS BAROKKPARK

Ungewöhnlicher Barockpark, den der einstige Minendirektor Peder Hiort zwischen 1759 und 1780 im prächtigen europäischen Stil anlegen ließ, mit Wegen, Gärten und Skulpturen.

➔ Barokkparken i Hiort-Engan, Engan, 7374 Røros.

62.5640, 11.3072

17 KIRCHE VON RØROS

Erbaut am höchsten Punkt der Stadt und, mit 1.600 Sitzplätzen, eine der größten Kirchen Norwegens. Geweiht wurde sie 1784, zur Hochzeit des Bergbaus, und der Bau wurde vom Kupferwerk bezahlt – sein Symbol prangt auf allen vier Seiten des Kirchturms. Über dem Eingang steht „Til Guds Ære og Bergstadens Ziir" (zu Gottes Ehren und Bergstadens Schönheit), deshalb wird die Kirche auch „Bergstadens Ziir" genannt.

➔ Kjerkgata 7374, Røros, +47 72 410000. www.roroskirke.no

62.5773, 11.3883

18 NEUE STABKIRCHE HALTDALEN

Die ursprüngliche Stabkirche in Haltdalen wurde um 1170 erbaut, 1882 jedoch abgerissen und weiter nördlich in Trondheim wieder aufgebaut. Zur Jahrtausendwende beschloss die historische Gesellschaft, sie durch ein Replikat zu ersetzen. Testen Sie die eindrucksvolle Akustik der neue Kirche mit einem Lied!

➔ Aunvegen 14, 7383 Haltdalen, +47 90 658772. www.stavkirka.no

62.9265, 11.1406

19 SLEGGVEIEN

Straße mit restaurierten Häusern, in denen früher jene wohnten, die keinen Bauernhof oder Vieh hatten, also Handwerker, Vagabunden, Tagelöhner und Alleinstehende. Fünf der Häuser am Anfang der Straße gehören zum Museum von Røros und können im Sommer besichtigt werden.

➔ Malmplassen, 7374 Røros, +47 72 406170. www.rorosmuseet.no

62.5770, 11.3917

KULINARISCHES

20 RØROS FOLK FESTIVAL

Jährliches Volksfest, auf dem man tagsüber regionale Spezialitäten probieren und die Kalorien abends beim Polkatanzen wieder verbrennen kann.

➔ Tickets und Informationen über das Fremdenverkehrsamt: Røros Tourist Information Office, Peder Hiorts gate 2, 7374 Røros, +47 72 410000. www.rorosfolkfestival.com

62.5753, 11.3865

UNTERKUNFT

21 LAVVO CAMP

Übernachten Sie in einem traditionellen samischen Lavvu (eine Art Zelt aus Holz) mit Holzofen und Rentierfellen zum Schlafen. Wenn Sie nach den mysteriösen Hessdalen-Lichtern (siehe 6) Ausschau halten wollen, wählen Sie das mit Glasdach.

→ Hessdalen UFO Camp, 753, Hessdalen, 7380, +47 95 075601.
www.visithessdalen.no/en/ufo-camp
62.7894, 11.1807

22 ERZSCHEIDERGÅRDEN

Kleines, gemütliches Hotel in Røros in einem Holzhaus aus dem 17. Jahrhundert, direkt neben der Kirche. Das Hotel, das es seit 1945 gibt, hat 24 individuelle Zimmer, die Küche bietet Speisen aus regionalen Erzeugnissen.

→ Erzscheidergården Hotell, Spell-Olaveien 6, 7374 Røros, +47 72 411194.
www.erzscheidergaarden.no
62.5783, 11.3889

23 VERTSHUSET

Hotel in der Stadtmitte von Røros mit 32 Zimmern in einem traditionellen Holzhaus aus dem 17. Jahrhundert. Im Keller gibt es eine kleine Brauerei mit diversen Biersorten. Fragen Sie einfach, falls Sie Lust auf eine Führung und eine Verkostung haben!

→ Vertshuset Røros, Kjerkgata 34, 7374 Røros, +47 72 419350.
www.vertshusetroros.no
62.5763, 11.3868

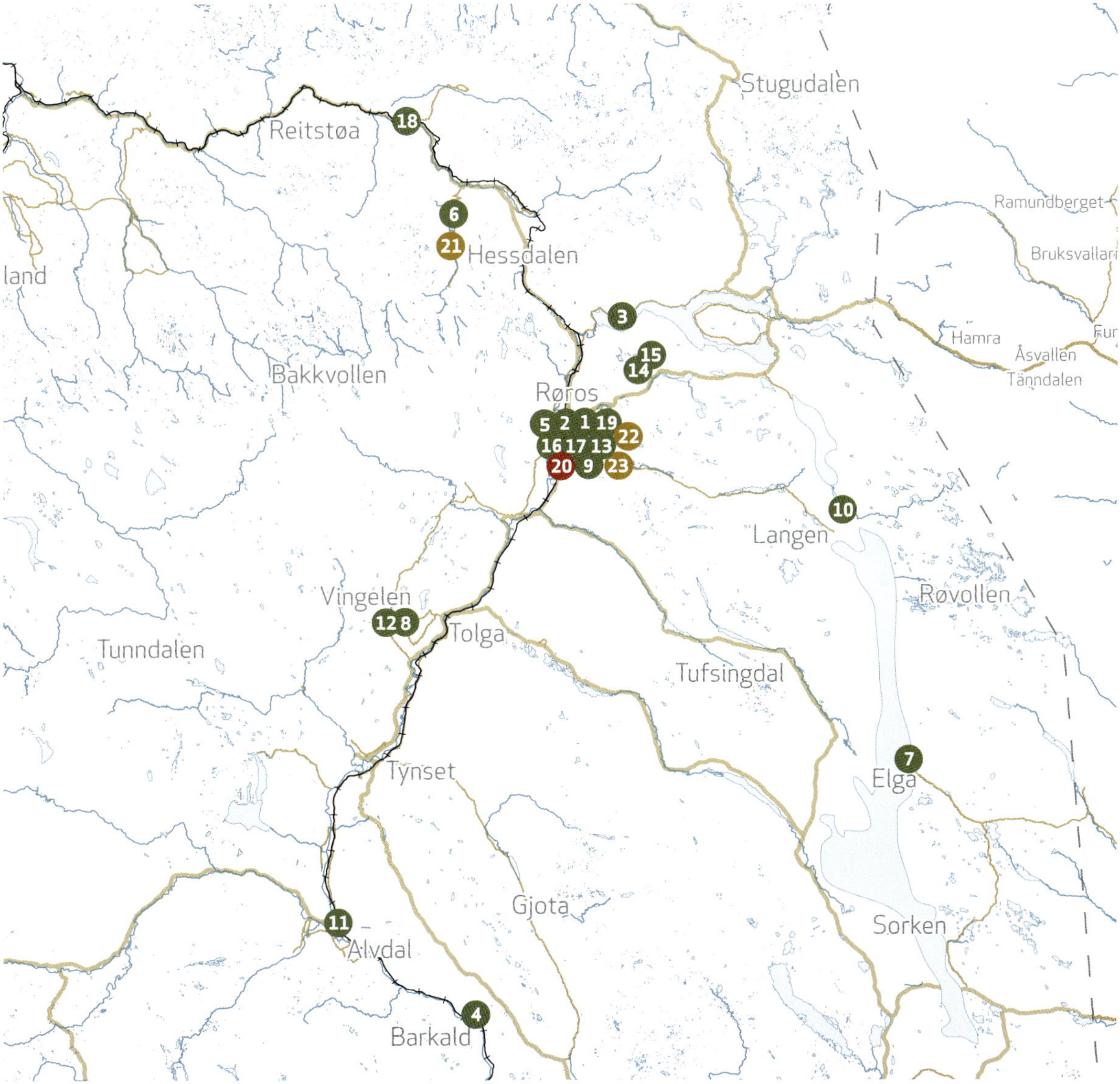

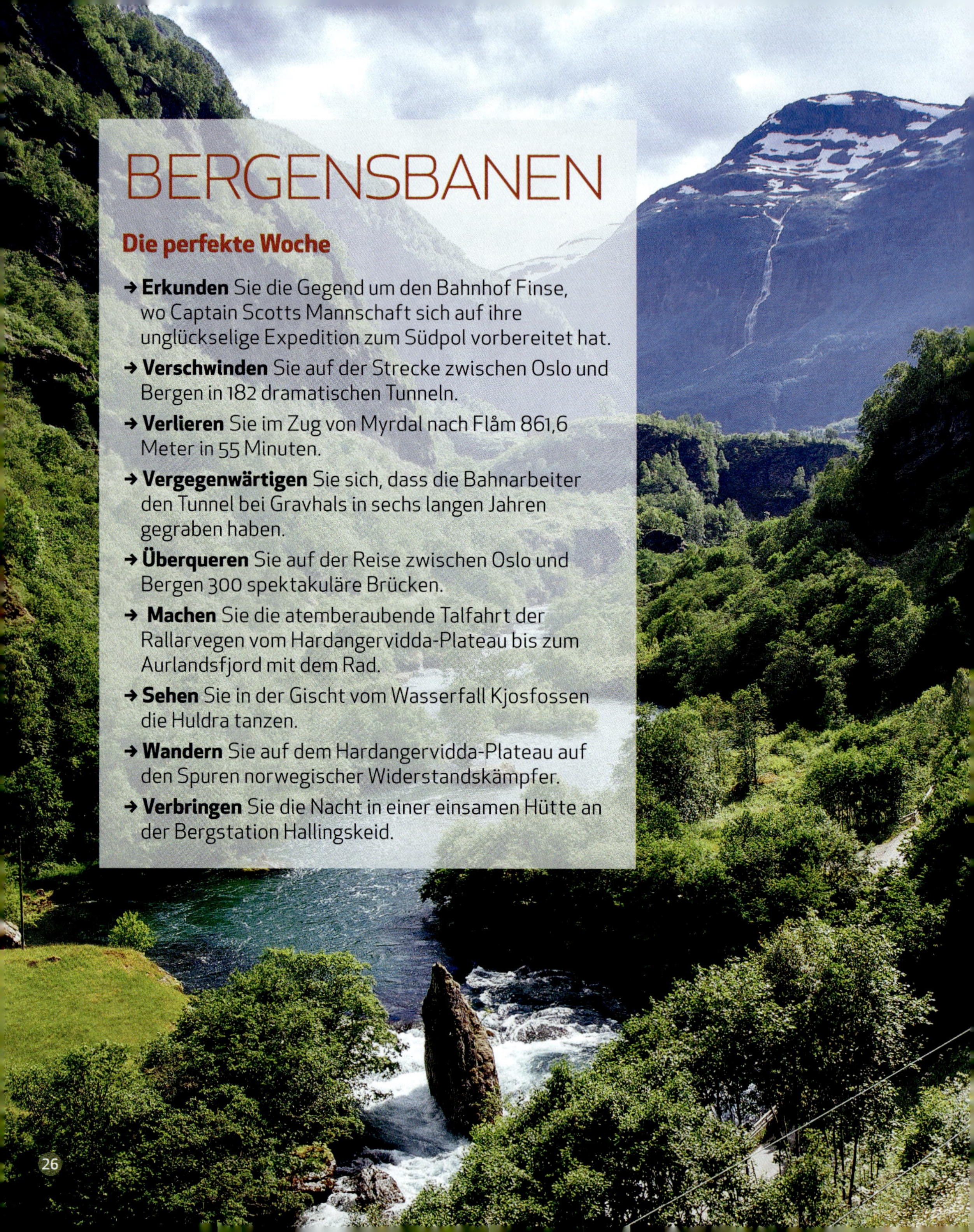

BERGENSBANEN

Die perfekte Woche

- → **Erkunden** Sie die Gegend um den Bahnhof Finse, wo Captain Scotts Mannschaft sich auf ihre unglückselige Expedition zum Südpol vorbereitet hat.
- → **Verschwinden** Sie auf der Strecke zwischen Oslo und Bergen in 182 dramatischen Tunneln.
- → **Verlieren** Sie im Zug von Myrdal nach Flåm 861,6 Meter in 55 Minuten.
- → **Vergegenwärtigen** Sie sich, dass die Bahnarbeiter den Tunnel bei Gravhals in sechs langen Jahren gegraben haben.
- → **Überqueren** Sie auf der Reise zwischen Oslo und Bergen 300 spektakuläre Brücken.
- → **Machen** Sie die atemberaubende Talfahrt der Rallarvegen vom Hardangervidda-Plateau bis zum Aurlandsfjord mit dem Rad.
- → **Sehen** Sie in der Gischt vom Wasserfall Kjosfossen die Huldra tanzen.
- → **Wandern** Sie auf dem Hardangervidda-Plateau auf den Spuren norwegischer Widerstandskämpfer.
- → **Verbringen** Sie die Nacht in einer einsamen Hütte an der Bergstation Hallingskeid.

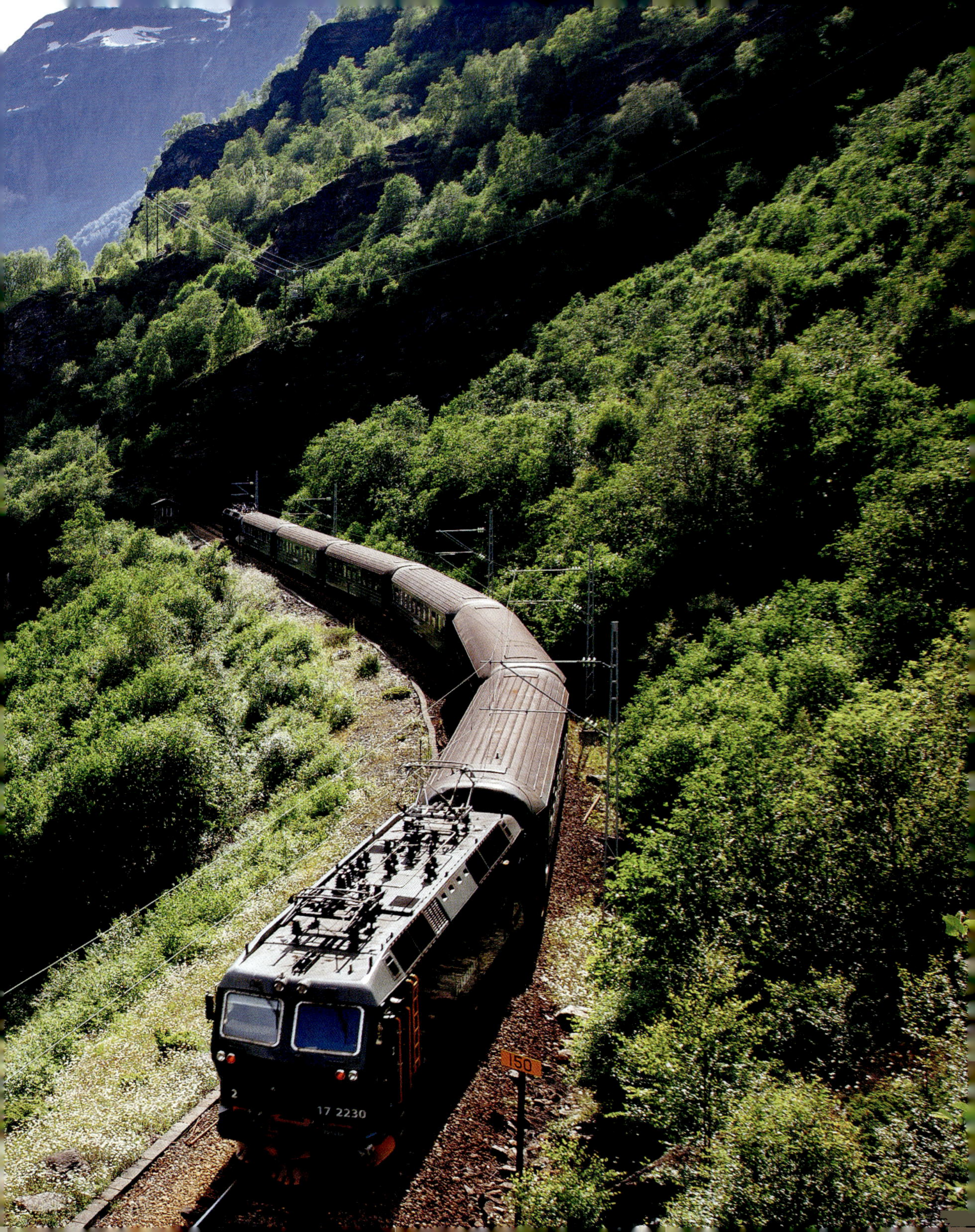
150
17 2230

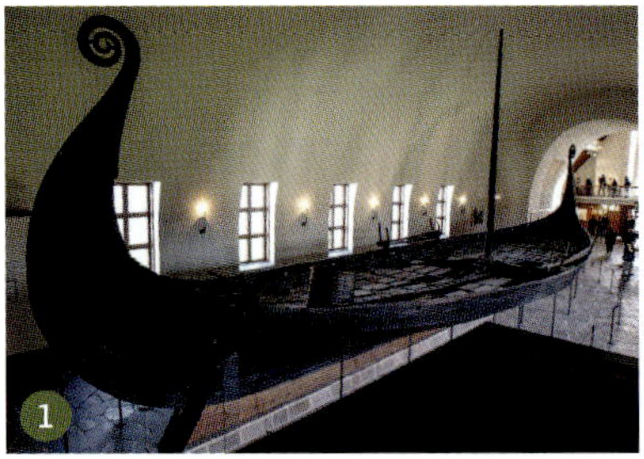

1

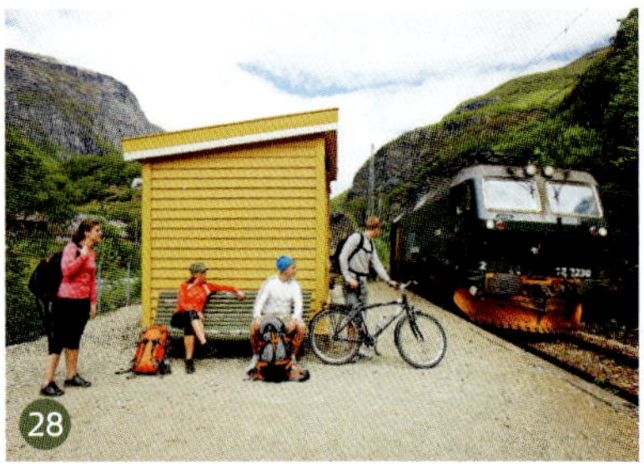

28

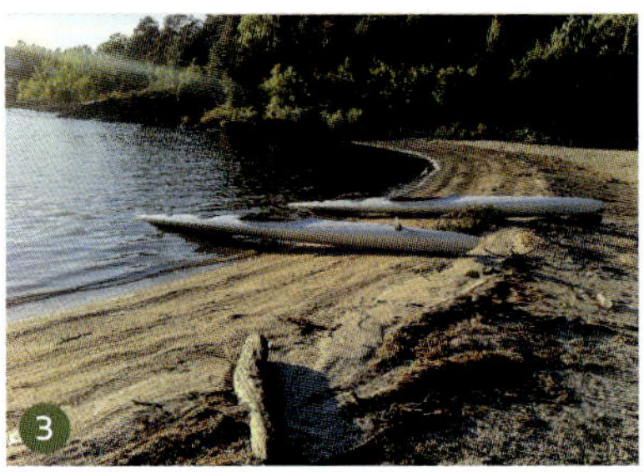

3

Die berühmte Zugfahrt durch die einsamsten, schönsten und dramatischsten Landschaften beginnt entweder in Oslo oder in Bergen (der andere Endbahnhof). Die 493 km lange Strecke führt durch Gebirgstäler und über Europas größtes Bergplateau, die Hardangervidda.

Der Bau der Strecke war eine monumentale Leistung von Bahnarbeitern und Ingenieuren. Mehr als 20 km sind Tunnel, oft durch massiven Fels gehauen, noch dazu in einsamsten Gegenden. Außerdem ist die Strecke teilweise so steil, dass die Züge mit einem multiplen Bremssystem ausgestattet sind. 1908 fuhr der erste Zug den ganzen Weg von Oslo nach Bergen.

Die gesamte Strecke dauert etwa 7 Stunden, und mindestens eine davon befindet man sich oberhalb der Baumgrenze und weit entfernt von jeder Zivilisation. Während der Wintermonate ist der Zug oft voll mit Skifahrern, aber sogar im Sommer – die ideale Zeit, um die Wanderwege zu erkunden, die man nur auf diesem Wege erreicht – sieht man in den höheren Gebirgslagen oft beträchtliche Schneemengen.

Beim Bau der Gleise haben die Bahnarbeiter eine Zugangsstraße für den Materialtransport in die Berge gehauen, die heute Rallarvegen (Bahnarbeiterstraße) genannt wird. Mit dem Fahrrad auf dem Rallarvegen von Haugastøl ganz hinunter bis nach Voss zu fahren, ist ein großer Spaß, und man muss praktisch kaum treten. Fahrräder kann man am Anfang des Rallarvegen oder am Bahnhof Finse leihen.

In Myrdal kreuzt die Bergensbanen die Nebenlinie Flåmsbanen – eine der steilsten Bahnstrecken der Welt mit acht Halten auf den nur 20 km. Die Abfahrt zum Bahnhof Flåm am Fjordufer ist so gemütlich, dass der Zug sogar anhält, damit die Passagiere sich einen Wasserfall ansehen können!

Ob man im Zug sitzen bleibt und nur die atemberaubende Aussicht genießt oder an allen Bergstationen aussteigt, man wird diese spektakuläre Bahnfahrt niemals vergessen.

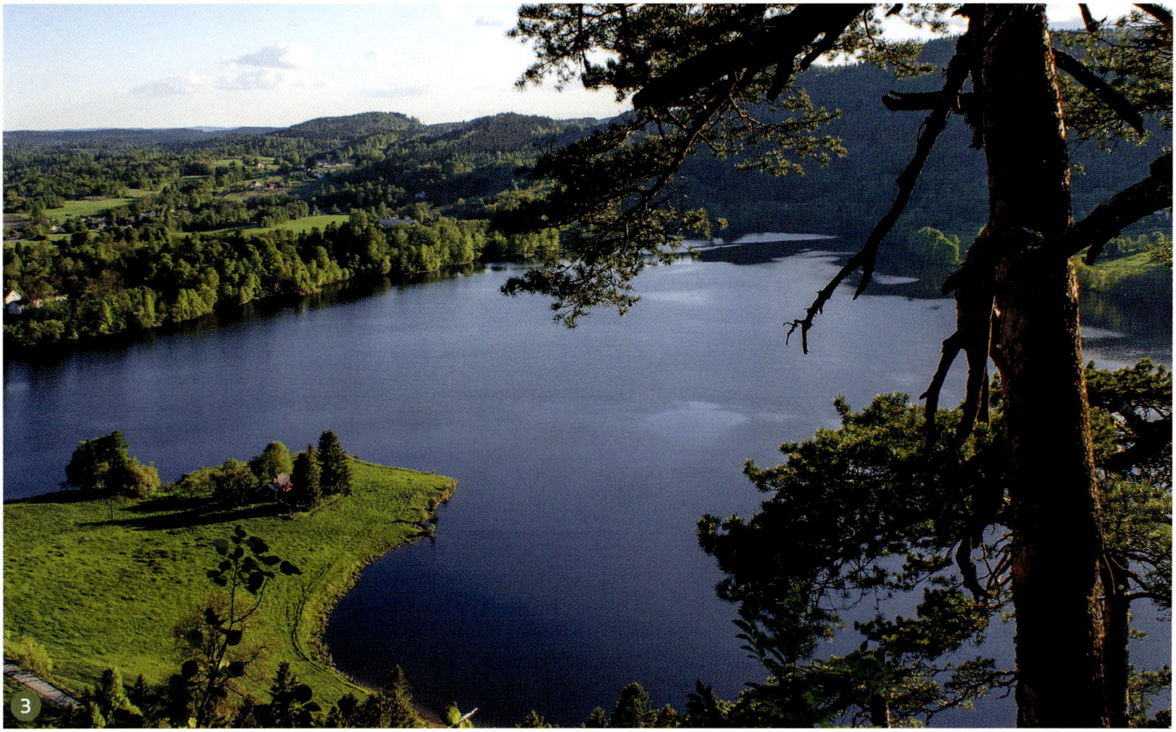
3

BERGENSBANEN-STATIONEN

1 OSLO

Oslo wurde im Jahr 1000 gegründet und war jahrhundertelang wichtiges Handelszentrum, bevor es 1814 Hauptstadt von Norwegen wurde. Die Metropole am Kopfende des Oslofjords hat eine Fläche von 454 km², wovon 245 km² Wald und Grünflächen sind. Der Oslofjord ist eher ein Zufluss des Skagerraks als ein richtiger Fjord und hat über 60 Inseln, die mit der Fähre erreichbar sind. Man findet alle Attraktionen, die man von einer Hauptstadt erwartet, darunter auch einen Königspalast und zahlreiche Museen. Das Wikingermuseum und das Widerstandsmuseum sind zwei, für die Sie sich unbedingt Zeit nehmen sollten. Die Bergensbanen fährt ab Oslos Sentralstasjon (Hauptbahnhof) – dem größten Bahnhof des norwegischen Eisenbahnnetzes. Der erste Abschnitt bis Drammen wurde 1872 eröffnete und wird Drammenbanen genannt.

2 mNN, 493 km bis Bergen.
59.9111, 10.7525

2 LYSAKER

Einst Bauerngemeinschaft, jetzt Wohngebiet am Stadtrand von Oslo. Zu Fuß nicht weit vom Bahnhof gibt es diverse schöne Wasserfälle an der Lysakerelven, und tatsächlich ist Oslo eine der wenigen Städte weltweit, in denen Wildwasser-Kanuten auf ihre Kosten kommen. Im Zweiten Weltkrieg sabotierten die Norweger an diesem Bahnhof mehrfach Züge. Mehr darüber erfahren Sie im Widerstandsmuseum in der Festung. Der Zug verlässt nun die Stadtgrenzen Oslos.

7,5 mNN, 485 km bis Bergen.
59.9136, 10.6372

3 ASKER

Asker erstreckt sich bis zum Oslofjord, mit viel Wald und Stränden. Vorstadt von Oslo.

10 mNN, 469 km bis Bergen.
59.8336, 10.4346

4 DRAMMEN

Stadt am namensgebenden Fluss (Drammenselva), der hier zum Drammenfjord wird. Früher wurde der Fluss für den Holztransport genutzt, und die Gegend lebte von der Holz-, Papier- und Zelluloseproduktion. Heutzutage sieht man auf dem Wasser hauptsächlich kleine Boote und Kanus. Seit 2011 wird die Stadt (Norwegens achtgrößte) durch Wärmepumpen beheizt, die das Wasser aus dem Drammenfjord beziehen.

2 mNN, 452 km bis Bergen.
59.7400, 10.2040

5 HOKKSUND

Ein Stück weiter stromaufwärts kann man an der Drammenselva gut Lachs angeln. Aufzeichnungen belegen, dass die Einheimischen schon vor 800 Jahren mit Netzen und Fallen unter dem Wasserfall Hellfossen gefischt haben.

8 mNN, 435 km bis Bergen.
59.7671, 9.9111

6 VIKERSUND

Der Streckenabschnitt zwischen hier und Drammen heißt Randsfjordbanen (Randsfjord hieß die Stadt früher). Damals war Papierproduktion die vorherrschende Industrie, heute ist die Gegend eher für Skispringen bekannt. Obwohl die Strecke hier noch nicht ansteigt, wird die Landschaft immer rauer und bergiger. Im Sommer fährt von hier eine Dampfeisenbahn.

67 mNN, 409 km bis Bergen.
59.9693, 9.9982

7 HØNEFOSS

Stadt in der ehemaligen Provinz Buskerud, benannt nach den großen Wasserfällen an

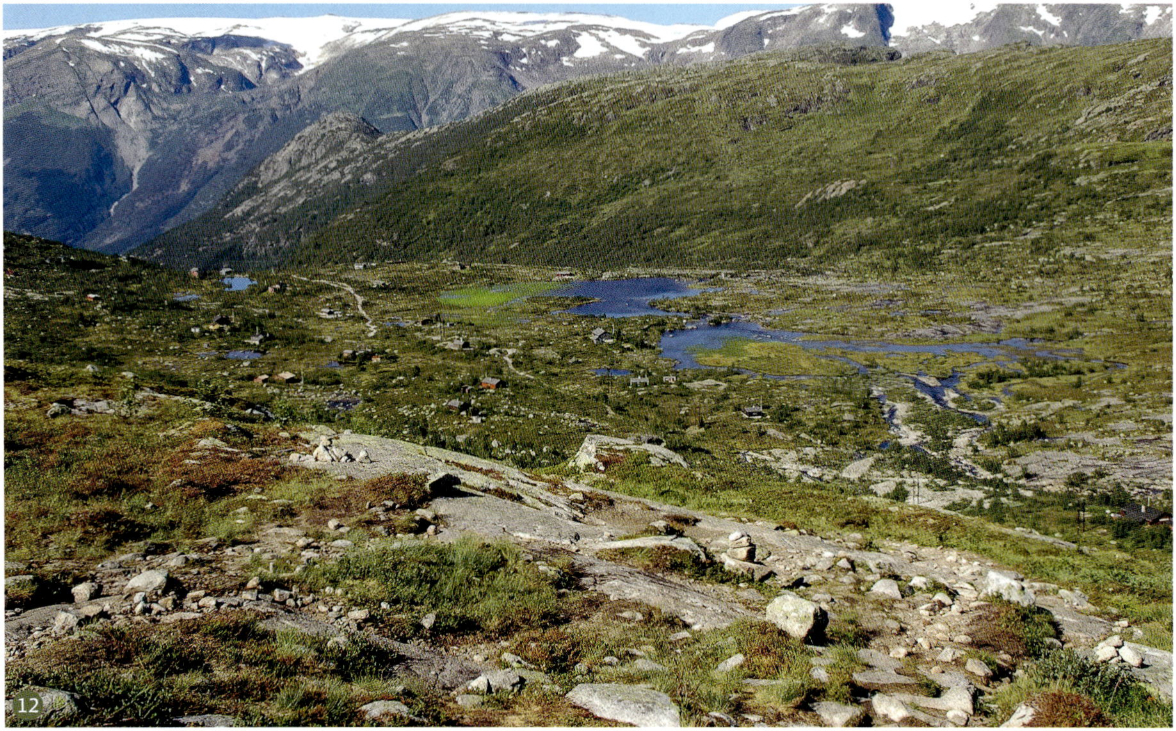

12

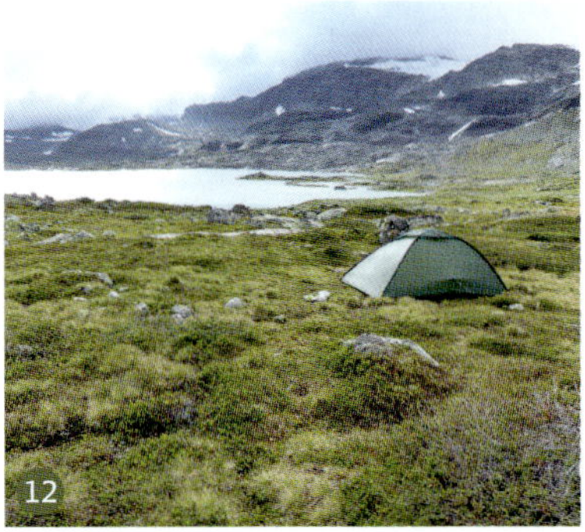

12

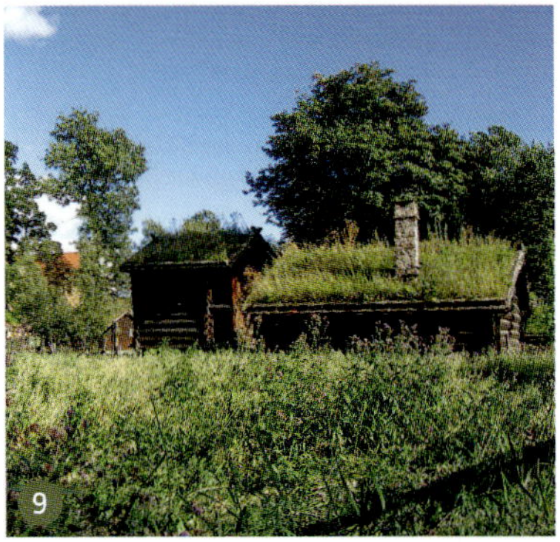

9

der Begna. Eine Menge Wasser wird für das Wasserkraftwerk abgeleitet, aber während der Frühlingsschmelze sind die Fälle spektakulär. Das Ringerikes-Museum mit einer Ausstellung über die Geschichte der Region und einer Runensteinsammlung lohnt einen Besuch.

96 mNN, 381 km bis Bergen.
60.1690, 10.2492

8 FLÅ

Wenn man die Talstation Flå erreicht, befindet man sich schon mitten in einer Berglandschaft. Das Symbol der Stadt ist ein Bär, und ein besonders großer aus Holz befindet sich in der Stadtmitte. Ein echtes Exemplar finden Sie – neben weiteren norwegischen Tieren – im Stadtpark in großen Außengehegen.

155 mNN, 319 km bis Bergen.
60.4322, 9.4733

9 NESBYEN

Der Zug fährt jetzt durchs wilde Hallingdal, mit seinen zahlreichen Wanderwegen. Das Freilichtmuseum Hallingdal ist eines der ältesten Norwegens, mit faszinierenden Häusern und Artefakten. In der letzten Augustwoche gibt es im Kjerringtorge in Nesbyen einen Frauenmarkt – alle Stand-Inhaber sind Frauen, und alle Waren sind von Frauen aus der Region hergestellt. Obwohl es im Winter kalt wird, hält die Stadt den Rekord für die höchste Temperatur, die je in Norwegen gemessen wurde: 35.6°C am 20. Juni 1970.

168 mNN, 285 km bis Bergen.
60.5766, 9.1134

10 GOL

Dorf mitten im Hallingdal an einer historischen Straße. Nicht weit davon stürzt der spektakuläre Hydnefossen 155 m über nackte Felsen ins Tal. Einst stand dort eine Stabkirche, aber sie wurde 1885 ins Königliche Museum in Oslo gebracht, das heutige Norwegische Volksmuseum. Die Umgebung eignet sich wunderbar zum Wandern, Klettern, Kanu- und Radfahren.

207 mNN, 268 km bis Bergen.
60.6990, 8.9712

11 ÅL

Dieses Bergdorf auf halber Strecke ist im Winter beliebt bei Skilangläufern, während es im Sommer der ideale Ausgangspunkt für eine ganze Reihe alpiner Aktivitäten ist. Ende Mai findet hier jedes Jahr Norwegens ältestes Volksmusik-Festival statt. In Torpo, ganz in der Nähe, gibt es eine märchenhafte

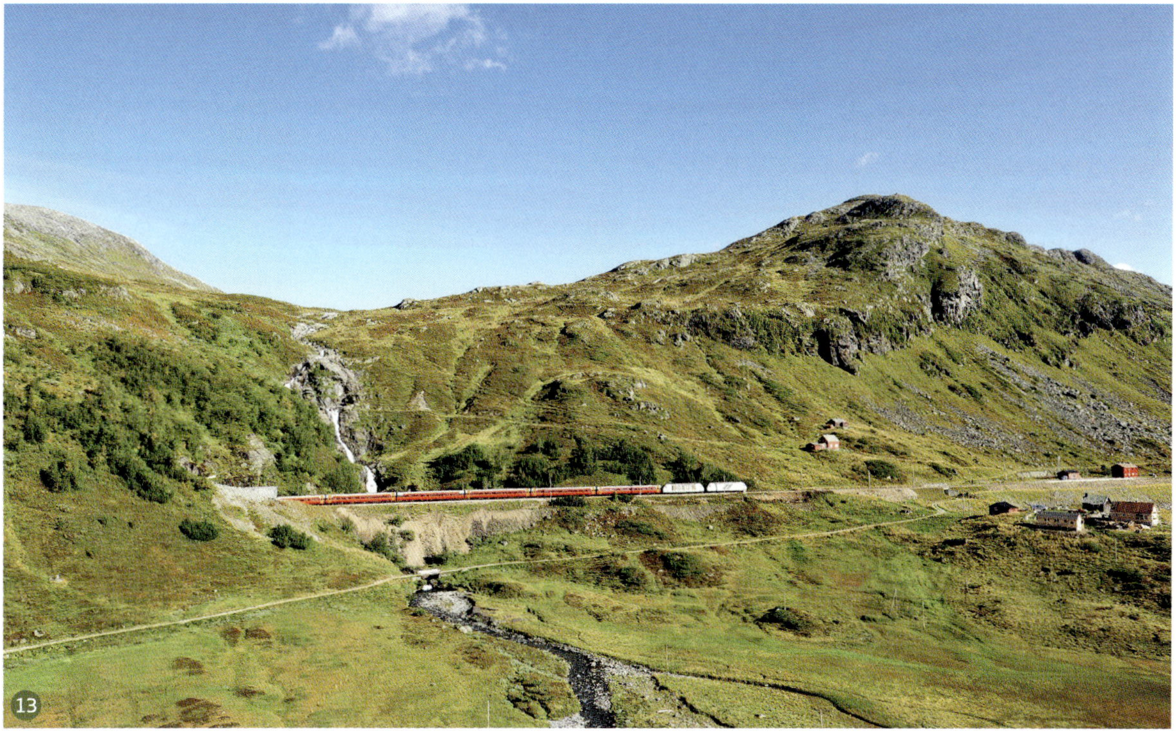

Stabkirche von 1192 mit wunderschönen Schnitzereien und Runeninschriften.
436 mNN, 243 km bis Bergen.
60.6265, 8.5619

12 GEILO

Norwegens erstes Ski-Resort und immer noch eines der größten des Landes. Im Sommer kann man hier unter anderem Rafting- und Kanutouren unternehmen, den zahlreichen markierten Wanderwegen folgen oder den Nationalpark Hardangervidda erkunden. Während der gewagtesten Operation des Zweiten Weltkriegs sind norwegische SOE-Agenten hier auf dem Hochplateau mit dem Fallschirm abgesprungen. Nachdem sie sich den ganzen Winter versteckt hatten, zerstörten sie erfolgreich das Wasserkraftwerk Vemork in der Nähe von Rjukan. Nach Geilo verlässt der Zug das Hallingdal.
794 mNN, 218 km bis Bergen.
60.5346, 8.2068

13 USTAOSET

Hoch gelegenes Ski-Resort und Abschlusspunkt des Skarverennet-Langlaufrennens. Im Sommer kann man auf diversen markierten Wegen wandern und auf dem Ustevatnet-See Kanu fahren. In der Umgebung gibt es etwa 800 alte Berghütten, und die strengen norwegischen Bauvorschriften machen es fast unmöglich, neue dazuzubauen. Wenn der Zug den Bahnhof verlässt, fährt er zunächst am Ufer des Ustevatnet-Sees und dann des Sløddfjords entlang.
990 mNN, 207 km bis Bergen.
60.4963, 8.0454

14 HAUGASTØL

Hoch gelegene kleine Station am Rand des Hardangervidda-Plateaus. Im Winter ist das Dorf ein Zentrum des relativ neuen Sports Snow-Kiting, vor allem aber beginnt hier der Radweg Rallarvegen (siehe S. 96). Viele nehme ihre Räder mit in die Bahn und beginnen hier ihre Tour.
998 mNN, 196 km bis Bergen.
60.5117, 7.8690

15 FINSE

Bergdorf am Ufer des Finsevatnet-Sees am Rand der Hardangervidda. Mit 1.222 m der höchste Bahnhof Norwegens, und da es keine Straße gibt, kommt man auch nur so dorthin. Gegenüber vom Bahnhof befinden sich das Museum über den Bau der Bahnstrecke und zwei alte Schneepflüge. Die Mitglieder von Captain Scotts unglückseliger Expedition

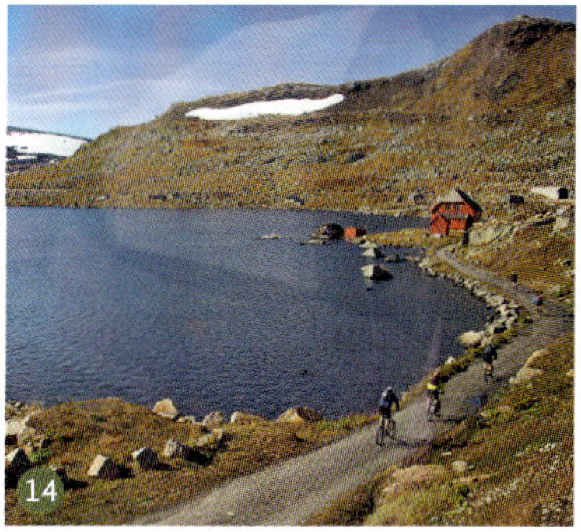

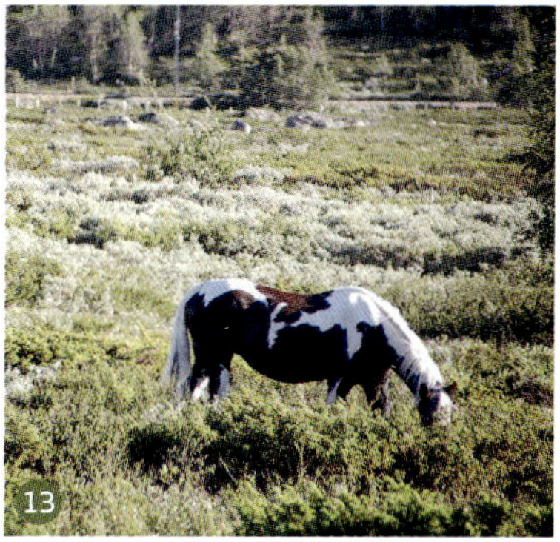

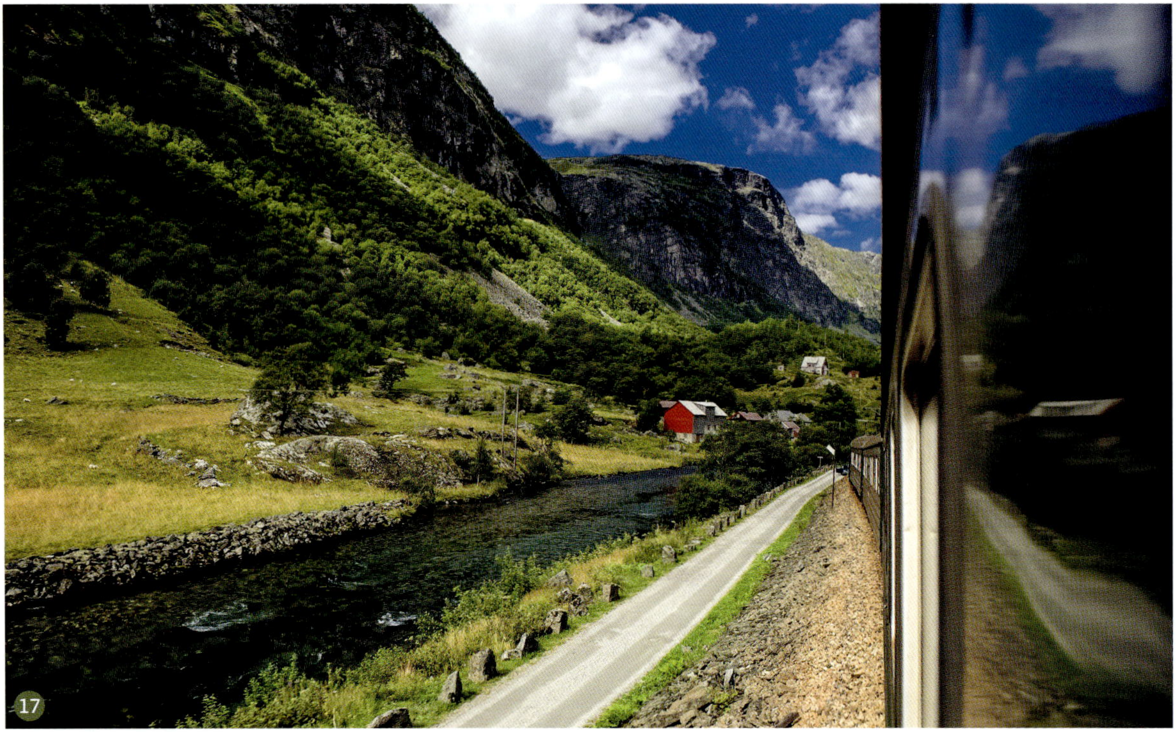

17

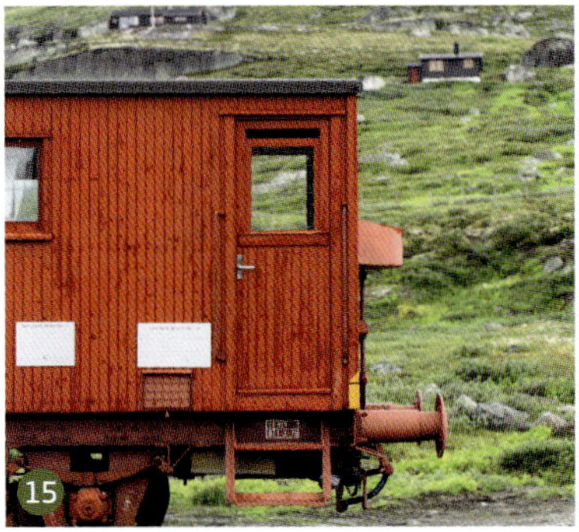

15

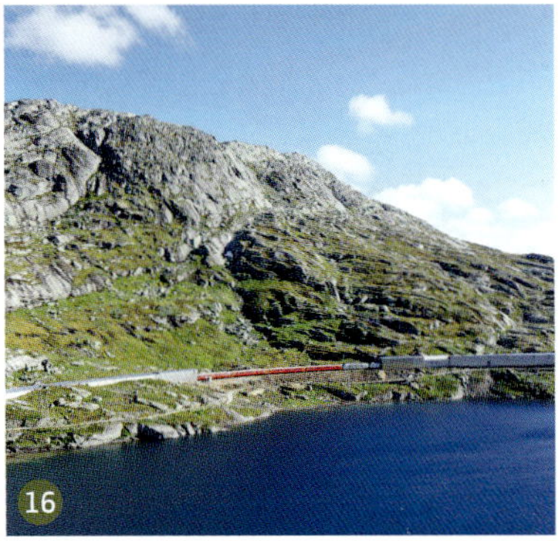

16

zum Südpol haben sich hier vorbereitet, und vor dem Hotel steht ein Denkmal. Etwa 5 km vom Bahnhof kann man über das wunderschöne blaue Eis des Hardangerjøkulen-Gletschers staunen, auf den man sich nicht ohne ortskundigen Führer wagen sollte. Im Dorf betreiben die Universitäten von Oslo und Bergen ein alpines Forschungszentrum zur Ökologie von Hochgebirgen.

1,222 mNN, 169 km bis Bergen.
60.6017, 7.5041

16 HALLINGSKEID

Einsame Bergstation ohne Dorf oder Straßenverbindung, wo der Zug nur für Wanderer und Bergsteiger hält. Die Station selbst befindet sich in einem langen Holztunnel unter dem Schnee, und der Tunnel ist schon viermal (1948, 1953, 1960 und 2011) in Brand geraten. Bei dem Feuer von 1960 ist auch das Bahnhofsgebäude abgebrannt, während 2011 auch ein Zug in Brand geriet und irreparabel beschädigt wurde. Der norwegische Wanderverein (DNT) hat eine Hütte in der Nähe.

1,110 mNN, 148 km bis Bergen.
60.6679, 7.2539

17 MYRDAL

Station an einem Gebirgspass zwischen zwei Tunneln und Übergang zur Flåmsbana (Flåmbahn), eine der spektakulärsten Bahnlinien weltweit. Die Strecke fällt in 20,2 km 861,6m ab und durchquert auf dem Weg zum Bahnhof Flåm am Aurlandsfjord eine der dramatischsten Landschaften Norwegens. Die Strecke hat 8 Stationen, 20 Tunnel und eine Brücke. Das maximale Gefälle beträgt 5,5 Prozent, und mindestens 16 km haben ein Gefälle von 2,8 Prozent, womit sie eine der steilsten Bahnlinien weltweit ist. Der Zug darf bergab nicht schneller als 30 km/h fahren und bergauf nicht schneller als 40 km/h.

867 mNN, 135 km bis Bergen.
60.7352, 7.1225

18 VOSS

Erste Stadt, in der man hält, wenn es wieder bergab geht. In Voss, einem Zentrum des Abenteuersports, findet jedes Jahr Ende Juli die Ekstremsportveko statt (Extremsportwoche oder „Veko“, wie die Einheimischen sagen) mit Besuchern aus aller Welt. Es gibt zahlreiche Cafés und Bars, und der Rallarvegen, der in Finse beginnt, endet hier. Von Voss führt die Strecke am Vossevangen-See entlang und folgt dann dem Vosso, der durch

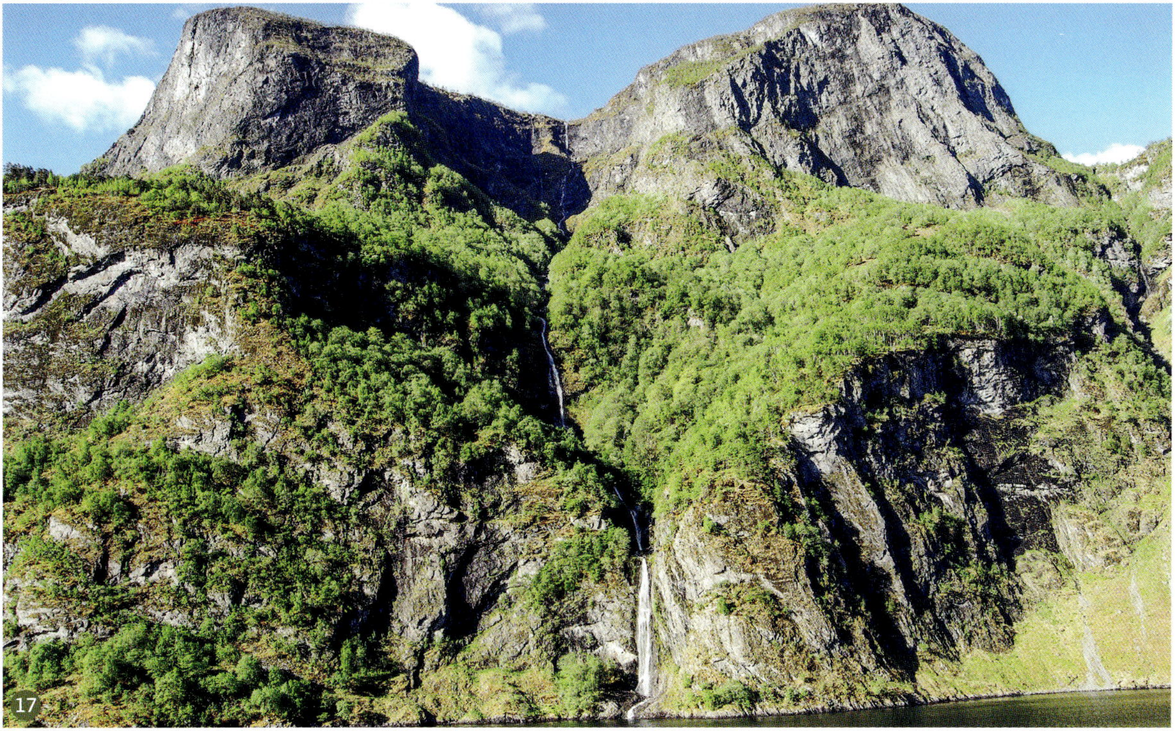

17

zwei Seen fließt, bevor es Richtung Süden nach Dale geht.
57 mNN, 86 km bis Bergen.
60.6289, 6.4104

19 DALE

Dorf am westlichen Ende des Bergsdalen-Tals und nicht weit vom Veafjord, wo die berühmten Norwegerpullover von Dale of Norway herkommen. Der traditionelle Lusekofte stammt aus dem 19. Jahrhundert und hat meist ein schwarz-weißes Muster mit einem bunten gewebten Band um den Hals. Im Besucherzentrum kann man sehen, wie die herrlich warmen Pullover hergestellt werden. Von Dale folgt die Strecke dem Daleelven und dann dem Veafjord.
43 mNN, 46 km bis Bergen.
60.5854, 5.8148

20 ARNA

Arna liegt auf der Ostseite des Ulriken, der mit 643 m der höchste der sieben Berge ist, die die Stadt Bergen umgeben. Von hier geht es durch einen Tunnel ins Stadtzentrum von Bergen.
8 mNN, 10 km bis Bergen.
60.4201, 5.4661

21 BERGEN

Die Endstation der Bergensbanen ist Bergen Stasjon, der Hauptbahnhof im Osten des Stadtzentrums. Das Bahnhofsgebäude des Architekten Jens Kielland gilt als eines der besten Beispiele der norwegischen Nationalromantik Ende des 19. und Anfang des 20. Jahrhunderts. Bergen wird auch das Tor zu den Fjorden genannt (siehe Hurtigruten S. 63).
2 mNN, 493 km bis Oslo.
60.3898, 5.3345

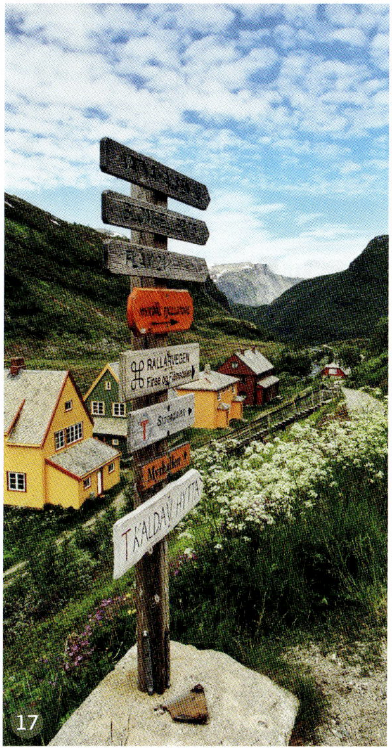

17

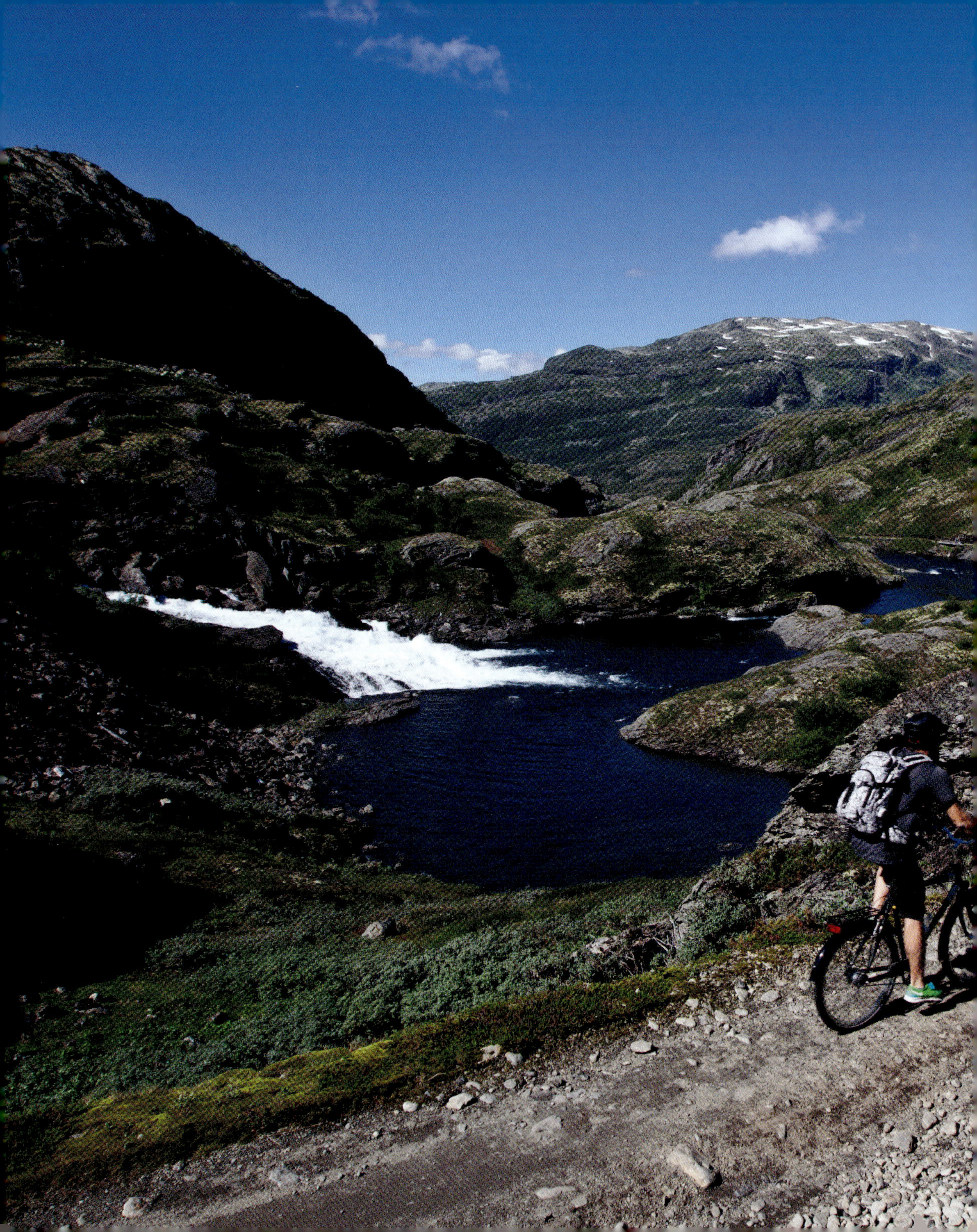

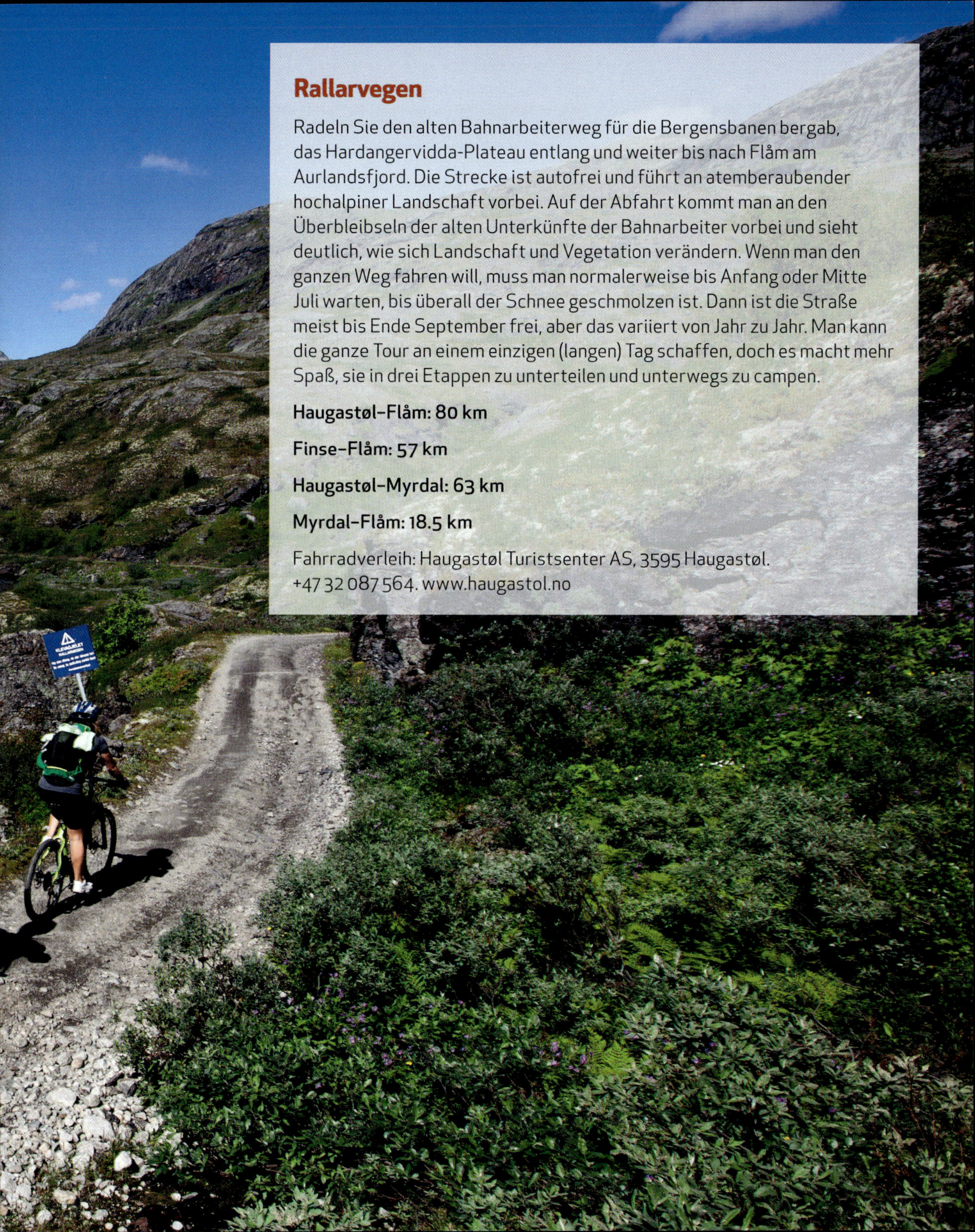

Rallarvegen

Radeln Sie den alten Bahnarbeiterweg für die Bergensbanen bergab, das Hardangervidda-Plateau entlang und weiter bis nach Flåm am Aurlandsfjord. Die Strecke ist autofrei und führt an atemberaubender hochalpiner Landschaft vorbei. Auf der Abfahrt kommt man an den Überbleibseln der alten Unterkünfte der Bahnarbeiter vorbei und sieht deutlich, wie sich Landschaft und Vegetation verändern. Wenn man den ganzen Weg fahren will, muss man normalerweise bis Anfang oder Mitte Juli warten, bis überall der Schnee geschmolzen ist. Dann ist die Straße meist bis Ende September frei, aber das variiert von Jahr zu Jahr. Man kann die ganze Tour an einem einzigen (langen) Tag schaffen, doch es macht mehr Spaß, sie in drei Etappen zu unterteilen und unterwegs zu campen.

Haugastøl–Flåm: 80 km

Finse–Flåm: 57 km

Haugastøl–Myrdal: 63 km

Myrdal–Flåm: 18.5 km

Fahrradverleih: Haugastøl Turistsenter AS, 3595 Haugastøl.
+47 32 087 564. www.haugastol.no

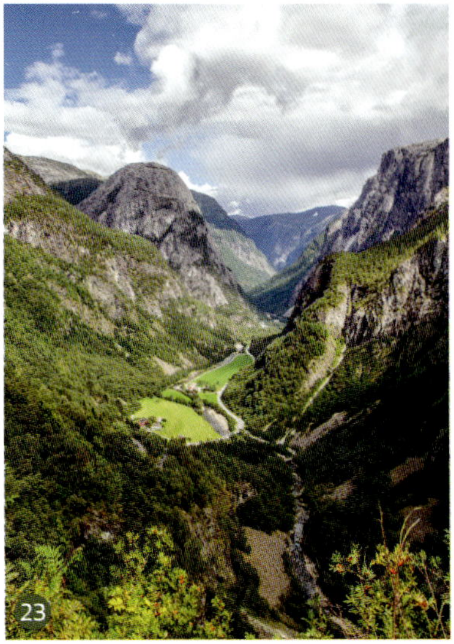

FLÅMSBANA-STATIONEN

22 BAHNHOF VATNAHALSEN

Ursprünglich gebaut, um den Menschen im Distrikt Sogn Zugang zur Bergensbanen nach Bergen und Oslo zu verschaffen, jetzt vor allem eine Touristenattraktion. Von Myrdal fährt die Flåmbana in Richtung Oslo, bevor es ins Flåmsdalen hinuntergeht.

811.3 mNN, 19.07 km bis Flåm.
60.7439, 7.1298

23 REINUNGA

Nach einer Kehrschleife und einem langen Tunnel, gefolgt von einem steil abfallenden künstlichen Felsvorsprung, erreicht der Zug die nächste Station, Reinunga.

767 mNN, 18 km bis Flåm.
60.7439, 7.1391

24 KJOSFOSSEN

Der nächste Halt mit spektakulärem Blick ist am Wasserfall Kjosfossen, wo der Flåmselvi (der von den Einheimischen manchmal auch Moldåni genannt wird) über mehrere Stufen insgesamt 225 m in die Tiefe rauscht. Im Sommer sieht man mitunter seltsame weibliche Gestalten (Huldras) in traditionellem Gewand (Bunad) in der Gischt tanzen. Dieses Huldrefolk, mythische skandinavische Waldfeen, sind Schülerinnen der Staatlichen Norwegischen Ballettschule. Es gibt hier auch ein kleines Wasserkraftwerk, das die Flåmsbana mit Strom versorgt.

670 mNN, 15.8 km bis Flåm.
60.74698, 7.1356

25 KÅRDAL

Nach der Fahrt durch den 1.341,5 m langen Nåli-Tunnel (den längsten der Strecke) erreicht der Zug Kårdal. Der Bahnhof wurde für die höher gelegenen Bauernhöfe im

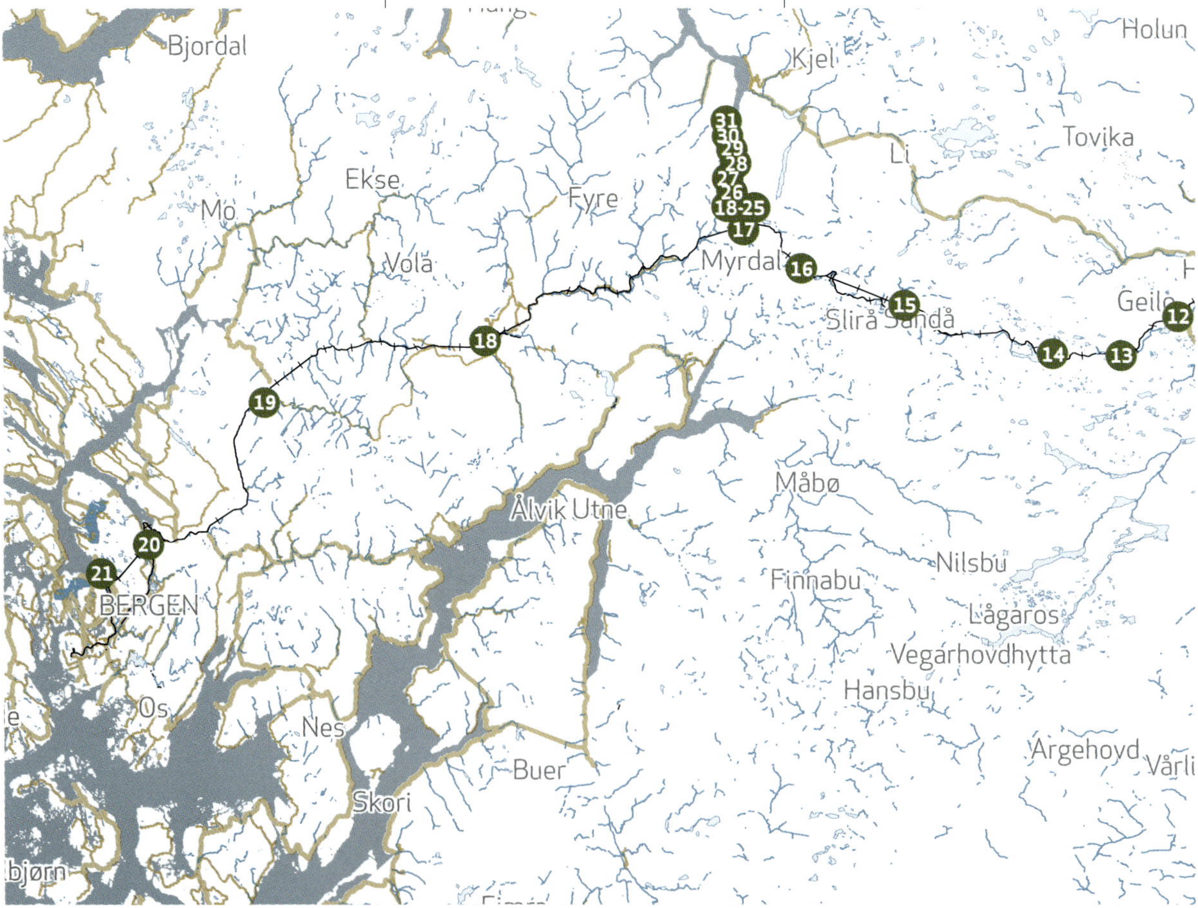

Flåmsdalen gebaut, und das Gefälle ist so steil, dass die Züge nur auf dem Weg nach unten hier anhalten.

557 mNN, 13.86 km bis Flåm.
60.7561, 7.1055

26 BLOMHELLER

Der Berg neben der Strecke hier heißt Trodlatoppen, und jedes Jahr gibt es auf diesem Abschnitt zahlreiche Lawinen. Kurz nach der Weiterfahrt überquert der Zug erneut den Flåmselvi.

458 mNN, 11.8 km bis Flåm.
60.7722, 7.1026

27 BEREKVAM

Ab jetzt wird das Tal breiter. Hier befindet sich auch das einzige Ausweichgleis auf der Strecke, falls einmal ein Zug den anderen überholen muss.

344 mNN, 13.67 km bis Flåm.
60.7882, 7.0963

28 DALSBOTN

Der Bahnhof liegt direkt vor dem 424 m langen Furuberget-Tunnel und dem Rjoandefossen-Wasserfall. Vom Zug aus kann man sehen, wie der kleine Fluss über eine vertikale Klippe 14 m in die Tiefe stürzt.

199 mNN, 11.56 km bis Flåm.
60.8135, 7.1243

29 HÅREINA

Jetzt ändert sich die Landschaft: das Gefälle ist deutlich weniger steil, die Vegetation saftig grün.

48 mNN, 2.99 km bis Flåm.
60.8395, 7.1229

30 LUNDEN

An der vorletzten Station wird das Tal neben dem Fluss breiter, und man sieht viele kleine Bauernhöfe.

16 mNN, 1.6 km bis Flåm.
60.8508, 7.1139

31 FLÅM

Endstation ist Flåm am Aurlandsfjord – ein Seitenarm des größeren Sognefjord. Kreuzfahrtschiffe fahren in den Fjord, damit ihre Passagiere die Bahn in die Berge nehmen können. Es gibt auch eine schnelle Fähre zurück nach Bergen. Das alte Bahnhofsgebäude ist jetzt ein Museum über den Bau der Flåmsbana.

2 mNN, 20.2 km bis Myrdal.
60.8630, 7.1140

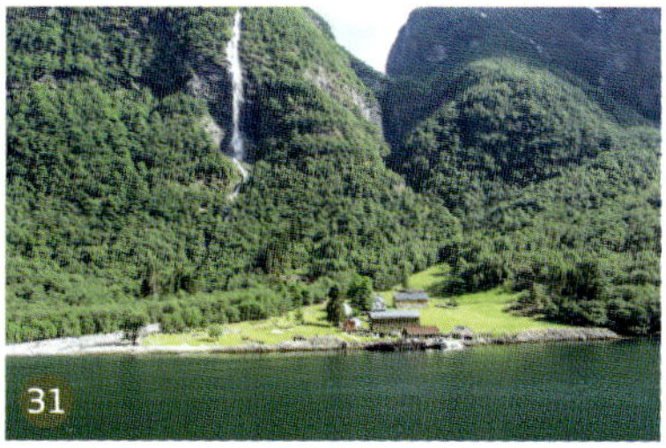

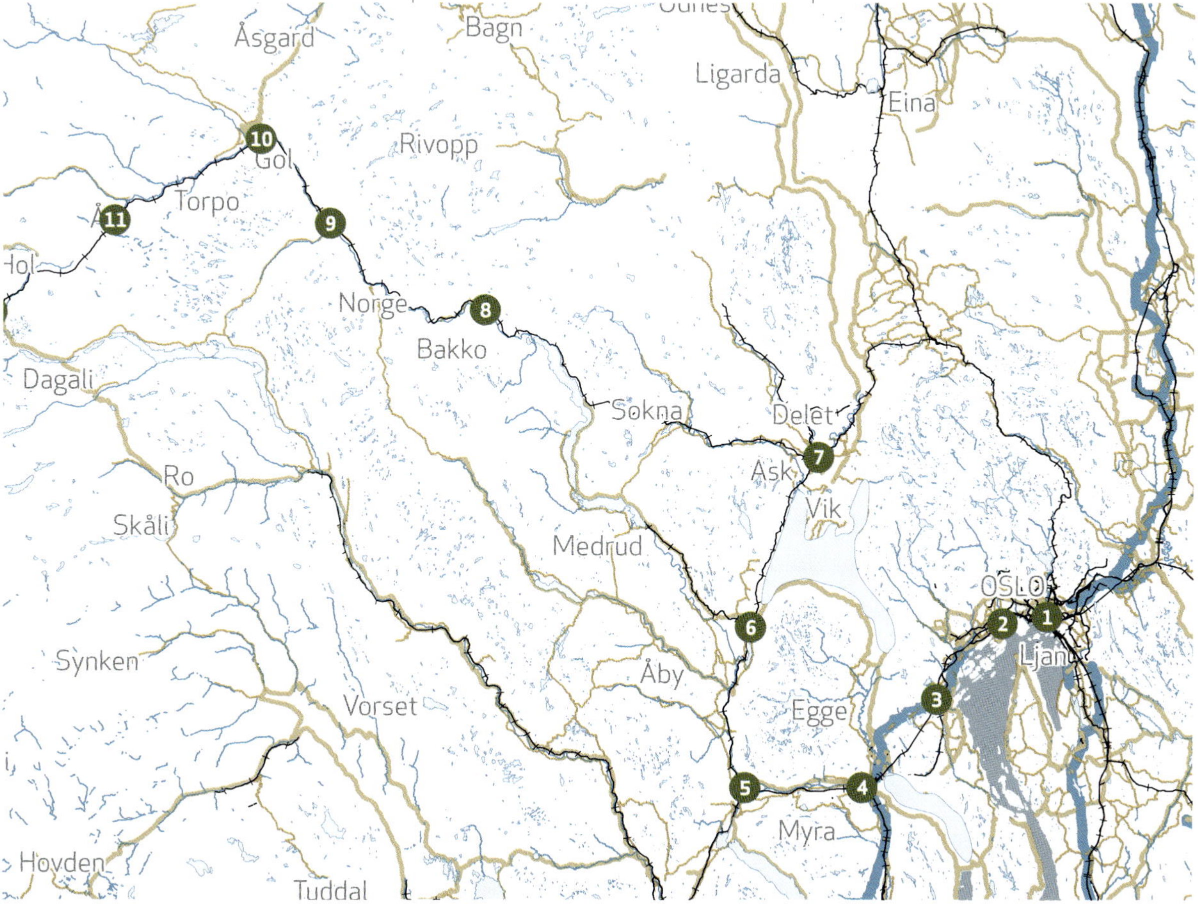

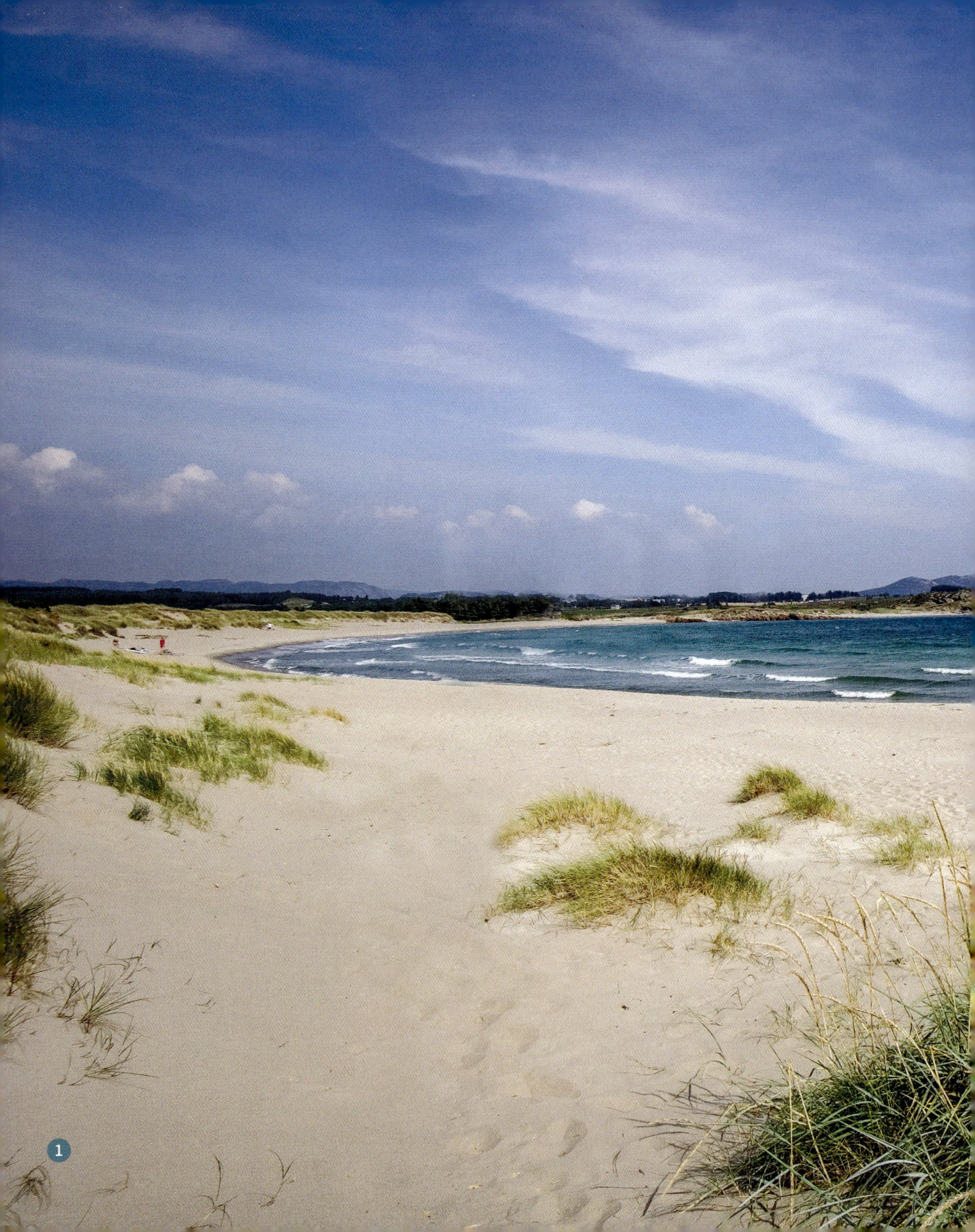

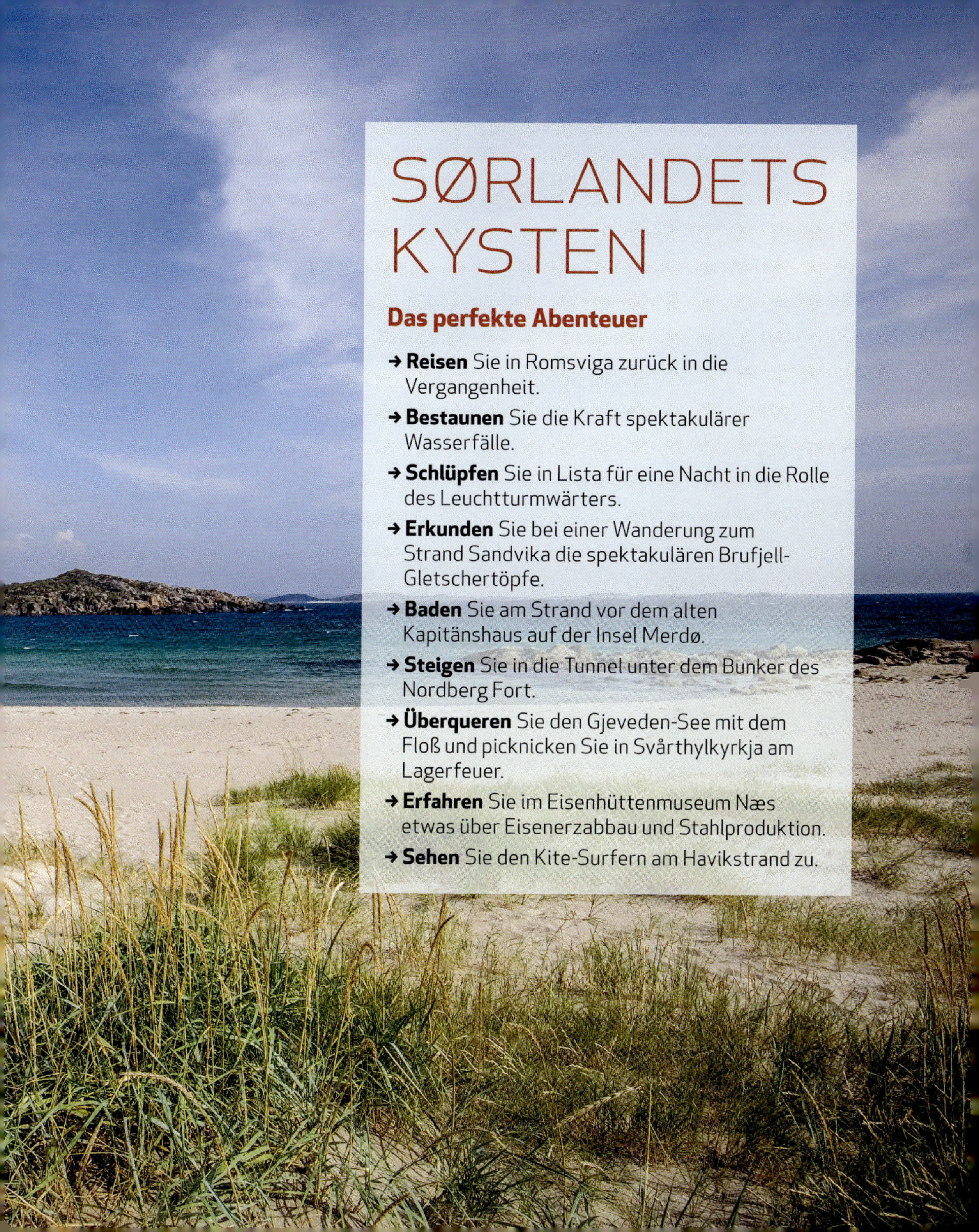

SØRLANDETS KYSTEN

Das perfekte Abenteuer

- **Reisen** Sie in Romsviga zurück in die Vergangenheit.
- **Bestaunen** Sie die Kraft spektakulärer Wasserfälle.
- **Schlüpfen** Sie in Lista für eine Nacht in die Rolle des Leuchtturmwärters.
- **Erkunden** Sie bei einer Wanderung zum Strand Sandvika die spektakulären Brufjell-Gletschertöpfe.
- **Baden** Sie am Strand vor dem alten Kapitänshaus auf der Insel Merdø.
- **Steigen** Sie in die Tunnel unter dem Bunker des Nordberg Fort.
- **Überqueren** Sie den Gjeveden-See mit dem Floß und picknicken Sie in Svårthylkyrkja am Lagerfeuer.
- **Erfahren** Sie im Eisenhüttenmuseum Næs etwas über Eisenerzabbau und Stahlproduktion.
- **Sehen** Sie den Kite-Surfern am Havikstrand zu.

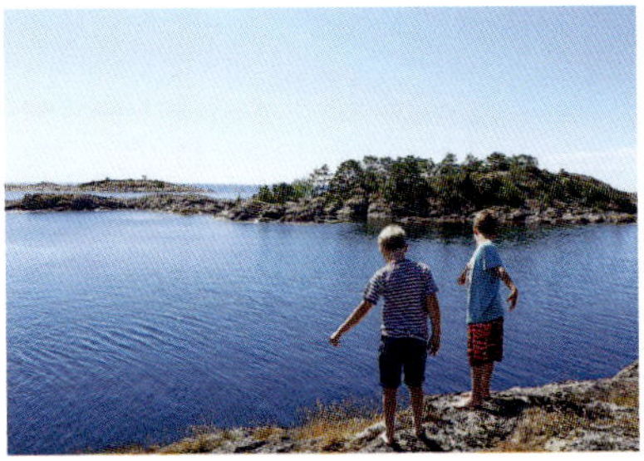

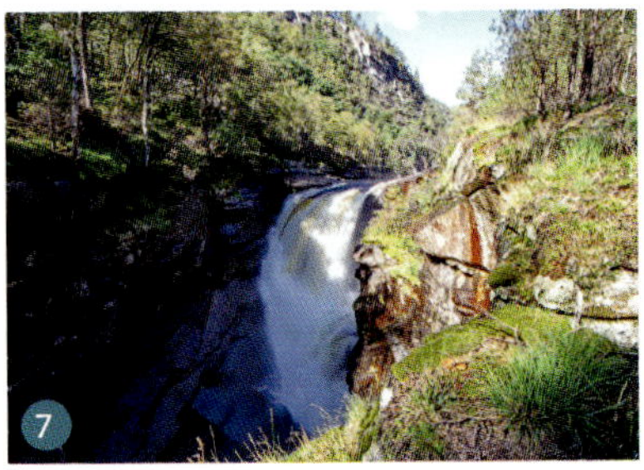

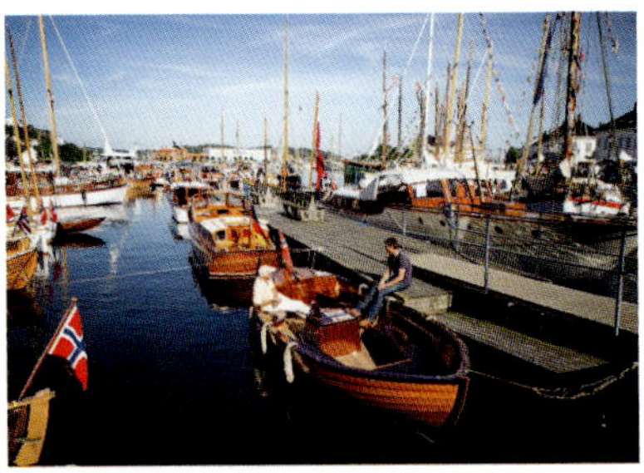

Der ausgeschilderte Weg zum Strand von Sandvika ist spektakulär, und an den besonders steilen Stellen gibt es Eisengriffe zum Festhalten. Der glatte Felsen ist mit großen, dramatischen Aushöhlungen gespickt, die in der letzten Eiszeit vor über 20.000 Jahren entstanden sind. Wenn man den weißen Kiesstrand endlich erreicht, ist man froh über eine erfrischende Abkühlung im klaren Wasser.

Sørlandet („Südland“) heißt diese geschützte Region im Süden Norwegens. Das Land an der Küste ist flach und von Landwirtschaft geprägt, doch nicht weit landeinwärts findet man Berge, Hochplateaus und tiefe Täler mit mächtigen Flüssen. Dieses Kapitel widmet sich dem 240 km langen Abschnitt der Skagerrak-Küste zwischen Sandvika im Westen und Åsmundhavn im Osten.

Wegen der durchschnittlich höchsten Sommertemperaturen im Land wird Sørlandet auch die Riviera des Nordens genannt. Die Küste ist hier felsig und geprägt von einem idyllischen Archipel malerischer Inseln und Schären, von einsamen Leuchttürmen, versteckten Stränden, historischen Häfen und einem komplexen Bunkersystem aus dem Zweiten Weltkrieg.

Erkunden Sie die Landschaft mit Fahrrad oder Kajak oder gar zu Fuß über den Küstenwanderweg. Machen Sie unterwegs Rast und probieren Sie den frischen Fisch sowie die vielen Variationen geräucherter, gesalzener oder eingelegter Delikatessen in den kleinen Fischerorten.

Wenn Sie Lust auf Badespaß und Sonnenbaden haben, fahren Sie ins Nissedal. Dort gibt es spektakuläre Gletschertöpfe, blubberndene Hot Pots und glatte Felsrutschen. An heißen Tagen erwärmt sich das Wasser sehr schnell, und man fühlt sich wie in einem Erlebnisbad.

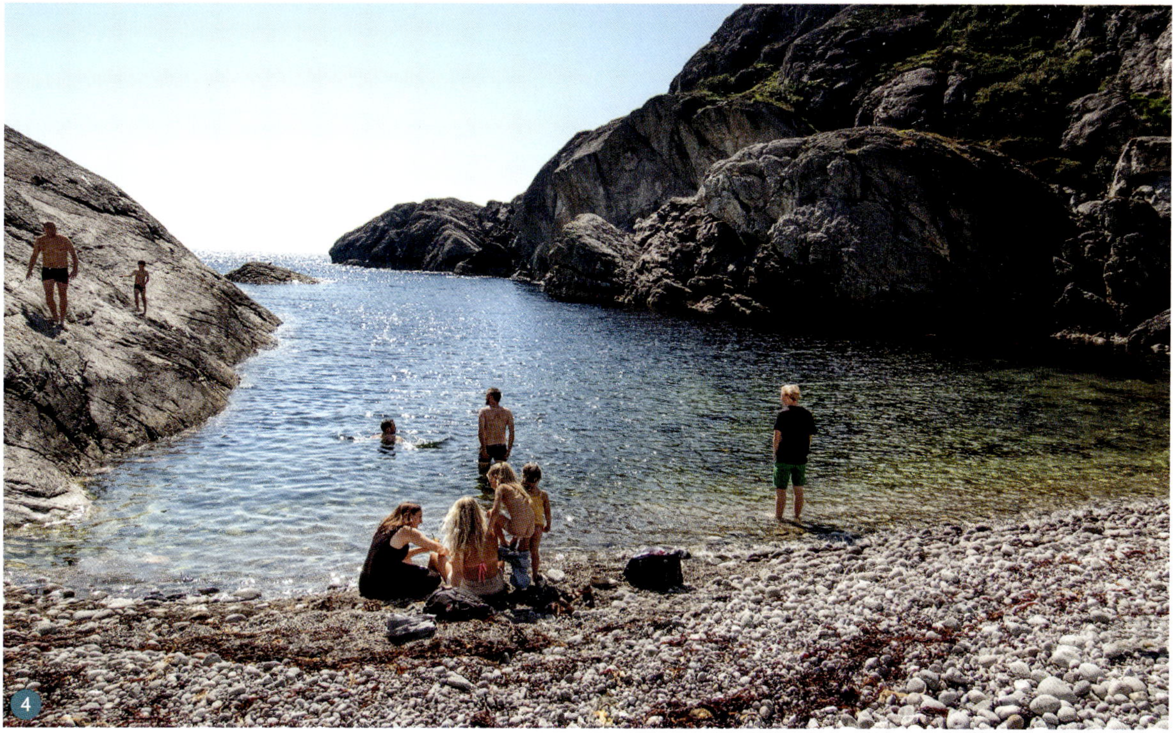

STRÄNDE

1 HAVIKSTRAND, LISTA

In Lista befinden sich einige der besten Strände Südnorwegens. Haviksanden ist wahrscheinlich der bekannteste, und mit seinem weißen Sand und den Dünen besonders schön. Sehr beliebt bei Kite-Surfern.

→ In Hanangermona (58.0734, 6.7175) an der Rv651 parken. Ein kurzer Weg durch die Dünen führt zum Strand.

15 Min., 58.0698, 6.7137

2 KVILJOSANDENSTRAND, LISTA

Noch ein schöner Strand. Das flache Wasser ist perfekt für Familien mit kleinen Kinder.

→ In Kviljo am Ende der Rv662 (58.0752, 6.6844) parken und dem Fußweg zum Strand folgen.

15 Min., 58.0698, 6.6792

3 HAUESTRANDA, LISTA

Und noch ein Sandstrand, diesmal auf einer kleinen Halbinsel südlich von Farsund. Es gibt dort Bäume, Dünen und genug Platz, um sein Lager für einen perfekten Strandtag aufzuschlagen.

→ Von Farsund auf der Rv651 Richtung Südwesten, dann rechts auf die Rv 664 und nach wenigen Minuten gegenüber von der Aluminiumhütte parken. Von dort den Fußweg zum Strand nehmen (58.0694, 6.7812).

15 Min., 58.0715, 6.7717

4 SANDVIKASTRAND

Eine dreistündige Wanderung durch die atemberaubende Küstenlandschaft im Südwesten von Stornes führt zu einer versteckten Bucht. Unterwegs kommt man an den spektakulären Gletschertöpfen und Felsformationen von Brufjell vorbei. Der Weg ist manchmal heikel – mit kleinen Kindern ist äußerste Vorsicht geboten.

→ Das Gebiet gehört zum Magma Geopark. Informationen und Karten auf der Website. Es werden auch geführte Touren mit Geologen angeboten. Magma Geopark, Elvegaten 23, 4370 Egersund, +47 91 782594. www.magmageopark.com

3 Std., 58.2757, 6.3857

WASSERFÄLLE, GLETSCHERTÖPFE

5 BJORLOFOSS

Eine Reihe schöner Wasserfällen am Åkrogjen. Wenn der Wasserstand niedrig ist und die Sonne scheint, gibt es ein paar fantastische Gletschertöpfe zum Schwimmen.

→ Von Knaben (58.6657, 7.0638) auf der FV839 (die dem Fluss folgt) für 5 km Richtung Westen. Auf dem Kies am Straßenrand parken, dann sieht man rechts schon die Wasserfälle.

5 Min., 58.6673, 7.0216

6 DIGELVA, WASSERFALLWEG

Fußweg entlang des spektakulären Wasserfalls an der Digelva. Wenn Sie herausfordernde Strecken und Höhen nicht gewohnt sind, meiden Sie den Weg bei Wasserhochstand. Für kleine Kinder nicht geeignet.

→ Nördlich von Birkeland die Brücke über den Tøvdalselva überqueren, dann auf der Fv258 Richtung Westen. Nach 1 km sieht man links den Hauptwasserfall und rechts eine Parkbucht. Dort parken und dem Weg stromabwärts folgen. Bis zum See gehen (2 km) oder nur den Hauptwasserfall ansehen.

1 Std., 58.3363, 8.2046

7 RAFOSSEN

Eine Reihe spektakulärer Wasserfälle an der Kvina. An schönen Tagen kann man sich auf die glatten Felsen neben dem Wasserfall setzen und picknicken. Für kleine Kinder nicht geeignet.

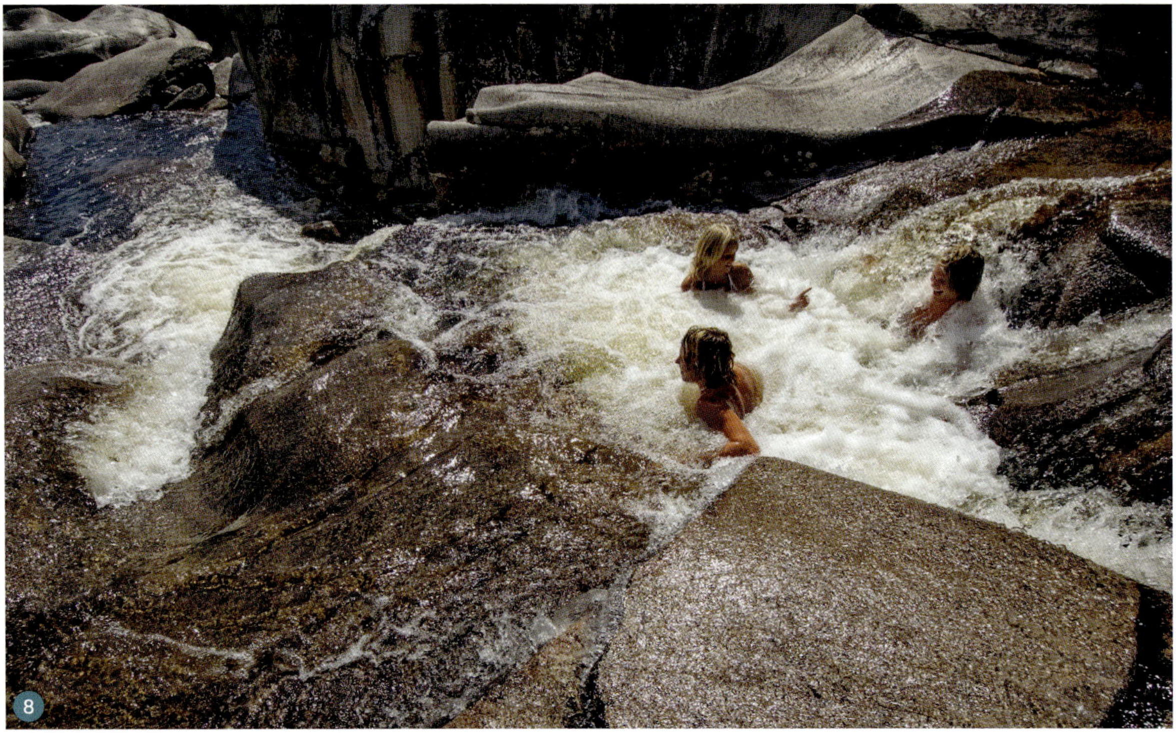

8

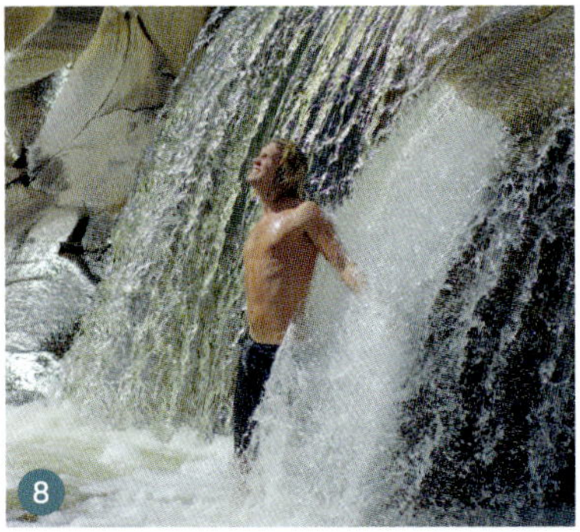

8

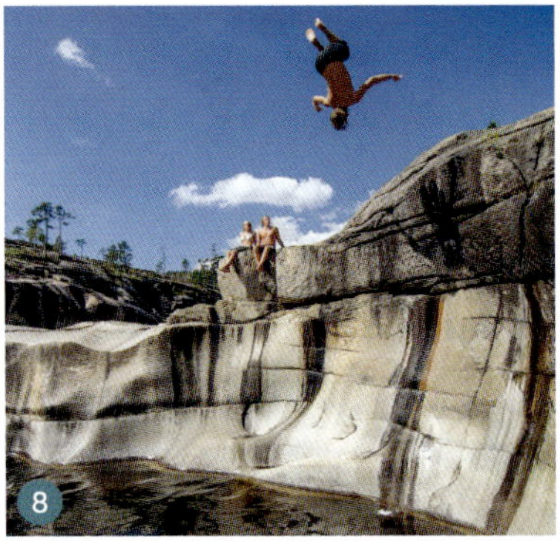

8

➜ Von Kvinesdal auf der Fv465 für 8,5 km Richtung Norden, bis man ein kleines Holzschild zu den Rafossen sieht. Der Straße ca. 2 km bis zum Ende folgen. Von hier 5-minütiger ausgeschilderter Weg zum Wasserfall.
30 Min., 58.3650, 6.9571

8 GLETSCHERTÖPFE NISSEDAL

Spektakuläre Gletschertöpfe, entstanden in der letzten Eiszeit und jetzt mit Wasser gefüllt, ideal zum Baden. Der Fluss, der hier einst floss, wurde gestaut, und an heißen Tagen ist es hier wie in einem einsamen Erlebnisbad. Tiefe Pools in ganz glatten Felsen, die sich aufwärmen und ihre Wärme ans Wasser weitergeben. Fantastischer Familienausflug, wenn die Sonne scheint.

➜ Von Haugsjåsund auf der Fv352 Richtung Westen. Nach 17 km kommt links ein Parkplatz (58.9521, 8.3657). Die Straße überqueren und dem markierten Weg ca. 50 m folgen.
5 Min., 58.9498, 8.3713

9 KVÅSFOSSEN

Einer der größten Wasserfälle in Südnorwegen mit einer Fallhöhe von 36 m. Bei Niedrigwasser werden in der Lynga zahlreiche Gletschertöpfe sichtbar, die an sonnigen Tagen fantastische natürliche Badewannen abgeben.

➜ Die Lynga fließt neben der Rv43. 3,5 km nördlich von Moi an der Straße parken, der Wasserfall ist links zu sehen.
5 Min., 58.2644, 7.1899

10 GLETSCHERTÖPFE SILD ÅSMUNDHAMN

Sehr große Gletschertöpfe in glattem Granit. An warmen Tagen kann man mit fantastischem Meerblick in dem Brackwasser baden. Mit fast 5 m Breite und 6 m Tiefe sind sie die größten in Nordeuropa. Auch schön für ein Picknick.

➜ Von Risør auf der Rv416 Richtung Westen, dann links auf die Rv411 und rechts auf die Rv1 bis Krabbesund. Nach 500 m links (58.6756, 9.2021). Bis zum Ende des Wegs fahren und parken. Auf dem offensichtlichen Weg zum Hafen hinunter (Åsmundhamn), dann 1 km die Küste entlang Richtung Nordosten bis zu den Gletschertöpfen.
25 Min., 58.6736, 9.2105

11 SVÅRTHYLKYRKJA

Riesiger Gletschertopf, versteckt am nördlichen Ende des Gjevden-Sees. Schöner Ort zum Schwimmen und Picknicken. Ziehen Sie sich an einem Floß über den See, das an einem Drahtseil entlangläuft. Auf der anderen Seite gibt es eine Feuerstelle, aber Holz muss man selbst mitbringen.

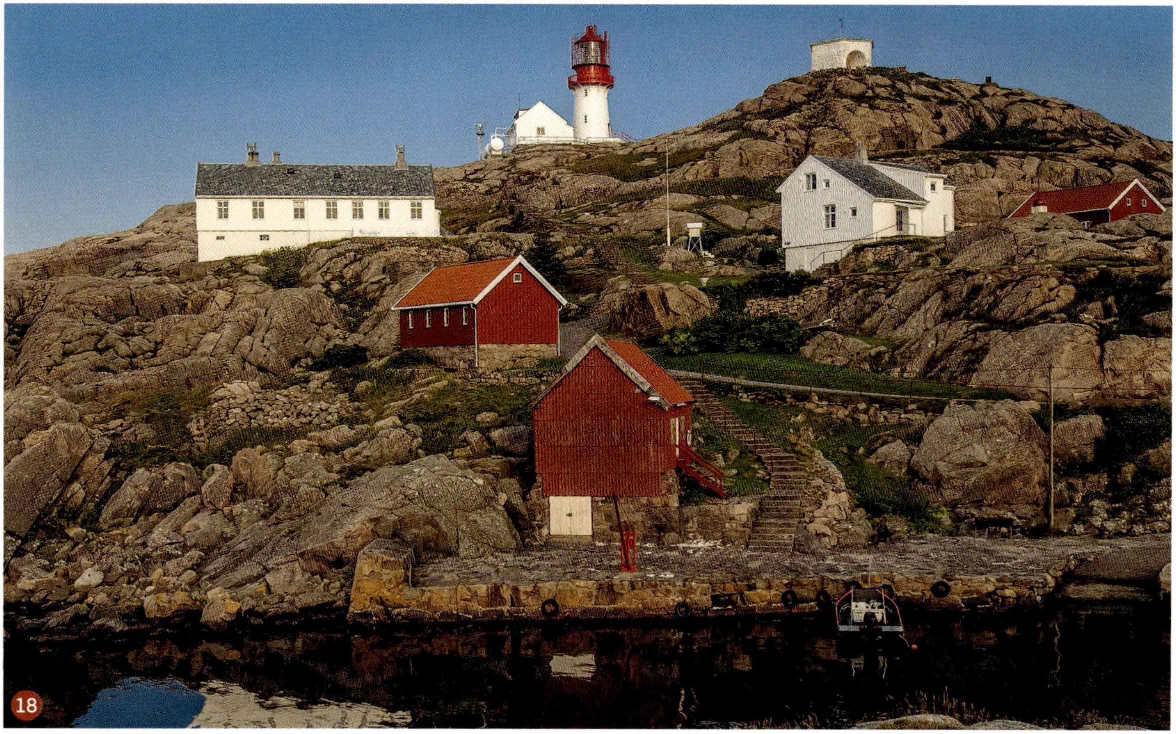

18

→ Von Vindilhytta auf der Fv271 (58.9649, 8.13759) Richtung Osten, am Ende des Sees an der Straße parken und die 25 m zum Floß-Anleger gehen (58.9640, 8.1360).
20 Min., 58.9634, 8.1332

KULTUR & GESCHICHTE

12 HOLZRIESE VENNESLA

Hölzerne Riese (schmale, oft erhöhte Rinne), die zum Transport von Bauholz gebaut wurde, und eine der wenigen noch erhaltenen in Norwegen. Machen Sie einen Spaziergang entlang des restaurierten hölzernen Kanals, der jetzt trocken ist, vorbei an den malerischen Stromschnellen der Otra. Die 4 km lange Strecke führt über ein paar Hängebrücken und durch einen niedrigen und ziemlich gruseligen Tunnel. Kinder werden es lieben.

→ Von Vennesla (58.2687, 7.9711) auf der R454 für 3 km Richtung Westen am Seeufer entlang. Rechts in den Steinsfossvegen, nach 2 km liegt links die Riese.
1 Std., 58.3013, 7.9693

13 LINDESNES FYRSTASJON

Ältester Leuchtturm Norwegens, erbaut 1656 (und mit Kerzen beleuchtet) an der wunderschönen südlichsten Spitze des norwegischen Festlands. Jetzt eine Ferienwohnung für bis zu 6 Personen. Ein Besucherzentrum mit Kino und Café dokumentiert die Geschichte des Gebäudes. Der Eintritt beinhaltet auch einen Besuch der Turmspitze. Diverse Küstenwanderwege führen am Leuchtturm vorbei.

→ In Vigeland (westlich von Mandal) von der E39 abfahren. Rechts auf die R460 über Spangereid und den Spangereid-Kanal (27 km). 4521 Lindesnes, +47 38 255420. www.lindesnesfyr.no
57.9825, 7.0467

14 NORDBERG FORT

Vollständig restaurierter deutscher Bunker mit Tunneln, gebaut 1940–45 und Teil von Hitlers Atlantikwall. Diese ausgedehnte Verteidigungslinie zog sich 2.690 km von der norwegischen Grenze zu Russland bis zur französischen Grenze zu Spanien. Im Museum hier kann man mehr über diese dunkle Periode der norwegischen Geschichte erfahren.

→ Von Vanse (58.0980, 6.6922) auf der Rv463 für 3,5 km Richtung Nordwesten, dann rechts auf die Fv652 und kurz darauf links auf die Fv654. Nach 2,5 km sieht man rechts das Fort, 500 m neben der Straße. +47 38 396900. www.vestagdermuseet.no
58.1304, 6.6212

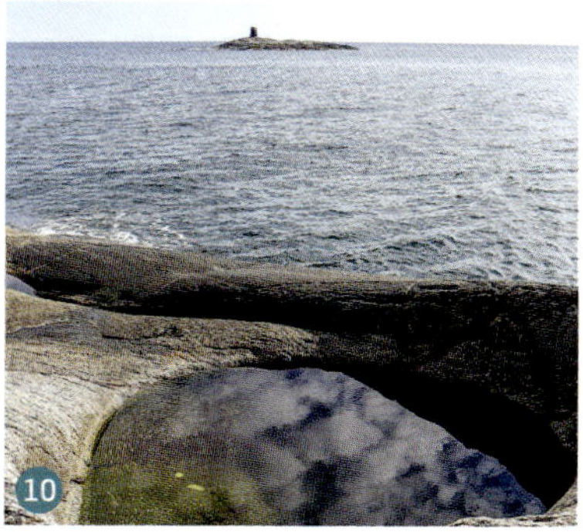

10

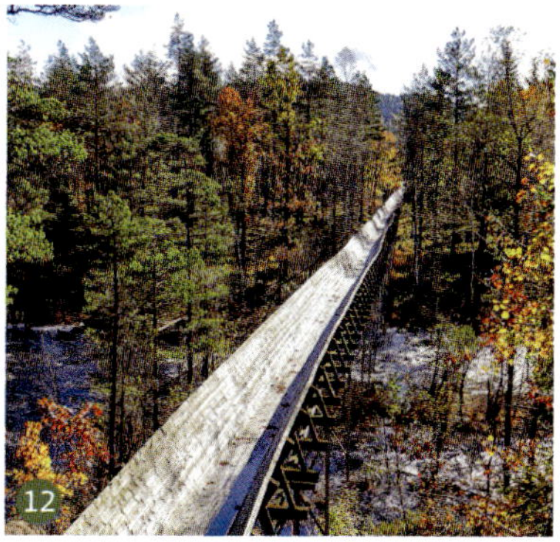

12

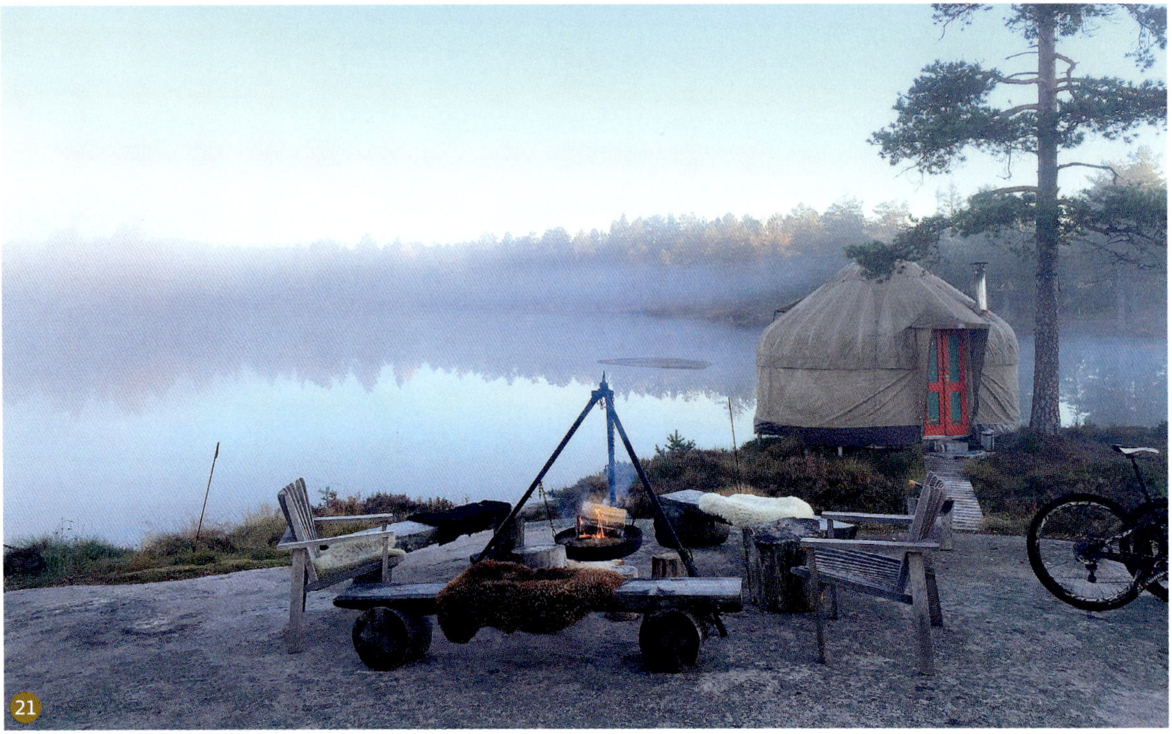

21

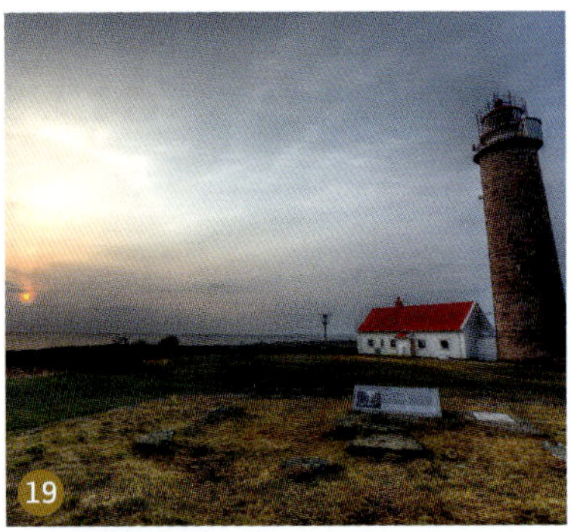

19

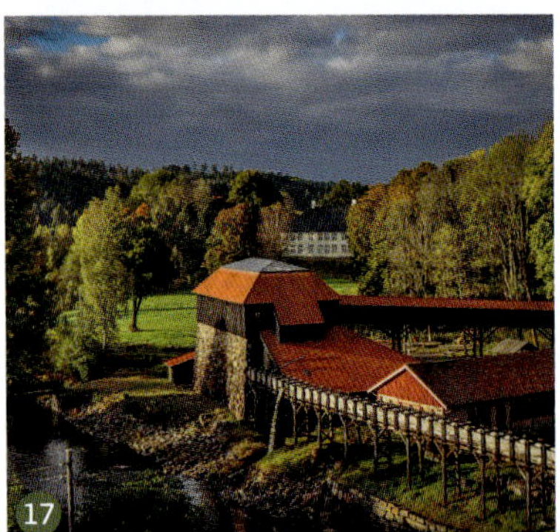

17

15 ROMSVIGA

Traditionelle Küstensiedlung aus dem 17. Jahrhundert, und bis Ende des 20. Jahrhunderts gab es hier noch einen bewirtschafteten Hof. Jetzt steht das Gelände unter Denkmalschutz und gehört der Gemeinde. Romsviga war außerdem ein beliebter Anlegeplatz für Fischer, die hier ihre Lebensmittelvorräte aufstockten, und Lotsenstation für die Schiffe nach Kristiansand. Für Besucher geöffnet (erkundigen Sie sich vorher nach den Öffnungszeiten), schöne Badestelle.

➔ Von Langenes auf der 456 Richtung Osten. Nach ca. 2,5 km kommt rechts eine Abzweigung (58.0758, 7.9123) mit einer Schranke und einem weißen Wachhäuschen. Von dort gelangt man zum Parkplatz. Langenesveien 600, Søgne, +47 47 922301. www.facebook.no/romsviga

58.0756, 7.9145

16 MERDØGAARD MUSEUM

Charmantes und informatives kleines Museum über die Geschichte der winzigen Insel Merdø in einem alten Bauernhof aus dem 18. Jahrhundert, der vor 200 Jahren einem Kapitän gehörte und immer noch so eingerichtet ist wie zu seinen Lebzeiten. Erfahren Sie etwas über die Schifffahrtsgeschichte der Insel und ihre Beziehungen zu Dänemark, den Niederlanden und England. Zum Museumsgelände gehören auch ein Café und ein schöner Badestrand.

➔ Die autofreie Insel Merdø kann vom Hafen Pollen in Arendal (58.45913, 8.76554) in 25 Min. mit der Fähre erreicht werden. Die Fähren verkehren im Sommer von Juni bis August.

58.4942, 8.8669

17 EISENHÜTTENMUSEUM NÆS

Eisenhütte mit historischen Gebäuden und Industriemaschinen aus den 300 Jahren (seit 1665), die dieses zweitgrößte Werk Norwegens in Betrieb war. Nach einer Flutkatastrophe musste die Fabrik 1959 dichtmachen. Eine Besichtigung bietet faszinierende Einblicke in Norwegens industrielle Vergangenheit, mit Archivmaterial über den Herstellungsprozess von der Köhlerei in den Wäldern über den Eisenerzabbau bis zur Stahlproduktion.

➔ Von Nesgrenda auf der 415 nach Norden. Das Museum ist links mit dem braunen Schild für Sehenswürdigkeiten ausgeschildert. Nesverkveien 240, 4934 Nesgrenda, +47 37 160500. www.jernverksmuseet.no

58.6303, 8.8542

ANGELN

18 FISCHERBOOTVERLEIH

Leihen Sie sich ein kleines Boot, um die unzähligen Inseln des Archipels vor Lindesnes zu erkunden. Angeln Sie sich eine Mahlzeit und suchen Sie sich ein einsames Plätzchen an Land, um Ihren Fang dort zu grillen. Das Meer ist hier sehr geschützt, und unerfahrene Segler bekommen ausführliche Anweisungen.

→ Der Hafen liegt auf der kleinen Halbinsel an der 460, südöstlich von Spangereid. Båly Havn, 4521 Lindesnes, +47 93 036500. www.lindesneshytteservice.no

58.0403, 7.1459

UNTERKUNFT

19 LEUCHTTURM LISTA

Spektakulärer, 34 m hoher Leuchtturm, gebaut 1836, von dem man wunderbar Vögel beobachten kann. Im Zweiten Weltkrieg war er in das Küstenverteidigungssystem integriert. Zwei Ferienwohnungen für jeweils bis zu 7 Personen – den Schlüssel zum Turm gibt's dazu. Die seltene Gelegenheit, für eine Nacht Leuchtturmwärter zu spielen.

→ Fyrveien, 4563 Borhaug, +47 38 397776. www.lista-fyr.com

58.1094, 6.5670

20 LEUCHTTURM SONGVAAR

Leuchtturm auf einer kleinen, einsamen Insel des Archipels von Søgne mit Übernachtungsmöglichkeit. Perfekter Rückzugsort, mit einem kleinen Boot erreichbar.

→ 4640 Søgne, +47 48 240815. www.songvaarfyr.com

58.0153, 7.8096

21 CANVAS HOTEL

Einzigartiges Camp, weit ab von jeder Straße, mit zehn luxuriösen Jurten, Sauna und ausgezeichnetem Restaurant. Am Ufer eines Sees mit Rad- und Wanderwegen. Entweder man leiht sich ein Rad, um die Gegend zu erkunden, oder man relaxt in der idyllischen Umgebung, einer Mischung aus Felsen, Feuchtgebieten und Birkenwäldern.

→ Das Camp liegt ca. 3 km südöstlich von Tveitsund und 3 km von der nächsten Straße entfernt. Bei der Buchung wird man Ihnen sagen, wie Sie am besten dort hinkommen, je nachdem ob Sie mit dem Fahrrad unterwegs sind oder zu Fuß – Auto geht nicht. Sie werden eine Karte brauchen. www.canvashotel.no

58.9849, 8.6785

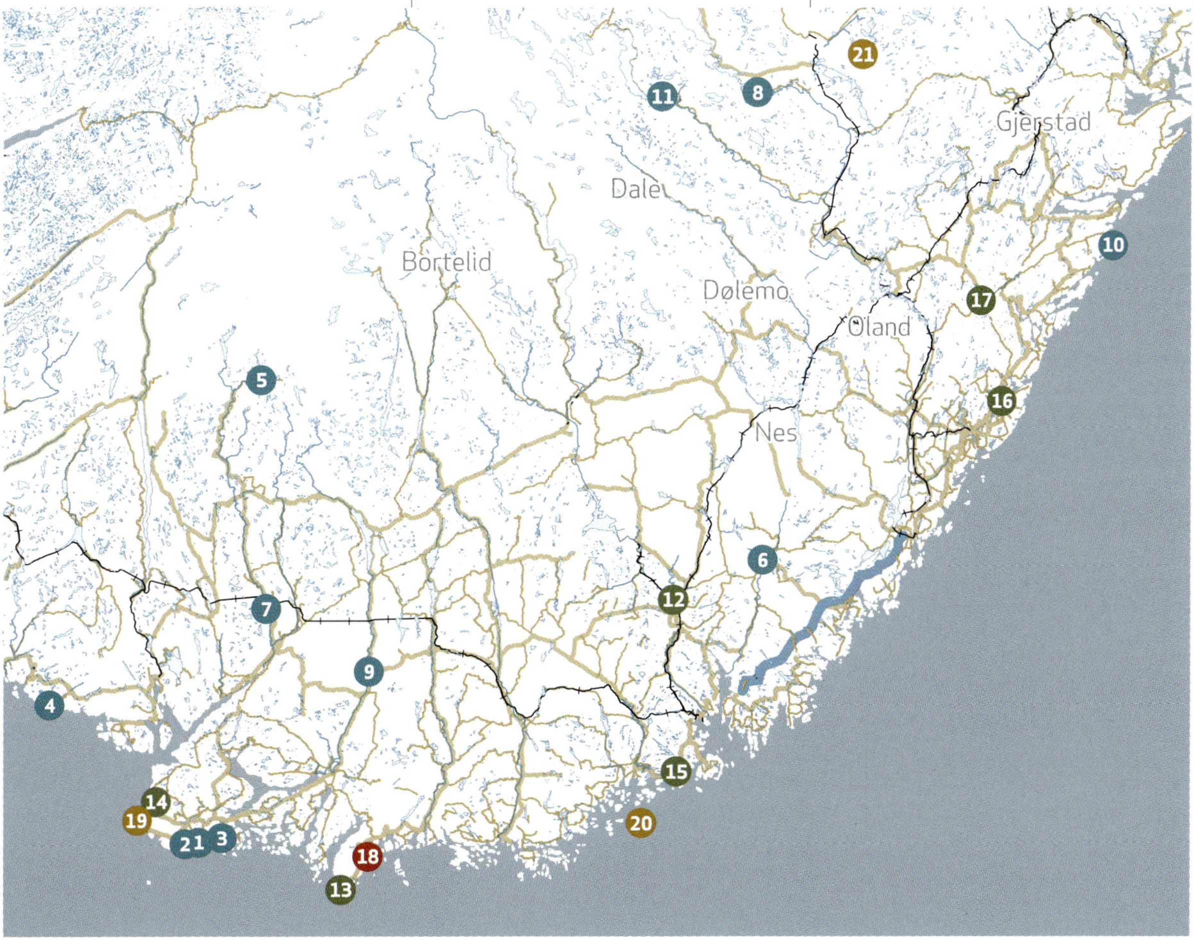

SCHWEDEN

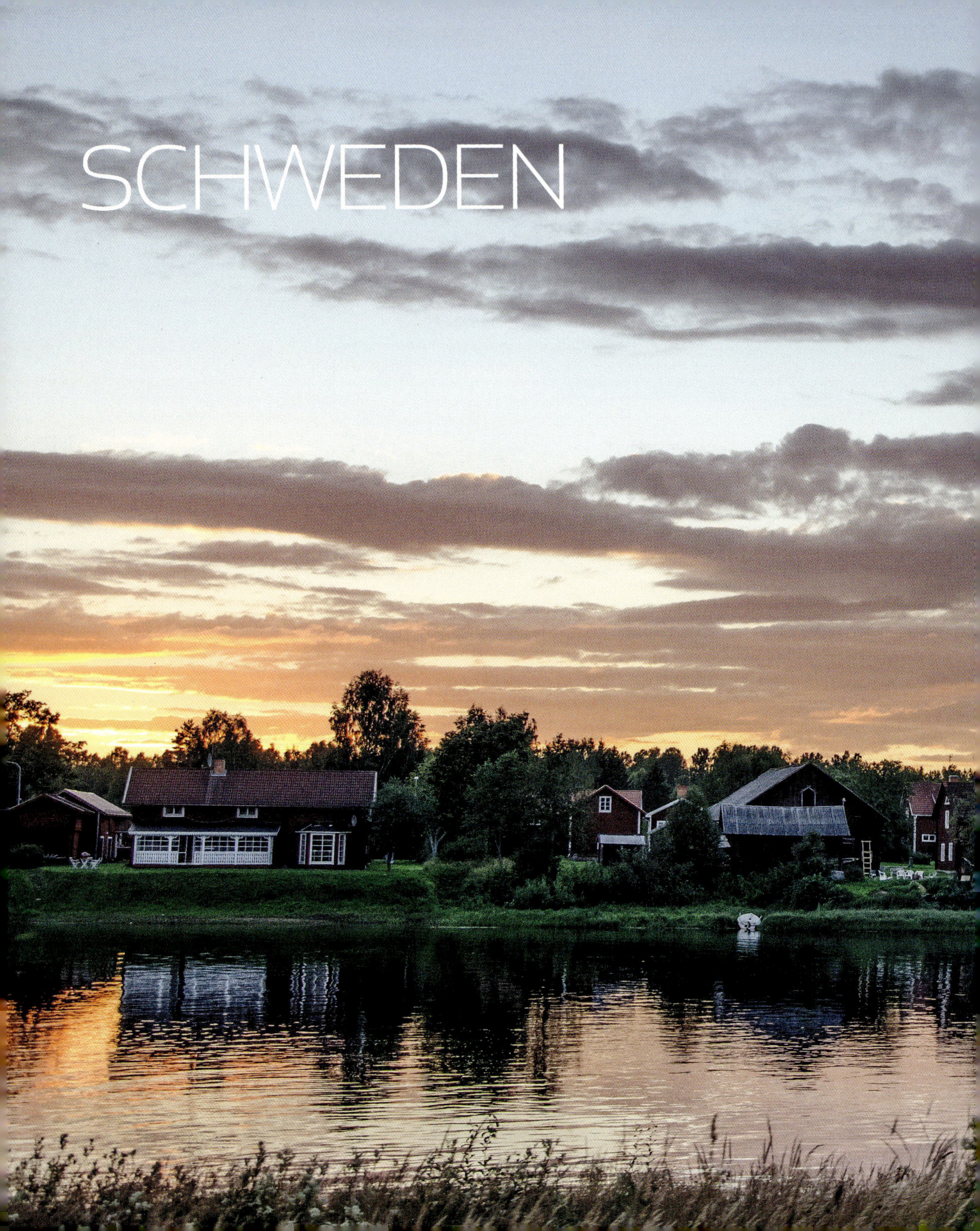

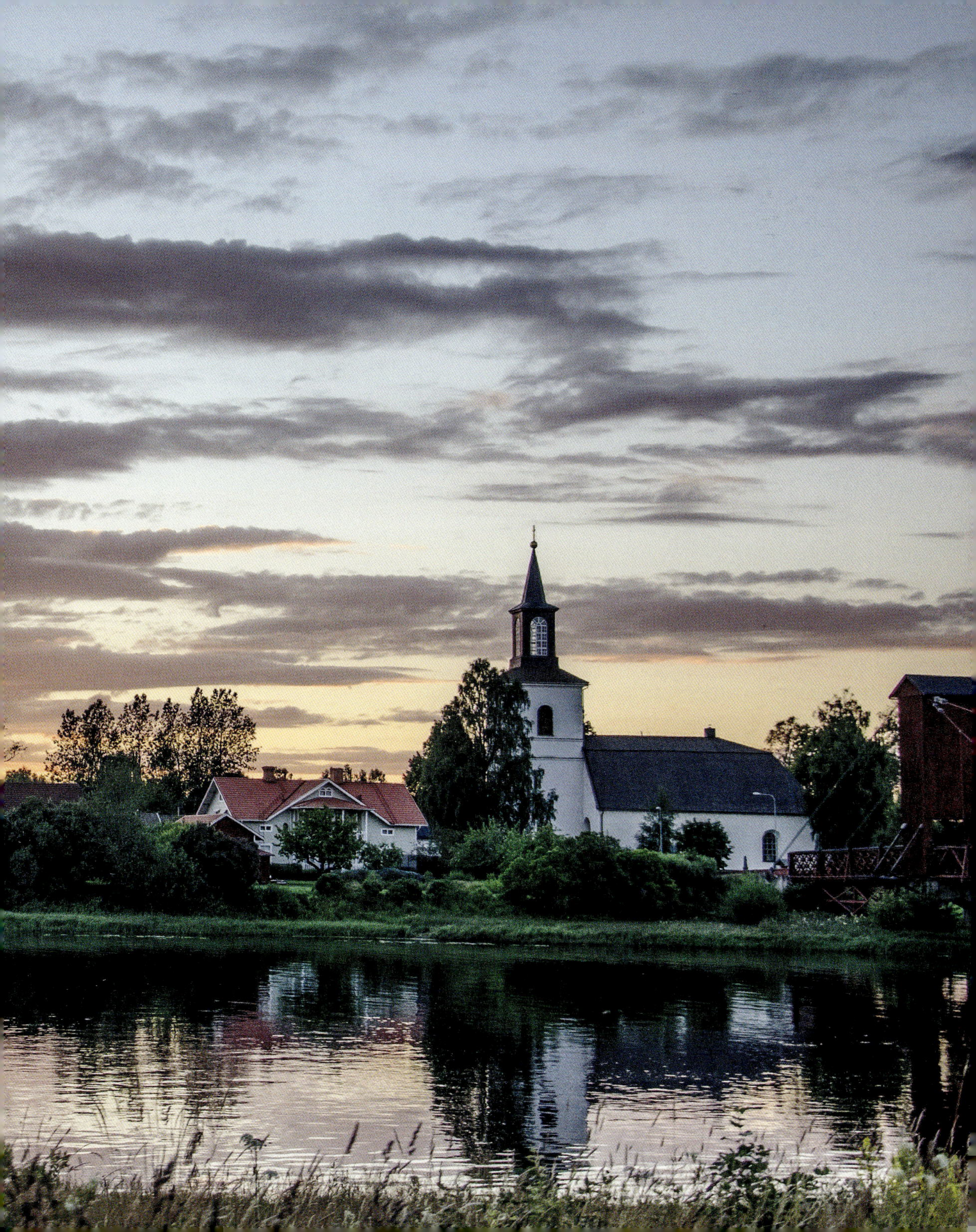

KIRUNA, LAPPLAND

Die perfekte Woche

- → **Erleben** Sie die Mitternachtssonne auf einem Berggipfel.
- → **Baden** Sie nackt in einem eiskalten und kristallklaren Gletschersee.
- → **Stehen** Sie in Treriksröset in drei Ländern gleichzeitig.
- → **Erklimmen** Sie den Kebnekaise, Schwedens höchsten Berg.
- → **Campen** Sie Anfang Herbst am Rautas, über Ihnen das Polarlicht.
- → **Wandern** Sie auf dem Nationalwanderweg Kungsleden.
- → **Nehmen** Sie unter dem Silverfallet eine Dusche.
- → **Fahren** Sie auf dem Vistas mit dem Kanu in die Berge und lassen Sie sich stromabwärts treiben.
- → **Paddeln** Sie auf dem azurblauen Wasser des Abiskojokks.
- → **Fliegen** Sie mit dem Hubschrauber zum Campen in die echte Wildnis.

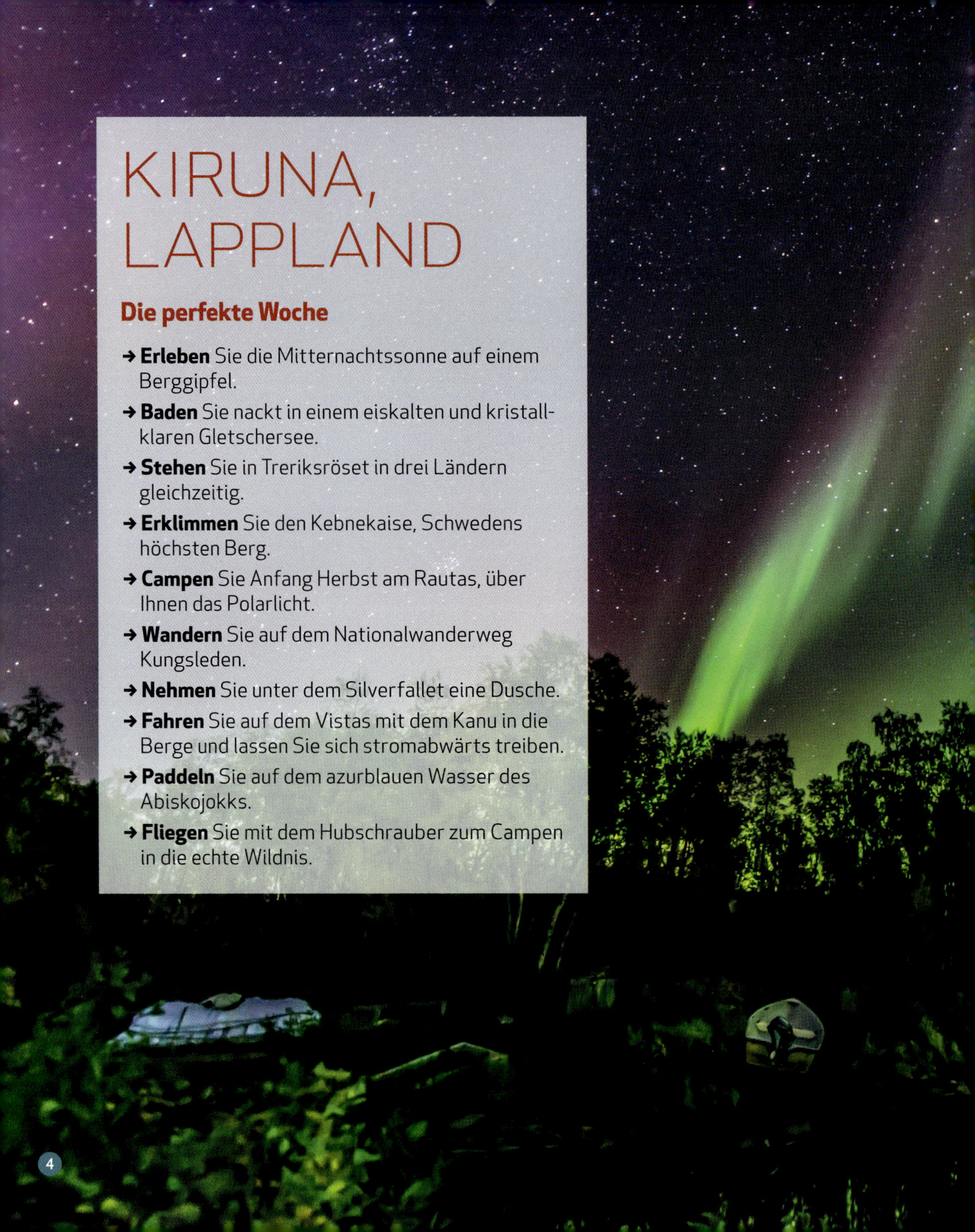

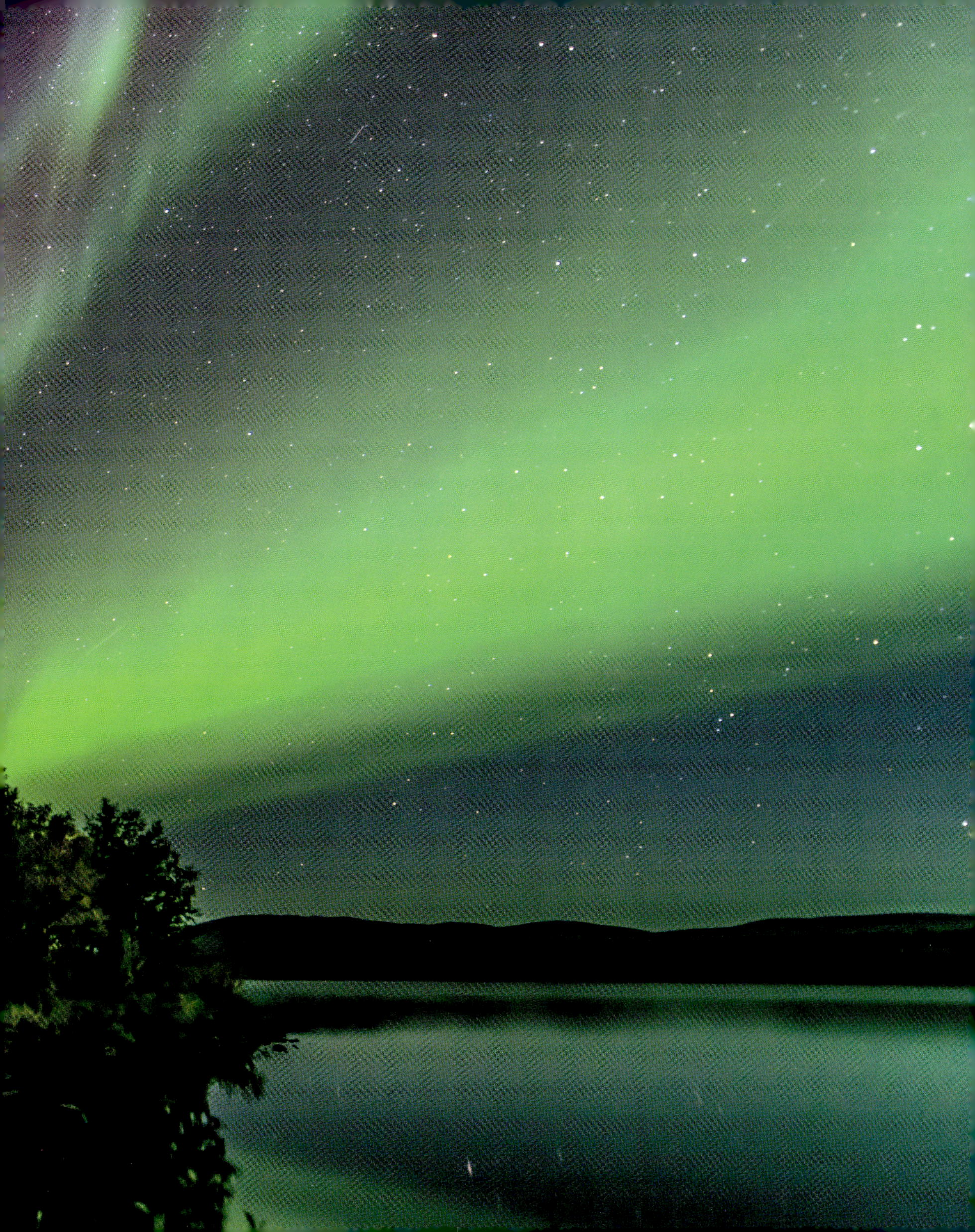

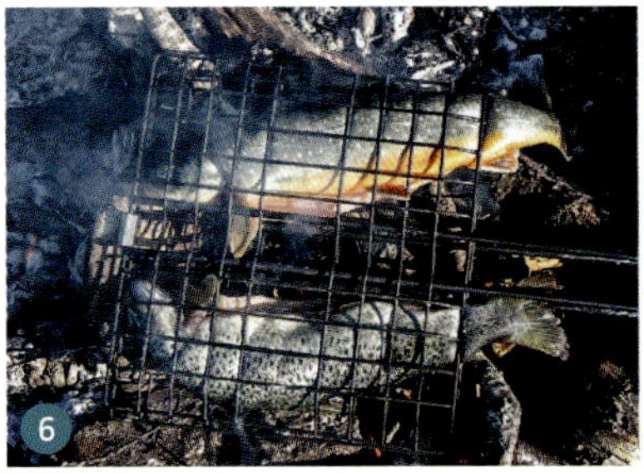

6

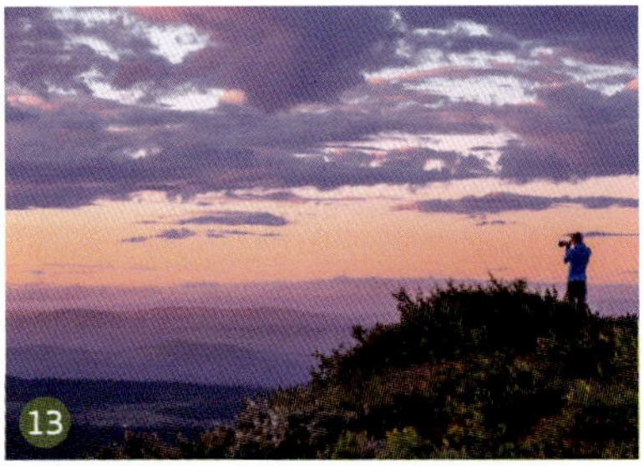

13

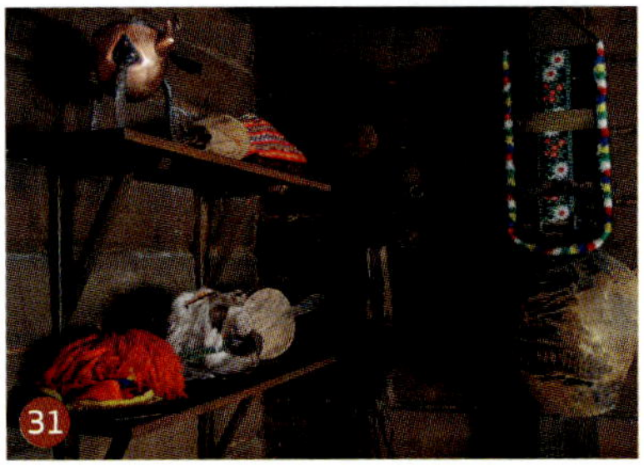

31

Schwedisch-Lappland ist eine weite, unglaublich schöne Landschaft, die als Europas letzte echte Wildnis gilt. In der Kultur der indigenen Samen hat die Region acht Jahreszeiten, die jeweils von deutlichen Veränderungen in der Natur gekennzeichnet sind. Vom weißen Wollgras im Frühsommer bis zu den goldenen Birkenblättern im Spätherbst kennt der Kalender hier viele Farben. Das ganz besondere Licht bringt diese Farben zum Leuchten, und die Sonnenuntergänge im Spätsommer werden Ihnen förmlich den Atem verschlagen.

Im Hochsommer geht die Sonne niemals unter, und so kann man bis spät in die Nacht wandern, paddeln und aktiv sein. In den kurzen Nächten im Frühherbst, wenn die Sonne wieder hinter dem Horizont verschwindet, ist es meist immer noch warm. In klaren Nächten sieht man dann vielleicht das magische Polarlicht, das den Himmel erleuchtet.

Der Fokus dieses Kapitels liegt auf Flüssen, Seen und Bergen um die Bergarbeiterstadt Kiruna. In den kommenden Jahren wird die Stadt, die ihre Existenz dem Bergbau verdankt, wegen des Ausbaus der Mine 3 km nach Osten verlegt. Nehmen Sie sich die Zeit, die Mine zu besuchen und die riesige Industrie unter Tage mit eigenen Augen zu sehen. Um eine ganz andere Seite Lapplands kennenzulernen, besuchen Sie ein Samen-Camp und erleben Sie, wie diese ihren Rentierherden im Sommer durch die Berge folgen. Kosten Sie ihre traditionellen Spezialitäten, bewundern Sie die Raffinesse ihres Kunsthandwerks.

Das Straßennetz in Lappland ist sehr begrenzt, deshalb sollte man sich auf längere Fußwege einstellen, wenn man das Land richtig kennenlernen will, aber die Ausflugsziele sind alle unglaublich schön und mehr als die Mühe wert. Bei vielen hat man außerdem Gelegenheit zu einem Bad in einem klaren Gletschersee. Praktisch, um abgelegene Flecken zu erreichen, sind Kajaks und Kanus, die man überall mit dem nötigen Zubehör leihen kann.

Um die wahre Weite der Landschaft zu ermessen, können Sie sich auch von einem Hubschrauber für ein paar Tage in der Wildnis absetzen lassen. Trinken Sie aus einem Gebirgsbach, angeln Sie Fische und pflücken Sie Beeren, um Ihren Proviant aufzustocken.

Gönnen Sie sich zum Abschluss eine Nacht in einer der Mountain Lodges, wo eine traditionelle Sauna Wunder für müde Beine bewirkt. Schwedisch-Lappland ist nicht nur Wildnis, sondern auch eine Landschaft fast unbegrenzter Möglichkeiten für Outdoor-Freaks.

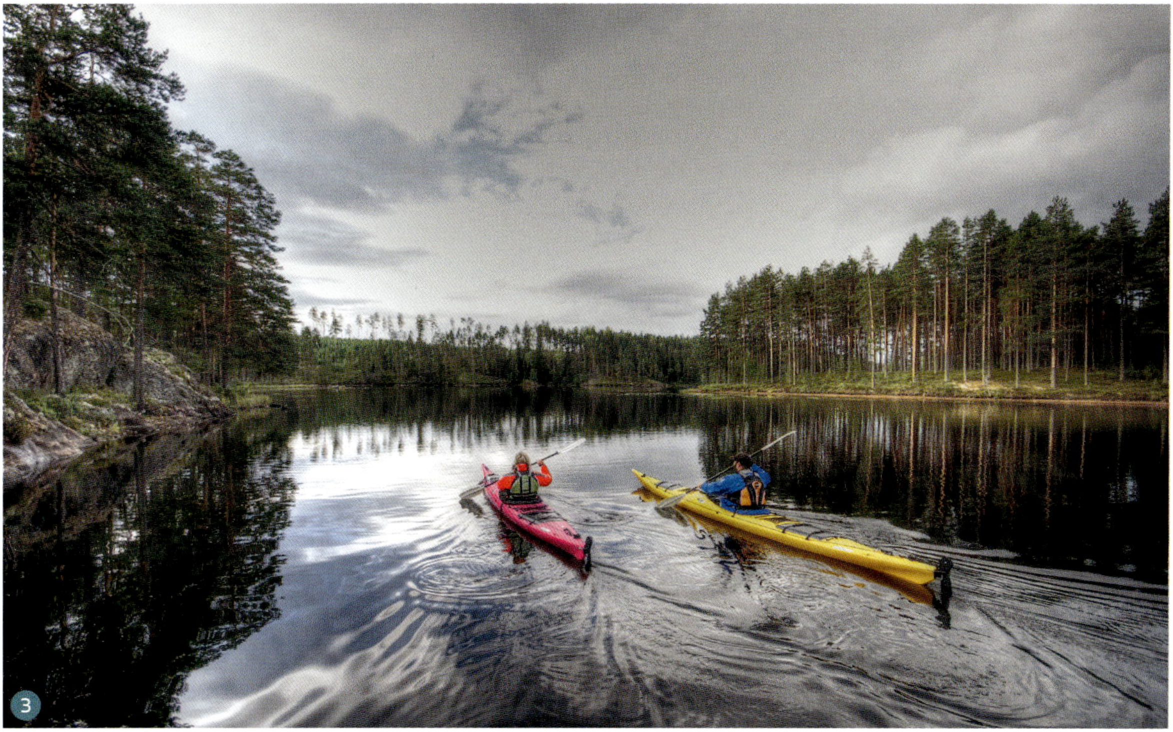

3

SCHWIMMEN & KANU

1 SILVERFALLET

Spektakulärer Wasserfall, mit dem der Rakkasjokk in den Torneträsk-See rauscht. Im tiefen, eiskalten grünen Wasser darunter kann man wunderbar schwimmen. Im Winter perfekt zum Eisklettern.

→ An der E10, 1 km südlich von Björkliden bei der Brücke über den Rakkasjokk parken und stromabwärts gehen.

10 Min., 68.4022, 18.6955

2 TROLLSJÖN

Trollsjön (auch Rissajaure genannt) gilt als klarster und sauberster See in Schweden. Man kann durch die 34 m Gletscherschmelzwasser ganz bis auf den Grund sehen. Der See ist nur drei Monate im Jahr eisfrei. Herrlich für ein erfrischendes Bad nach der spektakulären Wanderung (5 km hin & zurück) durch das Kärkevagge-Tal.

→ Ca. 10 km östlich von Riksgränsen an der E10 in der Parkbucht vor oder hinter der Brücke über die Kärkejåkka parken (68.4262, 18.3519, auf dem Schild auf der Brücke steht Låktejåkka). Der ausgeschilderte Weg zum Trollsjön-See führt Richtung Süden.

4 Std., 68.3857, 18.3417

3 PADDLELAPLAND KAJAK- & KANUVERLEIH

Betrieben von Einheimischen, die auch geführte Touren anbieten. Die freundliche, hilfsbereite Familie hilft bei der Planung, stellt die nötige Ausrüstung zur Verfügung und bringt Sie zu dem See oder Fluss Ihrer Wahl (und zurück).

→ Uttervägen 5A, 98137 Kiruna, +46 70 5677744. www.paddlelapland.com

67.8510, 20.2591

4 PUOLTSA PADDLE

Der Kalixälven ist 461 km lang und fließt von Kebnekaise zum Bottnischen Meerbusen. Einer der wenigen großen Flüsse in Schweden, die naturbelassen, d. h. nicht zur Energiegewinnung gestaut sind. Erkunden Sie die Gabelungen und Buchten des oberen Seeabschnitts ohne Stromschnellen vor der fantastischen Kulisse von Schwedens höchsten Bergen.

→ Einstieg am Kaalasjärvi-See an der Straße nach Nikkaluokta (von der E10, südlich von Kiruna, ausgeschildert), von dort stromaufwärts Richtung Nikkaluokta. Zum Ausgangspunkt zurückkehren.

Bis zu 6 Std., 67.7968, 19.8528

5 SAUTOSBÄCKEN

Flacher Fluss mit diversen breiten, tiefen Badestellen, die sich an heißen Tagen schnell aufwärmen. Schwimmen Sie von der Brücke stromauf- oder abwärts. Toll für kleine Kinder.

→ Ca. 10 km östlich von Kiruna von der E10 auf die 875 nach Jukkasjärvi. Im Dorf links Richtung Paksuniem. Nach etwa 1,5 km kurz vor der Brücke über den Sautosbäcken parken.

67.8536, 20.6385

6 PADDELTOUR AUF DEM VISTAS

Auf dem Gletscherfluss Vistas stromaufwärts paddeln und unterwegs die vielen Altwasser erkunden. Während der Fluss sich durchs Tal schlängelt, bietet sich reichlich Gelegenheit, das Tierleben am Ufer zu beobachten, und es gibt zahlreiche Sandstrände und Felsvorsprünge, wo man sein Lager aufschlagen kann. Wenn Sie zurück wollen, lassen Sie sich einfach stromabwärts treiben.

→ Ein- und Ausstieg an der Brücke an der 870 in Nikkaluokta (von der E10, südlich von Kiruna, ausgeschildert).

1–2 Tage, 67.8604, 19.0282

7 LADDJUJOKKA PADDLE

Wandern Sie mit einem aufblasbaren Kajak

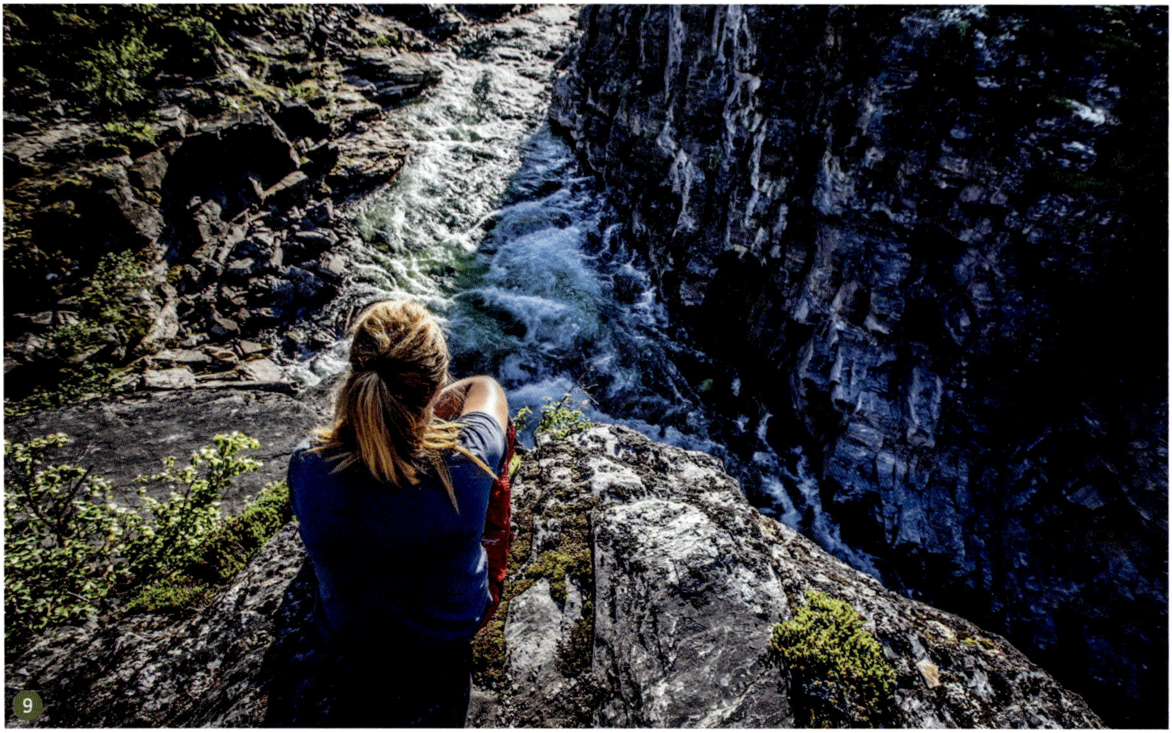

9

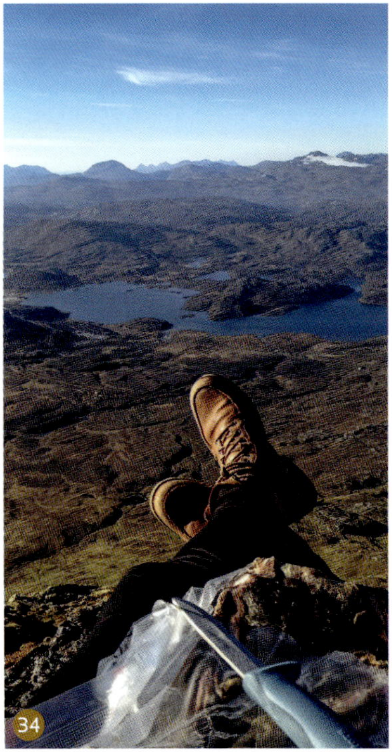

34

oder einem Packraft („Rucksackboot"). Alternativ können Sie sich mit Ihrem Kajak von einem Hubschrauber absetzen lassen. Folgen Sie dem langsam fließenden Gletscherfluss aus den Bergen stromabwärts in die dichten, von Elchen bevölkerten Birkenwälder in der Nähe von Nikkaluokta. Die ganze Strecke beträgt 25 km bzw. 7 km, wenn man am See startet.

→ Einstieg südlich der Kebnekaise Fjällstation (67.8601, 18.6058) oder am Ende des Ladtjojaure-Sees (67.8452, 18.8882), Ausstieg an der 870 (67.8554, 19.0218).

1,5 Std. bis 1 Tag, 67.8601, 18.6058

SCHLUCHTEN, HÖHLEN, GLETSCHER

8 TORNETRÄSK

Mit einer Fläche von 330 km² und 70 km Länge der sechstgrößte See in Schweden. Der mächtige Torne bildet am südöstlichen Ende den Abfluss. Baden Sie am Kiesstrand beim alten Bootsanleger in Abisko oder besorgen Sie sich an der Bergstation einen Fahrplan der Bootstouren über den See. Lassen Sie sich am einsamen Nordufer absetzen und später wieder abholen, um die Überreste samischer Siedlungen zu erkunden. Vielleicht wollen Sie ja für eine Nacht auf einer der wenigen Inseln zelten?

→ An der Bergstation Abisko parken und dem ausgeschilderten Fußweg zum Bootsanleger folgen. Abiskovägen 7, 98107 Abisko.

30 Min., 68.3615, 18.8024

9 ABISKOJOKK CANYON

Der Abiskojokk fließt von den Bergen im Nationalpark in den Torneträsk-See. Die letzten 3 km beginnen mit einem spektakulären Tunnel, der während des Eisenbahnbaus Teil eines Wasserkraftwerks war. Ein Wasserfall am Ende des Tunnels markiert den Anfang einer unglaublichen Schlucht mit nackten Felswänden und azurblauen Stromschnellen. Dann wird die Schlucht langsam breiter, bis sie auf den See trifft, das letzte Stück eignet sich zum Paddeln und Schwimmen. Zu beiden Seiten gibt es Wege und auf halbem Wege eine Brücke.

→ An der Bergstation Abisko parken und dem ausgeschilderten Fußweg zur Schlucht folgen. Bergstation Abisko, Abiskovägen 7, 98107 Abisko.

15 Min., 68.3598, 18.7763

10 KÅPPASJÅKKA-HÖHLEN

Vom Kåppasjokken geformtes Höhlensystem, erstmals entdeckt in den 1980ern und mit das größte Schwedens. Nur mit Spezialausrüstung und Führer betreten.

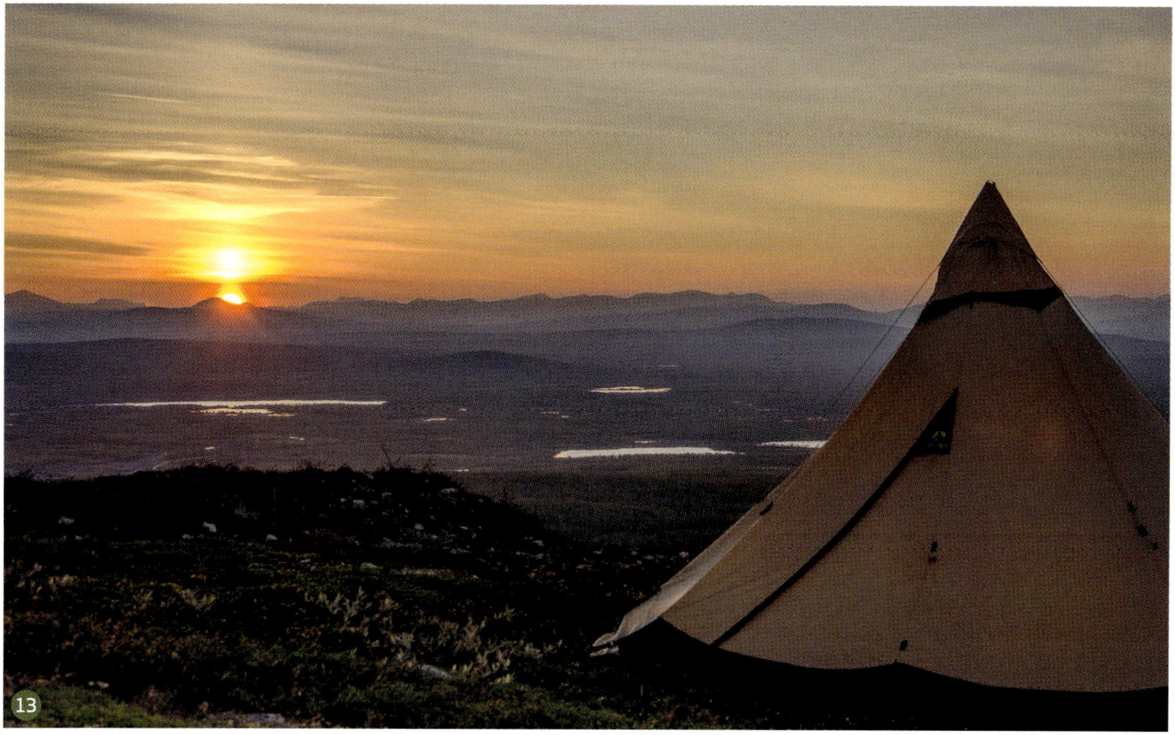

13

→ Südlich von Björkliden. Kontakt für Führungen: Anders Bergwall, Arctic Guides AB, Syster Syrenas Väg 1, 98107 Abisko, +46 980 40120. www.arcticguides.com
68.3949, 18.6890

11 TRERIKSRÖSET

Ein Grenzmal markiert das Dreiländereck (Treriksröset), wo Schweden, Finnland und Norwegen aneinandergrenzen. Das erste entstand 1897, und das heutige stammt aus dem Jahr 1926. Es gibt keine Straße dorthin, doch im Sommer fährt eine kleine Fähre zum Anleger in Koltaluokta am Kilpisjärvi-See (69.0467, 20.6093), gleich hinter der finnischen Grenze. Die Fahrt dauert 30 Min., und das Boot wartet 2 Std., bevor es wieder zurückfährt. Ein sehr einsames, schönes Fleckchen, an dem man die Weite Lapplands ermessen kann.

→ Die Fähre M/S Malla wird von Kilpisjärvi Cruise betrieben: +358 40 0669392. www.mallalaiva.com
3 Std., 69.0599, 20.5486

12 KÅRSA-GLETSCHER

Erfahren Sie hautnah, wie die Landschaft von Lappland entstanden ist, indem Sie einen aktiven Gletscher besuchen. Da er in einer sehr abgelegenen Gegend liegt, können Sie entweder hin wandern, oder Ihr Führer organisiert einen Hubschrauber. Wenn Sie fliegen, brauchen Sie nur einen Tag, zu Fuß müssen Sie für Hin- und Rückweg jeweils einen zusätzlichen Tag einplanen. Auf dem Gletscher ist ein ortskundiger Führer unerlässlich, und man kann auch die Höhlen unter dem Gletscher besichtigen. Erleben Sie mit eigenen Augen die Macht des Gletschereises und die Auswirkungen des Klimawandels auf diese Region.

→ Gletscher-Touren: Dick Johansson, Abisko Mountain Lodge, Lapportsvägen 30, 98107 Abisko, +46 980 40100. www.abiskomountainlodge.se oder Anders Bergwall, Arctic Guides AB, Syster Syrenas Väg 1, 98107 Abisko, +46 980 40120. www.arcticguides.com
1 Tag, 68.3577, 18.3237

WANDERUNGEN

13 MIDNATTSOLSTIGEN-WANDERUNG

Ungefähr vom 30. Mai bis zum 14. Juli kann man auf dem Luossavaara das Phänomen der Mitternachtssonne erleben. Außerdem hat man von hier einen fantastischen Blick auf Kiruna, die LKAB-Grube, den Horizont und den Kebnekaise. Man kann mit dem Auto auf

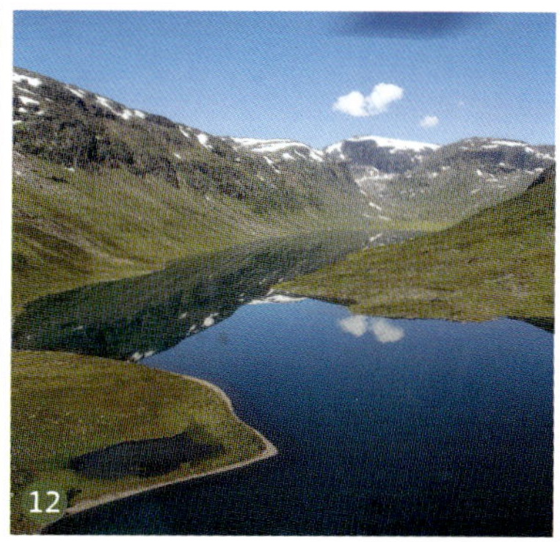

12

den Gipfel fahren, aber schöner ist es, den Midnattsolstigen entlangzuwandern. Nehmen Sie ein Picknick mit. Entfernung 7 km, Steigung 225 m.

→ Der Weg ist gut ausgeschildert. Anfang und Ende an der Kreuzung vor Camp Ripan, Campingvägen 5, 98135 Kiruna.
2–3 Std., 67.8603, 20.2405

14 RALLARVÄGEN-WANDERUNG

Alte Baustraße durch die Berge, die für den Bau der Eisenerz-Bahn zwischen Narvik und Kiruna genutzt wurde. Heute ist der

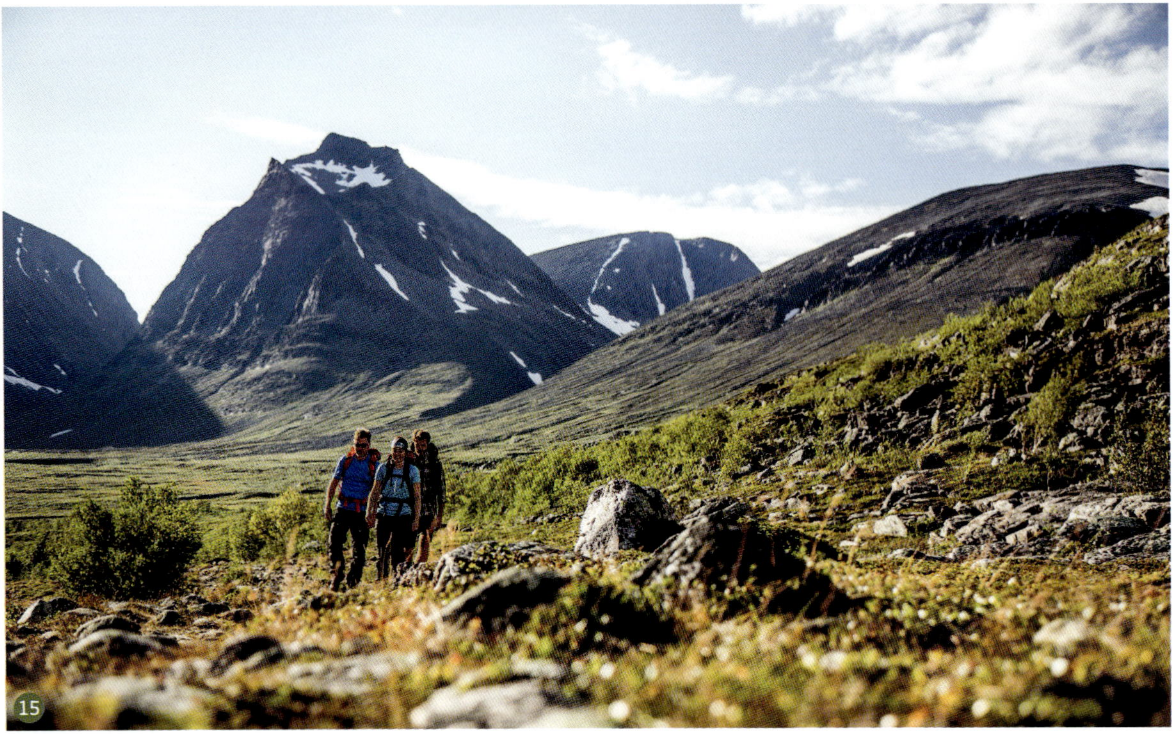

15

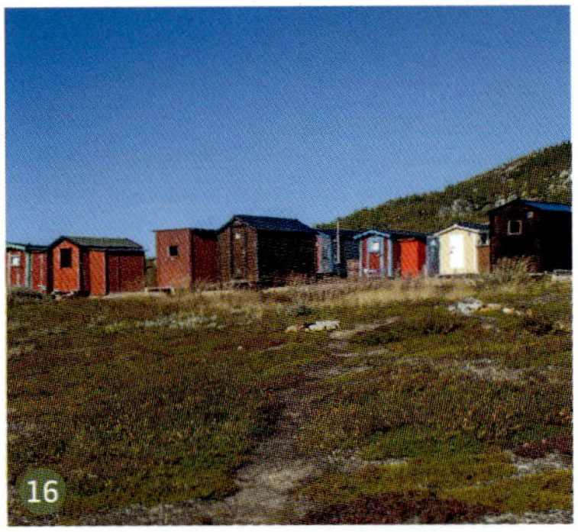

16

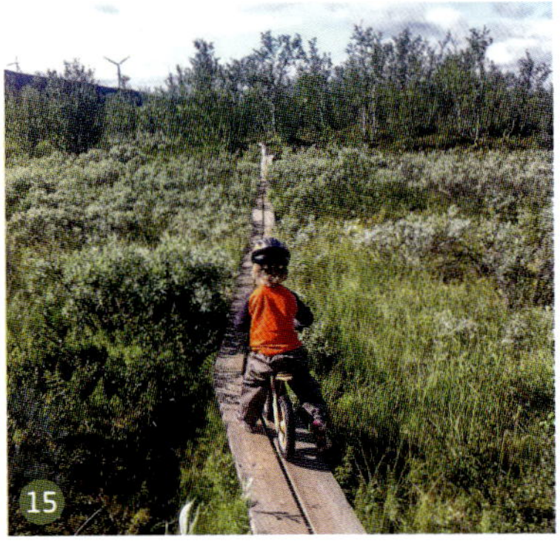

15

Rallarvägen (Bahnarbeiterstraße) ein herrlicher Wanderweg, mit reichlich Campingmöglichkeiten. Folgen Sie dem Abschnitt von Abisko bis zur norwegischen Grenze bei Riksgränsen. Am Anfang des Weges liegt ein kleines Museum über den Bau der Eisenbahn und ihre strategische Bedeutung im Zweiten Weltkrieg.

➔ Starten Sie an der Bergstation Abisko. Der ausgeschilderte Weg führt 45 km nach Riksgränsen (68.4256, 18.1271). Für Informationen zum letzten Abschnitt, siehe Narvik (Norwegen).

3 Tage, 68.3583, 18.7806

15 LADTJOVAGGE-WANDERUNG

Gletschertal mit fantastischer Aussicht auf einige der höchsten Berge Schwedens. Folgen Sie von Nikkaluokta dem ausgeschilderten Weg. Man kann auch mit einem Boot über den Ladtjojaure-See (67.8451, 18.8879) tief ins Tal hineinfahren. Oder die Wanderung auf zwei Tage strecken und eine Nacht in freier Natur campen? Zum See und zurück sind es 10 km. Den Bootsfahrplan erhält man in Nikkaluokta.

➔ Starten Sie beim Hotel Nikkaluokta Sarri AB, Nikkaluokta (von der E10, südlich von Kiruna, ausgeschildert), 98199 Kiruna

2–3 Std., 67.8507, 19.0135

16 NAKERIJÄRV-WANDERUNG

Folgen Sie dem markierten Weg bergauf zum Nakerijärvi-See (68.1981, 19.6908), in dessen kristallklarem eiskaltem Wasser man herrlich schwimmen kann. Der Weg führt durch eine Gletschermoräne und hat einen fantastischen Blick auf Torneträsk. Um den See stehen kleine Hütten, die im Winter zum Angeln aufs Eis gezogen werden.

➔ Am Bahnhof Torneträsk parken und dem Weg bergauf in Richtung Südwesten folgen.

3–4 Std., 68.2174, 19.7114

17 HELIKOPTER – WOHIN SIE WOLLEN

Wegen der einsamen Weiten ohne Straßennetz in dieser Region gehören Hubschrauber zum Alltag. Die Samen nutzen sie sogar zum Viehtreiben. Für das ultimative Abenteuer können Sie sich von einem Hubschrauber am Ort Ihrer Wahl absetzen lassen und entweder zu Fuß zur Zivilisation zurückkehren oder sich später wieder abholen lassen. Die Hubschrauber können sogar Kajaks transportieren.

➔ Landeplätze in Nikkaluokta (67.8511, 19.0063), Kurravaara (67.9424, 20.3689) und Abisko (68.3458, 18.8307). Flüge über Kallax Flyg AB, Vargbackenvägen 1, 94294 Sikfors, +46 911 251030. www.kallaxflyg.se

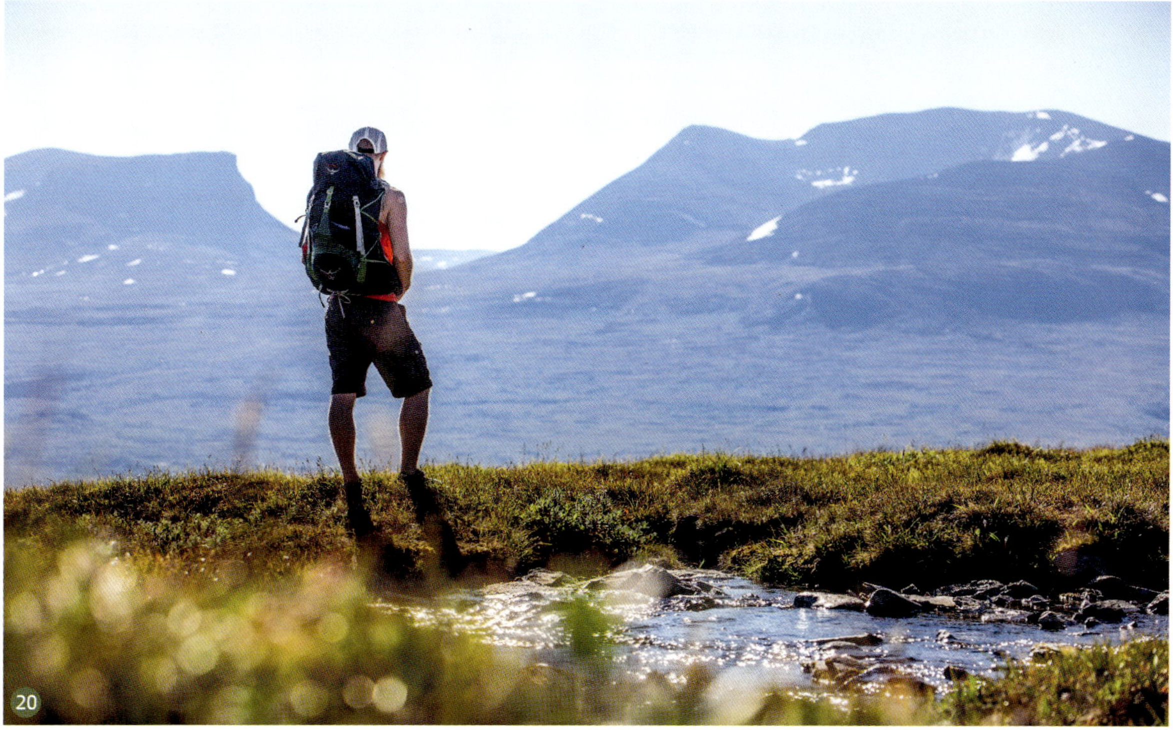

20

18 RAUTAS-WANDERUNG

Ein ebener Bohlenweg führt durch ein Moor zum Rautas. Folgen Sie dem grasbewachsenen Ufer ca. 4 km stromaufwärts. Es gibt schöne Flecken zum Rast- und Feuermachen oder Campen, und man kann Saiblinge angeln und Beeren sammeln.

→ Von Kiruna auf der 874 nach Norden Richtung Kurravaara. Nach 12 km fährt man an dem Schild für Kurravaara Süd vorbei. Danach links auf den Norra Vägen mit dem Schild für Kurravaara Nord. Die zweite links auf den Rautasälvsvägen, dann nach 1,5 km die nächste rechts. Bei der nächsten Abzweigung links parken. Dem Weg links folgen.

2 Std., 67.9443, 20.2981

19 KUNGSLEDEN

Der Kungsleden (Königsweg) erstreckt sich von Abisko 450 km nach Süden bis Hemavan (65.8148, 15.0875). Unterwegs gibt es zahlreiche Unterkünfte und Hütten. Laufen Sie von Abisko nur das erste Stück (und zurück) oder die ganzen 103 km vorbei am Kebnekaise bis zum Sami-Camp in Nikkaluokta (67.8508, 19.0160). Der Weg ist ausgeschildert, und die Unterkünfte sind auf den meisten Karten vermerkt.

→ Der Anfang des Wegs ist in der Nähe des Eingangs zum Parkplatz gegenüber von der Bergstation Abisko an der E10 mit einem hölzernen Torbogen deutlich gekennzeichnet. Man kann natürlich auch in Nikkaluokta starten und in die entgegengesetzte Richtung gehen.

68.3578, 18.7780

SCHÖNE AUSSICHTEN

20 LAPPORTEN

U-förmiges Tal, das in der letzten Eiszeit entstanden ist und eines der meistfotografierten Landschaftsmotive Schwedens. Im Tal gibt es keinen richtigen Weg, und am spektakulärsten ist der Blick aus der Ferne.

→ Den schönsten Blick hat man von der E10 zwischen Abisko und Björkliden.

68.2678, 18.9832

21 AURORA SKY STATION

Aussichtspunkt und Café auf dem Gipfel des Nuolja (68.3616, 18.7234). Legen Sie die 900 m zur Spitze in nur 20 Min. mit dem Skilift zurück. Sehr besonderer Ort, um sich die Mitternachtssonne oder das Polarlicht anzusehen. Im Café gibt es regionale Spezialitäten.

→ Aurora Sky Station, STF Abisko Turiststation, 98107 Abisko, +46 980 40200. www.auroraskystation.com

30 Min., 68.3583, 18.7806

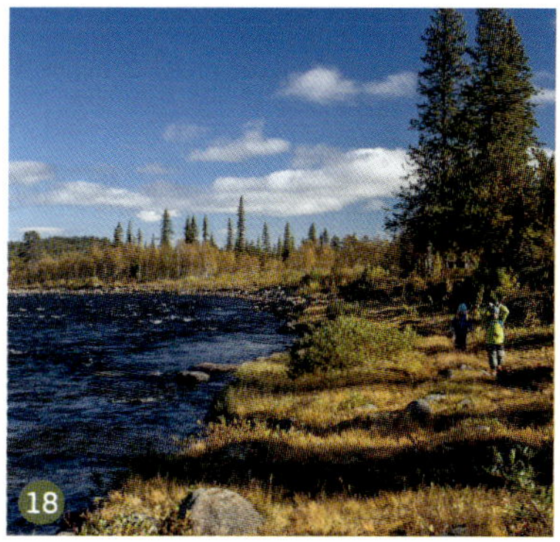

18

KULTUR & GESCHICHTE

22 RALLARKYRKOGÅRDEN

Die Erzbahn durch die Berge zwischen Kiruna und Narvik wurde zwischen 1884 und 1903 gebaut. Es war ein gefährliches Unterfangen, und die Bahnarbeiter lebten unter harten Bedingungen. Auf dem Rallarkyrkogården (Bahnarbeiterfriedhof) wurden die begraben, die dabei ums Leben kamen. Halten Sie

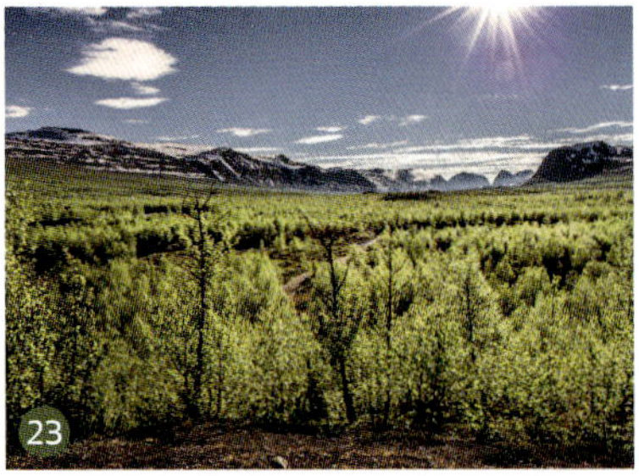

23

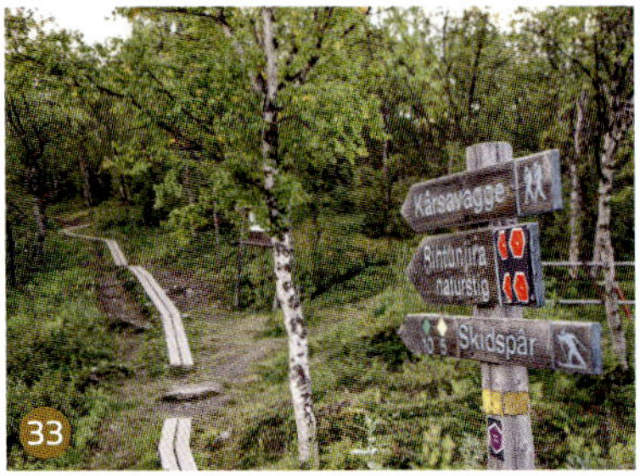

33

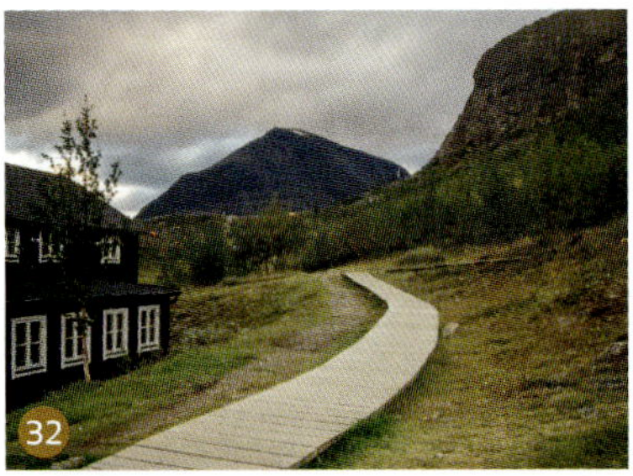

32

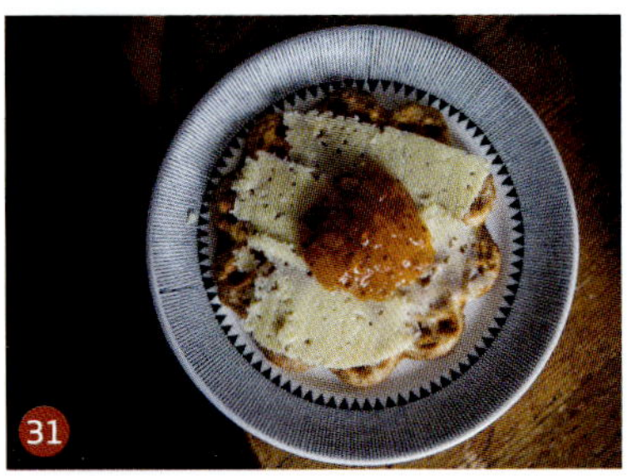

31

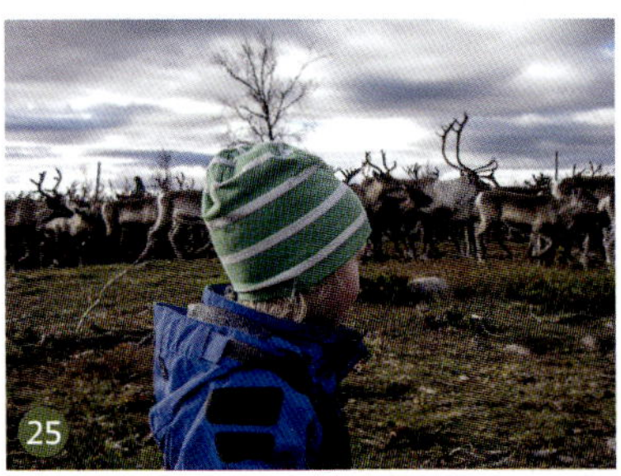

25

Ausschau nach dem Grab von Anna Hofstad, die wegen ihrer dunklen Haare Schwarzer Bär genannt wurde, eine der wenigen Frauen dort und legendäre norwegische Kantinenköchin.

→ In der Parkbucht nördlich von Paktajåkka an der E10 parken und zurücklaufen. Ca. 150 m südlich der Brücke gibt es zwischen Geröll nicht gekennzeichnete Wege (68.4337, 18.6543). Einer führt Richtung Süden zu den Gleisen, und nach 100 m sieht man vor sich den Friedhof. Der andere führt über die Tornehamn-Kirche ebenfalls dorthin.

10 Min., 68.4312, 18.6470

23 NIKKALUOKTA

Kleines samisches Dorf dort, wo die drei Täler von Vistasvagge, Ladtjovagge und Källsjöars (Quelle des mächtigen Kalix) zusammentreffen. Außerdem Ausgangspunkt diverser Wanderwege zu einigen von Schwedens höchsten Bergen und eine Station auf dem Kungsleden (Königsweg). Zahlreiche Unterkunftsmöglichkeiten, auch Camping, und das Dorfrestaurant serviert traditionelle samische Gerichte.

→ Von der E10, südlich von Kiruna, ausgeschildert. Nikkaluokta Sarri AB, Nikkaluokta 1104, 98199 Kiruna,+46 980 55015. www.nikkaluokta.com

67.8508, 19.0160

24 KIRCHE JUKKASJÄRVI

Die rote Holzkirche wurde ca. 1607 erbaut und ist das älteste Gebäude im Dorf. Eine auffällig bunte Altartafel vereint samische und christliche Traditionen. Weitere Bilder aus der samischen Mythologie findet man auf der Orgel aus Birke und Rentierhorn.

→ Jukkasjärvi Kyrka, Marknadsvägen, 981 91 Jukkasjärvi.

67.8466, 20.6208

25 BESUCHERZENTRUM SAMI SIIDA

Sami-Camp auf dem alten Marktplatz in Jukkasjärvi. Erfahren Sie mehr über das Nomadenleben, und versuchen Sie einmal selbst, ein Rentier mit dem Lasso einzufangen! Es gibt traditionelle Speisen und Kunsthandwerk zu kaufen. Unterkünfte in Holzhütten am Fluss.

→ Marknadsvägen 84, 98191 Jukkasjärvi, +46 980 21329. www.nutti.se

67.8468, 20.6199

26 ICEHOTEL

Das eigentlich Eishotel wird jedes Jahr neu auf dem zugefrorenen Torne gebaut, aber wenn das Hotel im Frühling geschmolzen ist, gibt es noch eine spektakuläre Ausstellung mit Eisskulpturen in einem solarbetriebenen und rasenbedeckten Kälteraum am Ufer. Hinterher kann man sich mit einem heißen Getränk aufwärmen, das in einem Glas aus Eis serviert wird. Unterkünfte in Holzhütten am Fluss.

→ Marknadsvägen 63, 981 91 Jukkasjärvi, +46 980 66800. www.icehotel.com

67.8508, 20.5952

27 LKAB

In Kiruna ist das größte unterirdische Eisenerzbergwerk der Welt zu Hause (67.8518, 20.1922). Ohne das Bergwerk würde es die Stadt und die Bahn wahrscheinlich gar nicht geben. Besichtigen Sie das Besucherzentrum 540 m unter der Erde. Erfahren Sie etwas über die Geschichte der Grube, modernen Bergbau und warum die ganze Stadt verlegt werden muss.

→ Buchungen im Fremdenverkehrsbüro Kiruna (von wo auch der Bus fährt), Lars Janssonsgatan 17, 98131 Kiruna, +46 980 18880.

67.8553, 20.2251

28 MALMBANAN

Fahren Sie die 130 km zwischen Kiruna und Riksgränsen (68.4257, 18.1275) mit der Erzbahn, um in die Berge zu gelangen und die fantastische Aussicht zu genießen.

→ Kiruna hat derzeit wegen des Ausbaus der Mine nur einen provisorischen Bahnhof, und noch ist nicht entschieden, wo er endgültig stehen soll. Fahrpläne unter www.sj.se

67.8673, 20.2005

KULINARISCHES

29 LAP DÅNALDS

Der wahrscheinlich abgelegenste Burger-Schuppen der Welt liegt im Schatten des Kebnekaise und serviert sehr regionale Spezialitäten. Schlagen Sie sich den Bauch mit Rentier-Burgern voll. Zum Nachtisch gibt es leckere Waffeln mit Beeren und Sahne. Der lange Weg lohnt sich!

→ Den ersten 5,5 km des ausgeschilderten Ladtjovagge-Talwanderwegs folgen (siehe 15).

67.8457, 18.8901

30 CAMP RIPAN

Campingplatz im Herzen Kirunas mit einem renommierten, von der samischen Küche inspirierten Restaurant. Es gibt auch Hütten und einen Wellnessbereich mit einzigartigem Lappland-Feeling.

→ Campingvägen 5, 981 35 Kiruna, +46 980 63000. www.ripan.se

67.8607, 20.2405

31 LÅKTATJÅKKO BERGSTATION

Bergstation, die spektakulär zwischen zwei Berggipfeln liegt, auf einem Gebirgspass 1.228 mNN (68.3985, 18.4611). Nur zu Fuß erreichbar. Es gibt ein paar Betten sowie ein großartiges Restaurant, eine Bar und eine Sauna. Sehr zu empfehlen sind die klassischen Låkta-Waffeln mit frischen Moltebeeren.

➔ Dem markierten Weg vom Björkliden Fjällby 12 km folgen. Låktatjåkko Fjällstation, Björkliden, 98193 Björkliden, +46 980 64100. www.bjorkliden.com

3 Std.,68.4069, 18.6750

UNTERKUNFT

32 KEBNEKAISE BERGSTATION

Kebnekaise ist mit ca. 2.100 m (je nach Eisdicke) der höchste Berg Schwedens. Die vom STF betriebene Bergstation am Fuß der Berges (67.8681, 18.6203) bietet schlichte Unterkunft und Verpflegung. Es führt ein 19 km langer markierter Weg von Nikkaluokta hierher, oder ca. 5 km weniger, wenn man das Boot über den Ladtjojaure-See nimmt. Dies ist eine sehr abgelegene alpine Umgebung, und man sollte entsprechend ausgerüstet sein. Falls Sie den Gipfel besteigen wollen, empfiehlt sich ein ortskundiger Führer.

➔ Buchungen unter +46 980 55000. www.svenskaturistforeningen.se, und für eine Gipfelbesteigung im Sommer wenden Sie sich an den UIAGM-Führer Mikael Amlert, +46 705 680091. www.amlert.se

4–7 Std. von Nikkaluokta, 67.8508, 19.0160

33 ABISKO TURISTSTATION

Vom STF betriebene Lodge im Norden des Nationalparks Abisko mit Blick auf den Torneträsk-See und den Noulja. Restaurant mit regionaler Küche, kleiner Laden und Verleih von Outdoor-Equipment. Ausgezeichneter Ausgangspunkt, um die Gegend zu erkunden, vor allem wenn man nach dem Wandern gern in die Sauna geht.

➔ Abiskovägen 7, 981 07 Abisko, +46 980 40200. www.svenskaturistforeningen.se

68.3586, 18.7828

34 KATTERJOKK TURISTSTATION

Lodge an der Grenze zu Norwegen in Riksgränsen, betrieben von der Friluftsfrämjändet (Schwedische Outdoor-Gesellschaft). Leicht zu erreichen mit Zug oder Auto und daher idealer Ausgangspunkt für Ausflüge in die Berge oder auf dem Rallarvägen (siehe 14). Schlichte Unterkunft für Selbstversorger mit Sauna und Gemeinschaftsraum mit Kamin.

➔ Katterjokk Turiststation, 981 94 Riksgränsen, +46 730 360595. www.katterjokk.se

10 Min., 68.4198, 18.1622

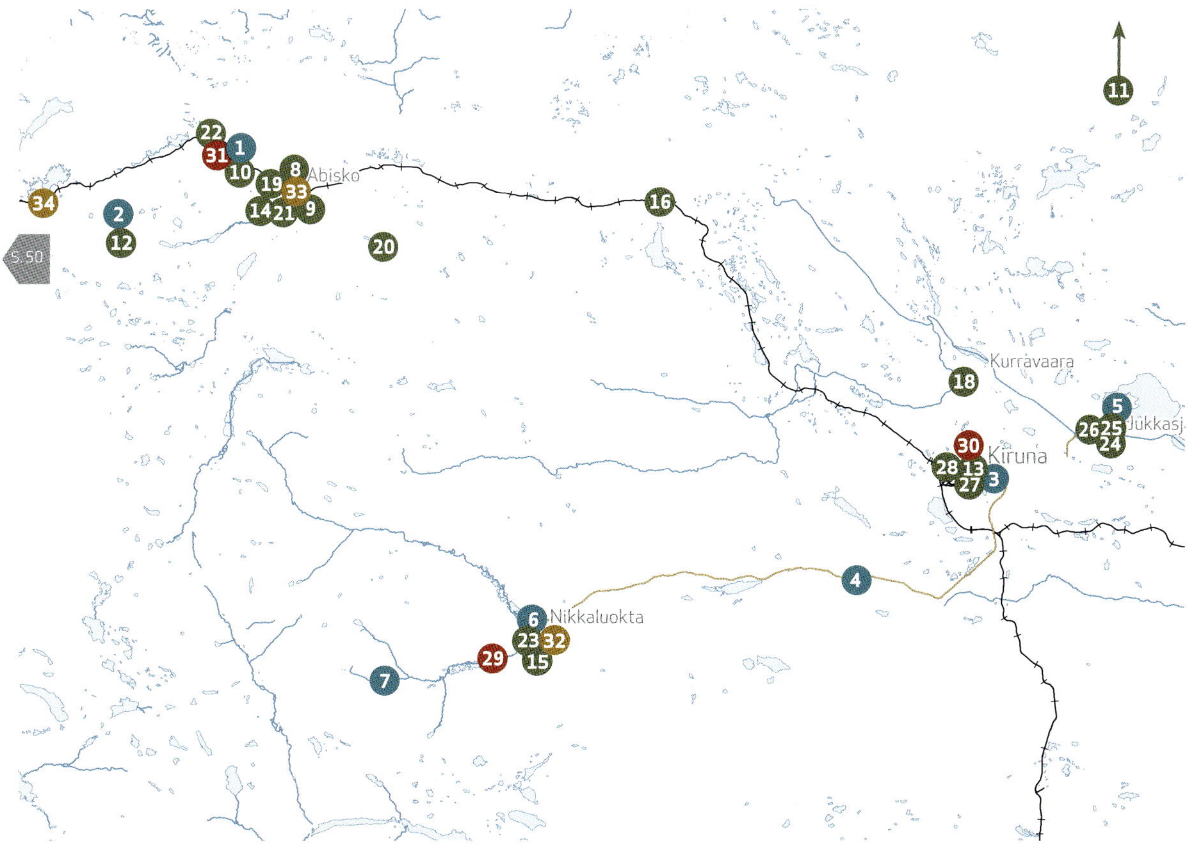

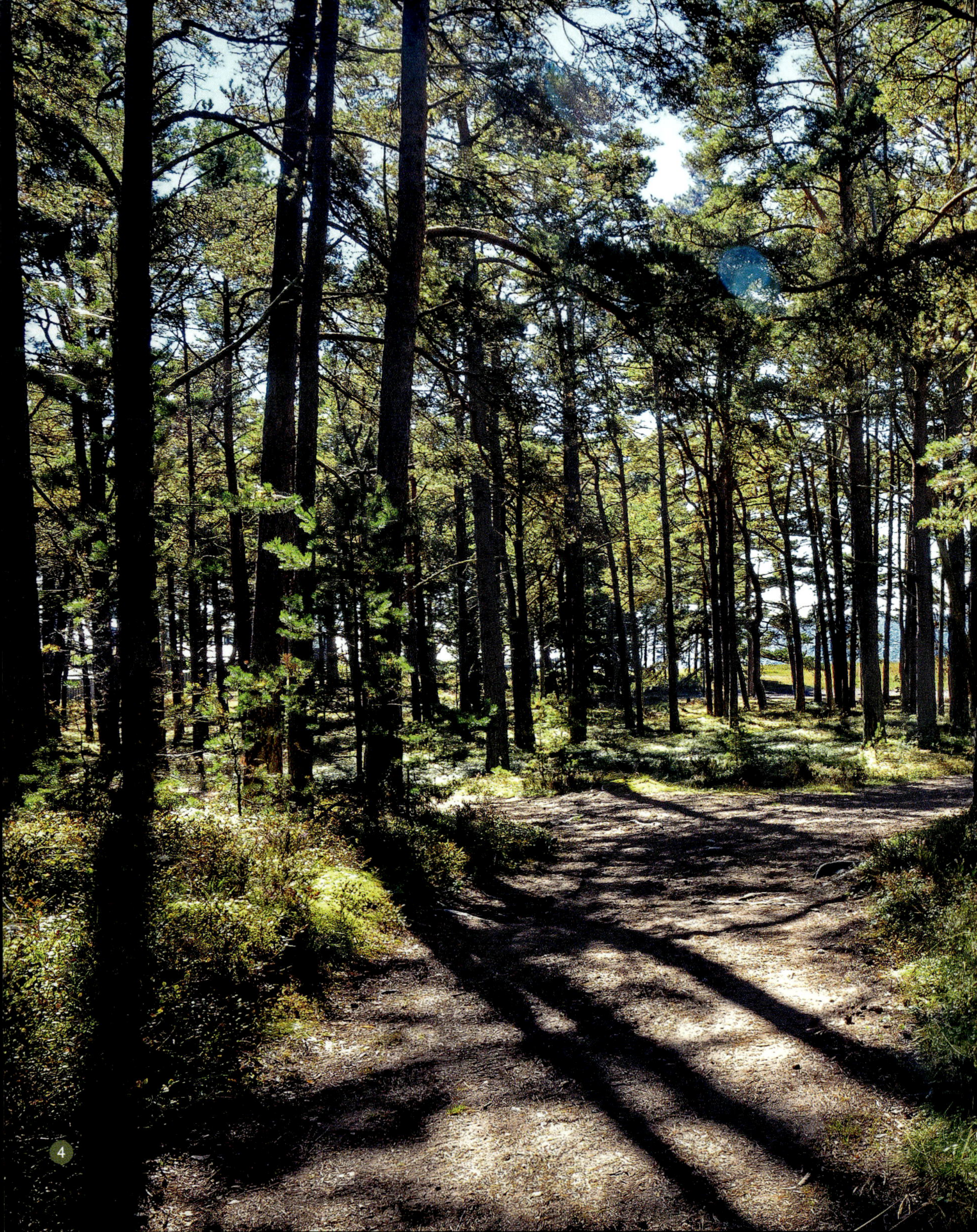
4

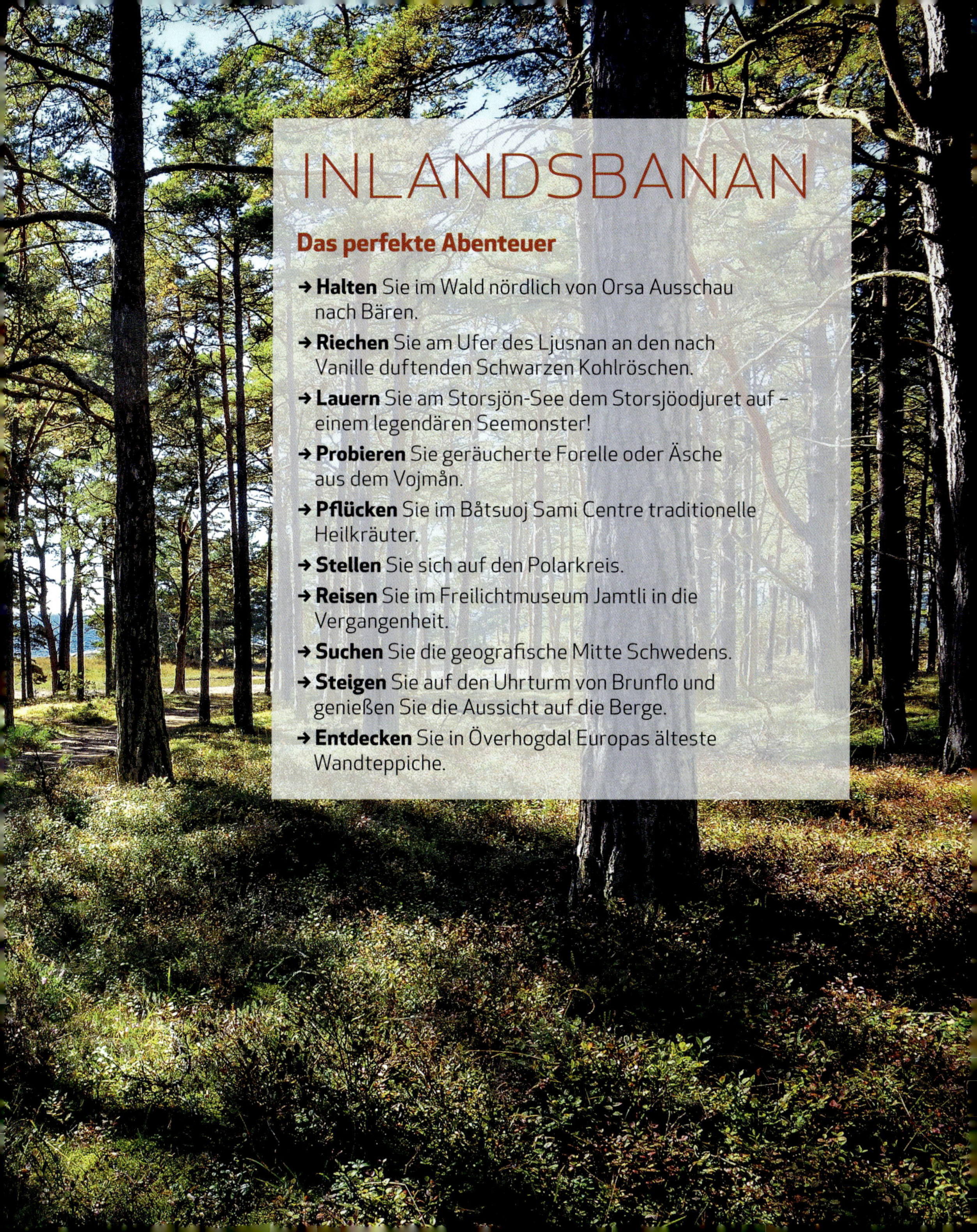

INLANDSBANAN

Das perfekte Abenteuer

- **Halten** Sie im Wald nördlich von Orsa Ausschau nach Bären.
- **Riechen** Sie am Ufer des Ljusnan an den nach Vanille duftenden Schwarzen Kohlröschen.
- **Lauern** Sie am Storsjön-See dem Storsjöodjuret auf – einem legendären Seemonster!
- **Probieren** Sie geräucherte Forelle oder Äsche aus dem Vojmån.
- **Pflücken** Sie im Båtsuoj Sami Centre traditionelle Heilkräuter.
- **Stellen** Sie sich auf den Polarkreis.
- **Reisen** Sie im Freilichtmuseum Jamtli in die Vergangenheit.
- **Suchen** Sie die geografische Mitte Schwedens.
- **Steigen** Sie auf den Uhrturm von Brunflo und genießen Sie die Aussicht auf die Berge.
- **Entdecken** Sie in Överhogdal Europas älteste Wandteppiche.

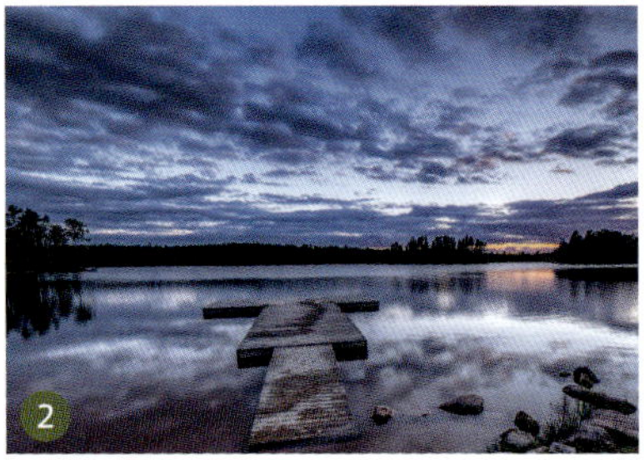

2

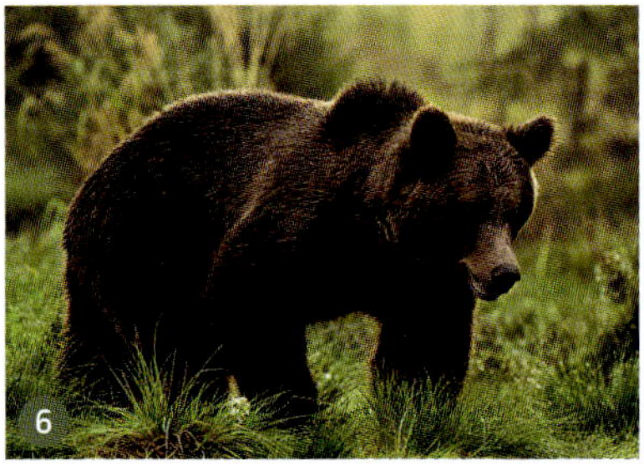

6

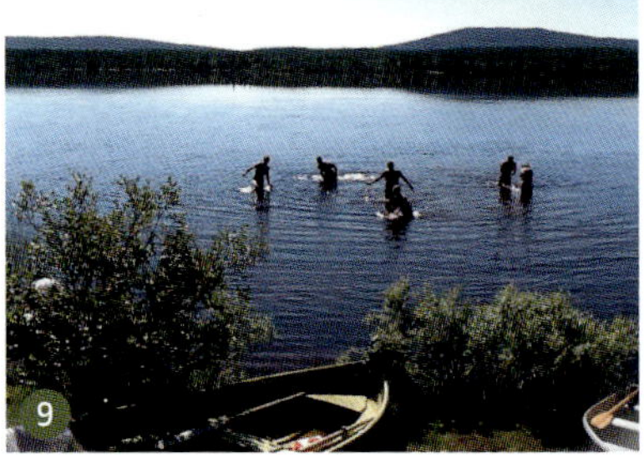

9

Die Inlandsbanan (Binnenlandbahn) ist eine Eisenbahnstrecke in Schwedens Zentrum. Ursprünglich war sie als Verkehrsverbindung durch das rohstoffreiche Hinterland gedacht, die strategisch nicht so anfällig war wie die Routen an der Ostsee. Hauptsächlich diente die Bahnlinie dazu, Holz in den Süden zu transportieren, bis sie nach und nach durch Straßengüterverkehr ersetzt und 1992 ganz eingestellt wurde.

Inzwischen wurde die Linie nördlich von Mora an die Kommunen entlang der Strecke verkauft, und diese betreiben gemeinsam die Inlandsbanan AB, die von Mitte Juni bis Ende August Personen befördert. Es gibt neuerdings sogar wieder einen Frachtverkehr auf der Strecke, der ein Stück weit ihre Erhaltung sichert. Südlich von Mora fahren die Züge seltener, doch dieser Abschnitt kommt hier nicht vor.

Die Inlandsbanan ist ein einzigartiges Reiseerlebnis. Die Strecke zwischen Mora und Gällivare ist in zwei Abschnitte unterteilt – nördlich und südlich von Östersund –, und auf jedem der Abschnitte verkehrt jeden Tag nur ein einziger Zug. Für jede Teilstrecke braucht man fast einen ganzen Tag, sodass man in Östersund übernachten muss, falls man die ganze Strecke in einem durchfahren will.

Die Fahrpläne ändern sich jedes Jahr, und der Zug hält zwischendurch an Restaurants oder Imbissbuden auf Bahnsteigen oder auch falls irgendwo wilde Tiere zu beobachten sind. Manche Stationen sind große alte Holzbahnhöfe, andere nur ein Schild und ein paar Stufen mitten im Wald.

Am besten besorgt man sich eine Inlandsbanan Card, mit der man 14 Tage unbegrenzt fahren und nach Belieben ein- und aussteigen darf. Dieses Kapitel führt die Stationen von Mora Richtung Norden auf, mit ihrer jeweiligen Entfernung zu Mora, aber man kann natürlich einsteigen, wo man möchte. Tickets und Reservierungen unter www.inlandsbanan.se

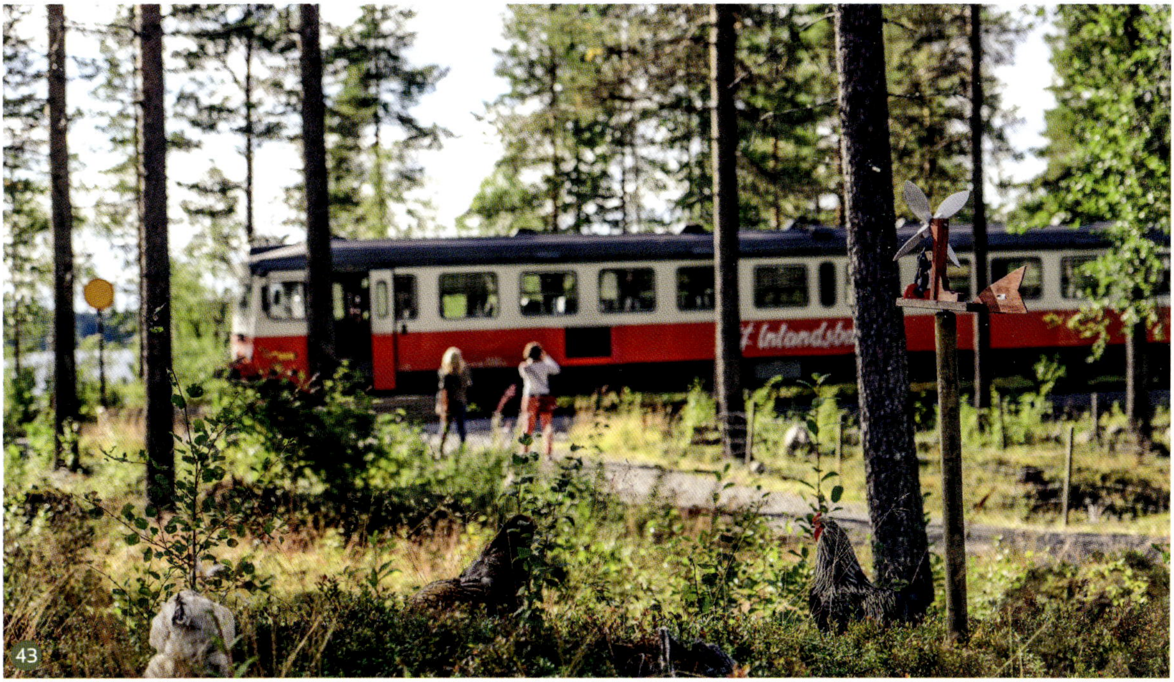

43

VON MORA BIS ÖSTERSUND

1 BAHNHOF MORA

Stadt am Siljansee mit vielen Restaurants und Unterkunftsmöglichkeiten. Im Winter ist sie das Ziel des Skilanglaufrennens Vasaloppet. Es folgt der Route, auf der Gustav Eriksson 1521 auf Skiern vor den Dänen floh. Er kehrte nach Mora zurück, um eine Rebellion gegen die Dänen anzuführen, vereinte das Reich und wurde Gustav Vasa, Schwedens erster König.

61.0088, 14.5586

2 VATTNÄS

Kleine ländliche Station am Ufer des Orsasjön-Sees. Wenn Sie die Stadt Mora meiden möchten, beginnen Sie die Reise hier mit einem Bad im See und einer Nacht in der freien Natur.

5 km, 61.0492, 14.5979

3 ORSA

Kleinstadt mit Ursprüngen in der Eisenzeit und einer langen Tradition der Schleifsteinproduktion. Im 17. Jahrhundert haben sich viele Finnen hier niedergelassen, um in den Wäldern zu arbeiten.

13 km, 61.1189, 14.6211

4 TALLHED

Station mitten im Wald. Kurz nach der Weiterfahrt hält der Zug auf einer Brücke hoch über einer Schlucht mit Blick auf den beeindruckenden Wasserfall Storstupet (61.226, 14.790).

25 km, 61.2101, 14.7089

5 BJÖRNIDET

Der Zug hält in einem Sumpfgebiet am höchsten Punkt der Inlandsbanan (524 mNN), von wo man zu einer alten Bärenhöhle laufen kann.

42 km, 61.3797, 14.7467

6 ÄLVHO

Kleine ländliche Station. Braunbärgebiet, also Augen auf!

64 km, 61.4972, 14.7482

7 VASSJÖN

Abgelegene Waldstation am Ufer eines Sees. Hier kann man campen, baden und Blaubeeren sammeln.

79 km, 61.5668, 14.7883

8 LILLHAMRA

Station in dichtem Wald, den einst finnische Siedler bewirtschaftet haben. Zelten Sie am Ufer des Sundsjöån, in dem Sie auch angeln und schwimmen können.

82 km, 61.6414, 14.7960

9 TANDSJÖBORG

Kleines Dorf und Schwedens kleinster Nationalpark (Hamra, 27 ha), bekannt für Käfer und Insekten. Von hier verläuft die Bahnlinie eine Weile am Tandsjön-See.

89 km, 61.6953, 14.7455

10 FÅGELSJÖ

Die Züge Richtung Norden machen hier Halt für die Zimtbrötchen und Getränke auf dem Bahnsteig. Auf dem Bahnsteig Richtung Süden gibt es eine Auswahl an Sandwiches und Getränken. Direkt neben dem Bahnhof liegt Gammelgård, ein alter Bauernhof, der noch genauso ist, wie die finnischen Waldbewohner ihn 1910 hinterlassen haben. Übernachten Sie im STF Hostel oder in freier Natur und nehmen Sie ein Bad im Myrsjön-See.

→ STF Fågelsjö, Fågelsjövägen 239, 820 50 Los, +46 657 30030
www.svenskaturistforeningen.se

102 km, 61.8013, 14.6822

11 BÄCKEDAL

Halt am Stadtrand von Sveg. Am Ufer des Ljusnan kann man herrlich zelten.

133 km, 62.0264, 14.3757

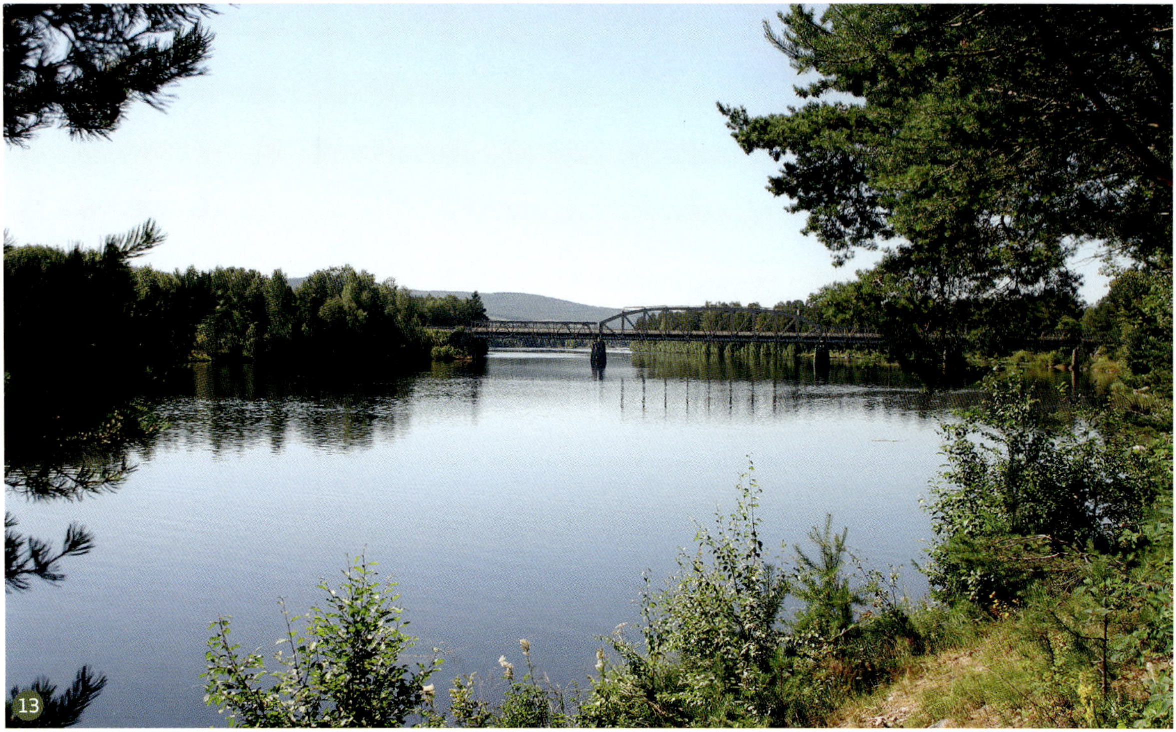

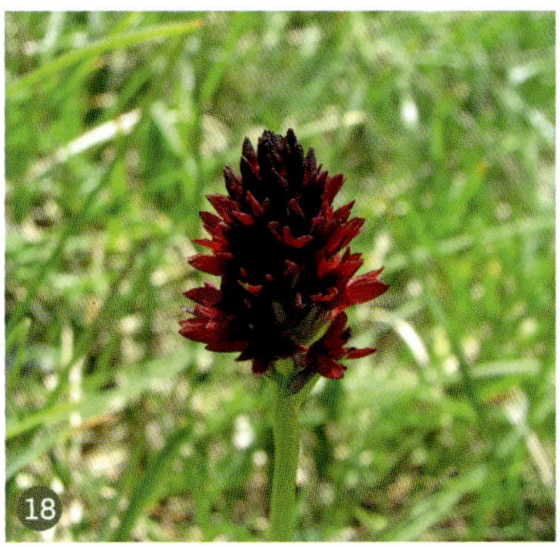

12 SVEG

Kleinstadt mit diversen Unterkünften und Lokalen. Nordic-Noir-Autor Henning Mankell hat in einer Wohnung über dem Gericht gewohnt, bis er 13 war.

136 km, 62.0364, 14.3521

13 ÄLVROS

Station im Wald, wenige Kilometer vom Dörfchen Älvros, wo Ljusnan und Norrälven zusammenfließen. Zelten Sie direkt am Fluss und angeln Sie Forellen, Barsche oder Saiblinge.

149 km, 62.0600, 14.5747

14 YTTERHOGDAL

Kurzer Halt in der Nähe von Schwedens geografischer Mitte, genau zwischen dem nördlichsten und südlichsten Punkt sowie dem westlichsten an der norwegischen Grenze und östlichsten an der Küste.

176 km, 62.1972, 14.8556

15 ÖVERHOGDAL

Kleines Dorf am Ljusnan. Ein Wikinger-Wandteppich, der älteste Europas, wurde hier entdeckt. Heute befindet er sich im Jamtli-Museum (siehe 28), aber im Forngården-Museum in Överhogdal ist ein Replikat ausgestellt.

→ Överhogdals Forngård, Överhogdal 588, 840 90 Ytterhogdal, +46 680 82100. www.forngarden.se

185 km, 62.2668, 14.8055

16 SÖRTJÄRN

Kleines Dorf am Zusammenfluss von Ljusnan und Linan.

198 km, 62.3427, 14.6299

17 NEDERHÖGEN

Einsames Walddorf auf dem Pilgerweg nach Nidaros (siehe Åre). Im 17. Jahrhundert flohen die Bewohner während der „Baltzarfejden" (ein blutiger Konflikt während des Kalmarkrieges) in die Berge und lebten in Höhlen.

211 km, 62.4105, 14.4287

18 RÖJAN

Station im Wald, nur einen kurzen Fußweg vom Ljusnan entfernt, an dessen Ufer man hier das geschützte Schwarze Kohlröschen findet – das Symbol Jämtlands.

219 km, 62.4791, 14.3590

19 KVARNSJÖ

Idyllischer Halt am Kvarnsjö-See, prima zum Beerensammeln, Schwimmen und Campen.

229 km, 62.5657, 14.3721

20 ÅSARNA

Bekannt für seinen sehr erfolgreichen Skilanglauf-Club. Züge nach Norden halten für eine Mahlzeit am Skizentrum Åsarna, Züge Richtung Süden dagegen in den Nähe vom Vildmarkscafé. Liegt am Ufer von Grannen (See) und Ljungan (Fluss).

239 km, 62.6472, 14.3745

21 SVENSTAVIK CENTRAL

Stadt am Ende des Storsjön-Sees, der fünftgrößte See Schwedens, mit einer Fläche von

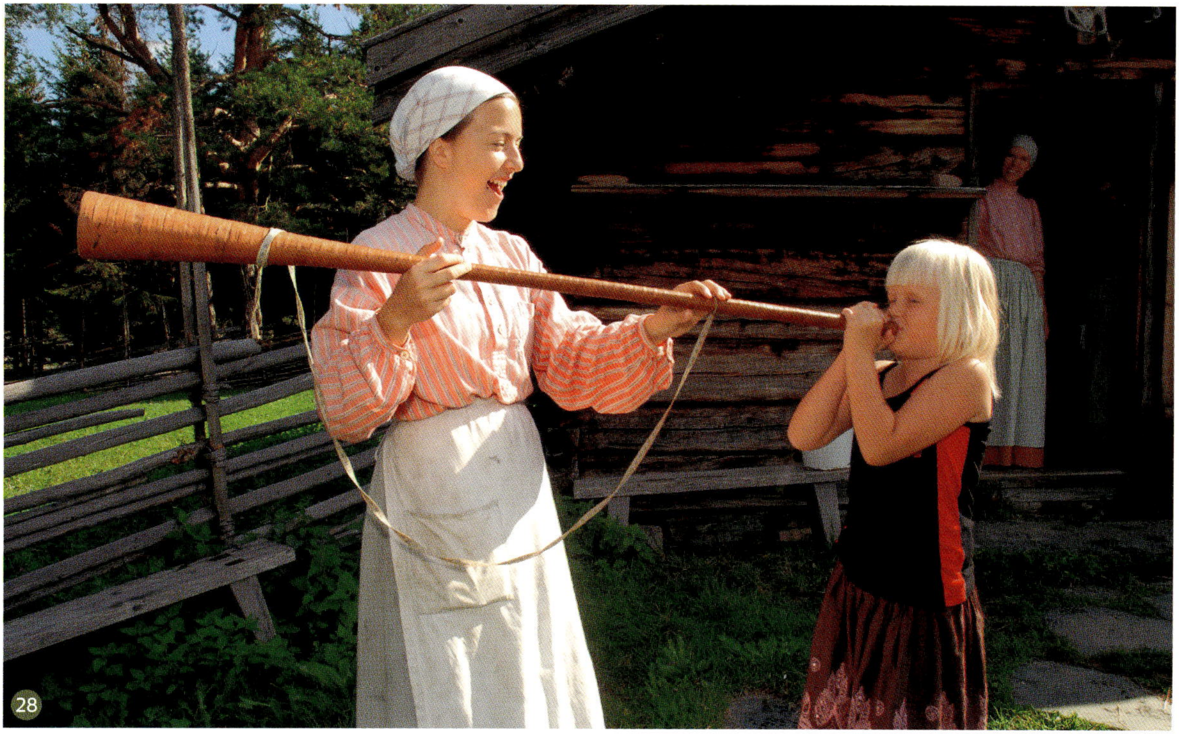

28

464 km² und einer Tiefe von 74 m. Halten Sie Ausschau nach Storsjöodjuret, dem legendären Seemonster! Diverse Lokale und Unterkünfte.

254 km, 62.7671, 14.4363

22 HACKÅS

Dorf mit einer der ältesten Kirchen Norrlands am Stadtrand von Svenstavik. Wild-Campingmöglichkeiten.

275 km, 62.9242, 14.5220

23 FÅKER

Kleines Dorf am Näkten-See. Die Kirche wurde auf einer Opferstätte aus der Eisenzeit erbaut, und hier wurden 126 antike Eisenstangen gefunden, die darauf hindeuten, welche Bedeutung die Gegend um Storsjön damals hatte.

284 km, 62.9931, 14.5745

24 TANDSBYN

Kleine Gemeinde, die erst mit Gründung der Eisenbahn entstand. Nicht weit von Östersund (siehe 26). Falls Sie hier campen möchte, gibt es einen Bus zum Hauptbahnhof.

294 km, 62.9985, 14.7437

25 BRUNFLO

Kleine Stadt am Storsjön-See. Klettern Sie auf den Uhrturm, 1 km vom Stadtzentrum, und bewundern Sie die Aussicht auf die Berge im Westen.

306 km, 63.0759, 14.8328

26 ÖSTERSUND CENTRAL

Hauptbahnhof von Östersund, einzige Stadt in Jämtland und sein wirtschaftliches und politisches Zentrum. Große Auswahl an Lokalen und Unterkünften in Bahnhofsnähe.

→ www.svenskaturistforeningen.se

320 km, 63.1703, 14.6381

VON ÖSTERSUND BIS GÄLLIVARE

27 ÖSTERSUND WEST

Zweiter Halt in Östersund.

321 km, 63.1784, 14.6312

28 JAMTLI

Extra-Haltestelle für das Freiluftmuseum Jämtland und Härjedalen am Stadtrand von Östersund. Spannende Mischung aus historischen Gebäuden, Museum und zeitgenössischen Ausstellungen. STF Hostel auf dem Museumsgelände.

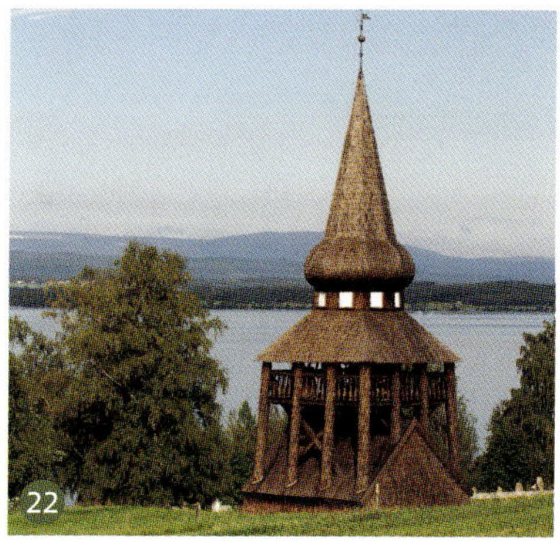

22

→ Jamtli Museum, Museiplan, 83131 Östersund, +46 631 50100. www.jamtli.com STF Östersund, Stiftelsen Jamtli, Museiplan, 831 28 Östersund, +46 631 50300. www.svenskaturistforeningen.se

323 km, 63.1928, 14.6366

29 LIT

Dorf am Zusammenfluss von Indalsälven und Hårkan. Der nun folgende Abschnitt der Strecke bietet ein fantastisches Flusspanorama.

349 km, 63.3185, 14.8566

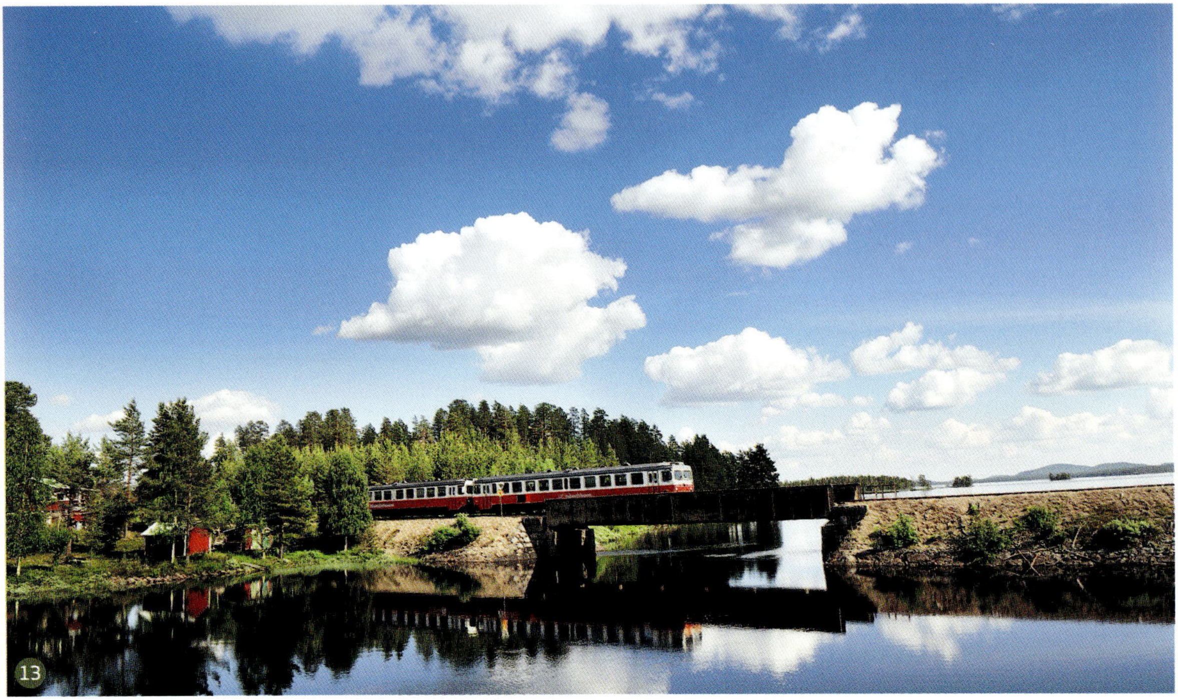

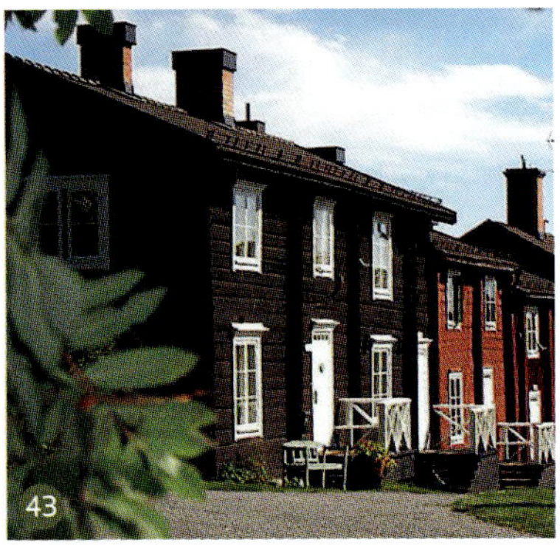

30 HÄGGENÅS

Kleine Station in der Nähe eines der letzten Richtplätze Schwedens. Der letzte Verurteilte war ein Landarbeiter, der einen Straßenhändler ausgeraubt hatte, um mit dem Geld nach Amerika auszuwandern.

359 km, 63.3857, 14.8799

31 NORDERÅSEN

Flächenmäßig das größte Dorf in Jämtland – nicht viele Häuser, aber viel Platz dazwischen.

366 km, 63.4349, 14.8291

32 MUNKFLOHÖGEN

Halt zwischen Wald und Ackerland. Benannt nach einem Mönch, der in einer Quelle in der Nähe ertrunken ist, als er das Kloster vor dem Schwarzen Tod warnen wollte. Dorf und Kloster wurden im 14. Jahrhundert ausgelöscht.

383 km, 63.5601, 14.9490

33 JÄMTLANDS SIKÅS

Dorf mit kleinem Lebensmittelladen und Sägewerk. Züge nach Norden halten für vorbestellte traditionelle Fladenbrotwraps.

401 km, 63.6261, 15.2064

34 HALLVIKEN

Bis 1770 hieß dieses Dorf Hall und war nur zu Fuß und zu Pferd erreichbar. Zwischen 1907 und 1912 wurde der Schienenabschnitt der Inlandsbanan zwischen Östersund und Ulriksfors gebaut, und das Dorf nannte sich fortan Hallviken.

419 km, 63.7259, 15.4742

35 ULRIKSFORS

Dorf am Stadtrand von Strömsund, das einst über eine Nebenlinie mit der Inlandsbanan verbunden war. Campen Sie am Ufer des Russfjärden-Sees oder suchen Sie sich eine Unterkunft in der Stadt.

436 km, 63.8321, 15.6211

36 LÖVBERGA

Dorf am Ende des Flåsjön-Sees, wo man gut Biber beobachten kann. Schöner Wild-Camping-Spot am See.

456 km, 63.9617, 15.8531

37 HOTING CAMPING

Kurzer Halt für einen Campingplatz am Stadtrand von Hoting.

→ Hoting Camping, Västra Hoting 325, 830 80 Hoting, +46 671 10248. www.hotingscamping.se

486 km, 64.1078, 16.1736

38 HOTING

Provinzstadt am Ufer des Hotingsjön-Sees, mit vielen Lokalen und Unterkünften. Café Koppen am Bahnhof versorgt Sie mit Getränken und Sandwiches.

488 km, 64.1158, 16.2015

39 CAMPING

Campingplatz am Stadtrand von Dorotea. Stellplätze, Hütten und Tipis.

→ Doro Camping, Storgatan 1A, 917 31 Dorotea, +46 942 10238. www.dorocamping.com

508 km, 64.2564, 16.3903

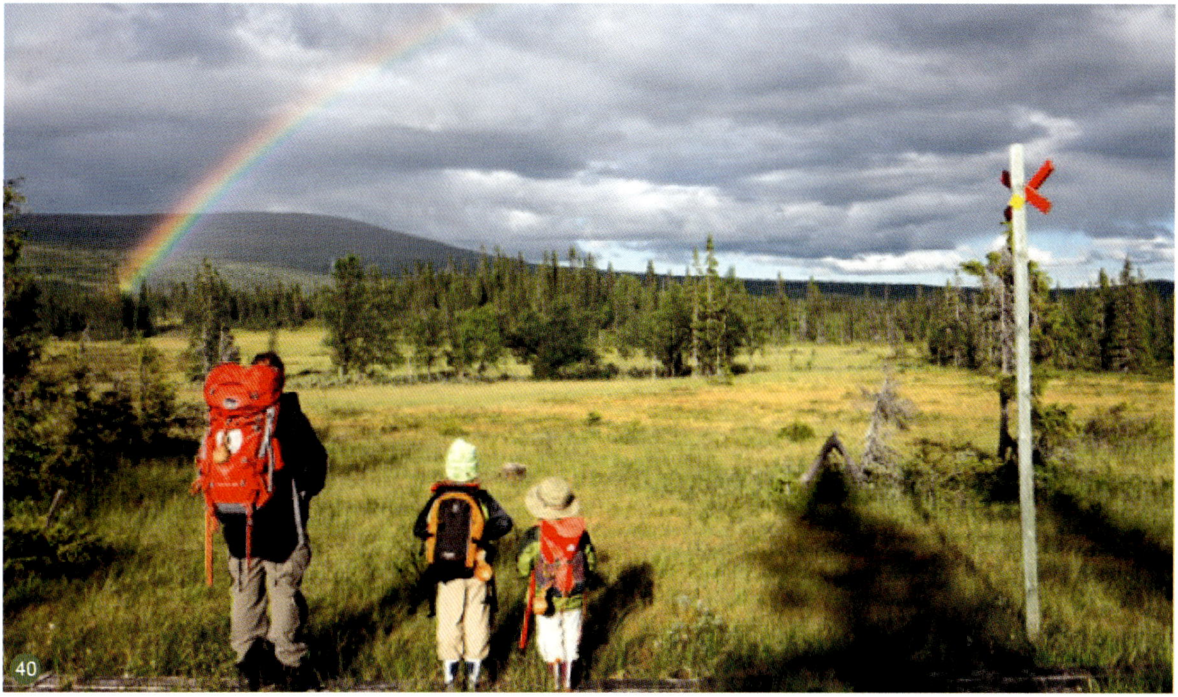

40

40 DOROTEA

1713 ließen sich die ersten Siedler im Sami-Camp Svanavatten (Schwanenwasser) nieder, und es wurde das Städtchen Bergvattnet daraus, das 1799 zu Ehren der Königin Frederica Dorothea Wilhelmina umbenannt wurde. Es liegt am Ufer des Bergvattenån und hat ein Freiluftmuseum.

509 km, 64.2582, 16.4074

41 MESELEFORS CAMPING

Campinglatz am Ufer des Ångermanälven.

→ Meselefors Camping, Meselefors 216, 912 90 Vilhelmina, +46 0940 25089. www.meselefors.com

541 km, 64.4390, 16.7961

42 MESELEFORS

Station im Wald mit Campingmöglichkeiten am Meselet-See.

543 km, 64.4429, 16.8170

43 VILHELMINA

Kleine Kirchenstadt zwischen zwei Seen – Volgsjön und Baksjön. Das Stadtmuseum hat eine interessante Sammlung zur Geschichte der hiesigen Samen und frühen Siedler.

→ Vilhelmina Museum, Tingsgatan 1, 912 33 Vilhelmina, +46 940 144974. www.vilhelmina.se

565 km, 64.6230, 16.6515

44 VILHELMINA NORRA

Alle Züge halten bei Bergmans Fisch- und Hofladen am Nordufer des Vualtjere-Sees. Toller Blick auf die Stromschnellen zwischen den Seen. Probieren Sie den geräucherten Fisch.

→ Bergmans Fisk & Vilhelmina Gårdsbutik, Sågån 1, 912 92 Vilhelmina, +46 940 25090. www.mbergmansfisk.se

568 km, 64.6463, 16.6136

45 VOJMÅN

Halt am Vojmån, bei Anglern und Kanufahrern beliebter Flussabschnitt. Schlagen Sie hier Ihr Zelt auf und angeln Sie sich eine Forelle oder Äsche zum Abendessen.

592 km, 64.7920, 16.8163

46 STORUMAN

Kleine Stadt mit vielen Annehmlichkeiten am südlichen Ende des Luspsjön-Sees, darunter auch ein Campingplatz am Badsjön-See im Zentrum.

→ Storumans Bad & Camping, Lokgränd 3, 923 31 Storuman, +46 951 14300. www.campingstoruman.se

633 km, 65.0961, 17.1110

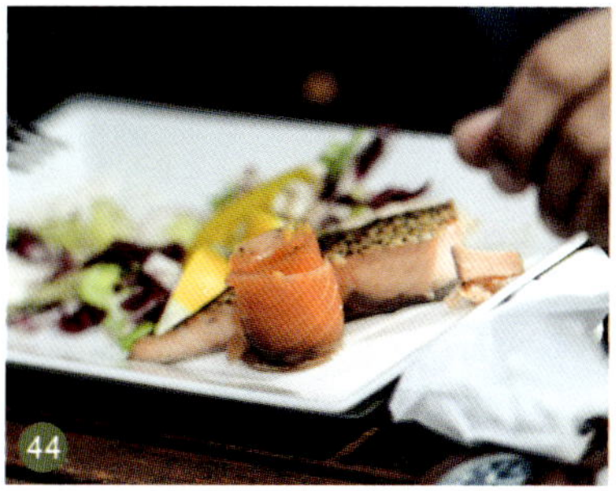

44

47 SANDSJÖNÄS

Dorf am nördlichen Ende des Sandsjön-Sees mit einem langen Sandstrand. Schön zum Campen in freier Natur, oder man leiht sich ein Boot und erkundet den See.

670 km, 65.2422, 17.6622

48 BLATTNICKSELE

Kleines Dorf am Ufer des Vindelälven mit wunderschön gelegenem Campingplatz am See.

→ Blattnicksele Camping, 924 92 Blattnicksele, +46 952 20008. www.blattnickselecamping.se

682 km, 65.3447, 17.5894

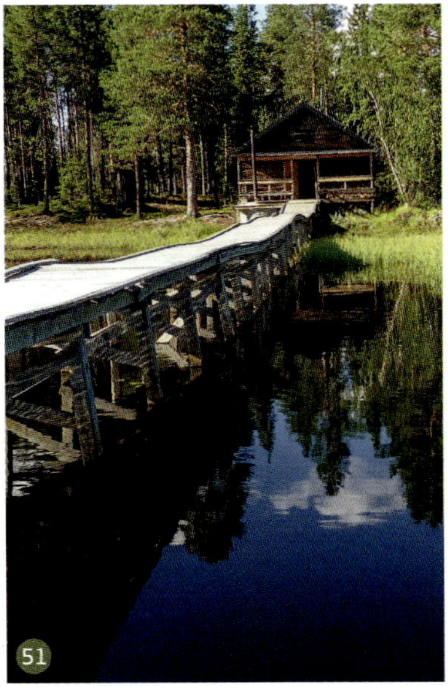

51

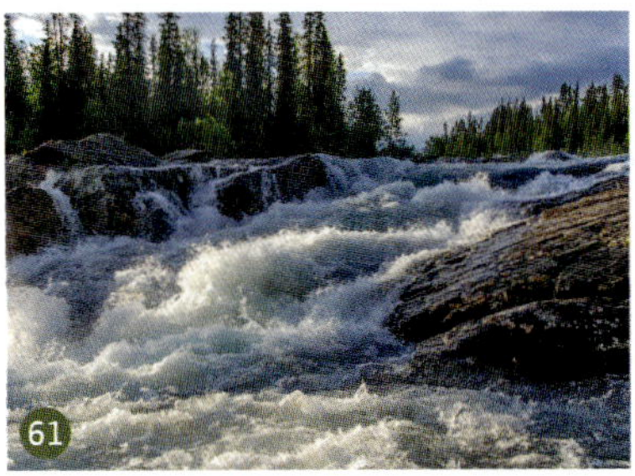

61

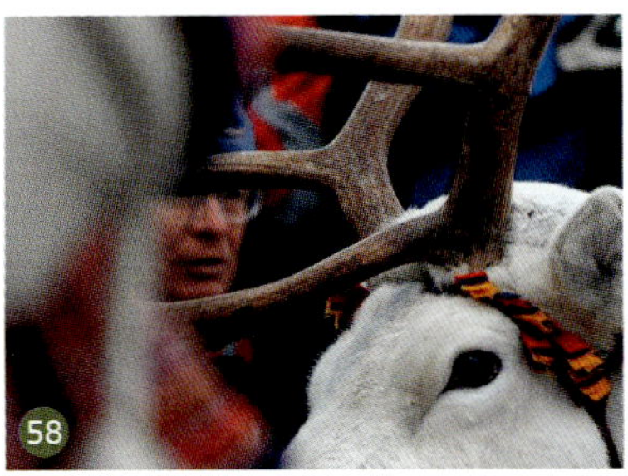

58

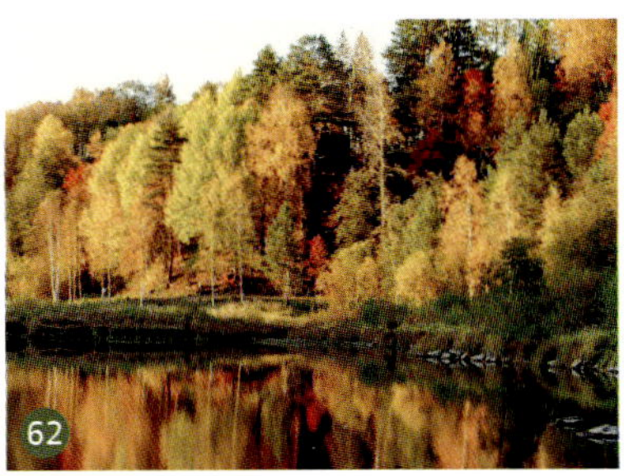

62

49 SORSELE

Ruhiges kleines Städtchen am Vindelälven. Das Inlandsbanan-Museum liegt direkt am Bahnhof, von wo man auch Bootsfahrten unternehmen kann.

705 km, 65.5350, 17.5428

50 BURESJÖN

Bauerngemeinde zwischen Fluss (Gargån) und See (Buresjön). Wild Camping & Wild Swimming par excellence.

725 km, 65.5537, 17.8529

51 SLAGNÄS

Dorf am Slagnässjön-See. Besuchen Sie das Båtsuoj Sami Centre, oder bleiben Sie gleich über Nacht und schlafen Sie dort in einem traditionellen Kåta.

➔ Båtsuoj Skogsamecenter, Gasahed 1, 930 91 Slagnäs, +46 70 6423166. www.batsuoj.se

741 km, 65.5858, 18.1584

52 RENVIKEN

Heißt übersetzt „Rentier-Bucht", und tatsächlich versammeln sich hier die Herden auf offener Flur, weil eine leichte Brise herrscht und die Fliegen sie in Ruhe lassen.

761 km, 65.6454, 18.5250

53 AVAVIKEN

Dorf auf einer Nehrung zwischen zwei Seen (Asptjärnen und Åkerudden). Einst gab es hier einen Hafen für den Transport von Silber und Blei aus den hiesigen Minen zur norwegischen Grenze.

769 km, 65.6050, 18.6509

54 ARVIDSJAUR

Kleines Städtchen mit den üblichen Annehmlichkeiten. Die Lappstaden (Samenstadt) mit 80 Hütten und Lagergebäuden aus dem 18. Jahrhundert ist eine der am besten erhaltenen in Schweden.

794 km, 65.5887, 19.1695

55 MOSKOSEL

Züge nach Norden halten hier für das Bahnarbeiter-Museum. Restaurant und Takeaway.

842 km, 65.8824, 19.4268

56 PITEÄLVSBRON

Bahn- und Autobrücke über die Stromschnellen des Piteälven. Besonders dramatische Stromschnellen, und die größten Nordeuropas, liegen 50 km stromabwärts in Storforsen (65.8500, 20.4061).

854 km, 65.9873, 19.3593

57 VARJISTRÄSK

Halt am Ufer des Stor-Varjisträsket-Sees – herrlich zum Baden und Beerenpflücken.

866 km, 66.0445, 19.5299

58 KÅBDALIS

Im Winter kleiner Skihang mit vielen kleinen Hütten. Im Sommer toller Blick.

904 km, 66.1526, 19.9888

59 KITAJAUR

Kleines Dorf auf altem Sami-Camp. Der Name bedeutet „Rentier-Ruheplatz wenn es schneit". Am Vitbäcken gelegen.

908 km, 66.1799, 19.9469

60 POLARKREIS

Der Zug hält auf dem Polarkreis, damit die Passagiere sich neben dem Schild fotografieren können.

960 km, 66.5565, 19.9188

61 JOKKMOKK

Stadt im Herzen des UNESCO-Weltkulturerbes Laponia. Zentrum der samischen Kultur, zu erkunden im faszinierenden Samen- und Bergmuseum.

➔ Svenskt Fjäll- och Samemuseum, Kyrkogatan 3, 962 23 Jokkmokk, +46 971 17070 . www.ajtte.com

966 km, 66.6071, 19.8398

62 VAIKIJAUR

Züge gen Norden halten hier beim Fjällglimten-Restaurant, wo man sich für die Weiterreise mit Snacks und Delikatessen aus der Region eindecken kann.

974 km, 66.6424, 19.8258

63 PORJUS

Kleines Dorf am Staudamm des Stora Luleälven, der den Porjusselet-See geschaffen hat.

1.014 km, 66.9566, 19.8035

64 AVVAKAJJO

Kurzer Halt mitten im Sumpf, gebaut von Bahnangestellten zum Angeln und Beerenpflücken.

1.038 km, 67.1255, 20.0258

65 GÄLLIVARE

Endstation. Bergarbeiterstadt mit Gold-, Kupfer- und Eisenerzminen. Viele Restaurants und Übernachtungsmöglichkeiten sowie mitten in der Stadt ein Berg (Dundret) zum Wandern mit Aussicht.

1.067 km, 67.1336, 20.6506

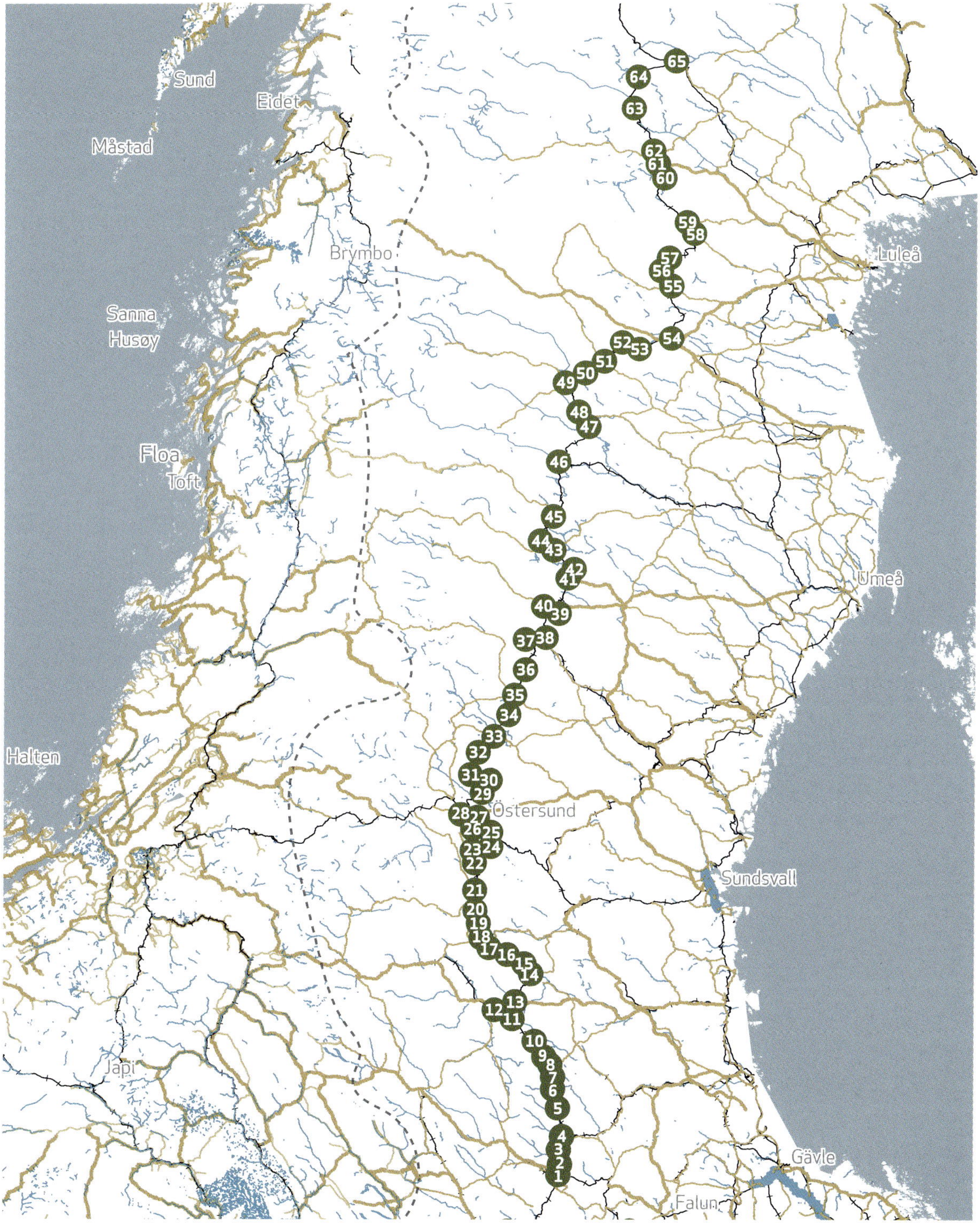
Sund
Eidet
Måstad
Brymbo
Sanna
Husøy
Floa
Toft
Halten
Luleå
Umeå
Östersund
Sundsvall
Japi
Gävle
Falun

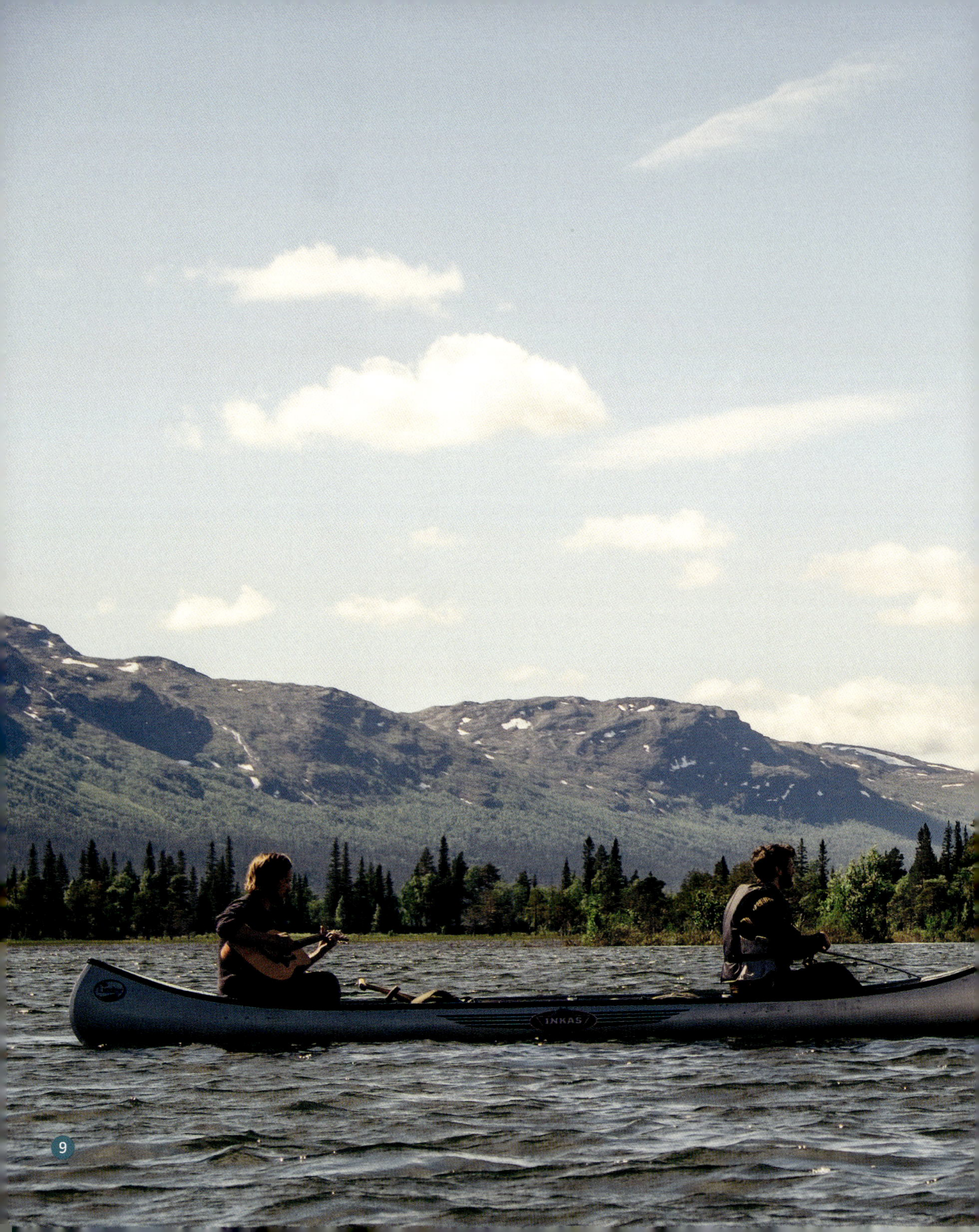

9

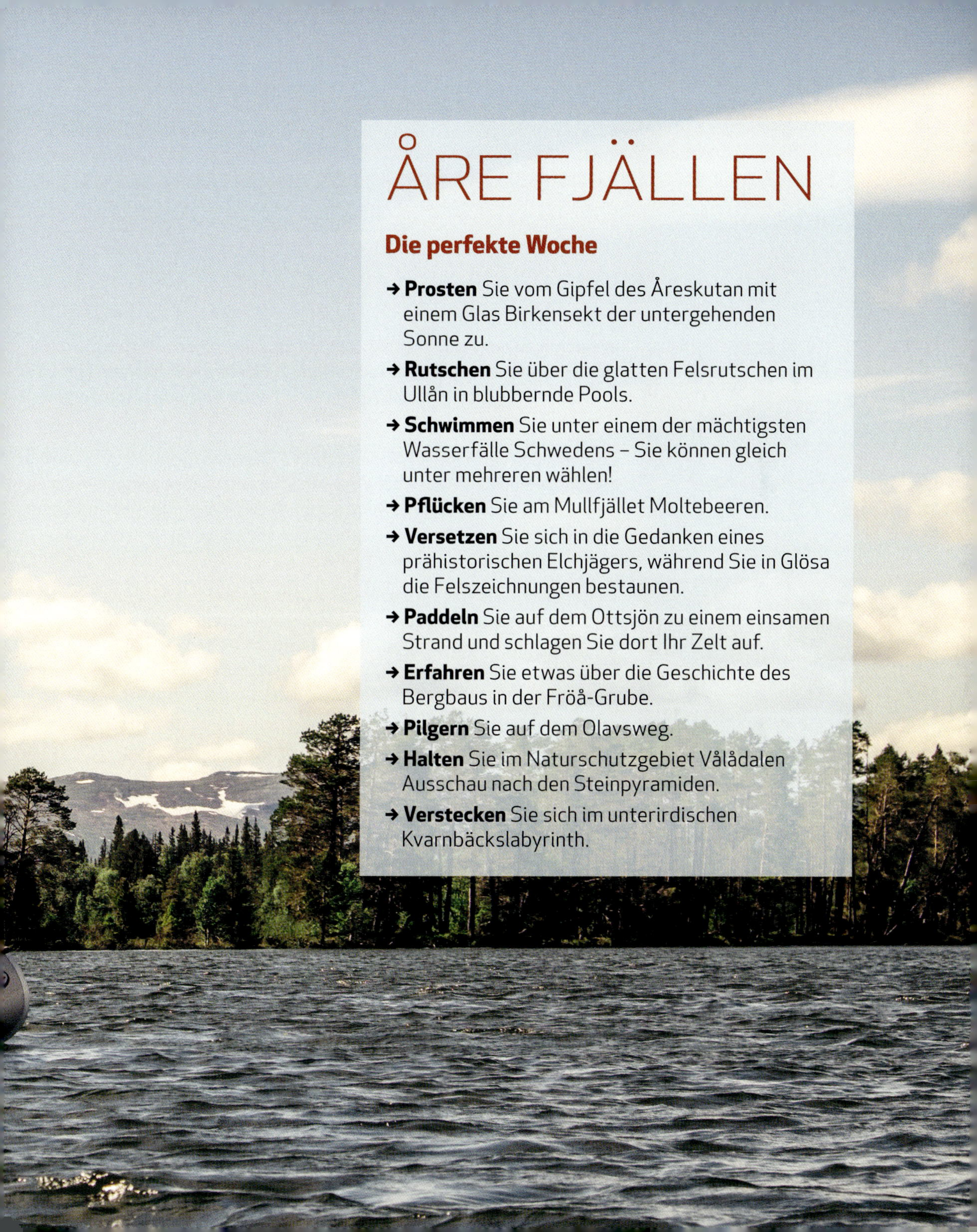

ÅRE FJÄLLEN

Die perfekte Woche

- → **Prosten** Sie vom Gipfel des Åreskutan mit einem Glas Birkensekt der untergehenden Sonne zu.
- → **Rutschen** Sie über die glatten Felsrutschen im Ullån in blubbernde Pools.
- → **Schwimmen** Sie unter einem der mächtigsten Wasserfälle Schwedens – Sie können gleich unter mehreren wählen!
- → **Pflücken** Sie am Mullfjället Moltebeeren.
- → **Versetzen** Sie sich in die Gedanken eines prähistorischen Elchjägers, während Sie in Glösa die Felszeichnungen bestaunen.
- → **Paddeln** Sie auf dem Ottsjön zu einem einsamen Strand und schlagen Sie dort Ihr Zelt auf.
- → **Erfahren** Sie etwas über die Geschichte des Bergbaus in der Fröå-Grube.
- → **Pilgern** Sie auf dem Olavsweg.
- → **Halten** Sie im Naturschutzgebiet Vålådalen Ausschau nach den Steinpyramiden.
- → **Verstecken** Sie sich im unterirdischen Kvarnbäckslabyrinth.

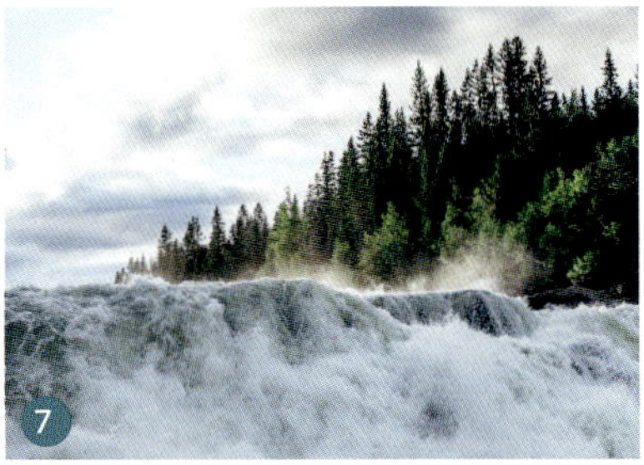

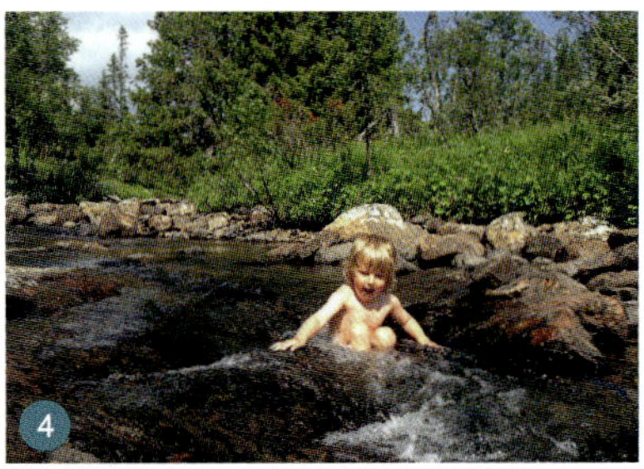

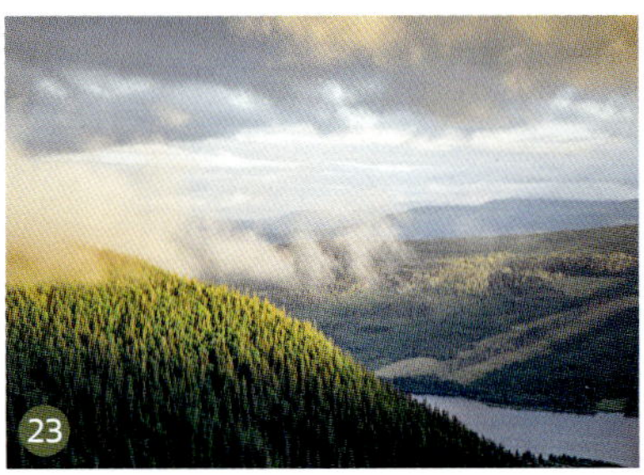

In den Augen der Tourismusbehörde ist die raue, schöne Region nicht nur ein Ort, sondern eine „Lebenseinstellung“. Wer sich entscheidet, hier zu leben, hat offensichtlich eine Affinität zu Landschaft und Natur vor der eigenen Haustür.

Zu den Füßen der Berge fließen mächtige Flüsse und einige der größten und beeindruckendsten Wasserfälle in ganz Schweden. Diese nähren ein ganzes Netzwerk aus Seen, die man wunderbar mit dem Kajak oder Kanu erkunden kann. Oder man wandert zu Fuß zu den vielen Bergbächen und -seen, in denen man herrlich schwimmen kann.

Jahrhundertelang war die Gegend ein wichtiges Weideland für die Rentiere der Samen, und der einzige Wirtschaftszweig waren ein paar Gruben und Bergbauernhöfe. Der Bau der Eisenbahn Ende des 19. Jahrhunderts machte die Berge plötzlich zugänglich. Durch den frühen Bergtourismus wuchsen die beiden Dörfer Totten und Mörviken, und so wurde die Stadt Åre geboren.

Die ersten Besucher kamen aus gesundheitlichen Gründen. Sie bestiegen den Åreskutan und atmeten die frische Bergluft. Während der Skisport sich immer größerer Beliebtheit erfreute, wuchs die Anzahl der Besucher, und das Gebiet wurde zu einem der größten Wintersportorte Europas. Trotz dieser Entwicklung hat sich die Landschaft kaum verändert – sie ist noch immer wichtiges Rentier-Weideland.

Die überlieferte Tradition der Selbstversorgung und Konservierung jahreszeitlicher Erzeugnisse wird noch immer großgeschrieben, und die regionale Küche zieht daraus ihren kreativen Nutzen. Heißgeräucherter Seesaibling mit Moltebeeren-Sahne auf ungesäuertem Fladenbrot ist dafür ein köstliches Beispiel.

Machen Sie unbedingt vom Allemansrätt (Jedermannsrecht) Gebrauch und campen Sie ein paar Tage in den Bergen. Für das perfekte Verwöhnprogramm danach decken Sie sich mit Biobier ein und mieten die schwimmende Sauna auf dem Åresjön, die einen Außenboot-Motor hat. Wer die freie Natur liebt, dem muss es hier gefallen.

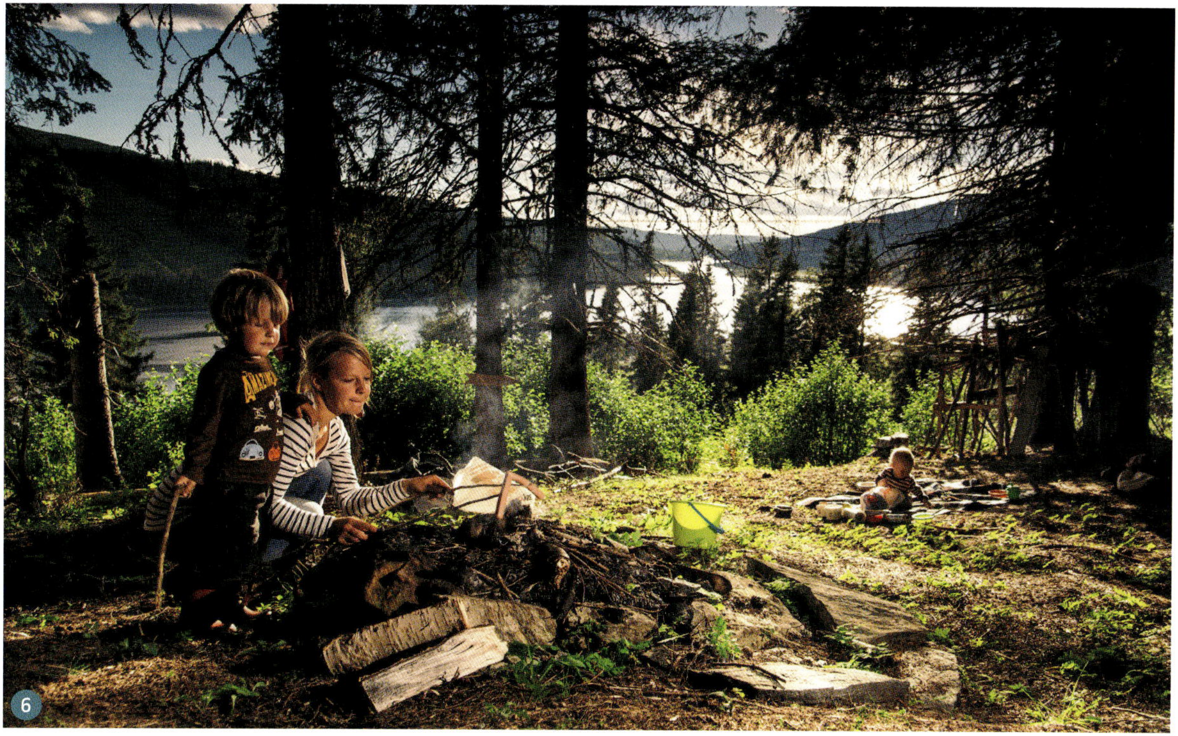

6

WILD SWIMMING

1 LAPPFORSEN

Wasserfall am Rutsälven, wo die Wassertemperatur an heißen Tagen schnell 24°C erreichen kann. Wenn Sie dem Fluss stromabwärts nach Storvallforsen folgen, stoßen Sie auf tiefe Stellen, wo Sie gegen die Strömung schwimmen können.

→ Verlassen Sie Kolåsen (63.7523, 12.9497) auf dem Kolåsen Sjövägen Richtung Westen zwischen den Seen. Wenn die Straße eine Rechtskurve macht, um dem See zu folgen, nehmen Sie die Abzweigung nach links, die parallel zu dem anderen See verläuft. Folgen Sie dieser Straße 4 km, und halten Sie sich bei jeder Gabelung links, bis die Straße endet (63.7881, 12.8672). Von hier gehen Sie ca. 1 km Richtung Südwesten zum Fluss. Sie werden den Wasserfall schon hören.

25 Min., 63.7845, 12.8582

2 NULLTJÄRN

See mit Sandstrand und klarem Wasser. Obwohl er normalerweise sehr kalt ist, kann er sich an einem heißen Tag schnell aufwärmen. Ruhiges Plätzchen zum Zelten und Schwimmen mit fantastischem Blick auf die umliegenden Berge.

→ Von Vålådalen der 644 Richtung Westen folgen, nach Nulltjärnsgården (ausgeschildert). Vom Parkplatz am Ende der Straße ist es nur ein kurzer Fußweg zum Strand.

5 Min., 63.1564, 12.8995

3 SCHWIMMENDE SAUNA AUF DEM ÅRESJÖN-SEE

Mieten Sie am östlichen Ende von Åre eine Holzsauna auf einem Floß, an dem auch ein Außenbootmotor befestigt werden kann, und kurven Sie ein paar Stunden auf dem Gebirgssee herum.

→ Informationen über Explore Åre, +46 647 50885. www.exploreare.se

63.3942, 13.0869

4 ULLÅN

Åres natürliches Erlebnisbad. Der Ullån fließt über glatte Felsen, sodass eine Reihe natürlicher Rutschen entstehen, die in tiefes, blubberndes Wasser führen. Je weiter stromaufwärts man geht, desto tiefer wird das Wasser, und die Rutschen werden zu spektakulären Wasserfällen. Die ruhigeren Badestellen finden sich stromabwärts, näher zur Brücke. Im Sommer kann das Wasser sehr warm werden.

→ Bei der Brücke über den Ullån an der E14 parken (63.4044, 13.0237), dann dem Weg am westlichen Ufer stromaufwärts folgen.

30 Min., 63.4121, 13.0184

5 LILLÅDAMMEN

Wandern Sie vom Parkplatz bei der Fröå-Grube für ein Bad im Gebirgssee (63.4196, 13.1875) auf den Lillådammen. Auf dem Weg nach oben kommen Sie am Byxtjärnen vorbei, einem weiteren kleinen See, in dem man baden kann. Strecke 7 km, Aufstieg 290 m.

→ Der Wanderweg 221c beginnt auf dem Parkplatz der Fröå-Grube (siehe 23) und ist deutlich markiert.

2 Std., 63.4041, 13.2083

6 FRÖÅTJÄRN

Kleiner Gebirgssee mit vielen Badestellen und wilden Beeren am Ufer.

→ Von Åre die E14 Richtung Östersund. Kurz vor Björnänge links und den Schildern nach Åre Björnen folgen. In Björnen an der Kreuzung hinter den Skilifts rechts Richtung Gamla Fröåvägen (ausgeschildert). Der Straße folgen, bis man links den See sieht.

63.3947, 13.1644

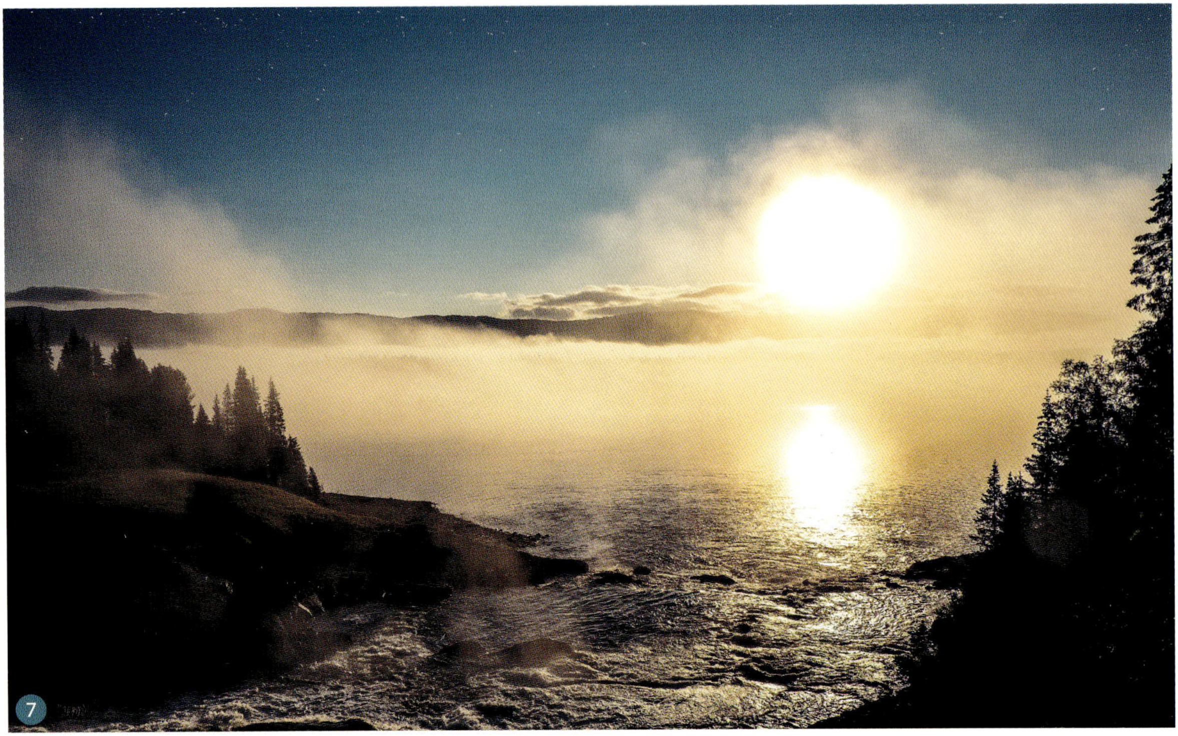

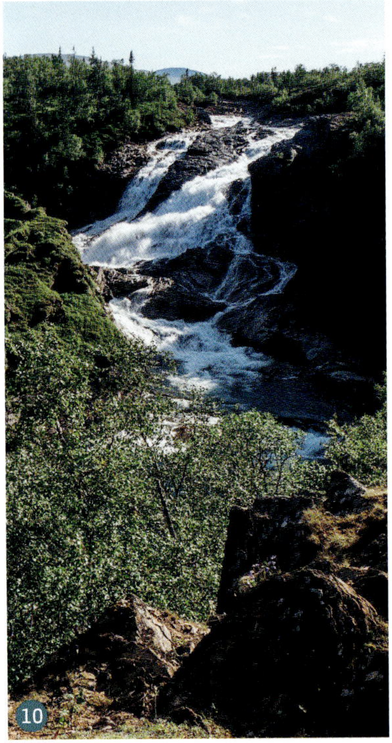

WASSERFÄLLE & SEEN

7 TÄNNFORSEN

Schwedens größter Wasserfall mit einer Höhe von 32 m und im Sommer einem durchschnittlichen Volumen von 400 m³/s. Im Frühjahrshochwasser von 1995 wurde ein Rekord von 900 m³/s gemessen. Die Fälle sind Teil des Indalsälven und verbinden die Seen Tännsjön (oben) und Östra Noren (unten). Im Winter gefrieren sie zu dramatischen Eisformationen.

➔ Von Åre die E14 Richtung Westen, nach 13 km die Brücke über den Indalsälven überqueren und bei Staa rechts. Den Schildern zum Tännforsen folgen (8 km). Vom Parkplatz führen zwei Wege zu den Wasserfällen.

5 Min., 63.4452, 12.7402

8 RISTAFALLET

Einer von Schwedens mächtigsten Wasserfällen, ein Stück stromabwärts von Åre am Indalsälven. Die Fälle sind durch eine bewaldete Insel zweigeteilt, und das durchschnittliche Sommervolumen liegt bei 400 m³/s. Das feuchte Klima um den Ristafallet herum hat ein ganz besonderes Ökosystem geschaffen mit vielen seltenen Flechten und Moosen. Im Winter, wenn das Wasser gefriert, kann man zur Insel gehen und eine verborgene, 20 m lange Eishöhle erkunden.

➔ Von Åre auf der E14 Richtung Östersund. Nach 18 km in Rista rechts und den Schildern zum Ristafallet folgen. Vom Parkplatz gibt es einen markierten Weg.

10 Min., 63.3121, 13.3510

9 OTTSJÖN

Erkunden Sie den Öttsjön-See mit Kanu oder Kajak. Legen Sie an einem der vielen einsamen Strände an, um sich etwas zu kochen oder Ihr Zelt aufzuschlagen. Boote und Ausrüstung gibt es im Fjäll Kajak Center. Von dort paddelt man durch das letzte kurze Stück des Vålån in den See. Es gibt auch begleitete Touren.

➔ ATI Mountain Experience, Östra Vålådalen 118, 830 12 Vålådalen, +46 647 35253. www.mountainexperience.se

63.1688, 13.0600

10 HANDÖLFORSARNA

Der Handölån fließt als längster Wasserfall Schwedens durch das Dörfchen Handöl. Er fällt 125 m in 5 Abschnitten und ist am spektakulärsten während des Frühlingshochwassers. Das durchschnittliche Volumen im Sommer beträgt ca. 50 m³/s.

➔ Bei der alten Specksteinfabrik in Handöl

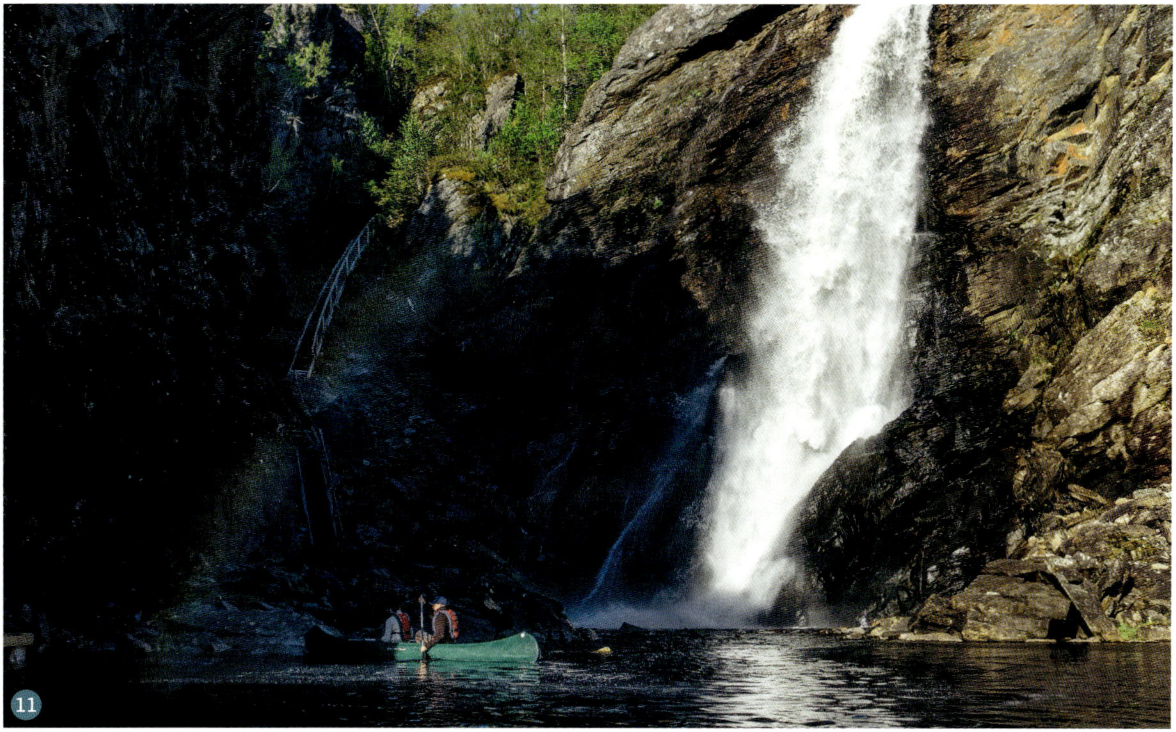

parken (63.2498, 12.4482) und dem Weg zum Fluss folgen.
5 Min., 63.2518, 12.4437

11 BRUDSLÖJAN

Der „Brautschleier" ist der spektakulärste einer Reihe von Wasserfällen, die sich buchstäblich über die norwegische Grenze ergießen. Sie befinden sich in einer kleinen Schlucht, die verschiedene Seen miteinander verbindet. Man kann unter den Wasserfällen Kanu fahren oder schwimmen und in der Nähe campen.

➜ Von Storlien der E14 Richtung norwegische Grenze folgen. Kurz vor der Grenze gibt es auf beiden Straßenseiten mit „Brudslöjan" ausgeschilderte Parkplätze (63.3278, 12.0577) mit einer kleinen Einfahrt. Von hier sind es noch ca. 3 km zum Wasserfall.
20 Min., 63.3270, 12.0465

WANDERUNGEN

12 MULLFJÄLLET-RUNDGANG

Bergwanderweg mit toller Aussicht, der mit einer anspruchsvollen Kletterpartie über eine Reihe von Skihängen beginnt. Dann geht es durch ein schönes Tal mit vielen Gelegenheiten zum Beerenpflücken zu einer Wanderhütte in Forsaskalet.

➜ Der Weg beginnt am Parkplatz beim Åre-Duved-Ski-Resort an der E14. Er ist deutlich mit der Nummer 203 markiert und führt zurück zum Ausgangspunkt. Entfernung 19 km, Anstieg 590 m.
6–7 Std., 63.3959, 12.9210

13 WANDERUNG NACH TEGEFORS

Leichte Wanderung von Åre zum spektakulären Wasserfall Tegefors, wo es eine Wanderhütte und eine Feuerstelle gibt. Bereiten Sie ein wärmendes Feuer vor und nehmen Sie dann unter dem Wasserfall ein erfrischendes Bad.

➜ Der Weg beginnt am Åre Torg, dem Platz in der Stadtmitte, und ist deutlich markiert (218). Hin & zurück 12 km, meist ebenerdig.
3 Std., 63.4003, 13.0783

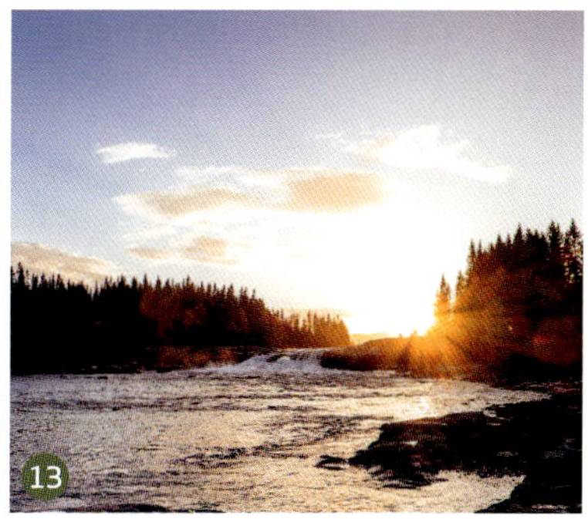

14 ÅRESKUTAN-RUNDWEG

Fantastische Umrundung des Åreskutan, die man an einem langen Tag schaffen oder auf zwei Tage verteilen kann, mit einer Nacht in freier Natur. Die Aussicht ist überall fantastisch.

➜ Start am VM6-Sessellift (kurzer, ausgeschilderter Weg vom Åre Torg in der Stadtmitte). VM6 nehmen, dann den Hummelliften bis zur Endstation (Mörvikshummeln). Zu Fuß weiter und den Schildern bis Stendalen folgen. Von hier dem markierten Wanderweg 211 ganz um den Berg herum und zurück nach Åre folgen. Entfernung 25,5 km, Aufstieg 490 m.
9 Std., 63.4025, 13.0772

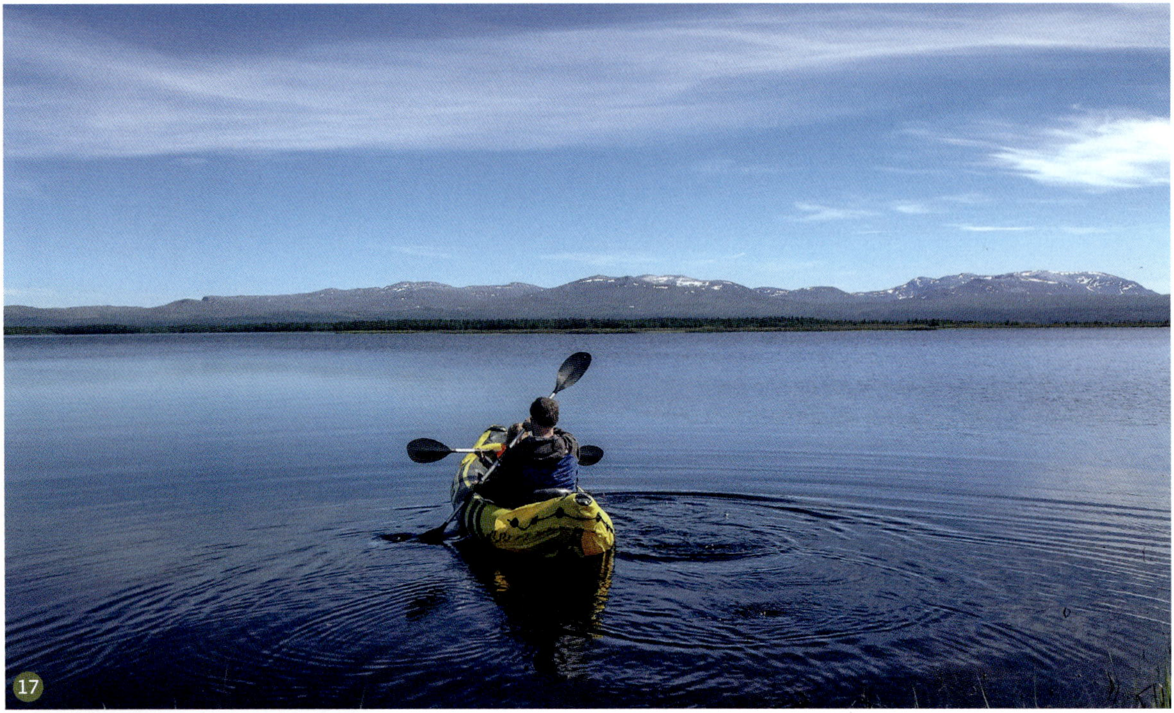

17

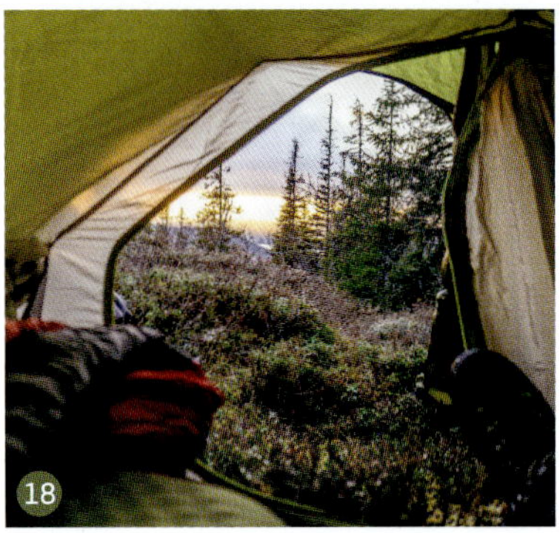

18

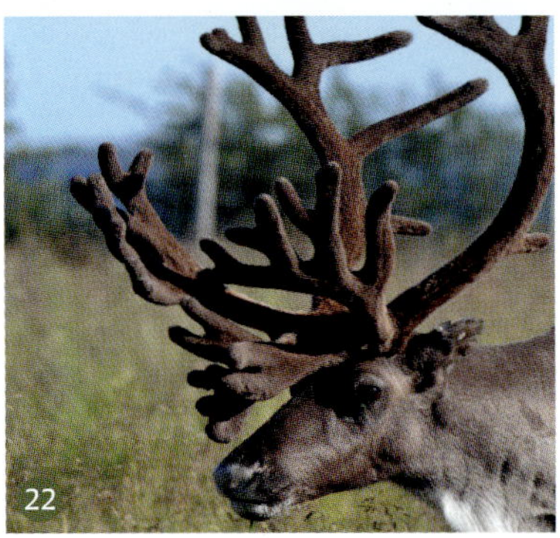

22

15 TROLLWEG

Kurze leichte Familienwanderung, entweder vom Åre Torg, wenn Sie zu Fuß hingehen möchten, oder ab Fjällgården, falls Sie die Seilbahn nehmen. Kiefern und dunkelgrünes Moos säumen diesen magischen Weg mit Trollfiguren. Gönnen Sie sich ein erfrischendes Getränk in Fjällgården, bevor Sie die Seilbahn zurück nehmen.

→ Start an der Seilbahn in Åre. Basisstation hoch gehen (Kabin Dal), dann Richtung Osten, vorbei am VM6-Sessellift, dem Wanderweg 212 folgen. Entfernung 1 km, Aufstieg 140 m. 30 Min., 63.4006, 13.0788

NATUR & TIERWELT

16 ÅRESKUTAN

Nehmen Sie von Åre die Seilbahn, und schon 7 Min. später befinden Sie sich 1274 mNN mit atemberaubendem Blick auf die Berge und Seen der Umgebung (63.4309, 13.0932). Bringen Sie ein Picknick mit und genießen Sie die Aussicht.

→ Basisstation: Kabinbanevägen, 83013 Åre. 63.4022, 13.0766

17 ÅNNSJÖNS FÅGELSTATION

Sehr flacher See und wichtiges Schutz- und Brutgebiet für eine Vielzahl an Raub- und Wasservögeln, darunter auch Moorhühner und Sumpfvögel. Halten Sie Ausschau nach Rentieren, die in der Umgebung weiden. Starten Sie bei der Fågelstation (Vogelstation). Von hier führen Wege zu diversen Hochsitzen und Beobachtungspunkten.

→ Wenn man auf der E14 nach Handöl kommt, sieht man links ein kleines Schild. Ånnsjöns Fågelstation, Handöl 563, 83015 Duved, +46 647 72210. www.annsjon.org 63.2587, 12.4476

18 NATURSCHUTZGEBIET VÅLÅDALEN

Dieses Naturschutzgebiet kann zu Fuß oder mit dem Kanu erkundet werden. Starten Sie im Besucherzentrum (Naturum Vålådalen), wo Sie etwas über die Tiere erfahren können, denen Sie begegnen werden. Wenn Sie in dieser Gegend wandern, stoßen Sie wahrscheinlich auch auf seltsame Steinpyramiden, die sich hier abgelagert haben, als die Gletscher am Ende der letzten Eiszeit schmolzen.

→ Von der E14, 12 km südöstlich von Åre, den Schildern nach Vålådalen für 29 km folgen. Naturum Vålådalen, Vålådalen 26, 83012 Vålådalen, +46 647 35232. www.valadalen.se/sv/naturum

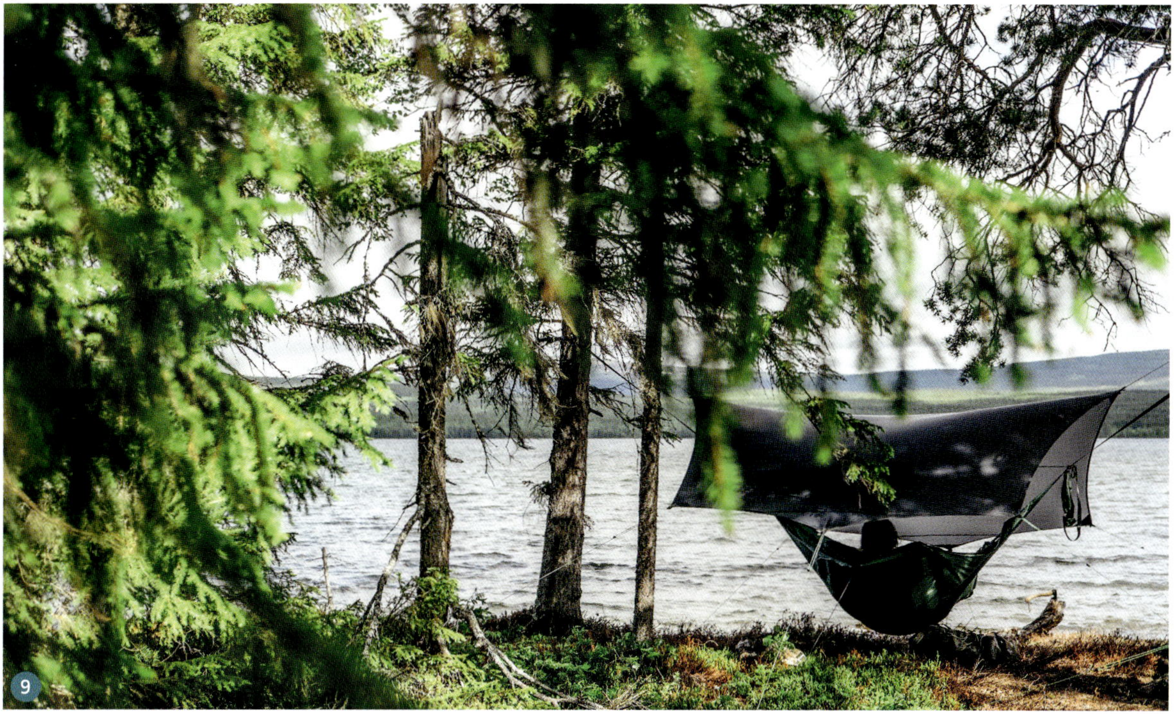

63.1482, 12.9651

19 KVARNBÄCKSLABYRINTEN

Kalkhöhle an der Nordseite des Åreskutan (63.4641, 12.9286) mit zwei voneinander unabhängigen, aktiven Wassersystemen. Beide sind eine Mischung aus schmalen Gängen und großen Kammern. Gehen Sie auf keinen Fall ohne Führer und entsprechende Ausrüstung hinein. JoPe Fors & Fjäll in Undersåker bietet geführte Touren an.

→ JoPe Fors & Fjäll, Hosbacken 7, 830 10 Undersåker, +46 647 31465. www.jope.se
63.3163, 13.2672

20 MILLESTGÅRDEN

Elchfarm mit zahmen Tieren. Erfahren Sie alles über Europas größtes Tier und warum man ihn den König des Waldes nennt. Außerdem gibt es ein Restaurant mit regionaler Küche, u. a. Käse aus Elchmilch.

→ Auf der 638, 2 km westlich von Duved, ausgeschildert. Duvedsbyn 187, 83015 Duved, +46 647 20035. www.millestgarden.se
63.3924, 12.8744

21 BLOMSTERSTIGEN, STORLIEN

Ende des 19. Jahrhunderts gründete Dr. Ernst Westerlund in Storlien ein Kurbad für Patienten mit Nervenkrankheiten, die er zu strammen Spaziergängen auf den Skurdalshöjden schickte. Westerlund, der auch leidenschaftlicher Botaniker war, saß derweil auf einer Bank und beaufsichtigte, dass die Patienten auch sportlich genug unterwegs waren. Dankbare Patienten begannen, Holzbänke entlang der 6 km langen Strecke aufzustellen, sie wurde wegen ihrer reichen Flora als „Blumenweg" bekannt.

→ Der Weg ist gut ausgeschildert, Karten bekommt man im Dorf. In der Nähe von Vargvägen 2, 83091 Storlien. www.blomsterstigen.com
60 Min., 63.3167, 12.1020

KULTUR & GESCHICHTE

22 NJARKA SAMELÄGER

Traditionelles Sami-Camp auf einer Halbinsel, die in den Haggsjön-See ragt. Gegründet und geführt von Familie Matsson, die ihren Gästen Leben, Geschichte und Kultur der Samen näherbringen möchte. Übernachten Sie in einer der fantastischen Hütten oder einem traditionellen Kåta und genießen Sie die Sauna.

→ Von der E14, 4 km östlich von Duved, ausgeschildert. Häggsjönäs Njarka 111, 83015 Duved, +46 76 7700779. www.njarka.com
63.5118, 12.6911

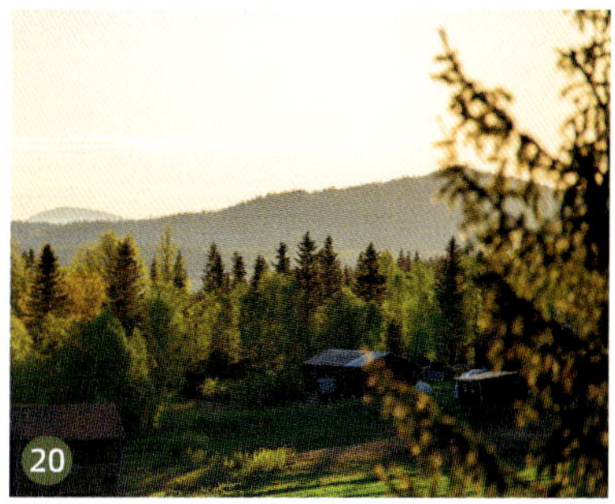

23 FRÖÅ GRUVA

Kupfermine, die in drei Phasen zwischen 1744 und 1919 aktiv war. Wasserwerk und Gebäude wurde restauriert, und man kann sich über die Geschichte des Bergbaus in der Gegend informieren. Drei ausgeschilderte Wanderungen von je weniger als 5 km beginnen an der Grube. Am Fröå-Tag, Mitte Juli, gibt es Programm für die ganze Familie.

→ Von Åre auf der E14 Richtung Östersund. Kurz vor Björnange links ab Richtung Fröå Gruva / Åre Björnen. Der Straße 7 km folgen, bis man die Fröå-Schilder sieht (830 13 Åre). www.froagruva.se
63.4041, 13.2083

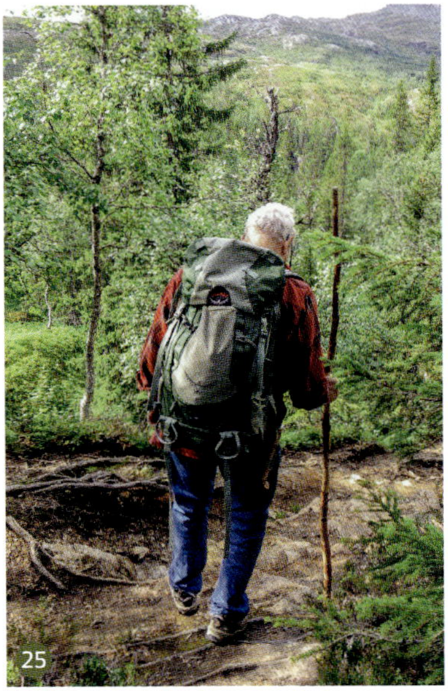
25

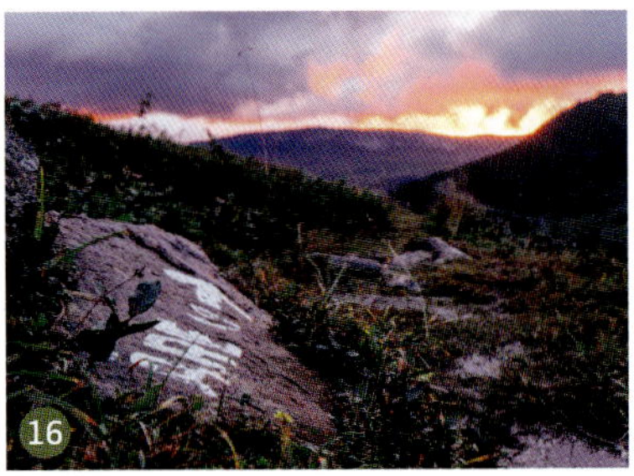
16

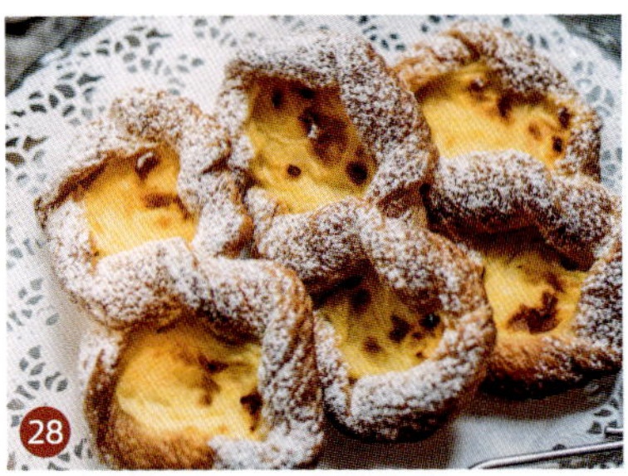
28

31

24 HANDÖL

Das einzige Dorf Schwedens, in dem Speckstein abgebaut wird. Seit dem 16. Jahrhundert wird der Stein für die Herstellung von Öfen verwendet, weil er so glatt ist, sich gut bearbeiten lässt und viel Wärme speichert. 1719 kamen die Überlebenden des Todesmarschs der Karoliner hierher, bei dem über 3.000 Soldaten erfroren sind; es gibt ein Denkmal zu ihren Ehren.

→ Ausgeschildert von der E14, ca. 40 km westlich von Åre, bei Enafors.

63.2592, 12.4426

HISTORISCH & HEILIG

25 ST. OLAVSLEDEN VON ÅRE

Teilabschnitt des Pilgerwegs von Selånger an der schwedischen Ostseeküste durch die Berge nach Trondheim. Der Weg wandelt auf den Spuren von König Olav II. Haraldsson, als dieser aus dem Exil zurückkehrte, um Norwegen zum Christentum zu bekehren.

→ Der Weg beginnt an der Kirche (Kyrkvägen 8, 83013 Åre). Folgen Sie ihm von Åre einen Tag in jede Richtung, am Indalsälven entlang. Karten und weitere Informationen auf www.stolavsleden.com.

63.3974, 13.0813

26 GLÖSA ÄLGRIKET HÄLLRISTNINGAR

Gut erhaltene Felszeichnungen aus der Steinzeit, etwa 6200–5500 Jahre alt, mindestens 3000 Jahre älter als die ältesten in Südschweden (siehe Österlen). 60 Zeichnungen von Elchen, die vermutlich von prähistorischen Fallenstellern stammen. Vom Besucherzentrum des Freiluftmuseums führt ein 5 km langer Wanderweg zu den Elchfallen.

→ Glösa liegt auf halbem Wege zwischen Åre and Östersund. Von der E14 auf die 666 und den Schildern folgen. www.glosaalgriket.se

63.3817, 14.0272

SLOW FOOD

27 ÅRE BRYGGCOMPAGNI

2013 gegründete Mikrobrauerei in Huså. Das Bier wird mit Wasser aus dem Kallsjön (Kalter See) gebraut und bekommt nach einem anstrengenden Tag in den Bergen richtig gut. Einfach vorbeischauen oder bei Interesse an einer Führung vorher anrufen.

→ Åre Bryggcompagni AB, Huså Bygatan 21, 830 05 Järpen, +46 735 002125. www.arebryggcompagni.se

63.4906, 13.1189

28 KRETSLOPPSHUSET

Biocafé, Restaurant und Lebensmittelgeschäft in fantastischer Gartenkulisse. Kretsloppshuset bedeutet „Kreislauf-des-Lebens-Haus", und der Name steht für den ganzheitlichen Ansatz. Unbedingt das Preiselbeerketchup probieren!

→ Kyrkvägen 5, 830 04 Mörsil, +46 647 665212. www.kretsloppshuset.com

63.3095, 13.6544

29 RESTAURANT FLAMMAN

Im White Guide, der Gourmetbibel für den Norden, als eines der besten Restaurants Schwedens aufgeführt. Serviert regionale Küche aus frischen Zutaten aus den umliegenden Wäldern, Bergen, Flüssen und Seen. Zimmer mit Frühstück. Probieren Sie den Birkensekt!

→ Vintergatan 46, 830 19 Storlien, +46 647 70010. www.flamman.nu

63.3174, 12.0980

30 OTTSJÖ BRYGGHUS

Die Mikrobrauerei Ottsjö braut Biobier und dunkles Fassbier. Besuchen Sie den dazugehörigen Pub in einer alten Tischlerei, wo man das Bier verkosten kann. Dazu gibt es hauptschlich vegetarische Speisen mit Zutaten aus der Region. Öffnungszeiten der Brauerei telefonisch erfragen.

→ Högåsvägen 35, 830 10 Undersåker, +46 70 3908610. www.ottsjobrygghus.se

63.2182, 13.0603

UNTERKUNFT

31 COPPERHILL MOUNTAIN LODGE

Hoch über Åre auf dem Förberget in ehemaligem Kupferminengebiet und ein idealer Ort, um nach ein paar Nächten unter freiem Himmel die Batterien wieder aufzuladen. Viele Gäste kommen direkt vom Berg, und man fühlt sich hier sofort zu Hause. Es gibt sogar sichere Trockenräume für Zelte und sonstige Ausrüstung. Das Restaurant hat einen samischen Einschlag und serviert Gerichte aus regionalen Bio-Erzeugnissen. Tolle Aussicht.

→ Von der E14 bei Björnange ausgeschildert. Åre Björnen, 83013 Åre, +46 647 14300. www.copperhill.se

63.3833, 13.1788

32 KOLÅSEN FJÄLLSTATION

Vom STF betriebene Bergstation in idealer Lage, um das Naturschutzgebiet Skäckerfjällen zu erkunden – zu Fuß oder mit dem Kanu. Kanus und Ausrüstung kann man hier leihen. Das Essen ist bio und aus der Region, teils sogar aus dem eigenen Garten und von den eigenen Tieren.

→ Von Järpen auf der 336N nach Kallsedet, von wo Kolåsen ausgeschildert ist. Kolåsens Fjällhotel, 83005 Järpen +46 647 81017. www.kolasen.se

63.7507, 12.9597

33 BUUSTAMONS FJÄLLGÅRD

Kleines Hotel und Restaurant auf 732 m Höhe im Ullådalen. Im Keller gibt es eine Destillerie, wo mit dem Wasser einer Gebirgsquelle der eigene Aquavit mit Kräuteraroma hergestellt wird. Die Küche ist beeinflusst von Bergregionen in aller Welt, kocht jedoch mit Erzeugnissen aus der Region.

→ Buustamon ist von der E14, westlich von Åre, ausgeschildert. Der Straße 4 km bergan folgen bis zum Parkplatz. Buustamon 142, 83013 Åre, +46 647 53175. www.buusta.se

63.4239, 13.0242

34 BLÅHAMMAREN FJÄLLSTATION

Die mit 1.086 mNN höchste STF Mountain Lodge liegt an der norwegischen Grenze. Im Sommer nur zu Fuß erreichbar, im Winter nur mit Skiern, aber der Blick ist die Mühe wert. Vor dem Schlafengehen wird man Ihnen sicher die Geschichte vom Todesmarsch der Karoliner im 18. Jahrhundert hier in der Nähe erzählen. Diverse Wanderwege in verschiedene Richtungen beginnen hier.

→ Parkplatz an der Storulvåns Fjällstation. Den Schildern von der E14, etwa 40 km östlich von Åre (63.1691, 12.3622), folgen. Von dort führt ein 12 km langer, markierter Weg hinauf. www.svenskaturistforeningen.se

90 Min., 63.1856, 12.1742

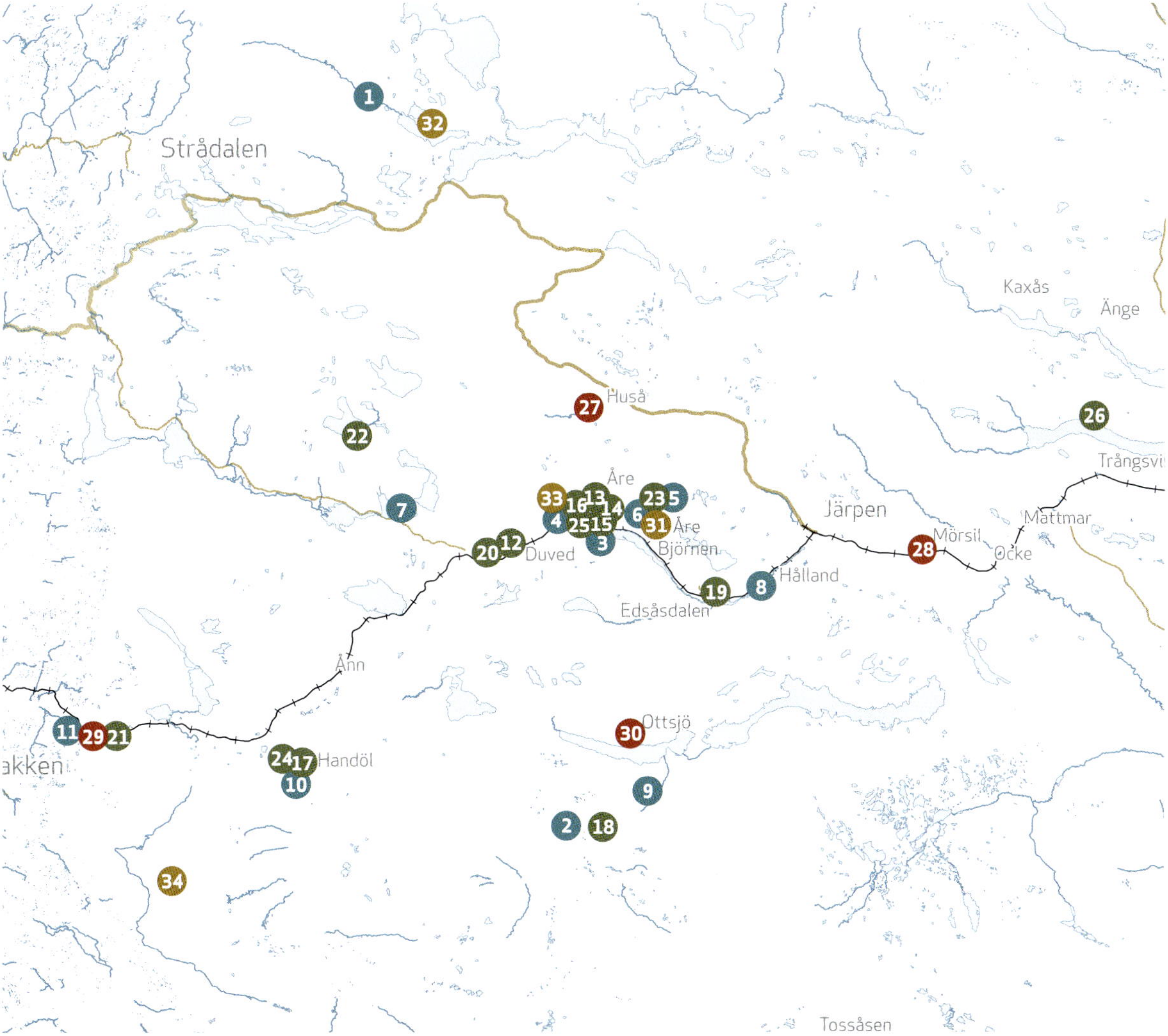

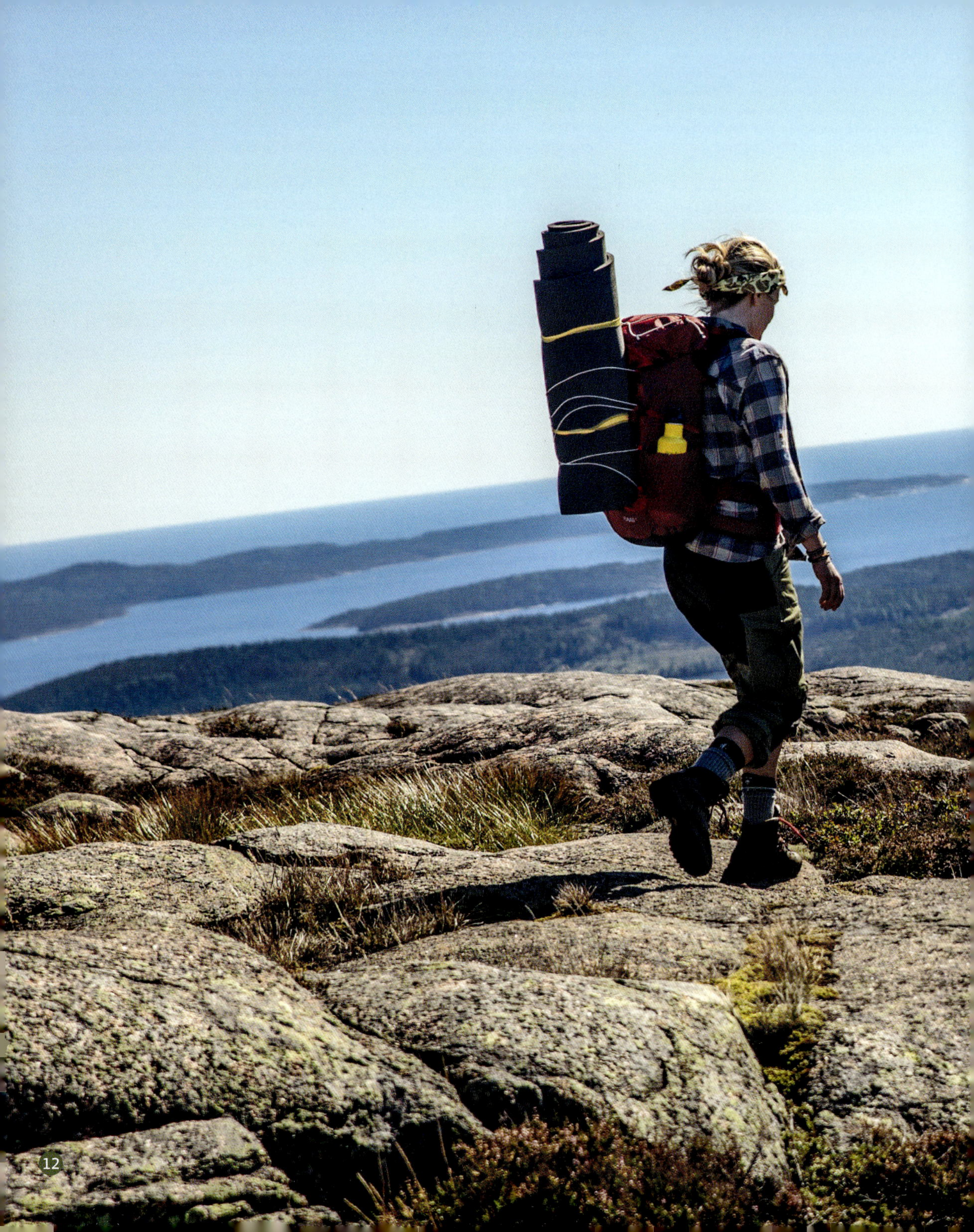

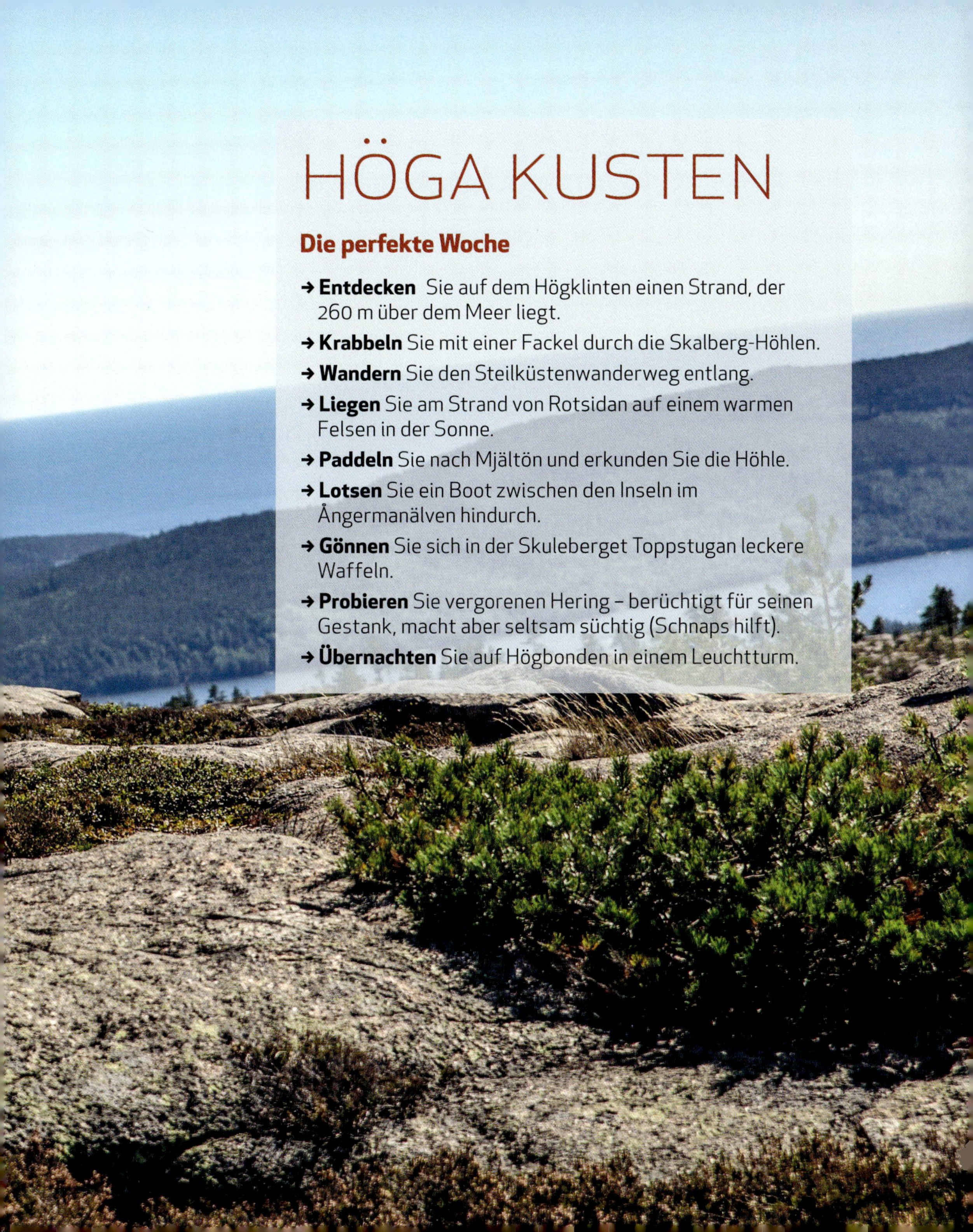

HÖGA KUSTEN

Die perfekte Woche

- → **Entdecken** Sie auf dem Högklinten einen Strand, der 260 m über dem Meer liegt.
- → **Krabbeln** Sie mit einer Fackel durch die Skalberg-Höhlen.
- → **Wandern** Sie den Steilküstenwanderweg entlang.
- → **Liegen** Sie am Strand von Rotsidan auf einem warmen Felsen in der Sonne.
- → **Paddeln** Sie nach Mjältön und erkunden Sie die Höhle.
- → **Lotsen** Sie ein Boot zwischen den Inseln im Ångermanälven hindurch.
- → **Gönnen** Sie sich in der Skuleberget Toppstugan leckere Waffeln.
- → **Probieren** Sie vergorenen Hering – berüchtigt für seinen Gestank, macht aber seltsam süchtig (Schnaps hilft).
- → **Übernachten** Sie auf Högbonden in einem Leuchtturm.

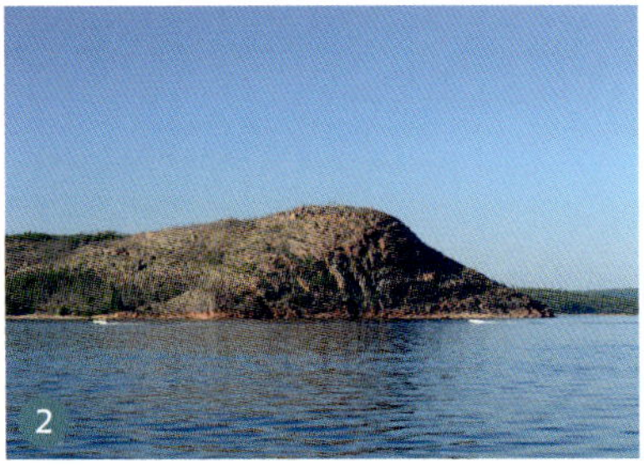

2

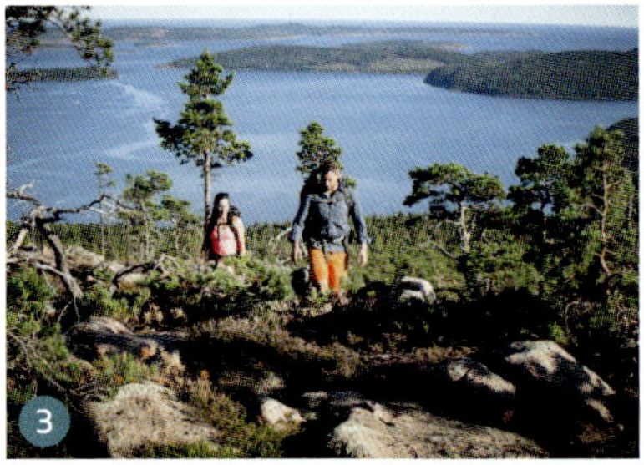

3

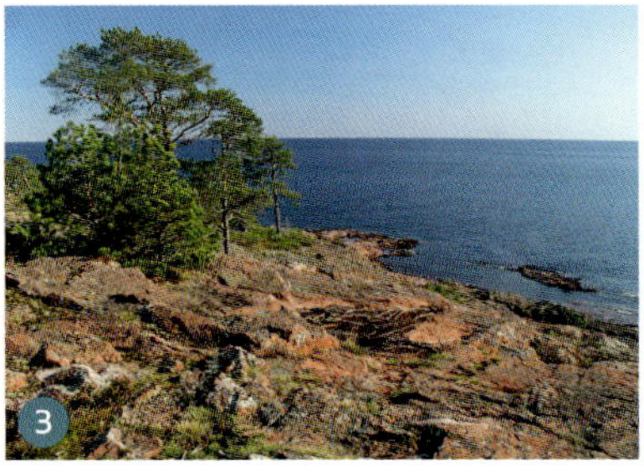

3

Das Outdoor-Paradies Höga Kusten ist eine Landschaft, die langsam aus der Ostsee auftaucht. Einst von Eis bedeckt, hat sich die Küste in den letzten 10.000 Jahren langsam gehoben, und heute ist der höchste Punkt mit 286 Meter über dem Meeresspiegel der Skuleberget. Man nennt diesen Effekt postglaziale Landhebung, und diese beträgt hier immer noch 0,8 Zentimeter pro Jahr.

Bis Ende des 19. Jahrhunderts hatte dieser prächtige Küstenstreifen nicht einmal einen Namen, dann begann er die Aufmerksamkeit der Geologen auf sich zu ziehen und wurde als Ångermanlands Höga Kusten (Hohe Küste) bekannt.

Als sich in den 1960er Jahren die Regierung dafür starkmachte, dass alle Schweden Zugang zu sinnvollen Freizeitaktivitäten haben sollen, wurde dieses Gebiet als eines von dreien für Outdoor-Aktivitäten ausgewählt. Dies führte schließlich zu einem weiteren Projekt in den 1970ern, in dessen Zuge die Gegend auch zum UNESCO-Weltnaturerbe ernannt und schlicht in Höga Kusten umgetauft wurde.

Viele Jahre war sie ein Geheimtipp der Schweden, doch inzwischen haben Outdoor-Fans aus aller Welt Höga Kusten für sich entdeckt. Ausgelöst hat diese Begeisterung nicht zuletzt das FriluftsByn-Projekt am Fuß des Skuleberget – der perfekte Ausgangspunkt für eine Entdeckungstour.

Vor der Küste findet man viele kleine, unbewohnte Inseln, die man mühelos mit dem Kajak erreicht. Von einer dieser Inseln stammt der vergorene Hering, und kühne Feinschmecker haben bei der jährlichen Premiere Gelegenheit, verschiedene Sorten zu kosten.

Für die ultimative Höga-Kusten-Erfahrung wandern Sie den 128 km langen Küstenweg entlang, der viele Sehenswürdigkeiten verbindet. Danach kann man seine müden Beine einen Tag lang auf den warmen Felsen am Strand von Rotsidan ausruhen. Vielleicht verbringen Sie die Nacht am Strand oder Sie fahren auf die Insel Högbonden, wo man in einem alten Leuchtturm auf den Klippen übernachten kann. Wer einmal hier war, wird immer wiederkommen.

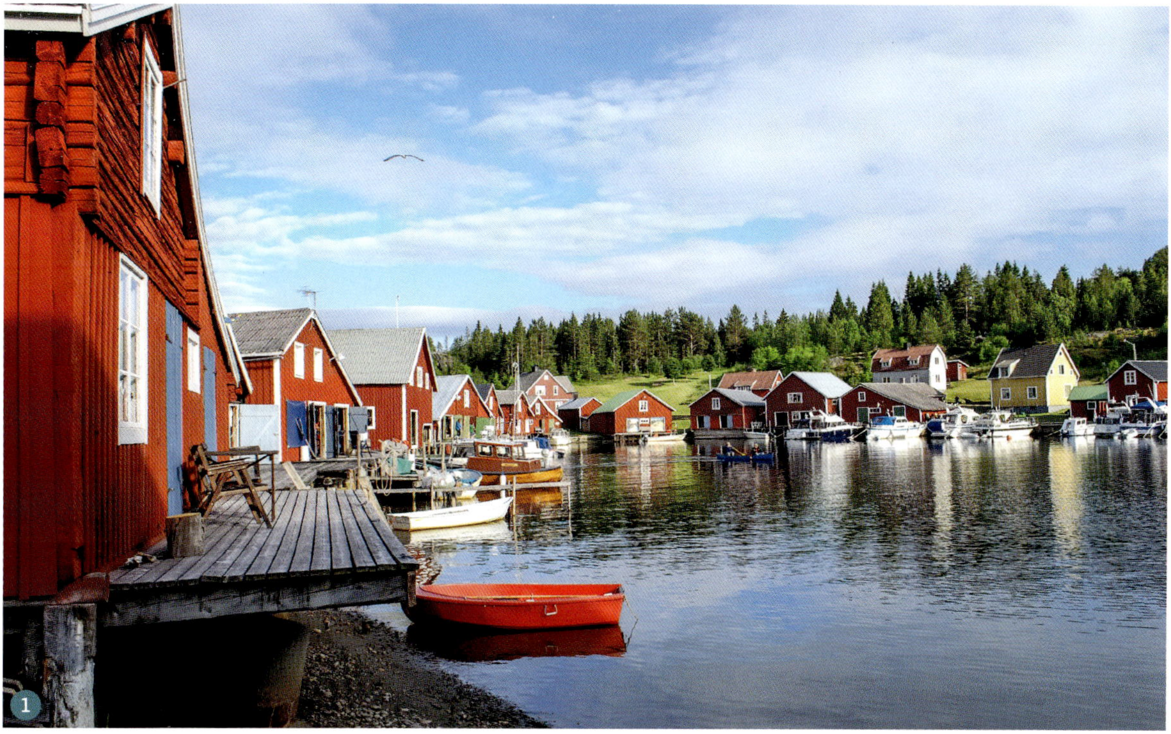

1

KÜSTEN & INSELN

1 TRYSUNDA

Insel in einem der schönsten Archipele Schwedens. Der einzige Hafen ist ein gut erhaltenes Fischerdorf aus dem 16. Jahrhundert. Kirche mit beeindruckenden Wandgemälden. Die Küste der felsigen, bewaldeten Insel weist jede Menge flache Buchten auf, perfekt für Wild Swimming und Camping.

→ Im Sommer gibt es vom Hafen in Köpmanholmen mehrmals täglich eine Fähre nach Trysunda. Aktuelle Fahrpläne unter www.mfulvon.se/turlistor

63.1403, 18.7967

2 BALESUDDEN

Hohe Halbinsel, einst Leuchtturm-Standort, jetzt Naturschutzgebiet. Folgen Sie den Wegen nach oben, um den fantastischen Blick übers Meer zu genießen (63.1645, 18.7177). Der Fußweg führt auch an Balestjärn vorbei, ein magischer See mit kristallklarem Wasser, auf dessen Grund man alte Baumstämme sehen kann, sowie an einer Sandbucht mit Grillplatz.

→ Der ausgeschilderte Fußweg ins Naturschutzgebiet beginnt am Hauptparkplatz (siehe Karte), nördlich von Sandlågan, und ist von der 922 zwischen Domsjö und Bjästa ausgeschildert.

1 Std., 63.2010, 18.7019

3 NORRFÄLLSVIKEN

Naturschutzgebiet an der Küste, einst Meeresboden, jetzt weite, mit Flechten bedeckte Steinfelder. Fast 5.000 Jahre ist es her, seit das Land aus dem Wasser aufgetaucht ist, und seither ist es weitere 50 m „gewachsen". Folgen Sie dem 5 km langen Küstenweg bis zu einem Unterstand, wo man Feuer machen kann, mit herrlicher Aussicht auf die Inseln Rävsön und Högbonden.

→ Spitze der Halbinsel Mjällom. Von Nordingrå den Schildern nach Norrfällsviken folgen. Durch den Campingbereich zum Parkplatz fahren.

30 Min., 62.9651, 18.5445

4 MJÄLTÖN

Mit 236 mNN höchste Insel Schwedens. Ein Teil der Insel ist Naturschutzgebiet, auch der natürliche Hafen von Baggviken. Von hier kann man einen Weg zum höchsten Punkt der Insel nehmen, von wo der Blick atemberaubend ist. Außerdem gibt es eine große Höhle, die einen Besuch lohnt. Es gibt keine regelmäßigen Fahrten zur Insel, man muss sich also hinbringen und abholen lassen. Alternativ kann man im FriluftsByn (siehe 23) Kajaks leihen und die 40 km (hin und zurück) paddeln. Man wird Ihnen dort mit der Planung der Route behilflich sein.

→ Charter-Boote bei HögaKustenTurer, +46 706 884438. www.hogakustenturer.se/bat-till-mjalton/

63.0452, 18.5196

5 ROTSIDAN

4 km langer Küstenabschnitt aus glatten, dunklen Felsen. Die Felsen erwärmen sich in der Sonne, sodass man hier wunderbar schwimmen und picknicken kann. An einigen gekennzeichneten Stellen darf man auch Feuer machen, aber überall sonst ist es zum Schutz der Felsen verboten.

→ Von Nordingrå den Schildern nach Haggvik, Kåsta und dann Fällsvik folgen. Von dort sind das Naturschutzgebiet Rotsidan und der Parkplatz ausgeschildert.

62.8483, 18.3831

6 STORÖN

Insel und Naturschutzgebiet an der Südspitze von Höga Kusten, mit dramatischer Landschaft und faszinierender Kulturgeschichte. Mehrere Jahrhunderte gab es einen

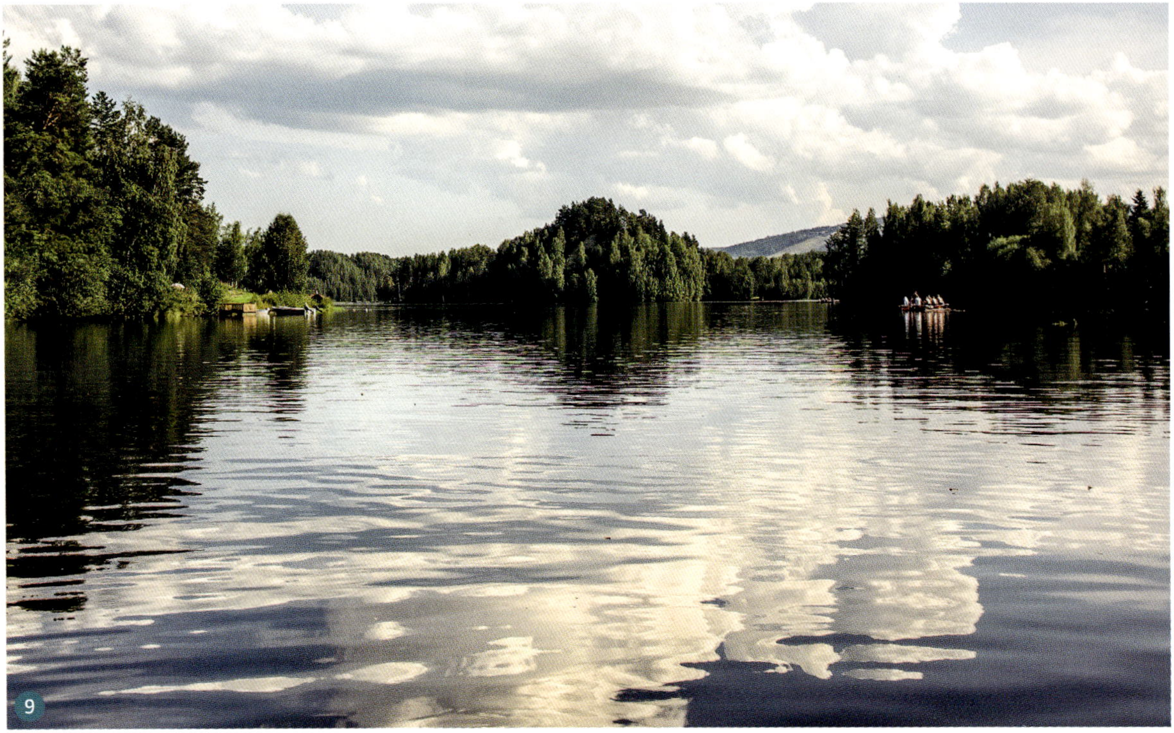

wichtigen Fischereihafen an der Ostküste der Insel, und die Fischer mussten wegen der Landhebung regelmäßig Steine aus der Hafeneinfahrt räumen. In den 1870ern gewann das Meer den Kampf schließlich, und der Hafen wurde ein idyllischer See. Am nördlichen Ende gibt es eine Hütte mit zwei Betten für Besucher des Naturschutzgebietes. Der Campingplatz Hörsångs betreibt einen Fährdienst zur Insel.

→ Hörsångs Camping & Beach, Hörsång Gräta 904, 872 98 Noraström, +46 613 34105
62.7776, 18.2230

7 FJÄLLUDDEN

Die Holzverarbeitungsfirma Holmen hat das Gelände gepachtet und macht es der Öffentlichkeit zugänglich. Es hat einen natürlichen Hafen mit Grillplatz, Hütte und Sauna. Vom Meer oder mit dem Auto erreichbar. Perfekt zum Schwimmen und Grillen.

→ Von Örnsköldsvik nach Süden und Osten Richtung Gullvik, dann Åvika Brygga, bei den Schildern nach Genesön rechts. In Genesön rechts halten und ca. 2,8 km bis zum Ende der Straße fahren.
63.2273, 18.7200

FLÜSSE & SEEN

8 TROLLTJÄRN

Idyllischer kleiner See mit spiegelartiger Oberfläche unter steilen Felswänden. Das Wasser ist 12 m tief. Auf den Klippen unter dem nördlichen Aussichtspunkt befindet sich eine Felszeichnung von zwei Elchen, die vermutlich aus der Jungsteinzeit stammt.

→ Von der Kreuzung in Lägsta nach Norden Richtung Norrtjärn. Trolltjärns Naturreservat ist nach 2 km rechts ausgeschildert.
63.8402, 18.0556

9 ÅNGERMANÄLVEN

Mieten Sie sich für einen Tag oder länger ein kleines Motorboot, um die Flussmündung des Ångermanälven und seine vielen Inseln zu erkunden. Höga Kusten ist bekannt für seine tiefen Gewässer und daher ideal, um sicher Motorboot fahren zu lernen.

→ Frånö Båthamn, 872 43 Kramfors, +46 73 0282571. www.flowweb.net
62.9133, 17.8396

10 VÄSTANÅFALLET

Mächtiger Wasserfall, am beeindruckendsten während des Frühlingshochwassers. Am Fuß des 90 m hohen Wasserfalls befinden sich die Überreste diverser Betriebe, die sich die Wasserkraft einst zunutze gemacht haben. Es gibt ein Besucherzentrum mit Café und Informationen zu Geschichte, Flora und Fauna der Region.

→ Das Naturschutzgebiet Västanåfallet liegt bei Viksjö an der 331, ca. 35 km westlich von Härnösand. Den Schildern zum Naturreservat Västanå folgen.
5 Min., 62.7348, 17.4141

KULTUR & GESCHICHTE

11 HEMSÖFASTNING

Die beeindruckende Festung Hemsö steht an der Mündung des Ångermanälven, kurz vor Härnösand auf der Insel Hemsön. Die Arbeiten an diesem in den Felsen gesprengten Gewirr aus Tunneln begannen 1953. Das einstige Topsecret-Projekt sollte nicht nur der Küstenverteidigung dienen, sondern mit Bunkern 40 m unter der Erde und unterirdischen Wohnquartieren für 320 Soldaten auch einem nuklearen Angriff standhalten. Während des Kalten Krieges war dies eine der wichtigsten Verteidigungsanlagen Schwedens, doch 1992 wurde sie stillgelegt und ist jetzt ein faszinierendes Museum, noch dazu mit fantastischer Aussicht.

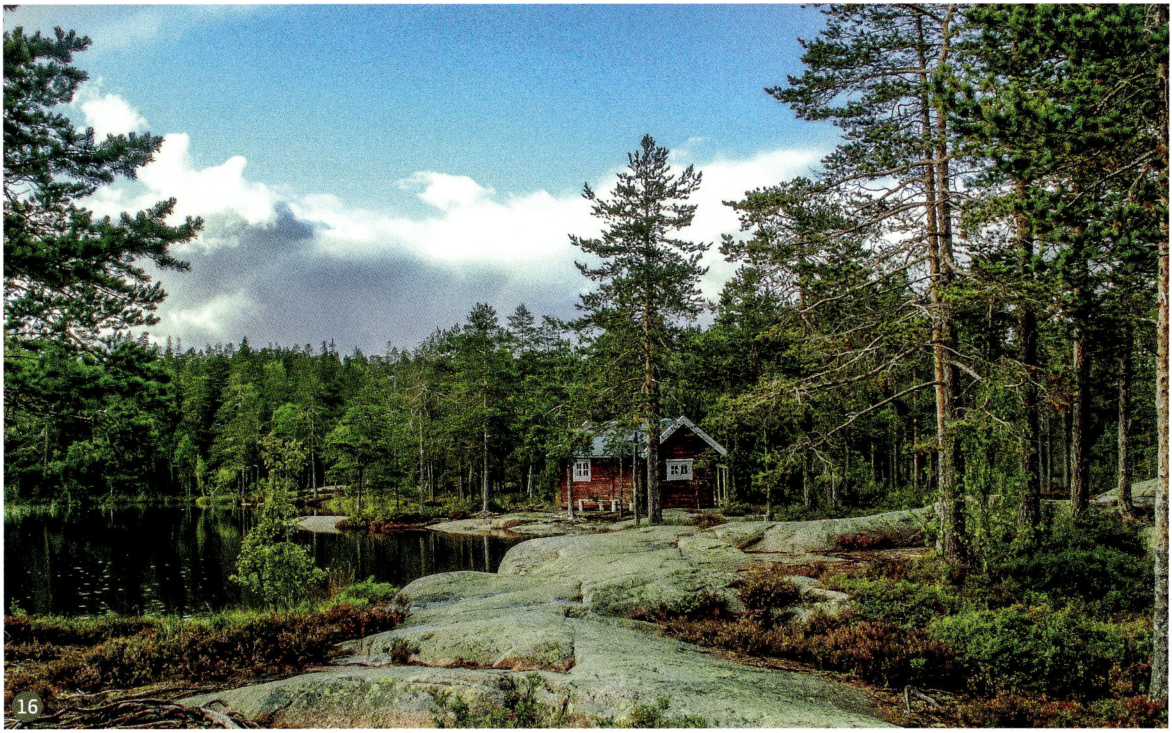

16

➔ Von der Fähre auf der 729 nach Norden und Osten über die Insel und nach 4 km den Schildern rechts folgen. Härnösand Ö, 87010 Älandsbro, +46 70 5441320. www.hemsofastning.se
62.6943, 18.0877

12 MANNAMINNE

Freilichtmuseum, das der Künstler Anders Åberg und seine Frau Barbro über 30 Jahre als „Gesamtkunstwerk" entwickelt haben. Das Leitprinzip seines Werks ist, Leben, Arbeit und Wirken der Menschen in der Vergangenheit mit der Gegenwart zu verbinden – und zwar mit Blick auf eine ganzheitliche, nachhaltige Zukunft. Die Ausstellung aus Kunst- und Kulturgegenständen, Fahrzeugen, Bauwerken aus Schweden und aller Welt befindet sich stets im Fluss; ein Wunderland, das Erwachsene und Kinder gleichermaßen verzaubert. Im Sommer gibt es außerdem ein schrulliges Restaurant mit Hausmannskost.

➔ Von der E4 den Schildern nach Nordingrå folgen. Nach 13 km rechts auf die 836, das Museum liegt kurz danach links. Häggvik 109, 87030 Nordingrå, +46 613 20290. www.mannaminne.se
62.9111, 18.3041

13 HÖGAKUSTENBRON

Gigantische Hängebrücke (Platz 14 der größten der Welt) über die Mündung des Ångermanälven.

➔ Auf der E4, 25 km nördlich von Härnösand.
62.7976, 17.9385

14 MURBERGET

Das Landesmuseum von Västernorrland erzählt die Geschichte der Region mit Schwerpunkt auf dem 19. und frühen 20. Jahrhundert. Zum Mittsommerfest erwacht das Museumsdorf mit Tanz, Gesang und Kostümen zum Leben. Es gibt Freizeitangebote für Kinder, Kunst und Handarbeiten aus der Region und leckere selbst gemachte Zimtbrötchen.

➔ Länsmuseet Västernorrland, Murbergsvägen 31, 871 21 Härnösand, +46 611 88600. www.murberget.se
62.6451, 17.9236

15 GENE FORNBY

Rekonstruierte Siedlung aus der Eisenzeit. Nach den Funden in einer nahen Ausgrabungsstätte zu urteilen, soll es ca. 500 v. Chr. so hier ausgesehen haben. Man nimmt an, dass der Hof einer angesehenen Familie gehörte. Ursprünglich lag er direkt an der

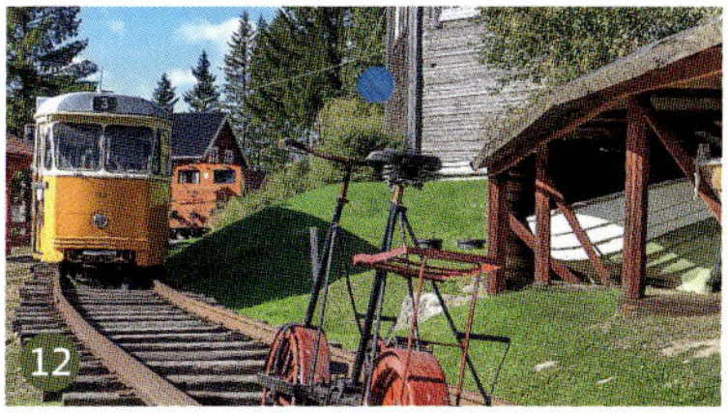

12

Küste, doch die ist inzwischen 500 m entfernt. Führungen gibt es nur an Wochentagen im Juli, aber man kann sich jederzeit selbst umsehen.

➔ Von Örnsköldsvik Richtung Domsjö und hinter der Ampel in Sund links, den Schildern nach Gene folgen. Von dort ist Gene Fornby ausgeschildert.
63.2497, 18.6954

16 NATIONALPARK SKULESKOGEN

Das Kronjuwel der Höga Kusten sind die 30 km² am höchsten Punkt der Küste, die 1984 zum Nationalpark Skuleskogen ernannt wurden. Am besten beginnt man im Besucherzentrum: Dort gibt es Karten, und mehrere Wanderwege haben hier ihren Ausgangspunkt. Zu den vielen faszinierenden geologischen Phänomenen gehört die Felsspalte Slåttdal, ein 100 m langer, 30 m tiefer

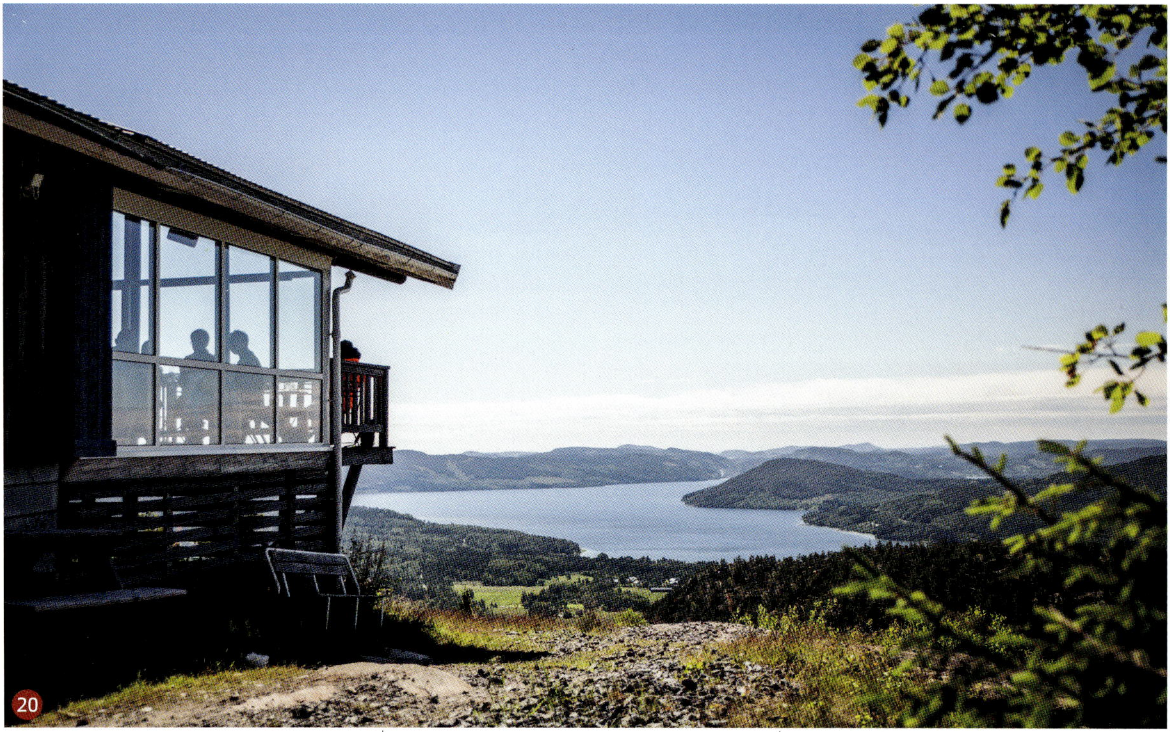

20

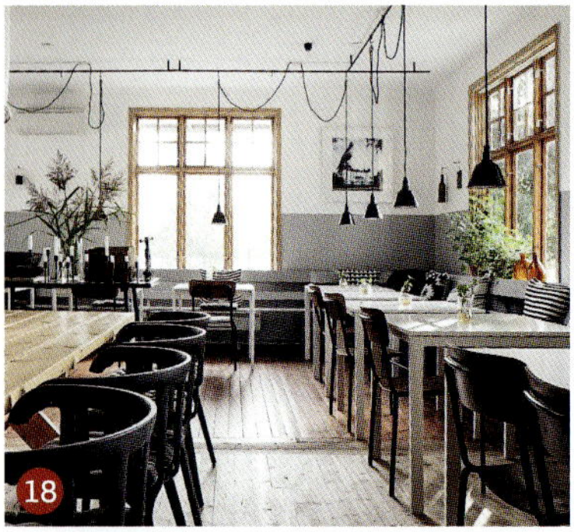

18

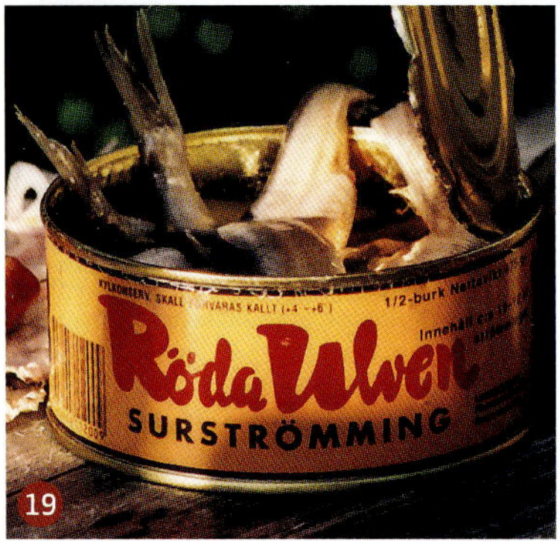

19

senkrechter Riss im Felsen. Es gibt diverse Wanderhütten. Wild Camping ist im Sommer auf den gekennzeichneten Plätzen erlaubt, solange man nicht länger als drei Nächte am selben Ort bleibt.

➔ Besucherzentrum des Nationalparks: Naturum Höga Kusten, Skuleberget, 87033 Docksta, +46 613 700200. www.naturumhogakusten.se

63.0727, 18.3558

17 BORGBERGET

Bergfestung, deren Ursprünge bis in die Wikingerzeit (800–1050) zurückreichen. 190 mNN und entsprechende Aussicht. Die Überreste der Befestigungsmauern sind noch sichtbar, ebenso die Fundamente zweier Häuser. Bisher gab es hier keine Ausgrabungen, deshalb weiß man noch wenig darüber.

➔ Von Bollstabruk auf der 774 Richtung Westen (Tunsjövägen). Nach ca. 2 km rechts nach „Fornborg" (Wallburg).

63.0124, 17.6222

KULINARISCHES

18 SÅGVERKET

Hostel und Restaurant in einer alten Sägemühle an der Küste nördlich von Härnösand. Die Küche ist auf einfache Gerichte spezialisiert, mit Bio-Erzeugnissen aus der Region. Sie können im Garten in einer Hängematte relaxen, die Hühner füttern und vielleicht nach dem Abendessen mit einem Drink in der Hand am Wasser spazieren gehen.

➔ Rö 303, 870 15 Utansjö, +46 611 64011. www.sagverket.se

62.7149, 17.9757

19 SURSTRÖMMING

Die Insel Ulvön im Archipel vor Örnskölds-viks wird von den meisten Schweden als Ursprungsort des Surströmming (vergorener Hering) angesehen, eine Fisch-Spezialität, die wirklich übel riecht, aber erstaunlich gut schmeckt. Im Frühling werden kleine Heringe gefangen, gesalzen und zur Gärung in Fässer gelegt. Auf der Insel wird noch immer Surströmming produziert, und jeden dritten Donnerstag im August ist „Saison-Premiere" mit Verkostung. Besuchen Sie die Insel für einen Tag oder länger. Einzelheiten zu Unterkünften und Veranstaltungen auf www.ulvon.info.

➔ Jeden Tag mehrere Fähren vom Hafen in Köpmanholmen. Fahrplan auf www.mfulvon.se/turlistor

63.0460, 18.6528

20 SKULEBERGET TOPPSTUGAN

Nehmen Sie den Sessellift auf die Spitze des Skuleberget (294 mNN), von wo Sie einen fantastischen Blick auf die Küste und die Inseln Mjältön und Ulvön haben.

➔ Toppstugan ist das Terrassen-Café oben auf dem Berg, das vom FriluftsByn (siehe 23) betrieben wird, und von der Sessellift-Station ist es nur ein kurzer Fußweg hierher.
63.0753, 18.3495

21 BOX DISTILLERY

Nördlichste Whisky-Brennerei der Welt am Ufer des Ångermanälven. Sie befindet sich in einem alten Elektrizitätswerk und stellt aus Quellwasser und Biogerste einen international geschätzten Whisky her. Es gibt ein Besucherzentrum und ein Café, geführte Touren und Verkostungen.

➔ Sörviken 140, 872 96 Bjärtrå, +46 612 53060. www.boxwhisky.se
63.0014, 17.7985

UNTERKUNFT

22 HÖGBONDEN FYR

Schwedens zweithöchster Leuchtturm auf der komplett naturgeschützten Insel Högbonden. Das Leuchtturmwärterhäuschen ist jetzt Hostel mit Aussicht. In der Hauptsaison gibt es ein Café, sonst muss man sich selbst Essen (und Grillanzünder für den Außengrill) mitbringen.

➔ Die Boote von Högakusten Båtarna nach Högbonden fahren in der Hauptsaison mehrmals täglich ab Barsta und Bönhamn. Högbonden Fyr & Vandrarhem: +46 613 23005. www.hogbondenfyr.se. Högakusten Båtarna, +46 613 10550. www.hkship.se
62.8661, 18.4777

23 FRILUFTSBYN

Das Outdoor-Dorf am Fuß des Skuleberget entwickelt sich ständig weiter, organisiert Aktivitäten und Veranstaltungen und bietet diverse Unterkunftsmöglichkeiten. Mit seiner zentralen Lage eignet es sich perfekt als Basis, um das Outdoor-Paradies Höga Kusten zu erkunden.

➔ Infos auf www.friluftsbyn.se
63.0645, 18.3376

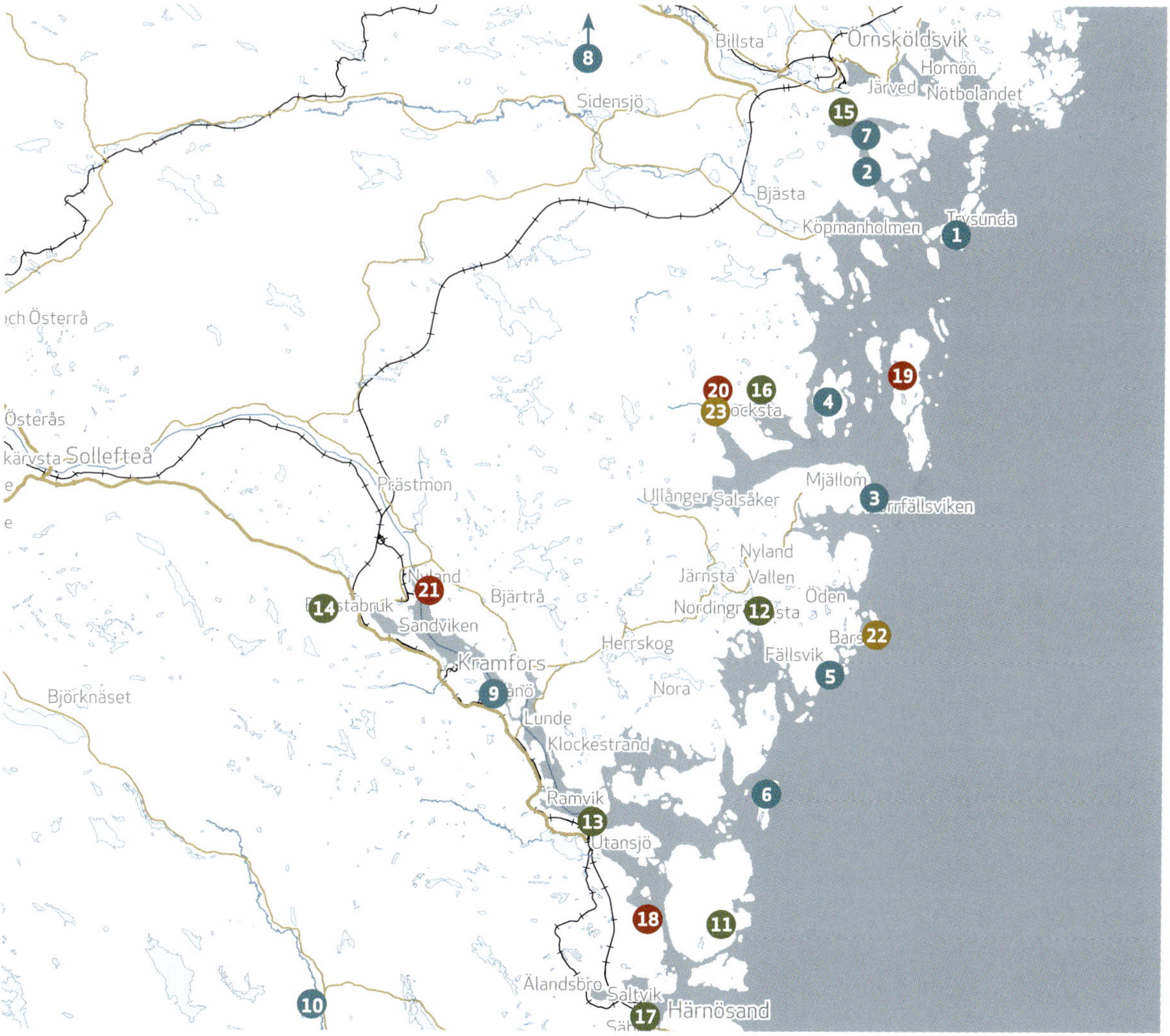

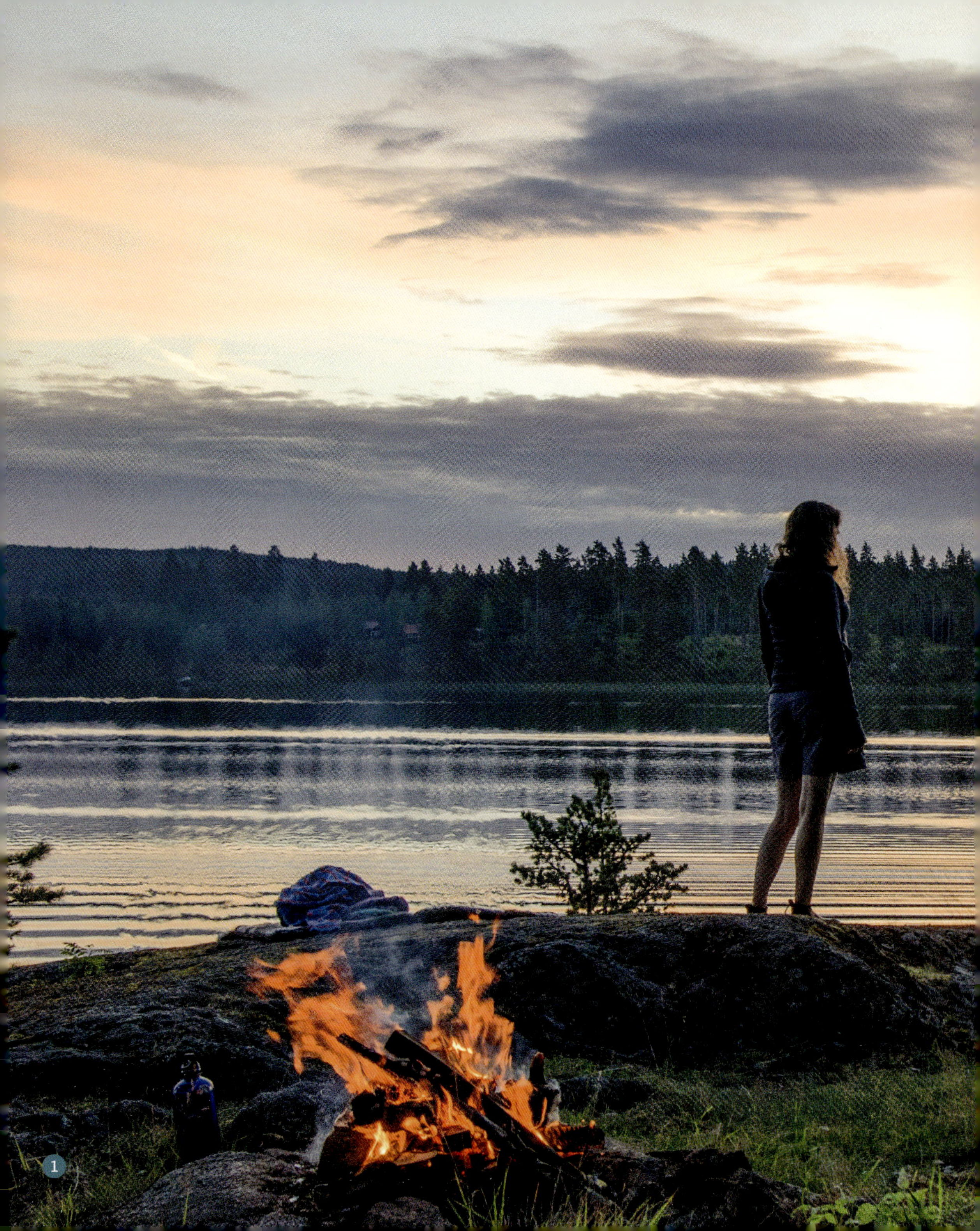
1

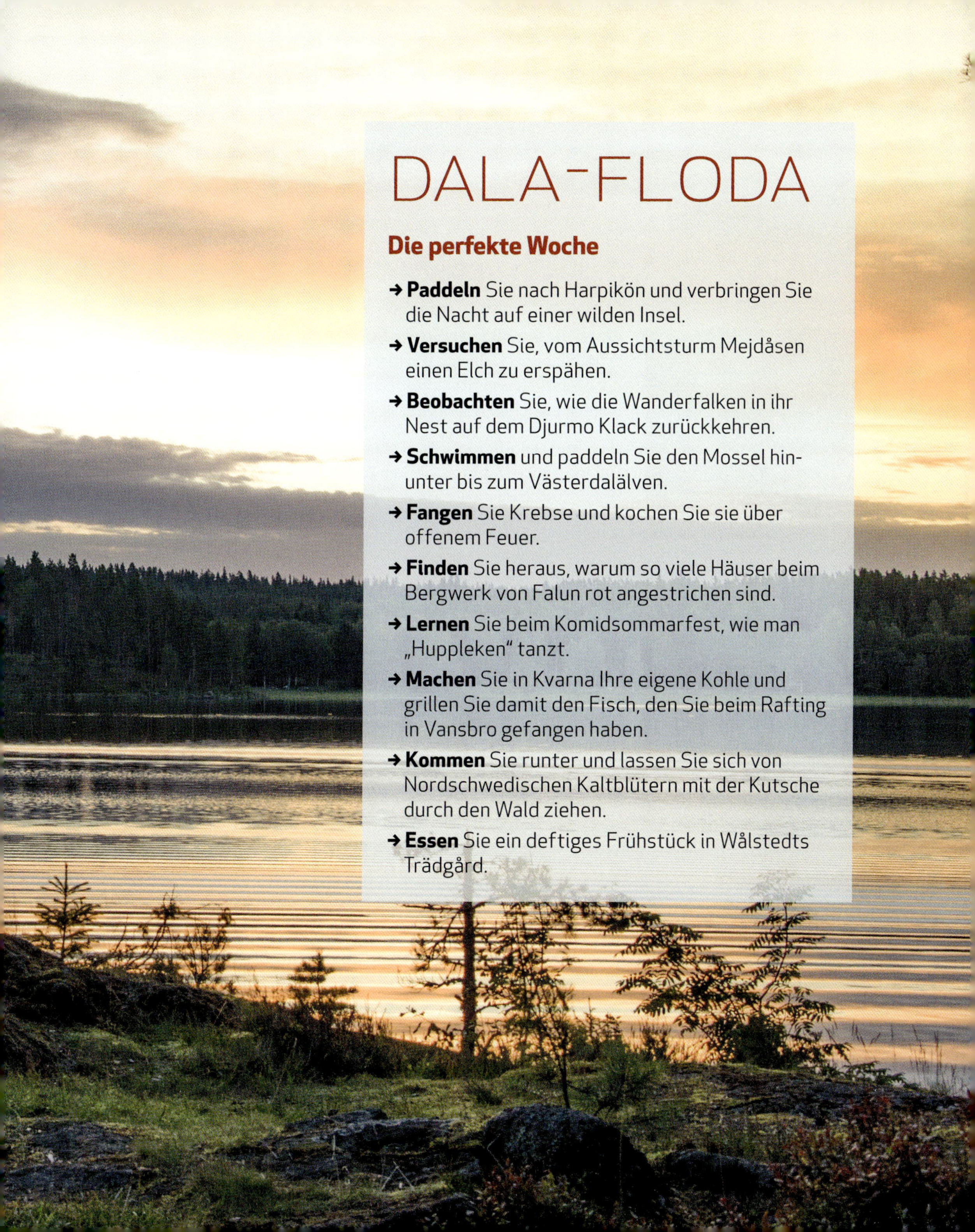

DALA-FLODA

Die perfekte Woche

- **Paddeln** Sie nach Harpikön und verbringen Sie die Nacht auf einer wilden Insel.
- **Versuchen** Sie, vom Aussichtsturm Mejdåsen einen Elch zu erspähen.
- **Beobachten** Sie, wie die Wanderfalken in ihr Nest auf dem Djurmo Klack zurückkehren.
- **Schwimmen** und paddeln Sie den Mossel hinunter bis zum Västerdalälven.
- **Fangen** Sie Krebse und kochen Sie sie über offenem Feuer.
- **Finden** Sie heraus, warum so viele Häuser beim Bergwerk von Falun rot angestrichen sind.
- **Lernen** Sie beim Komidsommarfest, wie man „Huppleken" tanzt.
- **Machen** Sie in Kvarna Ihre eigene Kohle und grillen Sie damit den Fisch, den Sie beim Rafting in Vansbro gefangen haben.
- **Kommen** Sie runter und lassen Sie sich von Nordschwedischen Kaltblütern mit der Kutsche durch den Wald ziehen.
- **Essen** Sie ein deftiges Frühstück in Wålstedts Trädgård.

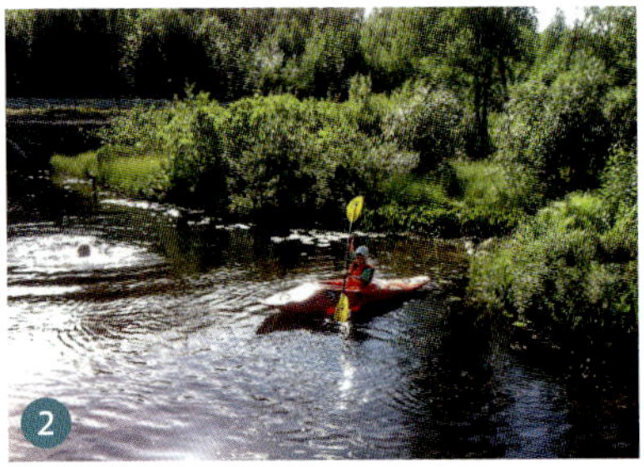

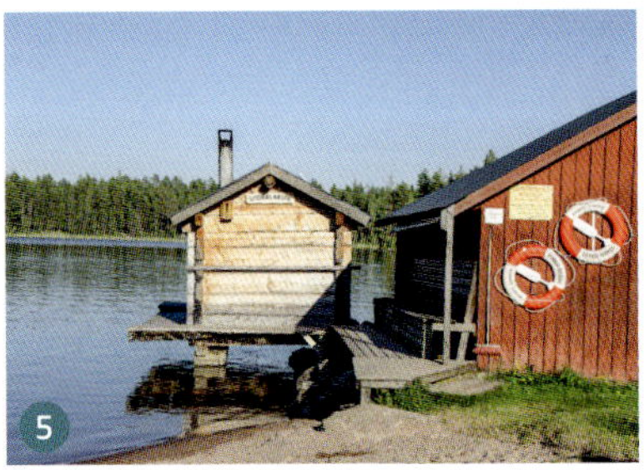

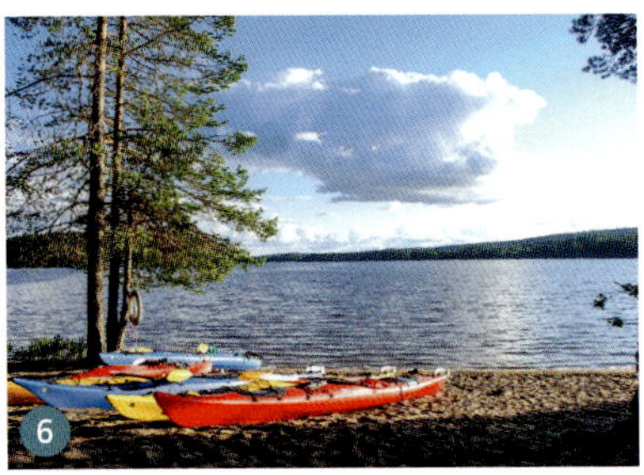

Wenn Sie ein Bild von Schweden im Kopf haben, ist es mit großer Wahrscheinlichkeit Dalarna. Die märchenhafte Landschaft liegt nur 3 Stunden nordwestlich von Stockholm und bietet beste Voraussetzungen für ein unvergessliches Abenteuer.

Das Dorf Dala-Floda liegt am Ufer des Västerdalälven im Herzen von Süd-Dalarna, auch Dalarnas Garten Eden genannt. Mit seinen rot gestrichenen Holzhäusern ist es die ideale Basis für Ausflüge in die Umgebung.

Kommen Sie zum Mittsommerfest und feiern Sie mit den Einheimischen, die sich in bunten traditionellen Trachten um den Maibaum versammeln. Die Mädchen tragen Kränze aus frisch gepflückten Blumen und tanzen zum Klang traditioneller Fidelmusik. Bis spät in die Nacht wird die Ankunft des Sommers ausgelassen gefeiert. Auf dem Nachhauseweg sollen Mädchen und junge Frauen sieben verschiedene Arten Blumen pflücken und unter ihr Kopfkissen legen, damit ihnen ihr zukünftiger Ehemann im Traum erscheint.

Wenn Sie in den Wald gehen, sehen Sie wahrscheinlich einen Elch, und vielleicht sogar einen Wolf, einen Luchs, Vielfraß oder Braunbär. Leichter ist es, wilde Beeren und Pilze zu finden, die man gemütlich am offenen Feuer verspeisen kann, wenn man am Ufer eines Sees zeltet.

Wenn Sie nach ein paar Nächten aus der Wildnis zurückkehren, gönnen Sie sich vielleicht eine Nacht im Värdshuset und eine Mahlzeit aus biologischen Erzeugnissen von Wålstedts Bauernhof. Falls Sie danach nicht schlafen können, schlendern Sie zum See runter und schwimmen unter dem roten Himmel der Mitternachtsdämmerung – auch wenn die Sonne hinter dem Horizont versinkt, wird es hier im Hochsommer nie richtig dunkel.

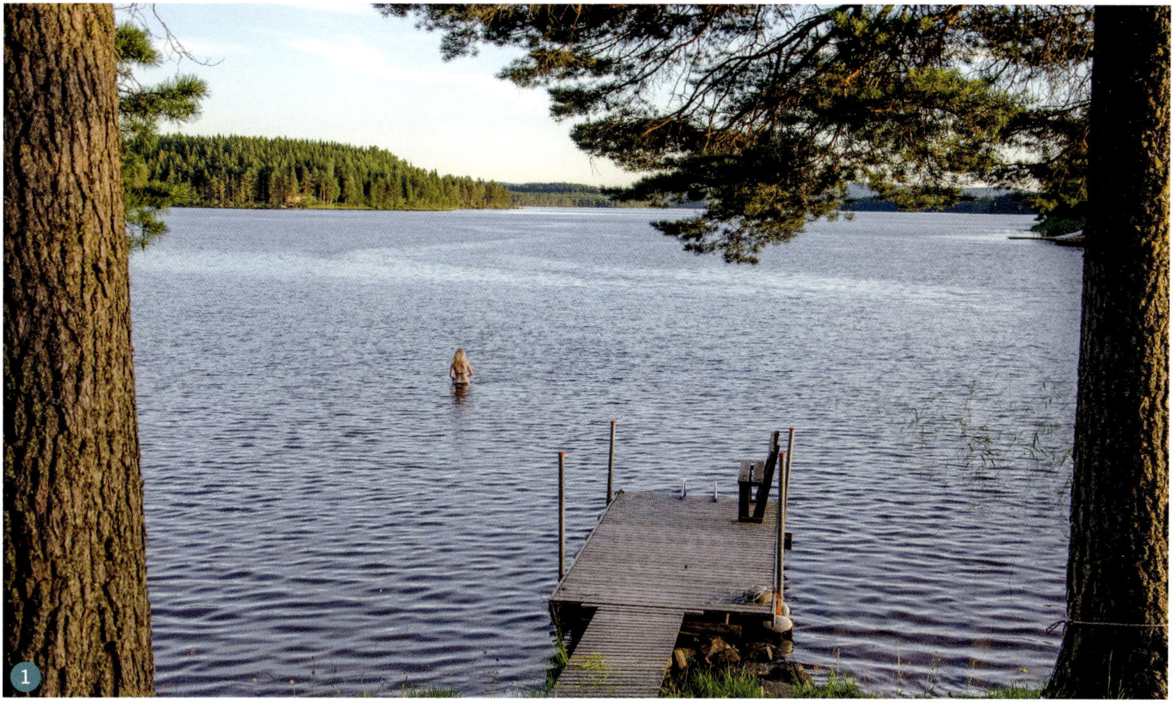

1

WILD SWIMMING

1 FLOSJÖN BADPLATS

Badestelle am Flosjön-See, einen kurzen Fußweg vom Dorfzentrum in Dala-Floda entfernt. Im Sommer hat das Wasser oft über 20°C, und nach einem heißen Tag kann man sich hier herrlich abkühlen. Es gibt eine schwimmende Plattform mit Sprungbrett und einen Holzsteg ins tiefe Wasser.

→ Dem Flosjövägen durchs Dorf nach Norden folgen, dann den Badvägen am See entlang zum Hotel Värdshuset, bis man das Flosjöbadet-Schild und den Parkplatz erreicht.

2 Min., 60.5156, 14.8087

2 MOSSEL

Der Mossel fließt vom Lingtjärnen-See in den Flosjöneret und weiter in den Västerdalälven. Kurz danach fließt er unter einer Brücke hindurch ins gleichnamige Dorf und formt einen tiefen Pool: eine perfekte Badestelle für Familien, samt Rutsche und Schaukel. Da das Wasser von der Oberfläche eines Sees stammt, ist es normalerweise sehr warm.

→ Vom ICA-Laden im Stora Vägen (E16) in Dala-Floda Richtung Westen (Björbo). Die erste rechts, beim Schild nach Mossel, und 1,5 km bis zur Brücke. Die Badestelle befindet sich rechts.

60.5169, 14.7748

3 SÅNGEN

Der Sången-See liegt ca. 10 km von Dala-Floda entfernt im Wald. Durch den langen Sandstrand und die flache Lagune fühlt man sich fast wie am Meer. Neben dem Strand befindet sich ein Unterstand mit Feuerstelle und Holzscheiten, der in Gedenken an einen hiesigen Fischer errichtet wurde. Herrlich zum Zelten, Beerensammeln, Baden und Angeln.

→ Von Dala-Floda Richtung Mossel. Kurz vor der Brücke rechts, bis man nach 5,5 km den (beschilderten) Sången überquert. Die nächste links, Richtung Sången (ausgeschildert), und weitere 5,5 km. Der Waldweg zum Strand befindet sich ganz am Ende des Sees.

5 Min., 60.5861, 14.7809

4 LÅNGSJÖN

Badestelle am Långsjön vor den Toren Dala-Flodas. Direkt an der Straße, daher ideal, um kurz anzuhalten und sich abzukühlen. Kleiner Steg und Unterstand.

→ Von Dala-Floda Richtung Mockfjärd. Der See liegt nach 6 km rechts.

2 Min., 60.5017, 14.8982

5 LISSKAS BASTU

Von der Gemeinde betriebene, traditionelle Holzsauna auf Stelzen über dem Flosjön, sodass man direkt in den See springen kann, um sich abzukühlen.

→ Sauna-Buchungen unter boka.se/lisskasbastu

60.5158, 14.8089

KAJAK & FLOSS

6 HARPIKÖN KAJAKTOUR

Von Flosjön Badplats (siehe 1) in Dala-Floda zur Insel Harpikön. An der Südspitze dieser großen Insel gibt es ein paar Sommerhäuser, der Rest ist relativ unberührt. Es gibt diverse einsame Strände und schöne Stellen zum Zelten. Packen Sie alles, was Sie brauchen, in ein Kajak, und verbringen Sie eine Nacht in freier Natur am Wasser.

→ Kajaks und Ausrüstung kann man bei Kajaktiv leihen. Dort bekommt man auch Tipps für weitere Paddeltouren in der Umgebung. Kajaktiv, Lissforsvägen 11, 78544 Dala-Floda, +46 241 22361. www.kajaktiv.se

2,5 Std. (Hinweg), 60.5575, 14.8476

7 VANSBRO RAFTING

Bevor es in Schweden Straßen- und Schienenverkehr gab, nutzte man die großen Flüsse, um Baumstämme stromabwärts zu Sägemühlen treiben zu lassen. In Vansbro

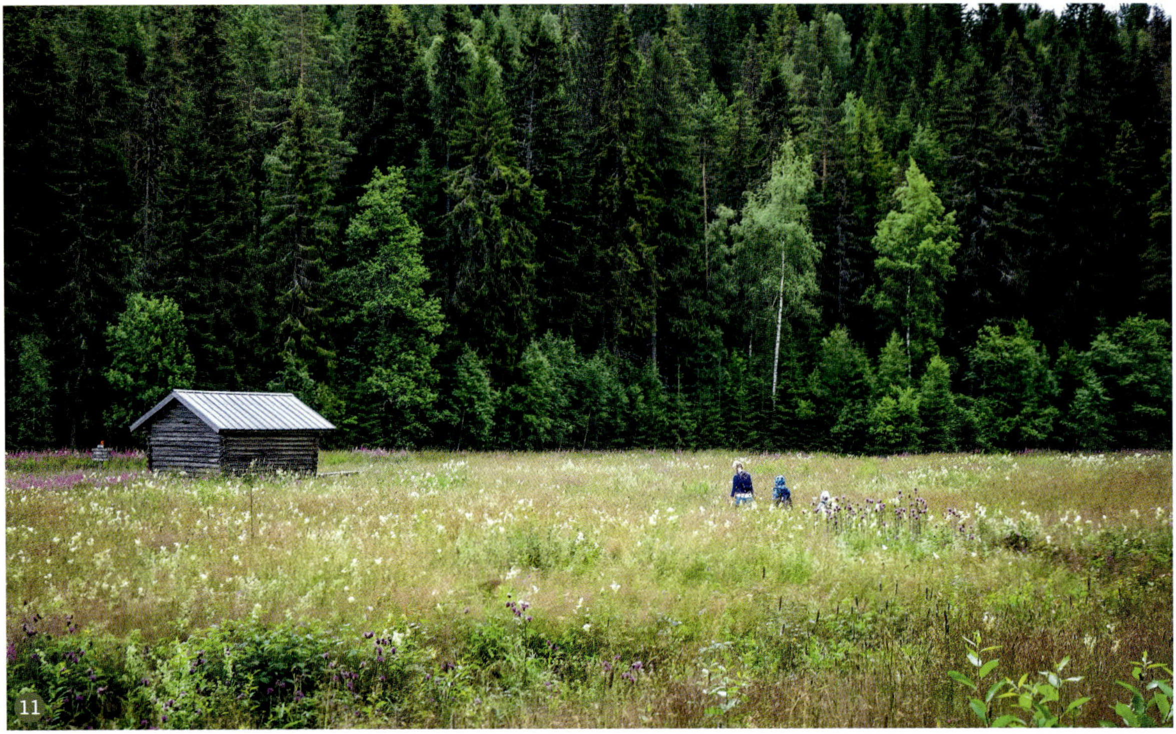

11

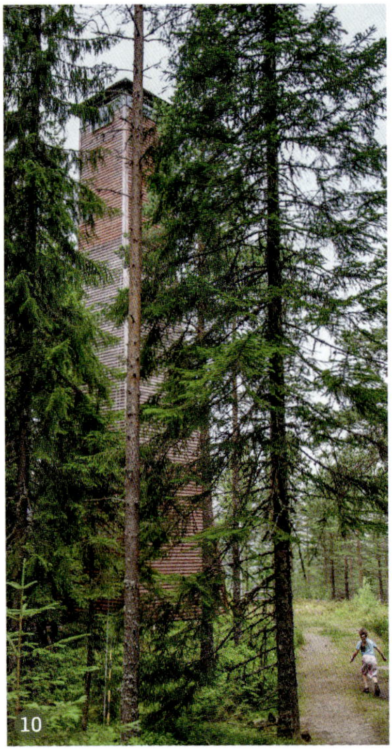

10

besteigt man ein zu diesem Zweck gebauten Floß und lässt sich von elektrischen Außenbootmotoren so weit stromaufwärts bringen, wie man möchte. Von dort lässt man sich Huckleberry-Finn-mäßig langsam mit der Strömung wieder stromabwärts treiben. Halten Sie Ausschau nach Elchen und Bibern oder angeln Sie ein bisschen.

➔ Start ist am Fluss hinter der ST1 Tankstelle an der E16 in Vansbro. +46 701 768383. www.vansbroaventyr.se

60.5044, 14.2292

8 KAJAKTOUR AUF DEM RUNN

Der Runn ist ein 64 km² großer See zwischen den Städten Falun und Borlänge, mit mehr als 100 Inseln. Paddeltouren können hier ein paar Stunden oder mehrere Tage dauern, denn auf den Inseln lässt es sich herrlich campen. Die Touristeninformation in Falun hat detaillierte Karten mit 13 verschiedenen Routen. Kanus, Kajaks oder SUPs kann man bei Runns Sjöbod leihen, wo man auch sein Auto abstellen kann.

➔ Starten Sie bei Roxnäs Udde in Falun.

60.5807, 15.6982

WANDERUNGEN & AUSSICHTSPUNKTE

9 FÄNFORSEN

600 m lange Stromschnellen am Västerdalälven mit einer Fallhöhe von fast 9 m, beliebt bei Kajakfahrern. Diverse Veranstalter bieten Wildwasser-Rafting-Reisen hierher an. Holen Sie sich beim Restaurant auf dem Rastplatz ein Eis und schlendern Sie am Ufer entlang stromabwärts.

➔ Fänforsen Rastplats an der 66, am westlichen Ende von Björbo. Von dort kann man die Stromschnellen schon hören und sehen.

5 Min., 60.4633, 14.6838

10 AUSSICHTSTURM MEJDÅSEN

Der frisch renovierte, 22 m hohe Turm liegt 2,5 km von Björbo entfernt und wurde in den 1940ern von den hiesigen Waldbesitzern zur Brandbekämpfung gebaut. Er bietet eine fantastische Aussicht auf die Berge an der norwegischen Grenze in die eine Richtung und auf das Västerdalälven-Tal in die andere.

➔ Machen Sie beim Konsum-Supermarket in Björbo Halt, um sich eine Karte zu besorgen (gibt's gratis). Entweder fahren Sie über die Schotterstraßen durch den Wald oder Sie gehen von Björbo zu Fuß (Richtung Süden, 1 Std.).

10 Min., 60.4361, 14.7122

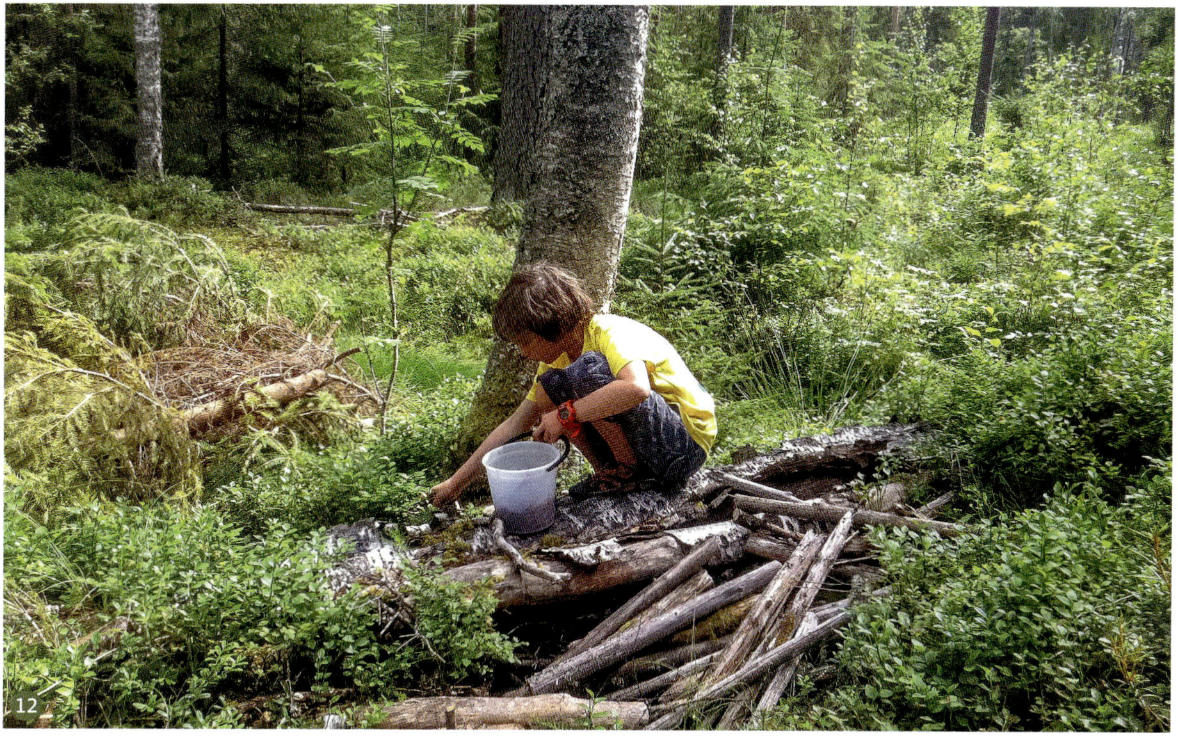

12

11 TROLLDALEN

Naturschutzgebiet in einem tiefen, dicht bewaldeten Tal. Im Trolltal soll einst eine Gruppe von Trollen gelebt haben, die das nahegelegene Dorf Björka terrorisierten. Die Trolle schlossen einen Pakt mit den Dörflern, dass sie Trolldalen verlassen würden, wenn es einem der Männer gelänge, mit sieben Axthieben an sieben Donnerstagen einen großen Baum zu fällen. Es gelang tatsächlich, und die Trolle wurden nie wieder gesehen. Ein natürlicher Steinbogen auf einer 40 m hohen Klippe wird Trollkirche genannt und gilt als Tor zu ihrer Welt. Es gibt einen Rundweg durchs Tal mit seiner reichen Flora und Fauna, zu der sogar seltene Orchideen gehören. Verbringen Sie einen Tag mit Blaubeerpflücken und halten Sie dabei Ausschau nach Zeichen von Trollen.

→ Am Bahnübergang in Björka parken und den Schildern zum Trolldalen folgen.

25 Min. bis zum Naturschutzgebiet.
60.5308, 15.0813

12 ÄPPELBO SAGOSTIG

Märchenwanderweg im Wald in der Nähe von Äppelbo, auf dem Kinder mythische Wesen entdecken können. Unterwegs kann man je nach Jahreszeit Beeren pflücken oder Pilze sammeln. Der Weg ist nur 1,5 km lang, aber es gibt viel zu erleben und einen Unterstand mit Feuerstelle.

→ Von Äppelbo den Ovanheden nach Süden zum Hostel, wo der Weg beginnt. Äppelbo Gemenskap & Vandrarhem, Älvgården, 78054 Äppelbo.

1 Std., 60.4780, 14.0030

13 DJURMO KLACK

Naturschutzgebiet mit einer Klippe, von der man einen fantastischen Blick auf den Dalälven hat. Der markierte Weg namens Djurmo Klack führt vom Parkplatz zum Aussichtspunkt in 400 m Höhe (60.5561, 15.1801). Es gibt zwei Hügelgräber aus der Bronzezeit und eine Vielzahl an Tieren zu entdecken. Die Höhlen in der Felswand sind geschützt, da Uhus und Wanderfalken darin leben. Auf der Informationstafel auf dem Parkplatz gibt es eine Karte mit weiteren Wegen durch das Naturschutzgebiet.

→ Von Djurås nach Südosten Richtung Djurmo. Beim Schild nach Helgbo, Sifferbo, Stugby links. Die erste links und die Gleise überqueren. Noch 2 km bis zum Parkplatz.

1,5 Std., 60.5612, 15.2047

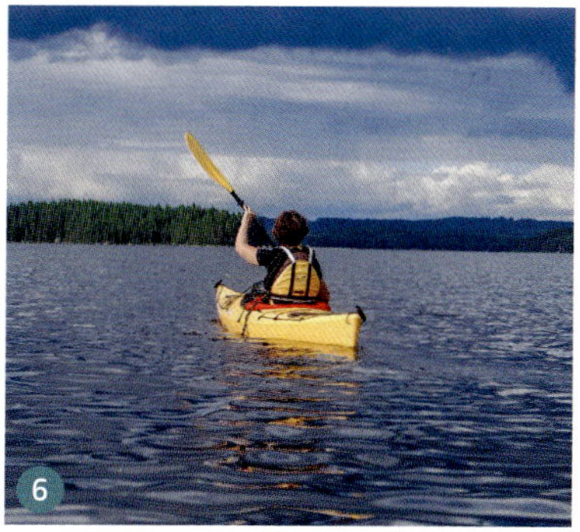

6

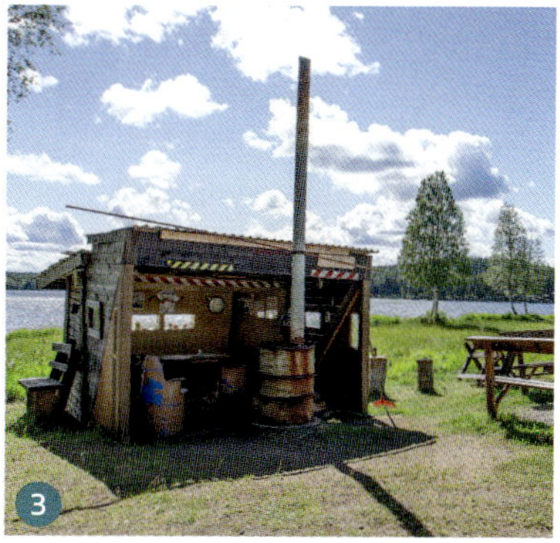

3

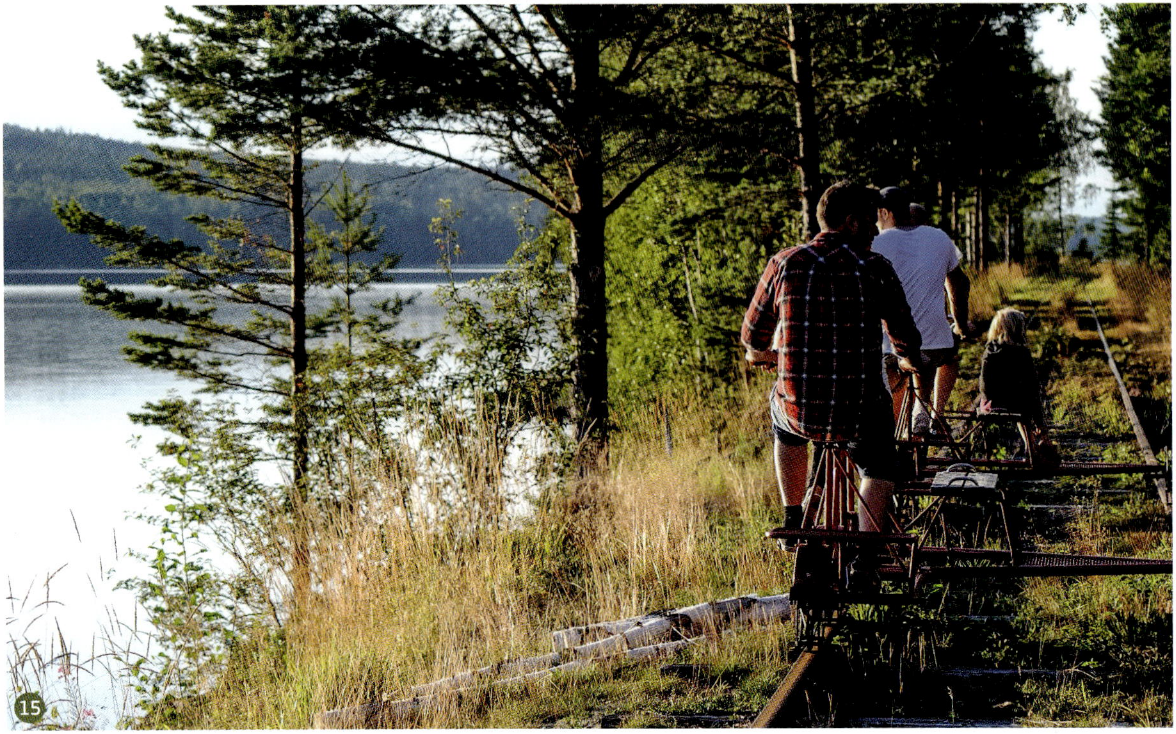

15

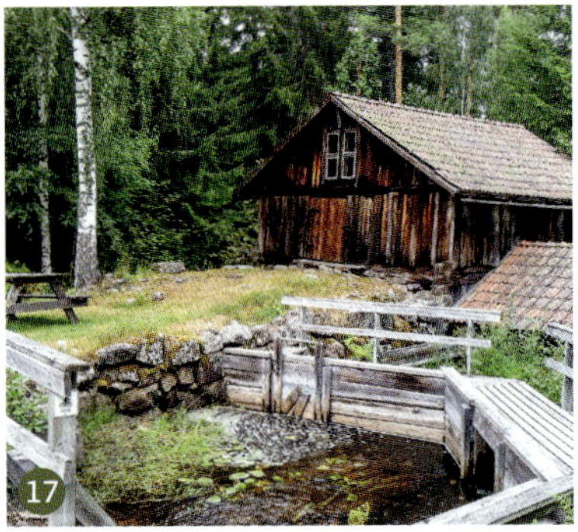

17

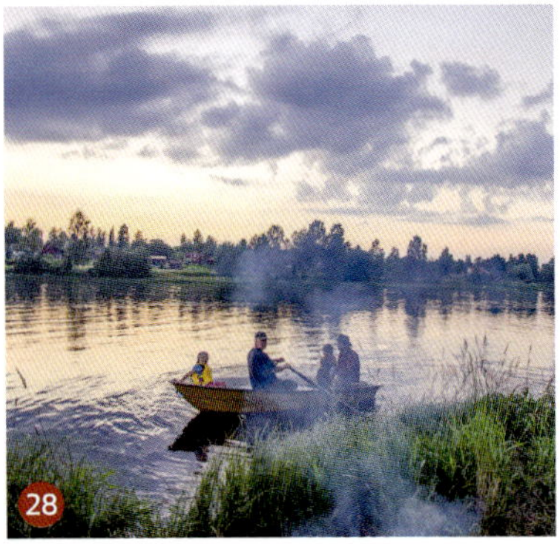

28

14 ÄLVMÖTET

Landzunge zwischen Västerdalälven und Österdalälven, die sich dort zum Dalälven vereinen. Dieser Zusammenfluss gilt bei Einheimischen als Symbol einer starken Beziehung, und hier werden gern Heiratsanträge ausgesprochen.

➜ Wenn man auf der E16 nach Djurås kommt, kurz hinter dem Kreisel rechts (ausgeschildert). Dem Älvuddsvägen links um das Gesundheitszentrum folgen und auf deren Parkplatz parken.

10 Min., 60.5517, 15.1321

FAHRRAD

15 VANSBRO DRESSIN

Die Draisine ist ein mit Pedalen betriebenes Schienenfahrzeug, das ursprünglich von Bahnarbeitern benutzt wurde. Man kann sie in Vansbro leihen und damit auf einer 30 km langen, stillgelegten Strecke der Inlandsbanan nach Mora fahren. Auf einem Tandem ist Platz für zwei Erwachsene und zwei Kinder, auf einem Einer für zwei Erwachsene. Die Strecke am Vansjön-See entlang wurde zuletzt 1969 befahren, und allmählich kehrt die Natur zurück. Machen Sie an einem der Sandstrände Pause und relaxen Sie in der Sonne mit Blick auf die Berge. Nehmen Sie ein anständiges Picknick mit, Sie werden die Kalorien schnell wieder verbrennen!

➜ Schlüssel, Anweisungen und Karte bekommen Sie an der ST1 Tankstelle an der E16 in Vansbro. +46 701 768383. www.vansbroaventyr.se

8 Std. für den ganzen Weg, hin und zurück, 60.5086, 14.2305

16 RÄLSLEDEN

Der Rälsleden folgt dem Verlauf der alten Bahnlinie zwischen Falun und Rättvik. Von Stora Torget in Falun sind es 52,5 km zum Bahnhof Rättvik (60.8850, 15.1156), vorbei an herrlichen Badestellen. Unterwegs gibt es reichlich Gelegenheiten, sich mit Sandwiches und frischem Gebäck einzudecken oder zu campen. Fahren Sie mit dem Fahrrad hin und zurück oder nehmen Sie den Bus zurück. Sie können natürlich auch zu Fuß gehen.

➜ Anfangspunkt ist Stora Torget, der Hauptplatz im Stadtzentrum von Falun. Die Strecke ist gut ausgeschildert.

6 Std. (eine Richtung), 60.6074, 15.6300

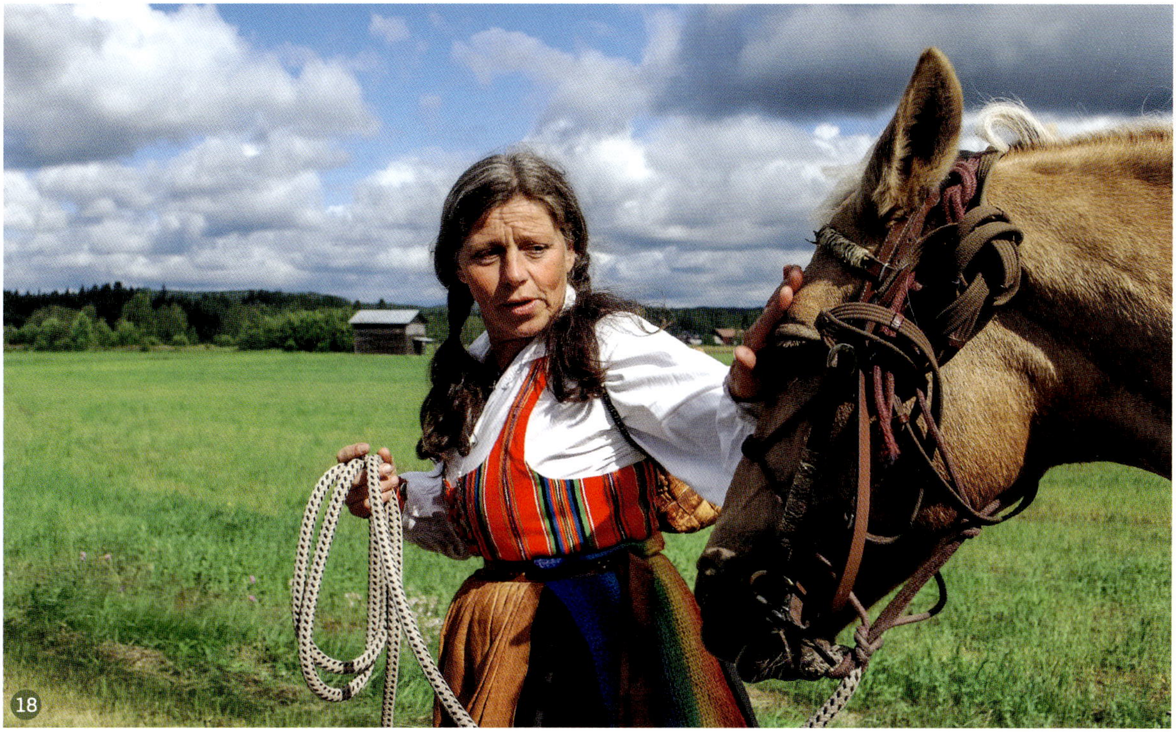

KULTUR & GESCHICHTE

17 KULTURSCHUTZGEBIET KVARNA

In Schweden gibt es eine Reihe von Kulturschutzgebieten, die einen ähnlichen Zweck erfüllen wie Naturschutzgebiete. Kvarna liegt in einem Wald am Dorfrand von Dala-Floda. Das Wasser des Närsströmmen wird benutzt, um einige Beispiele für Maschinen aus dem 17. Jahrhundert zu betreiben. Im Sommer gibt es regelmäßig Veranstaltungen, bei denen man die Maschinen in Betrieb sehen oder selbst Kohle herstellen kann. Es gibt eine Feuerstelle und jede Menge Beeren und Pilze. Toller Abenteuerspielplatz für Kinder, mit vielen alten Gebäuden, die man auskundschaften, und Bächen, die man stauen kann.

➔ Vom ICA Laden in der Dorfmitte den Stora Vägen (E16) nach Westen, Richtung Björbo. Die erste rechts und den Schildern folgen.

5 Min., 60.5074, 14.7655

18 GAGNEF MIT PFERD UND KUTSCHE

Lassen Sie sich ganz entspannt von Nordschwedischen Kaltblütern in einer Kutsche durch Dala-Floda und die umliegenden Wälder ziehen. Der einheimische Führer wird Ihnen etwas über die Geschichte und Traditionen der Gegend erzählen, während Sie sich bei gemächlichem Tempo alles in Ruhe ansehen. Auch längere Fahrten mit Übernachtung und traditionellem Lagerfeuer können arrangiert werden.

➔ Buchungen über Növarjan, Ersaholsvägen 12, 78544 Dala-Floda, +46 70 2323707.

60.5002, 14.8018

19 DA-FLO FESTIVALEN

Mitte Juli findet auf Wålstedts Hof meistens das Da-Flo-Festival statt, mit Auftritten von Künstlern aus Schweden und aller Welt, Musik-, Tanz- und Zirkus-Workshops. Britta Wålstedt, eine waschechte Zirkusartistin, holt für ein Wochenende Freunde und Kollegen auf den Hof ihrer Familie, um diverse Kinderprojekte zu finanzieren.

➔ Wålstedts Trädgård, Hagen 13, 785 44 Dala-Floda, +46 730 534545. www.vidga.se

60.4861, 14.8315

20 FALU GRUVA

Das Bergwerk von Falun galt wegen seiner Wichtigkeit für den Kupferhandel einst als Schwedens Schatztruhe. Das Metall von hier wurde für Burgdächer, Kirchentürme, Münzen und Haushaltsutensilien in ganz

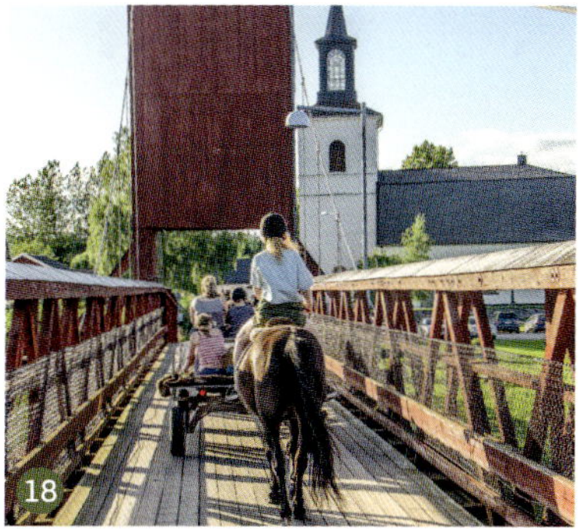

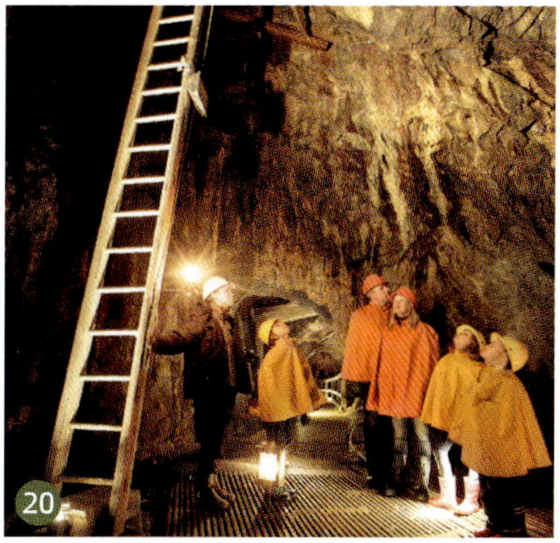

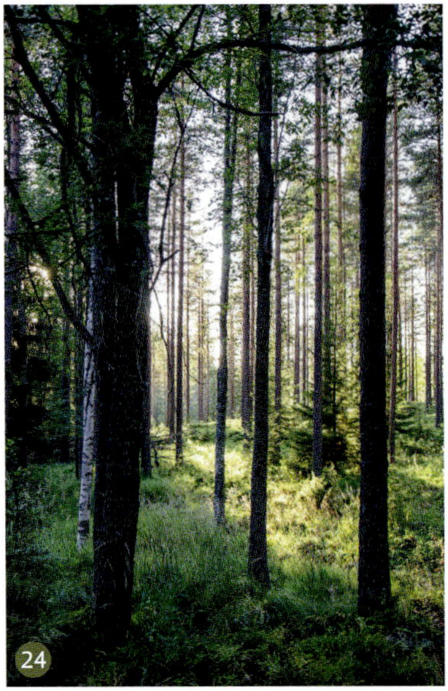

24

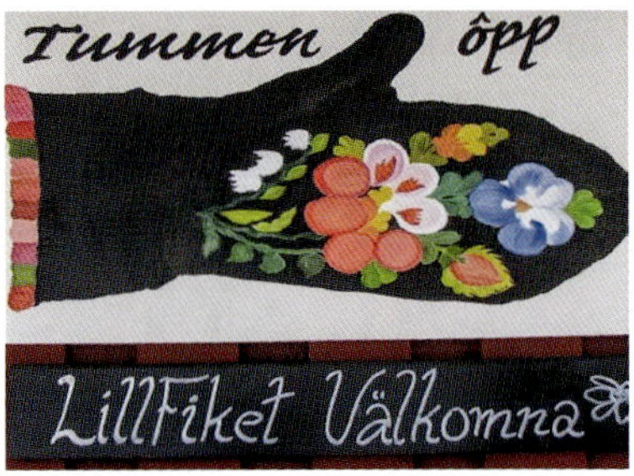

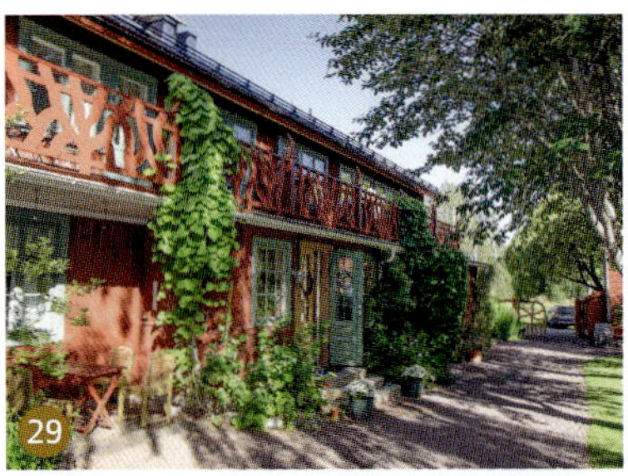

29

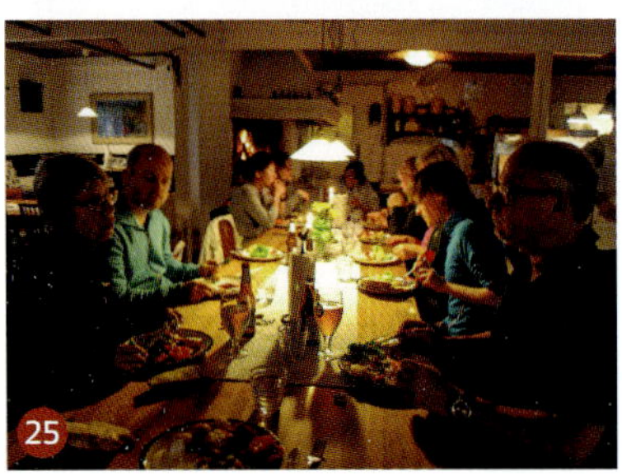

25

Europa verwendet, und die Rückstände aus der Mine werden für die rote Farbe auf den Holzhäusern in ganz Schweden verwendet. Inzwischen ist das Bergwerk ein Museum und UNESCO-Weltkulturerbe. Man erhält nicht nur Einblicke in dieses Bergwerk, sondern erfährt auch etwas über das industrielle Erbe der ganzen Region, und man kann eine Minentour unter Tage machen (feste Schuhe und warme Kleidung anziehen).

→ Falu Gruva, Gruvplatsen 1, 791 61 Falun, +46 23 782030. www.falugruva.se
60.6002, 15.6166

21 ARVSELEN'S LEVANDE FÄBOD

Fäbod sind Weiden, auf denen die Bauern ihr Vieh in den Sommermonaten grasen lassen. Die Unterkünfte sind inzwischen meist Sommerhäuser, doch auf Arvselen ist noch alles so wie im 19. Jahrhundert. Es gibt weder fließend Wasser noch Strom. Sie können Butter und Käse aus frischer Kuh- und Ziegenmilch probieren, und wenn Sie wollen, sogar im Kuhstall übernachten.

→ Von Malung auf der E45 Richtung Mora, und nach 3 km ist Levande Fäbod links ausgeschildert. Romarheden 312, 78235 Malung, +46 70 6904489. www.arvselen.se
60.7392, 13.7875

22 KOMIDSOMMARFEST

Die „Kuh-Party" findet jedes Jahr am zweiten Wochenende im Juli statt. Ursprünglich trafen sich die jungen Leute auf den Sommerweiden, wo die Mädchen Kühe hüteten, um das Mittsommerfest zu feiern. Wenn sie ins Dorf zurückkehrten, wurde in Dala-Floda auf der alten Holzbrücke der ziemlich wilde „Huppleken" getanzt. Seit Anfang des 20. Jahrhunderts ist es eine feste Tradition, mit diversen Veranstaltungen, einem Straßenmarkt, Tanz am Samstag und einem Kirchenkonzert am Sonntag.

→ Der Markt findet im Kyrkbyvägen in Dala-Floda statt.
60.5072, 14.7979

23 KVARNSTENSBROTTET

Naturschutzgebiet und Schwedens ältester Mühlsteinbruch. Ein Stein, der um 800 gemeißelt wurde, konnte hierher zurückverfolgt werden. Etwa um dieselbe Zeit etablierten die Wikinger wichtige Handelsrouten nach Osten, und in Falun wurde das erste Kupfer abgebaut. Mühlsteine galten in der Gegend wegen ihrer Bedeutung für die Lebensmittelherstellung als „Lebenssteine", und die von hier wurden hauptsächlich zum Mahlen von Gerste und Roggen verwendet. Insgesamt 1,5 km Weg führen über das Gelände.

→ Von Malung die 66 und nach knapp 2 km links nach dem Schild für Kvarnstensbrottet Ausschau halten. Von dort 4 km den Schildern folgen.
25 Min., 60.6733, 13.7515

24 ÄLGBERGET TRAINING CAMP

Die Überreste des „Läger 4 Älgberget" – ein Geheimcamp mitten im Wald, wo im Zweiten Weltkrieg norwegische Flüchtlinge ausgebildet wurden, um nach der Kapitulation der Deutschen eine paramilitärische Polizei zu bilden. Als sich das Blatt zugunsten der Alliierten wandte, wurden hier auch Widerstandskämpfer ausgebildet. Inzwischen hat der Wald das Gebiet zurückgefordert, und Natur und Geschichte leben in friedlicher Koexistenz. Versuchen Sie, die Gleise zu finden, die ins Nichts führen und dazu dienten, Zug-Saboteure zu trainieren. Super zum Beeren- und Pilzesammeln.

→ Vom ICA-Laden in Dala-Floda nach Westen Richtung Björbo. Die erste rechts, nach 17 km rechts nach Älgberget. Das Gelände liegt zu beiden Seiten der Hauptstraße.
60.6042, 14.6096

BIOKOST & BEEREN

25 WÅLSTEDTS TRÄDGÅRD

Traditioneller schwedischer Familienhof, der seit zwei Generationen biologische Landwirtschaft betreibt. Der Hof hat ein Restaurant mit selbst gekochten Gerichten aus eigenen Erzeugnissen, und es gibt auch Backkurse. Außerdem gibt es eine Spinnerei für natürlich gefärbte Wolle von seltenen Arten. Mieten Sie eine Hütte auf der Sommerweide – Sie müssen zu Fuß hinlaufen, bekommen aber ein deftiges Picknick. Der Hof liegt am Västerdalälven und hat einen Holzsteg, von dem aus man im Fluss schwimmen gehen kann.

→ Hagen 13, 785 44 Dala-Floda, +46 702 241163. www.walstedtsgard.se
60.4899, 14.8461

26 GRANGÄRDE MUSTERI

Biohof, der Beeren vor Ort zu leckeren, vitaminreichen Säften presst. Es gibt einen Hofladen und ein Café. Eine Flasche mit Tillmans frisch gepresstem Saft ist eine ideale Dreingabe zum Picknickkorb.

→ Gamlavägen 67, 770 13 Grangärde, +46 240 641067. www.grangardemusteri.se
60.2688, 14.9803

27 CAFÉ LILLFIKET

Kleines Biocafé, das auch als Touristeninformation dient und im Sommer Fahrräder verleiht. Planen Sie bei Kaffee und Kuchen Ihr nächstes Abenteuer.

→ Stora vägen 47, 785 44 Dala-Floda, +46 241 22300

60.5093, 14.8014

28 KREBSE ANGELN

Krebse werden in Schweden schon seit Jahrhunderten gefangen und gegessen und sind ein Nationalgericht, das besungen und gefeiert wird. Der Fang ist wegen der zurückgehenden Bestände streng reguliert. Am Västerdalälven in Dala-Floda ist Krebse angeln an einem einzigen Wochenende Mitte August für gerade mal 24 Std. erlaubt. Da die Tiere nachtaktiv sind, verbringt man die Nacht bei Lagerfeuern am Fluss. Peter Persson von Növarjan organisiert Ihnen alles, was Sie brauchen, inklusive Tipps für die Zubereitung.

→ Ersaholsvägen 12, 78544 Dala-Floda, +46 70 2323707. www.novarjan.se

60.5061, 14.7988

UNTERKUNFT

29 VÄRDSHUSET

Kleines, umweltbewusstes Hotel und Restaurant mit Blick auf den Flosjön und preisgekrönter Küche. Eines der ersten Restaurants Schwedens mit Biozertifikat. Im Sommer erntet man im schönen Küchengarten eigenes Gemüse, Kräuter und Salat. Vor dem Abendessen kann man in der traditionellen Sauna entspannen und sich anschließend bei einem Bad im See abkühlen.

→ Badvägen 6, 785 44 Dala-Floda, +46 241 22050. www.dalafloda-vardshus.se

60.5132, 14.8088

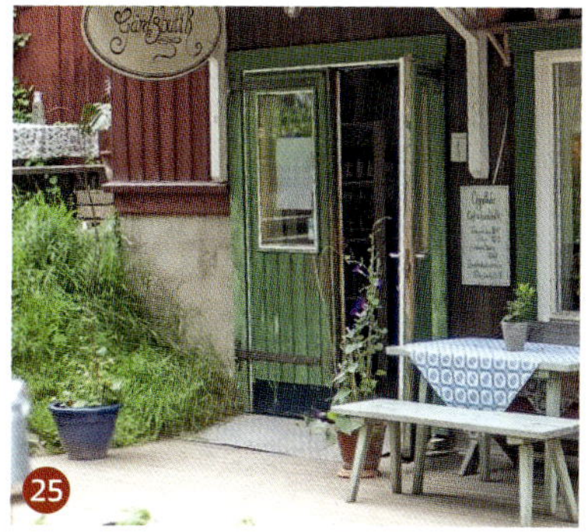

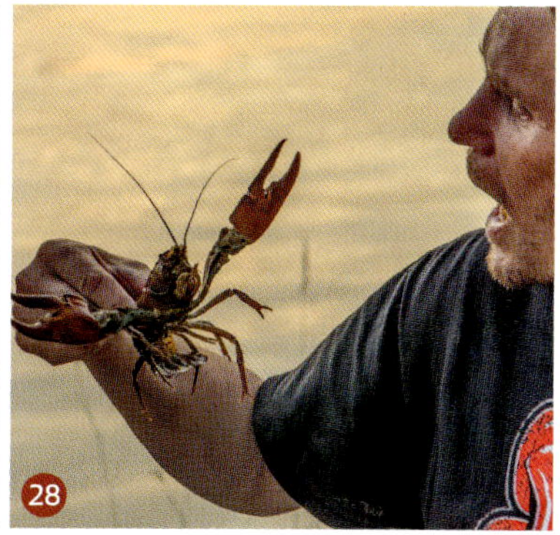

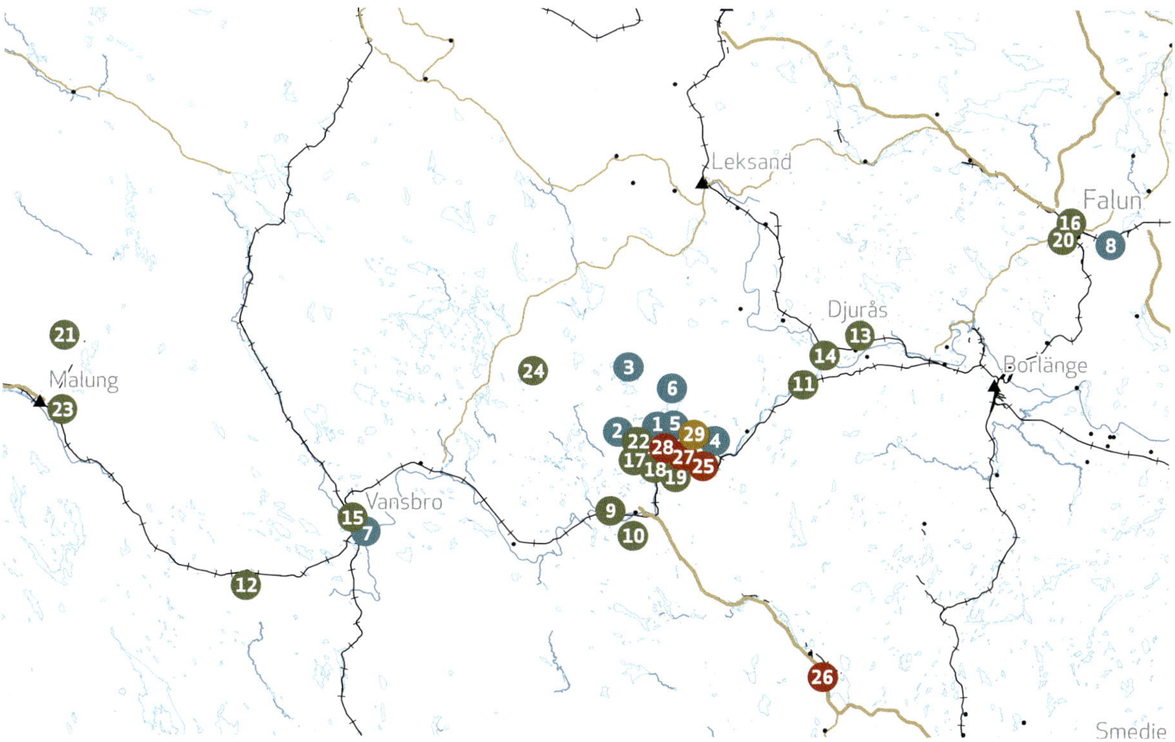

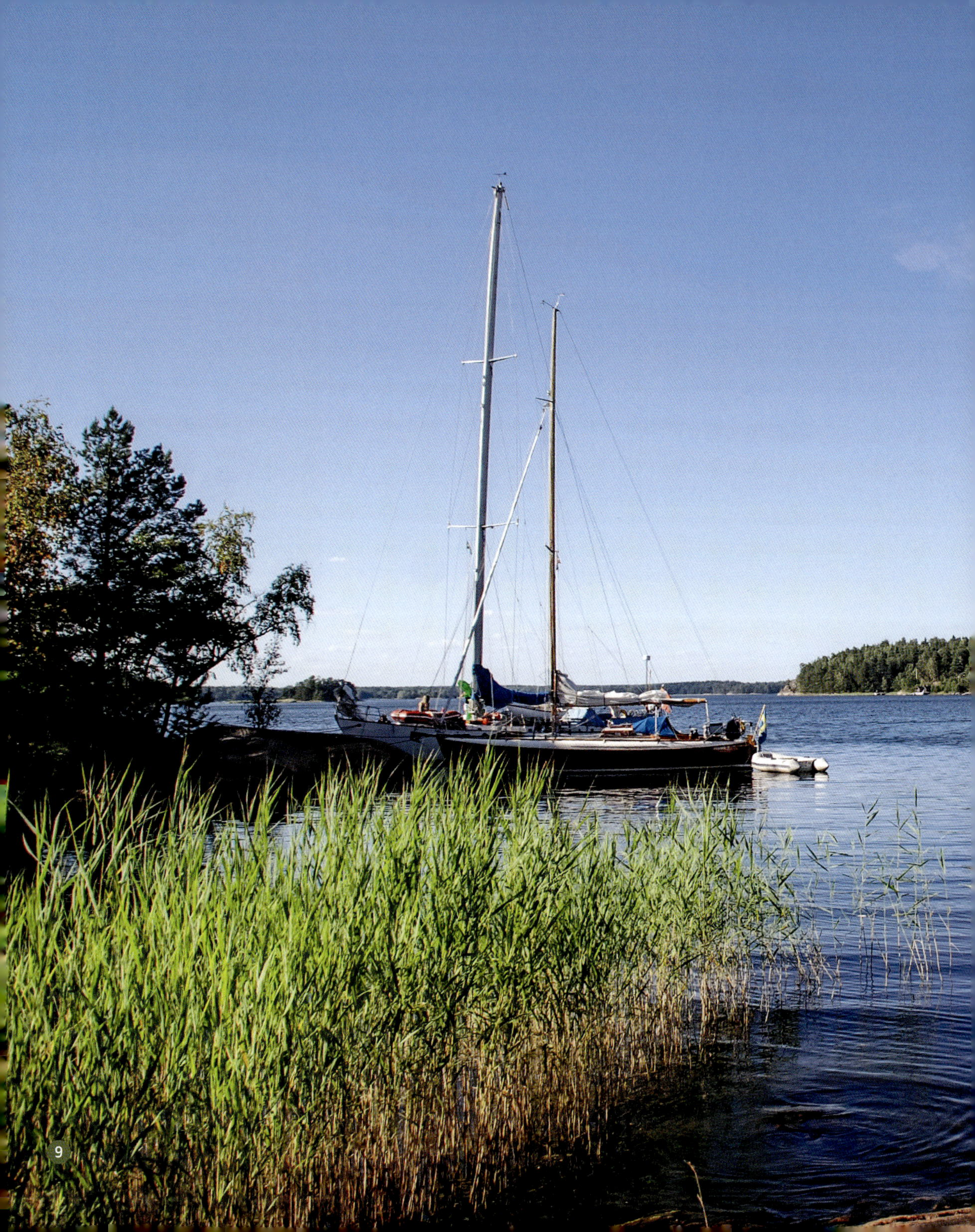
9

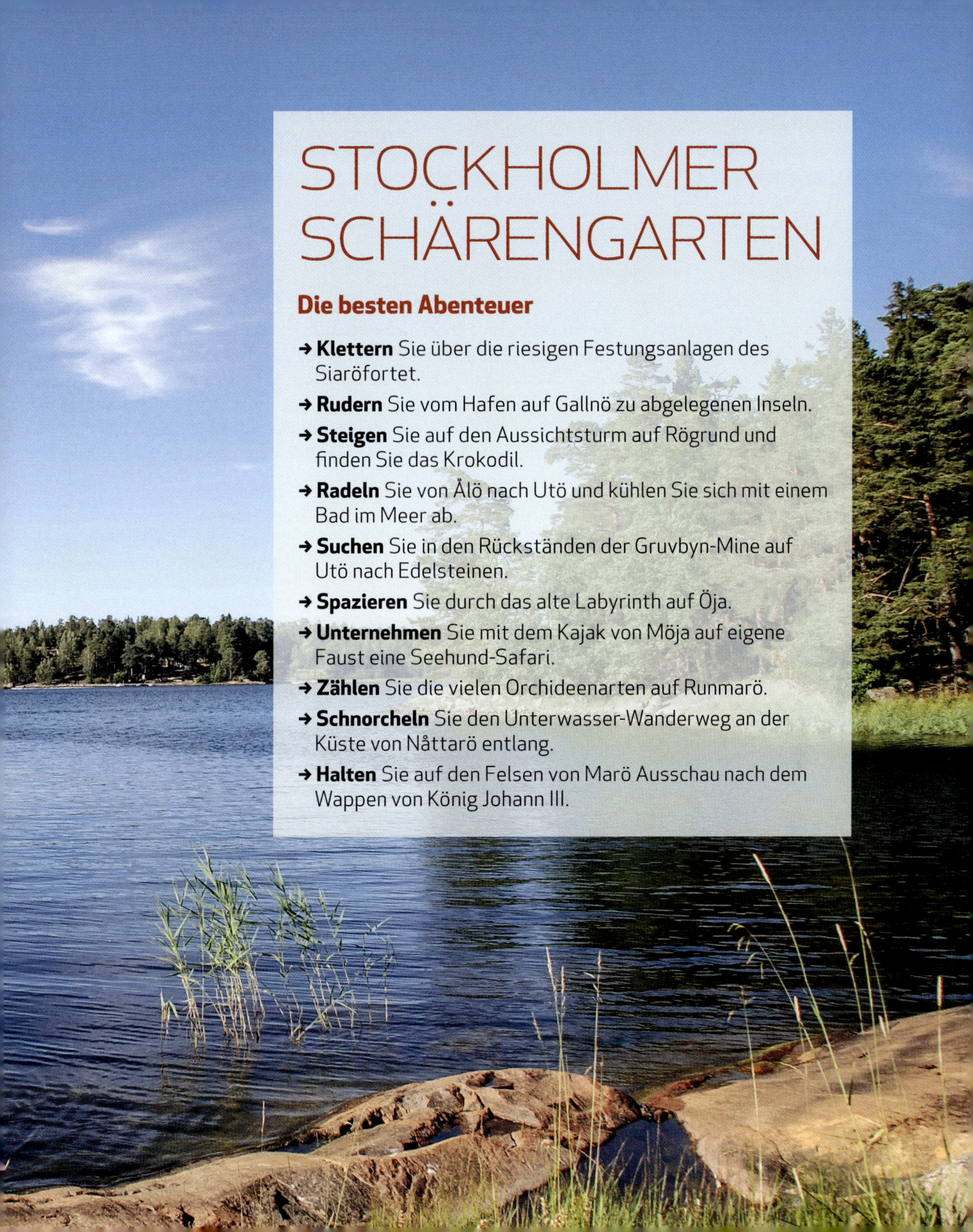

STOCKHOLMER SCHÄRENGARTEN

Die besten Abenteuer

- ➜ **Klettern** Sie über die riesigen Festungsanlagen des Siaröfortet.
- ➜ **Rudern** Sie vom Hafen auf Gallnö zu abgelegenen Inseln.
- ➜ **Steigen** Sie auf den Aussichtsturm auf Rögrund und finden Sie das Krokodil.
- ➜ **Radeln** Sie von Ålö nach Utö und kühlen Sie sich mit einem Bad im Meer ab.
- ➜ **Suchen** Sie in den Rückständen der Gruvbyn-Mine auf Utö nach Edelsteinen.
- ➜ **Spazieren** Sie durch das alte Labyrinth auf Öja.
- ➜ **Unternehmen** Sie mit dem Kajak von Möja auf eigene Faust eine Seehund-Safari.
- ➜ **Zählen** Sie die vielen Orchideenarten auf Runmarö.
- ➜ **Schnorcheln** Sie den Unterwasser-Wanderweg an der Küste von Nåttarö entlang.
- ➜ **Halten** Sie auf den Felsen von Marö Ausschau nach dem Wappen von König Johann III.

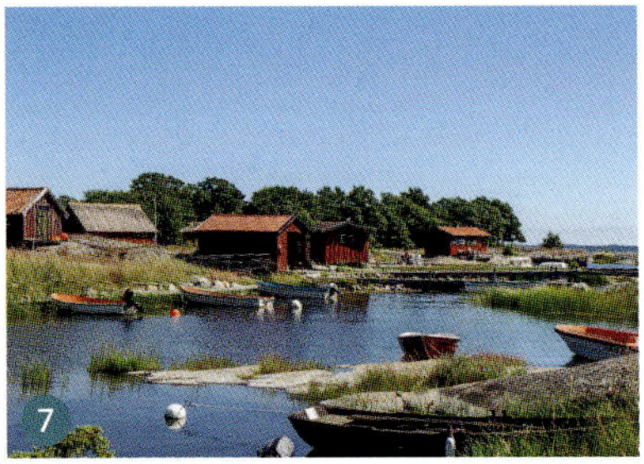

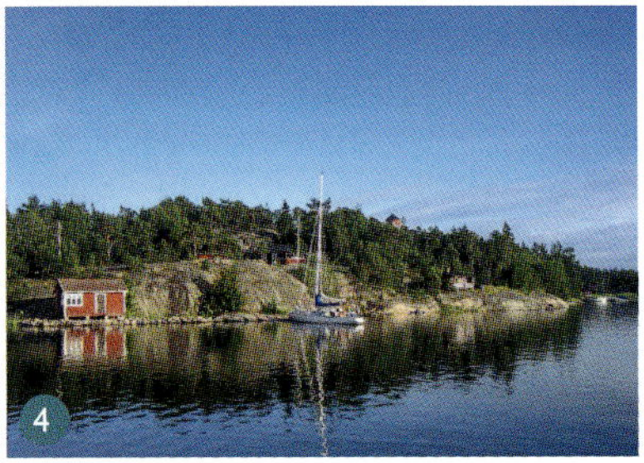

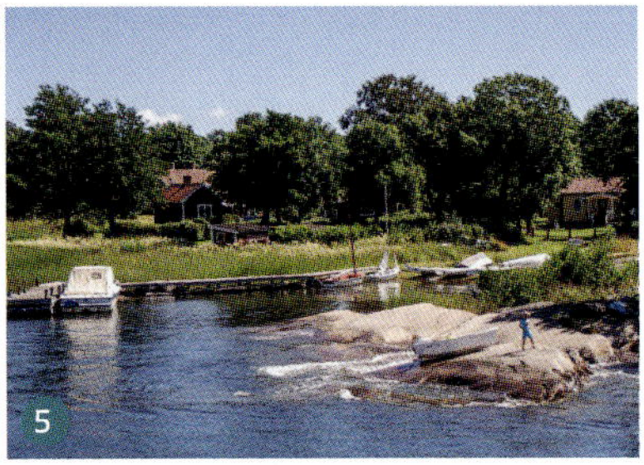

Der Stockholmer Schärengarten umfasst über 30.000 Inseln, Holme und Felsen – von Arholma im Norden bis Landsort im Süden. Manche der Inseln sind das ganze Jahr über bewohnt, auf vielen gibt es Sommerhäuser, aber die meisten sind unbewohnt. Auch wenn es zu vielen der inneren Schären Tagesausflüge von Stockholm gibt, konzentriert sich dieses Kapitel auf mehrtägige Sommerabenteuer auf den äußeren Schären.

Hauptfährgesellschaft ist die staatliche Waxholmsbolaget, die vom Strömkajen, der Anlegestelle direkt vor dem Grand Hôtel mitten in Stockholm, auf diversen Routen verkehrt. Es gibt ein Fünf-Tages-Inselhopping-Ticket, mit dem man unbegrenzt fahren kann. Wenn Sie länger Zeit haben, gibt es auch ein Ticket für 30 Tage.

Die Fährverbindungen sind in Nord-, Zentral- und Südroute unterteilt. Zwar gilt das Ticket für alle drei, aber wenn man sich für eine entscheidet, ist es leichter, so viele Inseln wie möglich zu besuchen, weil die Linien in verschiedene Richtungen fahren. Alle Linien legen in Vaxholm an, Hauptstadt der Stockholmer Schären und mit seiner Festung eine Art Riegel vor der nördlichen Einfahrt nach Stockholm.

In den äußeren Schären kann man seine Route entweder nach Fahrplänen ausrichten oder sich einfach treiben lassen. Auf vielen Inseln gibt es Unterkünfte, doch im Sommer empfiehlt es sich, im Voraus zu reservieren. Dank Allemansrätt (Jedermannsrecht) ist Wild Camping überall erlaubt.

Sie brauchen nicht viel Gepäck, da es auf manchen Inseln Lebensmittelläden gibt und auf den größeren oft Gasthöfe und Restaurants. Auf vielen der größeren Inseln kann man Fahrräder oder Kajaks leihen, und wenn genug Platz ist, nehmen Waxholmsbolaget-Boote diese mit. Mancherorts gibt es sogar Ruderboote, die man umsonst benutzen kann, um auf die kleineren Inseln zu gelangen. Die größeren Inseln haben oft mehr als einen Anleger, sodass man an einem aussteigen, die Insel erkunden und woanders die Fähre zur nächsten Insel besteigen kann. Infos zu Tickets und Fahrplänen unter www.waxholmsbolaget.se.

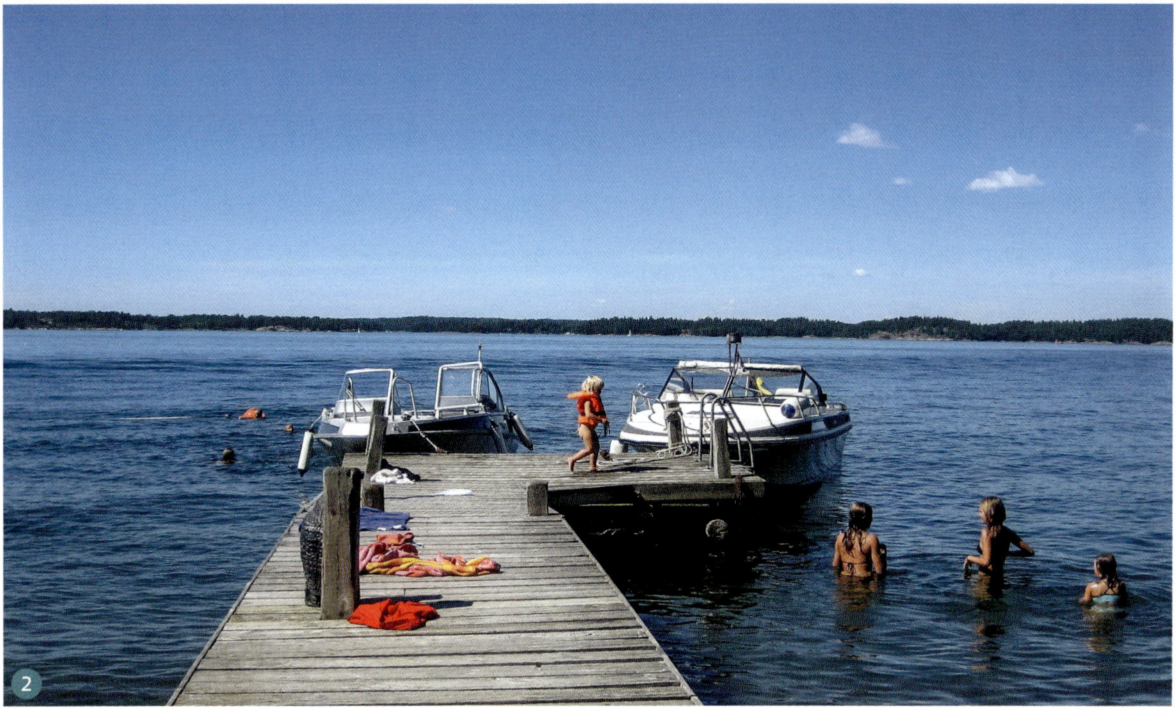

2

NÖRDLICHE ROUTE

IDYLLISCHE INSELN

1 SÖDERÖRA

Kleines Inselparadies der nördlichen Schären und Drehort von Astrid Lindgrens „Ferien auf Saltkrokan". Die Insel hat eine Bootsbautradition, und die Bootsbauer der Insel waren angeblich einst sehr geschickte Alkoholschmuggler!

59.6315, 19.0242

2 LJUSTERÖ

Einst zwei Inseln, jetzt eine der größten der mittleren Schären. Im 19. Jahrhundert bei Reichen und Künstlern beliebter Sommersitz. Heute wohnen hier viele das ganze Jahr über. Lebensmittelladen.

59.5071, 18.5972

3 GRÄSKÖ

Wie viele der Inseln wurde Gräskö lange als Weideland genutzt. Schafe und Kühe wurden auf Booten hergebracht und lebten monatelang praktisch in Freiheit, bis sie im Herbst wieder eingesammelt wurden. Jetzt gibt es ca. 30 ganzjährige Bewohner mit hauptsächlich bootsbezogenen Berufen. Lebensmittelladen.

59.6812, 19.0228

4 ARHOLMA

Nördliche Insel mit Küstenbatterie aus dem Kalten Krieg, die jetzt ein Museum ist. Als letzter Außenposten vor dem offenen Meer verdienen die Bewohner von Arholma ihren Lebensunterhalt traditionell damit, Schiffe durch die Schären zu lotsen. Heute ist die Insel eher für Wirtshäuser und schöne Strände bekannt. Lebensmittelladen.

59.8535, 19.1261

5 NORRÖRA

Idyllische Insel und wie Söderöra Drehort von Astrid Lindgrens „Ferien auf Saltkrokan" (1964). Seit damals hat sich nicht viel verändert!

59.6441, 19.0377

6 RÖDLÖGA

Östlichste Insel, die man ohne eigenes Boot erreichen kann. Ein Geflecht aus Wegen führt durch rote Felsen, Wälder und Heckenrosen zu den schönsten Badestellen. Lebensmittelladen.

59.5919, 19.1654

7 SVARTLÖGA

Svartlöga wirkt am Horizont wie eine schwarze Linie – daher auch der Name („Svart" heißt auf Schwedisch schwarz). Abwechslungsreiche Landschaft aus Wald und Wiesen, herrlich zum Spazierengehen und Baden. Und die Insel hat das kleinste Postamt der Welt.

59.5724, 19.0488

NATUR & TIERWELT

8 FEJAN

Einst Quarantänestation, als die Cholera Ende des 19. Jahrhunderts über Europa hinwegfegte. 1944 dienten die Gebäude als Übergangslager für 30.000 Esten, die vor der sowjetischen Besatzung in kleinen Booten über die Ostsee flohen. Man kann Kajaks leihen und auf Robben-Safari gehen. Lebensmittelladen vorhanden.

59.7384, 19.1648

9 ÄNGSÖ

Nationalpark mit einem der unberührtesten Wälder des Schärengartens, mit seltenen Bäumen, Büschen und Blumen wie Schlüsselblumen und Anemonen. Viele Vögel nisten hier, und man kann Adler sehen. Noch im

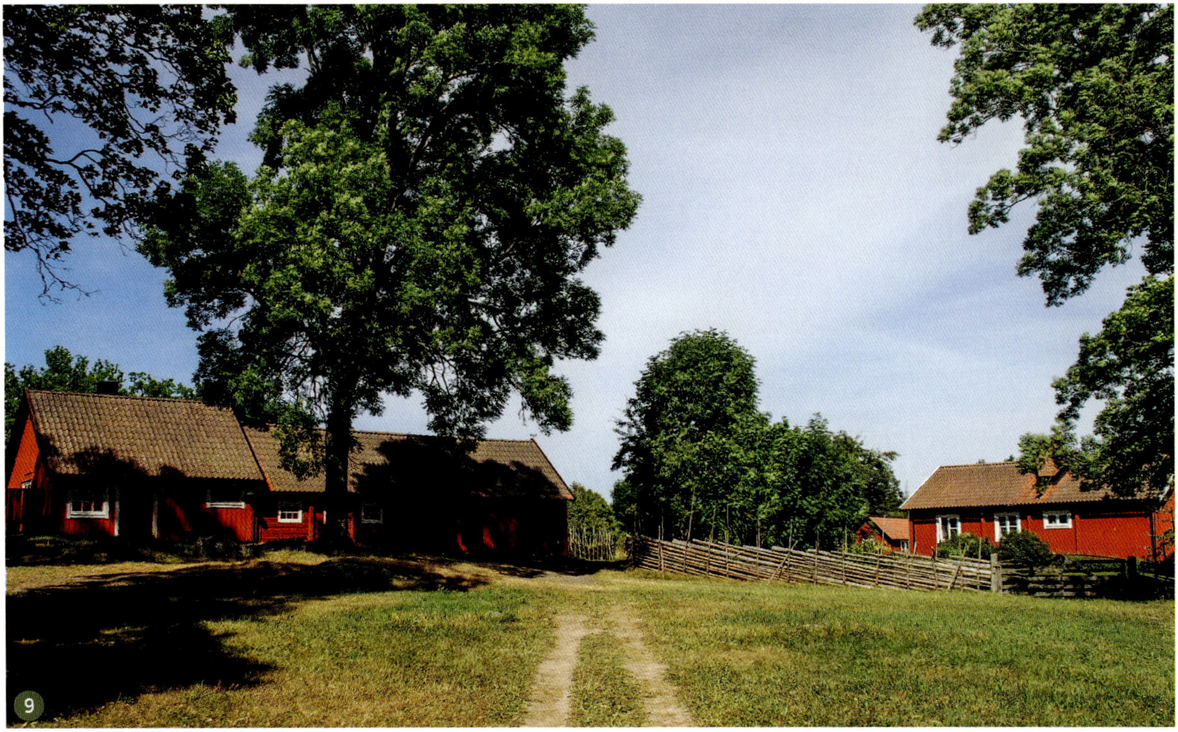

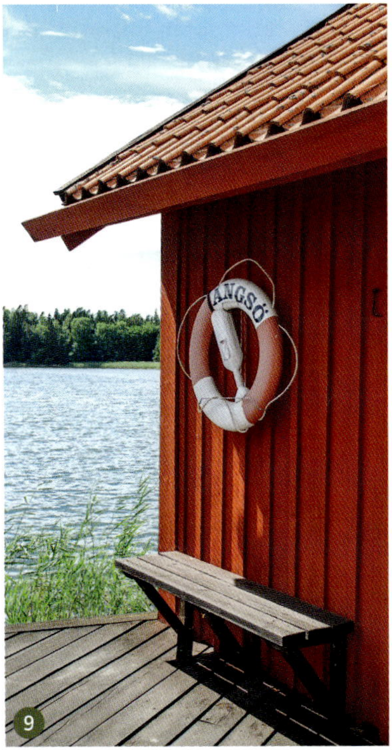

17. Jahrhundert bestand Ängsö aus zwei Inseln, die durch einen schmalen Sund getrennt waren. Durch die postglaziale Landhebung ist er nun eine grüne Wiese namens Stormier. Wild Camping ist hier nicht erlaubt.
59.6230, 18.7629

10 LIDÖ

Die Südhälfte der Insel ist hauptsächlich Ackerland, der Norden dagegen Urwald, hauptsächlich Fichten, aber in der Umgebung vom Gutshaus auch diverse geschützte Laubbaumarten. Bunte Vogelwelt, und es gibt einen Lebensmittelladen.
59.7793, 19.0839

11 GISSLINGÖ

Wald- und moosbedeckte Felsinsel mit diversen Sumpfgebieten. Die östlichste der größeren Inseln des Schärengartens, von der Nachbarinsel Korsö im Süden nur durch einen kleinen Sund getrennt. Der Norden der Insel ist Naturschutzgebiet und Wild Camping daher dort nicht erlaubt. Gut zum Beerensammeln.
59.7753, 19.1818

12 TJOCKÖ

Schöne Insel mit einer Mischung aus Fichten- und Laubwäldern. Viele gute Spots mit Beeren und Pilzen. Früher waren die Bewohner dafür berüchtigt, vorbeifahrende Schiffe zum Kentern zu bringen. Daher hat auch die Nachbarinsel Rovholmen (Räuberinsel) ihren Namen. Lebensmittelladen.
59.7469, 19.1383

13 TYVÖ

Derzeit gehört die Insel einer Stiftung zum Gedenken der Geschwister, die sie einst bewirtschaftet haben. Obwohl es ca. 60 Häuser gibt, wurde der Norden viele Jahre vom Militär kontrolliert und ist deshalb völlig unberührt. Schmale Fußwege führen kreuz und quer über die Insel, auch in die verwilderten Gebiete.
59.7757, 19.1345

14 YXLAN

Lange schmale Insel mit Steilküste im Westen und einer Mischung aus Laub- und Nadelwald. Viel unberührter als die fruchtbarere Nachbarinsel Blidö. Lebensmittelladen.
59.6115, 18.8467

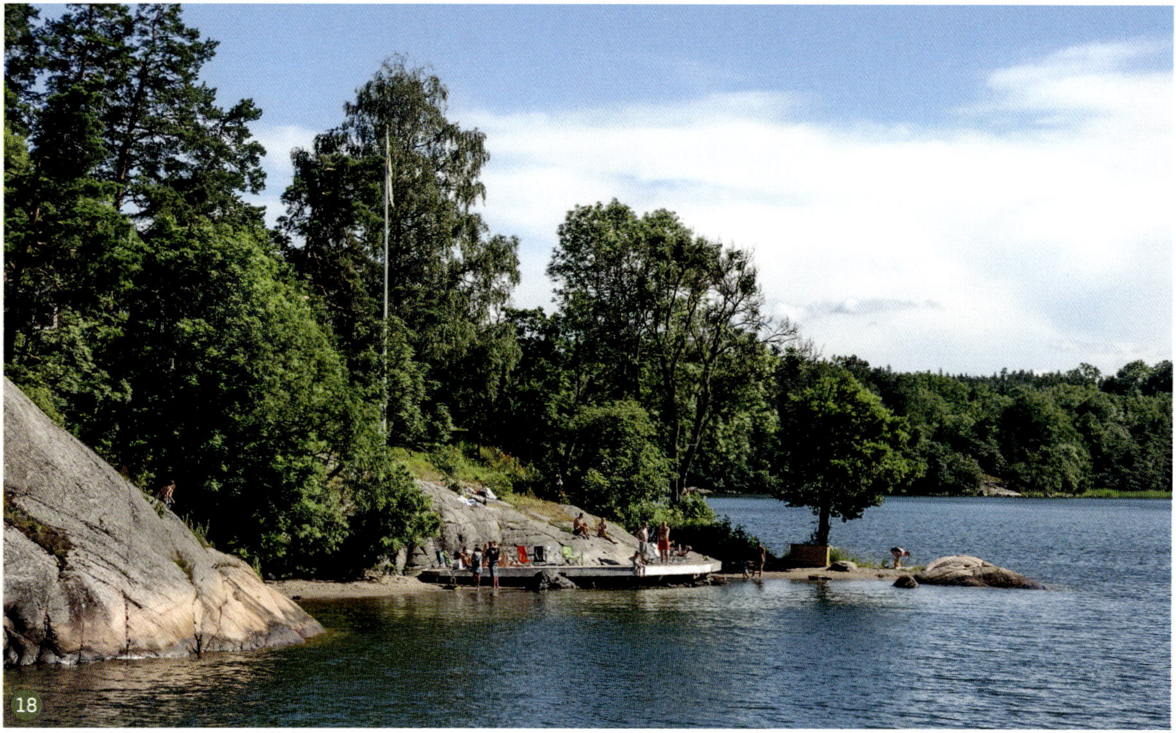

15 VETTERSÖ

Mischung aus Eichen- und Kiefernwald, Klippen und Wiesen, die einst Ackerland waren. Es gibt ca. 100 feste Wohnsitze auf dieser und den vielen kleinen Nachbarinseln.
59.5666, 18.6999

16 SJÄLLBOTTNA

Die nordöstliche Hälfte der Insel ist Natur- und Vogelschutzgebiet. Das Landesinnere ist mit relativ jungem Kiefernwald bedeckt und hat viele Sumpfgebiete. Im Herbst kann man hier fantastisch Pilze sammeln.
59.5621, 18.7931

17 IDÖ

Auf dieser Insel ohne ständige Bewohner ist die Zeit stehen geblieben. Im Mai Blumenteppiche aus Anemonen, Bärlauch und Schlüsselblumen.
59.8034, 19.1294

GESCHICHTE

18 SIARÖFORTET

Beeindruckende Inselfestung von 1914, die gegen die vermeintliche Bedrohung aus dem Osten errichtet wurde – als erste Abwehrlinie gegen feindliche Seestreitkräfte, die Stockholm einnehmen wollten. Seit 1959 entmilitarisiert. Toll für Kinder.
59.5557, 18.6241

19 MARÖ

Alte Quellen behaupten, dass die Insel einst Munkskär (Mönchsfelsen) hieß und von Mönchen bewohnt wurde. Auf einem Felsen findet sich das Wappen des zukünftigen Königs Johann III. aus dem Jahr 1561 und damit die zweitälteste Inschrift der Schären.
59.6993, 19.0561

20 BLIDÖ

Eine der größten Inseln der nördlichen Schären. Die geschützte Meerenge zwischen Yxlan und Blidö wurde erstmals in König Waldemars Logbuch aus dem 13. Jahrhundert erwähnt. Der Transport von Sand von den Schären nach Stockholm war noch bis Anfang des 20. Jahrhunderts von großer Bedeutung. Lebensmittelladen.
59.6336, 18.9467

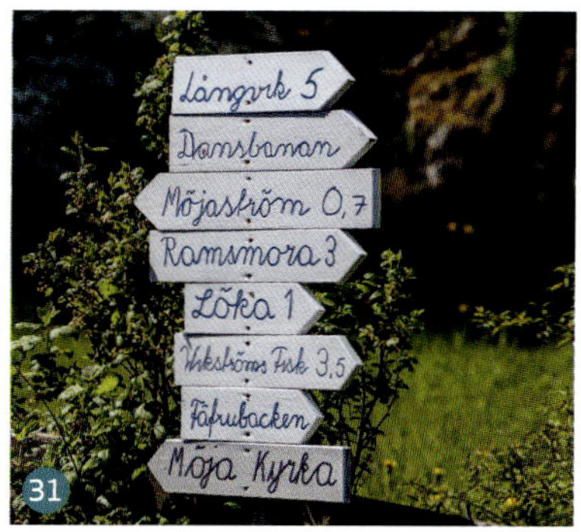

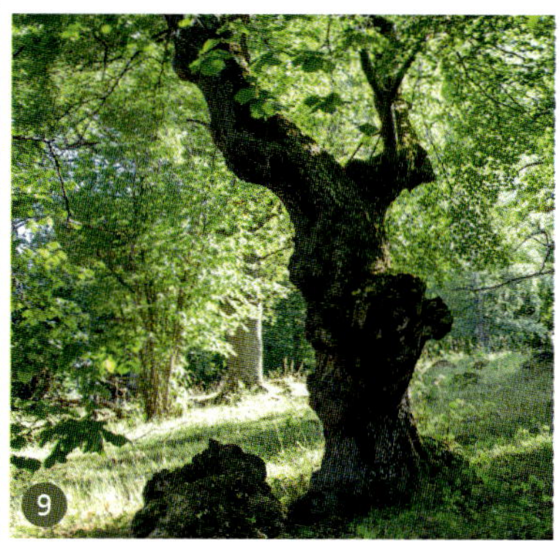

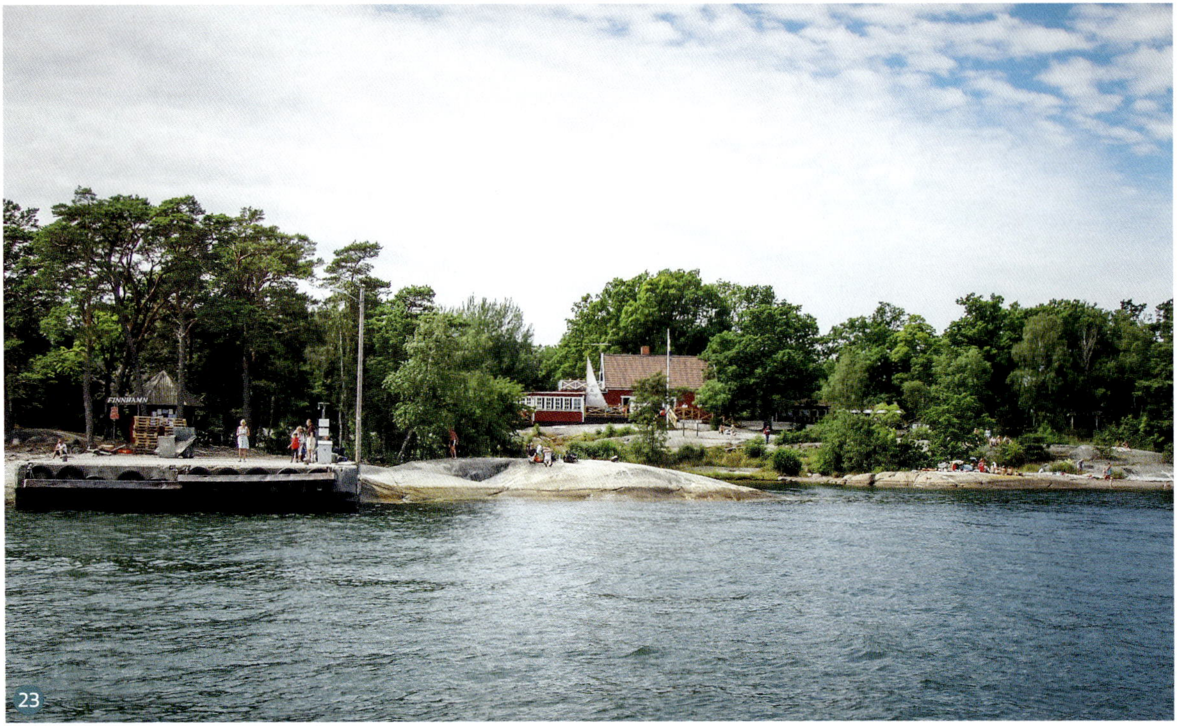

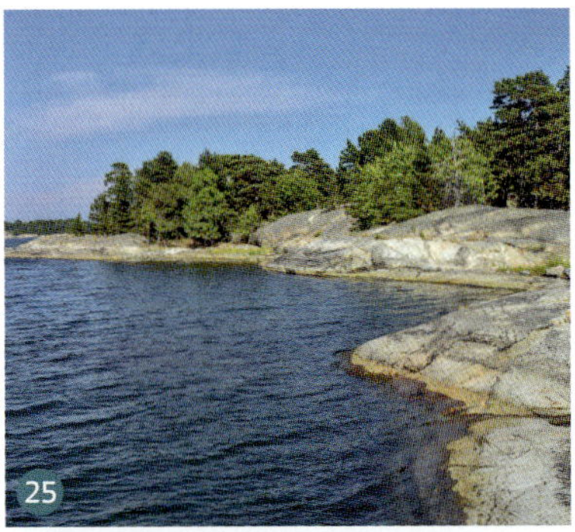

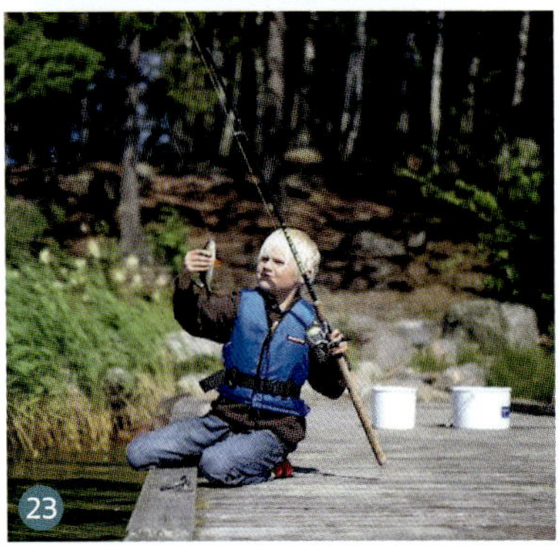

MITTLERE ROUTE

STRÄNDE & BADESTELLEN

21 GRINDA

Beliebtes Ausflugsziel von Stockholm. Es führt ein Weg um die Insel herum zu allen Aussichtspunkten und Badestellen. Der Bauernhof ist für Besucher geöffnet, und es gibt einen Lebensmittelladen.

59.4108, 18.5636

22 GÄLLNÖ

Saftige Wiesen, Weiden, steile Klippen und Strände. Seit dem Mittelalter bewirtschaftet, und die Gebäude sind außergewöhnlich gut erhalten. Die Ruderboote stehen zur freien Verfügung, und man kann damit zu den Nachbarinseln Karklö und Hjälmö übersetzen. Lebensmittelladen.

59.3951, 18.6515

23 FINNHAMN

Inselgruppe, die durch eine schmale Landenge mit der Hauptinsel verbunden ist, auf der sich sämtliche Häuser befinden. Abwechslungsreiche Landschaft aus Wald (vorrangig Eichen und Haselnusssträucher) und offenen Feldern. Die Küste ist eine Mischung aus Klippen, einsamen Buchten und Sandstränden. Nachts sieht man vielleicht einen Uhu. Auf der Hauptinsel befindet sich ein Lebensmittelladen.

59.4776, 18.8166

24 EDÖ

Edö und Edö Ö sind durch einen schmalen Sund getrennt. An der Südküste gibt es zahlreiche Stege und Sommerhäuser, der Norden dagegen ist eher waldig und felsig.

59.4698, 18.6467

25 NÄMDÖ

Insel mit mehreren Dörfern, Höfen und herrlichen Stränden. Leihen Sie sich Fahrräder, um alles zu erkunden. Um die Hauptinsel liegen knapp 100 weitere Holme, Felsen und Schären. Zum offenen Meer hin findet man die schönsten Strände der mittleren Schären, z. B. Biskopsö, Bullerö, Gillinge, Jungfruskär und Långviksskär. Lebensmittelladen.

59.1934, 18.6910

26 GRANHOLMEN

Kleine Insel mit ca. 15 Sommerhäusern, früher West-Granholm und die Nachbarinsel Edlunda entsprechend Ost-Granholm. Wenig Platz zum Campen.

59.3764, 18.3044

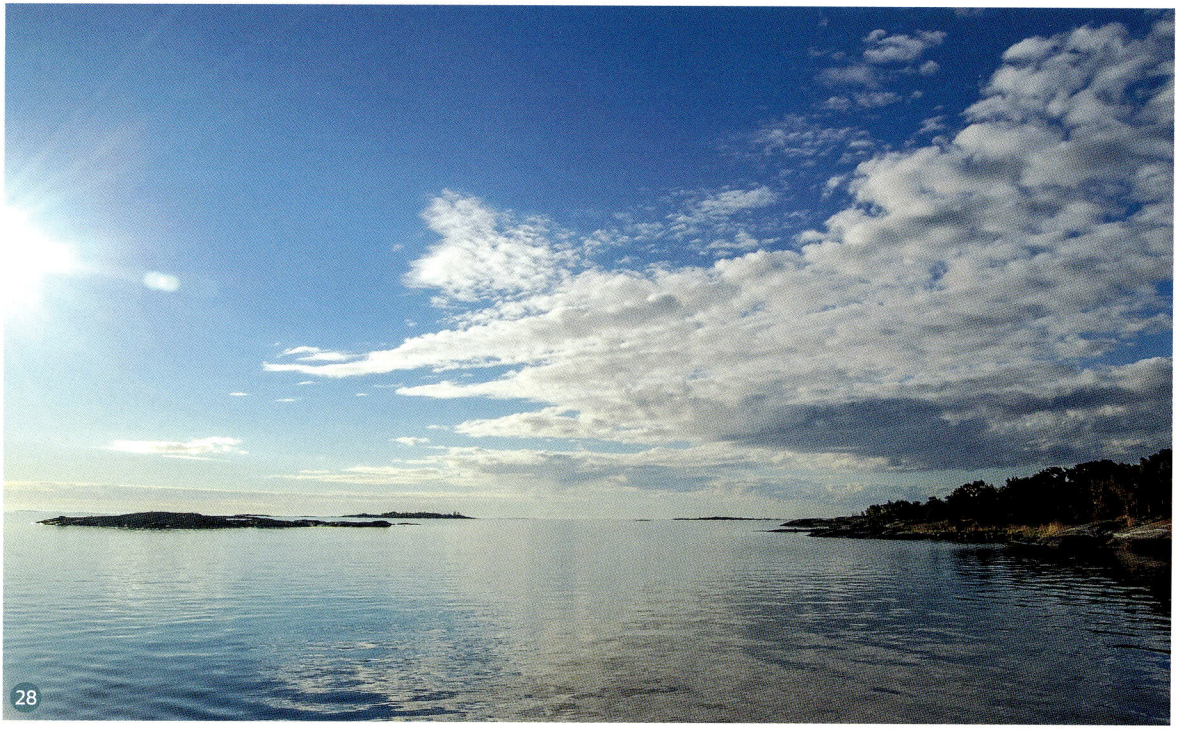

28

27 FÅGLARÖ

Typische Schärenlandschaft – Mischung aus Laub- und Nadelwald, Wiesen und schönen Stränden. Bis Ende der 1950er gab es hier noch einen bewirtschafteten Hof.

59.4689, 18.4651

UNBERÜHRTE INSELN

28 HARÖ

Wahrscheinlich seit dem Mittelalter bewohnt, älteste Landkarte aus den 1640ern. Die Bewohner leben traditionell von Fischfang und Robbenjagd. Das Dorf befindet sich nicht mehr an seinem Ursprungsort – es musste weichen, weil die Insel sich hob und der alte Hafen nicht mehr befahrbar war. Die Insel ist felsig und bewaldet, außerdem gibt es diverse Seen.

59.3304, 18.8832

29 HASSELÖ

Hasselö und die Nachbarinsel Hasselkobben mit ihren schroffen Küsten sind touristisch relativ unberührt, und es gibt nur wenige Sommerhäuser. Echtes Robinson-Crusoe-Feeling.

59.3151, 18.8277

30 EKNÖ

Kleine Felseninsel ohne ganzjährige Bewohner, seit der letzte 1875 weggezogen ist.

59.3002, 18.8653

BOOT & KAJAK

31 MÖJA

Früher ruderten die Bewohner dieser idyllischen Insel im August zu den Fanggebieten der äußeren Schären und kehrten erst im Januar wieder zurück. Leihen Sie sich Kajaks! Die Nachbarinsel Berg hat mit nur 102 m Länge die wahrscheinlich kürzeste Bahn der Welt. Lebensmittelladen.

59.4239, 18.8853

32 RÖGRUND

Insel im Besitz der Schärenstiftung mit Aussichtsturm am höchsten Punkt. Auf einer Landspitze thront ein riesengroßes Beton-Krokodil. Kajakverleih.

59.1656, 18.5877

33 INGMARSÖ

Mischung aus festen Wohnsitzen und Sommerhäusern. Landeinwärts führt ein Geflecht aus Wegen und Schotterpisten durch Wald und Wiesen. Man kann Kajaks leihen, um die

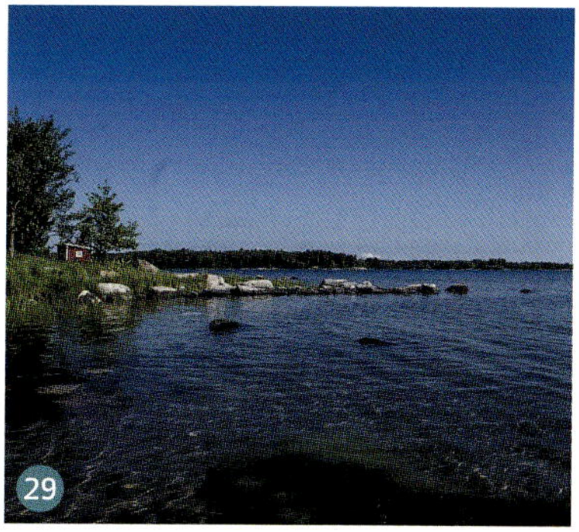

29

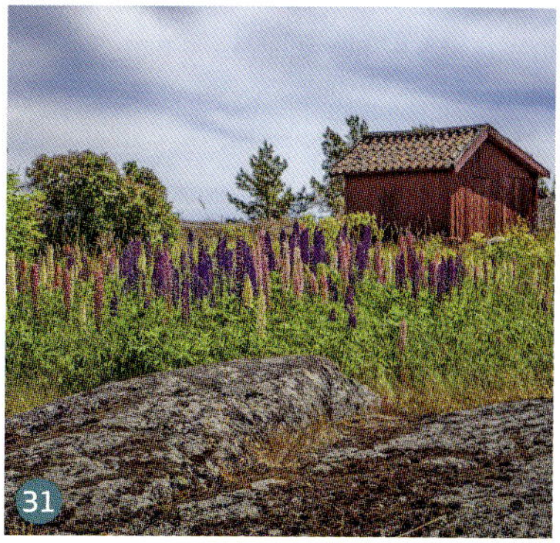

31

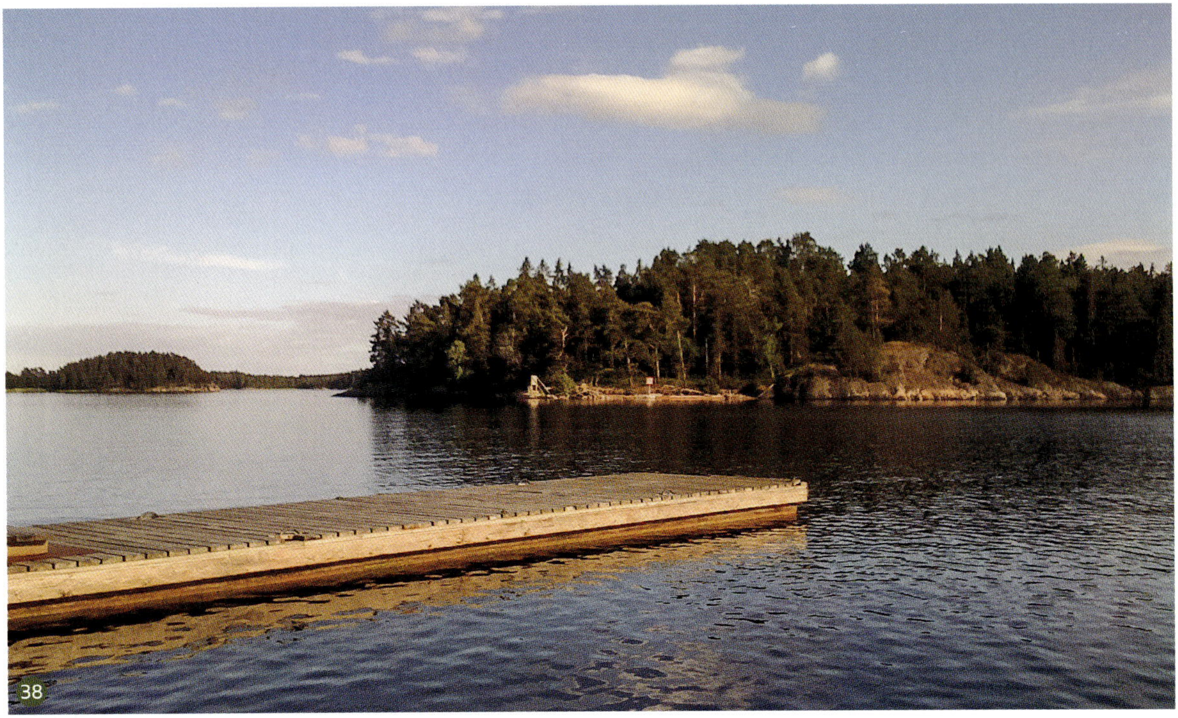

38

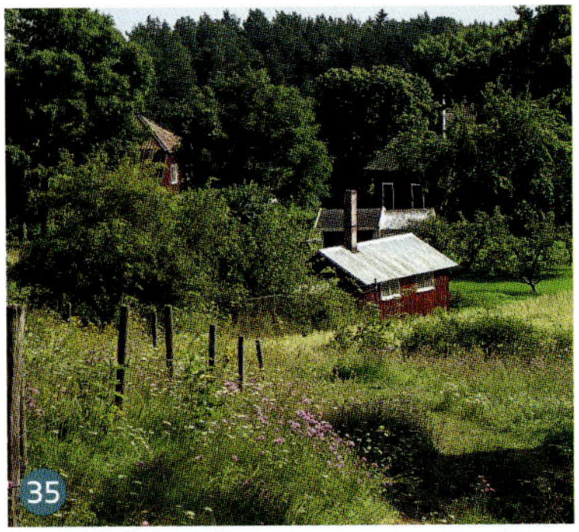

35

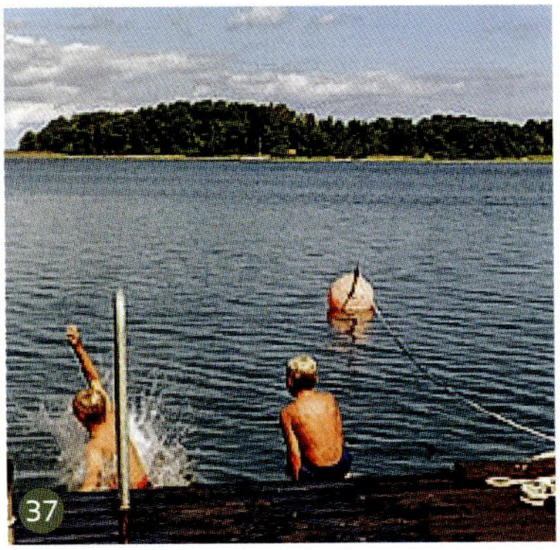

37

umliegenden kleineren Inseln und Schären zu erkunden. Lebensmittelladen.

59.4728, 18.7603

34 NORRA STAVSUDDA

Nord-Stavsudda ist die Hauptinsel der Inselgruppe Stavsudda. Man kann Kajaks leihen, und es gibt mehrere Werften, von denen eine die Luftkissenboote baut, die weltweit von Rettungsteams verwendet werden. Lebensmittelladen.

59.4085, 18.7741

35 KARKLÖ

Von Gällnö nur durch einen schmalen Sund getrennt, den man mit geliehenen Ruderbooten überqueren kann. Auf Gällnö gibt es einen Lebensmittelladen.

59.4146, 18.6330

36 SANDÖN

Wegen der Nähe zum offenen Meer bei Seglern beliebt und deshalb oft ziemlich voll. Im Juli findet in der Ortschaft Sandhamn eine jährliche Regatta statt. Probieren Sie die „Matrosenbrötchen" der Inselbäckerei. Lebensmittelladen.

59.2816, 18.9133

KULTUR & GESCHICHTE

37 HUSARÖ

Vom 15. Jahrhundert bis 1912 Lotsenstation, der ein kleines Museum auf der Insel gewidmet ist. 1719, während des Großen Nordischen Kriegs, brannten die Russen fast alles auf der Insel nieder.

59.5058, 18.8477

38 SVARTSÖ

Mischung aus Ackerland und Wald mit kristallklaren Seen. Die alte Missionsstation in Ahlsvik ist jetzt ein Museum. Lebensmittelladen.

59.4522, 18.6844

NATUR & TIERWELT

39 LÅDNA

Insel, die größtenteils zum Naturschutzgebiet Hjälmö-Lådna gehört. Das bedeutet, sie wird auf traditionelle Weise bewirtschaftet, um die einzigartige Schärenlandschaft zu schützen. Gehen Sie Richtung Süden zur Meerenge zwischen Lådna und Lådnaön, wo Sie in Ruderboot leihen und nach Lådnaön übersetzen können.

59.4308, 18.7085

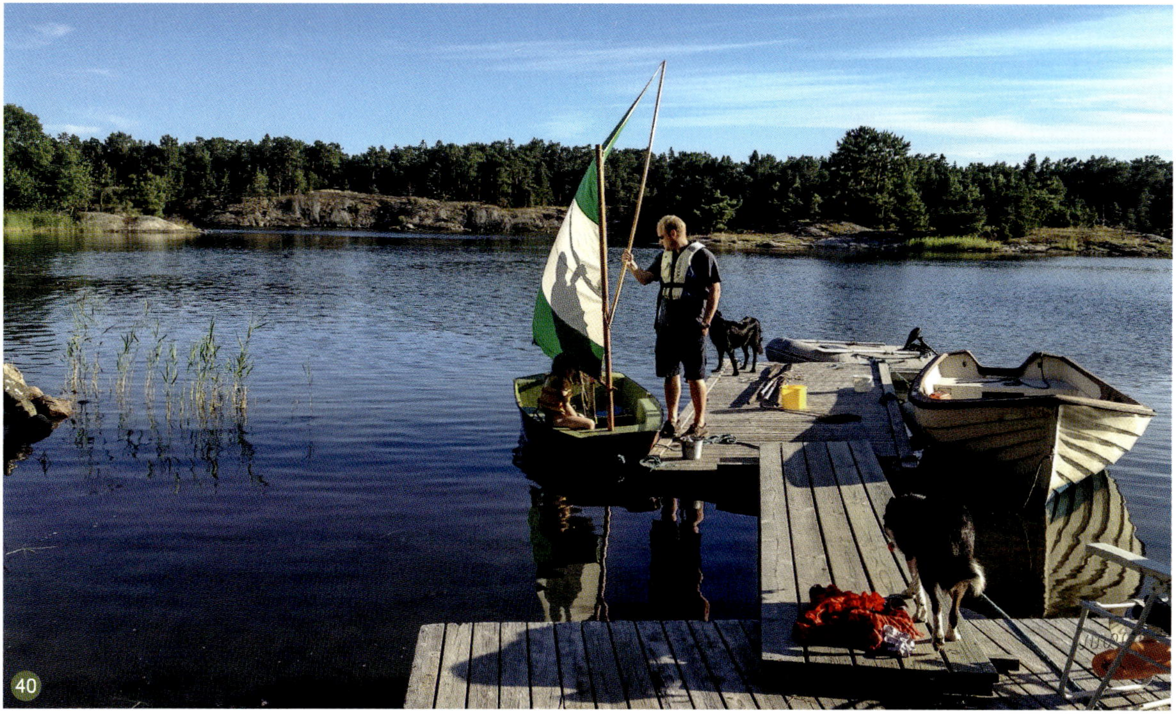

40

40 RUNMARÖ

Eine der größten Schäreninseln mit mehreren Dörfern in Mischwaldlandschaft. Außerdem gibt es hier 27 verschiedene Orchideensorten. Wie auf vielen Inseln in dieser Gegend lebten hier früher viele Lotsen, die die Schiffe in den Stockholmer Hafen dirigierten. Man kann Fahrräder leihen, und es gibt einen Lebensmittelladen.

59.2756, 18.7680

UNTERKUNFT

41 STORA KALHOLMEN

Kleine bewaldete Insel mit schönen Badestellen. Das einzige Gebäude ist eine Jugendherberge, die auch über eine Holzsauna verfügt.

59.4558, 18.8263

SÜDLICHE ROUTE

STRÄNDE & BADESTELLEN

42 NÅTTARÖ

Wie ein riesiger Sandkasten! Die Insel hat nicht nur tolle Strände, sondern auch einen originellen Schnorchelpfad. An der Ostküste findet man diverse Höhlen. Lebensmittelladen.

58.8716, 18.1199

43 RÅNÖ

Insel mit fantastischer Badestelle in Hästholmsviken mit glatten Felsen und seichtem, sandigem Boden. 7,5 km langer Rundweg an der Küste entlang. Man kann Elche und Rehe beobachten und im Spätsommer Beeren und Pilze sammeln. Lebensmittelladen.

58.9300, 18.1826

44 ÅLÖ

Von Utö durch eine sehr schmale Meerenge getrennt, über die eine Brücke führt. Größtenteils unbewohnt, mit schroffen Felsen und einem großen Sandstrand namens Storsand. Man kann beim Restaurant am Fähranleger Fahrräder leiden, nach Utö radeln, und sie dort wieder abgeben.

58.9178, 18.2107

45 ASPÖ

Im Stockholmer Schärengarten gibt es drei Inseln namens Aspö – alle im Süden, und alle werden von den Waxholmsbolaget-Fähren angefahren! Auf dieser gibt es zwischen Wald und Sommerhäusern zahlreiche Wanderwege. Viele kleine Höhlen und Strände.

58.9007, 18.1545

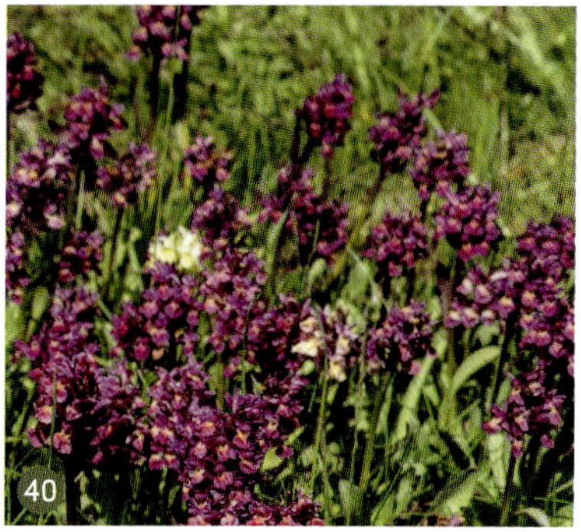

40

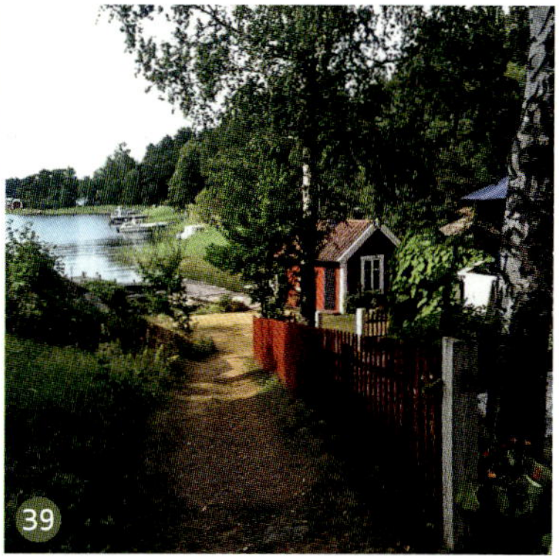

39

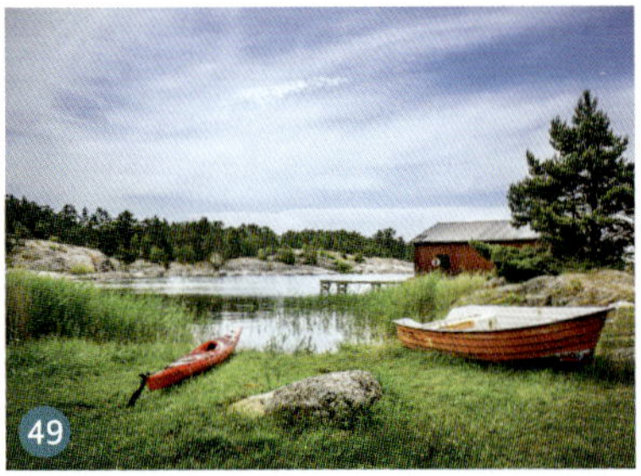

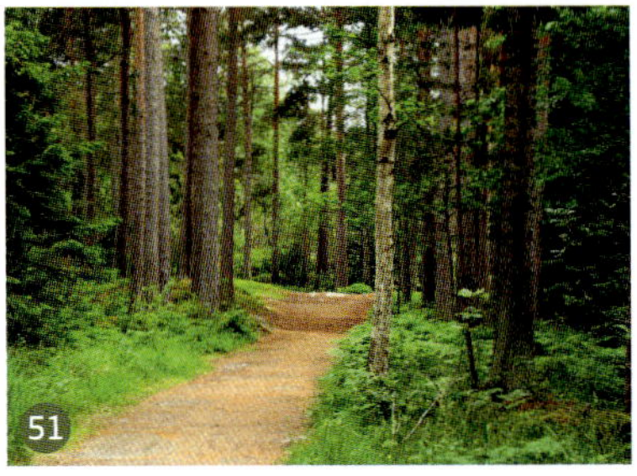

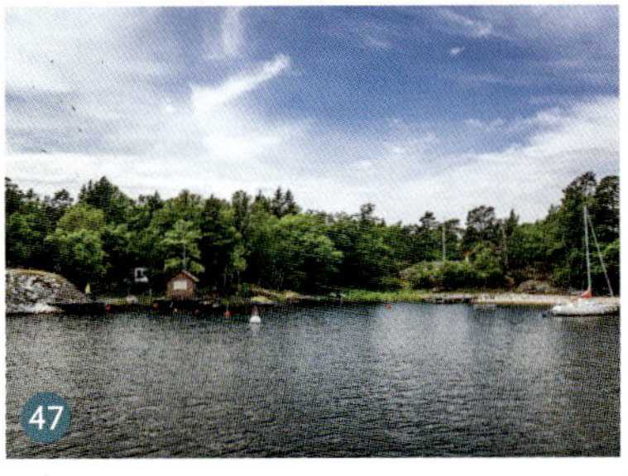

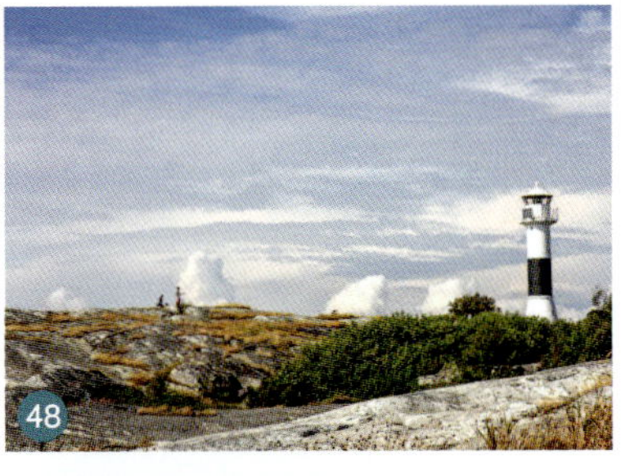

Das Semaphor nicht vergessen!

Wenn Sie wollen, dass die Fähre anlegt und Sie mitnimmt, müssen Sie das runde Signal (Semaphor) hochklappen. Dann weiß die Besatzung, dass Sie mitwollen. Wenn es dunkel ist, brauchen Sie eine Taschenlampe, um auf sich aufmerksam zu machen.

46 FIVERSÄTRAÖ

Felsige, licht bewaldete Insel mit vielen Sommerhäusern. Es kann schwierig werden, hier ein ungestörtes Plätzchen zum Campen zu finden. Die Küste besteht hauptsächlich aus glatten Felsen.

59.0764, 18.5182

47 KYMMENDÖ

Vorlage für die fiktive Insel Hemsö in dem Roman *Die Leute auf Hemsö* von August Strindberg. Mischung aus Wald und Weiden mit vielen Buchten und Stränden. Und ein Lebensmittelladen.

59.1130, 18.5040

48 HUVUDSKÄR

Kleine Felseninsel in einer Gegend, die für die Fischer viele Jahrhunderte von großer Bedeutung war. Auf der Insel befindet sich ein Leuchtturm, der seit 1992 mit Sonnenenergie betrieben und von der schwedischen Behörde für See- und Binnenschifffahrt ferngesteuert wird. Im Osten der Insel gibt es ein paar Grasflächen, die sich gut zum Campen eignen.

58.9630, 18.5700

KAJAK

49 FJÄRDLÅNG

Wanderwege führen kreuz und quer über die Insel, und vom höchsten Punkt auf den Klippen (36 mNN) hat man einen tollen Blick. Man kann Kajaks, Ruderboote und Angelausrüstung leihen. Lebensmittelladen.

59.0473, 18.5227

NATUR & TIERLEBEN

50 ÖJA

Insel an der Südspitze des Schärengartens. Hauptdorf und Leuchtturm heißen beide Landsort. Flora und Fauna unterscheiden sich von den anderen Schären, so gibt es hier z. B. Mehlbeeren und Eiben. Wenn man dem Küstenweg folgt, entdeckt man jahrhundertealte Befestigungen, einen Pestfriedhof und ein 3000 Jahre altes Steinlabyrinth, das den Fischern Glück bringen sollte, bevor sie aufs Meer hinausfuhren.

58.7514, 17.8648

KULTUR & GESCHICHTE

51 UTÖ

Vorwiegend Nadelwald, Wiesen und Felsküste. Der nördliche Teil von Utö und die umliegenden Inseln sind Naturschutzgebiet. Ganz in der Nähe befindet sich die alte Eisenerzgrube Gruvbyn, Anfangspunkt eines Kulturwanderwegs. Der Bergbau fand 1879 ein Ende und wurde durch Forstwirtschaft ersetzt. Inzwischen leben die Bewohner hauptsächlich vom Tourismus. Man kann Fahrräder leihen, und es gibt einen Lebensmittelladen.

58.9366, 18.2528

52 ORNÖ

Größte Insel der südlichen Schären. Lässt sich gut mit Fahrrädern entdecken, die man hier leihen kann. Wald, Felsen und zahlreiche Seen – der tiefste heißt Stunnträsk und beherbergt angeblich Organismen, die noch aus der letzten Eiszeit stammen. Ein Museum und diverse historische Grabstätten können besichtigt werden. Bis 1997 war Ornö geheimes Militärgebiet, und Ausländer durften die Insel nicht betreten, und noch immer gibt es einige Sperrzonen, die deutlich gekennzeichnet sind. Man kann Kajaks leihen. Man kann Kajaks leihen und in einem Lebensmittelladen einkaufen.

59.0545, 18.4020

53 DALARÖ

Durch eine Brücke mit dem Festland verbunden und Knotenpunkt des Schärentourismus. Im 19. Jahrhundert entstand ein beliebter Badeort, der 1890 von einem Feuer zerstört wurde, doch viele historische Gebäude sind erhalten geblieben. Der Westen der Insel ist sehr bebaut, der Osten ländlicher. Die kleineren umliegenden Inseln eignen sich besser zum Wildcampen.

59.1341, 18.4077

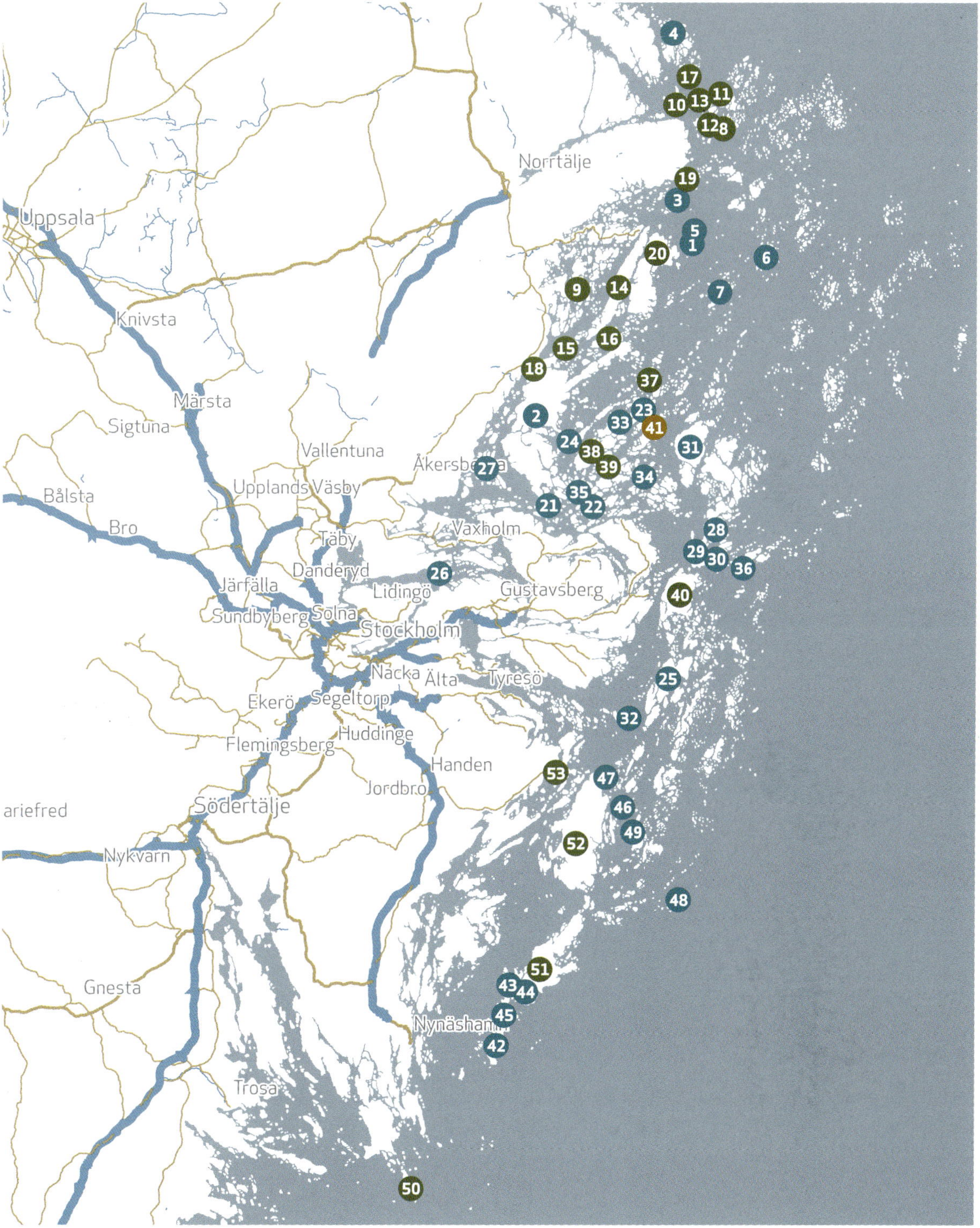
Norrtälje
Uppsala
Knivsta
Märsta
Sigtuna
Vallentuna
Åkersberga
Upplands Väsby
Bålsta
Bro
Täby
Vaxholm
Danderyd
Järfälla
Lidingö
Gustavsberg
Sundbyberg
Solna
Stockholm
Nacka
Älta
Tyresö
Ekerö
Segeltorp
Huddinge
Flemingsberg
Handen
Jordbro
ariefred
Södertälje
Nykvarn
Gnesta
Nynäshamn
Trosa
1
2
3
4
5
6
7
8
9
10
11
12
13
14
15
16
17
18
19
20
21
22
23
24
25
26
27
28
29
30
31
32
33
34
35
36
37
38
39
40
41
42
43
44
45
46
47
48
49
50
51
52
53

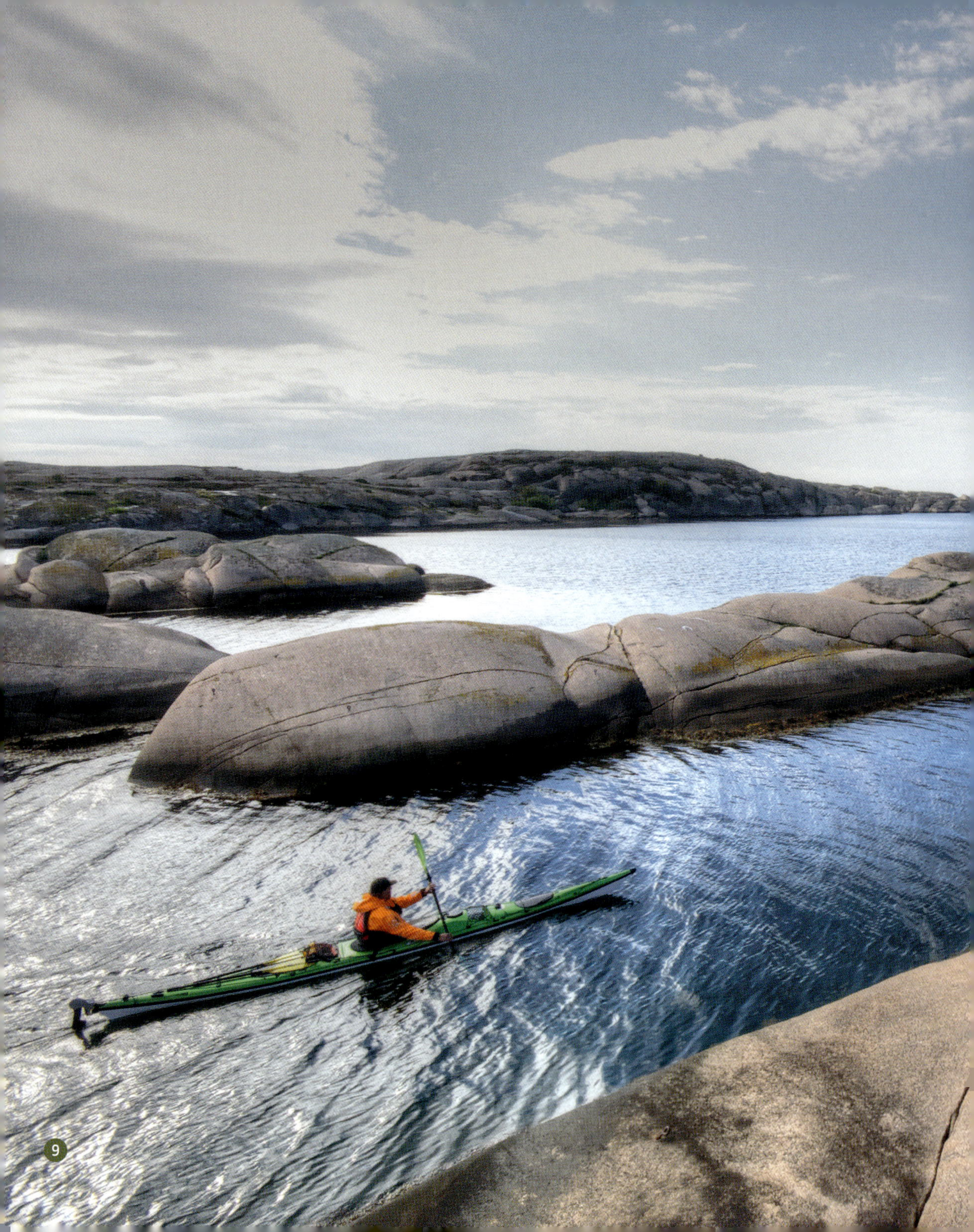
9

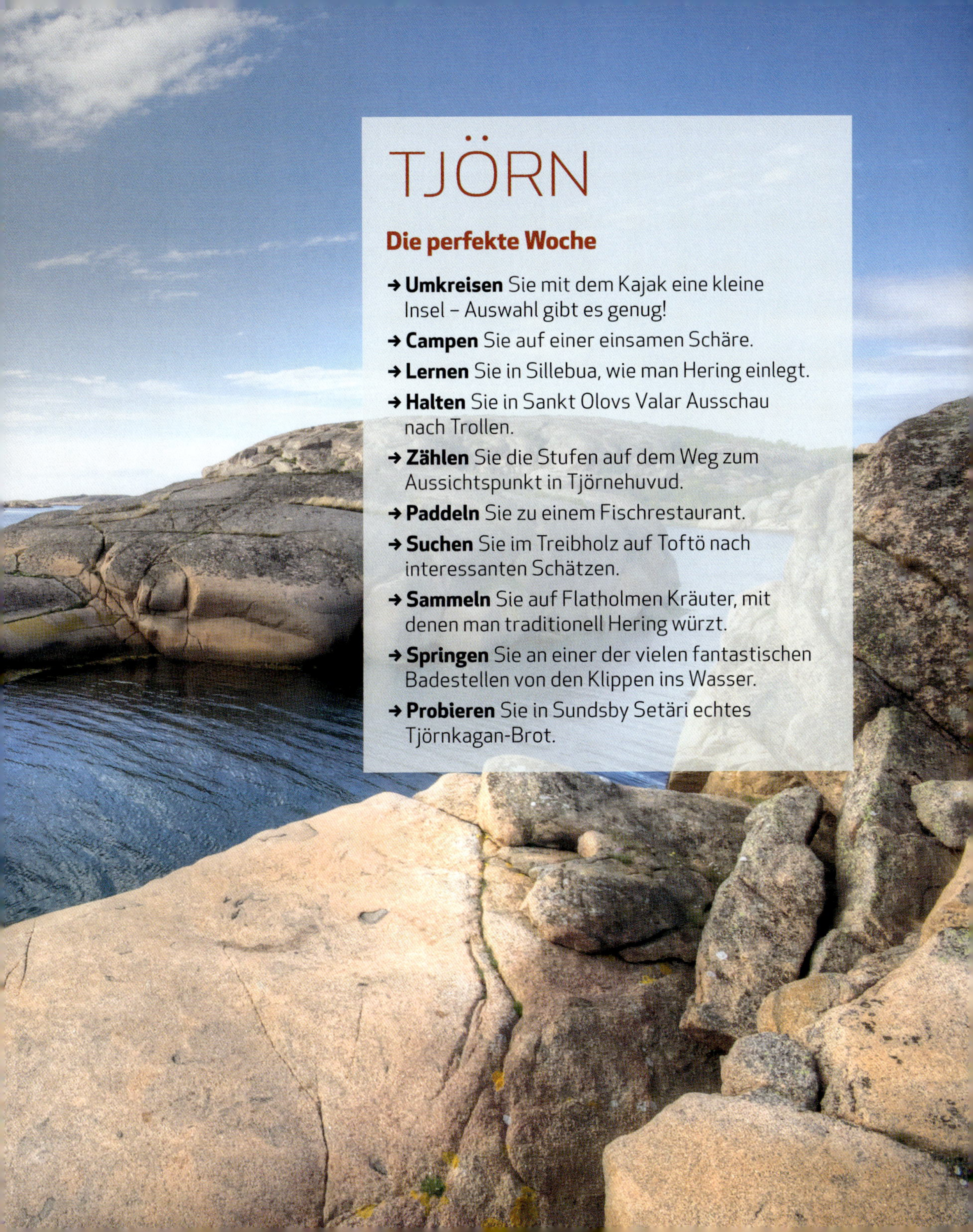

TJÖRN

Die perfekte Woche

- **Umkreisen** Sie mit dem Kajak eine kleine Insel – Auswahl gibt es genug!
- **Campen** Sie auf einer einsamen Schäre.
- **Lernen** Sie in Sillebua, wie man Hering einlegt.
- **Halten** Sie in Sankt Olovs Valar Ausschau nach Trollen.
- **Zählen** Sie die Stufen auf dem Weg zum Aussichtspunkt in Tjörnehuvud.
- **Paddeln** Sie zu einem Fischrestaurant.
- **Suchen** Sie im Treibholz auf Toftö nach interessanten Schätzen.
- **Sammeln** Sie auf Flatholmen Kräuter, mit denen man traditionell Hering würzt.
- **Springen** Sie an einer der vielen fantastischen Badestellen von den Klippen ins Wasser.
- **Probieren** Sie in Sundsby Setäri echtes Tjörnkagan-Brot.

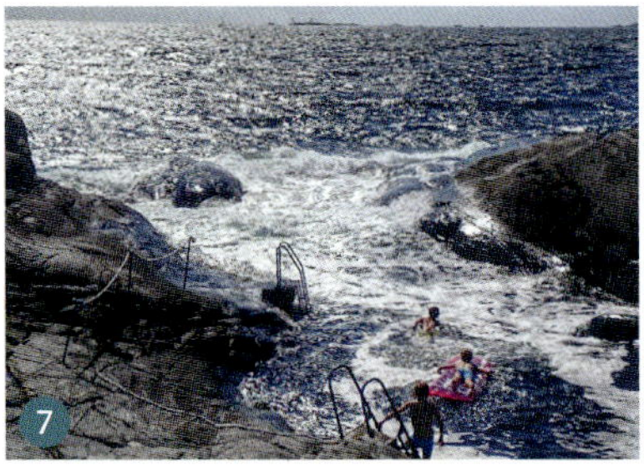

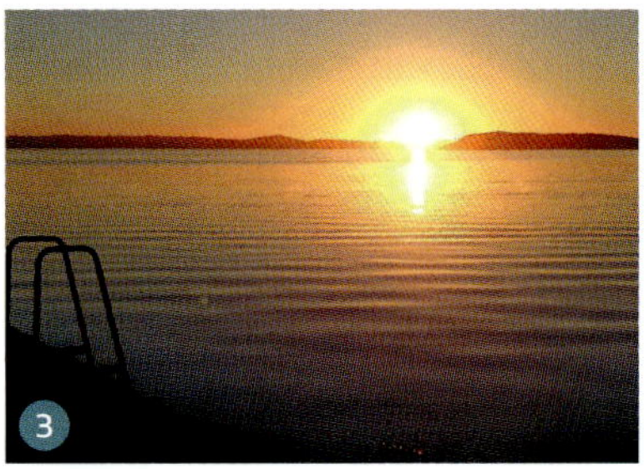

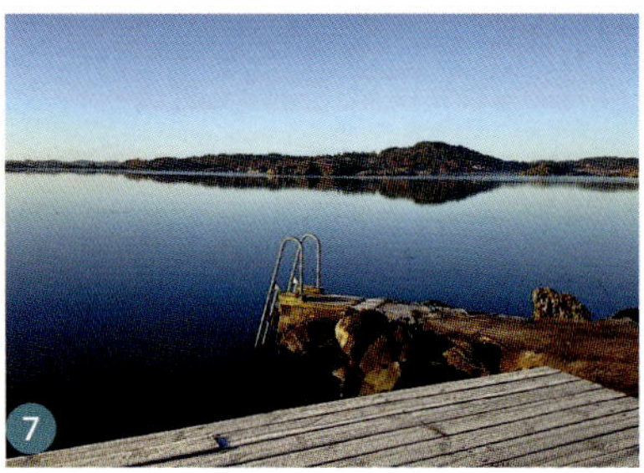

Eine beeindruckende Hängebrücke über den Stenungsund verbindet Tjörn mit dem Festland. Schwedens sechstgrößte Insel liegt in einem Labyrinth aus Tausenden kleiner Inseln und Schären nördlich von Göteborg.

Am besten lässt sich diese Küstenlandschaft mit dem Kajak erkunden. Vorkenntnisse benötigt man keine, denn die Gewässer sind in der Regel sehr geschützt. Also leisten Sie den Robben Gesellschaft! Wenn Sie Boot und Ausrüstung bei Kajaktiv leihen (siehe 15), bekommen Sie alles, was Sie brauchen, inklusive Tipps und Sicherheitsbelehrungen.

Paddeln Sie zwischen den Hauptinseln herum und campen Sie an spektakulären Locations. Falls Sie noch nie auf Felsen gezeltet haben, kein Problem – benutzten Sie kleine Felsbrocken, um das Zelt zu verankern, ein Kuppelzelt erleichtert das Ganze. In den kleinen Dörfern können Sie Ihre Vorräte aufstocken, oder Sie kehren in einem der vielen Lokale ein, die oft direkt am Hafen liegen.

In den Dörfern der Hauptinsel kann es im Sommer ziemlich voll werden, aber ein Stück die Küste entlang oder auf den anderen Inseln findet man viele idyllische Rückzugsorte. Bevor man auf Erkundungstour geht, sollte man sich Zeit für das Schifffahrts- und das Heringsmuseum nehmen, um einen Eindruck von der historischen Bedeutung der Region zu bekommen.

Das Meer ist nie weit, und landeinwärts findet man Wildblumenwiesen und Felder, gespickt mit Überresten aus der Stein-, Bronze- und Wikingerzeit. Von der alten Signalstation auf dem Vetteberget kann man an klaren Tagen bis nach Dänemark sehen.

Kehren Sie dem 21. Jahrhundert den Rücken und lassen Sie sich für eine Nacht auf einer einsamen Insel absetzen. Sehen Sie den Booten zu, die vorbeifahren, pflücken Sie wilde Beeren und lassen Sie sich nach dem Schwimmen auf den warmen Felsen trocknen. Nehmen Sie Smörgåsbord mit frischem Fisch mit und lassen Sie es sich beim feuerroten Sonnenuntergang schmecken.

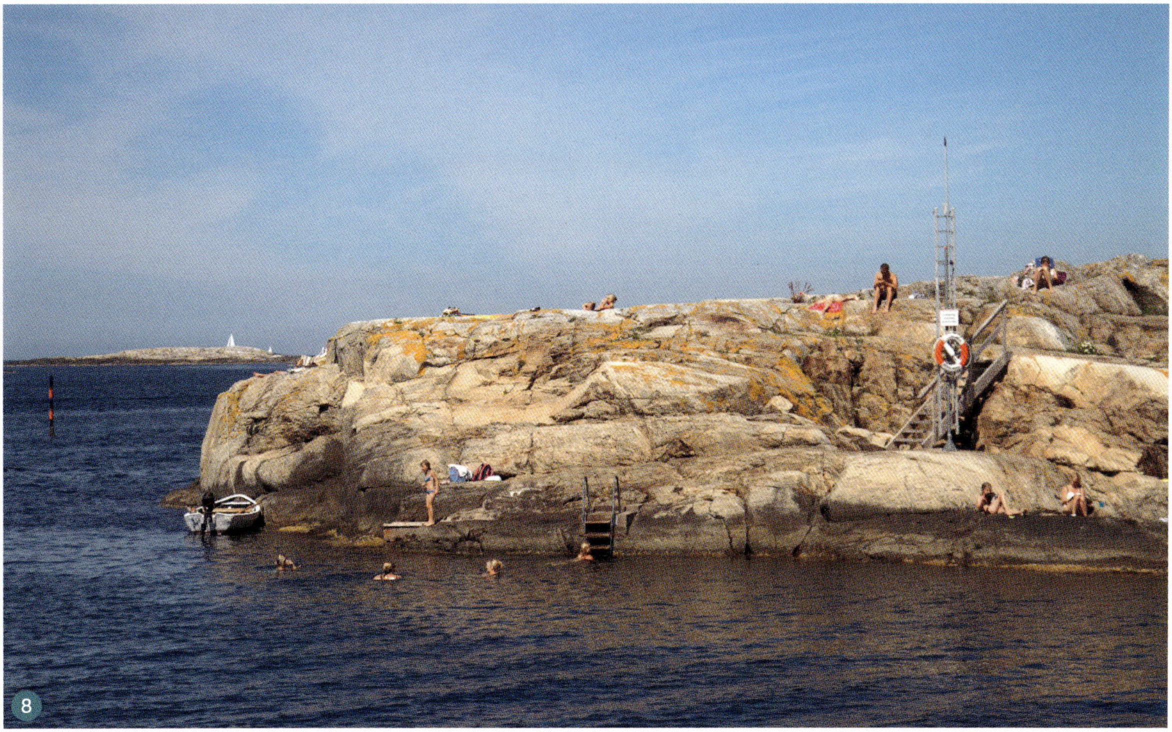

STRÄNDE & BADEN IM MEER

1 STOCKEVIK

Badestelle mit Steg, Klippen und Sprungbrett. Im Sommer gibt es für Kinder sogar Schwimmunterricht.

➜ Von Skärhamn Richtung Süden, dann beim Schild nach Stockevik rechts. Der Straße bis zum Parkplatz hinter dem Steg folgen. Die Badestelle liegt 300 m weiter.

5 Min., 57.9598, 11.5478

2 RÖRA

Springen Sie von den glatten Felsen in die Bucht, oder liegen Sie einfach in der Sonne. Die Felsen sind bis lang in die Nacht warm und herrlich für späte Picknicks.

➜ Von der 723 bei Källekärr nach Norden, vorbei an Statoil, und den Schildern nach Rörastrand folgen. Sobald man das Wasser sieht, rechts halten. Vom Parkplatz sind es noch 300 m.

5 Min., 58.0580, 11.6198

3 LILLA ASKERÖN

Kleiner Sandstrand mit Steg und Felsen, von denen man springen kann. Toll für kleine Kinder.

➜ Über die Skåpesunds-Brücke von Tjörn nach Orust. Beim Schild nach Askeröarna rechts. Nach der ersten Brücke kann man rechts die Badestelle sehen. Ein Stück weiter, kurz vor der zweiten Brücke gibt es einen Parkplatz.

5 Min., 58.0871, 11.7192

4 KÅREVIK

Perfekter Ort, um Kindern Schwimmen beizubringen. Flacher Sandstrand mit Steg und Sprungbrett.

➜ In Rönnäng den Kyrkvägen nehmen, dann gleich hinter der Kirche rechts. Kåreviksvägen, 47141 Rönnäng.

57.9341, 11.5915

5 TUBBEVIKEN

Ein paar Sprungbretter und Stufen, die den steilen Felsen hinaufführen. Perfekt für ein erfrischendes Bad am Morgen.

➜ In Skärhamn der Hamngaten Richtung Norden folgen, dann links auf den Strandvägen zur Badestelle mit Parkplatz.

5 Min., 57.9948, 11.5461

6 GRÅSKÄRSBADET

Sandstrand, von dem aus man zu einem Holzsteg am Rand einer kleinen Felsklippe mit Sprungturm schwimmen kann. Ein Steg bildet eine kleine Lagune, perfekt zum Spielen für jüngere Kinder.

➜ Von der Hamngaten den Schildern zum Nordiska Akvarellmuseet folgen, am südlichen Ende von Skärhamn. Die Badestelle liegt gleich neben dem Museum.

57.9867, 11.5400

INSELN & KAJAKTOUREN

7 ÅSTOL

Sehr kleine Insel (0,15 km²) südlich von Rönnäng mit Hafen für hauptsächlich Krebse, Krabben und Hummer. Die Insel lebt vom Fischfang, und es gibt einen Gedenkpark für Fischer, die auf dem Meer ihr Leben verloren haben. Suchen Sie sich einen Platz zum Campen am Ufer und schlendern Sie dann zum Hafen, um sich mit frischen Krustentieren für ein Smörgåsbord bei Sonnenuntergang einzudecken.

➜ Stündliche Fähre von Rönnäng nach Åstol.

57.9224, 11.5848

8 KLÄDESHOLMEN

Eigentlich zwei kleine Inseln, Klädesholmen und Koholmen, die im Sprachgebrauch als Klädesholmen zusammengefasst werden.

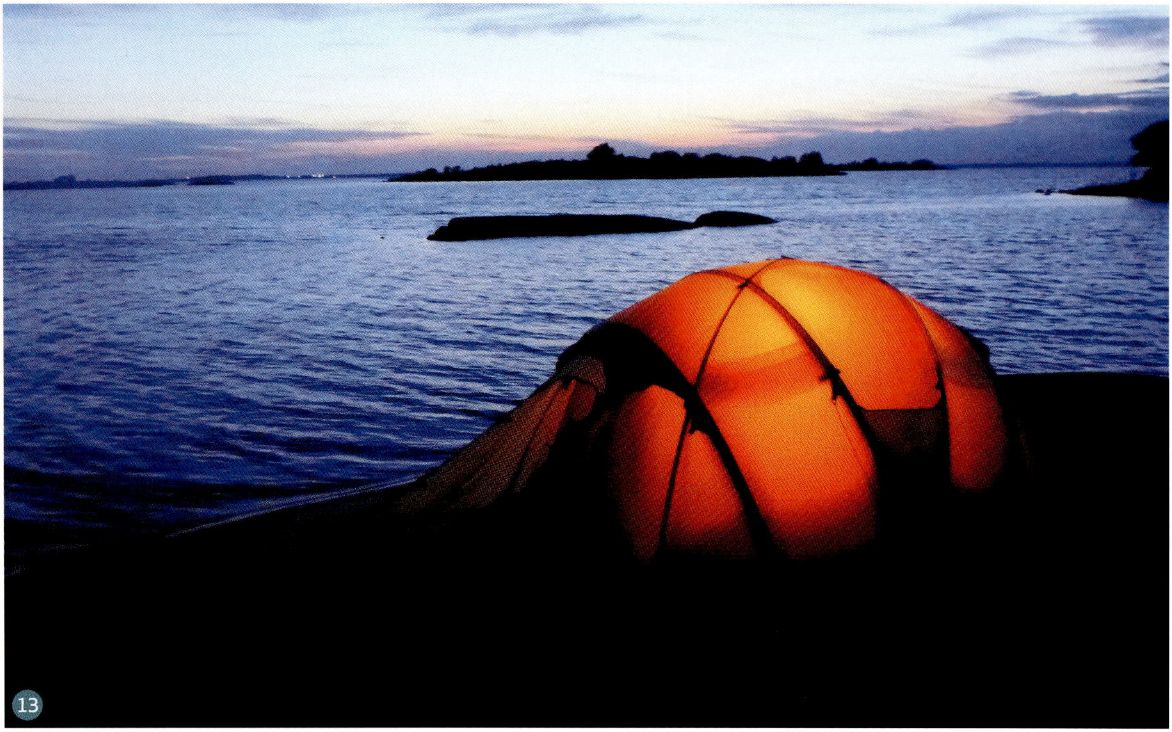

13

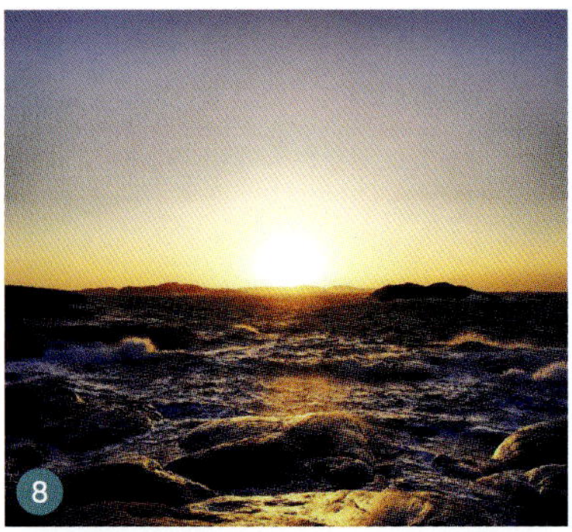

8

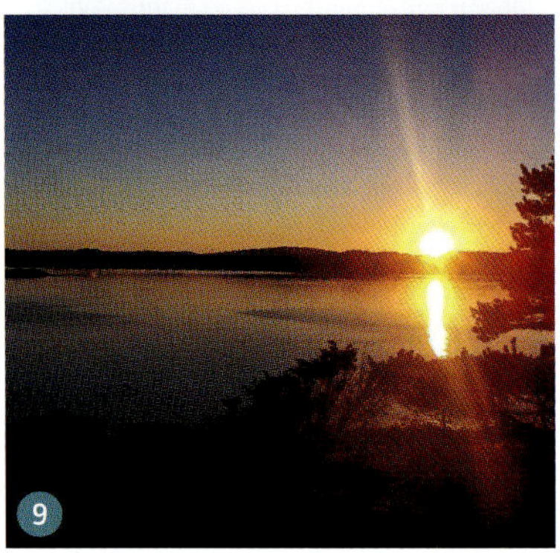

9

Trotz ihrer Größe (0,29 km²) kommt fast die Hälfte des eingelegten schwedischen Herings hierher. Traditionell wurde der Hering nach einem Familienrezept gewürzt und dann in Dosen oder kleine Fässer verpackt. Manche Fabriken gibt es seit fünf Generationen. Ob Sie mit dem Kajak die Insel umrunden oder das Labyrinth der umliegenden Schären erkunden, Sie werden immer ein schönes Plätzchen finden, um Ihr Zelt aufzustellen. Und natürlich müssen Sie den eingelegten Hering probieren!

→ Klädesholmen ist mit Tjörn auf der 169 Richtung Bleket durch eine Brücke verbunden.

57.9487, 11.5457

9 STORA DYRÖN

0,24 km² kleine Insel südöstlich von Rönnäng. Steile Felsküste, aber sehr Wild-Camping-tauglich. Ein 5 km langer Wanderweg führt um die Insel herum, und Sie werden wahrscheinlich den wilden Mufflon-Schafen begegnen, die hier grasen. Fantastischer Blick auf Pater Noster, Marstrand und Åstol. Im Westen der Insel finden sich Überreste eines Steinzeitdorfs und ein Steinhügel aus der Bronzezeit. Anders als auf den umliegende Inseln haben die Bewohner ihren Lebensunterhalt hier immer mit Landwirtschaft verdient und nur Fischfang betrieben, wenn die Ernte schlecht ausfiel. Im Hauptdorf gibt es ein paar kleine Läden.

→ Stündliche Fähre nach Stora Dyrön von Rönnäng.

57.9301, 11.6128

10 TJÖRNEKALV

„Kalv" (Kalb) nennt man auf Schwedisch eine kleine Insel neben einer großen Insel. In diesem Fall ist Tjörnekalv 1,5 km² groß und liegt neben Rönnäng vor der Küste vor Tjörn. Wie auf so vielen Inseln dieser Gegend war das Leben hier früher von der Fischindustrie geprägt, und im 18. Jahrhundert haben die Inselbewohner in diversen Salzereien und Heringsölfabriken gearbeitet, die es längst nicht mehr gibt. An der Küste viele schöne Stellen zum Campen, mit einer Fülle an Beeren und Pilzen – über 245 verschiedene Pflanzenarten sind auf der Insel beheimatet.

→ Stündliche Fähre nach Tjörnekalv von Rönnäng.

57.9334, 11.5675

11 HÄRÖN

7 km² großes Naturschutzgebiet und eine der am besten erhaltenen Agrarlandschaften Schwedens, die noch mit traditionellen Me-

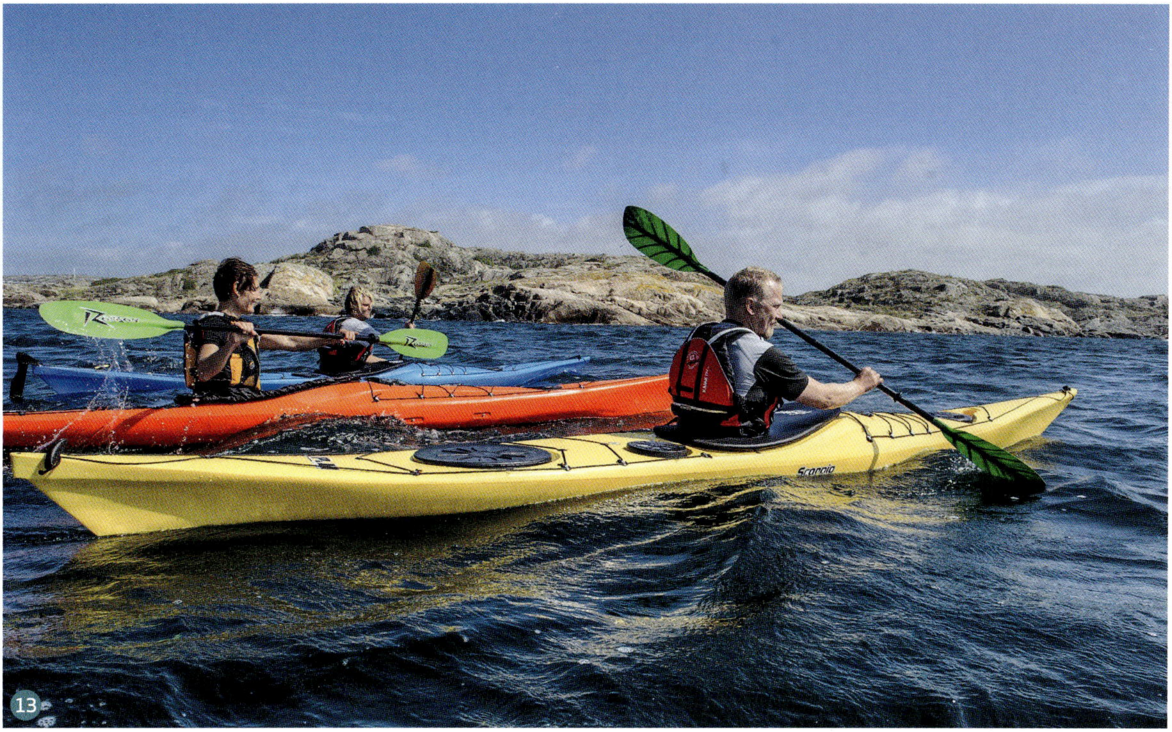

13

thoden bewirtschaftet wird. Wild Camping ist nur in ausgewiesenen Bereichen erlaubt, und es führen diverse markierte Wanderwege über die Insel. Das Restaurant Magasinet ist ein Muss für jeden Fischliebhaber – und man kann sogar im Kajak hinfahren!

➔ Es verkehrt regelmäßig eine Fähre von Kyrkesund nach Härön. Magasinet, 47190 Kyrkesund, +46 304 664020. www.magasinetharon.se

58.0207, 11.5034

12 STIGFJORDEN

Seichtes, geschütztes Gewässer zwischen den Inseln Tjörn und Orust. Das meiste davon ist Naturschutzgebiet und im Frühling und Herbst wichtiges Futtergebiet für Tausende Enten, Gänse, Schwäne und andere Wasservögel. Mit ca. 100 Inseln und Schären bieten sich nahezu unbegrenzte Möglichkeiten zum Zelten in freier Natur.

➔ Zwischen Tjörn und Orust.

58.0773, 11.6062

13 FLATHOLMEN

13 Flatholmen

Im goldenen Zeitalter des Herings hatte die Insel über 100 ständige Bewohner. Inzwischen leben hier nur noch wenige Menschen, und das nur in den Sommermonaten. Strom gibt es auch keinen. Die Hauptinsel ist 0,5 km² groß, und auf den glatten Felsen der zahlreichen Schären kann man gut zelten. Man findet hier viele der Kräuter, die früher als Heringsgewürz verwendet wurden – zum Beispiel Schöllkraut, Wiesenkerbel, Wermut, Natterkopf und Glockenblumen.

➔ Mit Kanu oder Kajak von Stockevik nach Flatholmen.

57.9637, 11.5168

14 TOFTÖ

Interessante, 0,35 km² große Insel vor Tjörn, im Nordwesten von Skärhamn. In den drei tiefen Buchten im Westen sammelt sich Strandgut, und in schweren Zeiten sollen die Inselbewohner mit Lichtern absichtlich Schiffe an die Felsen gelockt haben. Wenn sich ein Sturm zusammenbraute, beteten die Armen um Schiffswracks, die eine sehr lukrative Beute sein konnten. Halten Sie Ausschau nach den Stellen, wo einst die Küstenfeuer angezündet wurden – die Spuren sind noch immer zu sehen.

➔ Es gibt eine Fähre von Skärhamn nach Toftö.

57.9958, 11.5288

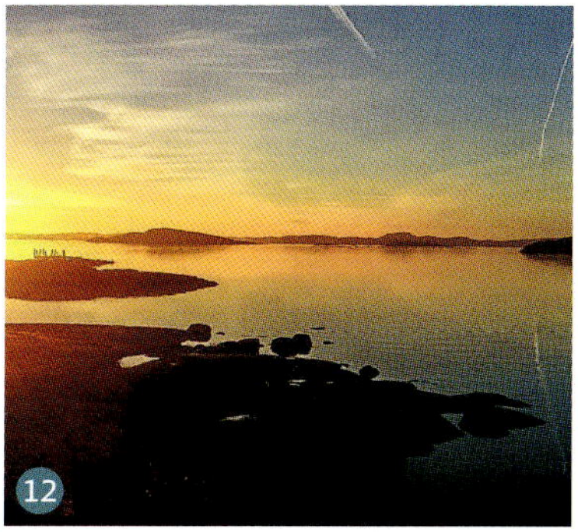

12

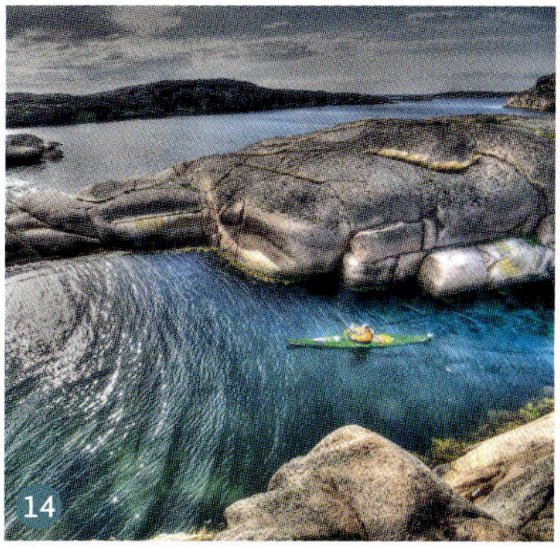

14

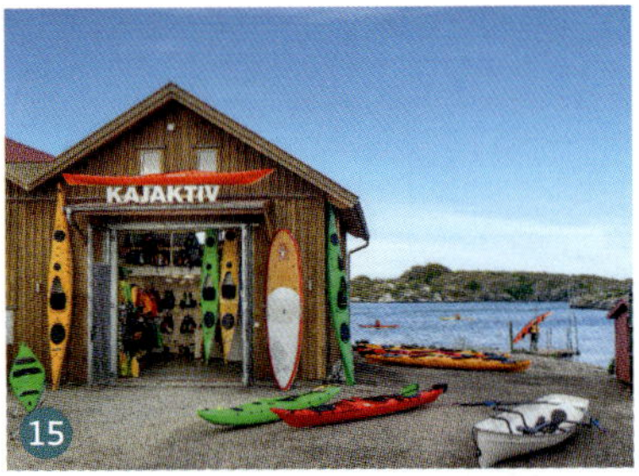

15

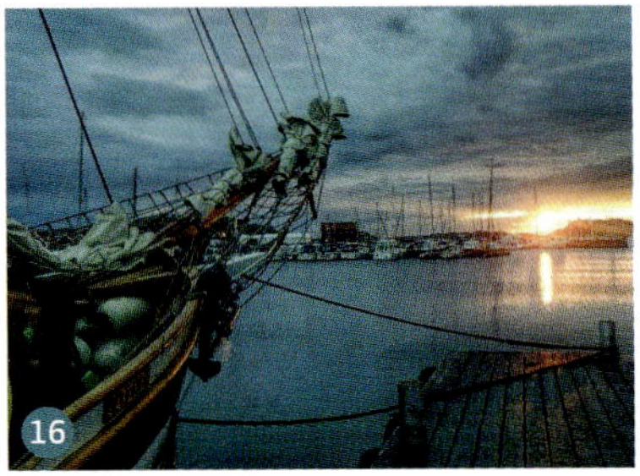

16

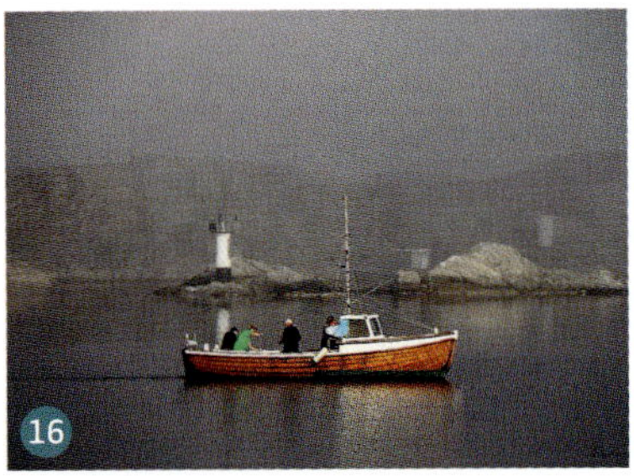

16

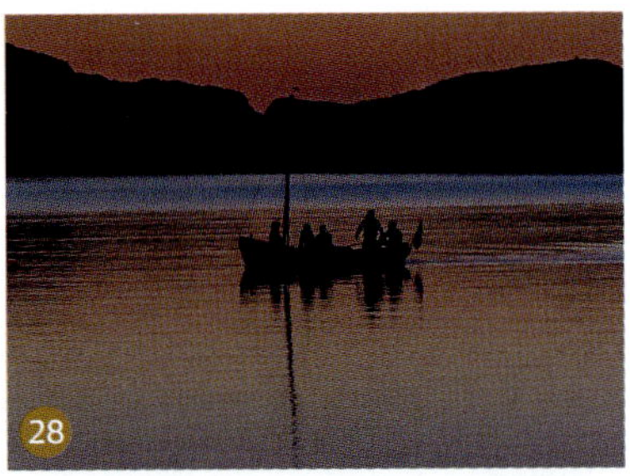

28

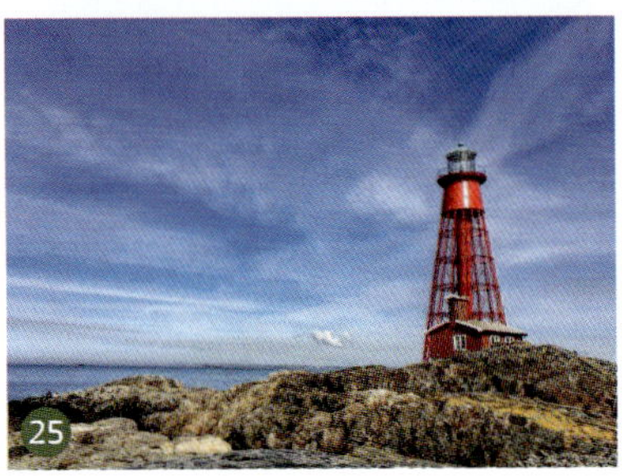

25

15 KAJAKTIV

Kayakverleih. Das Personal gibt Tipps, welche Routen sich am besten für Anfänger eignen, und stattet Sie mit dem richtigen Boot und der passenden Ausrüstung aus.

➔ Kajaktiv Tjörn, Bleketvägen 42, 471 96 Bleket, +46 72 2060767. www.kajaktivtjorn.se
57.9494, 11.5670

16 WASSERTAXI

Wenn Sie einige der Inseln erkunden wollen, ohne selbst paddeln zu müssen, können Sie für bis zu 8 Personen ein Wassertaxi nehmen. Man kann auch Tagesausflüge und Robben-Safaris buchen. Vielleicht lassen Sie sich für eine Nacht auf einer einsamen Insel absetzen!

➔ Tjörns Skärgårdsturer, St Olofs väg 3, 471 90 Kyrkesund, +46 733 411855. www.skargardsturer.se
58.0163, 11.5174

KULTUR & GESCHICHTE

17 GRÄBERFELD VON PILANE

Ungewöhnliche Mischung aus Überresten von Siedlungen aus der Steinzeit, über 90 Gräbern aus der Eisenzeit und modernen Skulpturen auf hügeligen Blumenwiesen.

➔ Von der 169 den Schildern nach Kyrkesund folgen. Durch Kållekärr und nach 3 km beim Kreisverkehr rechts. Der Straße 4,5 km folgen und links nach dem Schild zum „Pilane gravfält" Ausschau halten.
15 Min., 58.0247, 11.5665

18 STYRDALEN DÖSEN

Fantastischer Dolmen, direkt an einer Straße und daher leicht zu finden. Vier Tragsteine und ein flacher Deckstein bilden eine kleine Kammer. Der Deckstein ist mit Schälchen verziert.

➔ Von Kållekärr 2 km Richtung Norden, dann rechts (Richtung Osten) auf eine kleine Schotterstraße, Richtung Valla. Der Dolmen liegt nach 1,5 km auf der Südseite der Straße.
5 Min., 58.0361, 11.6946

19 SJÖFARTSMUSEET

Kleines Schifffahrtsmuseum über die Bedeutung Tjörns für die schwedische Seefahrt.

➔ Postvägen 26, 471 32 Skärhamn, +46 733 670677. www.deseglade.se
57.9900, 11.5468

20 SILLEBUA

Alte Heringsfabrik, die jetzt die Geschichte dieser für die Insel wichtigsten Industrie und der goldenen Zeit zwischen 1860 und 1960 erzählt.

➔ Parkplatz kurz vor der Kreuzung rechts, wenn man von Koholmen nach Klädesholmen fährt. Zu Fuß 200 m weiter bis zum Ende der Straße, dann links zum Museum. Sillgränd 8, 47151 Klädesholmen, +46 304 673004. www.kladesholmen.com
5 Min., 57.9448, 11.5433

21 HAMNEBERGET

Aussichtspunkt mit Blick auf den Hafen von Skärhamn mit Hügelgrab.

➔ Oberhalb von Skärhamn.
15 Min., 57.9918, 11.5507

22 TJÖRNEHUVUD

Landspitze mit fantastischem Blick auf Marstrand, Åstol, Dyrön, Tjörnekalv und Klädesholmen. Der Weg ist steil und hat viele Stufen, aber die Mühe lohnt sich!

➔ Der ausgeschilderte Weg beginnt am Hotel Bergabo, Kyrkvägen 22, 47141 Rönnäng.
1 Std., 57.9343, 11.5807

23 SANKT OLOVS VALAR

Auf einem Berg südöstlich von Kyrkesund. Laut Legende sind die Steinhaufen vier Trolle, die von Olav in Stein verwandelt wurden. Später wurde er heilig gesprochen und von 1015–28 König Olav II. von Norwegen. Wenn Sie keine Angst vor Trollen haben, die Aussicht ist fantastisch!

➔ Von Kyrkesund auf die Felsen im Südosten klettern, in Richtung des großen Funkmasts.
30 Min., 58.0156, 11.5194

24 VETTEBERGET

Der höchste Punkt auf Tjörn – bei gutem Wetter kann man Skagen in Dänemark sehen. Auf dem Gipfel befindet sich ein Steinhügel aus der Bronzezeit, in dessen Nähe man bei Ausgrabungen ein Messer und ein Schwert aus der Zeit um 1000 v. Chr gefunden hat. In der Wikingerzeit stand hier eine Signalstation, die vor nahenden Feinden warnen sollte. Der Weg ist 2 km lang, Steigung 116 m.

➔ Der 169 Richtung Rönnäng folgen. An der Kreuzung mit der Straße nach Skärhamn und zum Nordiska Akvarellmuseet links auf die Schotterstraße (Vetterbergsvägen), bis zum Parkplatz und dem ausgeschilderten Weg.
45 Min., 57.9602, 11.6066

25 PATER NOSTER

Leuchtturm auf einer Inselgruppe im äußersten Westen. Seeleute, die vom offenen Meer zurückkehrten, beteten um eine Landmarke, die sie wiedererkennen würden. Diese Gebete wurden auf Latein gesprochen: „Pater Noster, qui est in caelis …", und so erhielten die Inseln ihren Namen. Das alte Leuchtturmwärterhäuschen ist jetzt Café und Guesthouse.

→ Die Fähren zum Pater Noster legen in Rönnäng ab. Als Kajaktour nur für erfahrene Paddler geeignet.

57.8961, 11.4658

KULINARISCHES

26 ÅSTOLS RÖKERI

Traditionelle Fischräucherei mit berühmtem Restaurant, Laden und Musik. Auch Führungen werden angeboten. Direkt am Hafen der winzigen Insel Åstol, man kann also im Kajak kommen oder mit der Fähre von Rönnäng.

→ Hamnen 4, 471 44 Åstol, +46 704 153495. www.astolsrokeri.se

57.9248, 11.5891

27 SUNDSBY SÄTERI

Altes Gutshaus in Gemeindebesitz, in dem jetzt ein Café mit Küchengarten betrieben wird. Probieren Sie das Tjörnkagan-Brot. Das Gelände ist ein fantastischer Spielplatz für Kinder, und es gibt zahlreiche kulturelle Veranstaltungen.

→ Sundsby Säteri, 471 73 Hjälteby, +46 304 666300. www.sundsbygardscafe.se

58.0701, 11.6889

ESSEN & SCHLAFEN

28 SALT OCH SILL

Schwimmendes Fischrestaurant und Hotel mit einzigartigem Meerblick. Die Küche beschafft sich ihre Zutaten von den hiesigen Fischern, deren Boote man beim Essen vorbeifahren sieht.

→ Klädesholmen, 471 51 Tjörn, +46 304 673480. www.saltosill.se

57.9500, 11.5495

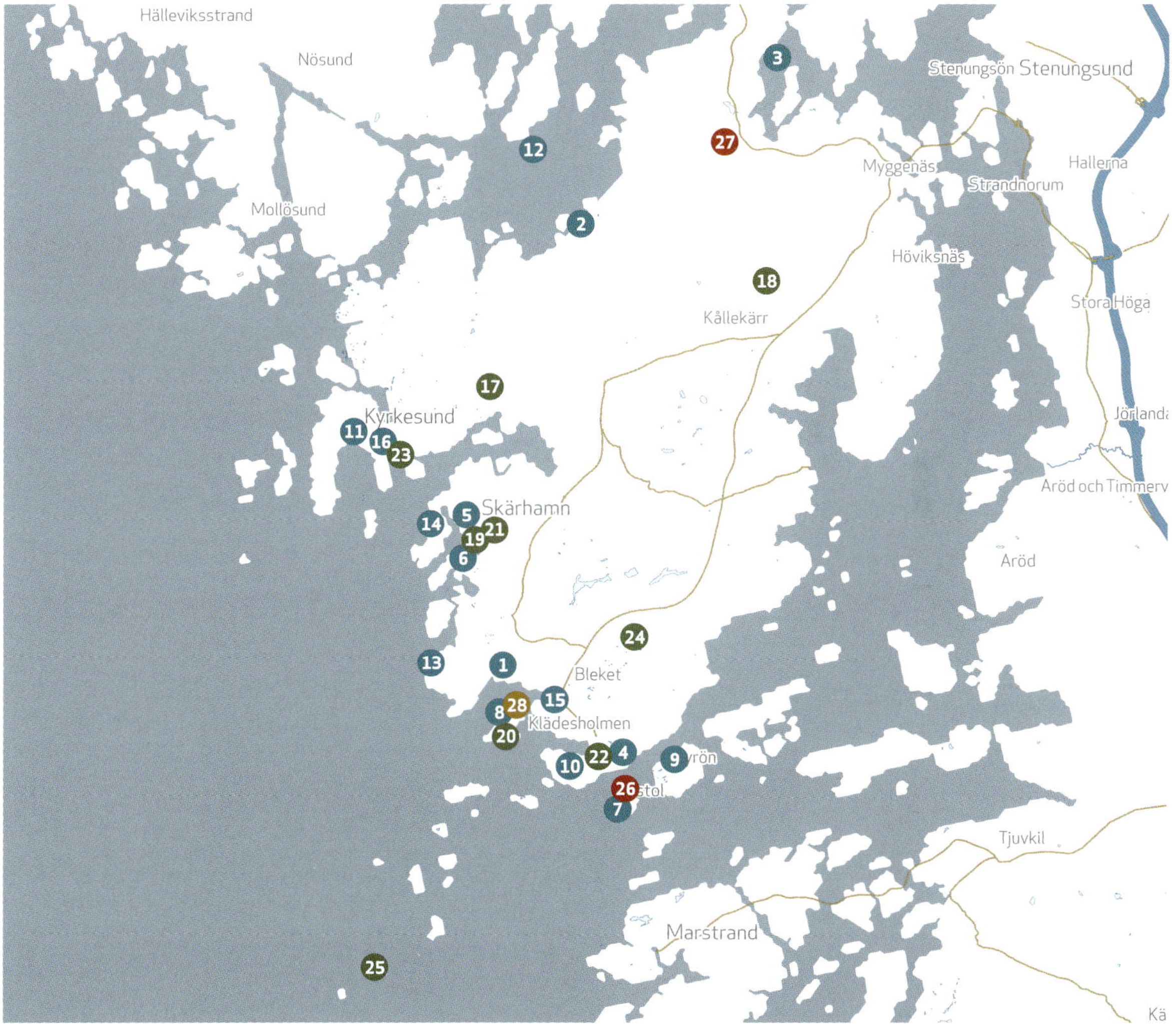

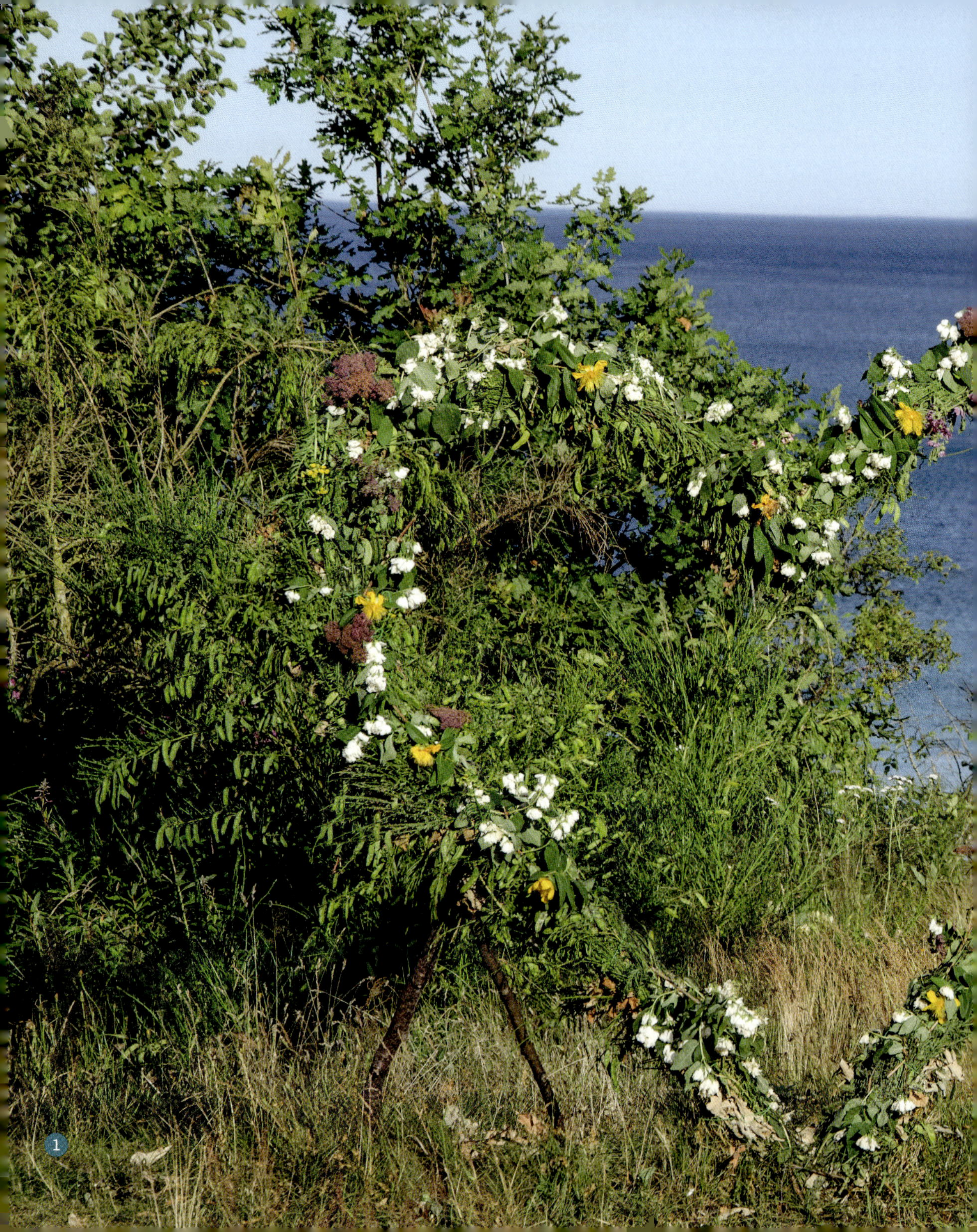
1

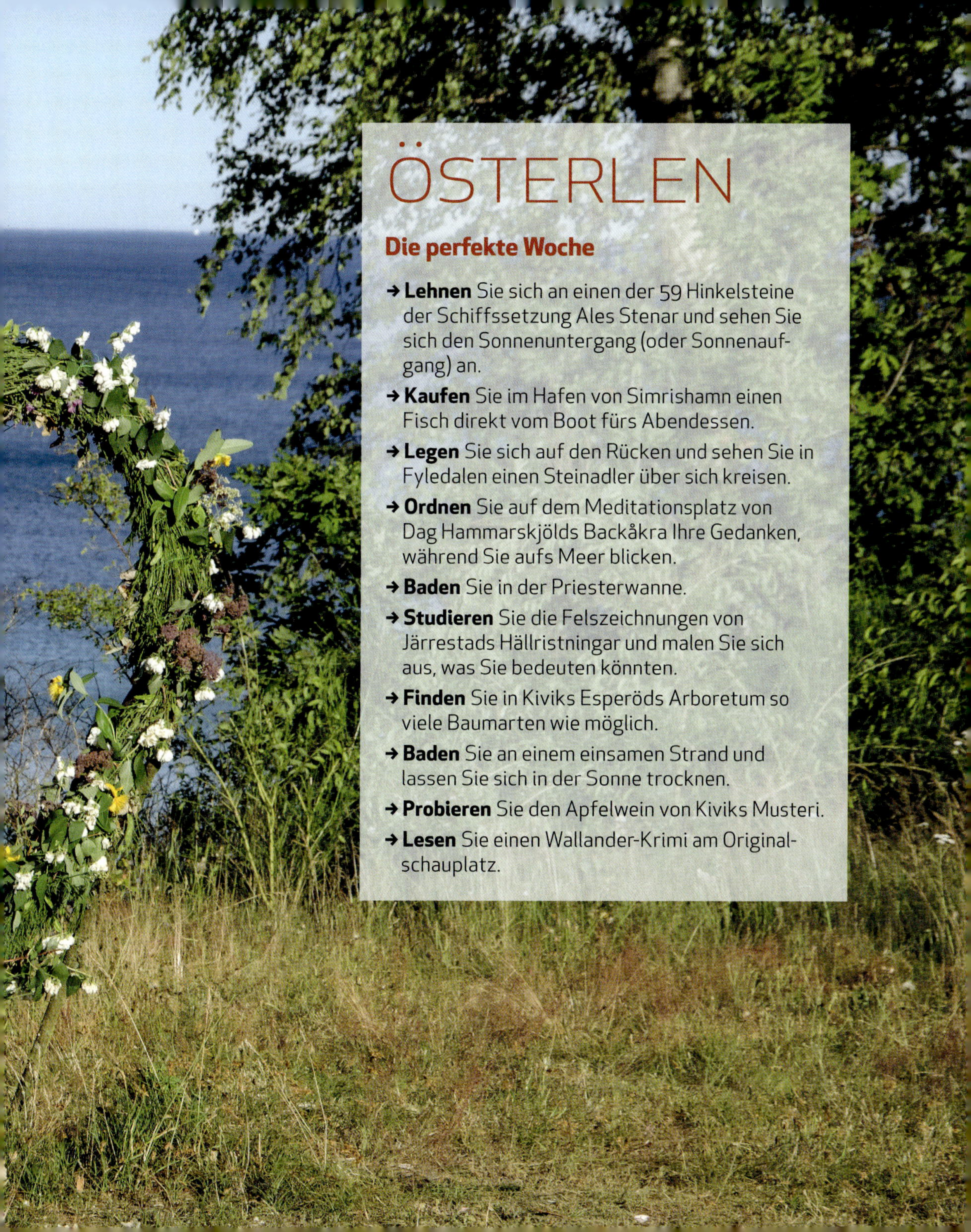

ÖSTERLEN

Die perfekte Woche

- → **Lehnen** Sie sich an einen der 59 Hinkelsteine der Schiffssetzung Ales Stenar und sehen Sie sich den Sonnenuntergang (oder Sonnenaufgang) an.
- → **Kaufen** Sie im Hafen von Simrishamn einen Fisch direkt vom Boot fürs Abendessen.
- → **Legen** Sie sich auf den Rücken und sehen Sie in Fyledalen einen Steinadler über sich kreisen.
- → **Ordnen** Sie auf dem Meditationsplatz von Dag Hammarskjölds Backåkra Ihre Gedanken, während Sie aufs Meer blicken.
- → **Baden** Sie in der Priesterwanne.
- → **Studieren** Sie die Felszeichnungen von Järrestads Hällristningar und malen Sie sich aus, was Sie bedeuten könnten.
- → **Finden** Sie in Kiviks Esperöds Arboretum so viele Baumarten wie möglich.
- → **Baden** Sie an einem einsamen Strand und lassen Sie sich in der Sonne trocknen.
- → **Probieren** Sie den Apfelwein von Kiviks Musteri.
- → **Lesen** Sie einen Wallander-Krimi am Originalschauplatz.

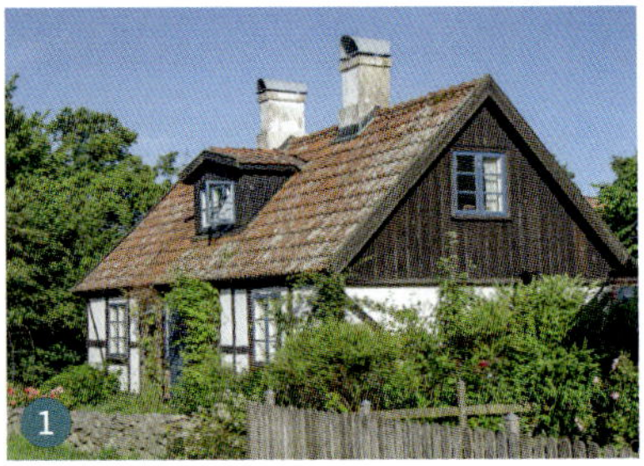

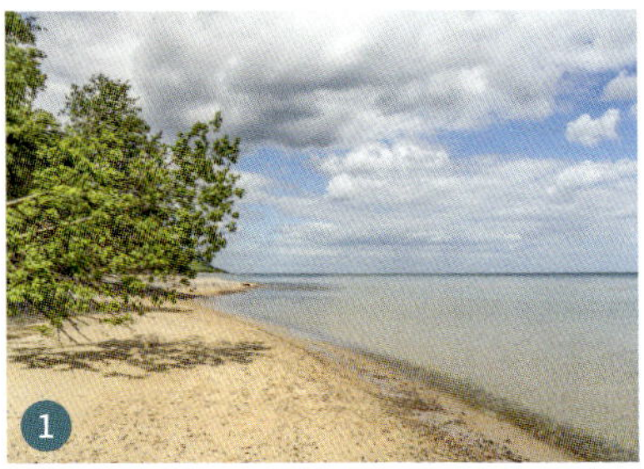

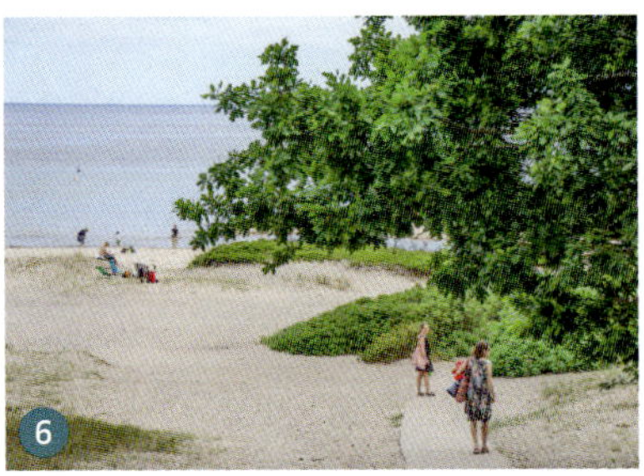

Diese südöstliche Ecke von Skåne (Schonen) ist ein besonders farbenfroher, geschichtsträchtiger Landstrich. Gelbe Rapsfelder mit knallroten Mohnblumen am Rand leuchten mit dem tiefblauen Himmel um die Wette. Es gibt hier Felszeichnungen aus Bronze- und Steinzeit und in Kåseberga auf den Hängen über dem Meer eine große Schiffssetzung, die eine Art Sonnenkalender gewesen sein soll.

Die beste Art, Österlen zu erkunden, ist vielleicht eine gemütliche Radtour. Brechen Sie in Ystad auf und radeln Sie Richtung Osten die Küste entlang. Sie werden immer wieder Halt machen, um an den feinen weißen Sandstränden der Ostsee zu baden, und am Ende des Tages in den Dünen Ihr Zelt aufschlagen – oder Sie übernachten auf einem Biohof, wo Sie am offenen Feuer kochen oder in einem alten Zirkuswagen schlafen können.

Einst gehörte die Region zu Dänemark, und das kann man auch noch sehen, wenn man durch die Dörfer mit ihren kleinen reetgedeckten Häuschen und gelegentlichen Windmühlen fährt. Durch die vielen Felder, Apfelgärten und kleinen Fischerhäfen hat das Essen, das auf Ihrem Teller landet, nie einen weiten Weg gehabt. Die Spezialität der Region ist natürlich Fisch.

Wenn Sie an der Küste das Ende von Österlen erreichen, fahren Sie landeinwärts und machen unterwegs an den kleinen Wasserfällen Halt, die für die bewaldeten Täler so typisch sind. Wenn Sie ein Fan von Nordic-Noir-Krimis und Henning Mankells Wallander-Büchern sowie deren Verfilmungen sind, wird Ihnen alles vertraut vorkommen. Ruhen Sie zum Abschluss der Radtour Ihre müden Beine bei einer Stadtrundfahrt durch Ystad in einem alten Feuerwehrauto aus, und lassen Sie sich weitere Schauplätze zeigen.

An heißen Tagen fühlt man sich in einigen Teilen Österlens fast wie am Mittelmeer, aber nichts ist erfrischender als ein Bad in der Ostsee!

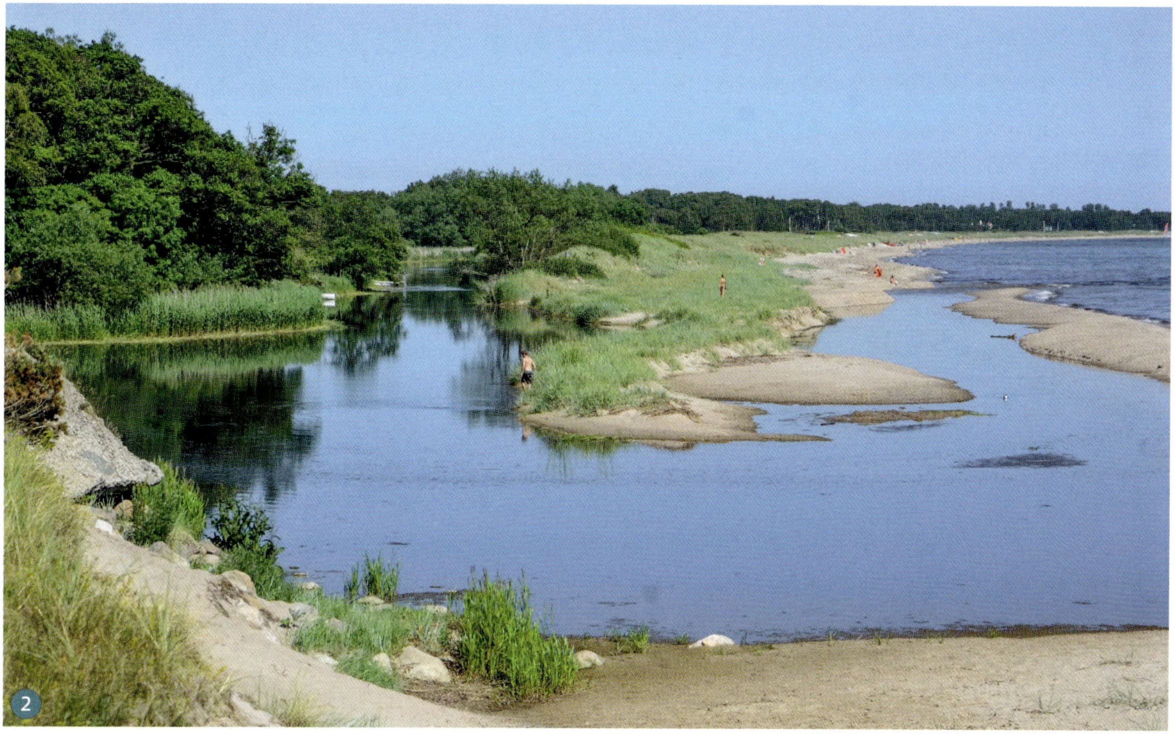

STRÄNDE

1 KNÄBÄCKSHUSENS STRAND

Das ursprüngliche Dorf wurde Mitte der 1950er verlegt, um einem Schießplatz zu weichen. Ein Pfad führt an 17 der Originalhäuser vorbei und durch Heideland zu einer kleinen Fischerkapelle. Von hier führen Stufen zu einem von Bäumen gesäumten Sandstrand. Herrliches Fleckchen, um sich an einem heißen Tag abzukühlen.

→ In der Straße namens Knäbäckshusen im Dorf parken und dem markierten Weg zum Strand folgen.
25 Min., 55.6412, 14.2742

2 YSTADS SANDSKOG

Langer weißer Sandstrand am Stadtrand von Ystad, umsäumt von Kiefernwald und Sanddünen. Die Bäume wurden auf Empfehlung des berühmten Botanikers Carl von Linné gepflanzt, der 1749 in der Stadt zu Besuch war.

→ Von Ystad auf der 9 Richtung Simrishamn. Wenn man die Stadt verlässt, rechts auf Schilder nach Ystads Sandskog achten.
5 Min., 55.4357, 13.8985

3 PRÄSTENS BADKAR

Ungewöhnliche geologische Formation am Strand namens „Priesterwanne". Wahrscheinlich ein Sandvulkan, der vor 500 Millionen Jahren entstand, als der Meeresgrund in dieser Region noch seismisch aktiv war.

→ In Vik im Häradsuddsvägen parken, dann Richtung Süden am Strand entlang.
20 Min., 55.6127, 14.2975

4 SANDHAMMAREN

Für Österlen typischer langer Sandstrand, den viele für den schönsten Schwedens halten. Benannt nach der berüchtigten Sandbank vor der Küste, an der früher viele Schiffe auf Grund gelaufen sind. Deshalb gibt es hier 4 Leuchttürme und eine Rettungsstation aus dem 19. Jahrhundert, die für Besucher geöffnet sind. Außerdem lebt in dieser Gegend Schwedens südlichste Elchherde.

→ Von Kåseberga der Küstenstraße (Kustvägen) Richtung Osten folgen. Sandhammaren ist nach 7 km rechts ausgeschildert.
5 Min., 55.3863, 14.1958

NATURSCHUTZGEBIETE & NATIONALPARKS

5 KIVIKS ESPERÖDS ARBORETUM

Eine Baumschule mit der Atmosphäre eines geheimen Gartens. In den 1920ern von einem Kapitän zur See gegründet, dann viele Jahre verlassen und verwildert, bis der jetzige Besitzer das ehemalige Gutshofgelände 1985 übernahm. Es gibt über 3.000 Bäume aus aller Welt. Der Eintritt ist frei, es werden Führungen angeboten.

→ Beim Schild am südlichen Ende von Kivik von der 9 abfahren, nach 400 m an der Kurve rechts. Kiviks Esperöds Herrgård, 27731 Kivik, +46 414 71261.
www.kiviksesperodarboretet.se
5 Min., 55.6782, 14.2399

6 HAVÄNG

Hier fließt der Verkeån ins Meer. Idyllisches Fleckchen und schön für Kinder, die im wärmeren Flusswasser spielen können. Der Kalk im Boden und das trockene Klima haben hier eine für Schweden ungewöhnliche Sandsteppe geschaffen. Oberhalb vom Strand liegt der jungsteinzeitliche Steinkreis Havängsdösen, der lange unter Sand verborgen war, bis er bei einem schweren Sturm 1843 freigelegt wurde.

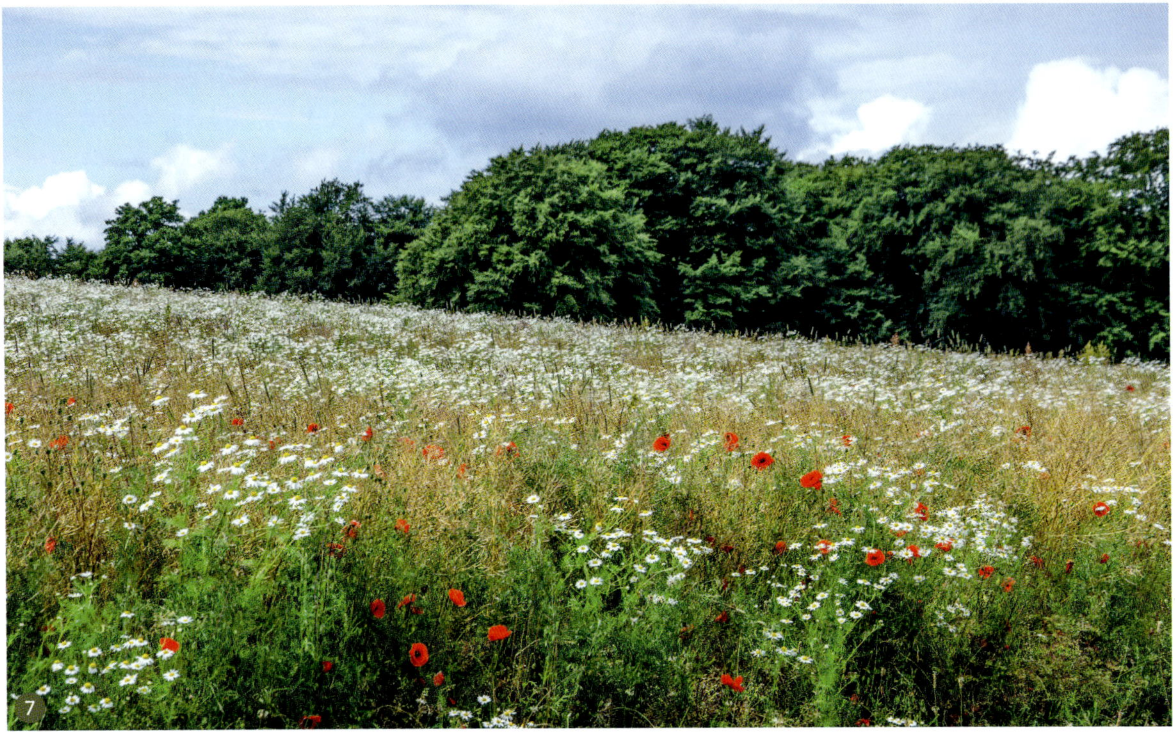

7

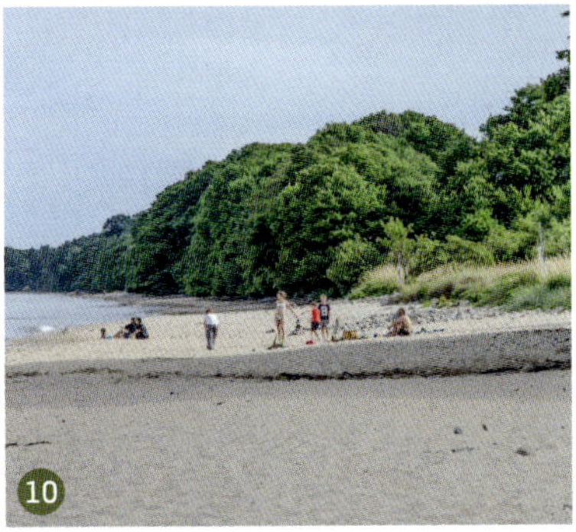

10

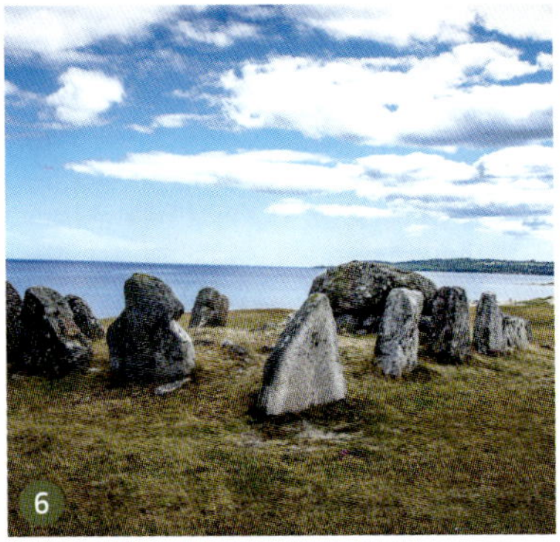

6

➔ Von der 9, 5 km nördlich von Kivik, ausgeschildert. Auf dem Parkplatz vom STF Hostel parken und den Schildern zum Strand folgen. Skepparsgården, Haväng, 27737 Kivik.
20 Min., 55.7244, 14.1926

7 FYLEDALEN

Biologisch wie geologisch spannendes Tal, das unter Naturschutz steht. Hier sieht man Milane, Falken, Bussarde und Steinadler. Lesern der Wallander-Krimis wird die Gegend vertraut vorkommen.

➔ Südlich von Tomelilla von der 19 Richtung Lyckås abfahren, dann dem Fyledalsvägen durchs Tal folgen. Nach knapp 5 km kann man links parken.
15 Min., 55.5474, 13.8680

8 CHRISTINEHOFS EKOPARK

Ökopark auf dem Gelände des imposanten Christinehofs aus dem 18. Jahrhundert. Oft werden Aktivitäten angeboten wie z. B. Bäumeklettern für Kinder. Man kann dem Geflecht aus Wegen vom Haupthaus zur Alunbruket folgen, eine alte Alaun-Fabrik. Alaun wurde früher benutzt, um Wolle zu färben, Leder zu gerben und Papier zu veredeln. Stärken Sie sich in Schonens ältestem Kaffeehaus, essen Sie einen der köstlichen Salate oder übernachten Sie in einem der historischen Gebäude.

➔ Ausgeschildert von der 19, 13 km südlich von Kivik. Eingang nach 5 km bei einer scharfen Linkskurve über ein Viehrost. Christinehofs Slott, 27357 Brösarp, +46 417 26370. www.christinehofsekopark.se
55.7179, 13.9607

9 NATURSCHUTZGEBIET FRISEBODA

Karger Kiefernwald, Dünen und ein feiner Sandstrand. Genug Platz, um ein ungestörtes Plätzchen zum Baden zu finden – der südliche Abschnitt ist inoffiziell FKK-Strand. Diverse Wege führen die Küste entlang, aber es gibt keinen markierten Wanderweg. Vom Parkplatz ist es nur ein kurzer Fußweg zum Meer. Die Häuschen am Strand gehörten ursprünglich Aal-Fischern.

➔ Auf der 19 zwischen Brösarp und Degeberga Ausschau nach Schildern zum „Friseboda Naturreservat och Strövområde" halten (Osten).
20 Min., 55.8088, 14.2066

10 NATIONALPARK STENSHUVUD

Nationalpark mit 386 ha Laubwald, Heide und Sandwatt, überragt vom 97 m hohen Stenshuvud. Vom Gipfel sieht man die dänische Insel Bornholm. Hier gibt es mehr

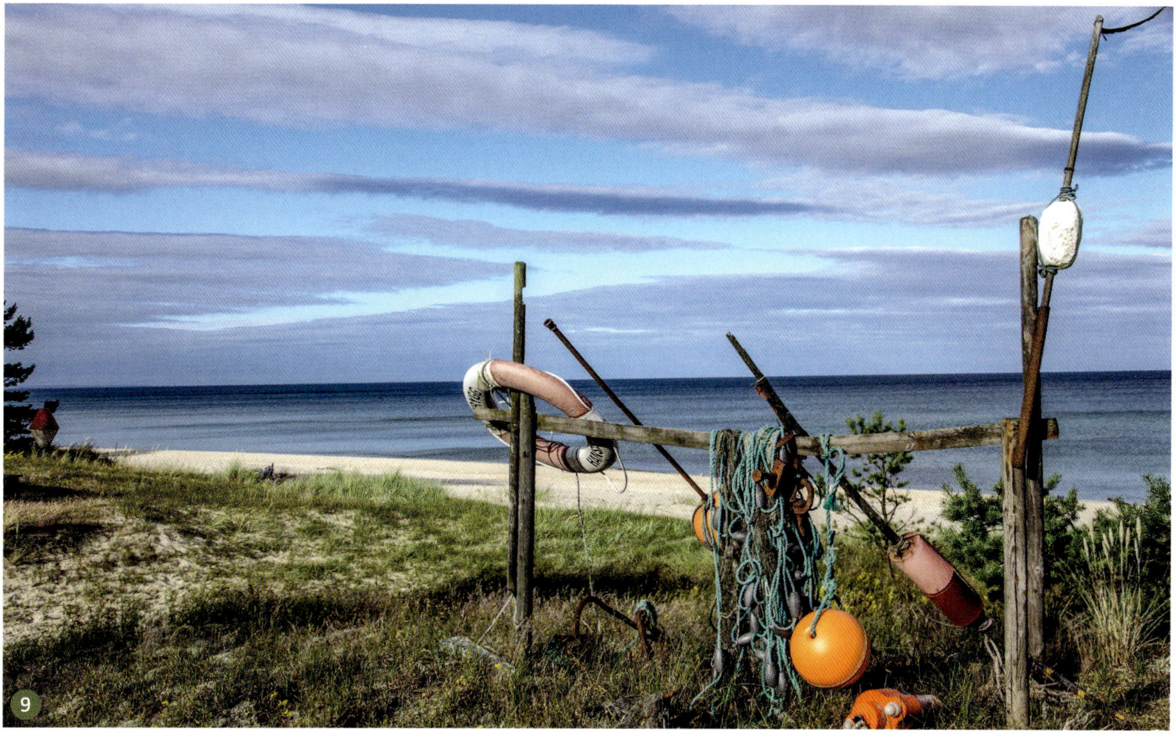

9

Tierarten als in jedem anderen schwedischen Nationalpark sowie diverse Grabmäler aus Stein- und Bronzezeit. Folgen Sie einem der markierten Wanderwege durch den Park und gehen Sie zum Abschluss am langen Sandstrand schwimmen.

→ Ausgeschildert von der 9, südlich von Kivik. Stenshuvuds Nationalpark, 27735 Kivik, +46 414 70882. www.stenshuvud.se

55.6560, 14.2685

11 HALLAMÖLLA

Schonens höchste Wasserfälle haben zusammen eine Höhe von 23 m. Daneben steht eine alter Wassermühle aus dem 15. Jahrhundert, die an den Sonntagen im Sommer immer noch von Freiwilligen betrieben wird. Nehmen Sie ein erfrischendes Bad am Ende des Wasserfalls, vielleicht ertappen Sie einen Eisvogel dabei, wie er Sie beobachtet.

→ Von der 19 Richtung Christinehofs Slott abfahren. Nach 2 km ist Hallamölla rechts ausgeschildert. Hallamölla, 27301 Tomelilla, +46 414 91071.

55.7082, 14.0180

12 NATURSCHUTZGEBIET STRÄNTEMÖLLA

Naturschutzgebiet in der herrlich hügeligen Landschaft südlich von Rörum. Das Wasser hat sich tief in den Felsen gegraben und eine Reihe spektakulärer kleiner Wasserfälle geformt. Sträntemölla ist eine der ältesten Wassermühlen des Landes und war bis in die 1960er noch in Betrieb. Mühlteich und Infrastruktur bestehen noch. Das bewaldete Tal besitzt eine abwechslungsreiche Flora und Fauna, und die Informationstafel auf dem Parkplatz bietet diverse Wanderrouten am Wasser entlang.

→ Von Rörum die Straße Richtung Vemmerlöv nehmen. Nach 1 km rechts parken.

20 Min., 55.6196, 14.2332

PEDALKRAFT

13 FYLEDALEN DRESSIN

Die Draisine ist ein mit Pedalkraft betriebenes Schienenfahrzeug, das ursprünglich von Bahnarbeitern benutzt wurde. In Tomelilla kann man damit 19 km (hin und zurück) über stillgelegte Gleise durch das Fyledalen-Tal radeln. Sie werden ordentlich Kalorien verbrennen, also nehmen Sie ein gehaltvolles Picknick mit! Die Tour beginnt und endet am Bahnübergang bei der Folkhögskolan (Hochschule) in Tomelilla.

→ Äventyr på Österlen, Stafettgatan 2, 273 35 Tomelilla, +46 417 10252. www.dressin.se

4 Std. hin & zurück, 55.5518, 13.9386

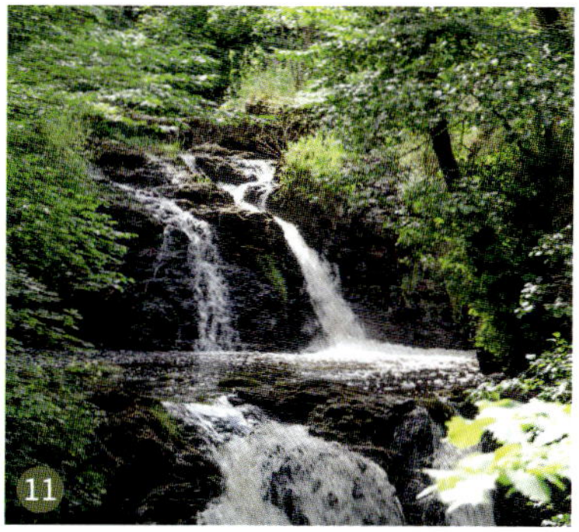

11

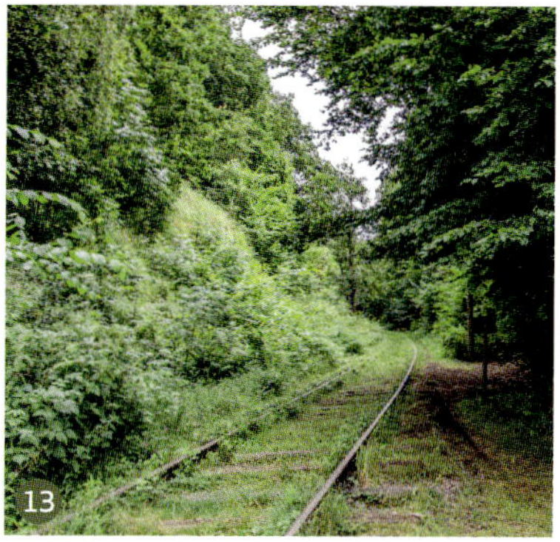

13

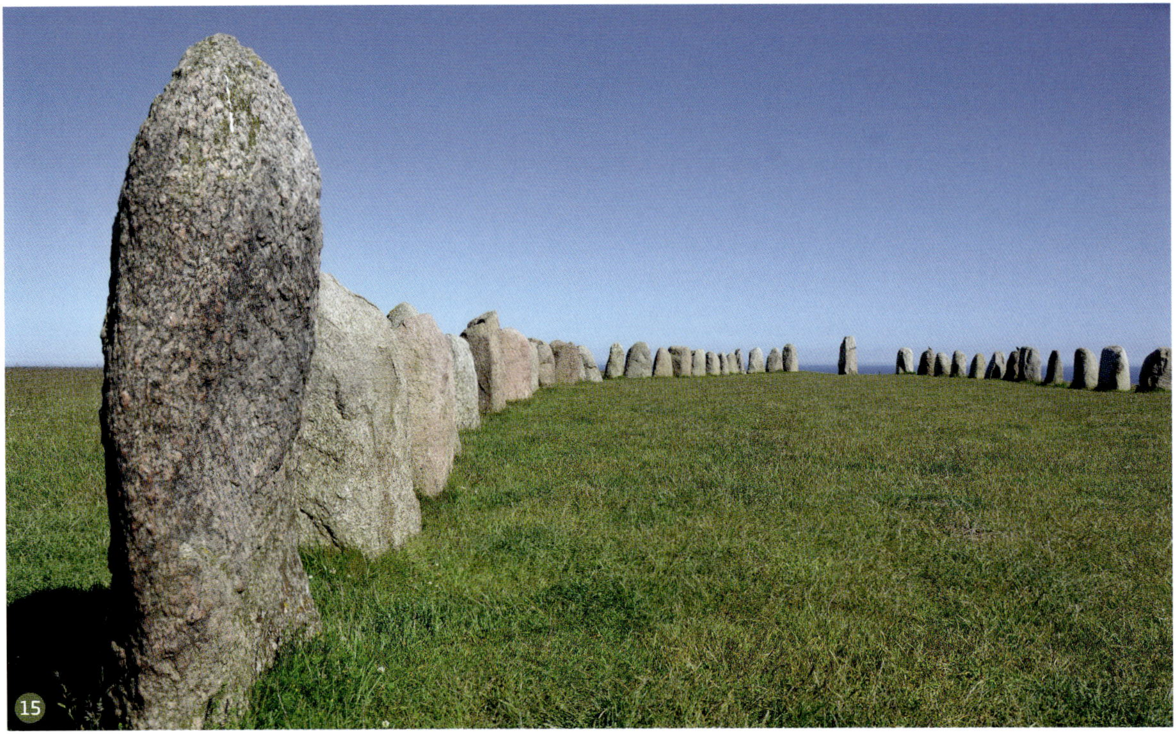

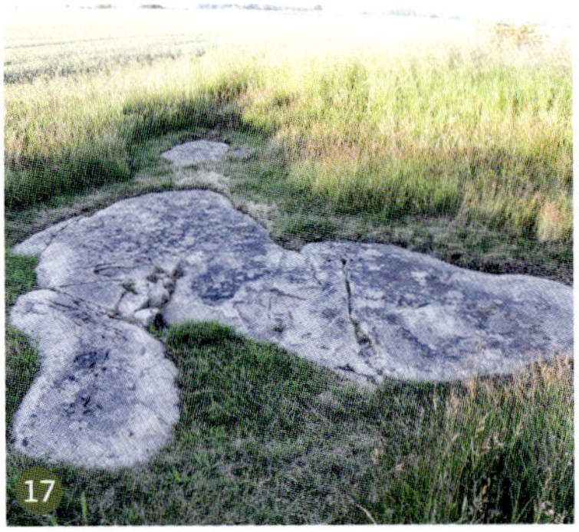

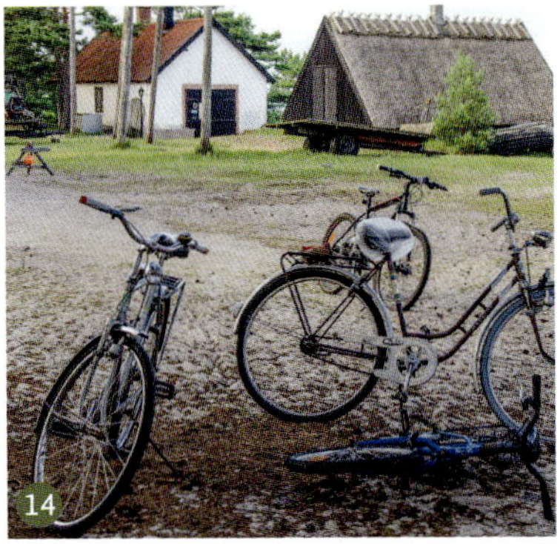

14 RAVLUNDA CYKEL

Fahrradverleih, der ganz Österlen bedient. Große Auswahl an Fahrrädern und Zubehör, z. B. klassische Räder, Mountain Bikes, Tandems und Kinderfahrräder, Anhänger und Kindersitze. Wenn Sie eine Fahrradtour planen, können Sie Treffpunkte für Start und Ziel verabreden oder sich bei der Wahl der Route beraten lassen. Für Tagesausflüge gibt es auch Picknickkörbe.

→ Vitabyvägen 9, 277 37 Kivik, +46 73 9720548. www.ravlundacykel.se

55.7119, 14.1528

HISTORISCH & HEILIG

15 ALES STENAR

Schwedens größte Schiffssetzung, entstanden vermutlich um 600, liegt auf dem Steilufer hoch über dem Meer. Sie besteht aus 59 aufgerichteten Steinblöcken und ist beeindruckende 67 m lang und 19 m breit. Die Funktion des schwedischen Stonehenge wird diskutiert: Die meisten halten es für eine Grabstätte, doch manche glauben, dass es als eine Art Sonnenkalender diente. Die Sonne geht zur Sommersonnenwende an der nordwestlichen Spitze unter, zur Wintersonnenwende an der gegenüberliegende Spitze. Ein ganz besonderer Ort, um sich Sonnenauf- oder -untergang anzusehen, vor allem zu einer Sonnenwende.

→ Von der Küstenstraße (Kustvägen) östlich von Ystad Richtung Süden nach Kåseberga abbiegen und gleich rechts auf dem Fußballplatz parken. Der Weg zu Ales Stenar ist ausgeschildert.

30 Min., 55.3825, 14.0547

16 HORSAHALLEN HÄLLRISTNINGAR

Felszeichnungen und Hinkelsteinen am Stadtrand von Simrishamn. Früher war hier ein Steinbruch, und ca. 250 Zeichnungen sind noch erhalten – 50 von Äxten, der Rest eine Mischung aus Schiffen, Radkreuzen, Schälchen, Menschen, Waffen und Tieren. Vermutlich stehen sie in Zusammenhang mit dem Sonnenkult in der Bronzezeit.

→ Am Branteviksvägen am Stadtrand von Simrishamn. Man fährt Richtung Süden, der Parkplatz liegt links. Von dort führt ein breiter ausgeschilderter Weg zu der Anlage.

5 Min., 55.5368, 14.3544

17 BRAGESTENARNA HÄLLRISTNINGAR

Kleine Felszeichnung südlich von Gislöv in prähistorischer Landschaft. Um die Mittagszeit sind die Symbole schwer zu erkennen, es

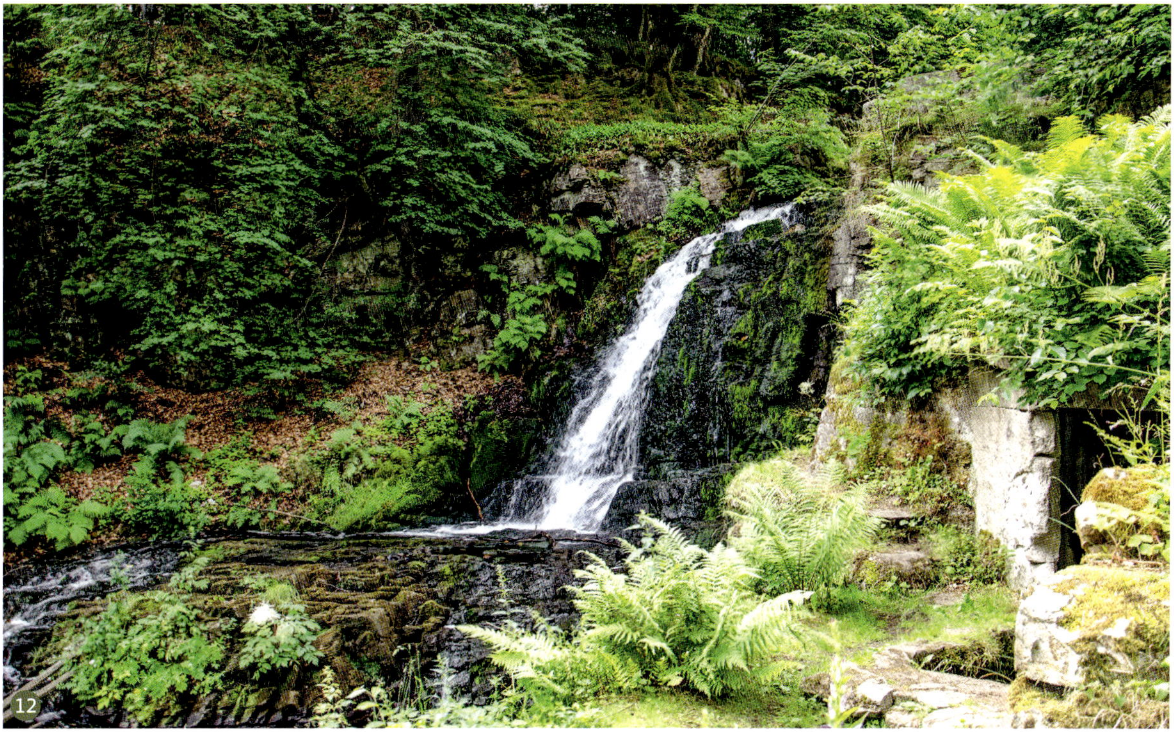

12

empfiehlt sich ein Besuch, wenn die Sonne schräg auf die Steine fällt.

➔ Von Gislöv nach Süden Richtung Skillinge. Hinter dem Dorf gleich die erste links. Die Anlage liegt gleich links.

5 Min., 55.5017, 14.2965

18 JÄRRESTADS HÄLLRISTNINGAR

Skånes figurenreichste Felszeichnung aus der Bronzezeit. Großer glatter Felsen mit über 50 Bildern und 700 Schälchen. Die Hauptfigur ist ein stilisierter Vogel und wird „der Tänzer“ genannt. Sehr besonderer, stiller Ort, an dem man auch campen kann.

➔ Von Järrestad auf dem Vilhelmsbergsvägen nach Norden Richtung Gladsax. Ca. 1 km nachdem man die Schienen überquert hat, links nach einem nicht gekennzeichneten Weg Ausschau halten. Es empfiehlt sich, die genaue Position auf einer Karte einzugeben.

5 Min., 55.5502, 14.2791

19 KUNGAGRAVEN

Das „Königsgrab“ stammt aus der Bronzezeit. Bis 1748 wurden Steine von der Anlage zum Bauen verwendet, dann stießen zwei Bauern auf die Grabkammer und gruben sie aus – angeblich fanden sie darin beträchtliche Schätze. Das Äußere der Grabstätte wurde inzwischen rekonstruiert, und man kann die Grabkammer betreten, in der sich ein Steinsarg mit Zeichnungen von Schiffen, Pferden und Menschen befindet. Das Grab liegt im Garten eines Cafés und kostet Eintritt.

➔ Sågmöllan Café, Bredarörsvägen 18, 277 30 Kivik, +46 70 6328829. www.kiviksgraven.se

55.6826, 14.2340

KULTUR & GESCHICHTE

20 YSTAD WALLANDER-TOUR

Tour durch Ystad in einem alten Feuerwehrauto. Fans von Henning Mankells Wallander-Krimis werden auf dieser Fahrt zu den Schauplätzen der Bücher und Filme voll auf ihre Kosten kommen. Informative und originelle Stadtrundfahrt, selbst wenn Sie weder die Bücher noch die Filme kennen. Kinder werden das Feuerwehrauto lieben.

➔ Startet am Stortorget, aber Buchung über die Touristeninformation: St Knuts Torg, 27143 Ystad, +46 411 577681.

55.4296, 13.8199

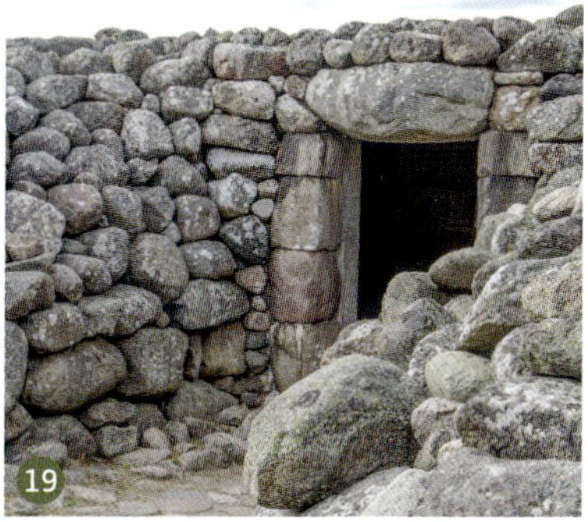

19

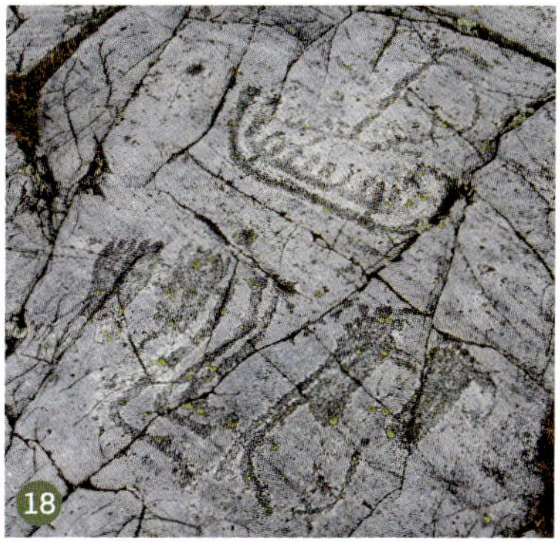

18

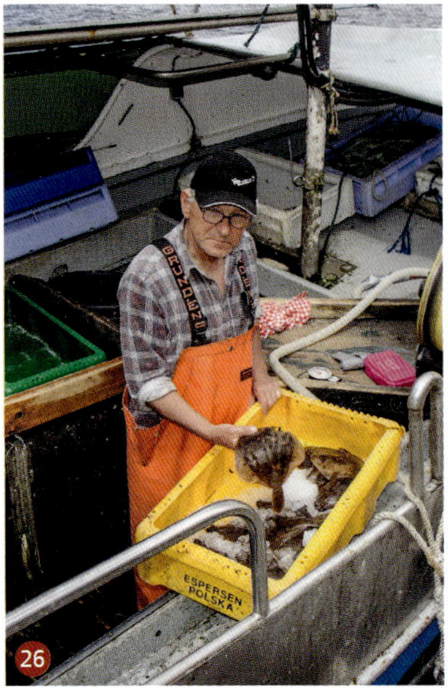

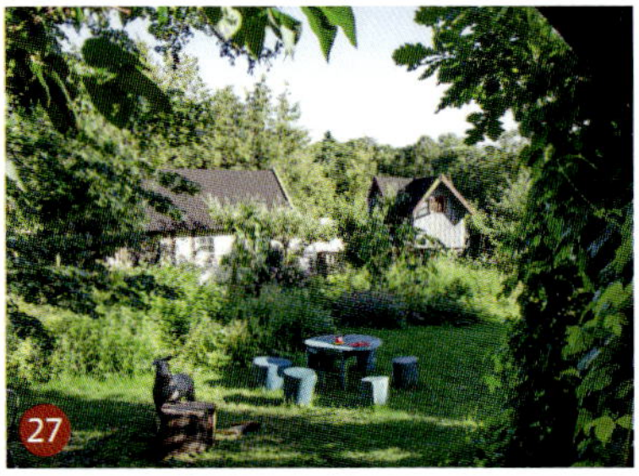

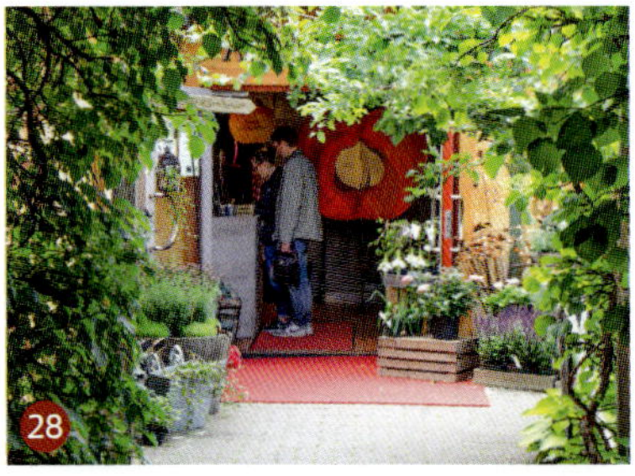

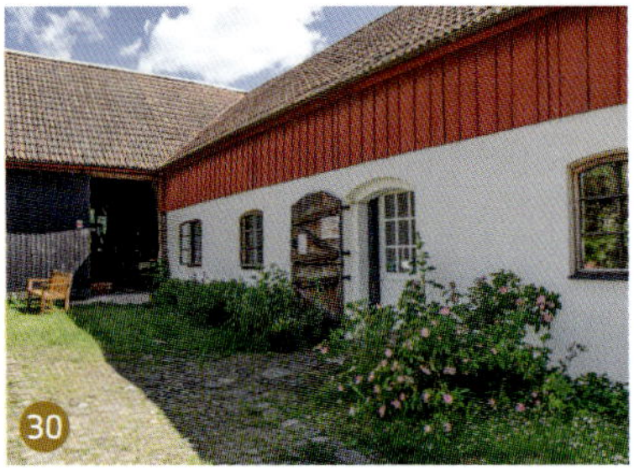

21 DAG HAMMARSKJÖLDS BACKÅKRA

Sommerresidenz des ehemaligen Generalsekretärs der Vereinten Nationen und Friedensnobelpreisträgers Dag Hammarskjöld, der im September 1961 bei einem Flugzeugabsturz ums Leben kam. Jetzt ein Museum, das seiner Friedensarbeit gewidmet ist. Es gibt einen einsamen Meditationsplatz hoch über dem Meer, an dem man seine Gedanken ordnen und die Aussicht genießen kann. Der Stein in der Kreismitte trägt die Inschrift PAX (Frieden).

→ Von Kåseberga der Küstenstraße (Kustvägen) Richtung Osten folgen. Nach 5 km rechts ausgeschildert. Backåkravägen 73, 27177 Löderup, +46 411 526010.

5 Min., 55.3885, 14.1309

22 GLIMMINGEHUS

Die am besten erhaltene Mittelalterburg Skandinaviens, errichtet Anfang des 16. Jahrhunderts, als die Region noch zum dänischen Königreich gehörte. Jetzt ein Freilichtmuseum mit ganzjährigen Events und Ausstellungen. Kinder werden es lieben, Ritterschnickschnack wie Geheimgänge und Todesfallen zu entdecken.

→ Von der Straße ausgeschildert, 1 km nördlich von Glivarp. 27656 Hammenhög, +46 414 18620.

55.5010, 14.2309

23 LINDGRENS LÄNGA

Ehemaliges Forsthaus, jetzt ein Museum über Natur und Kultur des Naturschutzgebiets Haväng. Um das Museum herum stehen einige Hinkelsteine.

→ Von der 9 den Schildern nach Haväng folgen, an Ravlunda vorbei und nach 2 km nach einem reetgedeckten Fachwerkhaus Ausschau halten. Haväng, 27737 Kivik, +46 414 74016. www.havangsmuseiforening.se

10 Min., 55.7200, 14.1895

24 SJÖRÄDDNINGS MUSEET

Rettungsboot-Museum in einer alten Rettungsstation am Anleger von Kåseberga. Erfahren Sie, welchen Gefahren die hiesigen Seeleute und Fischer ausgesetzt waren.

→ Dem Ales Väg bis zum Hafen folgen. Kåseberga, 27178 Löderup, +46 411 527009

55.3837, 14.0635

SLOW FOOD

25 KÅSEBERGA FISK AB

Fischräucherei am Hafen im winzigen Fischerdorf Kåseberga. Hering aus der Region und norwegischer Lachs werden nach traditioneller Art mit Erlenholz geräuchert. Stellen Sie sich ein Picknick zusammen und machen Sie von hier einen Spaziergang nach Ales Stenar (25 Min., ausgeschildert, siehe 15), um sich den Sonnenuntergang anzusehen.

→ Ales väg 34, 271 78 Löderup, +46 411 527180. www.kasebergafisk.se

55.3828, 14.0615

26 FISCH DIREKT VOM BOOT

Simrishamn ist Schwedens größter Fischerhafen, wenn man nach dem Gewicht des an Land gebrachten Fisches geht. Im Sommer kann man frischen Fisch direkt von den Booten der Fischer kaufen. Bei der Touristen-Information gibt es eine Informationstafel mit den entsprechenden Tagen und Uhrzeiten.

→ Touristen-Information, Marint Centrum, Varvsgatan 2, 27236 Simrishamn, +46 414 819800.

55.5564, 14.3560

27 TÅNGDALA LÖNNKROG

Pizzeria im Garten des Künstlers Peter Ohman. Der Holzofen war ursprünglich Teil einer Kunstinstallation, inzwischen ist daraus ein beliebtes Sommerlokal geworden. Der wilde Garten ist mit schrulligen Möbeln bestückt, und es herrscht eine ganz besondere Atmosphäre. Vorher anrufen, um die Öffnungszeiten zu erfragen.

→ Svinaberga 138, 277 35 Kivik, +46 414 24646.

55.6437, 14.2252

28 KIVIKS MUSTERI

1888 gegründeter Obsthof und Mosterei. Die angebauten Äpfel und Beeren werden zu Apfelwein, Säften und anderen Erzeugnissen verarbeitet. Nehmen Sie an einer Führung durch die Obstplantage und das Museum teil. Im Hofladen können Sie Ihren Proviant aufstocken, bevor Sie weiter die Küste erkunden.

→ Karakåsvägen 45, 277 35 Kivik, +46 414 71900. www.kiviksmusteri.se

55.6740, 14.2658

ÜBERNACHTEN

29 NINNIS TRÄDGÅRD

Permakultur-Garten. Man übernachtet entweder in einer Hütte für zwei oder im eigenen Zelt. Im Sommer gibt es frisches Gemüse und Eier, die man über einem offenen Feuer kochen kann. Schöne Ausgangsbasis, um die Gegend zu erkunden.

→ Gladsaxvägen 21, Baskemölla, 272 94 Simrishamn, +46 414 26116. Ninnistradgard.blogspot.com

55.5902, 14.3108

30 KÖRSBÄRSGÅRDEN B&B

Friedliches Bed & Breakfast auf einem kleinen Bauernhof inmitten von Wildblumenwiesen. Die Gäste haben Zugang zu Küche, Aufenthaltsraum und Sauna.

→ Eskerödsvägen 188, 297 95 Degeberga, +46 443 51544. www.korsbarsgarden.com

55.7930, 14.1181

31 ECOTOPIA

Alternatives Zentrum, das Workshops zu Nachhaltigkeit und Eigenversorgung anbietet. Unterkunft in diversen Öko-Hütten.

→ Ecotopia på Österlen, Bondrum 1334, 273 92 Skåne Tranås, +46 417 23034. www.ecotopia.se

55.6654, 14.0330

32 ALTER ZIRKUSWAGEN

Alter Holzwagen von einem Wanderzirkus, der geschmackvoll zu einer Unterkunft für Selbstversorger umgebaut wurde. Steht im verschlafenen Dorf Östra Hoby, inmitten von Obstbäumen. Der nächste Nachbar ist eine Windmühle.

→ Östra Hoby, 27636 Borrby, +46 761 262932. www.millnwagon.com

55.4690, 14.2379

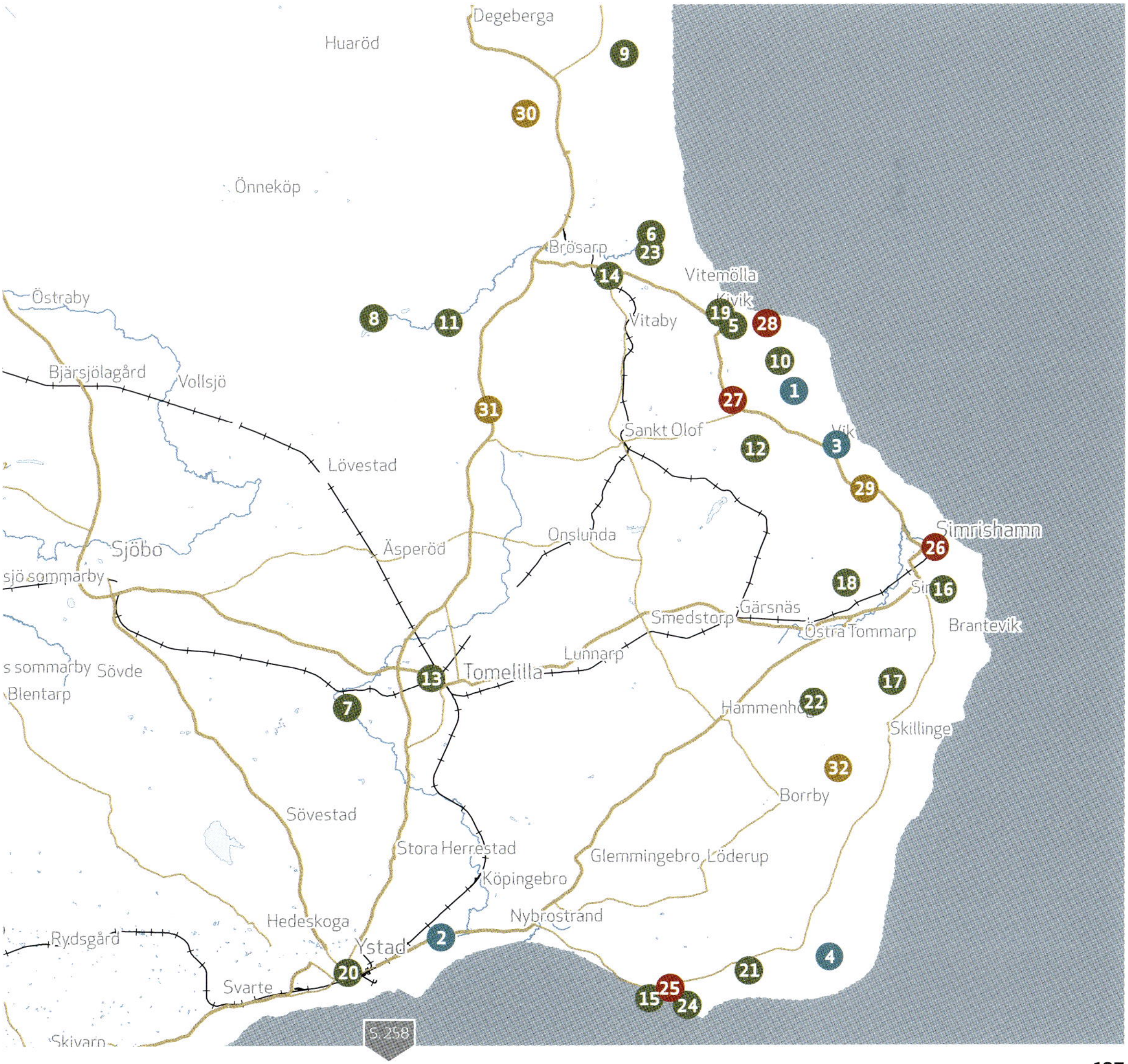

ISLAND

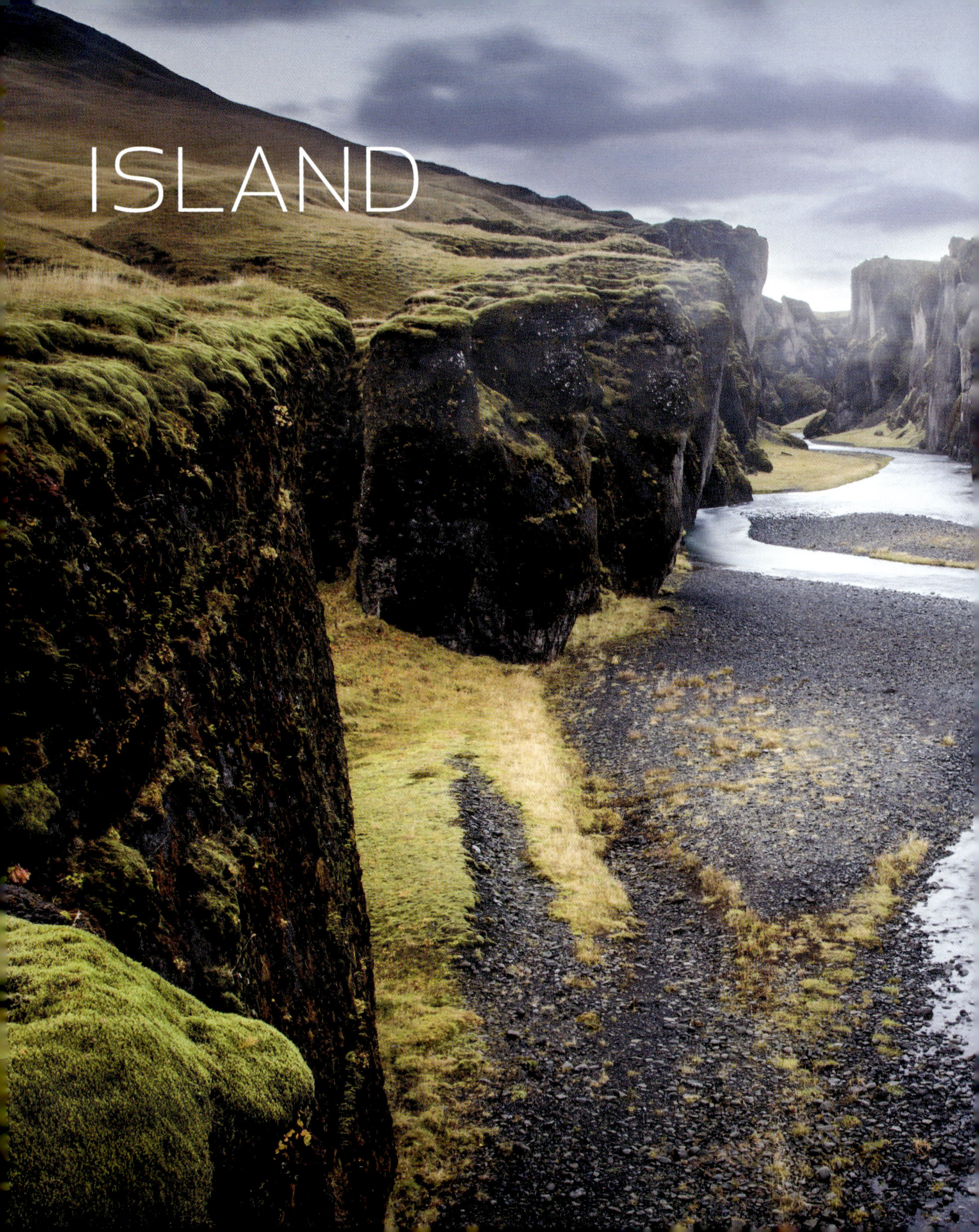

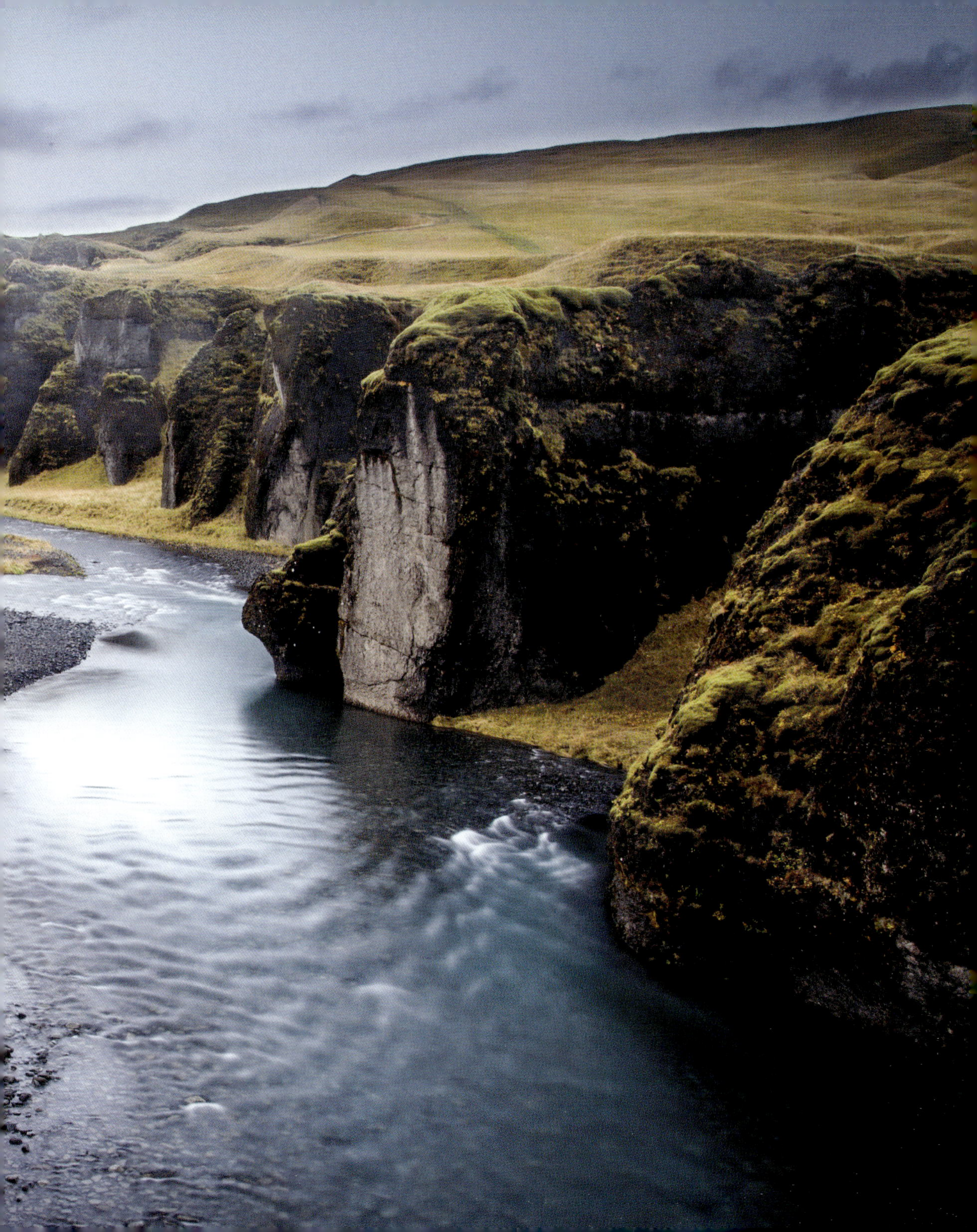

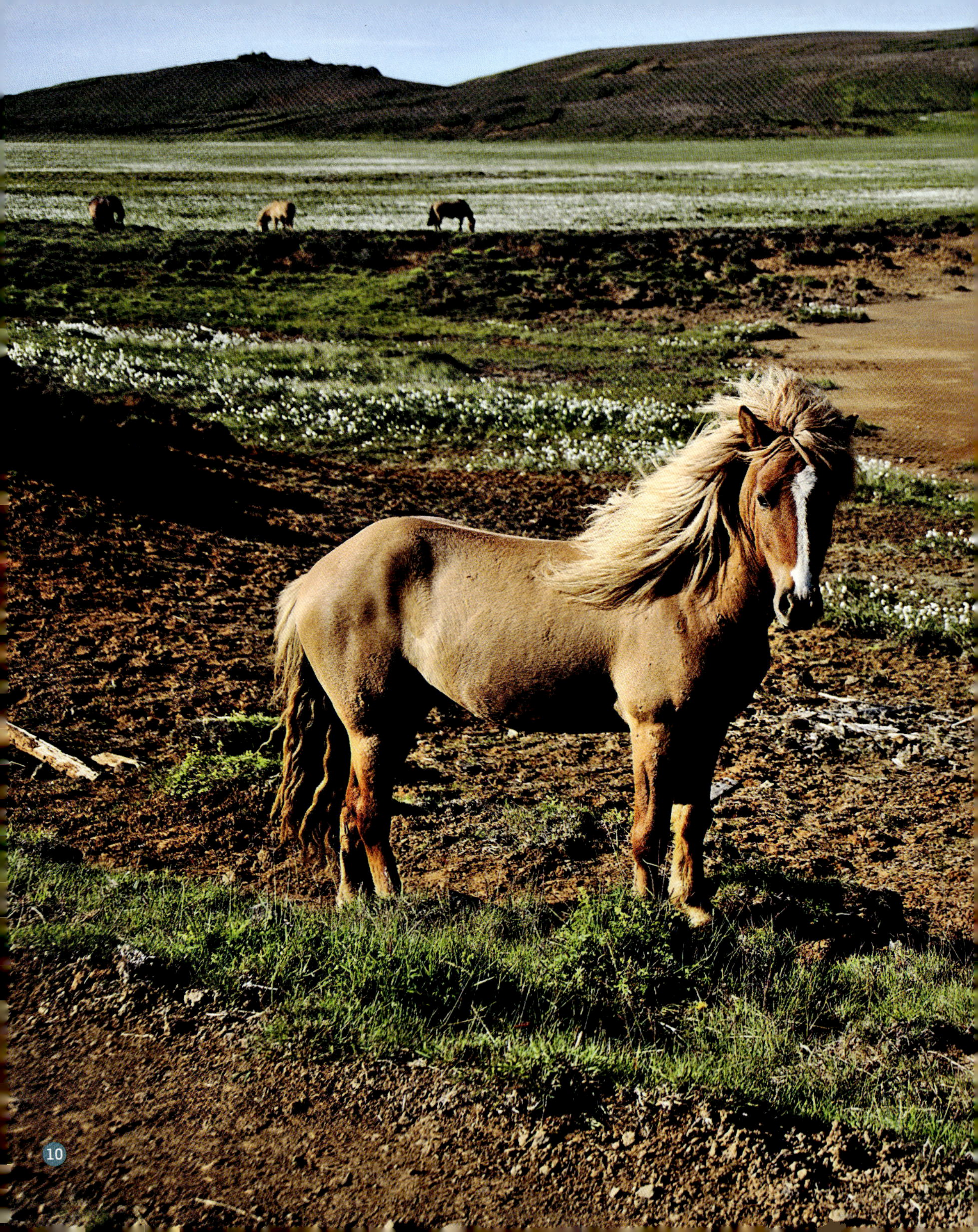

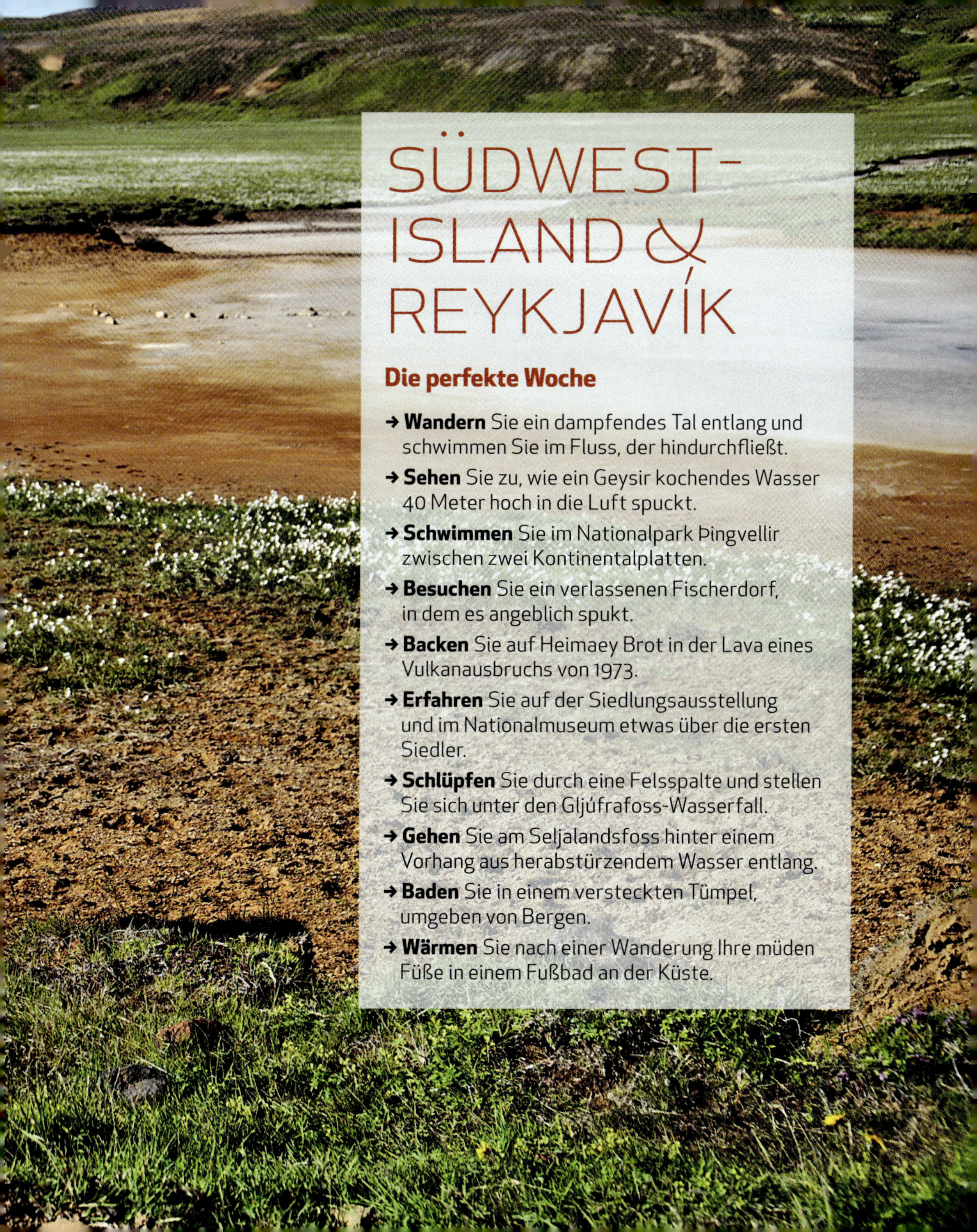

SÜDWEST-ISLAND & REYKJAVÍK

Die perfekte Woche

- → **Wandern** Sie ein dampfendes Tal entlang und schwimmen Sie im Fluss, der hindurchfließt.
- → **Sehen** Sie zu, wie ein Geysir kochendes Wasser 40 Meter hoch in die Luft spuckt.
- → **Schwimmen** Sie im Nationalpark Þingvellir zwischen zwei Kontinentalplatten.
- → **Besuchen** Sie ein verlassenen Fischerdorf, in dem es angeblich spukt.
- → **Backen** Sie auf Heimaey Brot in der Lava eines Vulkanausbruchs von 1973.
- → **Erfahren** Sie auf der Siedlungsausstellung und im Nationalmuseum etwas über die ersten Siedler.
- → **Schlüpfen** Sie durch eine Felsspalte und stellen Sie sich unter den Gljúfrafoss-Wasserfall.
- → **Gehen** Sie am Seljalandsfoss hinter einem Vorhang aus herabstürzendem Wasser entlang.
- → **Baden** Sie in einem versteckten Tümpel, umgeben von Bergen.
- → **Wärmen** Sie nach einer Wanderung Ihre müden Füße in einem Fußbad an der Küste.

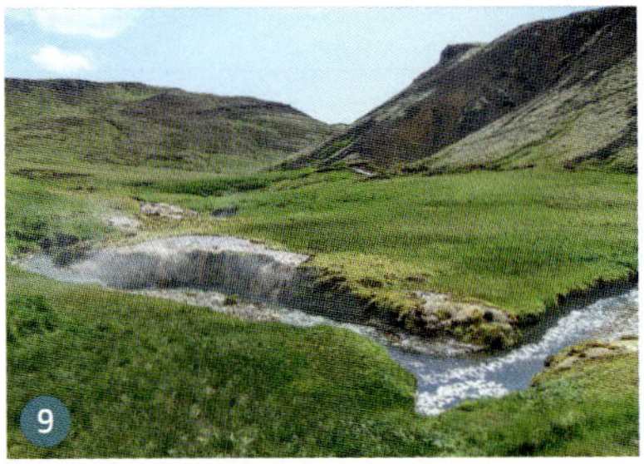

9

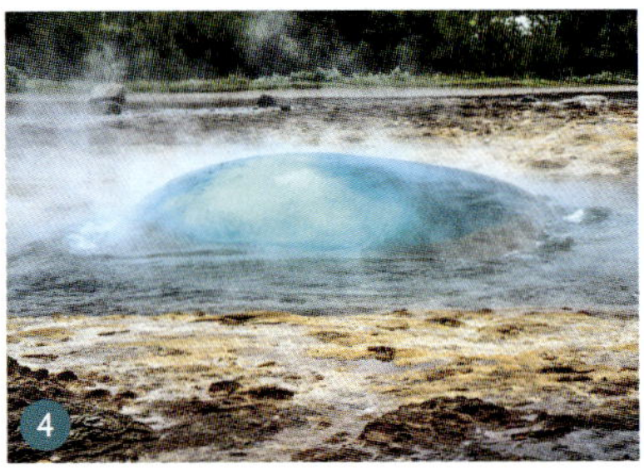

4

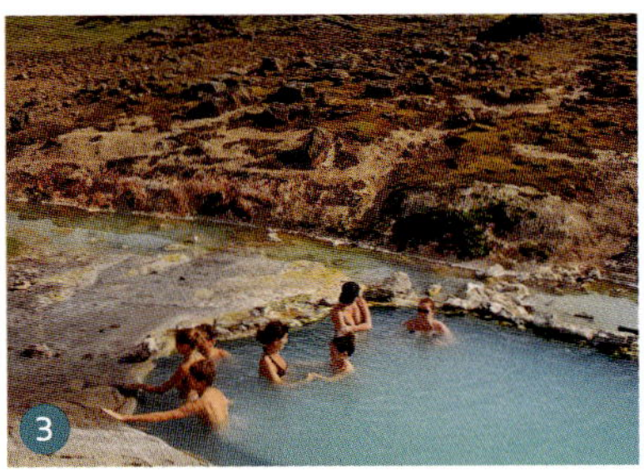

3

Wenn man dem Weg über den Bergkamm folgt, kommt man an türkisblauen, runden Tümpeln vorbei, deren Dampf einem die Sicht nimmt. Lichtet sich dann der Nebel, möchte man sich kneifen: Vor einem liegt ein saftiges grünes Tal und an dessen Ende die ockerfarbenen Felsen eines Geothermalgebiets. Mitten durchs Tal strömt ein Fluss, mit kleinen Felstümpeln und Stromschnellen, aus dem Dampfwolken aufsteigen. Das ist Reykjadalur – das „rauchende Tal".

Wenn man nach Island fliegt, landet man am Flughafen Keflavík auf der Halbinsel Reykjanes. Island (das kein eigenes Militär hat) war Gründungsmitglied der NATO, und bis 2006 war dieser Flughafen auch US-Marine-Luftstützpunkt (die US Navy fungierte als Iceland Defence Force). Durchquert man auf der 50 km langen Fahrt nach Reykjavik das umliegende Lavafeld, kann man schon auf den Gedanken kommen, man wäre versehentlich auf einem anderen Planeten gelandet. Die NASA wusste das Potential dieser Landschaft offenbar zu schätzen: Vor der ersten bemannten Mondfahrt wurden Neil Armstrong und Buzz Aldrin zum Training nach Island geschickt.

Dieses Kapitel widmet sich dem Südwesten Islands, einschließlich der Halbinsel Reykjanes und den Vestmannaeyjar-Inseln vor der Südküste. Wer nur einen Kurztrip plant, wird sich wahrscheinlich auf diese Region konzentrieren. Die Landschaft hier ist so vielseitig, so spektakulär, die Geschichten dazu so faszinierend, dass man schnell bereut, nicht mehr Zeit zu haben. Wer im Sommer kommt, hat dabei natürlich den Vorteil, dass er volle 24 Stunden Tageslicht ausnutzen kann.

Wer mehr vom Land sehen will: Die Ringstraße (Route 1) führt um die ganze Insel herum und durch alle anderen hier im Buch besprochenen Regionen. Machen Sie Abstecher in Küstenstädte und -dörfer oder fahren Sie landeinwärts ins Hochland. Wofür auch immer Sie sich entscheiden, es gibt überall viel zu entdecken.

Besorgen Sie sich ein paar Bücher mit isländischen Sagen und tauchen Sie in die tausend Jahre alten Geschichten ein. Es gibt nichts Schöneres, als zu lesen, während man in einer heißen Quelle sitzt, mit Blick auf eine Landschaft, die sich seit damals kaum verändert hat.

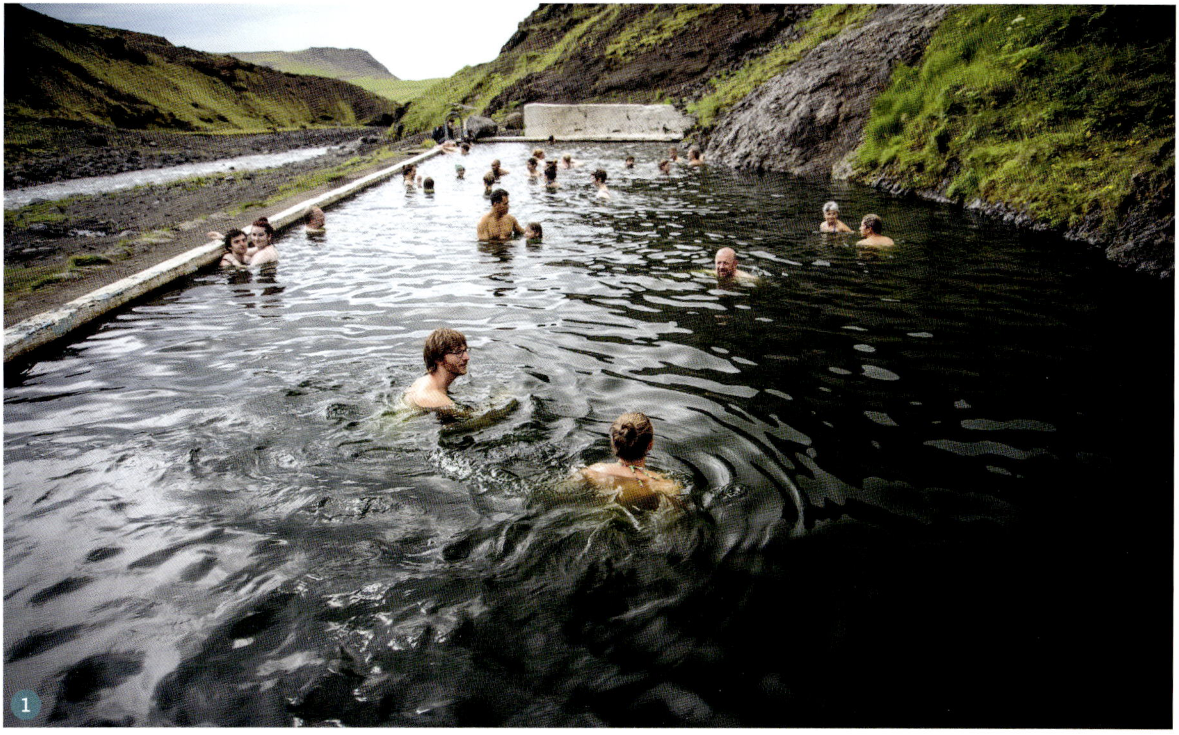

1

HEISSE QUELLEN

1 SELJAVELLIR

Island ältester Swimmingpool liegt in einem schmalen Tal unter dem berühmt-berüchtigten Vulkan Eyjafjallajökull. Er wurde 1923 von den Mitgliedern einer Jugendbewegung gebaut, als die Mehrheit der Isländer noch im Fischereiwesen arbeitete, aber die Schule verließen, ohne je schwimmen gelernt zu haben. Der Pool selbst liegt direkt am Berg, und obwohl heißes Wasser von der Felswand hineinsickert, wird das meiste von einer nahen Quelle hineingeleitet. Er ist 25 x 10 m groß, kostet keinen Eintritt und wird von Freiwilligen betrieben. Die Umkleidekabine ist eher rudimentär.

→ Von der R1 auf die R242 (63.5355, -19.6378), Richtung Raufarfell. Bis zum Ende der Straße fahren, wo sich der Parkplatz befindet. Schilder nach Seljavellir ignorieren. Vom Parkplatz führt ein holpriger Weg ca. 20 Min. ins Tal, und der Pool kommt in Sicht.

20 Min., 63.5592, -19.6224

2 BORHOLA KERLINGAFJÖLLUM

Heißer Pool in einem einsamen Tal. Das Wasser stammt aus einem Bohrloch, das ursprünglich gebohrt wurde, um mit dem heißen Wasser das benachbarte Bergresort Kerlingarfjöll Mountain Resort zu beheizen. Auf Deutsch bedeutet Kerlingarfjöll „Frauenberg", und laut Legende war er einst eine Trollin.

→ Von Laugarvatn (64.2153, -20.7317) auf der R37 für 25 km Richtung Nordosten, bis die Straße auf die R35 trifft. Links auf die R35 (die zur F35) wird, nach 70 km rechts auf die F347, bis die Straße nach ca. 8 km im Ort endet. Der Pool liegt neben dem Fluss. +354 664 7000. www.kerlingarfjoll.is

64.6550, -19.2753

3 HVERAVELLIR

Heißer Pool in einem von Islands bekanntesten Geothermalgebieten mit zahlreichen schönen Quellen und einer Vulkanlandschaft wie auf dem Mars. Fjalla-Eyvindur, der isländische Outlaw, floh im 18. Jahrhundert hierher, um mit seiner Frau in der Wildnis zu leben. Am Pool gibt es eine Hütte.

→ Von Laugarbraut (64.2153, -20.7317) auf der R37 für 25 km Richtung Nordosten, bis die Straße auf die R35 trifft. Links auf die R35 (die zur F35 wird) und nach 90 km links auf die F735. Von hier ist Hveravellir ausgeschildert.

10 Min., 64.8660, -19.5534

4 GROSSER GEYSIR

Geothermalgebiet mit mehreren sprudelnden heißen Quellen, darunter auch der weltberühmte Große Geysir, der dem Phänomen seinen Namen gab. Einst spuckte er das Wasser bis zu 60 m in die Höhe, doch derzeit ist er nicht sehr aktiv. Der nahe gelegene Strokkur ist da verlässlicher und erreicht grob alle 10 Min. eine Höhe von ca. 40 m. Im Besucherzentrum gibt es viele interessante Informationen über Geschichte und Geologie der Gegend.

→ Von Laugarbraut (64.2153, -20.7317) auf die R37 und 25 km Richtung Nordosten fahren. Bis die Straße auf die R35 trifft. Links auf die R35 und von dort noch 5,5 km bis zum Hótel Geysir (64.3101, -20.2997). Nächste links (die F333), der Geysir liegt 300 m weiter links.

5 Min., 64.3139, -20.2995

5 MARTEINSLAUG

Kleine Quelle, in der für 3–5 Personen Platz ist. Ganz nah am Großen Geysir (siehe oben), sodass man aus sicherer Entfernung und bei angenehmer Badetemperatur (39–43°C) zusehen kann, wie das kochende Wasser in die Höhe spritzt. Versuchen Sie, sich nicht so viel zu bewegen: der Boden ist schlammig, und durch die Algen kann es ziemlich rutschig sein.

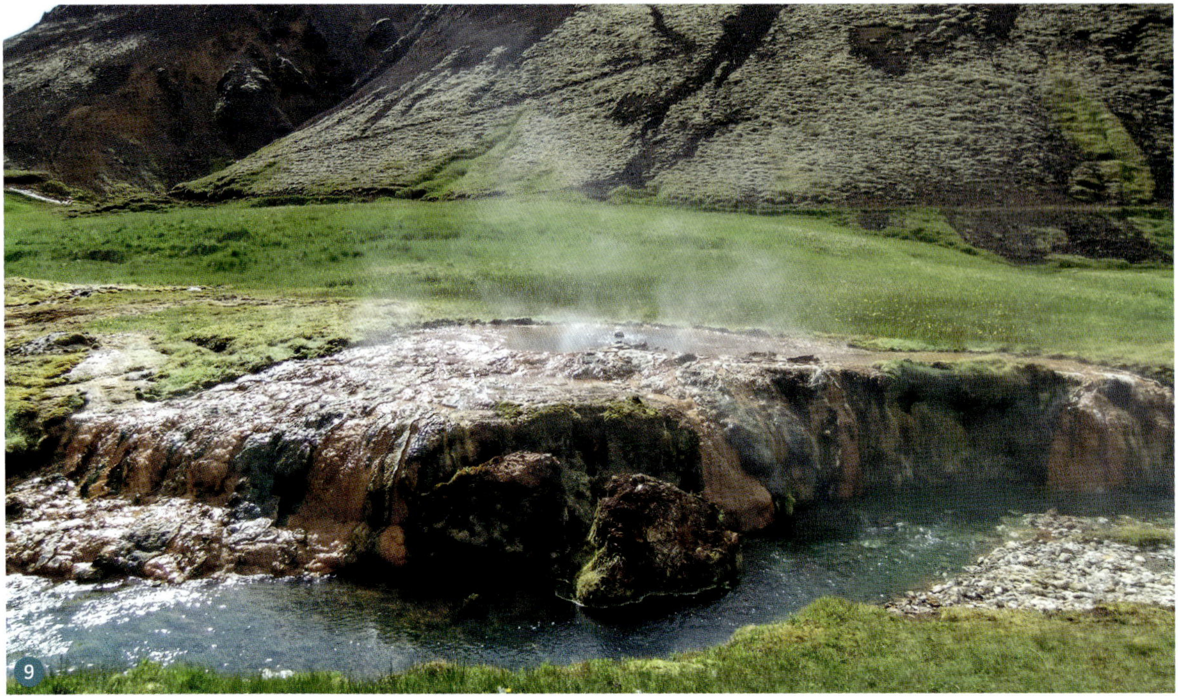

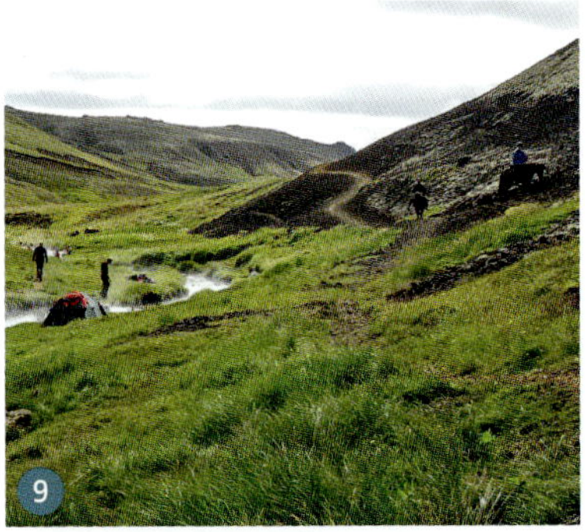

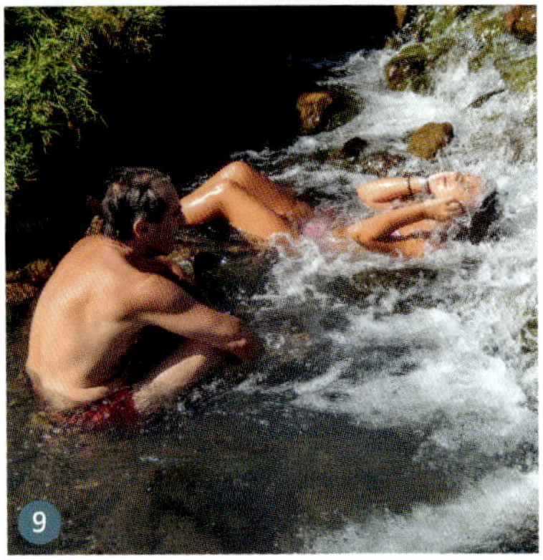

➜ Siehe Wegbeschreibung Großer Geysir (4), aber auf der F333 noch 1,5 km weiterfahren und dann bei der Kirche parken. Von dort zu Fuß 100 m Richtung Osten ins Sældarskora-Tal.
10 Min., 64.3269, -20.2824

6 KÚALAUG

Kleiner rechteckiger Pool in üppiger Vegetation und ca. 1 km von Marteinslaug, sodass man beides kombinieren sollte.

➜ Siehe Wegbeschreibung Marteinslaug (5), aber direkt vor der Kirche links. Nach 1.500 m Brücke überqueren und bei der Abzweigung rechts parken. Von hier zu Fuß 100 m nach Südosten. Genau Lage auf Karte nachsehen.
10 Min., 64.3286, -20.2720

7 LAUGARVATN FONTANA

Wellnessbad auf einer natürlichen heißen Quelle am Ufer des Laugarvatn-Sees. Entspannen Sie sich in verschiedenen Dampfbädern und Pools und springen Sie dann in den See, um sich abzukühlen. In den Dampfbädern kann man das kochende Wasser der Quelle darunter hören und riechen. Einzigartiges Erlebnis und dazu noch der fantastische Blick über den See. Probieren Sie im Café das geothermal gebackene Roggenbrot.

➜ Hverabraut 1, 840 Laugarvatn, +354 486 1400. www.fontana.is
64.2153, -20.7317

8 VÍGÐALAUG

Kleiner Felstümpel am Laugarvatn-See. Als Island im Jahr 1000 zum Christentum konvertierte, verlangten die Stammesführer aus dem Norden laut Legende, im kalten Wasser des alten Parlaments in Þingvellir getauft zu werden und wurden stattdessen hierhergeführt.

➜ Am Seeufer in Laugarvatn (60 km östlich von Reykjavik) und in der Nähe von Laugarvatn Fontana (siehe 7).
64.2162, -20.7315

9 REYKJADALUR

Heißer Fluss durch das „rauchende Tal". Je weiter man stromaufwärts geht, desto heißer wird das Wasser, und die Leute haben mit Steinen kleine Staudämme gebaut, sodass viele kleine Pools entstanden sind. Dort wo der Weg über den Fluss führt, sieht man einige türkisblaue Pools, die aber zu heiß sind, um darin zu baden. Einfach fantastisch.

➜ In Hveragerði (63.9952, -21.1930) von der R1 abfahren und der h (Straße) bis zum Parkplatz am Ende folgen. Hier parken und die letzten ca. 3 km zum Reykjadalur zu Fuß.
40 Min., 64.0321, -21.2156

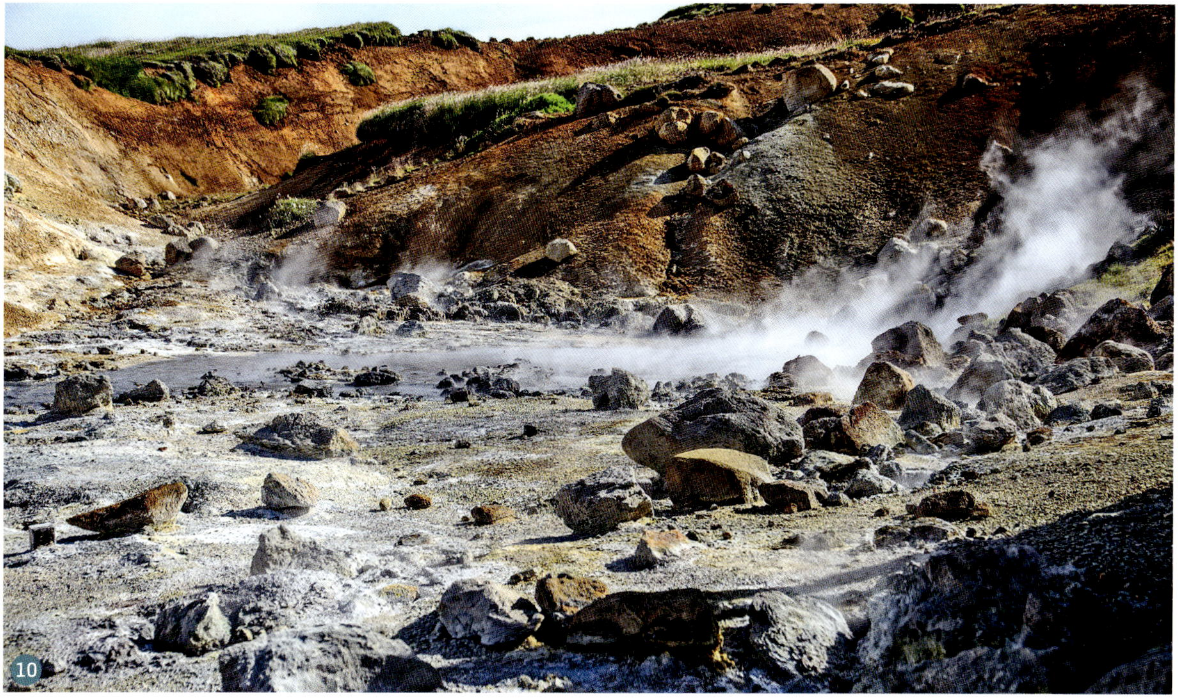

10 KRÝSUVÍK

Geothermalgebiet, in dem das türkisblaue, brodelnde Wasser mit dem schwefelhaltigen, ockerfarbenen Boden kontrastiert. Das Wasser ist zu heiß zum Baden, aber dafür gibt es blubbernde Schlammtöpfe und dampfende Schlote zu sehen. Bleiben Sie auf dem markierten Weg und beachten Sie die Sicherheitshinweise.

→ Von Grindavík (63.8418, -22.4374) auf der R427 für 23 km Richtung Osten, dann links auf die F42. Nach 6 km kommt der Parkplatz. Das Gelände liegt rechts neben der Straße.

5 Min., 63.8947, -22.0512

11 SKÁTALAUG

Heißer, leicht schlammiger Pool im Moorgebiet, dessen Wasser aus einer nahen Quelle stammt, Temperatur so um 34°C. Groß genug für viele Leute, aber keine Umkleidegelegenheit. Nicht weit von der Straße, also perfekt für eine kurze Pause.

→ Wegbeschreibung siehe Krýsuvík (10), aber 1 km weiter. Der Pool liegt links von der Straße.

10 Min., 63.9039, -22.0432

12 KVIKA

Kleiner Pool des Künstlers Ólöf Nordal am Stadtrand von Reykjavik, gedacht als Ort der Entspannung für die Locals, und gerade mal groß genug für ein Fußbad. Perfekt nach einem Wandertag.

→ Ca. 10 km vom Stadtzentrum Reykjaviks. Auf der R49 Richtung Nordwesten stadtauswärts, dann links auf den Eiðsgrandi, und bis zum Ende der Landzunge.

5 Min., 64.1624, -22.0084

13 HVALFJARÐARLAUG

Kleiner gemütlicher Hot Pot aus Stein an der Küste neben einem dampfenden Fluss mit Blick über den Hvalfjörður. Das heiße Wasser wird von einer Quelle durch einen Schlauch hineingeleitet; indem man den Schlauch rein- oder raushält, kann man die Temperatur regulieren. Schön für ein Picknick.

→ Ca. 30 km nordöstlich von Reykjavik. Die R1 nehmen und nach 25 km rechts auf die R47 für weitere 20 km. In Hvammsvík links. Der Pool liegt fast am Ende der Landzunge auf der Ostseite.

5 Min., 64.3737, -21.5639

14 ENGLANDSHVERIR

Großer natürlicher Pool im Lundareykjadalur-Tal mit Wasser aus einer kleinen heißen Quelle. Nahe zur Straße, dennoch vor Blicken verborgen. Man kann auch unter der Brücke im Fluss (Tunguá) schwimmen, aber das ist nicht so warm.

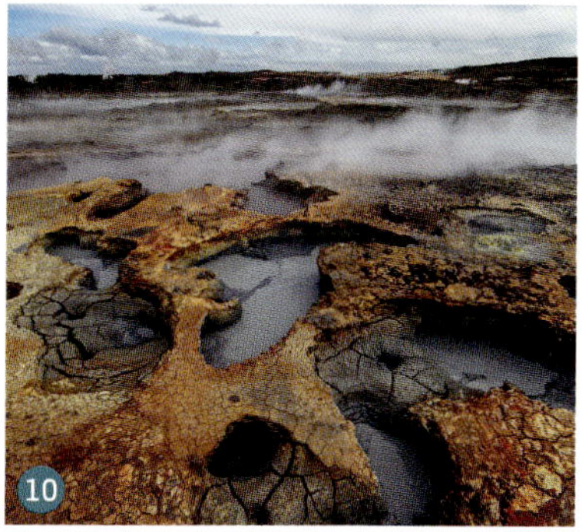

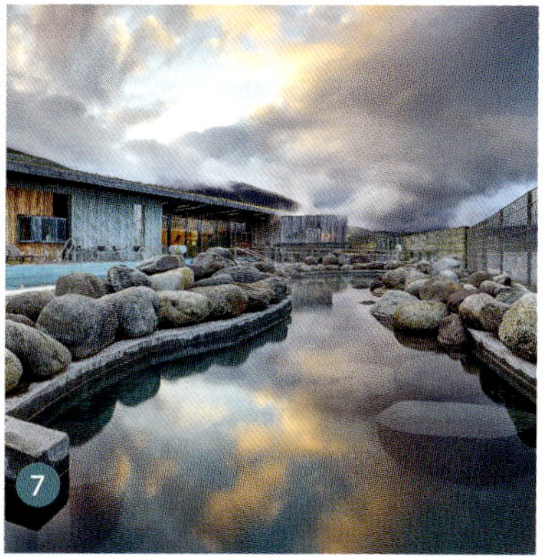

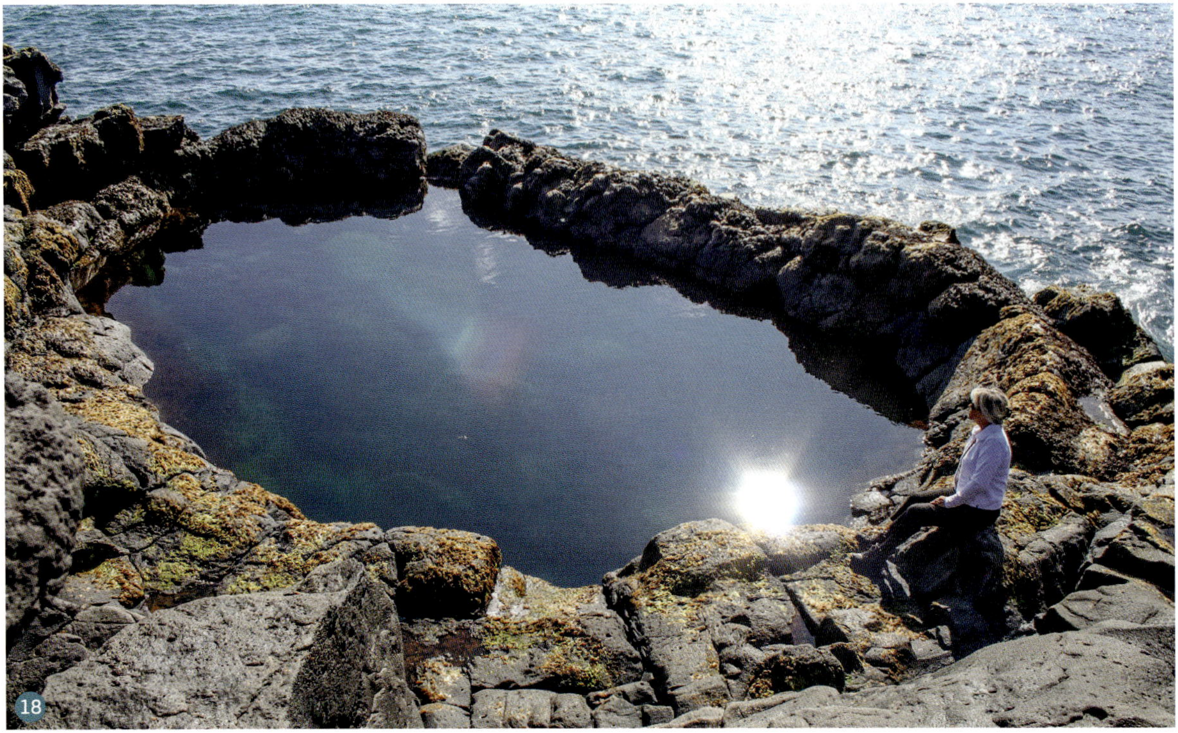

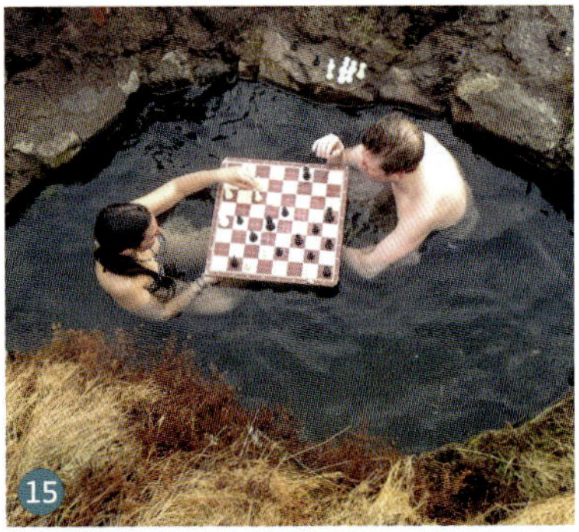

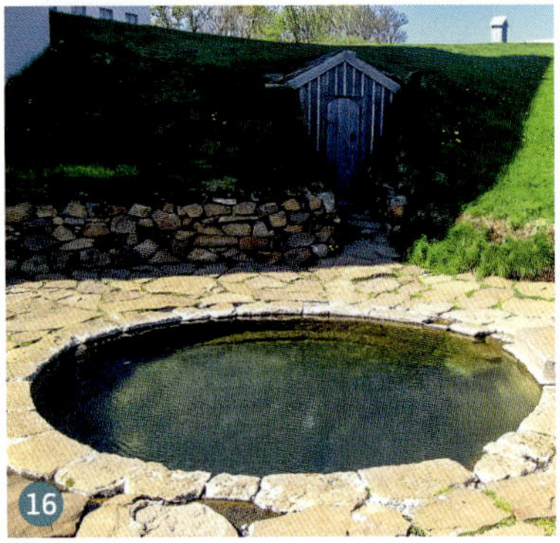

→ Von Kleppjárnsreykir (64.6562, -21.4034) auf der R50 für 13,5 km Richtung Südwesten. Links auf die R52 und weitere 23 km. Bei der Hütte am Fluss parken. Die Badestelle ist ca. 50 m von der Hütte auf der anderen Seite des Flusses.

64.4921, -21.1769

15 KROSSLAUG

Kleiner gemütlicher natürlicher Pool für 4–5 Personen. Das Wasser soll über Heilkräfte verfügen, die Temperatur liegt bei 42°C. Schöne Kulisse.

→ 1,8 km nordwestlich von Englandshverir (siehe 14) an der R52. In der Parkbucht rechts an der Straße halten und dem Weg durchs Metalltor folgen.

50 m, 64.4947, -21.1753

16 SNORRALAUG

In Reykholt war Snorri Sturluson zu Hause, ein isländischer Dichter und Politiker aus dem 12. Jahrhundert, und dies war sein Pool. In seinen Schriften erwähnt Sturluson die Bäder in seinem Pool, zu dem er von seinem Haus durch einen Tunnel gelangte. Die Badestelle selbst ist rund und von Steinen gesäumt. Sie wird aus einer Quelle genährt, daher kann die Temperatur schwanken, also nicht einfach reinspringen. Wer Isländisch lesen kann, sollte sich nicht die hiesige Bibliothek mit Sturlusons Werken entgehen lassen. Entspannen Sie sich bei einem Bad und versetzen Sie sich ins Mittelalter zurück.

→ Von Kleppjárnsreykir (64.6562, -21.4034) auf der R50 für 0,5 km Richtung Norden, dann rechts auf die R518 und 5 km Richtung Osten. Die Quelle liegt in Reykholt.

64.6640, -21.2911

17 BLAUE LAGUNE

Top Touristenattraktion und mittlerweile Synonym für Island. Die Blaue Lagune, „Abfallprodukt" eines Geothermalkraftwerks, wurde in ein Thermalfreibad umgewandelt. Wenn das Meerwasser, das sich 2.000 m unter der Erde auf natürliche Weise erhitzt hat, an die Erdoberfläche kommt, ist es reich an Mineralien, daher die typische weißblaue Farbe. Die Kieselschlamm am Grund des Pools ist gut für die Haut und kann für Gesichtsmasken benutzt werden. Es gibt ein Hotel und die üblichen Wellness-Behandlungen, aber man muss im Voraus buchen, wenn man einen Besuch plant.

→ Von der R43 ausgeschildert, 3,5 km nördlich von Grindavík. +354 420 8800. www.bluelagoon.com

63.8798, -22.4481

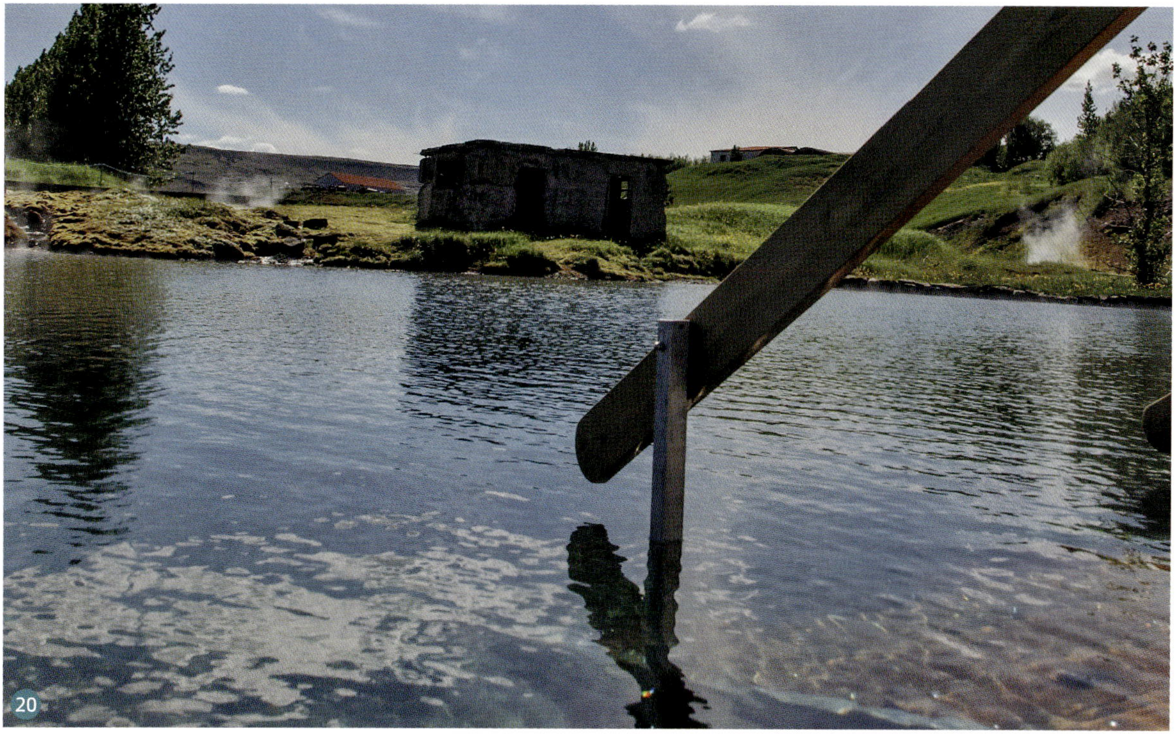

20

18 BRIMKETILL

Grob übersetzt „Brandungskessel", und ein passender Name für einen Naturpool, der von den Wellen in die Lavaküste gespült wurde. Laut Legende badete hier einst regelmäßig eine Trollin namens Oddný, und der Pool hieß folgerichtig Oddnýjarlaug (Oddnýs Pool). Durch das Meerwasser eher eine „kalte Quelle" und auch im Sommer nur etwas für Hartgesottene. Dennoch wunderschön, und auf jeden Fall einen Besuch wert.

→ Von der R425, 10 km westlich von Grindavík, führt ein Weg (63.8213, -22.6023) von der meerwärtsgewandten Straßenseite. Ein kleines Holzschild, das man von der Straße nicht sehen kann, weist die richtige Richtung. Knapp 250 m.

10 Min., 63.8192, -22.6031

19 GUNNUHVER

Geothermalfeld mit Islands größter Schlammquelle (Durchmesser 20 m) und viel zu heiß zum Baden. Laut Legende nach einem weiblichen Geist benannt, der hier vor 400 Jahren spukte, bis ein Priester sie in eine Quelle gelockt hat. Es gibt Aussichtsplattformen, von denen man auf den blubbernden, dampfenden Schlamm hinuntersehen kann.

→ Von Grindavík auf der R425 für 13 km nach Westen, dann links Richtung Gunnuhver (Richtung Südwesten). Nach 1,5 km kann man rechts das Geothermalgebiet sehen (und riechen). Parkplatz an der Straße.

5 Min., 63.8185, -22.6862

20 GAMLA LAUGIN

Großer Pool, der 1891 für die Öffentlichkeit gebaut wurde. Das heiße Wasser stammt aus einer geothermalen Quelle und hat mit 38–40°C die perfekte Temperatur. Zwischen 1909 und 1947 wurde hier Schwimmunterricht gegeben, bis ganz in der Nähe, in Flúðir, ein neuer Pool gebaut wurde. Der alte geriet ein wenig in Vergessenheit, wurde jedoch jüngst restauriert. Daneben blubbert ein Mini-Geysir, der alle 5 Minuten zischt. Inzwischen gibt es auch eine Umkleide mit Duschen.

→ 0,5 km von Flúðir. Hvammsvegur, 845 Flúðir, +354 861 0237. www.secretlagoon.is

64.1378, -20.3099

21 HRUNALAUG

Sehr schöne heiße Quelle in einer saftigen grünen Schlucht mit einem Steinbecken und den Überresten eines alten Steinhäuschens. Leider wurde diese kleine, aber feine Location auf Privatland von Touristen etwas

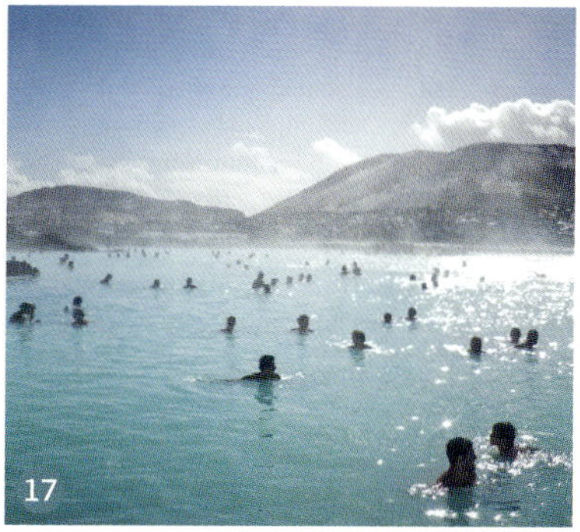

17

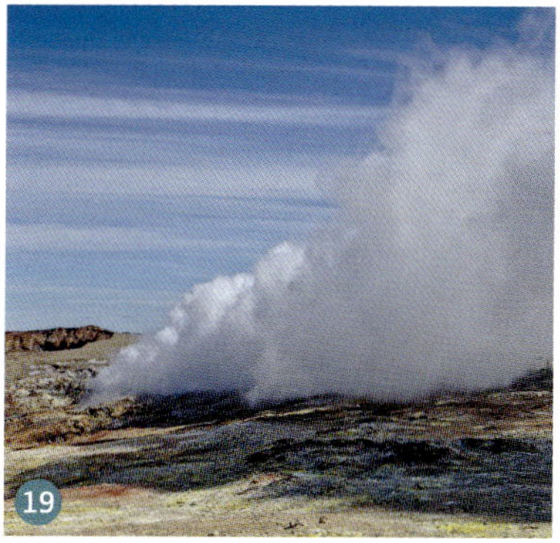

19

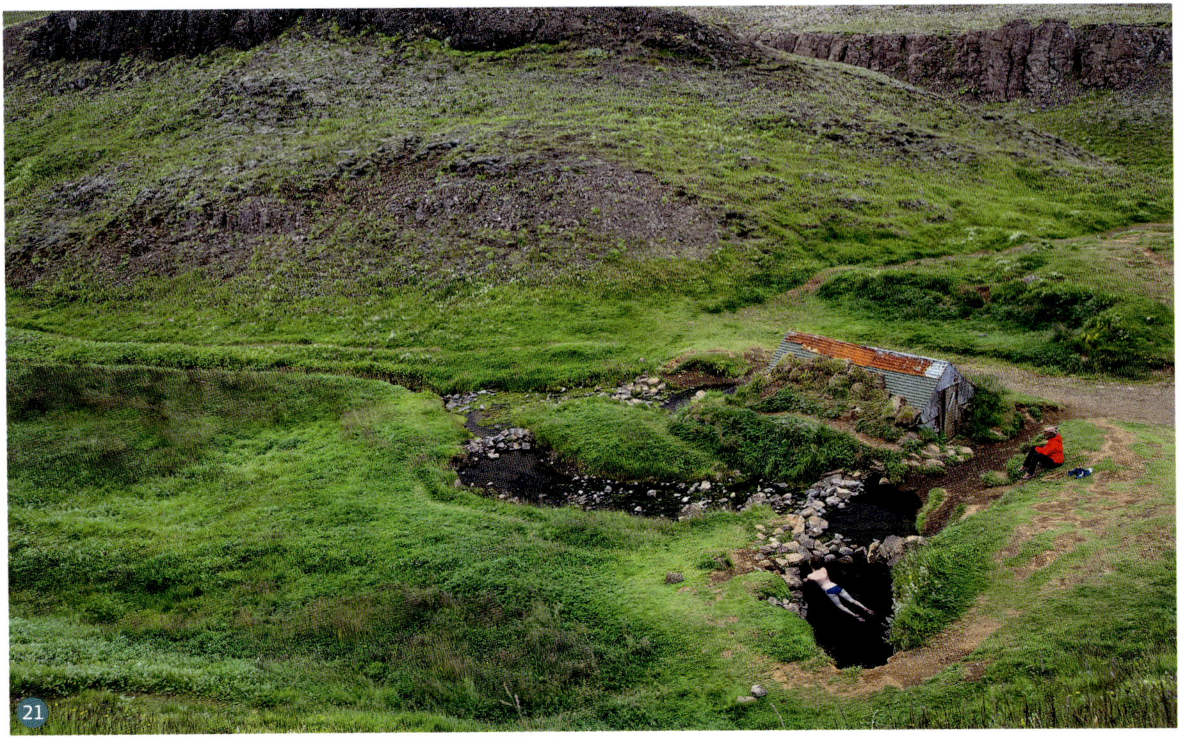

21

überrannt, deshalb wird der Zugang möglicherweise eingeschränkt. Bitte online über die aktuelle Situation informieren und vor Ort auf Schilder achten. Wild Camping ist nicht erlaubt.

→ Ein Stück nordöstlich von Flúðir von der R344 auf die R345 (Kaldbaksvegur), dann die nächste links. Nach 400 m hinter dem Viehgitter parken (64.1340, -20.2571), die letzten 150 m zu Fuß.

5 Min., 64.1328, -20.2551

22 STRÚTSLAUG

Geothermaler Pool, auch als Holmsarbotnalaug bekannt, im südlichen Hochland, nördlich des Gletschers Mýrdalsjökull und in der Nähe des Vulkans Torfajökull. Direkt daneben liegt ein kalter Fluss, man kann also nach Belieben wechselbaden. Im Pool selbst sollte man sich nicht zu viel bewegen, weil man sonst den schlammigen Boden aufwühlt. Es gibt keine Umkleiden, dafür befindet man sich inmitten grüner Wiesen, auf denen man wunderbar campen kann. Der perfekte Ort, wenn man die Einsamkeit sucht.

→ Von Kirkjubæjarklaustur auf der R1 für 20 km Richtung Südwesten, dann rechts auf die F208, dann links auf die F210 für weitere 35 km. Die Quelle befindet sich ca. 7 km nordwestlich von der Straße. Für genaue Lage eine Karte konsultieren.

1 Std., 63.8703, -18.9461

23 LANDMANNALAUGAR

Über einen Bohlenweg gelangt man zu einer Plattform an einem dampfenden Pool. Von hier schwimmt man dorthin, wo das heiße Wasser aus der Lava tritt. Wenn man eine Stelle mit angenehmer Temperatur gefunden hat, macht man es sich gemütlich und genießt die heilenden Eigenschaften des Wassers. Schließfächer und Umkleiden vor Ort. Außerdem Ausgangspunkt für den Laugavegur-Wanderweg, und in der Hauptsaison kann es ziemlich voll werden. Wenn Sie wandern wollen, besorgen Sie sich eine Karte, in der die Berghütten verzeichnet sind. Am besten früh morgens vor allen anderen kommen oder spät abends.

→ Von Kirkjubæjarklaustur auf der R1 für 20 km nach Südwesten, dann links auf die F208. Nach 55 km links auf die F224 für weitere 1,5 km. Die Quellen sind ausgeschildert, und ein Stück weiter, kurz bevor die Straße endet, kommt der Campingplatz Brenisteinsalda.

15 Min., 63.9923, -19.0596

WASSERFÄLLE

24 GULLFOSS

Spektakulärer Wasserfall am Hvítá, der in zwei Stufen insgesamt 32 m in eine tiefe Schlucht stürzt. Aus der Ferne sieht es so aus, als würde der Fluss einfach in der Erde verschwinden.

→ Vom Hótel Geysir (siehe 4) die R35 für 9 km Richtung Osten, bis man rechts die Schilder zum Gullfoss sieht. Am Gullfoss-Café (64.3260, -20.1316) parken, die letzten 0,5 km zum Wasserfall zu Fuß.

10 Min., 64.3274, -20.1214

25 GLYMUR

Zweihöchster Wasserfall Islands, der 198 m in eine majestätische, moosgrüne Schlucht stürzt. Die Wanderung ist etwas ganz Besonderes, aber nicht immer leicht. Karte mitnehmen.

→ Am Kopfende der Botnsvogur-Bucht (64.3854, -21.3550) von der R47 auf die R5001 (Litlibotn) und bis zum Parkplatz 200 m vor dem Ende der Straße. Von hier sind es noch 2,5 km zu Fuß. Man hat die Wahl zwischen zwei Wegen, die sich bei den Fällen treffen.

1 Std., 64.3910, -21.2520

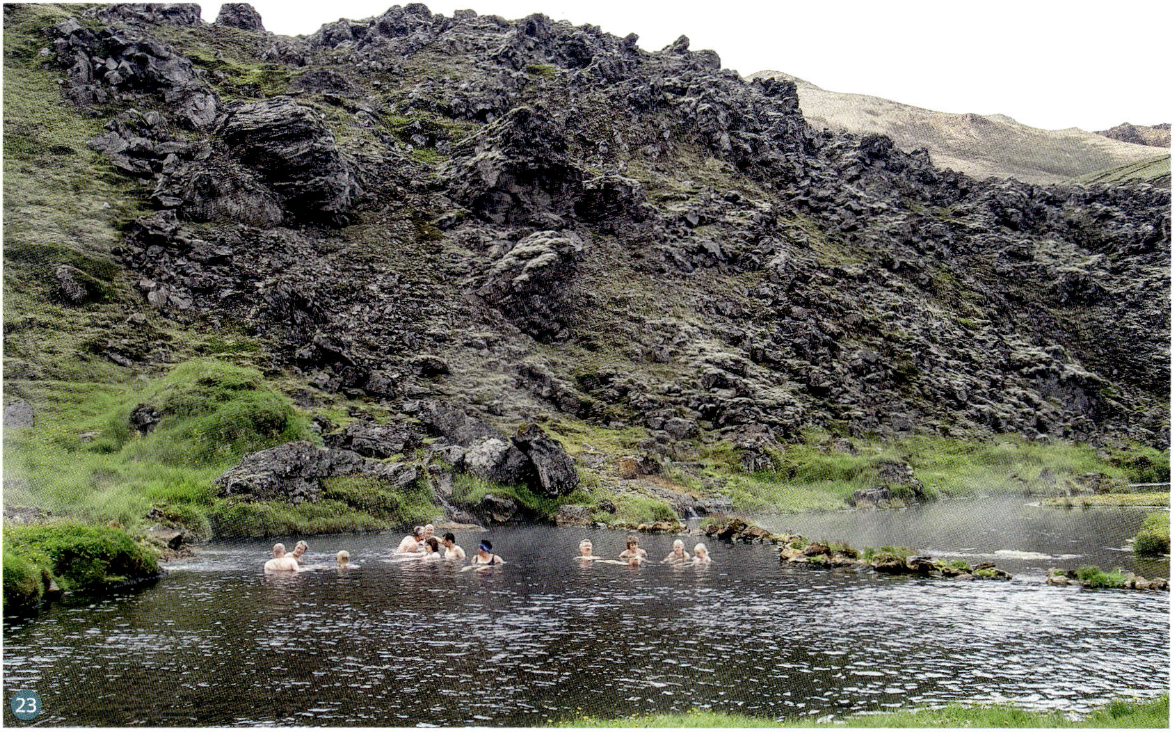

23

26 HRAUNFOSSAR & BARNAFOSS

Zwei sehr unterschiedliche Wasserfälle am Hvítá in unmittelbarer Nachbarschaft. Der Barnafoss („Kinderwasserfall") rauscht durch eine schmale Schlucht. Ein Stück stromabwärts scheint der Hraunfossar („Lavawasserfall") aus der moosbedeckten Lava eines 900 m langen Uferabschnitts zu entspringen und rauscht in den Fluss.

→ Nördlich von Kleppjárnsreykir (64.6636, -21.3919) von der R50 auf die R518. Nach 23 km befindet sich links ein Parkplatz. Von hier ist es nur ein kurzer Fußweg zum Aussichtspunkt.

5 Min., 64.7029, -20.9772

27 SKÓGAFOSS

Atemberaubender Wasserfall und mit 60 m Höhe und 25 m Breite einer der größten. Das Wasser rauscht über die einstige Meeresklippe, doch inzwischen sind es noch ganze 5 km, bevor der Skógá die Küste erreicht.

→ Von Kirkjubæjarklaustur auf der R1 Richtung Westen. Nach 100 km kommt das Schild zum Skógafoss (63.5200, -19.5087). Vom Parkplatz sind es noch 300 m.

10 Min., 63.5321, -19.5116

28 SELJALANDSFOSS

Gehen Sie hinter dem riesigen Wasservorhang entlang, der 60 m über eine Klippe stürzt. Einzigartige Perspektive.

→ Westlich von Holt von der R1 auf die R249, nach 700 m rechts zum Parkplatz. Zum Wasserfall sind es 250 m.

100 m, 63.6154, -19.9883

29 GLJÚFRAFOSS

Nicht weit vom Seljalandsfoss (siehe 28) hat der Gljúfrabúi, wörtlich „Schluchtbewohner", eine zylindrische Kammer in den Felsen gegraben. Man kann durch einen kleinen Spalt in die Kammer hineinklettern – für eine ganz besondere persönliche Audienz beim Gljúfrabúi.

→ Wegbeschreibung siehe Seljalandsfoss (28), aber auf der R249 noch 900 m weiter, dann rechts. Parken und die letzten 100 m zu Fuß.

10 Min., 63.6208, -19.9859

30 SELATANGAR

In dem verwaisten Fischerdorf aus dem Mittelalter soll es angeblich spuken. Bestaunen Sie die Ruinen der Häuser aus Lavagestein.

→ Von Grindavík auf der R427 für 13 km

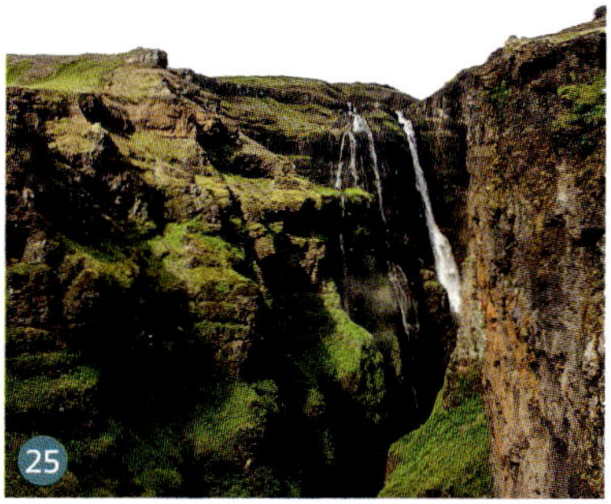

25

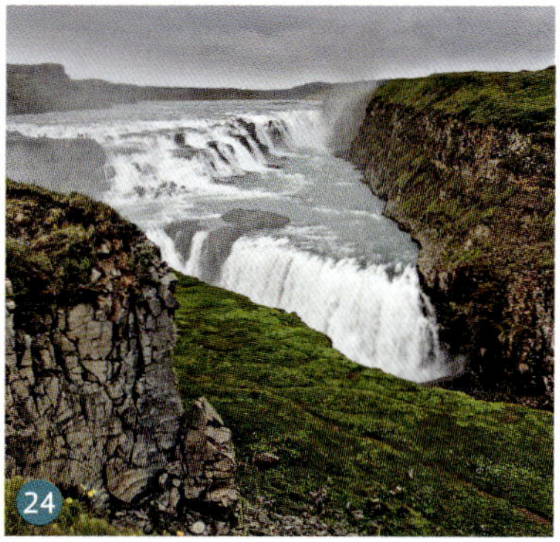

24

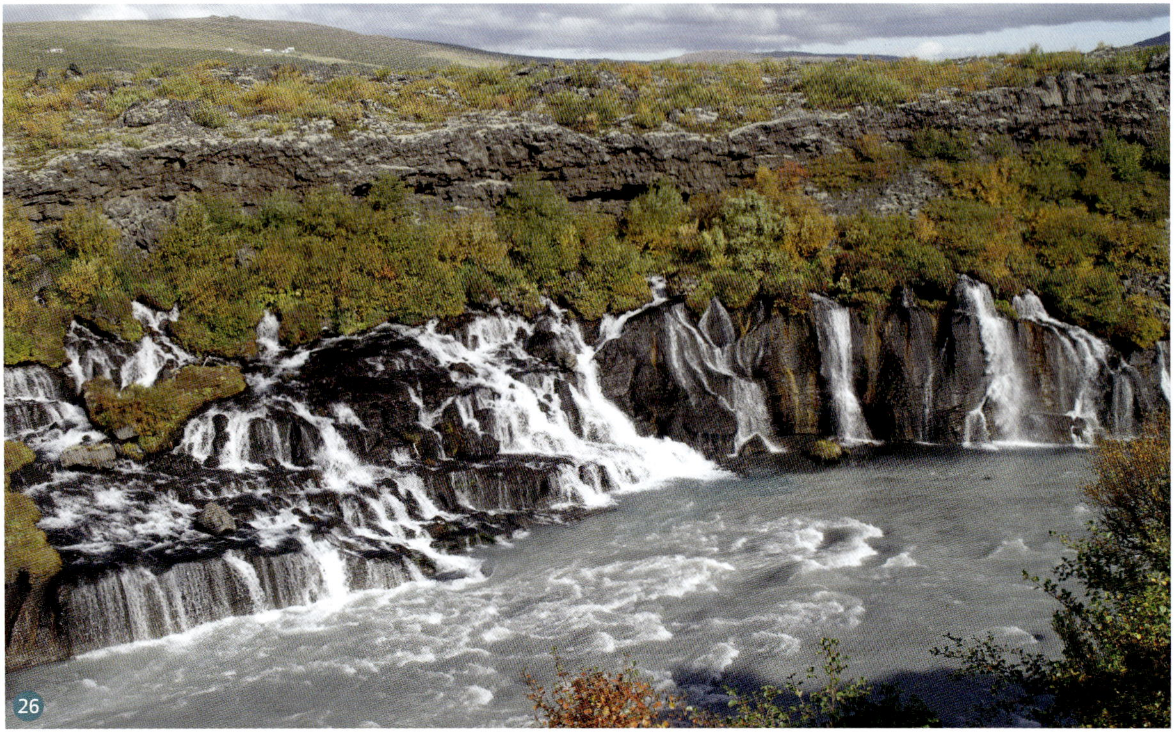

26

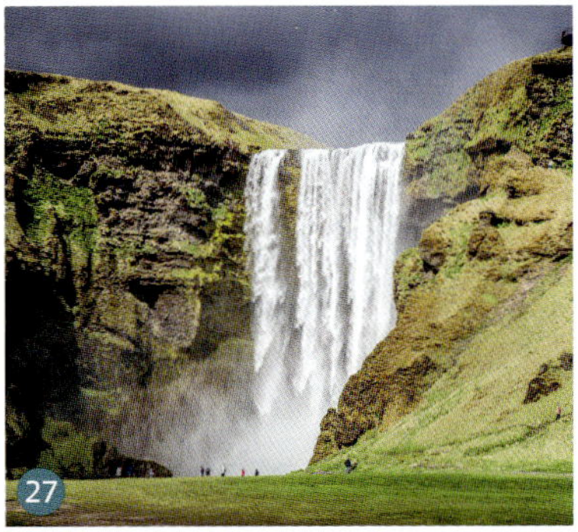

27

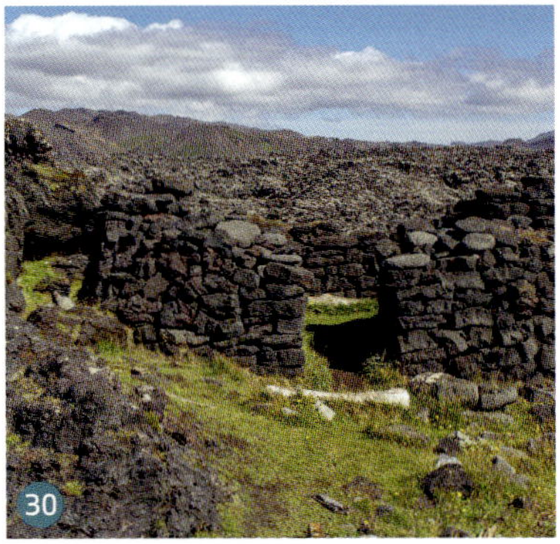

30

Richtung Osten, bis rechts das blaue Schild nach Selatangar zu sehen ist. 600 m langer, ausgeschilderter Fußweg.
15 Min., 63.8380, -22.2407

NATIONALPARKS & WANDERWEGE

31 NATIONALPARK ÞINGVELLIR

Islands erstes Parlament, das Althing, wurde hier gegründet und von 930 bis 1798 unter freiem Himmel abgehalten. Neben der historischen Bedeutung ist die Gegend auch von geologischem Interesse, denn sie liegt in einer Grabenbruchzone zwischen zwei Kontinentalplatten. Der Nationalpark wurde 1930 gegründet, anlässlich des 1000-jährigen Bestehens des Althings, und 2004 Weltkulturerbe. Im Besucherzentrum gibt es jede Menge Informationen über den Park und die zahlreichen Wanderwege.

→ Von der R1 auf die R36 (etwas nördlich von Mosfellsbaer), 30 km. Þingvellir ist rechts ausgeschildert.
64.2557, -21.1300

32 LAUGAVEGUR

55 km langer Wanderweg zwischen den Naturreservaten Landmannalaugar und Þórsmörk, vorbei an Schluchten, Vulkanen, Gletschern. Einzigartige Erfahrung, für die man in der Regel 4–5 Tage braucht. Wild Camping ist verboten, aber man kann in den 6 Hütten auf der Strecke übernachten. Hütten und Wege werden vom Wanderverein Ferðafélag Íslands instand gehalten.

→ Zwischen Landmannalaugar (63.9923, -19.0596) und Þórsmörk (63.6912, -19.5392). Hütten über Ferðafélag Íslands: www.fi.is/en
4 Tage, 63.6912, -19.5392

33 SCHNORCHELN IN DER SILFRA-SPALTE

Silfra, am Rand des Þingvallavatn-Sees ist eine mit Wasser gefüllte Spalte zwischen der Nordamerikanischen und der Eurasischen Kontinentalplatte. Man kann darin tauchen oder schnorcheln, und die Sicht unter Wasser ist unglaublich – bis zu 70 m! Das Wasser mit einer konstanten Temperatur von 2–4°C stammt vom Gletscher Langjökull und braucht 30–100 Jahre bis zum See. In dieser Zeit wird es 50 km durch poröse Lavafelsen gefiltert. 2 km weiter liegt der berühmte Canyon Fjaðrárgljúfur.

→ Wegbeschreibung siehe Nationalpark Þingvellir (31). Vom Parkplatz gibt es einen kurzen ausgeschilderten Fußweg. Schnorchel- und Tauch-Ausflüge unter www.dive.is
64.2553, -21.1169

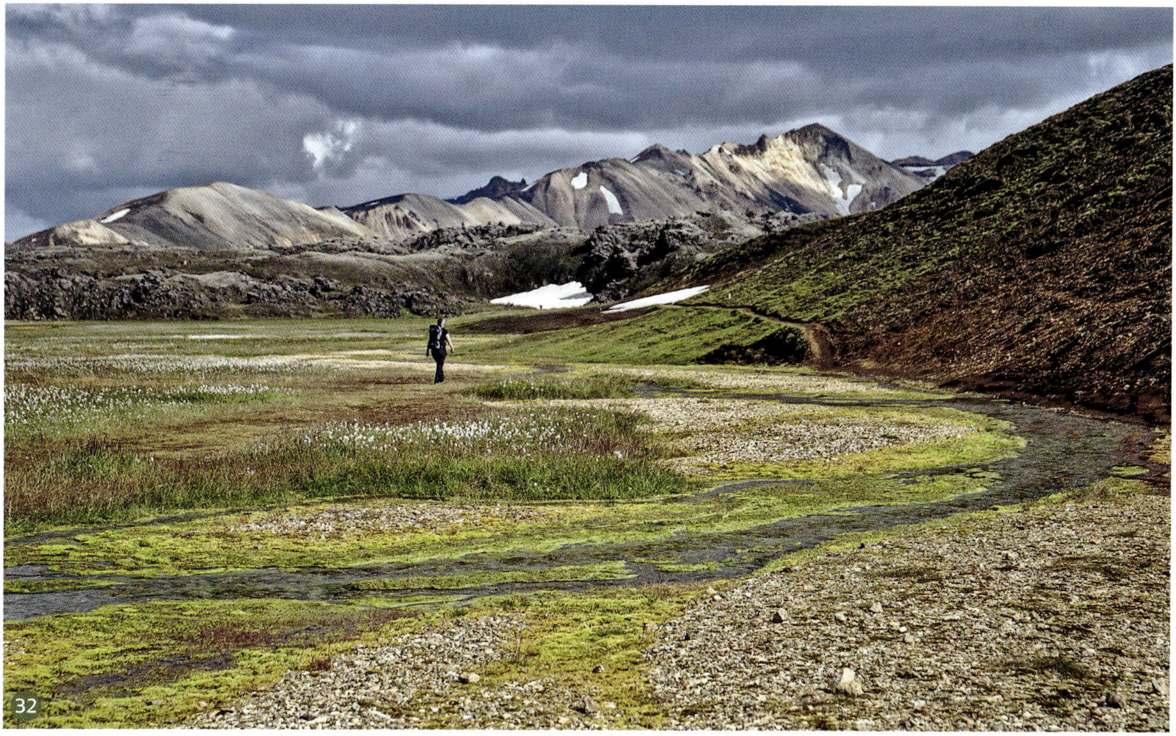

32

34 MIÐLÍNA

Brücke über den riesigen Spalt, der zwei Kontinente trennt – derselbe wie die Silfra-Spalte (siehe 33) – mitten in einem Lavafeld.

➜ Von Sandvík auf der R425 nach Norden. Nach 7 km rechts die ausgeschilderte Straße zum Parkplatz. Von dort 215 m zu Fuß (markierter Weg).

5 Min., 63.8683, -22.6755

KULTUR & GESCHICHTE

35 ÞJÓÐMINJASAFN ÍSLANDS

Islands Nationalmuseum. Hier erfährt man alles über die faszinierende Geschichte des Landes, von den ersten Siedlern bis zum heutigen Tag.

➜ Suðurgötu 41, 101 Reykjavík, +354 530 2200. www.nationalmuseum.is

64.1420, -21.9477

36 LANDNÁMSSÝNINGIN

Spannende Ausstellung über die Besiedlung Islands durch die Wikinger vom skandinavischen Festland. Zentrales Exponat ist ein an dieser Stelle ausgegrabenes Langhaus aus dem 10. Jahrhundert und damit verbundene Funde. Computergrafiken veranschaulichen, wie Reykjavik damals ausgesehen haben könnte.

➜ Aðalstræti 16, 101 Reykjavík, +354 411 6370. www.reykjavíkcitymuseum.is

64.1473, -21.9427

37 VESTMANNAEYJAR

Die Westmännerinseln, eine spektakuläre Inselgruppe mit steilen Klippen. Die größte ist Heimaey, 12 km vor der Südküste des Festlands. 1627 wurden die Insel von Piraten aus dem Osmanischen Reich überfallen, und viele Inselbewohner wurden versklavt. In der Folge wurde ein Gesetz verabschiedet, dass es erlaubt, alle Türken auf isländischem Boden zu töten. Zwar kam kein Türke zu Tode, doch es wurde erst in den 1970ern aufgehoben.

➜ Es gibt eine Fähre von Landeyjahöfn (63.5339, -20.1331) nach Vestmannaeyjar. Fahrplan und Tickets: +354 4812800. www.herjolfur.is

63.4377, -20.2673

38 SÓLHEIMASANDUR STRAND

An einem einsamen schwarzen Sandstrand liegt eine fast unversehrte DC-3 der US Navy, die hier 1973 notgelandet ist (glücklicherweise ohne Opfer), angeblich, weil ihr der Treibstoff ausgegangen war. Originelles Motiv fürs Island-Fotoalbum.

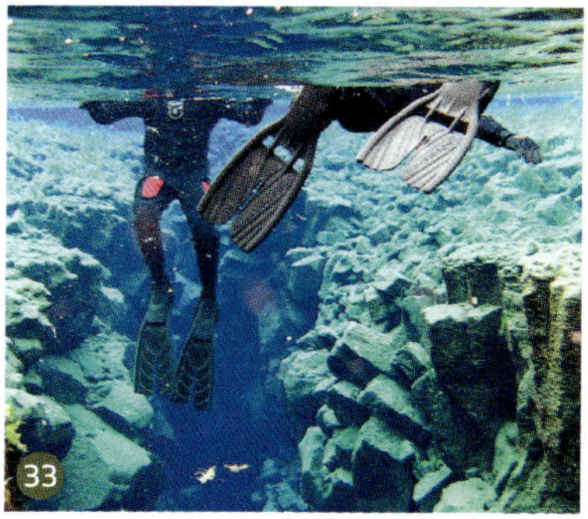

33

➜ Von Vik auf der R1 für 25 km Richtung Westen bis zu einer Kies-Parkbucht. Von dort führt hinter dem Viehgitter ein Weg zum Meer (63.4912, -19.3630). Weitere 4 km Fußweg bis zum Flugzeugwrack.

63.4591, -19.3648

FEUER & EIS

39 HEKLA

Aktiver Vulkan (Schichtvulkan, um genau zu sein), der zuletzt im Februar 2000 ausgebrochen ist. Im letzten Jahrtausend hat er 8 km³ Lava freigesetzt – und ist damit einer der produktivsten der Welt.

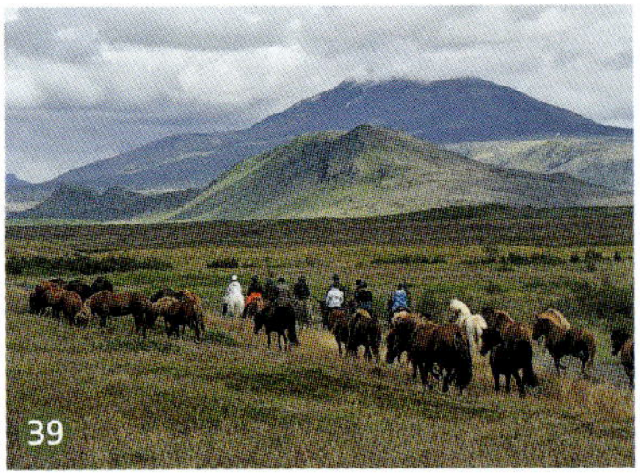

39

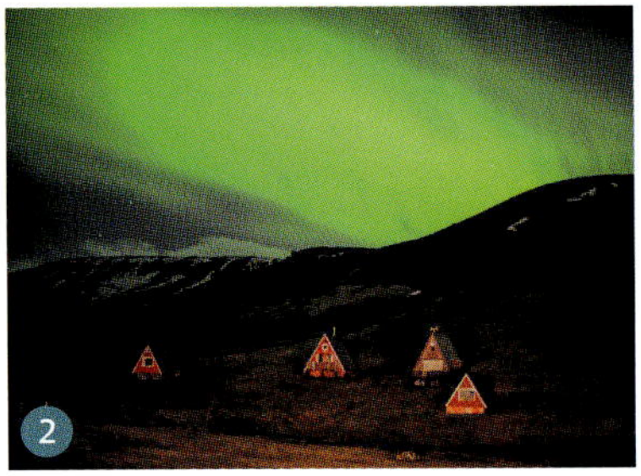

2

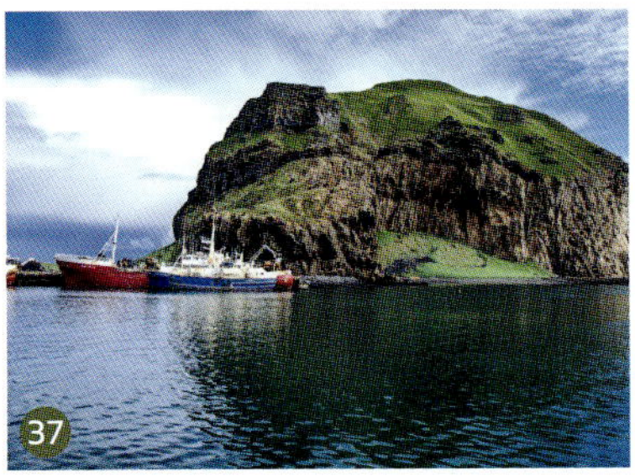

37

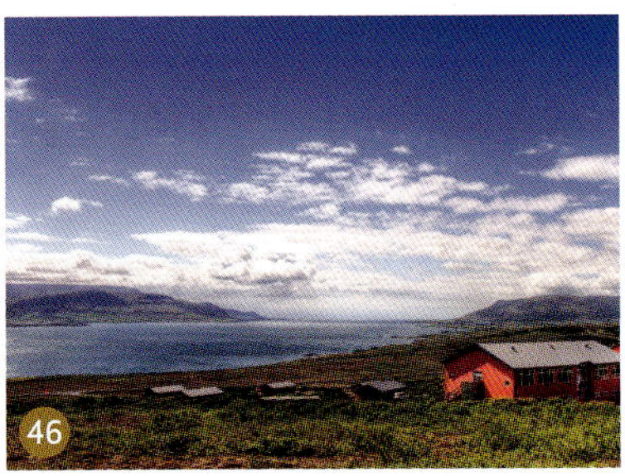

46

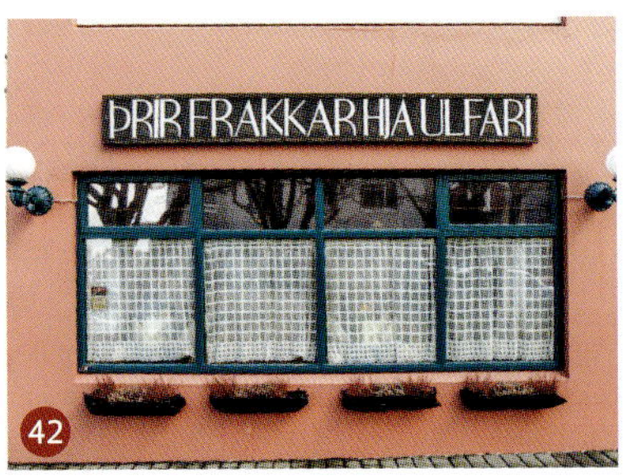

42

→ Im Nordwesten von Hella von der R1 auf die R26 (63.8793, -20.5023). Nach 18 km sieht man im Südosten den 4 km entfernten Hekla. Wer näher heran will, braucht einen Führer. www.mountainguides.is
63.9903, -19.6731

40 EYJAFJALLAJÖKULL

Als er 2010 ausbrach, stürzte dieser Vulkan die Luftfahrt ins Chaos, und sein Name war für Nachrichtensprecher in aller Welt eine Herausforderung. Die richtige Aussprache klingt in etwa so: „Eja-fjätt-la-jö-kütt".

→ An der R1, 40 km westlich von Vik, gibt es ein Informationszentrum (63.5430, -19.6679). Der Vulkan befindet sich 12 km nördlich von hier. Wer näher heran will, braucht einen Guide: www.mountainguides.is
63.6198, -19.5997

41 ELDFELL

Vulkan, der aus einem Spalt auf Heimaey (siehe Vestmannaeyjar, 37) hervorgegangen ist. Nach seinem Ausbruch 1973 musste die Insel für 6 Monate evakuiert werden. Der „neue" Kegel ist 200 m hoch, und die von Asche bedeckten Wohngebiete werden das „Pompeji des Nordens" genannt. Im Inselmuseum erfahren Sie alles über den Ausbruch und seine Auswirkungen. Bis heute wird mit der Hitze unter der festen Lava Brot gebacken.

→ Auf den Westmännerinseln, 1,5 km südöstlich vom Fähranleger (siehe 37).
63.4325, -20.2474

KULINARISCHES

42 ÞRÍR FRAKKAR

Restaurant in Reykjavik mit traditioneller isländischer Küche. Die richtige Adresse, wenn man mal etwas Ausgefallenes probieren möchte, wie Papageientaucher, Alk, Wal, Rentier, Pferd oder Gammelhai.

→ Central Reykjavík: Baldursgata 14, 101 Reykjavík, +354 552 3939. www.3frakkar.com
64.1423, -21.9338

43 GRAENA KANNAN CAFÉ

Biocafé in einem Gewächshaus in dem wahrscheinlich ältesten Öko-Dorf der Welt. Gegründet 1930 als Kommune, in der Menschen unterschiedlichster Herkunft zusammen leben und arbeiten. Viele der Bewohner sind behindert, und neben dem Café gibt es noch eine Bäckerei, kreative Workshops, ein Guesthouse und diverse Gartenbau-Projekte. Sehen Sie sich in Ruhe um!

→ An der 354, ca. 30 km nordöstlich von Selfoss: Sólheimar, 801 Selfoss, +354 4804400. www.solheimar.is
64.0659, -20.6448

ÜBERNACHTEN

44 VOLCANO HOTEL

Eines der kleinsten Hotels Islands, ganz in der Nähe des Vulkans Katla und des Gletschers Mýrdalsjökull. Praktisch, wenn man die Islandrundreise auf der R1 macht. Für Gäste gibt es die Spezialität des Hauses – Seesaibling – zum Abendessen (unbedingt im Voraus buchen).

→ 11 km westlich von Vik an der R1: Ketilsstaðaskóli, 871 Vík, Mýrdal, +354 4861200. www.volcanohotel.is
63.4366, -19.1637

45 HAPPY CAMPERS

Mieten Sie sich einen speziell für Island angefertigten Mini-Camper. Alle Fahrzeuge sind so umweltfreundlich wie möglich, und für jedes werden 2.000 Bäume gepflanzt. Die Buchung umfasst alles, was man zum Kochen, Essen, Schlafen und Fahren braucht.

→ 7 km östlich vom Flughafen Keflavik: 21 Stapabraut, 260 Keflavík, +354 578 7860. www.happycampers.is
63.9705, -22.5095

46 HOTEL GLYMUR

Nettes Hotel in spektakulärer Lage mit Blick über den Walfjord. Mischung aus klassischem Hotel und Hütte, mit Whirlpools auf der Veranda.

→ 25 km östlich Akranes: Hvalfjardarsveit, 301 Saurbaer, +354 430 3100. www.hotelglymur.is
64.4139, -21.6311

47 HOTEL RANGÁ

Schrulliges Hotel mitten in der Pampa am Fluss Rangá. Die Zimmer sind nach Kontinenten gestaltet, und in der Lobby steht ein echter ausgestopfter Eisbär namens Hrammur. Das Restaurant serviert u. a. geräucherten Papageientaucher, Lamm und Wildlachs.

→ Ca. 9 km östlich von Hella, an der R1: Suðurlandsvegur, 851 Hella, +354 487 5700. www.hotelranga.is
63.7805, -20.3014

48 FROST OG FUNI

Boutique-Hotel am Ufer des Varmá im Geothermalgebiet Hveragerði mit Slow Food aus der Region. Entspannen Sie sich nach dem Essen in einer der Hot Pots mit natürlichem Quellwasser.

→ 40 km östlich von Reykjavik an der R1 in Hveragerði: Hverhamar, 810 Hveragerði, +354 483 4959. www.frostogfuni.is

64.0060, -21.1839

49 CAMPINGPLATZ ÞAKGILL

Herrlicher Campingplatz in einem Tal, umgeben von zerklüfteten Felshängen. Essen Sie Ihre Mahlzeiten bei Kerzenschein in einer Höhle mit Holzofen. Es gibt auch einfache Kabinen. Windgeschützt.

→ Von Vik auf der R1 für 5 km Richtung Osten. Dann nach Norden auf den Kerlingardalsvegur und 16 km bis zum Ende der Straße. Höfðabrekkuafrétti, 871 Vik +354 893 4889. www.thakgil.is

63.5302, -18.8881

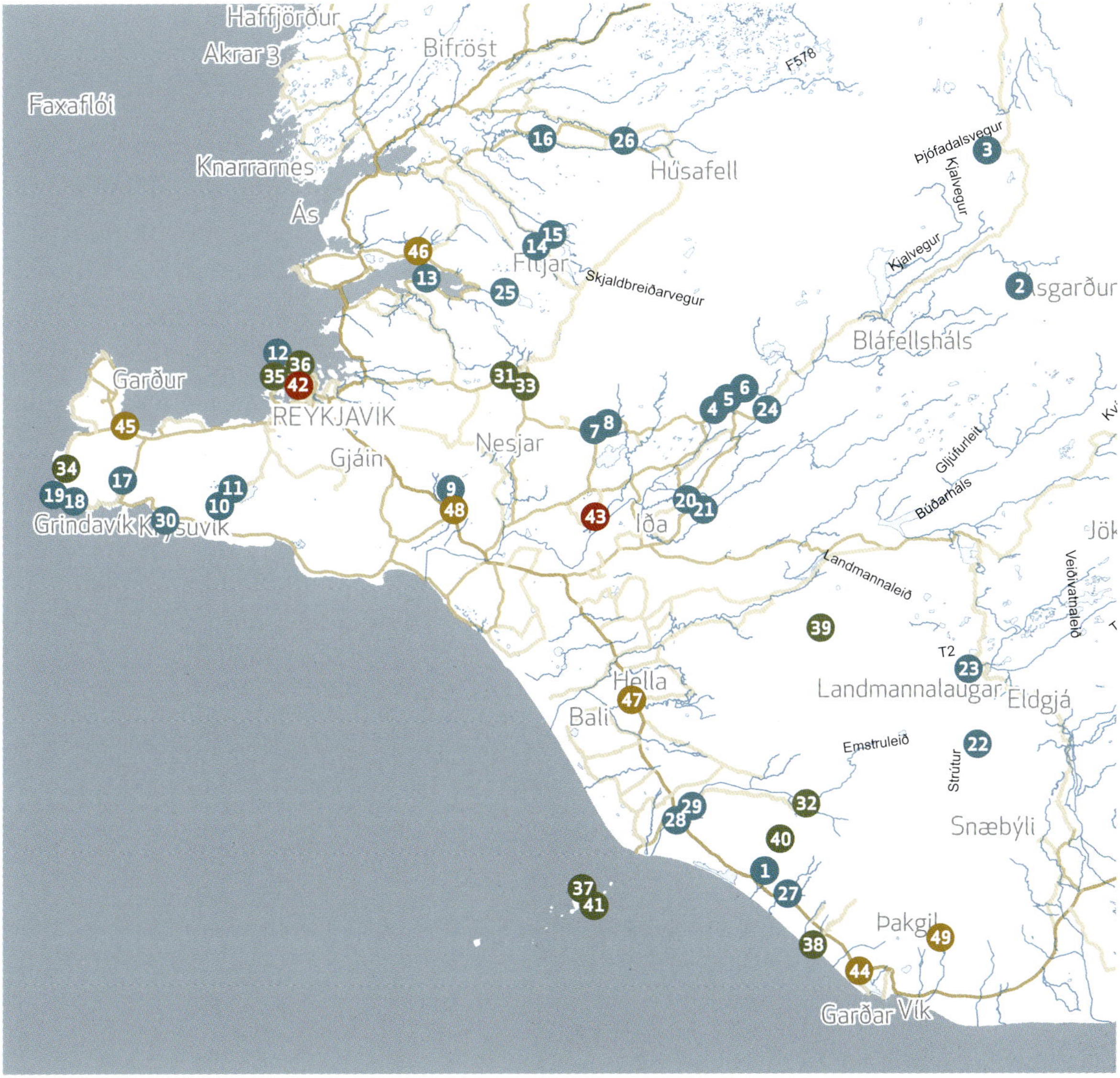

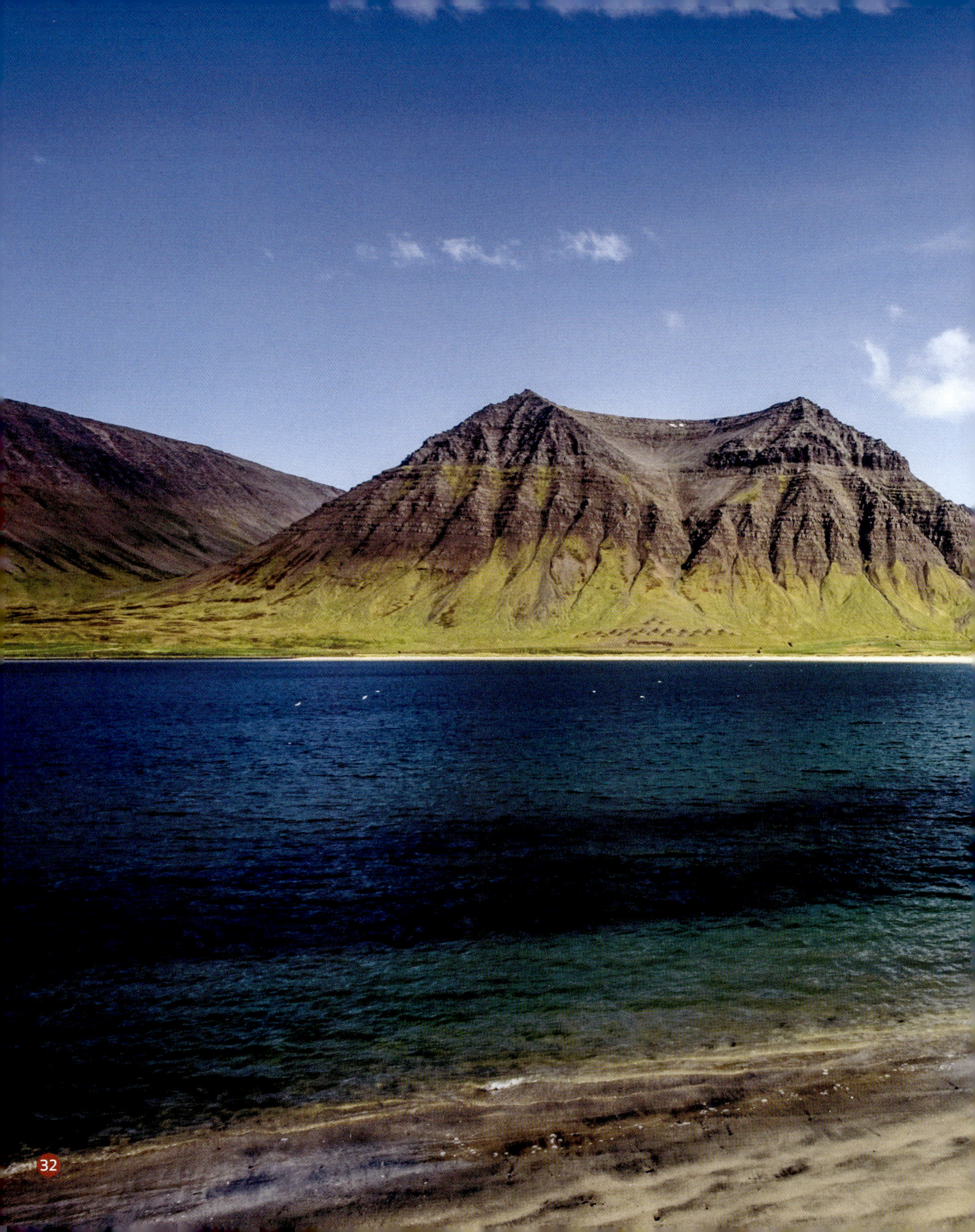

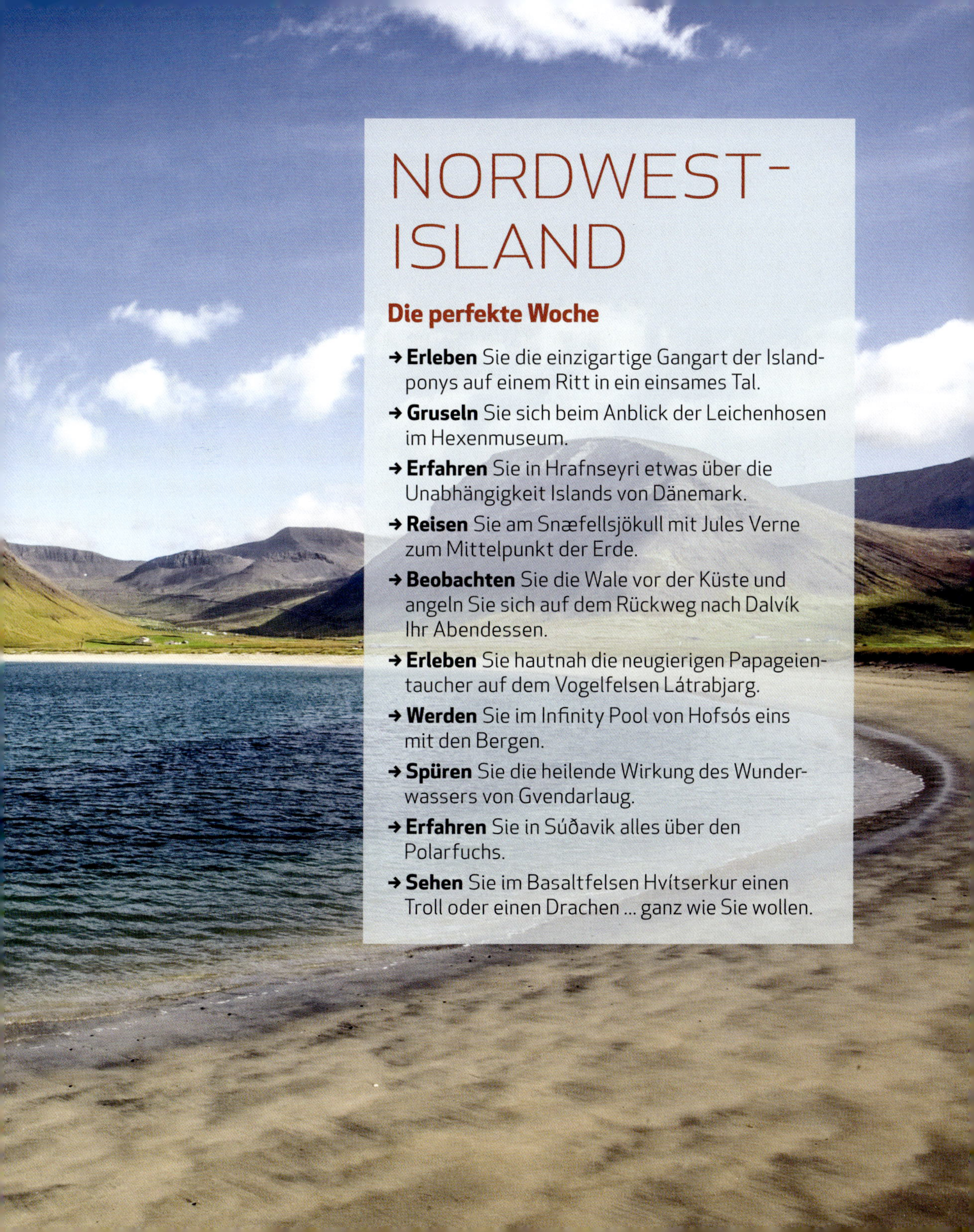

NORDWEST-ISLAND

Die perfekte Woche

- → **Erleben** Sie die einzigartige Gangart der Islandponys auf einem Ritt in ein einsames Tal.
- → **Gruseln** Sie sich beim Anblick der Leichenhosen im Hexenmuseum.
- → **Erfahren** Sie in Hrafnseyri etwas über die Unabhängigkeit Islands von Dänemark.
- → **Reisen** Sie am Snæfellsjökull mit Jules Verne zum Mittelpunkt der Erde.
- → **Beobachten** Sie die Wale vor der Küste und angeln Sie sich auf dem Rückweg nach Dalvík Ihr Abendessen.
- → **Erleben** Sie hautnah die neugierigen Papageientaucher auf dem Vogelfelsen Látrabjarg.
- → **Werden** Sie im Infinity Pool von Hofsós eins mit den Bergen.
- → **Spüren** Sie die heilende Wirkung des Wunderwassers von Gvendarlaug.
- → **Erfahren** Sie in Súðavik alles über den Polarfuchs.
- → **Sehen** Sie im Basaltfelsen Hvítserkur einen Troll oder einen Drachen ... ganz wie Sie wollen.

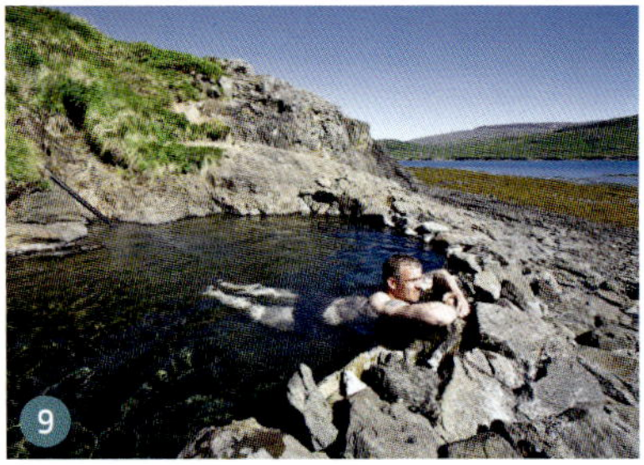

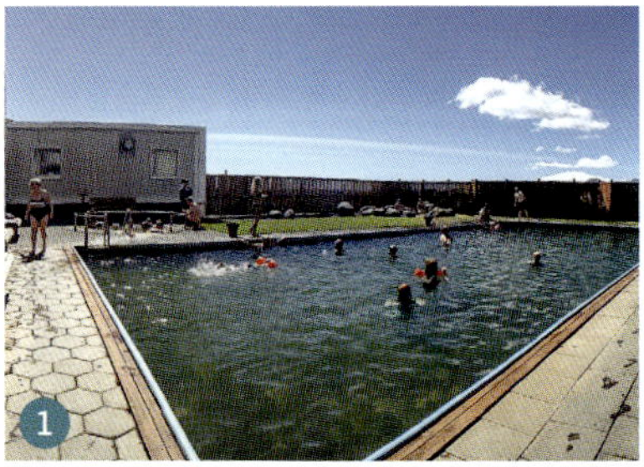

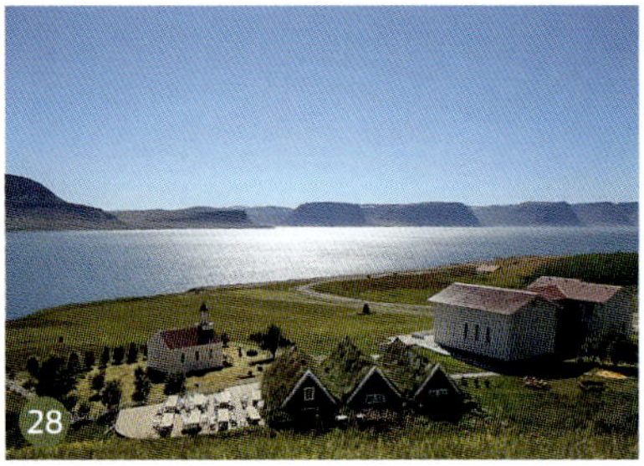

Wenn man im warmen Wasser der heißen Quelle Hellulaug zwischen den Felsen des Küstenvorlands sitzt, blickt man über den zerklüfteten Strand auf Baumstämme, die von Sibirien hier an Land gespült werden. Es ist weit nach Mitternacht, doch der feuerrote Himmel spiegelt sich im Meer und taucht alles in ein warmes Licht. Man kann sich gut vorstellen, dass genau an dieser Stelle im 10. Jahrhundert schon ein Wikinger diesen Ort auf sich hat wirken lassen.

Unter Nordwestisland fassen wir hier das Gebiet von der Halbinsel Snæfellsnes mit seinem Gletschervulkan bis zur von Landwirtschaft geprägten Gegend um die Bucht von Skagafjörður zusammen – wo die Pferde den Menschen zahlenmäßig weit überlegen sind.

Im äußersten Nordwesten liegt die besonders schroffe, einsame Küste der Westfjorde, die mit dem Festland durch einen schmalen Landhals verbunden ist. Diese Landschaft mit ihren winzigen Fischerdörfern und verlassenen, abgelegenen Höfen veranschaulicht den sozialen Wandel im Land, denn viele der jungen Leute sind nach Reykjavik gezogen, um dort Arbeit zu suchen. Wenn es Sie in die Einsamkeit einer harschen, aber wunderschönen Landschaft zieht, werden Sie sich hier verlieben.

Die Ringstraße R1 führt durch einen Großteil dieser Region, lässt jedoch die Westfjorde aus, die eine eigene atemberaubende Ringstraße haben, die R2. Abseits der Hauptstraßen schlängeln sich Bergstraßen und Wanderwege durch das wirklich spektakuläre Terrain, oft weitab jeder Zivilisation. Eine der besten Arten, es zu erkunden, ist auf dem Rücken eines Pferdes. Ihr reinrassiges Reittier stammt direkt von den ersten Pferden ab, die vor über tausend Jahren mit den ersten Siedlern vom skandinavischen Festland nach Island kamen.

Wohin Ihre Abenteuer Sie auch führen, Sie können sicher sein, die nächste heiße Quelle ist nie weit, und mit 24 Stunden Tageslicht in den Sommermonaten haben Sie alle Zeit der Welt.

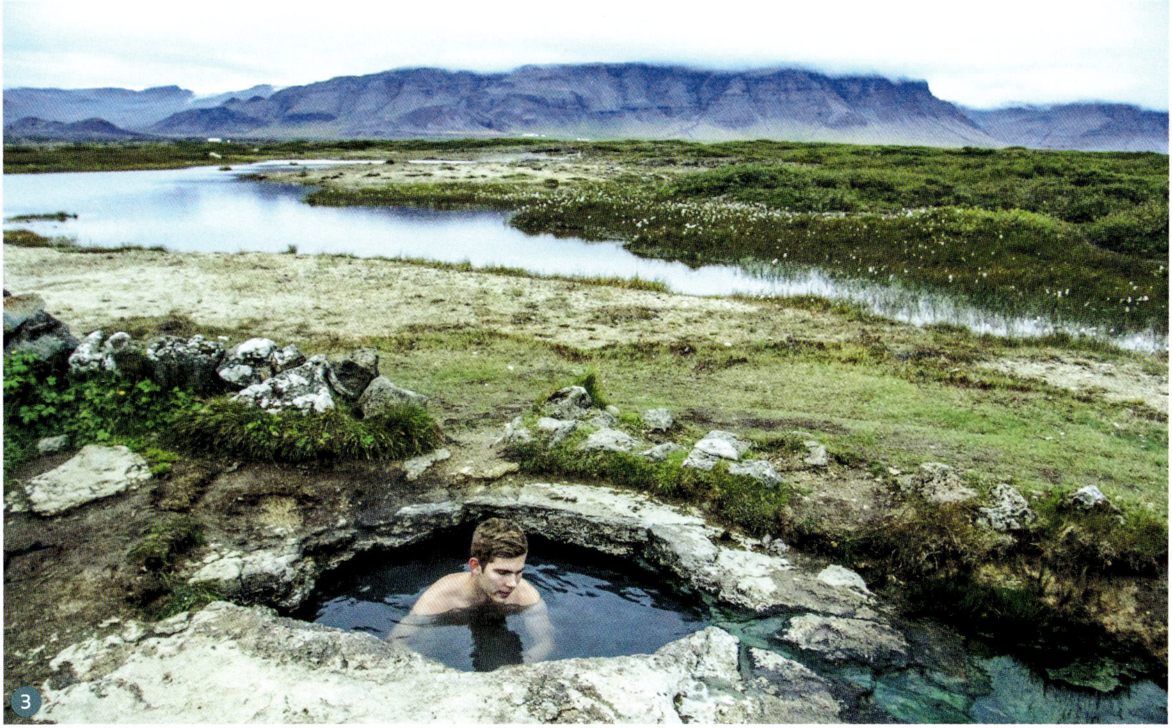

3

HEISSE QUELLEN

1 LÝSUHÓLSLAUG

Öffentliches Schwimmbad mit zwei Becken, gefüllt mit dem natürlich erwärmten, mineralienreichen Wasser einer Quelle, ohne Zusatz von Chemikalien. Das Wasser soll sehr gut für die Haut sein.

→ Vom Küstendorf Grundarfjörður (64.9268, -23.2568) auf der R54 für 41 km Richtung Westen. Nach dem zweiten See links auf die R5714, für 1,8 km. Über die Brücke und nächste Abfahrt rechts. +354 433 9917

64.8460, -23.3374

2 STJÁNI

Eingelassenes ca. 3 m² großes Becken mit Wasser aus einer heißen Quelle – zur einen Seite die Berge, zur anderen das Küstenland.

→ Wegbeschreibung siehe Lýsuhólslaug (1), aber nicht die Brücke überqueren, sondern kurz davor rechts.

64.8415, -23.2172

3 LANDBROTALAUG

Sehr gemütlicher und romantischer Steinpool mitten im Nirgendwo. Es gibt auch einen zweiten, größeren Pool, aber der ist sehr flach. Neben dem Pool ist ein Windschutz aus Steinen, und an klaren Tagen hat man einen schönen Blick auf die Berge.

→ Weiter auf der R54. Nach der Kreuzung mit der R55 (siehe 4, Sturlungalaug) sind es noch 1,3 km. Links an der Straße parken und die letzten 500 m zur Quelle zu Fuß.

15 Min., 64.8322, -22.3184

4 STURLUNGALAUG

Heiße Quelle in flacher Graslandschaft. Schön warm, aber ein bisschen trüb, manchmal Algen.

→ Südwestlich von Búðardalur von der R54 auf die R55 (64.8252, -22.2742). Nach 4 km beim Schild links nach Syðri-Rauðimelur. Dem Weg 6,5 km durch ein paar Tore folgen. An der Straßengabelung rechts halten.

64.8701, -22.2838

5 GRAFARLAUG

Von einer heißen Quelle gespeister 12,5 m langer Pool, der gerade renoviert wurde. Eine Hälfte zum Bahnenschwimmen, die andere zum Relaxen. Sehr schlichte Umkleide. Herrlicher Blick über das breite Reykjadal.

→ Südöstlich von Búðardalur von der R1 auf die R60, nach ca. 20 km rechts auf eine Schotterstraße (64.9695, -21.5513). 2,2 km bis zum Parkplatz.

64.9610, -21.5166

6 HVERABORG

Geothermisches Gebiet im Tvidaegra-Moor am Sika, von dem heißes Wasser in zwei Hot Pots fließt. Grobe Steinmauern schützen vor Wind. Je 2 m Durchmesser und eine Temperatur von 37°C. Lohnt den Weg.

→ Von Laugarbakki (65.3237, -20.8855) auf der R1 für 25 km Richtung Süden. Dann, vor der Brücke am Ende des Sees, links auf die kleinere R701. Kurz vor der nächsten Brücke links auf einen Weg und diesem am Fluss entlang folgen, bis er nach 11 km endet (65.0507, -20.9503). Die letzten 5 km zu Fuß.

1 Std., 64.9984, -20.9317

7 GUÐRÚNARLAUG

Bezaubernder Hot Pot hinter dem Hotel Edda mit kleiner Holzumkleide. Wer ihn ganz für sich allein haben will, sollte früh morgens oder spät abends kommen.

→ Von Búðardalur auf der R60 für 16 km Richtung Norden, dann links auf die kleinere R58 (Saelingsdalsvegur). 2,5 km bis zum Hotel Edda, der Hot Pot befindet sich am Hang.

65.2465, -21.8048

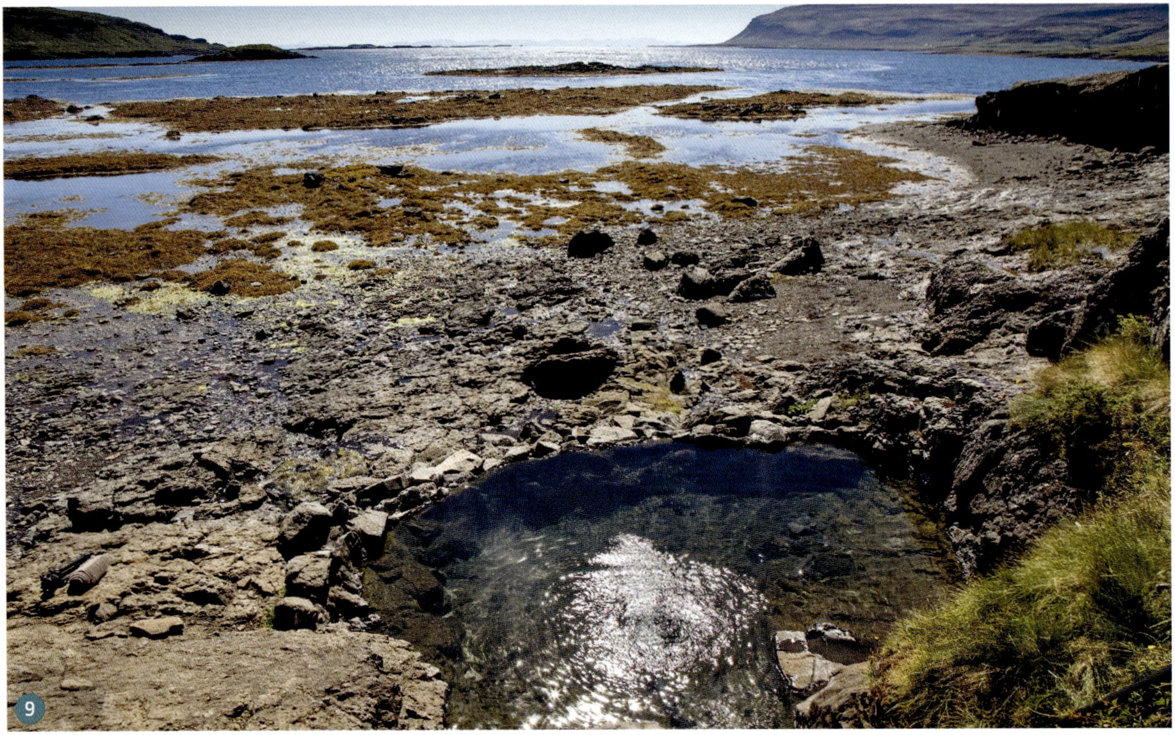

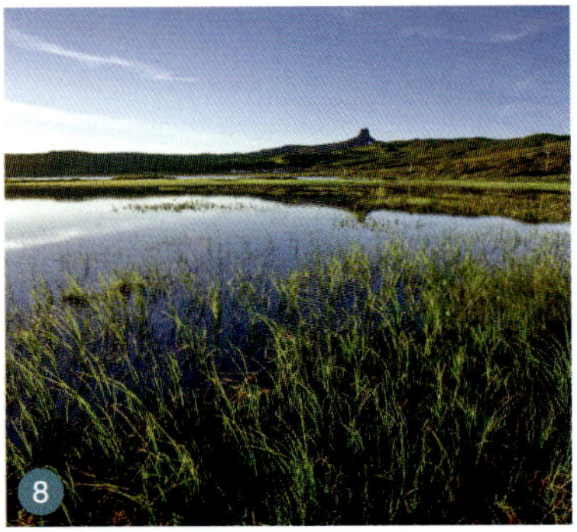

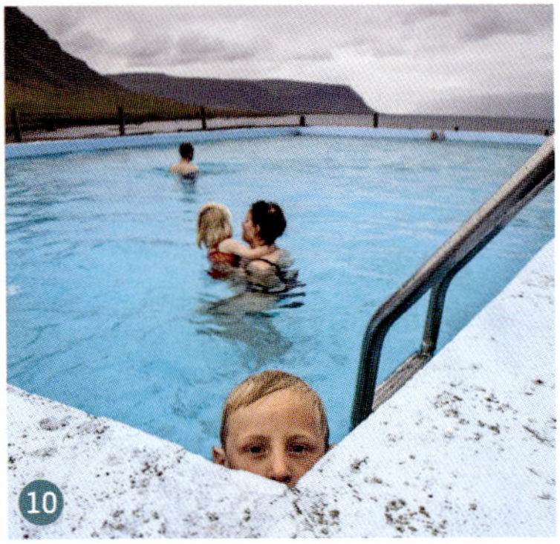

8 LAUGALAND

Kleiner Pool beim abgelegenen Hof Laugaland im Skjaldfannardalur-Tal. Ausgangspunkt eines bekannten Reitwegs über den Gletscher Drangajökull. Fragen Sie den äußerst freundlichen Bauern, ob Sie ein Bad nehmen dürfen. Geburtsort des isländischen Dichters Steinn Steinarr (1908–58).

→ Von der R60 auf die R607 (Reykhólasveitarvegur) und bis zum Ende fahren. Den Weg (Laugaland) weiterfahren bis zum Hof.

5 Min., 65.5125, -22.3040

9 HELLULAUG

500 m vom Hótel Flókalundur, aber zwischen den Felsen des Uferlands versteckt. Bei Flut kann man ins Meer springen, um sich abzukühlen. Westlich von Hellulaug, hinter den Ruinen des alten Hella-Hofs, liegt ein weiterer, frisch restaurierter Pool. Wassertemperatur um 38°C. Toller Meerblick.

→ 2 km südwestlich von Flókalundur (65.5766, -23.1656) an der R62.

10 Min., 65.5726, -23.1721

10 REYKJAFJARÐARLAUG

Sehr einfacher Swimmingpool (16 x 10m), der von einer heißen Quelle auf 32°C gehalten wird. Gleich daneben kleiner Hot Pot mit einer Temperatur von 45°C. Es gibt eine Umkleide, aber keine Dusche. Herrlicher Blick auf Fjord und Meer.

→ Von Bíldudalur (65.6864, -23.6006) auf der R63 für ca. 19 km Richtung Süden. An der Straße parken. Der Pool liegt in einer Bucht am Kopfende des Fjords.

65.6231, -23.4703

11 BRÚARPOTTURINN

Sehr kleiner Betonpool, etwa von der Größe einer Badewanne, an einem Fluss neben einer Autobrücke. Willkommene Erfrischung für erschöpfte Fahrer.

→ Von Tálknafjörður (65.62674, -23.82302) 5 km Richtung Nordwesten auf der R617. Der Pool liegt links von der Straße auf der anderen Seite der Brücke über den Laugardals.

65.6568, -23.9113

12 POLLURINN

An einem Hang in der Nähe von Tálknafjörður befinden sich drei künstliche Pools, die von einer heißen Quelle beheizt werden. Die Temperatur im größten der drei liegt bei 46°C. Die kleineren sind etwas kühler, und es gibt eine Holzumkleide. Herrlicher Blick über den Fjord, und ganz in der Nähe von Brúarpotturinn (siehe 11).

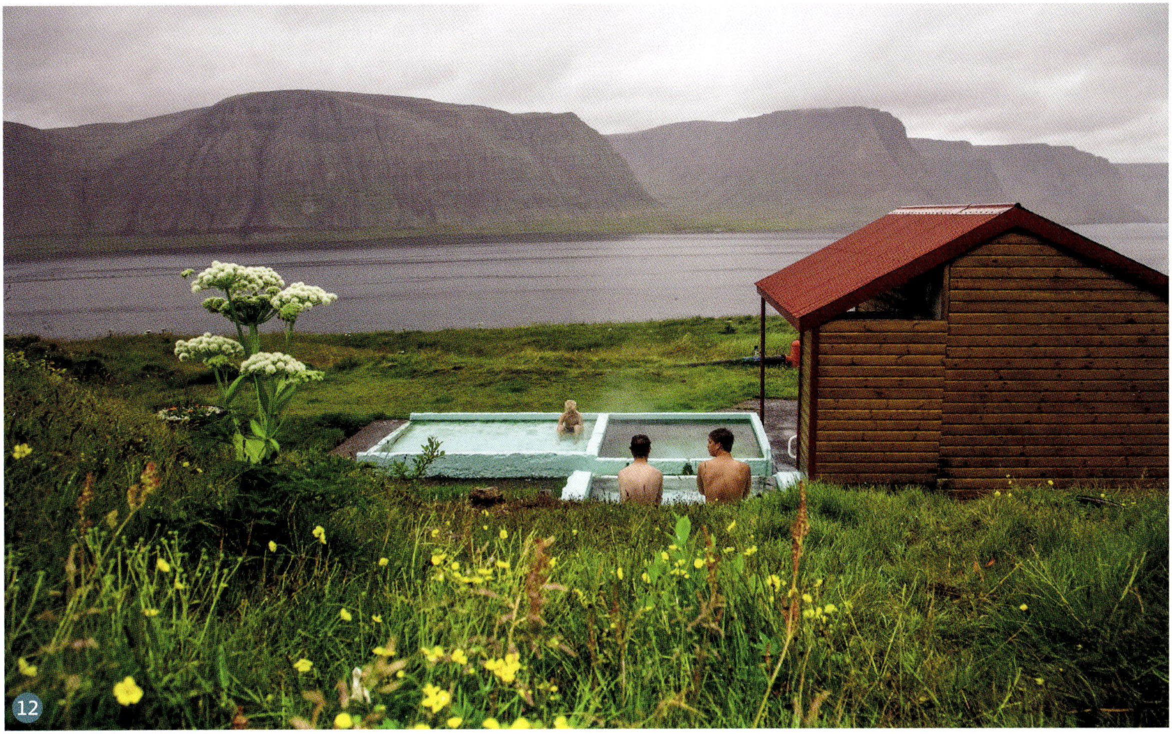

12

➔ Von Tálknafjörður (65.6267, -23.8230) auf der R617 für 5 km Richtung Nordwesten. Nach der Brücke über den Laugardals weitere 500 m, dann die erste rechts. Nach 200 m sieht man den Pool.
65.6601, -23.9147

13 GALTAHRYGGJARLAUG

Kleine, von Steinen eingefasste heiße Quelle mitten auf einer Wiese. Man sitzt in 40°C warmen Wasser, umgeben von saftig grünem Gras und Wildblumen. Kleine Holzumkleide.

➔ Von Ögure auf der R61 Richtung Südosten, dann rechts auf die R633 (ca. 130 km von Ísafjörður). Nach Schildern vom Hotel Heydalur (rechts) Ausschau halten. Vom Hotel führt ein kurzer ausgeschilderter Weg zur Quelle.
10 Min., 65.8481, -22.6633

14 HÖRGSHLÍÐARLAUG

Künstlicher Pool am Ufer des Mjóifjörður („Schmaler Fjord"). Das Wasser stammt aus einer heißen Quellen, und es gibt Heiß- und Kaltwasserschläuche, mit denen man die Temperatur regulieren kann (die normalerweise so um die 40°C liegt). Es gibt auch eine kleine Umkleide, man sollte den Bauern in Hörgshlíð aber vorher um Erlaubnis fragen. Toller Blick über den Fjord.

➔ Wegbeschreibung siehe Galtahryggjarlaug (13), aber auf der R633 bleiben und an der Abfahrt zum Hotel vorbei, weiter bis zum Kopfende des Mjóifjörður, dann die erste links auf eine kleinere, namenlose Straße. Der Pool liegt am Ufer an der Straße, ca. 2 km vom Kopfende des Fjords.
65.8315, -22.6297

15 GJÖRVIDALSLAUG

Kleiner, gemütlicher Pool mit kleiner Umkleide. Das warme Wasser, angenehme 42°C, stammt aus der Quelle 5 m weiter. Bitten Sie den Bauern vorher um Badeerlaubnis.

➔ Von der R61 auf die F66 Richtung Süden, dann die nächste rechts zum Hof in Múli. Die Quelle liegt am Hang.
10 Min., 65.8243, -22.4442

16 NAUTEYRARLAUG

Noch eine kleine Badestelle mit kleiner Umkleide. Das heiße Wasser wird jetzt seit ein paar Jahren durch ein Rohr von der Quelle direkt hineingeleitet. Bohrungen in der Nähe hatten den natürlichen Fluss unterbrochen. Die Temperatur liegt bei 42–43°C.

➔ Von Hólmavík (65.7016, -21.6860) auf der R61 Richtung Norden. Nach 45 km rechts auf die R635, für weitere 6 km. Die Quelle liegt

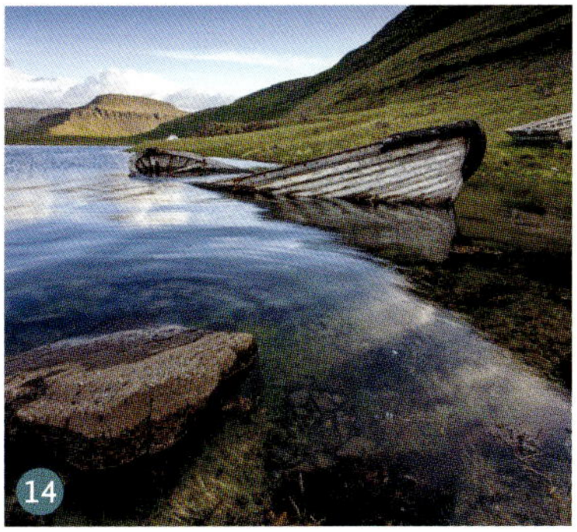

14

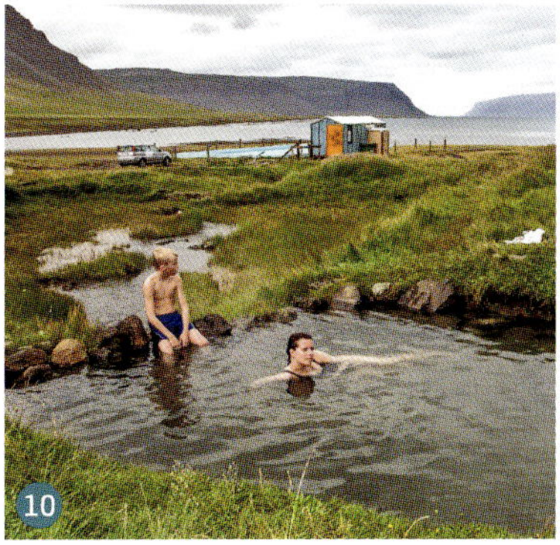

10

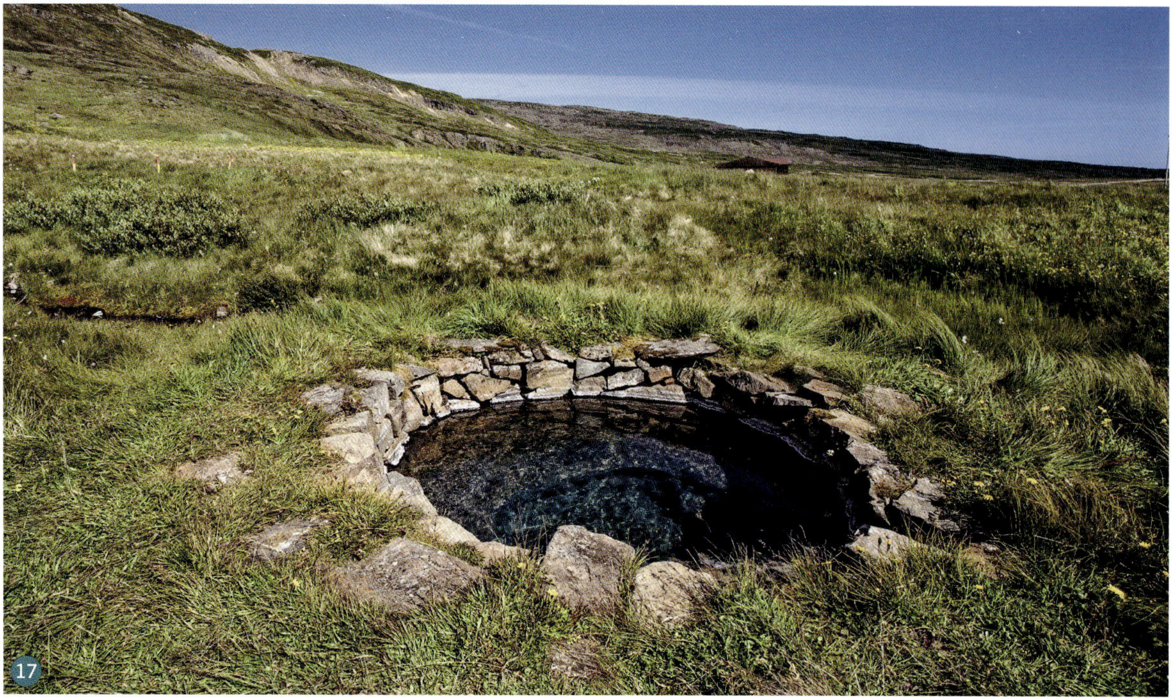

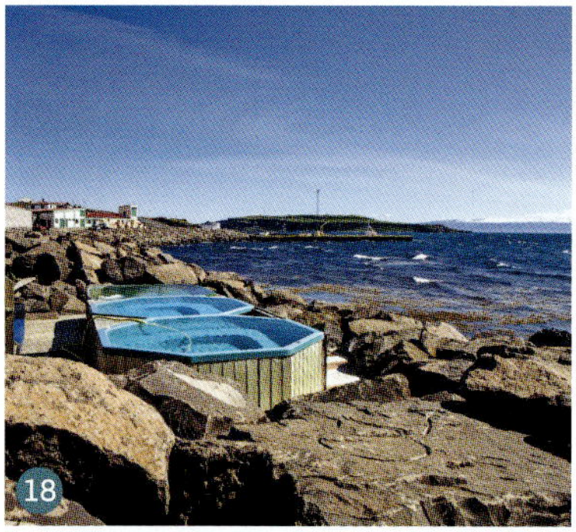

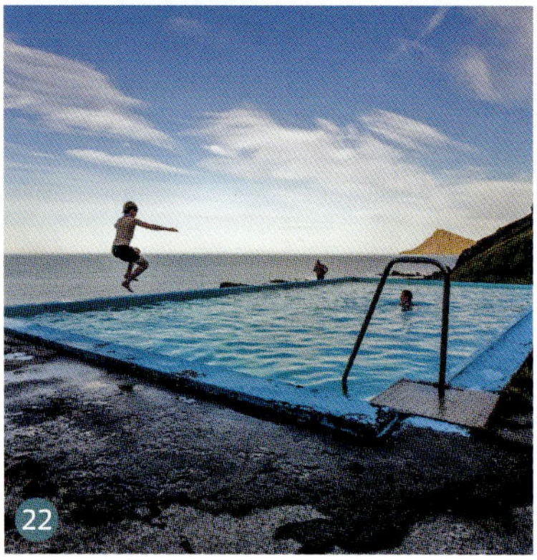

ca. 500 m hinter der Brücke über den Hafnardalsá links von der Straße.
65.9368, -22.3732

17 GVENDARLAUG

Zwei natürliche Quellen, denen Heilkräfte nachgesagt werden. Die eine wird seit dem Mittelalter genutzt und wurde von Bischof Guðmundur Arason (1160–1237) geweiht. Entspannen Sie im warmen Wasser und lassen Sie sich von allen Wehwehchen befreien. Die zweite Quelle und ein moderner Pool befinden sich gleich daneben.

→ Von Hólmavík (65.7016, -21.6860) auf der R61 für 10 km Richtung Norden, dann rechts auf die R643. Nach 10 km links auf einen 1 km langen Weg, an dessen Ende die Quellen liegen.
65.7815, -21.5671

18 HOT POTS IN DRANGSNES

Drei mit Holz verkleidete Hot Pots an der Küste mit natürlichem Quellwasser und Meerblick. Das Original ist ein alter Fischcontainer, den ein Fischzüchter gespendet hat, die anderen beiden sind richtige Wannen mit Sitzen. Die Temperatur im Fischcontainer beträgt 40°C, die andere beiden sind etwas kühler. Fantastischer Blick.

→ Direkt an der R645 (65.6894, -21.4423).
65.6882, -21.4523

19 GRETTISLAUG

Zwei Steinpools am Meer mit einer Bruchsteinmauer als Windschutz. Die Temperatur liegt bei 42–43°C, und wenn man sich abkühlen möchte, kann man einfach ins Meer springen. Laut der Sage von Grettir dem Starken soll der Gesetzlose hier gebadet haben, nachdem er von der Insel Drangey, 7,5 km vor der Küste, zum Festland geschwommen war.

→ Von Sauðárkrókur (65.7425, -19.6434) auf der R748 für 15 km Richtung Norden nach Grettislaug. Die Quelle liegt am Hafen, östlich der Landspitze.
65.8823, -19.7365

20 BISKUPSLAUG

Kleiner von Steinen eingefasster Pool inmitten von grünem Gras mit schönem Blick auf die umliegenden Berge. Bitten Sie den Bauern in Reykir vorher um Erlaubnis.

→ Von Sauðárkrókur (65.7425, -19.6434) auf der R75 Richtung Osten. Nach 14 km links auf die R76 und nach 5 km rechts auf die R767. 13 km auf dieser Straße bleiben, an Hólar vorbei, und dann links auf die kleinere R768. Der Straße bis zum Ende folgen (ca. 4 km).
65.6600, -19.0864

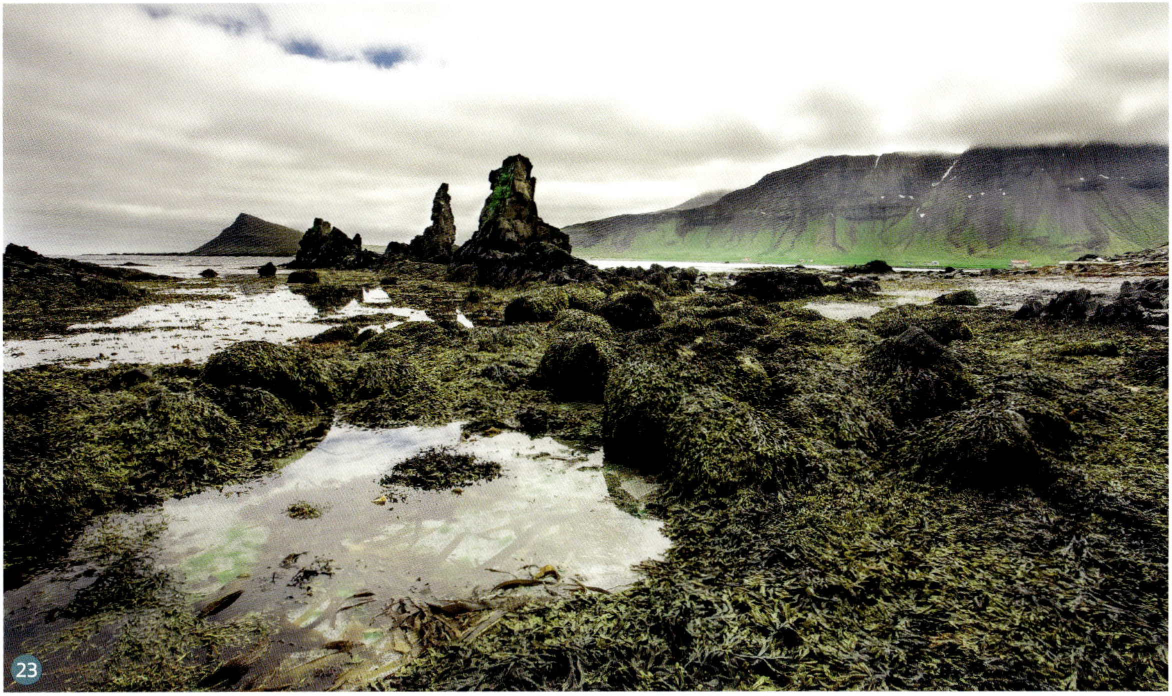

21 INFINITY POOL HOFSÓS

Entworfen vom Architekt der Blauen Lagune (siehe Südwestisland, 17). Der 25 x 10,5 m große Pool liegt an einem Hang über dem Meer mit Blick bis zur Insel Drangey. Es gibt Umkleiden und Duschen. Der Panoramablick ist fantastisch. Viele Amerikaner und Kanadier isländischer Abstammung kommen in die Stadt, um dem Emigrationszentrum einen Besuch abzustatten.

→ In Fußnähe zum Ortszentrum von Hofsós (65.8960, -19.4125). Ausgeschildert.

15 Min., 65.8960, -19.4124

22 KROSSNES

Swimmingpool in besonders wilder, dramatischer Kulisse an einem Strand in den Westfjorden, nur wenige Meter vom Nordatlantik, gespeist aus heißen Quellen. Der mit Holz ausgekleidete Pool liegt erhöht, und es gibt Umkleiden. Unvergessliches Erlebnis.

→ Auf der R643 vorbei am Urðartindur Guest House und um das Kopfende des Norðufjörður (66.0505, -21.5659) bis sie zur Krossneslaug (Straße) wird. Dann noch 4 km (um die Landspitze), bis rechts das Schild für den Pool zu sehen ist.

66.0563, -21.5085

23 HÁKARLAVOGUR

Großer, halb-natürlicher Hot Pot zwischen Küstenfelsen, der zu einer Seite von einer kleinen Mauer abgeschlossen wird. Das warme Wasser aus einer Quelle sickert durch die Felsen in den Pool. Schöne Location mit Blick auf die schroffe Küste.

→ Von Gjögur auf der R643 zum Flughafen (Flugvallarvegur Gjögri) und dann auf der Straße am Ende der Landebahn weiter. Wenn sich die Straße teilt, links parken. Der Pool liegt rechts.

5 Min., 65.9981, -21.3175

NATUR & TIERWELT

24 VOGELFELSEN LÁTRABJARG

Westlichster Punkt Islands. Die steilen Klippen sind ein wichtiges Brutgebiet für Millionen Meeresvögel, darunter Papageientaucher, Tordalken und Lummen. Es führt ein Weg über die Felskuppe, aber den besten Blick hat man vom Parkplatz. Fernglas nicht vergessen.

→ Von Flókalundur (65.5766, -23.1656) auf der R62 Richtung Westen. Nach 43 km links auf die R612, bis die Straße an den Klippen beim Parkplatz endet.

65.5026, -24.5317

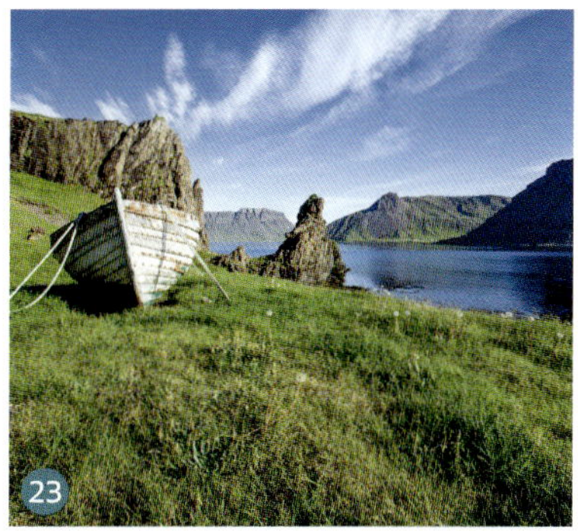

23

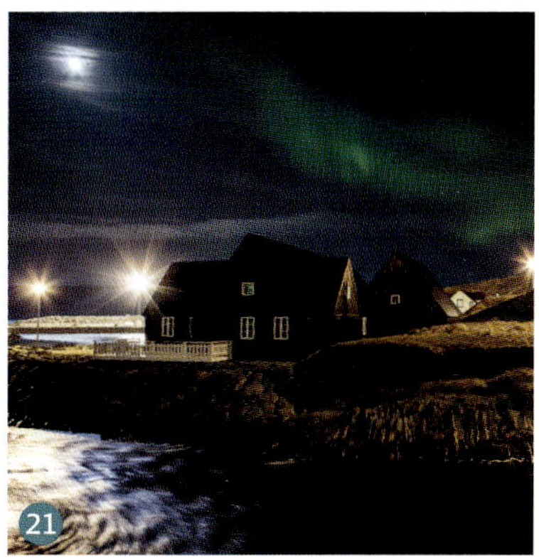

21

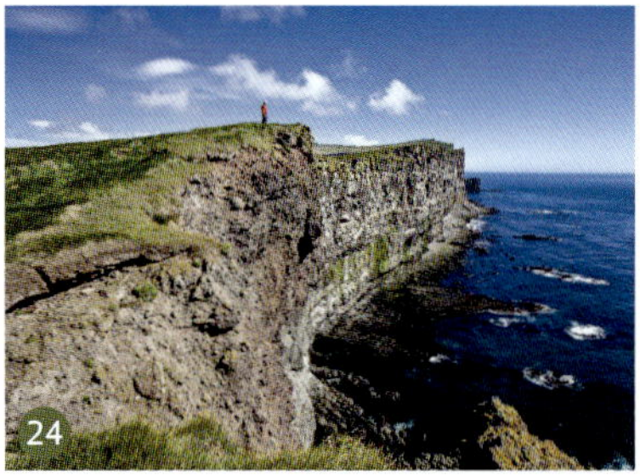

24

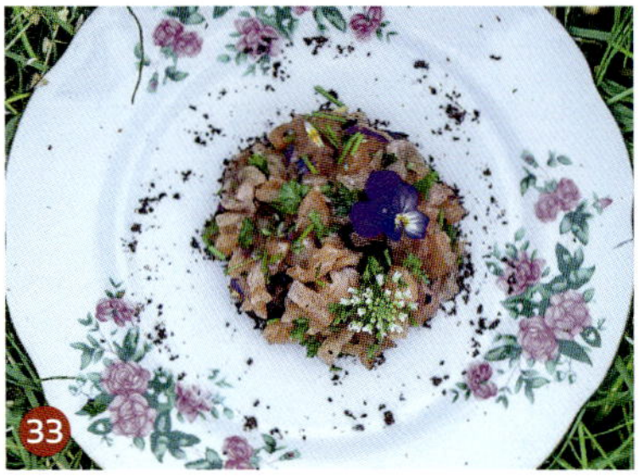

33

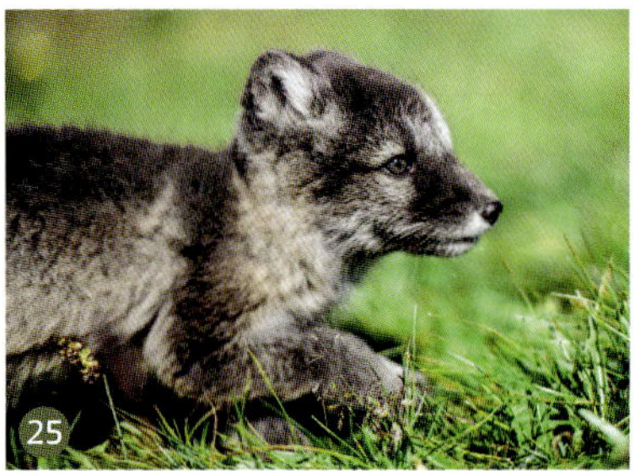

25

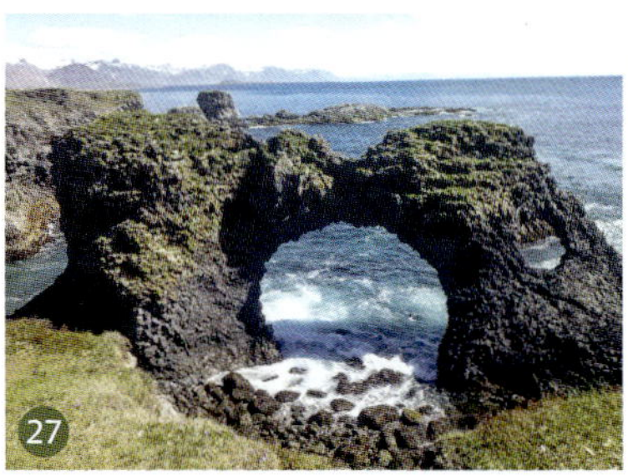

27

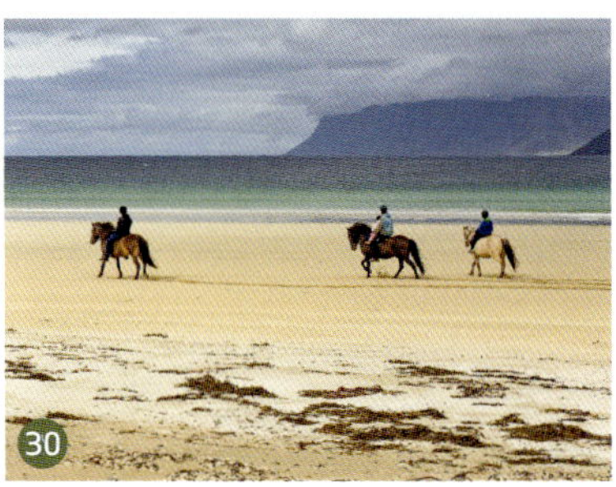

30

25 POLARFUCHS-ZENTRUM SÚÐAVIK

Forschungszentrum in Súðavik (R161), das sich Islands einzigem heimischen Landsäugetier widmet. Erfahren Sie etwas über seine Biologie und Geschichte sowie seine Beziehung zum Menschen seit den Tagen der ersten Siedler. Die Polarfüchse an Islands Küsten jagen hauptsächlich Vögel, ernähren sich aber auch von Robbenbabys, Beeren und Seetang.

→ Eyrardalur, 420 Súðavík, +354 456 4922. www.arcticfoxcentre.com
66.0305, -22.9917

26 WHALE WATCHING IN DALVÍK

Von Dalvík, südlich von Ólafsfjörður am Eyjafjörður, dem längsten Fjord an der isländischen Küste, begibt man sich mit dem Boot auf Walsuche. Am häufigsten sieht man Buckelwale, Zwergwale, Delfine und Schweinswale.

→ Buchung unter www.arcticseatours.is
65.9721, -18.5290

27 NATIONALPARK SNÆFELLSJÖKULL

Das „Juwel West-Islands" verdankt seinen Namen dem berühmtesten Vulkan Islands und dem Gletscher, der ihn bedeckt. Hier findet man spektakuläre Lavaformationen, und an klaren Tagen kann man den Gletscher sogar vom 200 km entfernten Reykjavik sehen. Wer Jules Verne gelesen hat, kennt Snæfellsjökull auch als Tor zum Mittelpunkt der Erde. *„Der ist's, ein fünftausend Fuß hoher Berg, einer der merkwürdigsten auf der Insel, und gewiß der berühmteste der ganzen Welt, wenn sein Krater den Eingang zum Centrum der Erde bildet."* Wo wird Ihr Abenteuer im Nationalpark Sie hinführen?

→ Wenn man den Berg hinunter nach Hellnar kommt, liegt das Besucherzentrum am Hellnavegur (R5730) links.
www.ust.is/snaefellsjokull
64.7999, -23.7831

KULTUR & GESCHICHTE

28 HRAFNSEYRI

Geburtsort von Jón Sigurðsson, Gelehrter und Politiker, der im 19. Jahrhundert Islands Streben nach Unabhängigkeit vorantrieb. In dem informativen kleinen Museum erfahren Sie alles über die dänische Herrschaft und Sigurðssons Bemühungen, die Verfassung zu ändern, um größere Freiheiten zu erlangen. Nur in den Sommermonaten geöffnet. Es gibt auch ein sehr schönes kleines Café: Safn Jóns Sigurðssonar, Hrafnseyri, 471 Þingeyri, +356 456 8260. www.hrafnseyri.is

→ Ca. 48 km nördlich von Flókalundur (65.5766, -23.1656), an der R60.
65.7599, -23.4518

29 HEXENMUSEUM

Faszinierendes, aber auch ein bisschen gruseliges Museum über das isländische Hexenwesen. Hexen waren hier traditionell männlich, und die meisten okkulten Bräuche basieren auf dem Aberglauben der alten Wikinger. Die Funde reichen von Holzstücken mit geschnitzten Runen über Zaubersprüche bis zu einer ziemlich makabren Hose aus der Haut eines Toten, die man trug, um Reichtum zu erlangen. Zu dem Zauber gehörte außerdem eine Münze (gestohlen von einer armen Witwe) und ein magisches Symbol (Nábrókarstafur) am Skrotum.

→ Strandagaldur, Höfðagata 8–10, 510 Hólmavík, +354 897 6525, www.galdrasyning.is
65.7069, -21.6666

30 REITEN IN ISLAND

Isländische Pferde sind direkte Nachfahren der Ponys, die im 9. und 10. Jahrhundert mit den ersten Siedlern vom skandinavischen Festland kamen, und ein Gesetz verbietet zum Erhalt der Rasse die Einfuhr anderer Pferde. Die Isländer sind sehr stolz auf diese kleinen Pferde, die eine ganz einzigartige, angeborene Gangart namens Tölt beherrschen. Der Tölt funktioniert in jeder Geschwindigkeit und macht das Reiten auf ihnen sehr sicher und bequem. Das Pferd war viele Jahrhunderte ein wichtiges Fortbewegungsmittel, und es gibt diverse traditionelle Trekkingrouten durch Island, die Reiter aus aller Welt anlocken.

→ Touren mit Islandpferden über Hestasport, Vegamót, 560 Varmahlíð. +354 453 8383. www.riding.is
65.5514, -19.4512

FELSEN

31 HVÍTSERKUR

15 m hoher Basaltfelsen vor der Ostküste der Halbinsel Vatnsnes. Sein Name bedeutet „Weißes Hemd", wahrscheinlich weil er von den Exkrementen der vielen nistenden Vögel darauf ganz weiß ist. Aus verschiedenen Blickwinkeln ähnelt er verschiedenen Tieren – u. a. einem Drachen mit gesenktem Kopf. Beobachten Sie die zahlreichen Vögel, und vielleicht sogar die eine oder andere Robbe.

→ Östlich von Laugarbakki von der R1 auf die R711 und für 30 km Richtung Norden. Nach der Mündung des Sigríðarstaðavatn (das Meer liegt rechts) sieht man den Hvítserkur und den Parkplatz.
65.6063, -20.6357

KULINARISCHES

32 TJÖRUHÚSIÐ

Gutes Fischrestaurant in einem traditionellen Holzhaus am Hafen. Spezialität des Hauses sind Rochen, Seeteufel, Kabeljauzungen und alles, was die Boote an jenem Tag so an Land bringen. Wenn Sie auf der R60 unterwegs sind, machen Sie vorher einen Spaziergang am herrlichen Strand von Holt (66.0181, -23.4366) (siehe S. 204).

→ Am Hafen in Ísafjörður: Neðstakaupstað, 400 Ísafjörður, +354 456 4419

66.0682, -23.1264

33 PÁLÍNA'S FLOWER KITCHEN

Kleines Restaurant, das zu einem Boutique-Hotel gehört und der traditionellen isländischen Küche (u. a. mit Blumen, Kräutern und Beeren aus dem eigenen Garten) einen modernen Touch verleiht. Spezialitäten des Hauses sind Seesaibling-Tartar, Papageientaucher mit Blaubeeren und Veilchen-Eis.

→ 50 km nordöstlich von Sauðárkrókur am Skagafjörður: Lónkot Rural Resort, 566 Hofsós, +354 453 7432

66.0045, -19.4035

UNTERKUNFT

34 HOTEL BÚÐIR

Elegantes Boutique-Hotel am Rand des Nationalparks Snæfellsjökull mit beeindruckendem Blick auf den Gletscher und die Mündung des Búðir. Das Restaurant ist auf Lamm und Fisch spezialisiert.

→ Im Osten der Halbinsel Snæfellsnes: 356 Snæfellsbær, +354 435 6700. www.hotelbudir.is

64.8335, -23.5491

35 BRIMNES HÜTTEN

Holzhütten mit eigenen Whirlpools an der Panoramastraße um die „Troll-Halbinsel" Tröllaskagi, die Skagafjörður im Westen und Eyjafjörður im Osten verbindet.

→ In Ólafsfjörður: Bylgjubyggð 2, 625 Ólafsfjörður, +354 466 2400. www.brimnes.is

66.0694, -18.6549

36 FISHERMAN HOTEL

Kleines Hotel mit einem Lokal, das auf frischen Fisch spezialisiert ist. Sie können sich am Flughafen in Ísafjörður abholen lassen. Tolles Frühstücksbüffet.

→ Aðalgata 14, 430 Suðureyri, +354 450 9000. www.fisherman.is

66.1302, -23.5279

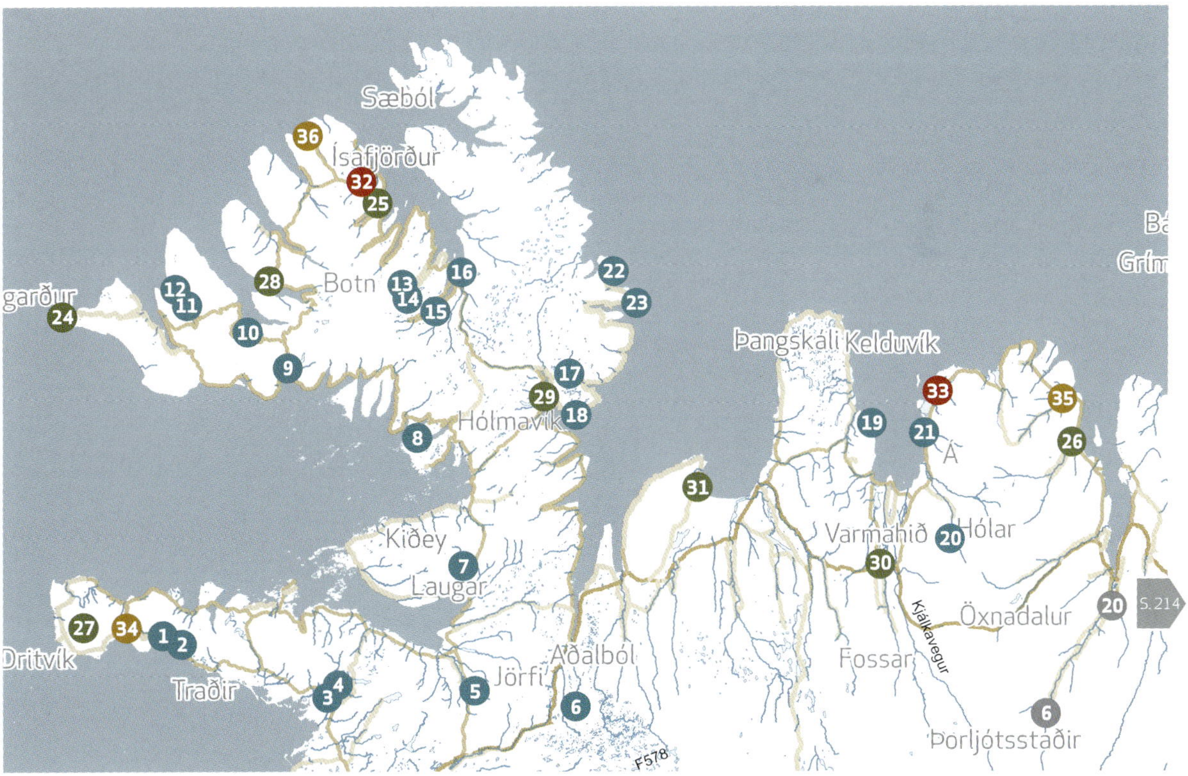

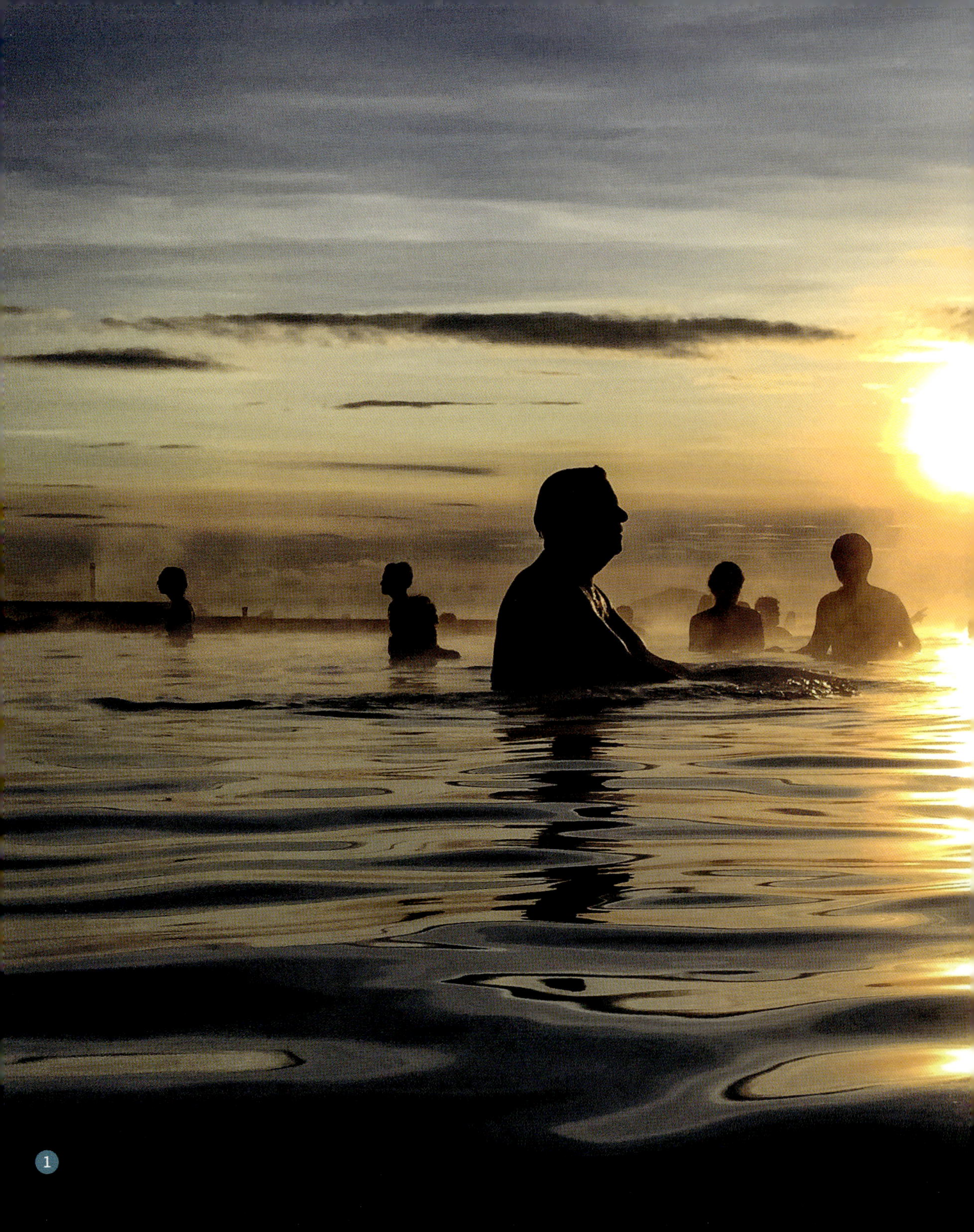

1

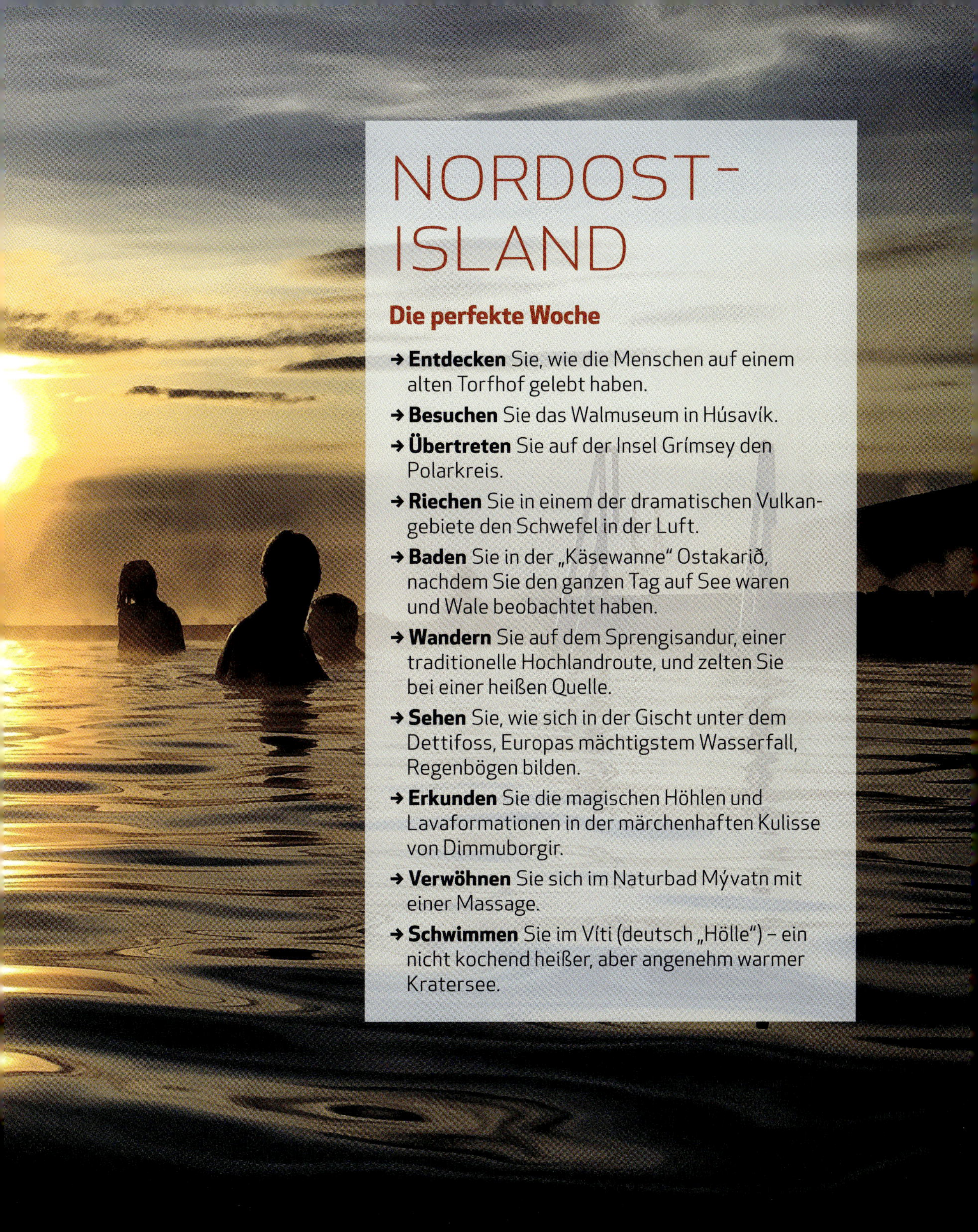

NORDOST-ISLAND

Die perfekte Woche

- → **Entdecken** Sie, wie die Menschen auf einem alten Torfhof gelebt haben.
- → **Besuchen** Sie das Walmuseum in Húsavík.
- → **Übertreten** Sie auf der Insel Grímsey den Polarkreis.
- → **Riechen** Sie in einem der dramatischen Vulkangebiete den Schwefel in der Luft.
- → **Baden** Sie in der „Käsewanne" Ostakarið, nachdem Sie den ganzen Tag auf See waren und Wale beobachtet haben.
- → **Wandern** Sie auf dem Sprengisandur, einer traditionelle Hochlandroute, und zelten Sie bei einer heißen Quelle.
- → **Sehen** Sie, wie sich in der Gischt unter dem Dettifoss, Europas mächtigstem Wasserfall, Regenbögen bilden.
- → **Erkunden** Sie die magischen Höhlen und Lavaformationen in der märchenhaften Kulisse von Dimmuborgir.
- → **Verwöhnen** Sie sich im Naturbad Mývatn mit einer Massage.
- → **Schwimmen** Sie im Víti (deutsch „Hölle") – ein nicht kochend heißer, aber angenehm warmer Kratersee.

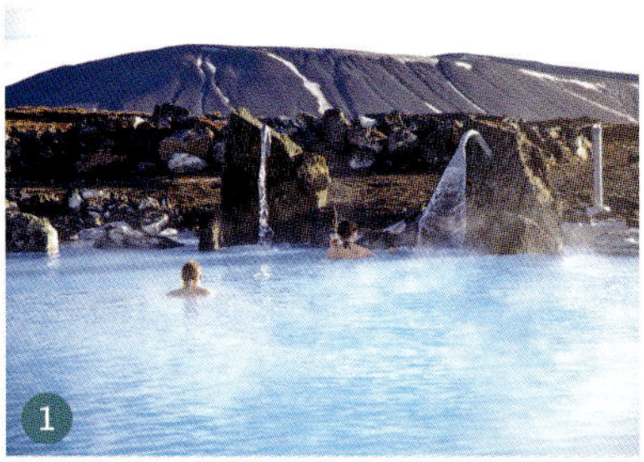

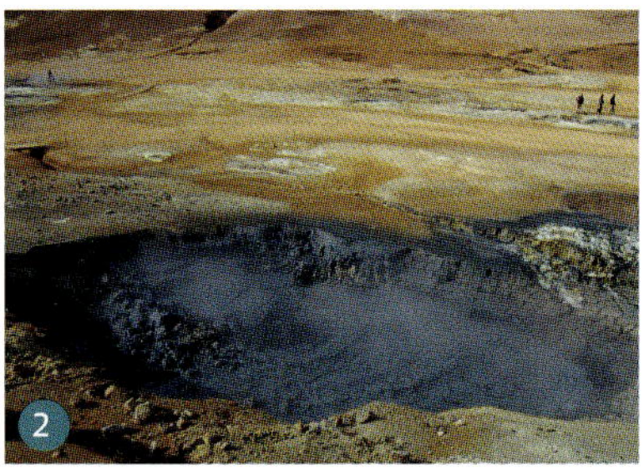

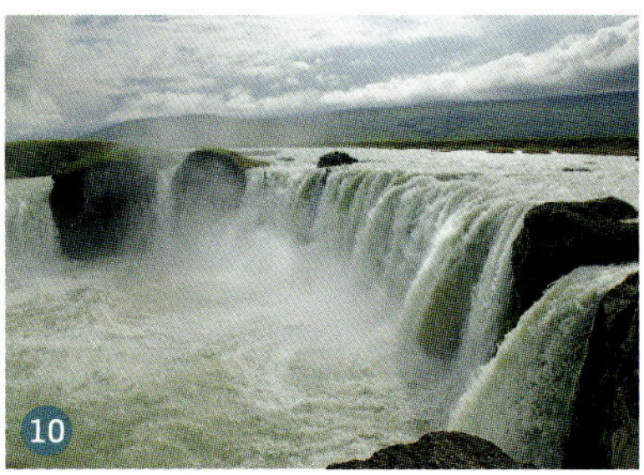

In den Sommermonaten sind die Bergstraßen im Landesinnern Nordostislands endlich schneefrei und für den Verkehr geöffnet. Wenn man von der Ringstraße R1 landeinwärts abbiegt, fährt man durch ockerfarbene, dampfende Vulkanregionen und über einsame Plateaus mit schwarzem Vulkansand. Außerdem stößt man auf mächtige Gletscherflüsse, die tiefe Schluchten in die Landschaft gegraben haben. Auf ihrem Weg zum Meer werden diese Gletscherflüsse immer wieder von spektakulären Wasserfällen unterbrochen. Einer, den Sie nicht verpassen sollten, ist Dettifoss, der mächtigste Wasserfall Europas. Während der Fahrt sehen Sie am Horizont die Gipfel des Hochlands, und immer wieder blitzt die Sonne auf, die sich in den zahlreichen Gletschern widerspiegelt.

Unser Nordostisland beginnt in Akureyri, der Hauptstadt des Nordens, und erstreckt sich die Küste entlang bis Seyðisfjorður, nicht weit von Egilsstaðir, der größten Stadt im Osten. In Seyðisfjorður kommen Sie an, wenn Sie mit dem Auto auf der Smyril-Line-Fähre von Dänemark anreisen.

Die Landschaft ist gespickt mit heißen Quellen, und egal ob Sie die Küste erkunden oder ins Hinterland vorstoßen, das nächste entspannende, warme Bad ist nie weit. Im Naturbad Mývatn kann man sogar noch eine Massage dazu bekommen. Der See Mývatn ist umgeben von satter, grüner Vegetation auf der einen Seite und der schwefelhaltigen Landschaft eines sehr aktiven Vulkangebiets auf der anderen. Obwohl diese auf den ersten Blick karg wirkt, ist sie eine wahre Vogeloase, und viele Tiere nisten auf den Lavainseln.

Von den vielen Wasserfällen, die Sie hier zu sehen bekommen, wird der 30 Meter breite, hufeisenförmige Goðafoss (Wasserfall der Götter) am Skjálfandafljót wahrscheinlich den größten Eindruck hinterlassen.

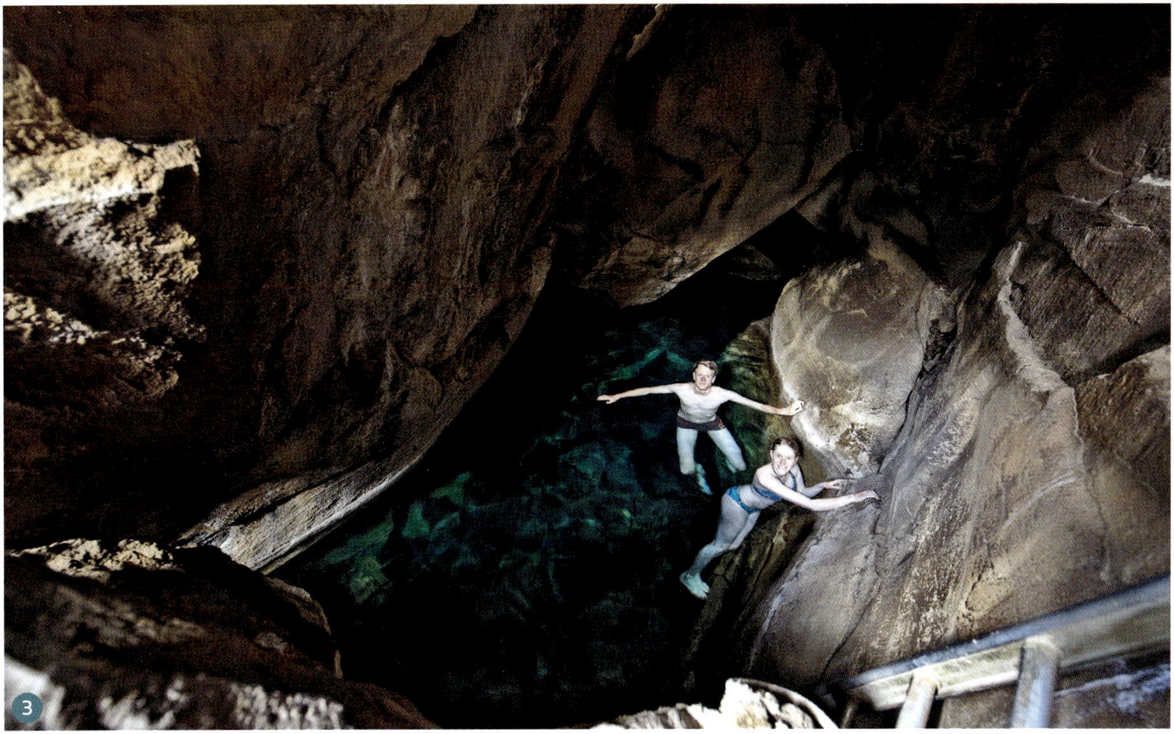

3

HEISSE QUELLEN

1 NATURBAD MÝVATN

An den tiefer gelegenen Hängen des Dalfjall befindet sich Islands ältestes Erdwärmekraftwerk (erbaut 1969). Das Bad hier entstand 2004 nach dem Vorbild der bekannteren Blauen Lagune (siehe Südwestisland,17), ist aber kleiner und liegt vor der Kulisse ockerfarbener Berge. Dieser spezielle Farbton stammt vom Schwefel, der sich auch im Wasser befindet, weshalb man Schmuck mit Kupfer oder Silber vor dem Bad ablegen sollte. Das milchig blaue Wasser hat angenehme 38–40°C. Es gibt auch Saunas und ein Café.

→ Von Reykjahlíð (65.6419,-16.911) auf der R1 für 2,5 km Richtung Osten, dann die zweite rechts. Noch 1 km bis zum Bad. Jarðbaðshólar 660 Mývatn, +354 464 4411. www.myvatnnaturebaths.is

65.6311, -16.8482

2 NÁMAFJALL HVERIR

Wüstenartiges Geothermalgebiet südlich von Námaskarð an der Ostseite des Námafjall. Für die hellgelbe Färbung ist der Schwefel verantwortlich, der hier einst abgebaut und in alle Welt exportiert wurde. Es gibt diverse Quellen und Schlammtöpfe, manche können jedoch gefährlich werden, deshalb unbedingt die aktuellen Warnschilder beachten, um die zu finden, in denen man sicher baden kann.

→ Von Reykjahlíð (65.6419,-16.911) auf der R1 für 5 km Richtung Osten, dann rechts und noch 300 m zum Námafjall. 4 km nordöstlich vom Naturbad Mývatn (siehe 1).

65.6417, -16.8076

3 STÓRAGJÁ

Atemberaubend schöne unterirdische heiße Quelle in einem Lavaspalt. Wegen zu hoher Temperaturen oder Algenwachstum ist das Baden hier nicht immer möglich. Beachten Sie die Schilder.

→ An der Kreuzung von R1 und R848 in Reykjahlíð parken und dem markierten Weg folgen.

10 Min., 65.6386, -16.9099

4 KALDBAKSLAUG

Dampfender See mit angenehm warmem Wasser und mit 6 m Breite und 180 m Länge groß genug zum Schwimmen. Ungewöhnlich für eine heiße Quelle ist, dass man hier Fische im Wasser sieht. Lässt sich gut mit einem Abstecher zum Hot Pot Ostakarið (siehe 5) verbinden, den man von Húsavík locker zu Fuß erreicht.

→ Von Húsavík auf der R85 für 3 km Richtung Süden. Links an der Straße parken. Der See liegt ca. 50 m weiter links.

66.0157, -17.3575

5 OSTAKARIÐ

Bedeutet übersetzt „Käsewanne", ein passender Name für den alten Metalltank aus einer Käsefabrik, den die Einheimischen umfunktioniert haben. Der Hot Pot liegt auf einem kleinen Berg mit Blick über das Hafenstädtchen Húsavík, das berühmt ist für seine Whale-Watching-Touren. Die Benutzung ist umsonst, aber man wird angehalten, eine kleine Spende für die Instandhaltung zu hinterlassen. Das Wasser kommt aus einer heißen Quelle, und man kann die Temperatur über einen Wasserhahn regulieren. Bei Bedarf gibt es eine Holzverkleidung als Windschutz, ansonsten hat man freien Blick aufs Meer. Groß genug für 15–20 Personen. Perfekter Abschluss einer Whale-Watching-Tour.

→ Ca. 0,5 km nördlich von Húsavík. Vom Ortszentrum den Höfðavegur Richtung Nordwesten an allen Häusern vorbei. Bei der ersten nicht gekennzeichneten Straße rechts, nach ca. 200 m an der Weggabelung links. Links parken.

66.0548, -17.3521

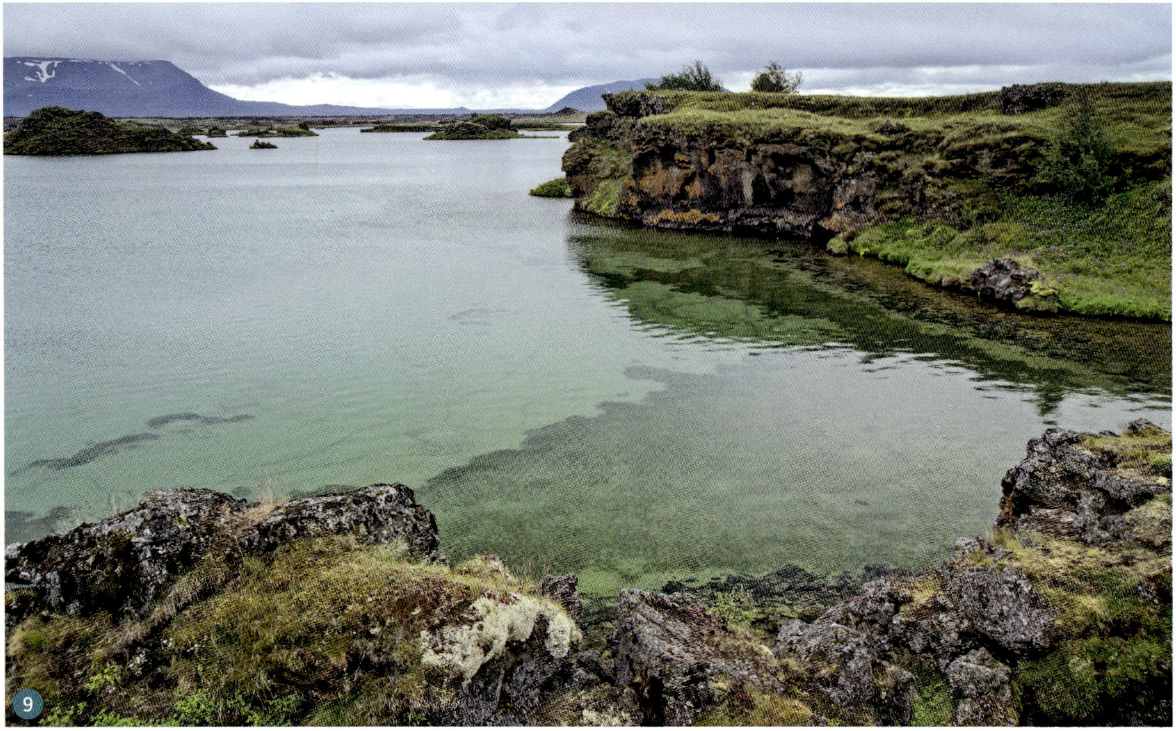

9

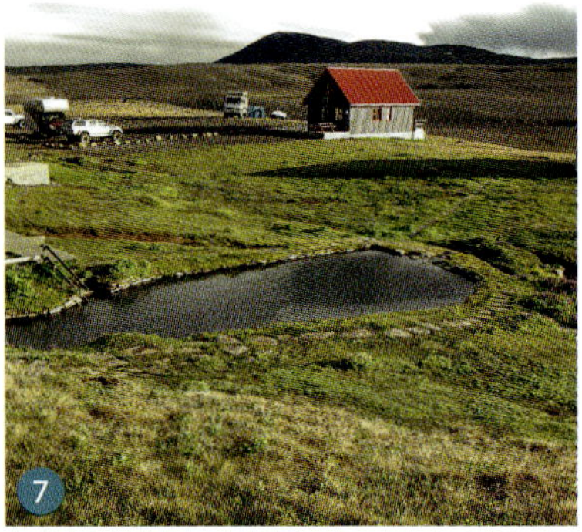

7

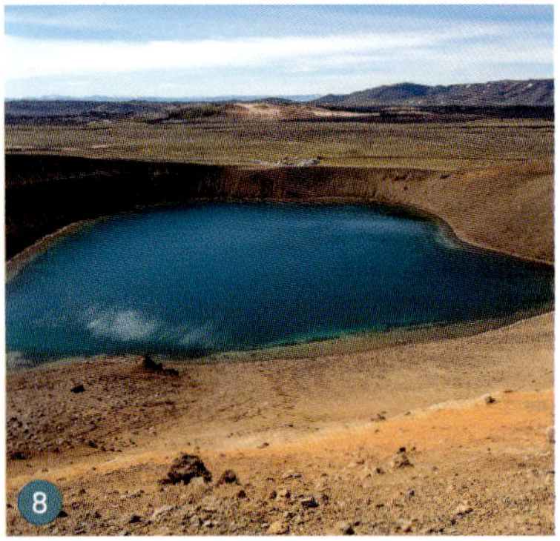

8

6 HÓLSGERÐISLAUG

Heiße Quelle in einem halbwegs einsamen, wunderschönen Tal südlich von Akureyri. Zur einen Seiten ordentlich geschichtete Steine, zur anderen saftiges Grün. Zur Not Platz für 10 Personen. Die Hólakirkja, ganz in der Nähe, war ursprünglich die älteste Kirche Islands – das aktuelle Gebäude stammt allerdings aus dem 19. Jahrhundert.

→ Von Akureyri auf der R821 Richtung Süden. Nach ca. 33 km, südlich von Hrafnagil links an der Straße parken. Der Pool liegt 100 m links von der Straße.

65.3027, -18.2558

7 LAUGAFELL

Heiße Quellen, 25 km westlich der bekannten Sprengisandur-Route durchs Hochland, mit zahlreichen Hot Pots – sogar der Fluss ist warm! Ganz in der Nähe gibt es schlichte, mit Erdwärme beheizte Wanderhütten. Gute Übernachtungsmöglichkeit bei einer mehrtägigen Wandertour durchs Hochland.

→ Laugafell liegt sehr einsam an der F821, ca. 4 km südlich von der Kreuzung mit der F881.

65.0270, -18.3315

8 VÍTI

Sehr warmer Kratersee, der bei einem gewaltigen Vulkanausbruch zu Beginn der Mývatnfeuer 1724 entstand – eine fünfjährige Phase kontinuierlicher vulkanischer Aktivität in der Gegend. Auf Deutsch bedeutet Víti „Hölle“, denn man glaubte, dass sich unter dem See die Unterwelt befand. An windstillen Tagen sollten Sie das Baden jedoch lassen, weil sich Kohlendioxid an der Oberfläche sammeln kann. Wunderschön und sehr einsam.

→ Von der R1 auf die F905 und 55 km Richtung Süden, dann auf die F910 nach Drekagil (20 km). Zwei kleine Fjorde überqueren, dann die F894 (8 km) zum Parkplatz in Vikraborgir. Vorsicht, der Weg kann rutschig sein.

30 Min., 65.0469, -16.7259

FEUER & WASSER

9 MÝVATN

Viertgrößter natürlicher See Islands, der nur so vor Fischen und Wasservögeln strotzt. Er entstand bei einer großen Eruption vor 2.300 Jahren, als die Lava durch das Laxá-Tal in einen bereits existierenden See strömte. Unter dem See sammelten sich Ablagerungen, die Dampfexplosionen verursachten.

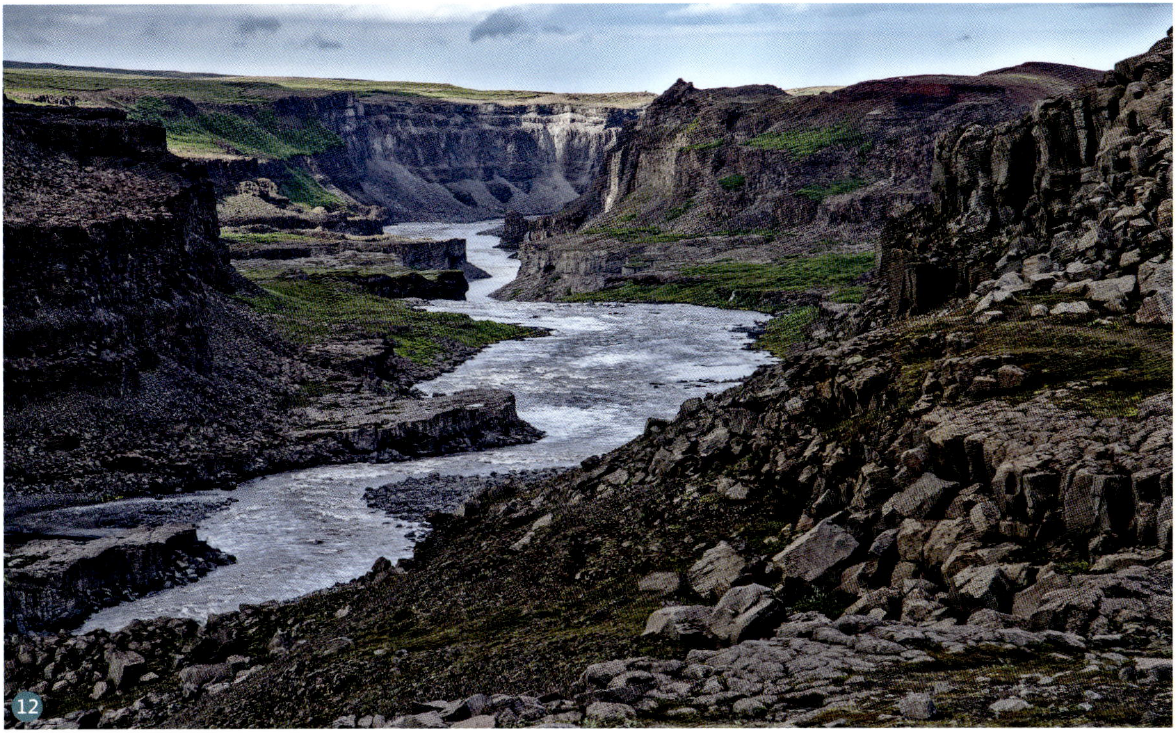

12

Dadurch entstanden die Pseudokrater, die man am Ufer des Sees sieht und mehrere seiner Inseln bilden. Die Pseudokrater am südlichen Ufer in Skútustaðir stehen unter Denkmalschutz. Der Name des Sees verbindet die isländischen Wörter Mý (Mücke) und Vatn (See), und Mücken gibt es hier im Sommer wahrlich viele.

➜ Mývatn liegt in der Nähe von Reykjahlíð (65.6419, -16.911) an der R1.

65.6039, -16.9961

10 GOÐAFOSS

Seinen Namen („Wasserfall der Götter") verdankt er Þorgeir Þorkelsson, Ende des 10. Jahrhunderts Sprecher in Islands Althing (dem Parlament), heidnischer Priester und Stammesführer. Nach der Konversion zum Christentum warf er die Bilder seiner Götter in diesen Wasserfall. Der Skjálfandafljót stürzt aus einer Höhe von 12 m in die Tiefe und formt ein 30 m breites Hufeisen. Einer von Islands spektakulärsten Wasserfällen, den man auf keinen Fall verpassen sollte.

➜ Vom Mývatn-See auf der R1 Richtung Westen und ca. 300 m hinter der Kreuzung mit der R844 links ab. Nach 300 m kommt ein Parkplatz. Von dort sind es noch 100 m zum Wasserfall.

5 Min., 65.6830, -17.5508

11 ALDEYJARFOSS

Stromaufwärts vom Goðafoss stürzt der Aldeyjarfoss 20 m in eine Schlucht. Unglaublich mächtiger Wasserfall, der durch den Kontrast zwischen dem aufgepeitschten weißen Wasser und dem schwarzen Basalt noch dramatischer wirkt.

➜ Von der Kreuzung von R842 und R1 für 40 km durchs Tal Richtung Süden. Die letzten 5 km wird die Straße zur F26. Der Aldeyjarfoss liegt links.

5 Min., 65.3665, -17.3369

12 DETTIFOSS

Riesiger Wasserfall an der Jökulsá á Fjöllum im Nationalpark Vatnajökull und der wohl leistungsstärkste Europas. Das Wasser stürzt 45 m in den Jökulsárgljúfur-Canyon. Wenn man vom Rand stromaufwärts blickt, sieht man einen weiteren beeindruckenden Wasserfall, den Selfoss, nur 10 m hoch aber ca. 100 m breit. In der Gischt bilden sich oft Regenbögen.

➜ Von Reykjahlíð (65.6419, -16.911) auf der R1 für 35 km Richtung Osten, dann links auf die R862 nach Norden. Nach 25 km rechts und der Straße 3 km folgen. Vom Ende der Straße sind es noch 800 m.

10 Min., 65.8151, -16.3856

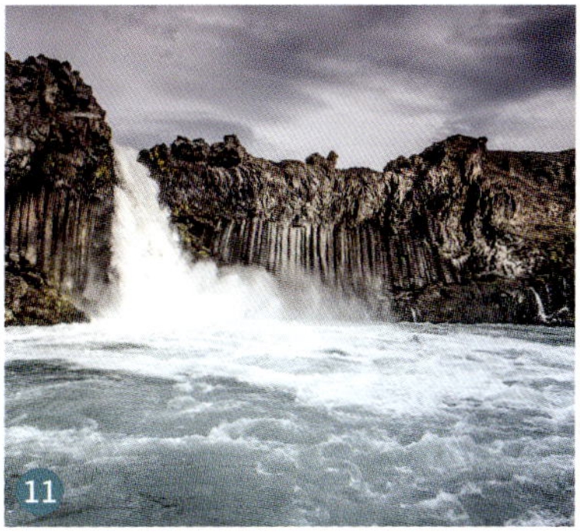

11

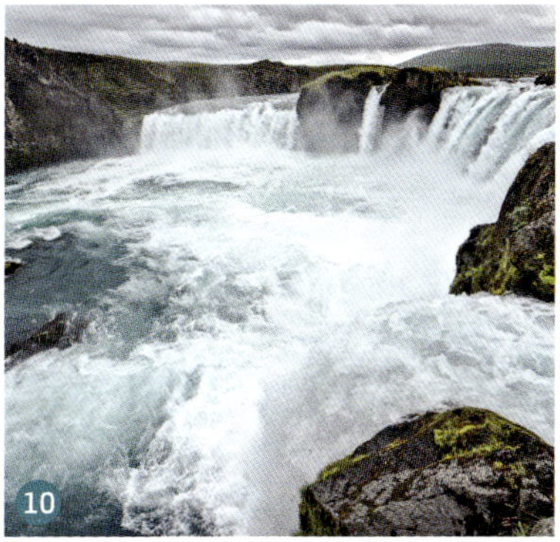

10

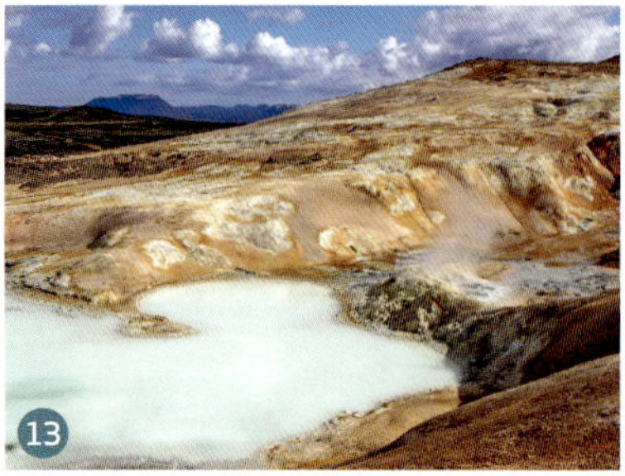

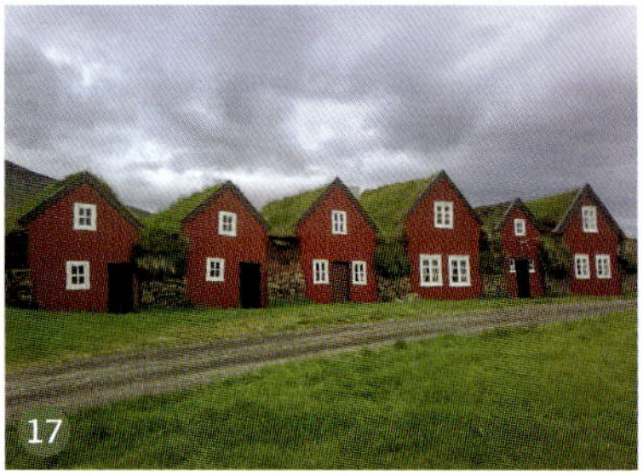

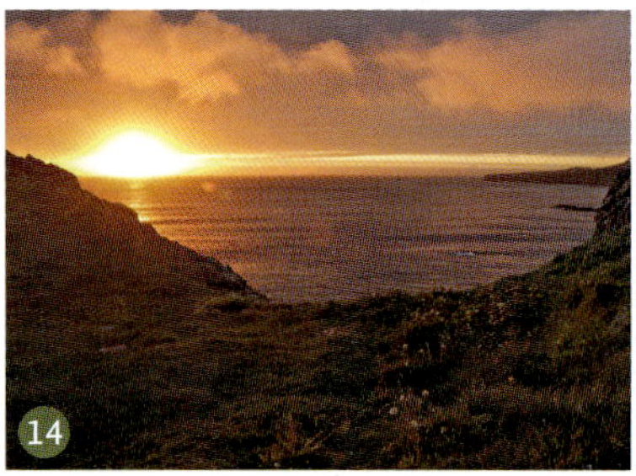

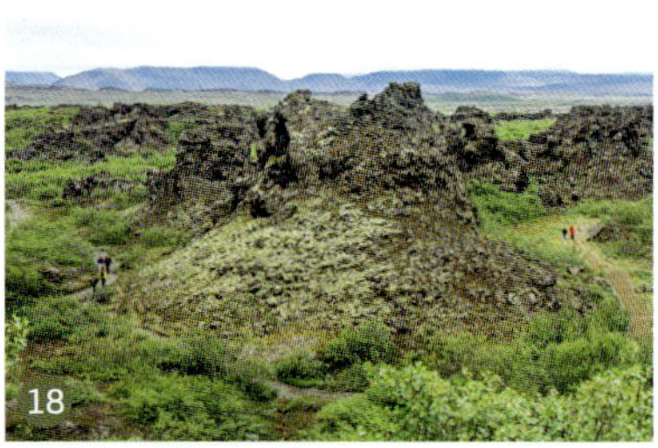

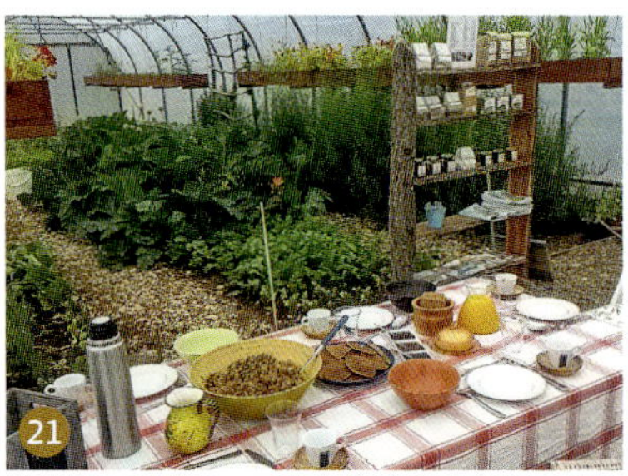

13 KRAFLA

Die Krafla-Caldera befindet sich an der Nahtstelle zwischen Eurasischer und Nordamerikanischer Kontinentalplatte. Es handelt sich um einen eingesackten Vulkan, der noch immer sehr aktiv ist. Der „Kessel", in dem sich auch der Víti-Krater befindet (siehe 8), hat insgesamt einen Durchmesser von 10 km.

→ Von Reykjahlíð (65.6419, -16.911) auf der R1 für ca. 5 km Richtung Osten. Dann links auf eine nicht gekennzeichnete Straße und 8 km Richtung Norden. Die letzten 500 m zur Krafla muss man zu Fuß gehen.

15 Min., 65.7171, -16.7544

KULTUR & GESCHICHTE

14 GRÍMSEY

5 km² kleine Insel 40 km vor der Nordküste, über die der Polarkreis verläuft. Im Sommer sind die Klippen von brütenden Vögel übersät. Es gibt zwei Hotels und ein Restaurant (nur im Sommer geöffnet). Paradies für Vogelfreunde.

→ Die Fähre nach Grimsey fährt ab Dalvík (65.9721, -18.529) und hat Platz für 108 Passagiere. Sie verkehrt ganzjährig dreimal wöchentlich (Mo/Mi/Fr) und braucht für eine Strecke 3 Std. Buchungen unter www.arctictrip.is

66.5423, -17.9961

15 DVERGASTEINN

Der ungewöhnliche, dreieckige „Zwergenfelsen" liegt an der Nordküste des Seyðisfjörður. Laut Legende befand er sich einst am gegenüberliegenden Ufer und hat sich wie von Zauberhand hierher bewegt, als die Kirche auf diese Uferseite verlegt wurde. Schuld waren die Zwerge, die im Felsen wohnten und in der Nähe der Kirche bleiben wollten. Die Kirche wurde erneut verlegt, doch bisher ist der Felsen geblieben.

→ Von der Stadt Seyðisfjörður auf der R951 an der Nordküste des Fjords entlang. Nach ca. 7 km sieht man rechts den ausgeschilderten Weg (120 m).

5 Min., 65.2921, -13.9298

16 WALMUSEUM HÚSAVÍK

Der Tourismus erlaubte es vielen Walfängern, den Walfang aufzugeben und sich auf Walbeobachtungstouren zu verlegen. Húsaví wurde die Hauptstadt des Whale Watching, und 1997 wurde das Walmuseum eröffnet, um die Besucher über Wale und deren Lebensraum aufzuklären. Besonders faszinierend: die riesigen Skelette verschiedener Walarten.

→ Hafnarstétt, Húsavík, +354 414 2800. www.whalemuseum.is

66.0469, -17.3446

17 BUSTARFELL

Ältester noch erhaltener Torfhof Islands und jetzt ein Freilichtmuseum. Im Sommer zahlreiche Veranstaltungen, und das Café Hjáleigan serviert Spezialitäten aus der Region.

→ Wenn man von Vopnafjörður die R85 Richtung Süden fährt, rechts ausgeschildert. Minjasafnið Bustarfelli. Hofsárdal, Vopnafirðl, +354 471 2211. www.bustarfell.is

65.6153, -15.0998

18 DIMMUBORGIR

Lavafeld mit mysteriösen Felsformationen, die dem Namen (übersetzt „dunkle Burgen") alle Ehre machen. Ein Abenteuerspielplatz für Kinder. Im Besucherzentrum erfährt man etwas über die Geologie und die vielen Mythen, die sich um die Gegend ranken. Ein Café gibt es auch.

→ In Reykjahlíð (65.6419, -16.911) von der R1 rechts auf die R848 und für 5 km Richtung Süden, dann links auf eine kleinere, nicht gekennzeichnete Straße (ca. 1 km). Vom Ende der Straße sind es noch 700 m Fußweg nach Dimmuborgir.

20 Min., 65.5854, -16.9033

19 GALTASTAÐIR FRAM

Gut erhaltenes Beispiel eines Torfhofs aus dem 19. Jahrhundert, der noch bis 1967 bewohnt war. Mit gemeinschaftlichem Wohn- und Schlafzimmer war dies in den vergangenen Jahrhunderten die vorherrschende Hausform in Island. Faszinierender Blick in die Vergangenheit.

→ Von Egilsstaðir (65.2669, -14.3948) auf der R1 für 5 km Richtung Norden, dann rechts auf die R925. Nach 18 km links auf die R927. Nach 2,5 km links auf eine nicht gekennzeichnete Straße. Noch 1,5 km bis Galtastaðir Fram.

65.4521, -14.4360

KULINARISCHES

20 KAFFI KÚ

Café in Eyjafjarðarsveit auf dem Dachboden eines Kuhstalls, der ganz normal genutzt wird. Man kann zusehen, wie die Kühe gemolken werden, während man an einem Milkshake aus frischer Milch nippt. Es gibt außerdem eine gut bestückte Bar und leckere Waffeln.

→ 10 km südlich von Akureyri. Garði, 601 Akureyri, +354 867 3826. www.kaffiku.is

65.6032, -18.0329

NACHHALTIGE UNTERKÜNFTE

21 MÓÐIR JÖRÐ

Biohof mit Übernachtungsmöglichkeit im B&B oder mit Schlafsack im Etagenbett. Leckeres veganes Frühstück, serviert im Gewächshaus. Der Hofladen verkauft Gemüse und Getreide. Dolce Vita auf Isländisch.

→ 9 km südlich von Egilsstaðir an der R1. Vallanesi, 701 Egilsstöðum, +354 471 1747. www.vallanes.is

65.1965, -14.5438

22 HÓTEL LAXÁ

Grünes Hotel in herrlicher Lage mit Blick auf Laxá und Mývatn (siehe 9). Auch das Restaurant legt Wert auf Nachhaltigkeit und verwendet Zutaten aus der Region. In der Nähe vom Naturbad Mývatn (siehe 1).

→ 90 km östlich von Akureyri an der R1. Við Olnbogaás, 660 Mývatn, +354 464 1900. www.hotellaxa.is

65.5707, -17.0865

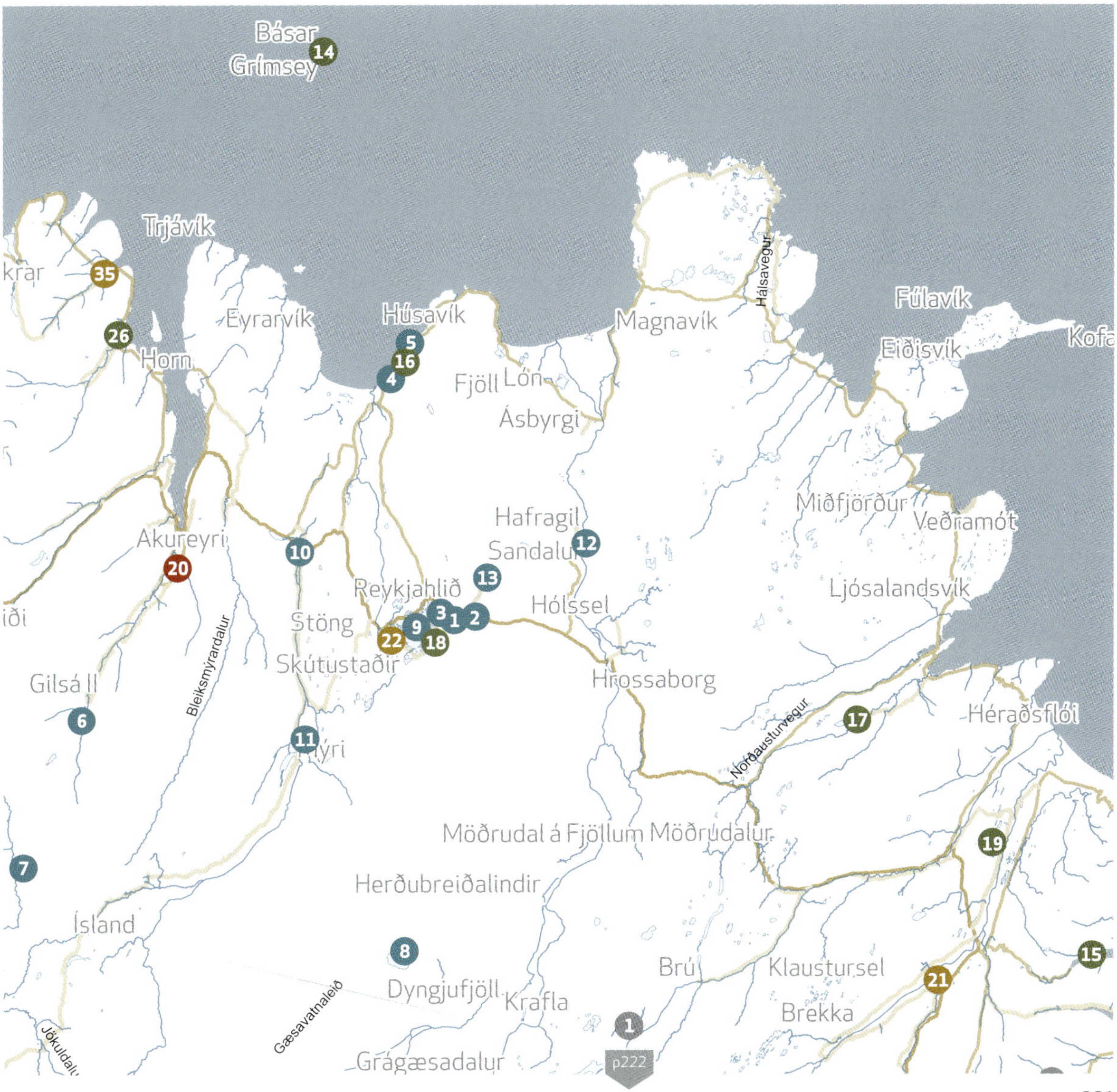

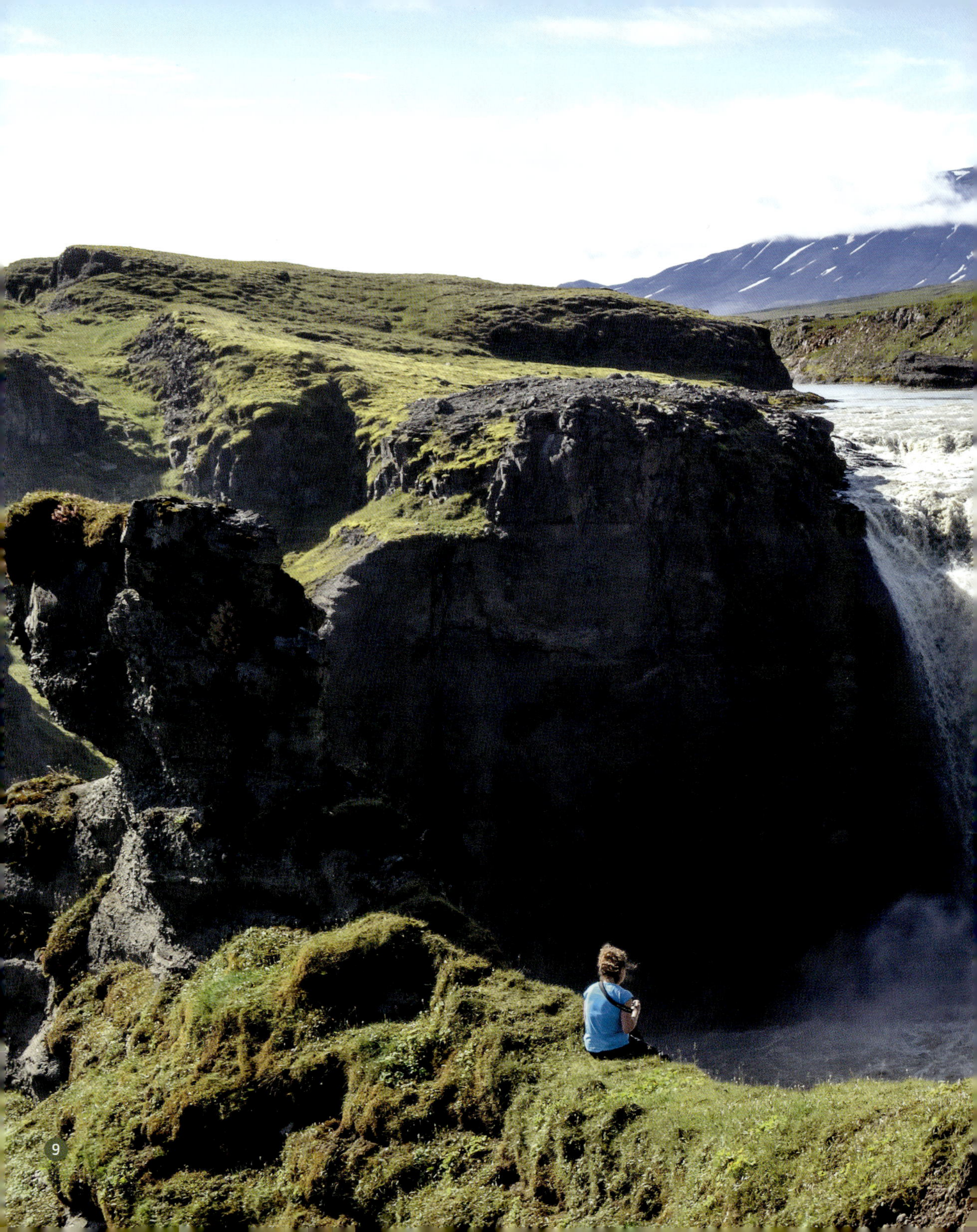
9

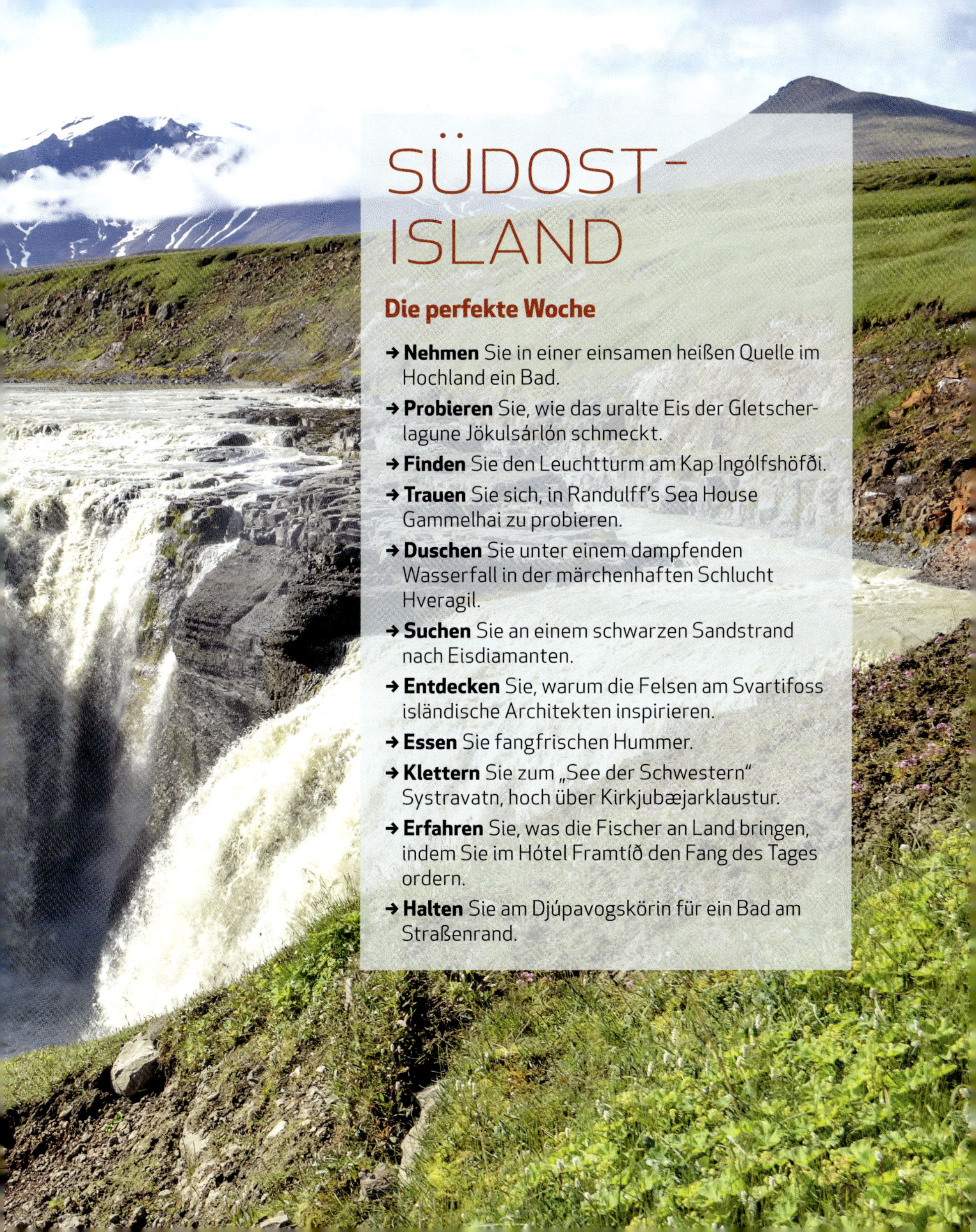

SÜDOST-ISLAND

Die perfekte Woche

- → **Nehmen** Sie in einer einsamen heißen Quelle im Hochland ein Bad.
- → **Probieren** Sie, wie das uralte Eis der Gletscherlagune Jökulsárlón schmeckt.
- → **Finden** Sie den Leuchtturm am Kap Ingólfshöfði.
- → **Trauen** Sie sich, in Randulff's Sea House Gammelhai zu probieren.
- → **Duschen** Sie unter einem dampfenden Wasserfall in der märchenhaften Schlucht Hveragil.
- → **Suchen** Sie an einem schwarzen Sandstrand nach Eisdiamanten.
- → **Entdecken** Sie, warum die Felsen am Svartifoss isländische Architekten inspirieren.
- → **Essen** Sie fangfrischen Hummer.
- → **Klettern** Sie zum „See der Schwestern" Systravatn, hoch über Kirkjubæjarklaustur.
- → **Erfahren** Sie, was die Fischer an Land bringen, indem Sie im Hótel Framtíð den Fang des Tages ordern.
- → **Halten** Sie am Djúpavogskörin für ein Bad am Straßenrand.

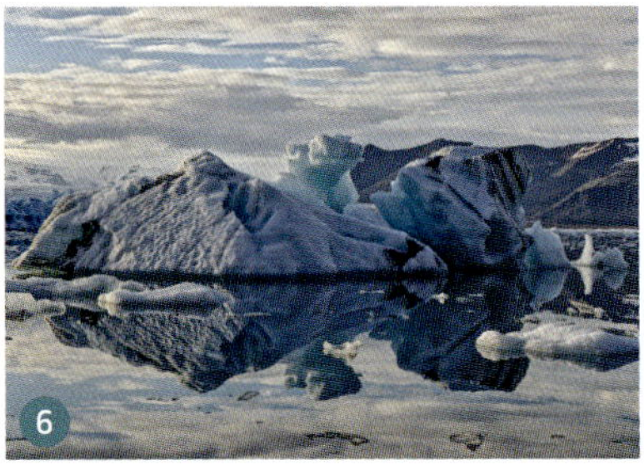

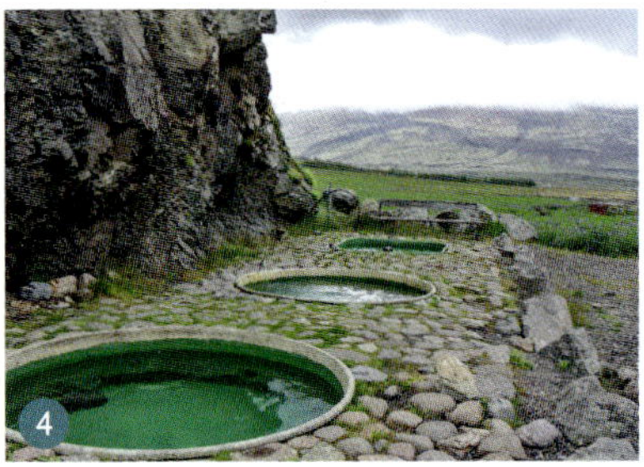

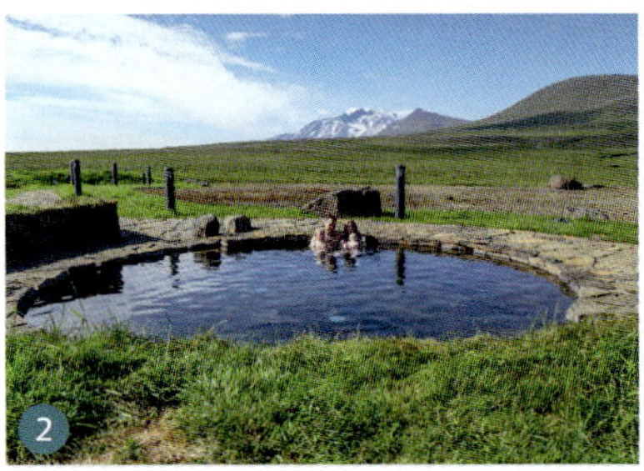

Wenn man auf der R1 die Südküste entlangfährt, wird man ständig vom blauen Leuchten der Eisberge abgelenkt, die im Gletschersee Jökulsárlón schwimmen. Vom Gletscher Breiðamerkurjökull abgebrochen, treiben sie schmelzend aufs Meer hinaus. Wenn die großen Brocken an den schwarzen Sandstrand gegenüber gespült werden, glitzern sie wie geschliffene Diamanten. Ein spektakulärer Anblick.

Islands Südosten ist wohl die einsamste der hier vorgestellten Regionen. Sie erstreckt sich vom Seyðisfjörður an der Ostküste zur Mündung des Skaftá im Süden und wird von einem 475 km langen Abschnitt der Ringstraße R1 umrandet. Etwa 300 km davon verlaufen zwischen dem Meer und dem atemberaubenden Nationalpark Vatnajökull, dem größten Europas. Hier befindet sich auch Islands größte Eiskappe, die in alle Richtungen zahlreiche Gletscher speist.

Man kann das Hochland auf Bergstraßen oder Wanderwegen bis zu den Rändern der Gletscher erkunden, aber die Region ist extrem einsam, und man muss demgemäß Vorkehrungen treffen. Sagen Sie immer jemandem Bescheid, nicht nur, wo Sie hin wollen, sondern auch, wann Sie vorhaben, dort anzukommen. Es ist möglich, sich bis auf die Eiskappe vorzuwagen, aber Sie brauchen einen ortskundigen Führer mit entsprechender Spezialausrüstung.

Wenn man im Uhrzeigersinn auf der R1 unterwegs ist, führt die Straße durch Skeiðarársandur, bevor man Jökulsárlón erreicht. Diese weite Wüste aus grauem Sand reicht vom Meer bis zum Gletscher und ist von Gletscherflüssen durchsetzt.

Kurz bevor man die Region verlässt, kommt man durch Kirkjubæjarklaustur – ein geschichtsträchtiges Dorf, in dem einst eine Ordensgemeinschaft irischer Mönche lebte, die im 6. Jahrhundert die ersten Siedler auf Island waren.

Wenn Sie durch den Südosten fahren, nachdem Sie die Vulkangebiete um den See Mývatn im Nordosten besucht haben, werden Sie verstehen, warum man Island auch die Insel aus Feuer und Eis nennt.

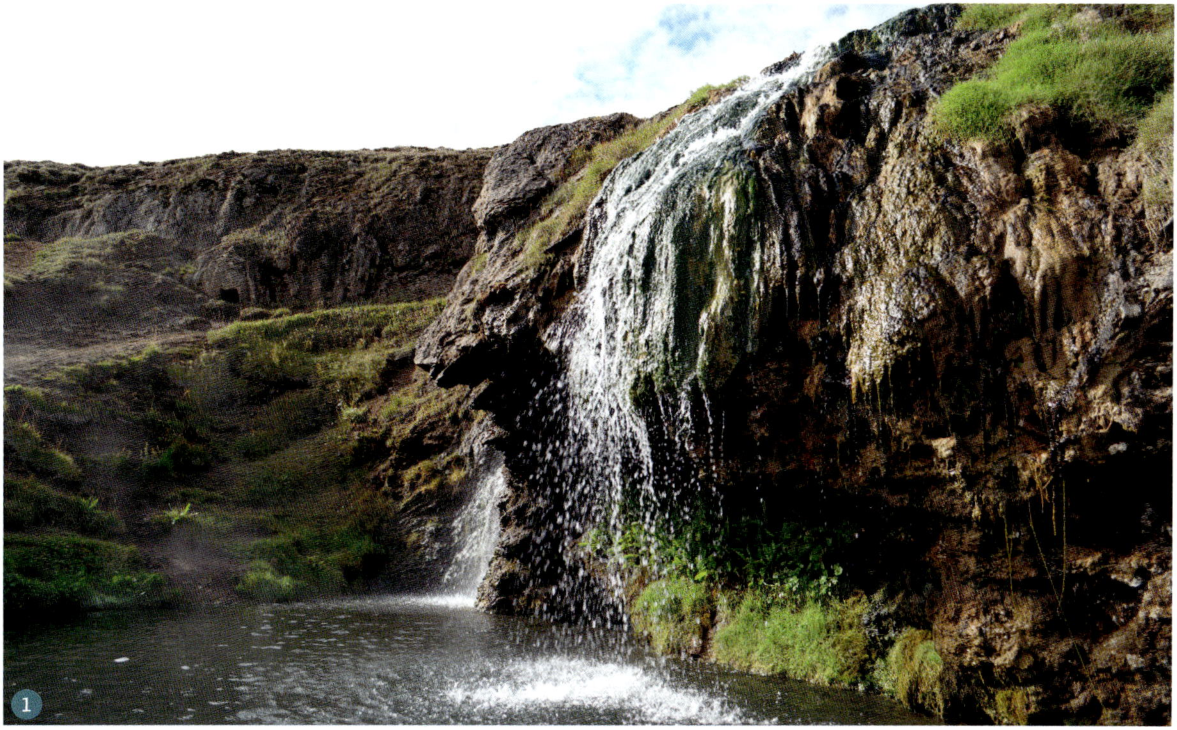

HEISSE QUELLEN

1 LAUGARVALLADALUR

Zu diesem Pool im abgelegenen Laugarvalladalur-Tal zu gelangen erfordert entweder einen Geländewagen oder eine eintägige Wanderung. Wenn Sie sich für die Wanderung entscheiden, ist dies ein toller Ort zum wild Campen. Laugarvallalaug ist ca. 15 km vom Staudamm am Kárahnjúkar entfernt – dem größten seiner Art in Europa und ein umstrittener Bau. Er ist einer von 5 Staudämmen, die das Aluminiumwerk Fjardaál in Reyðarfjörður mit Energie versorgen. Der Pool selbst ist einzigartig für Island, denn sein Wasser stammt aus einem warmen Wasserfall, unter dem man duschen kann. Der Fluss darunter wurde mit Steinen gestaut. Sehr lohnenswert.

→ Von der R1 (östlich von Egilsstaðir) auf die Möðrudalsleið-Straße (65.3077, -15.3253) bis zur Kreuzung mit der F907. Dieser folgt man bis zu ihrem Ende am Kárahnjúkar-Staudamm. Von hier muss man 15 km am Staubecken entlangwandern. Karte und Kompass nicht vergessen.

6 Std., 65.0060, -15.7611

2 LAUGARFELL

Einigermaßen großer, runder, in Stein eingefasster Pool für etwa 15 Personen. Umgeben vom gepflasterten Bereich eines Hotels, trotzdem keine Umkleide. Sehr angenehme 34°C. Das Wasser aus einer heißen Quelle soll heilende Eigenschaften haben, und es gibt diverse spektakuläre Wasserfälle in unmittelbarer Nähe.

→ Von Egilsstaðir auf der F931 Richtung Südwesten, dann auf die F910 und ca. 30 km Richtung Westen. Die Quelle liegt 2 km abseits der Straße, beim Laugarfell Highland Hostel, 701 Laugarfell, +354 773 3323. www.laugarfell.is

20 Min., 64.8861, -15.3520

3 DJÚPAVOGSKÖRIN

Zwei Plastikcontainer (IBCs) auf einem Feld, ca. 40 m von der Straße, mit Meerblick. Das Wasser stammt aus einer heißen Quelle und hat ca. 40°C.

→ 2 km westlich von Djúpivogur an der R1. Ca. 40 m südlich von der Straße. Für genaue Position Karte konsultieren.

64.6545, -14.3392

4 HOFFELL

Fünf Hot Pots verschiedener Form und Temperatur am Fuß eines Felsens mit Blick auf den Gletscher Hoffelsjökull. Umkleide in einer kleinen Hütte mit Dusche. Man leistet seinen Beitrag, indem man eine kleine Spende in der Vertrauenskasse hinterlässt. Herrlich für schmerzende Beine nach einem Wandertag.

→ Von Höfn (64.2497, -15.2064) auf der R99 Richtung Norden, dann links auf die R1. Nach ca. 11 km rechts auf die Straße, die zum Glacier World Guesthouse führt. Hoffell liegt 200 m nordwestlich davon. Glacier World, Hoffell 2B, 781 Hornafirðl, +354 867 7416. www.glacierworld.is

64.3974, -15.3393

5 HVERAGIL

Abgelegene, spektakuläre heiße Quelle durch eine schmale, dampfende Lavaschlucht mit diversen kleinen Wasserfällen, unter denen man duschen kann. Wie im Märchen.

→ Von Egilsstaðir auf der F931 Richtung Südwesten, dann auf die F910 nach Westen, dann links auf die F902, bis man nach ca. 55 km die Hütte am Campingplatz Sigurðarskáli erreicht (links, 64.7473, -16.6314). Von dort führt ein ca. 12 km langer Weg durchs Gelände

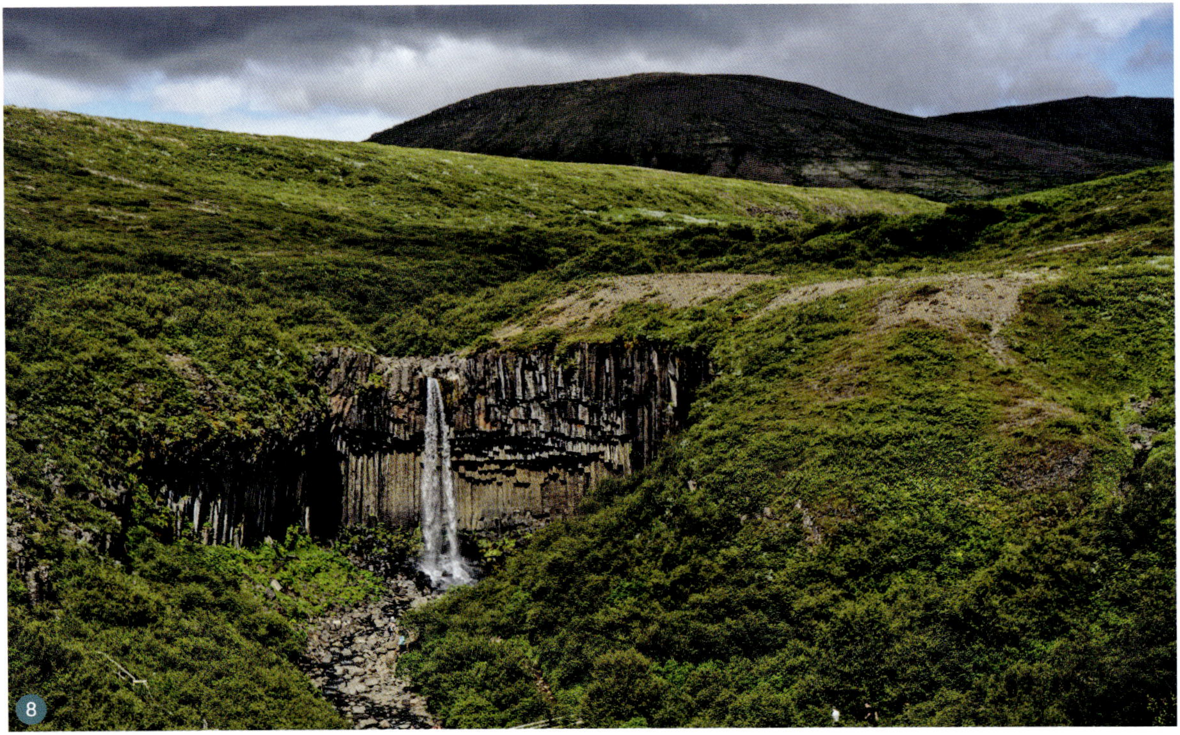

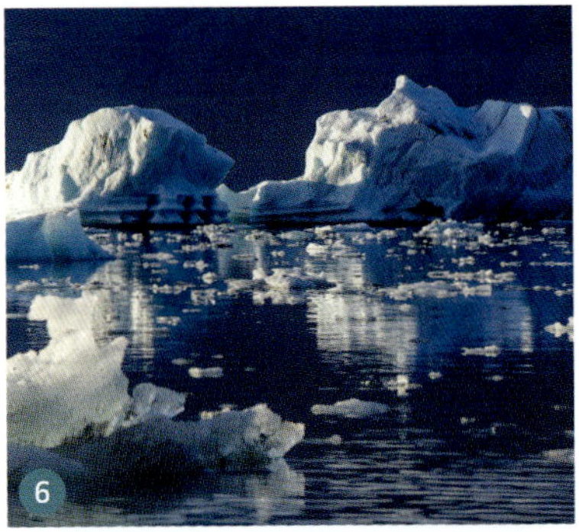

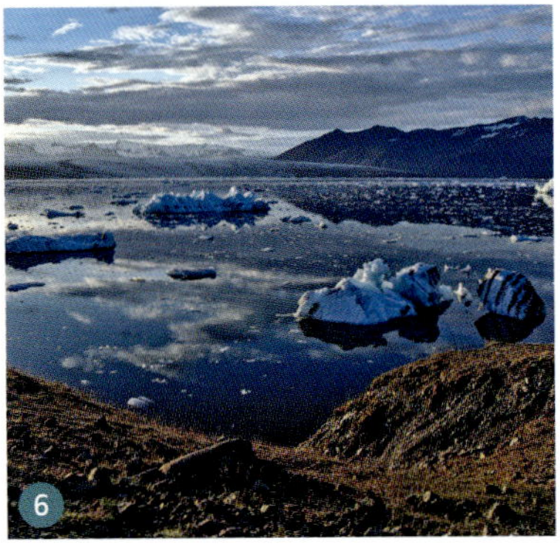

nach Hveragil. Karte und Kompass nicht vergessen, und jemanden informieren, wo man hin will.

3 Std., 64.6760, -16.5594

FEUER & EIS

6 JÖKULSÁRLÓN

Jökulsárlón (wörtlich übersetzt „Gletscherflusslagune") ist ein großer, sehr dramatischer Gletschersee am Gletscher Breiðamerkurjökull. Vor vielen Jahren reichte der Gletscher bis zum Meer, doch durch die globale Erwärmung hat er sich zurückgezogen, und der See wird immer größer. Das Eis, das sich vom Gletscher löst, sieht von der Straße aus, als würde es blau leuchten, doch aus der Nähe betrachtet, ist es kristallklar. Man kann eine Bootsfahrt über den See machen und sich Gletscher und Eisbergen nähern. Kosten Sie einmal einen Brocken von dem über tausend Jahre alten Eis.

➔ Von Höfn (64.2497, -15.2064) auf der R99 Richtung Norden, dann links auf die R1. Nach ca. 70 km liegt Jökulsárlón rechts von der Straße.

64.0747, -16.2227

7 DIAMANTSTRAND

Wenn die Wetterbedingungen stimmen, gewährt Ihnen Mutter Natur wohlmöglich ein weiteres atemberaubendes Spektakel am Jökulsárlón. Kleine Eisberge und -blöcke können von der Strömung aufs Meer hinausgetrieben werden. Die auflaufende Flut spült sie dann an den Strand im Süden der Lagune. Dieser Strand besteht aus pechschwarzem Vulkansand, und wenn die Sonne durch das Eis fällt, wird es Ihnen die Sprache verschlagen. Und Sie werden verstehen, woher der Strand seinen Namen hat.

➔ Wegbeschreibung siehe Jökulsárlón (6). Der Strand befindet sich auf der seewärtigen Straßenseite.

10 Min., 64.0268, -16.2302

WASSERFÄLLE

8 SVARTIFOSS

Der „Schwarze Wasserfall" befindet sich im Nationalpark Vatnajökull und ist sehr beliebt. Eingerahmt von dunklen Basaltsäulen stürzt das Wasser 20 m hinab auf zerklüftete Felsen. Die besondere geologische Formation inspirierte die Architekten der Hallgrímskirkja und des Nationaltheaters in Reykjavik.

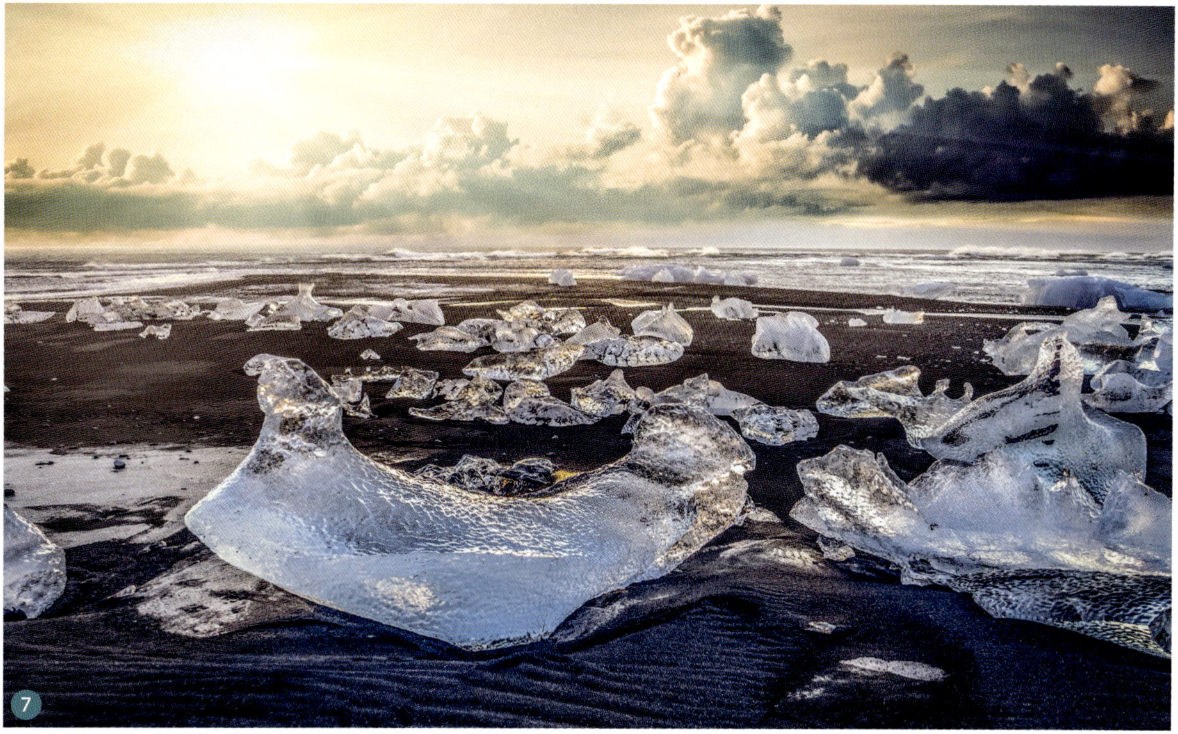

7

➜ Östlich von Kirkjubæjarklaustur von der R1 auf die R998 und für 3 km Richtung Nordwesten durchs Tal, vorbei an der Abzweigung zum Besucherzentrum (rechts). Parken und dem gut ausgeschilderten Weg folgen (1,5 km).

20 Min., 64.0210, -16.9816

NATIONALPARK & WANDERUNGEN

9 KAP INGÓLFSHÖFÐI

Einsames Kap und Naturschutzgebiet, durch einen Streifen aus schwarzem Vulkansand mit dem Festland verbunden. Es ist nach Ingólfur Arnarson benannt, dem ersten Siedler vom skandinavischen Festland, der den Winter 874-875 hier verbrachte, bevor er nach Westen weiterzog. Tausende von Seevögeln sind hier zu Hause, darunter auch Papageientaucher und Raubmöwen. Außerdem gib es einen Leuchtturm sowie die Überreste alter Fischerhütten.

➜ Fahren Sie auf einem Heuwagen durchs Watt zum Ingólfshöfði. Der Abfahrtspunkt ist von der R1 ausgeschildert. Anbieter der Touren ist Local Guide (63.8814, -16.6461), +345 894 0894. www.localguide.is

63.8463, -16.6057

KULTUR & GESCHICHTE

10 KIRKJUBÆJARKLAUSTUR

Tor zum Nationalpark Vatnajökull. Bevor die ersten Siedler vom skandinavischen Festland kamen, lebten hier schon irische Mönche. 1186 wurde das Kloster Kirkjubæjar gegründet, das bis zur Reformation um 1550 bestand. Im Hochland über dem Dorf liegt der Systravatn (See der Schwestern), von dem der zweigeteilte Systrafoss ins Dorf strömt. Laut Legende sind zwei Nonnen im See ertrunken, und angeblich können alle rothaarigen Isländer ihre Wurzeln bis zu den Mönchen zurückverfolgen!

➜ Die Abfahrt nach Kirkjubæjarklaustur befindet sich nördlich der Brücke über den Skaftá an der R1.

63.7867, -18.0670

KULINARISCHES

11 RANDULFFSSJÓHÚS

Ehemalige Heringsstation in Eskifjörður aus dem späten 19. Jahrhundert, jetzt Museum und Restaurant. Im ersten Stock befindet sich das Restaurant, im zweiten Stock das gut erhaltene Schlafquartier der Fischer. Es ist nach Peter Randulff benannt, dem

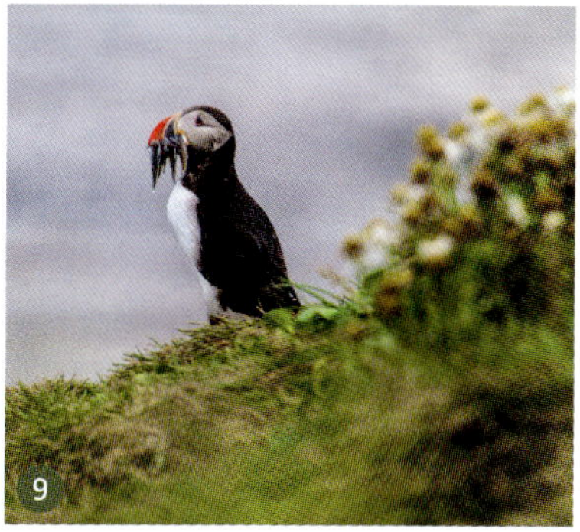

9

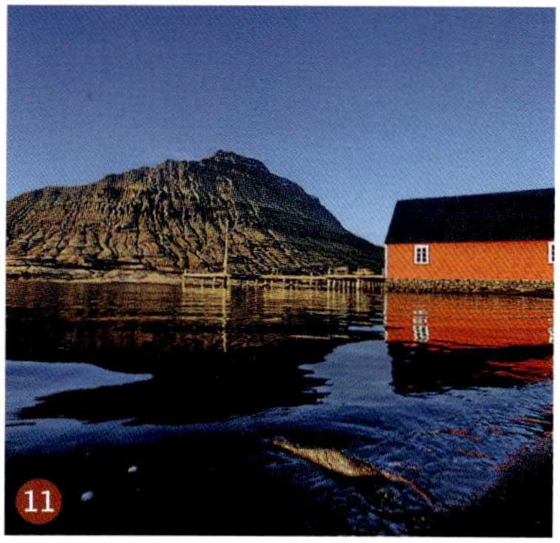

11

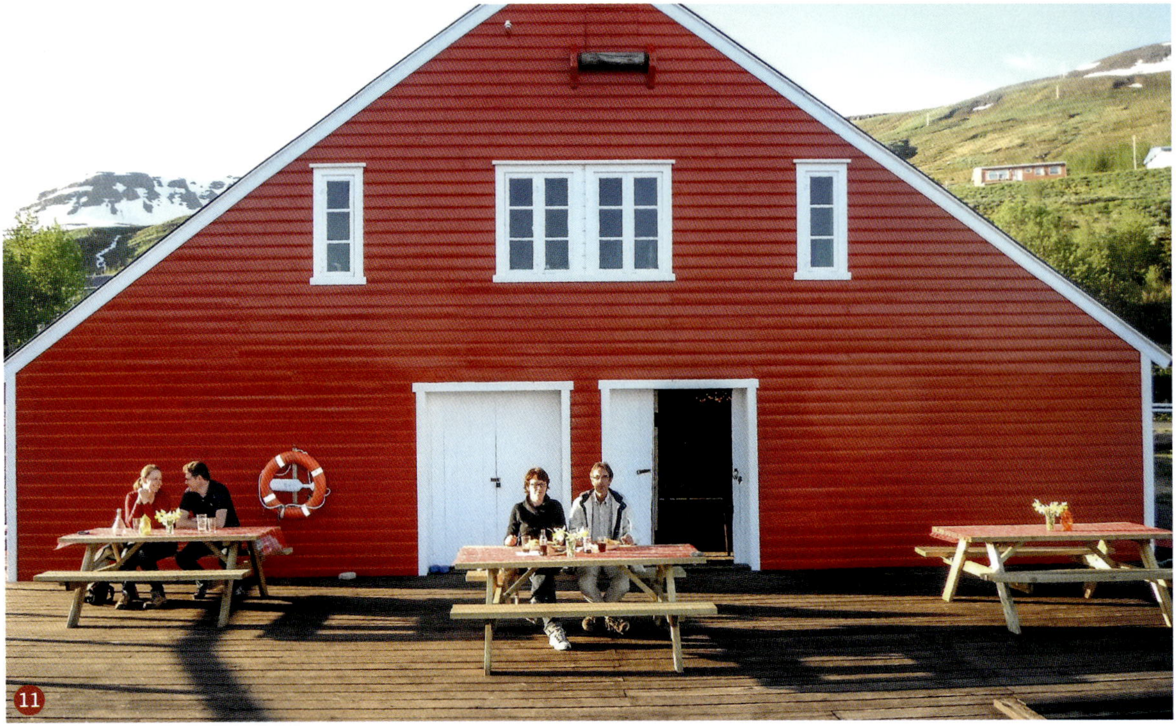

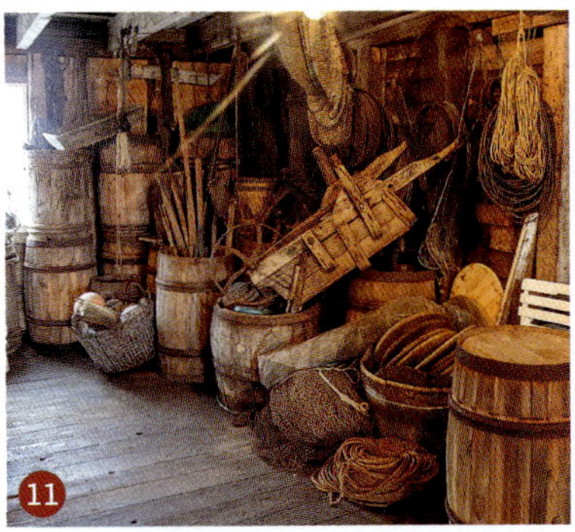

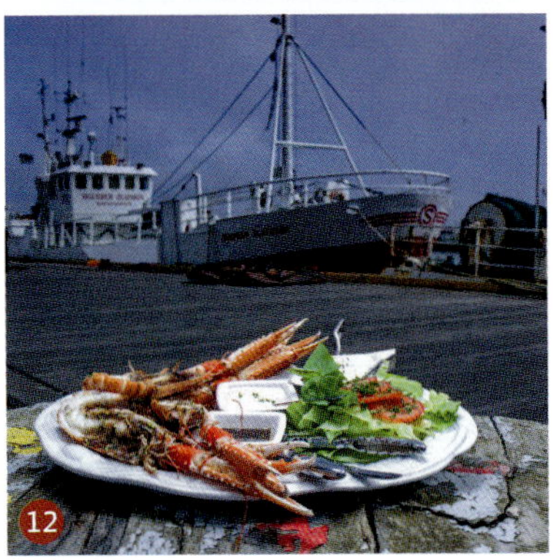

Norweger, der es erbaut hat, und nichts daran veränderte, als der Fischfang sich nicht mehr rentierte. Bis das Gebäude 1980 von einer Museumsstiftung erworben wurde, war es über 70 Jahre verlassen. Das Restaurant serviert regionale Spezialitäten wie Hai, Trockenfisch, Salzhering und Rentier, und natürlich frischen Fisch aus dem Fjord. Es wird von den Besitzern des Mjóeyri Guesthouse betrieben, die auch kleine Boote mit Außenmotoren vermieten, mit denen man auf dem Fjord angeln kann.

➔ Mjóeyri Guesthouse: Strandgata, 735 Eskifjörður, +354 477 1247. www.mjoeyri.is

65.0603, -13.9931

12 HUMARHÖFNIN

Am besten schmeckt hier der frisch gefangene Hummer von den Booten, die man durchs Fenster sehen kann. Alle Gerichte auf der Karte sind mit Zutaten aus der Region Ríki Vatnajökuls frisch zubereitet.

➔ Neben dem Hafen in Höfn, 5 km südlich von der R1. Hafnarbraut, 780 Höfn, +354 478 1200. www.humarhofnin.is

64.2506, -15.2051

13 HÓTEL FRAMTÍÐ

Slow-Food-Restaurant und Boutique-Hotel in einem winzigen Fischerdorf mit nur 450 Einwohnern. Die Spezialität des Tages ist immer der Fang des Tages im benachbarten Hafen. Falls Sie versuchen wollen, Ihr Abendessen selbst zu fangen, können Sie sich die Angelausrüstung leihen.

➔ Am Hafen von Djúpivogur an der R1. Vogalandi 4, Markarland, 765 Djúpivogur, +354 478 8887. www.hotelframtid.com

64.6562, -14.2804

UNTERKUNFT

14 HOTEL SKAFTAFELL

Schlichtes Hotel in atemberaubender Lage mit Panoramablick auf den Gletscher und den Hvannadalshnúkur (mit 2.109 m Islands höchster Berg). Ideale Basis für Ausflüge zum Vatnajökull. Restaurant mit guter Hausmannskost.

➔ 14 km westlich von Hof an der R1: Skaftafelli 2, Freysnesi, 785 Öræfi, +354 478 1945. www.hotelskaftafell.is

63.9906, -16.8922

15 SILFURBERG

Kleines Boutique-Hotel auf dem Hof Þorgrímsstaðir im malerischen Breiðdalur-Tal. Gesunde, regionale Küche, Sauna und Außen-Whirlpool.

→ 54 km südlich von Egilsstaðir an der R1: Þorgrímsstaðir, 760 Breiðdalsvík, +354 475 1515. www.silfurberg.com

64.8945, -14.5058

16 LAUGARFELL HIGHLAND HOSTEL

Hostel und Café im östlichen Hochland, das im Sommer mit einem normalen Auto erreichbar ist, und wunderbarer Ausgangspunkt für diverse schöne Wanderungen. Es gibt zwei heiße Quellen (siehe 2). Halten Sie nach Rentieren Ausschau.

→ 70 km südwestlich von Egilsstaðir: 701 Laugarfell, +354 773 3323. www.laugarfell.is

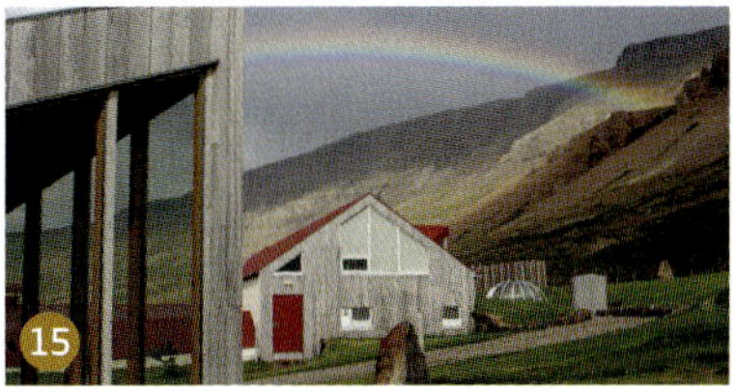

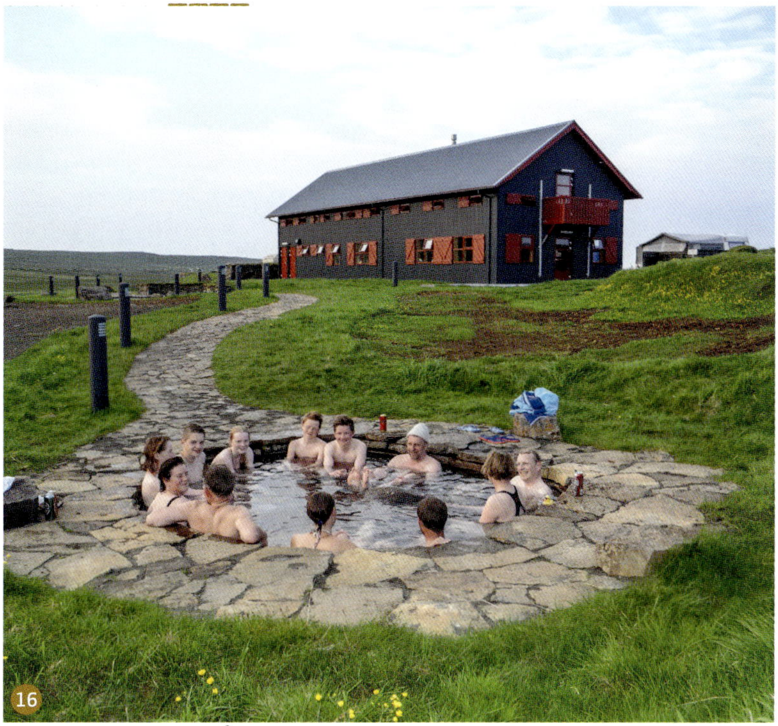

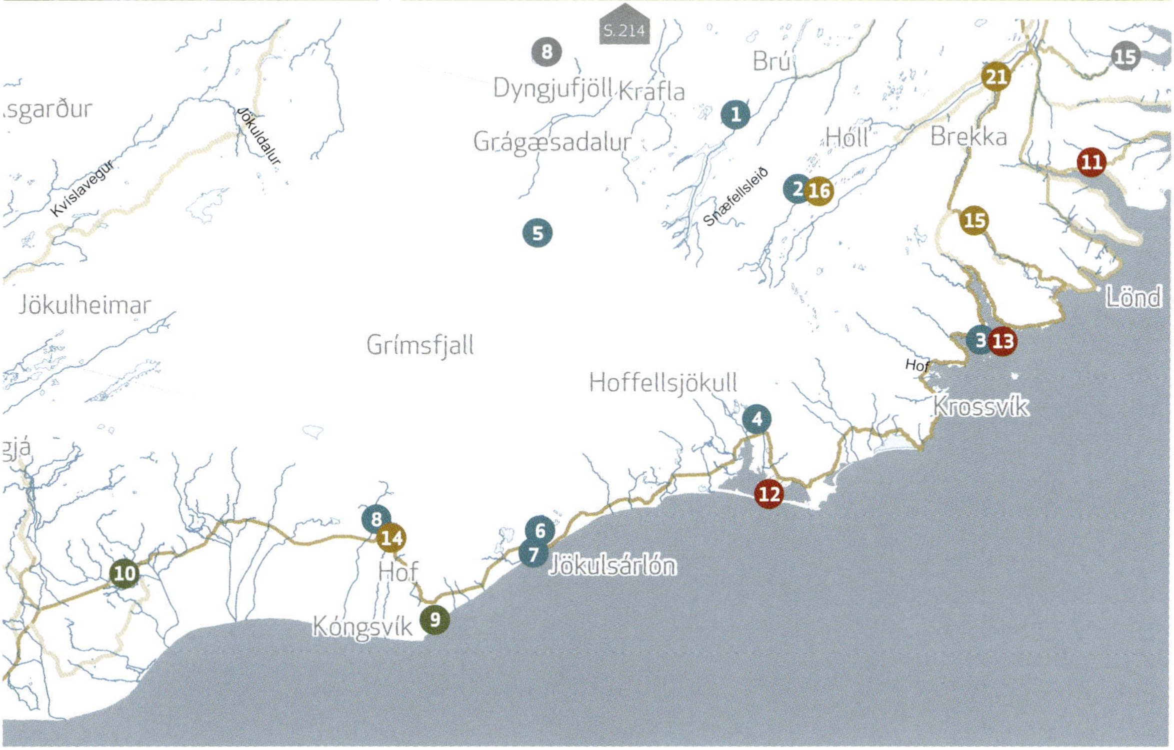

DÄNEMARK

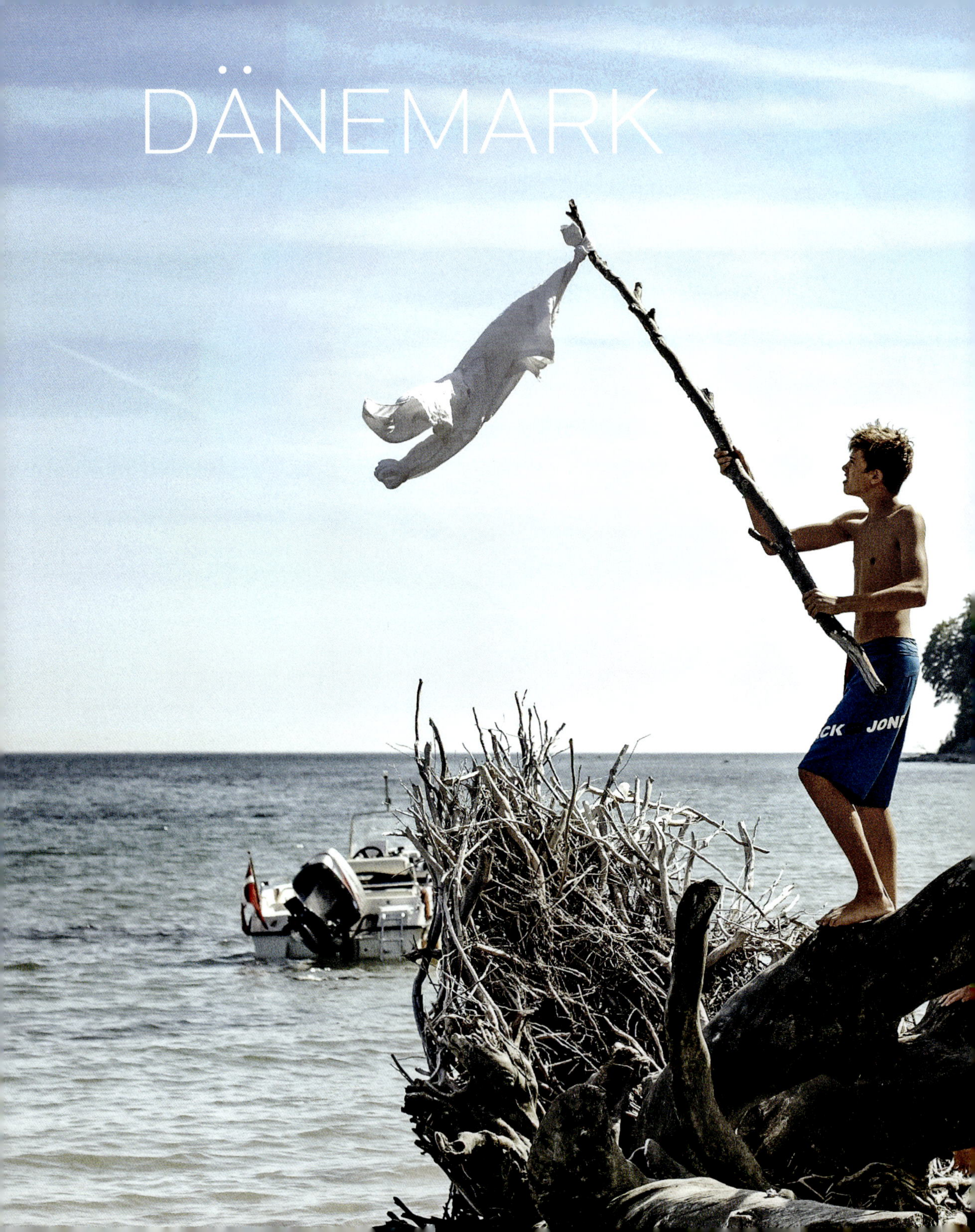

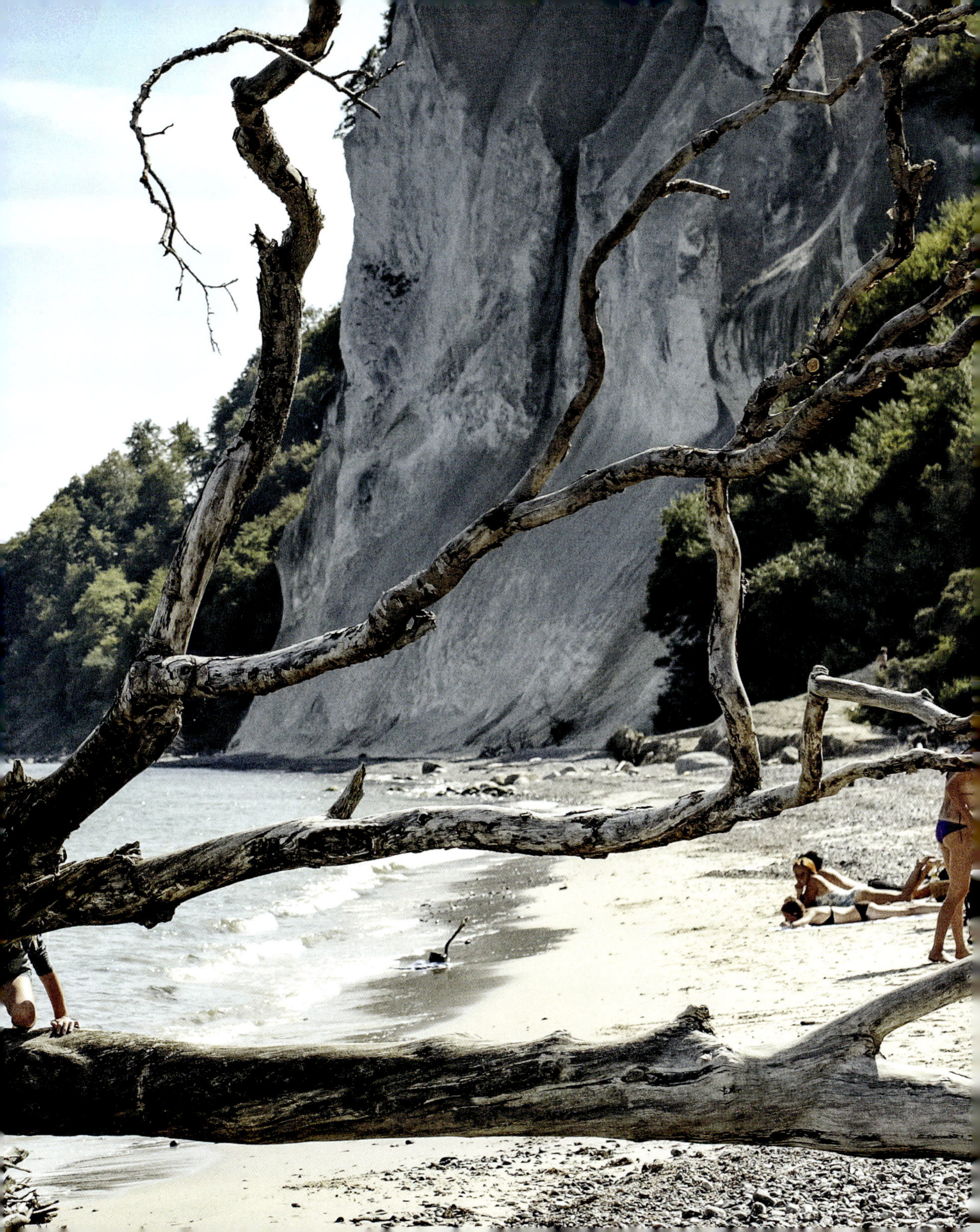

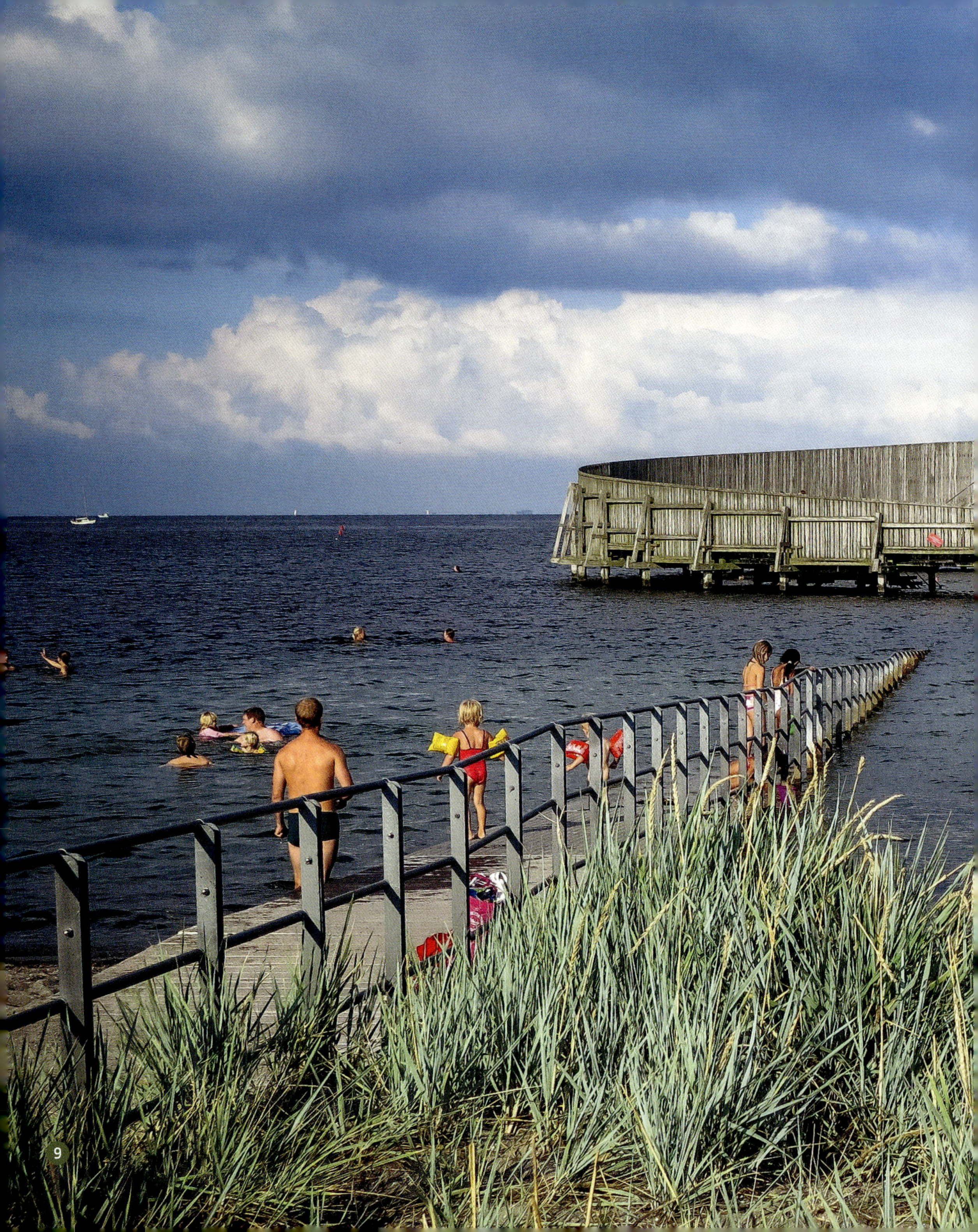

9

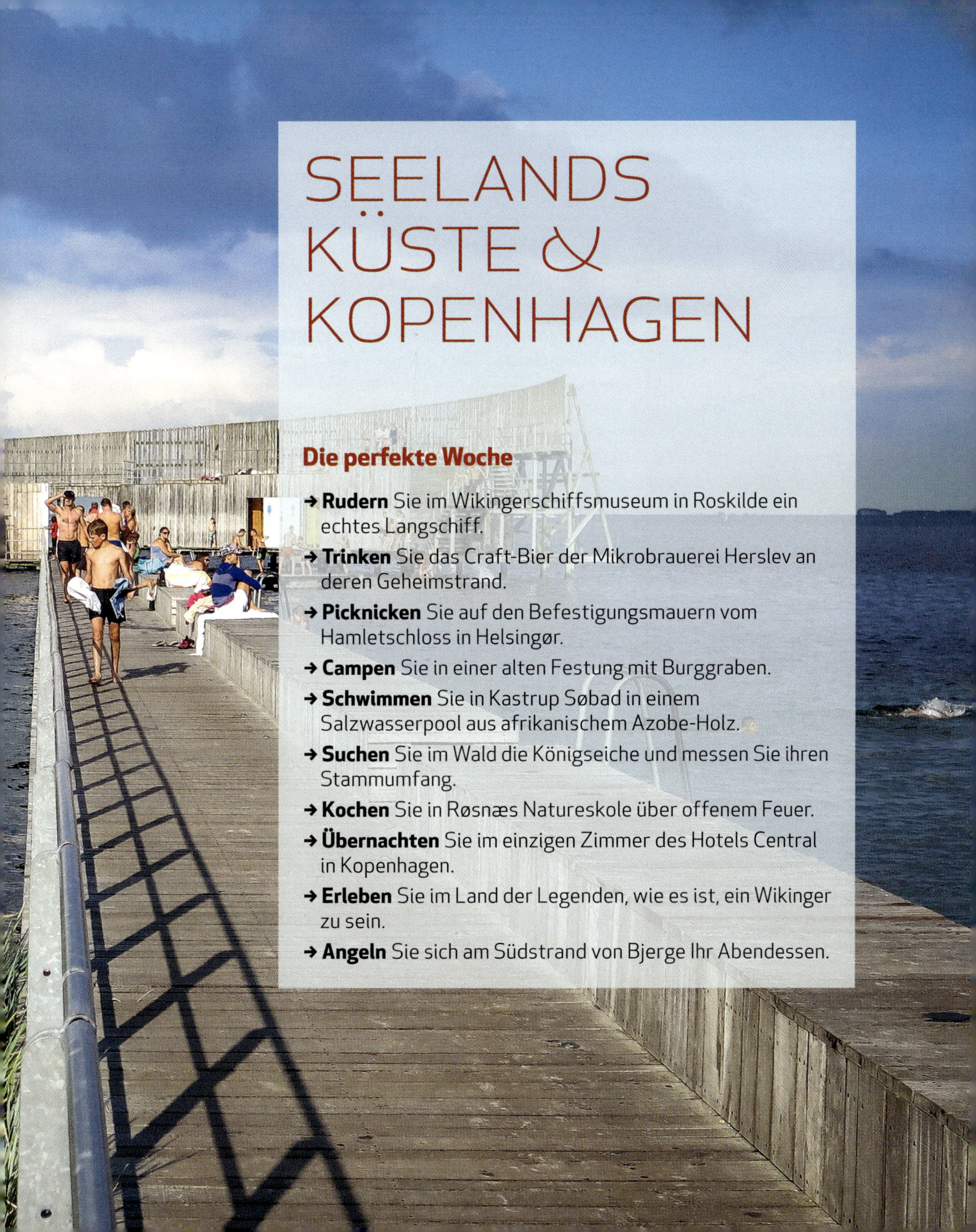

SEELANDS KÜSTE & KOPENHAGEN

Die perfekte Woche

- → **Rudern** Sie im Wikingerschiffsmuseum in Roskilde ein echtes Langschiff.
- → **Trinken** Sie das Craft-Bier der Mikrobrauerei Herslev an deren Geheimstrand.
- → **Picknicken** Sie auf den Befestigungsmauern vom Hamletschloss in Helsingør.
- → **Campen** Sie in einer alten Festung mit Burggraben.
- → **Schwimmen** Sie in Kastrup Søbad in einem Salzwasserpool aus afrikanischem Azobe-Holz.
- → **Suchen** Sie im Wald die Königseiche und messen Sie ihren Stammumfang.
- → **Kochen** Sie in Røsnæs Natureskole über offenem Feuer.
- → **Übernachten** Sie im einzigen Zimmer des Hotels Central in Kopenhagen.
- → **Erleben** Sie im Land der Legenden, wie es ist, ein Wikinger zu sein.
- → **Angeln** Sie sich am Südstrand von Bjerge Ihr Abendessen.

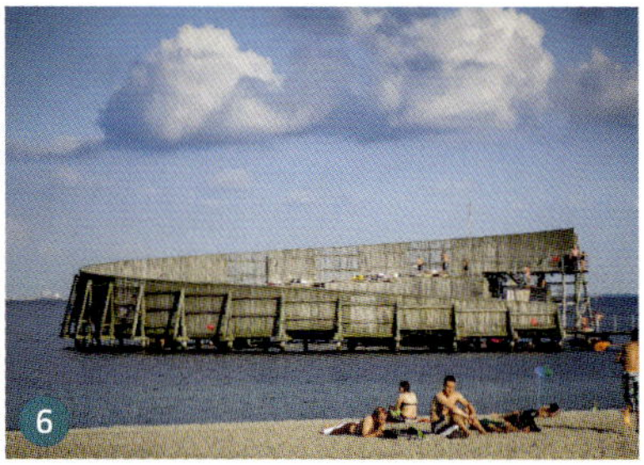

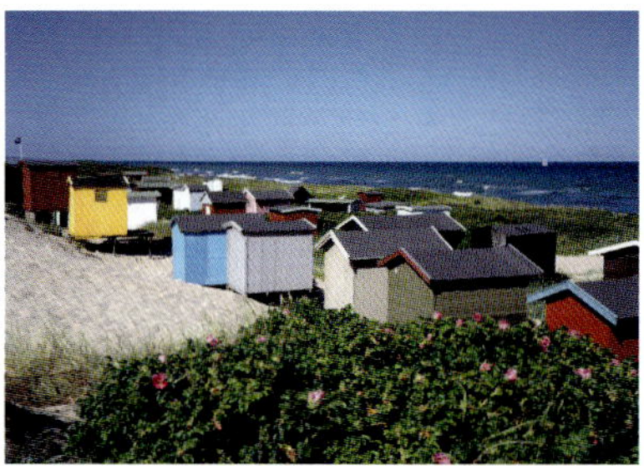

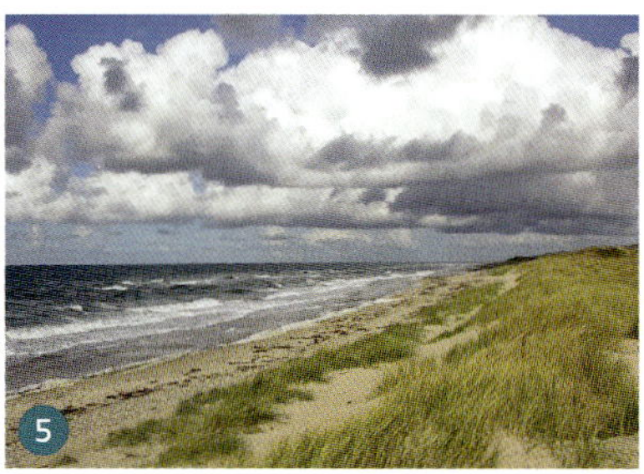

Wenn man von der dänischen Hauptstadt Kopenhagen die Ostküste Richtung Norden fährt und nach Helsingør kommt, könnte man glauben, dort sei die Zeit stehen geblieben. Ein eindrucksvolles Märchenschloss wacht hier über den Øresund (der Sund zwischen Schweden und Dänemark), der an dieser Stelle 4 km breit ist. Das Schloss heißt Kronborg und ist vielleicht besser bekannt als Hamletschloss.

Dänemark besteht aus mehr als 400 Inseln, und Seeland ist die größte. Seit 2000 ist Seeland mit dem schwedischen Festland durch die beeindruckende Øresund-Brücke verbunden, die fast 8 km lang ist. Viele nutzen sie, um zu pendeln, und überqueren den Sund jeden Tag, um in Malmö (auf der schwedischen Seite) zur Arbeit zu fahren.

Wo auch immer Ihre Abenteuer Sie hinführen, der Strand ist nie weit. Auch um Kopenhagen gibt es tolle Bademöglichkeiten, und am Øresund, nicht weit vom Stadtzentrum, gibt es drei ganz besondere Salzwasserbäder. Zelten Sie vor den Toren der Stadt in einer Festung aus dem 19. Jahrhundert (siehe 22) und nehmen Sie am nächsten Morgen den autofreien Fahrradweg nach Kopenhagen, um die Erkundung der Stadt mit einem erfrischenden Bad zu beginnen.

Überall in Dänemark werden Sie auf Zeugnisse der Wikingerzeit stoßen. Das Wikingerschiffsmuseum in Roskilde ist auf jeden Fall einen Besuch wert und hat ein paar besonders interessante archäologische Funde parat. Darunter z. B. eines von mehreren Wikingerschiffen, die im 11. Jahrhundert als Unterwasserblockade in einem der benachbarten Fjorde versenkt wurden.

Laut einer alten nordischen Sage soll die Göttin Gefion die Insel Seeland aus dem schwedischen Festland gerissen haben. Wenn Sie sich eine schwedische Karte ansehen, werden Sie feststellen, dass der Vänernsee (der größte See) tatsächlich eine Seeland sehr ähnliche Form aufweist.

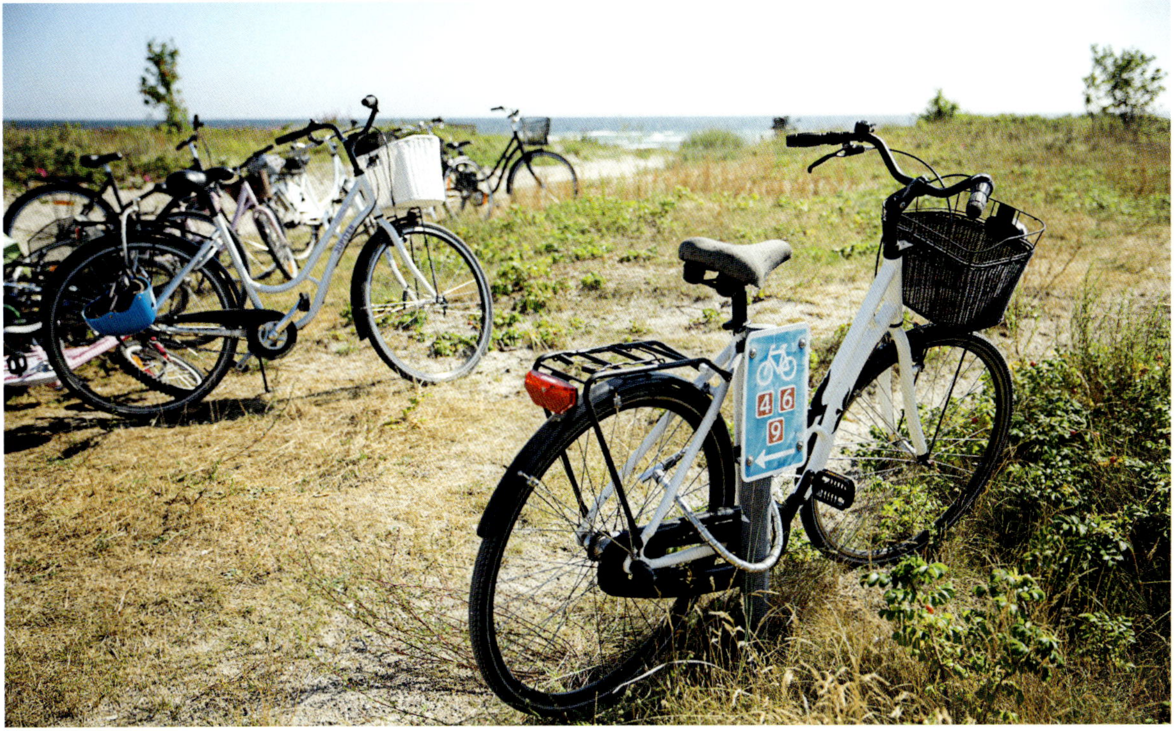

STRÄNDE

1 GUDMINDRUP STRAND

Klassischer dänischer Sandstrand mit Dünen, im Sommer mit Strandaufsicht. Flach abfallend, keine gefährliche Strömung, daher toll für Kinder. Beliebt bei Windsurfern und Kitern, und man kann Boards und Zubehör leihen. An der Westküste Seelands, nur wenige Stunden von Kopenhagen.

→ Der Strand verläuft westlich und parallel zur R21, auf der Höhe von Gudmindrup.

10 Min., 55.908, 11.5277

2 SANDDOBBERNE STRAND

Sandstrand mit großer Lagune vor den Dünen, sodass man sich fast vorkommt wie auf einer einsamen Insel. Strand und Dünen stehen unter Naturschutz und gehören zum Geopark Odsherred, ein Gebiet, das einst durch Eismassen bedeckt war. Die Lagune erwärmt sich in der Sonne und ist schön zum Planschen.

→ Von Snertinge auf der R225 für 7,5 km nach Norden. Die Straße verläuft ca. 2 km parallel zum Strand. Parkplatz zwischen Straße und Strand.

5 Min., 55.7750, 11.3808

3 BJERGE SYDSTRAND

Noch ein typisch dänischer Strand mit Dünen und viel Platz. Bringen Sie eine Angel mit und fangen Sie sich vom Strand aus Ihr Abendessen!

→ Von Kalundborg auf der R22 für ca. 10 km Richtung Süden, dann, kurz vor der OK-Tankstelle, rechts auf den Nørrevang, der direkt zum Strand führt.

5 Min., 55.5774, 11.1526

4 HØVE STRAND

Schöner grobsandiger Strand an einem Wald, der bis zum Strand reicht (bringen Sie eine Hängematte mit!). Beliebt bei FKKlern.

→ Auf der R225 durch Høve weiter bis Høve Strand.

5 Min., 55.8585, 11.5091

5 TISVILDELEJE STRAND

Je weiter man an diesem Strand entlanggeht (in entgegengesetzter Richtung zum Ort), desto schöner wird er. Dahinter liegen hohe Dünen und Gestrüpp, dann Wald. Klares, sauberes Wasser und ein flach abfallender Strand (gut geeignet für Kinder). Der Name „Tisvilde“ leitet sich von „Ti's Vælde“ ab und bedeutet, dass der Ort der nordischen Gottheit Tyr geweiht ist.

→ Von Rågeleje auf der R237 Richtung Westen bis zum Straßenende. Vom Parkplatz kann man in beide Richtungen gehen.

56.0630, 12.0746

SCHWIMMEN

6 KASTRUP SØBAD

Schönes Salzwasserbad aus Azobe, ein besonders widerstandsfähiges afrikanisches Hartholz. Das Bad hat Sprungtürme, einen tollen Blick auf die Øresund-Brücke und ist nachts beleuchtet. In der Nähe von Kopenhagen.

→ An der Ostküste von Amager, 5 km nördlich vom dänischen Ende der Øresund-Brücke und am südlichen Ende von Amager Strandpark. Amager Strandvej 301, 2770 Kastrup, +45 30 760235.
www.taarnby.dk/oplev-taarnby/strand-og-hav/kastrup-soebad

55.6453, 12.6494

7 DRAGØR SØBAD

Altes Salzwasserbad mit drei Becken – ein gemischtes und zwei nach Geschlechtern getrennte, in denen man nackt schwimmen darf. Wände zu drei Seiten sorgen für Privatsphäre und Windschutz.

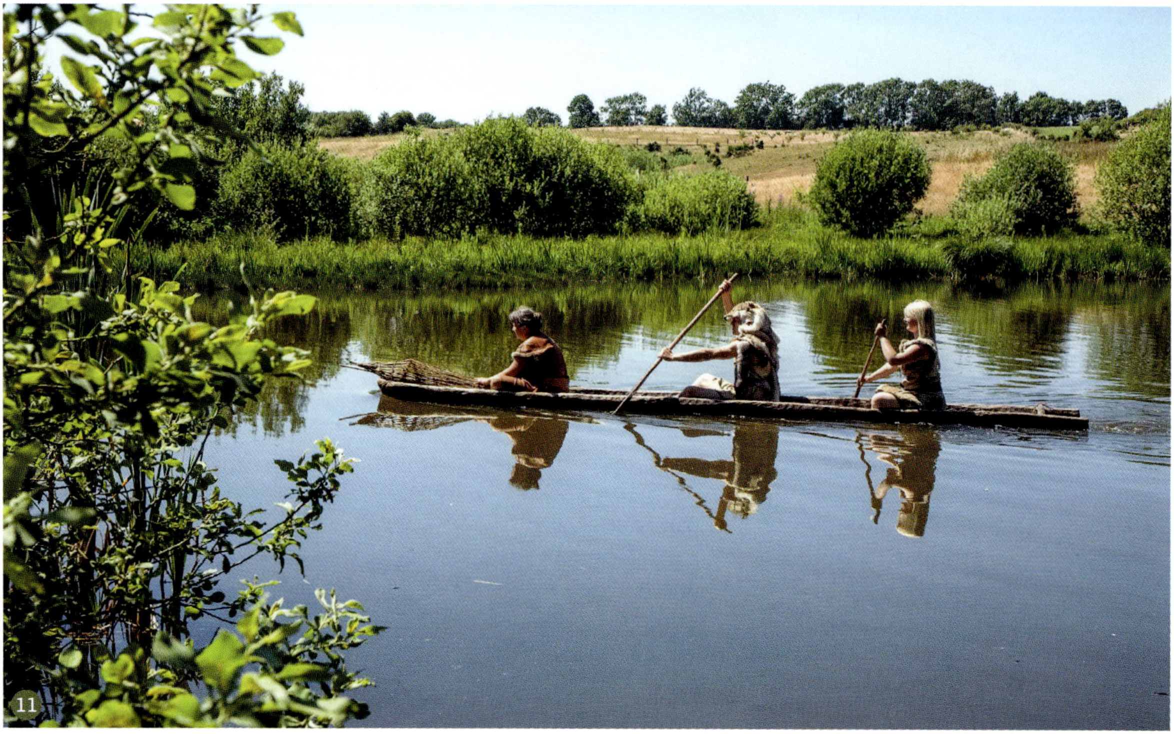

11

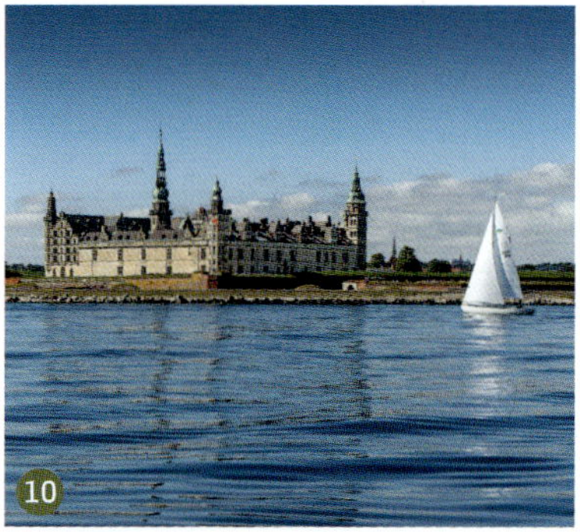

10

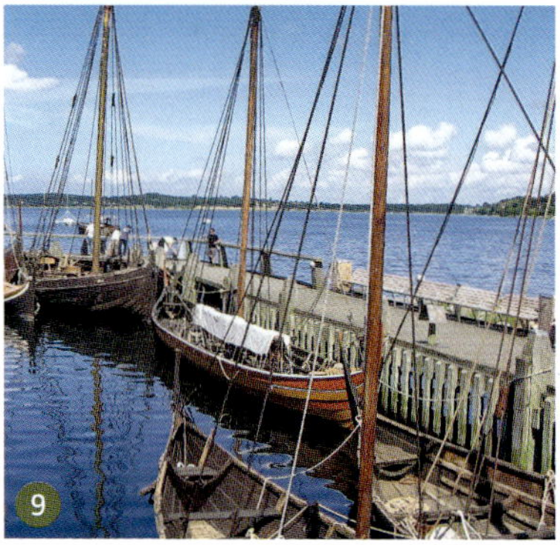

9

➜ An der Ostküste von Amager. 8 km südlich vom dänischen Ende der Øresund-Brücke, unmittelbar südwestlich vom Dragør Fort. Batterivej 15, 2791 Dragør, +45 32 530564. www.hollaenderhallen.dk
55.5869, 12.6755

8 HELGOLAND
Eines der ältesten Salzwasserbäder in Kopenhagen, erbaut 1913 und 2008 von Grund auf renoviert. Während der Renovierung erwarben viele der regelmäßigen Gäste die alten Holzplanken als Souvenir. Es gibt einen gemischten Bereich und zwei nach Geschlechtern getrennte Bereiche, wo auf Badekleidung verzichtet werden darf. Das Wasser ist tief, also eher etwas für Erwachsene.

➜ An der Ostküste von Amager, 7 km nördlich vom dänischen Ende der Øresund-Brücke und am Nordende von Amager Strandpark. Helgoland Badeanstalt, Øresundsstien 11, 2300 Kopenhagen S, +45 26 302482. www.amager-strand.dk/content/helgoland
55.6637, 12.6401

KULTUR & GESCHICHTE

9 WIKINGERSCHIFFSMUSEUM ROSKILDE
Ausgezeichnetes Museum über die Geschichte von Seefahrt, Schiffsbau und Schiffen in Dänemark im Mittelalter und Altertum. Zu den Ausstellungsstücken gehören auch die Überreste diverser Schiffe, die im 11. Jahrhundert absichtlich im Roskilde-Fjord versenkt wurden, um als Unterwasserbarriere vor Angriffen zu schützen. Außerdem gibt es hier das mit 36 m längste Wikingerschiff zu bestaunen, das je gefunden wurde. Auf dem Fjord schwimmt die 29,4 m lange, rekonstruierte Havhingsten (Seehengst), die 2007 von Roskilde nach Dublin unterwegs war.

➜ Das Museum liegt direkt in Roskilde am Wasser: Vindeboder 12, 4000 Roskilde, +45 46 300200. www.vikingeskibsmuseet.dk
55.6508, 12.0805

10 KRONBORG SLOT
Dieses Schloss in Helsingør ist Schauplatz von Shakespeares Hamlet und UNESCO-Weltkulturerbe. In den 1420ern entstand hier die erste Festung, die Friederich II. im 16. Jahrhundert erweiterte. 1629 wurde sie durch ein Feuer zerstört und von seinem Sohn wieder aufgebaut. Laut Sage schläft

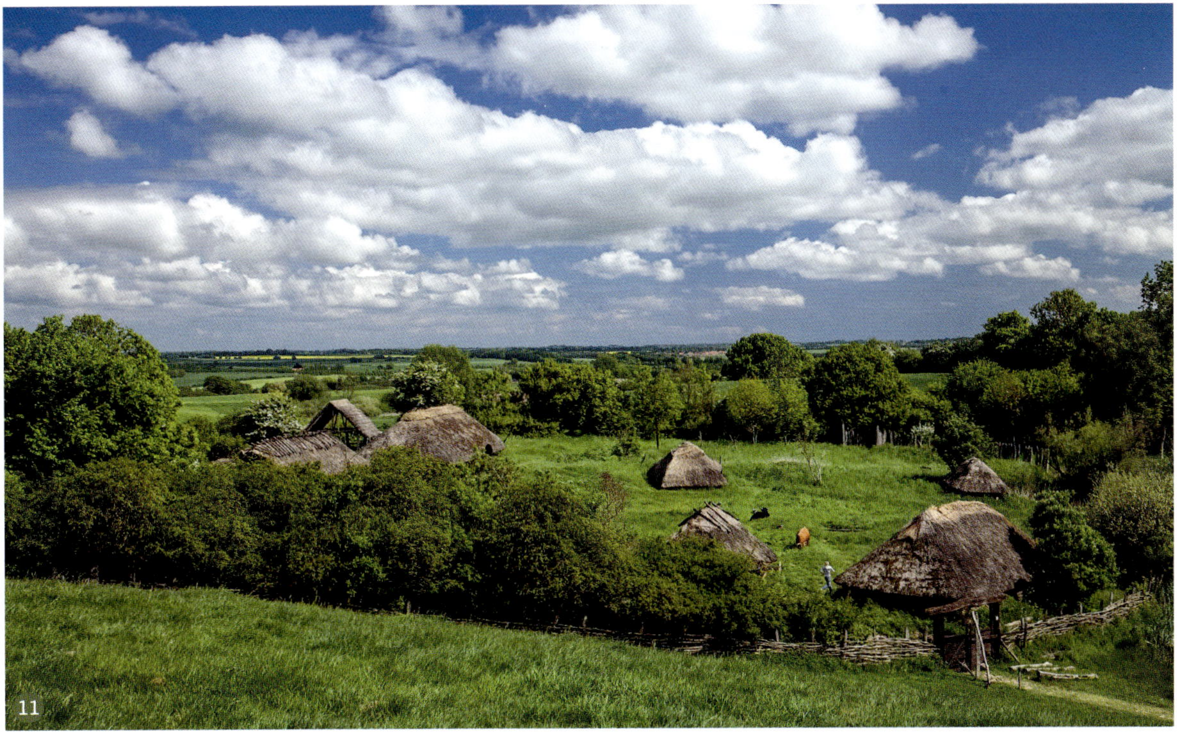

11

Holger, der Däne, unter dem Schloss und wird zurückkehren, sollte Dänemark je in Gefahr sein. Im Zweiten Weltkrieg war „Holger Danske“ der Name einer dänischen Widerstandsgruppe.

➔ Das Schloss liegt auf einer Landspitze in Helsingør. Von der E47, nördlich vom Anleger der Fähre nach Helsingborg, ausgeschildert. Kronborg 2C, 3000 Helsingør, +45 49 213078. www.kronborg.dk

5 Min., 56.0390, 12.6212

11 SAGNLANDET, LAND DER LEGENDEN

Archäologisches Freilichtmuseum mit zahlreichen Rekonstruktionen, z. B. ein Dorf aus der Eisenzeit, ein Opfermoor, ein Gehöft aus dem 18. Jahrhundert und ein Wikingermarkt. Viele Familien machen hier eine Woche Urlaub und lassen in historischen Kostümen die Vergangenheit wieder aufleben.

➔ Von Roskilde auf der R21 für 10 km Richtung Westen, dann links auf den Orehøjvej, nach 3,2 km rechts auf die Ledreborg Allé. Am Ende der Straße rechts auf die Slangealleen bis zum Museum (1,3 km). Slangealleen 2, 4320 Lejre, +45 46 480878. www.sagnlandet.dk

5 Min., 55.6160, 11.9439

12 WIKINGERBURG TRELLEBORG

Bestes Beispiel einer Ringburg (Trelleborg) aus der Wikingerzeit. Oft von einem Burggraben umschlossen, mit Straßen und Toren in alle vier Himmelsrichtungen. Diese wurde ca. 980 v. Chr. erbaut, und an einem Wochenende im Juli wird hier jedes Jahr ein Wikingermarkt abgehalten. Wahrscheinlich wurde sie von König Harald Blauzahn errichtet, dem Namensgeber der Bluetooth-Technologie.

➔ Von Hejninge auf dem Hejningvej Richtung Süden, die erste rechts und auf der Trelleborg Allé Richtung Westen, direkt zum Museum der Burg. Trelleborg Allé 4, Hejninge, 4200 Slagelse, +45 58 549506. www.vikingeborgen-trelleborg.dk

5 Min., 55.3940, 11.2656

NATUR & TIERWELT

13 RØSNÆS

Sehr schroffe, schöne Halbinsel mit Wald, Klippen und einem schmalen Sandstrandstreifen. Büsche und Bäume sind vom Wind geformt, und von den Klippen hat man einen fantastischen Blick übers Meer. In der kleinen Naturschule werden Bauernhoftiere gehalten, und es wird ein naturkundliches Bildungsprogramm angeboten.

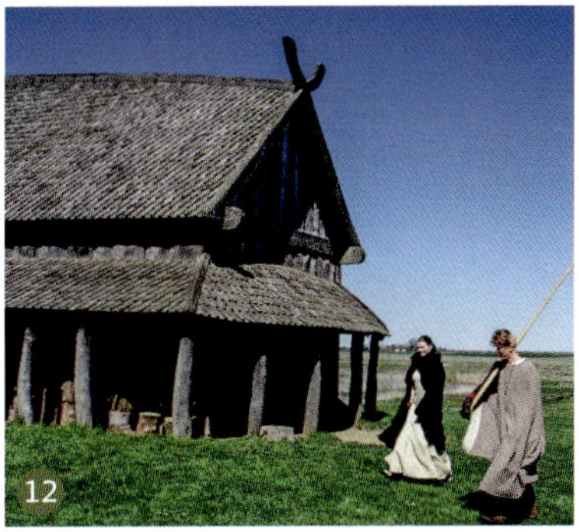

12

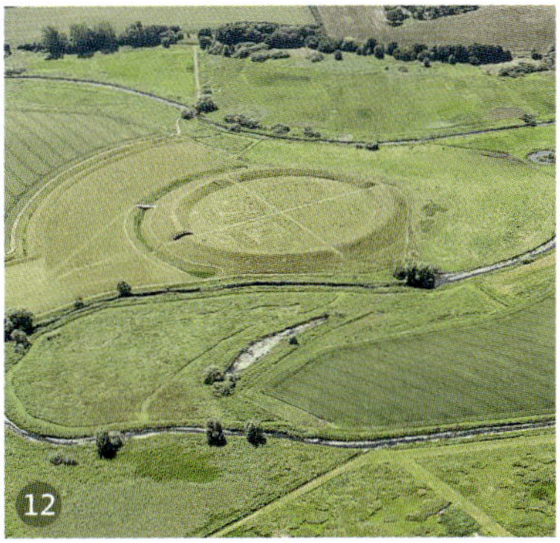

12

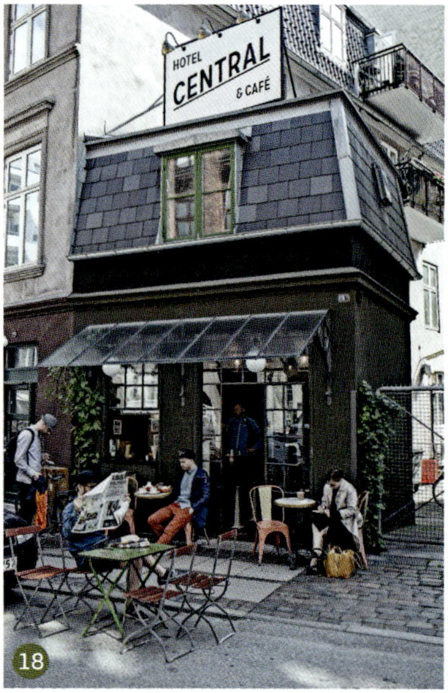

18

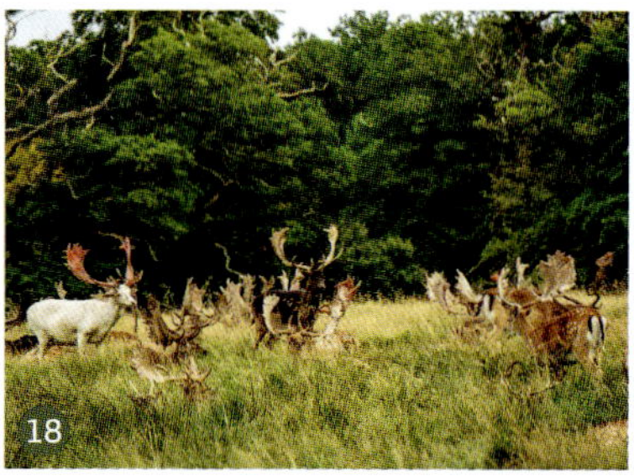
18

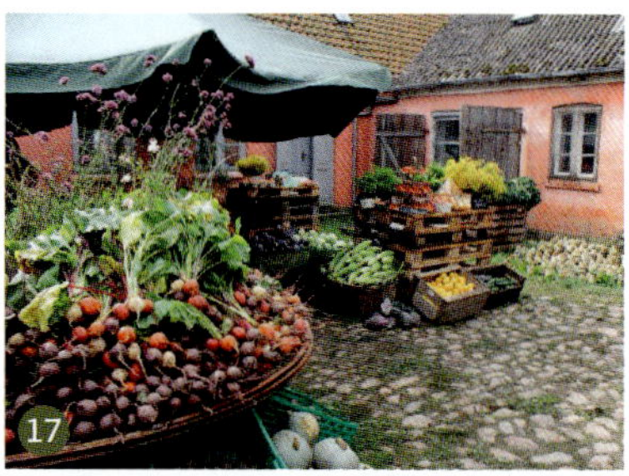
17

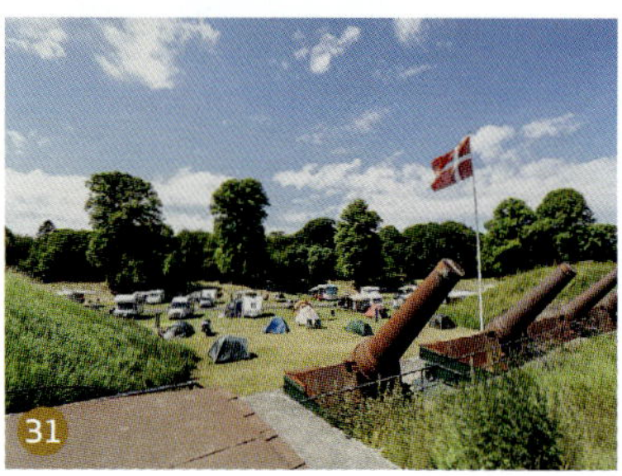
31

Die Feuerstelle mit Tischen ist ideal für ein Picknick.

➔ Man erreicht die Halbinsel Røsnæs von Kalundborg über den Røsnæsvej (Richtung Westen). Røsnæs Naturskole, Røsnæsvej 458, 4400 Kalundborg, +45 59 509776. www.rns.dk

15 Min., 55.7394, 10.8928

14 JÆGERSBORG DYREHAVEN

11 km² großer Park in der Nähe von Kopenhagen mit vielen alten Eichen und über 2.000 Dam- und Rothirschen.

➔ Der Park liegt 1 km östlich von der E47, auf Höhe von Hjortekær. Weitere Informationen über Jægersborg, Dyrehaven, 2930 Klampenborg, +45 39 973900. www.ltk.dk/jaegersborg-dyrehave

15 Min., 55.8027, 12.5752

15 TYSTRUP-BAVELSE-SEEN

Zwei Seen, die ein kurzer Kanal durch eine Landzunge miteinander verbindet. Dieser Kanal ist die Suså, die durch die 20 m tiefen Seen hindurchfließt, die in der letzten Eiszeit durch Gletscherschmelzwasser entstanden sind. Schön zum Vögelbeobachten und Schwimmen.

➔ Von Sorø auf der R157 Richtung Süden. Nach 10 km liegt der Tystrup auf der Ostseite der Straße.

10 Min., 55.3660, 11.5692

16 KONGEEGEN

Das Alter der Königseiche wird auf 1500–2000 Jahre geschätzt, der Stammumfang beträgt 14 m. Wahrscheinlich die älteste Eiche Nordeuropase.

➔ Die Eiche befindet sich am nordwestlichen Ufer vom Roskilde Fjord, gegenüber von Ølsted. Karte konsultieren.

20 Min., 55.9103, 11.9892

KULINARISCHES

17 FUGLEBJERGGAARD

Faszinierender Biohof mit Hofladen, fantastischem Café, Restaurant und Kochschule. Eine wunderbare Gelegenheit, die skandinavische Biogastronomie von ihrer besten Seite kennenzulernen.

➔ 55 km nördlich von Kopenhagen. Hemmingstrupvej 8, 3200 Helsinge, +45 48 393943.

56.0561, 12.2427

18 HERSLEV BRYGHUS

Charmante Mikrobrauerei in schöner Umgebung in Herslev, dem Zentrum vom Nationalpark Skjoldungelandet. Probieren Sie das leckere Biobier (z. B. mit Honig und Kamille) und decken Sie sich gleich mit Vorräten für eine Nacht am Strand ein. Die Mitarbeiter der Brauerei können Ihnen Campingtipps geben.

➔ Im Ortszentrum von Herslev, ca. 10 km nordöstlich von Roskilde, Kattingevej 16, Herslev, 4000 Roskilde, +45 46 401807. www.herslevbryghus.dk

55.6695, 11.9850

ÜBERNACHTEN

19 CENTRAL HOTEL & CAFÉ

Originelles superkleines Hotel in Kopenhagen mit nur einem Zimmer. Es befindet sich über einem winzigen Café mit nur 5 Sitzplätzen. Rechtzeitig buchen!

➔ Tullinsgade Ecke Gammel Kongvej, 800 m westlich von Vesterport Station. Tullinsgade 1, 1610 Kopenhagen V, +45 33 210095. www.centralhotelogcafe.dk

55.6740, 12.5515

20 HOTEL DRAGSHOLM SLOT

Ursprünglich 1215 erbaut, dann im 17. Jahrhundert im Barockstil umgebaut und jetzt ein Hotel. Eines der ältesten Schlösser Dänemarks und das älteste Gebäude mit Hotel. Gleich drei Geister sollen dort spuken. Schön gelegen und mit Gourmetrestaurant.

➔ An der R225 (Kalundborgvej), 8,5 km nördlich von Snertinge. Dragsholm Allé, 4534 Hørve, +45 59 653300. www.dragsholm-slot.dk

55.7711, 11.3910

21 NAKKEHOVED ØSTRE FYR

Bed & Breakfast in einem alten Leuchtturmwärterhäuschen von 1772. Der Leuchtturm ist einer der wenigen noch erhaltenen kohlebefeuerten Leuchttürme auf der Welt. Vom Garten hat man einen Panoramablick aufs Meer und bis nach Schweden.

→ An der Küste, östlich von Gilleleje. Fyrvejen 29 B, 3250 Gilleleje, +45 21 235440. www.bblighthouse.dk

56.1192, 12.3487

22 CHARLOTTENLUND FORT CAMPING

Ungewöhnlicher Campingplatz in einer Festung aus dem 19. Jahrhundert (samt Haubitzen und Burggraben!) nur 7 km vom Stadtzentrum Kopenhagen. Nicht in der freien Natur, aber gemütlich und nur eine 25-minütige Radfahrt vom Herzen der Hauptstadt entfernt. Nur 65 Stellplätze, Küche und Bäder in den alten Kasematten. Es gibt einen Fahrradverleih und ein kleines Café mit frisch gebackenem Brot und Backwaren.

→ Die Festung liegt auf einer Insel in Charlottenlund an der R152. Strandvejen 144 B, 2920 Charlottenlund, +45 44 220065. www.campingcopenhagen.dk

55.7463, 12.5871

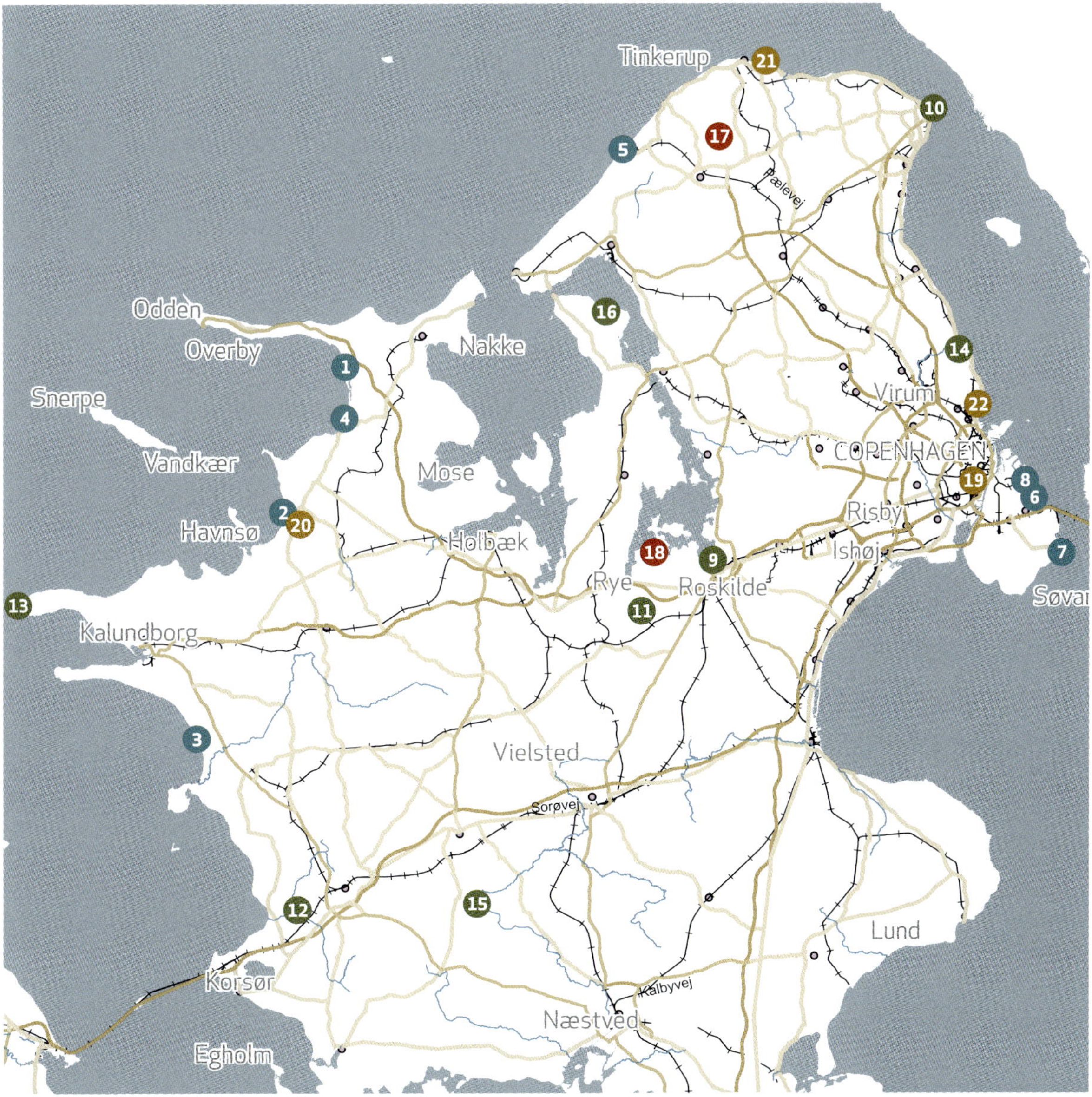

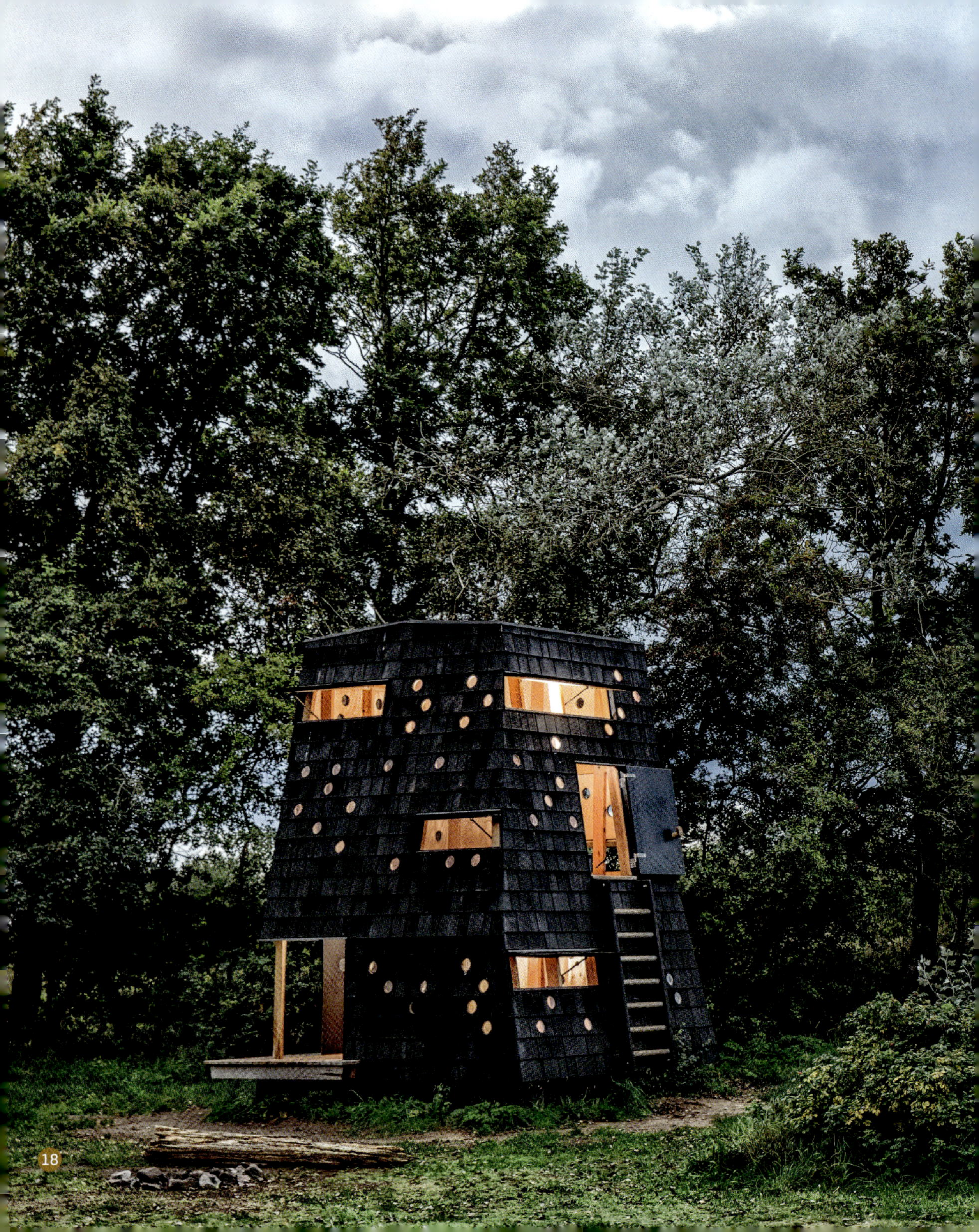

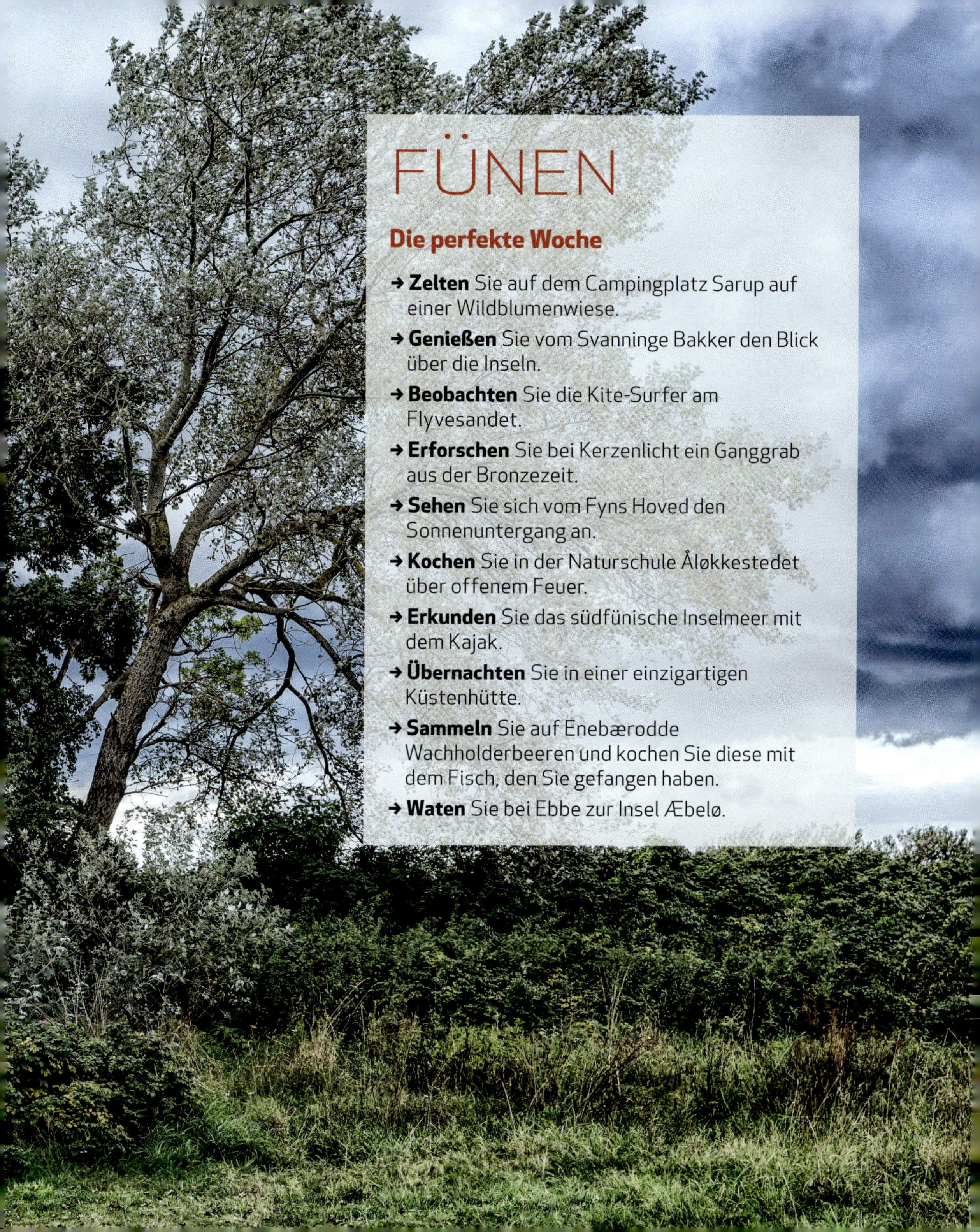

FÜNEN

Die perfekte Woche

- → **Zelten** Sie auf dem Campingplatz Sarup auf einer Wildblumenwiese.
- → **Genießen** Sie vom Svanninge Bakker den Blick über die Inseln.
- → **Beobachten** Sie die Kite-Surfer am Flyvesandet.
- → **Erforschen** Sie bei Kerzenlicht ein Ganggrab aus der Bronzezeit.
- → **Sehen** Sie sich vom Fyns Hoved den Sonnenuntergang an.
- → **Kochen** Sie in der Naturschule Åløkkestedet über offenem Feuer.
- → **Erkunden** Sie das südfünische Inselmeer mit dem Kajak.
- → **Übernachten** Sie in einer einzigartigen Küstenhütte.
- → **Sammeln** Sie auf Enebærodde Wachholderbeeren und kochen Sie diese mit dem Fisch, den Sie gefangen haben.
- → **Waten** Sie bei Ebbe zur Insel Æbelø.

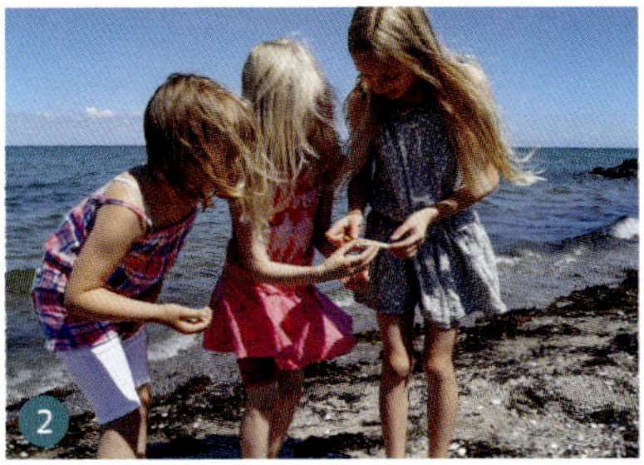

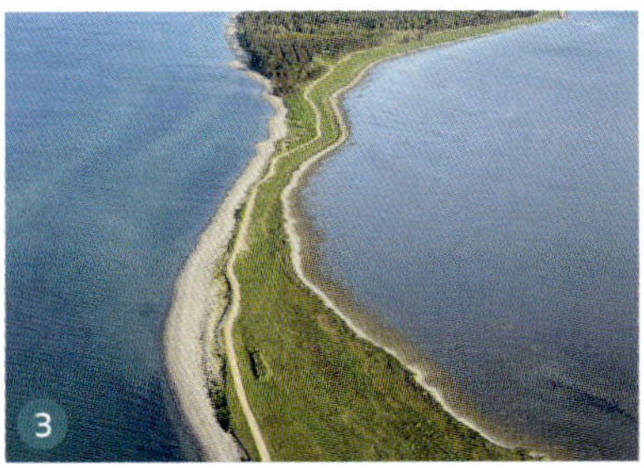

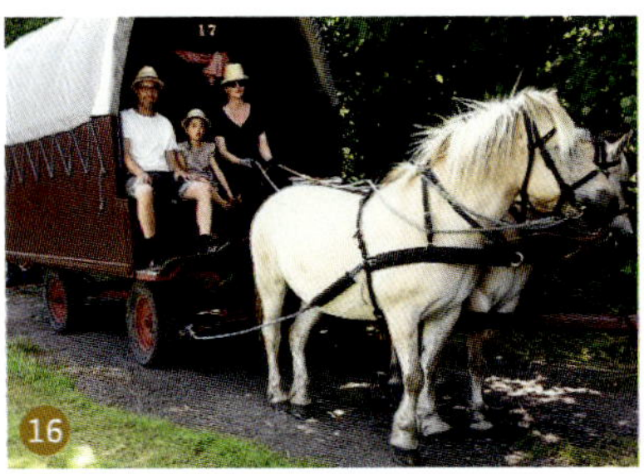

Wenn man auf die Straßen vertraut, um Fünen zu erkunden, verpasst man das Beste, was die Insel zu bieten hat. Ein Kajak ist der Schlüssel für eine Erkundungstour zu unberührten Inseln und versteckten Stränden. Auf den südlichen Inseln kann man in einem Netzwerk schlichter, aber ganz besonderer Hütten (Shelter) am Strand übernachten.

Fünen, die drittgrößte Insel Dänemarks, ist durch eine Brücke mit Seeland verbunden und durch zwei weitere mit Jütland. Die Hauptstadt Odense (benannt nach dem nordischen Gott Odin) liegt zentral am Kopfende eines Fjords mit demselben Namen, die restlichen Städte sind über die 1.100 km lange Küste verstreut. Idyllische Sandstrände prägen diese Küste, und es gibt 96 vorgelagerte Inseln, die meisten davon vor der Südküste.

Im Hinterland findet man reetgedeckte Bauernhöfe mit Weiden und Obstgärten, prähistorische Grabstätten und Schlösser, und diese magische Landschaft besitzt einen reichen Schatz an Märchen und nordischen Mythen. Erzählen Sie Ihren Kindern von Nisse, einer Sagengestalt, die als Schutzgeist in Häusern und Ställen wohnte. Er konnte jedoch auch ziemlich bösartig und lästig sein, deshalb stellten die Leute ihm Essen hin, eine Schüssel Haferbrei zum Beispiel, um ihn zu besänftigen.

Es ist unschwer zu erkennen, woher der weltberühmte Däne Hans Christian Andersen die Ideen für seine unsterblichen Geschichten hatte. Er ist hier aufgewachsen, und Sie werden überall auf Fünen seinen Namen und Statuen der Figuren aus seinen Geschichten entdecken. Wenn es Sie nach Kopenhagen verschlägt, versäumen Sie nicht, auch der Kleinen Meerjungfrau einen Besuch abzustatten.

Warum erkunden Sie die Insel nicht ganz gemächlich mit einer Pferdekutsche, die eingerichtet ist wie ein alter Zirkuswagen? Unterwegs bleibt genug Zeit zum Angeln und Beerensammeln. Egal wie alt Sie sind, auf Fünen können Sie Ihr eigenes Märchenabenteuer erschaffen.

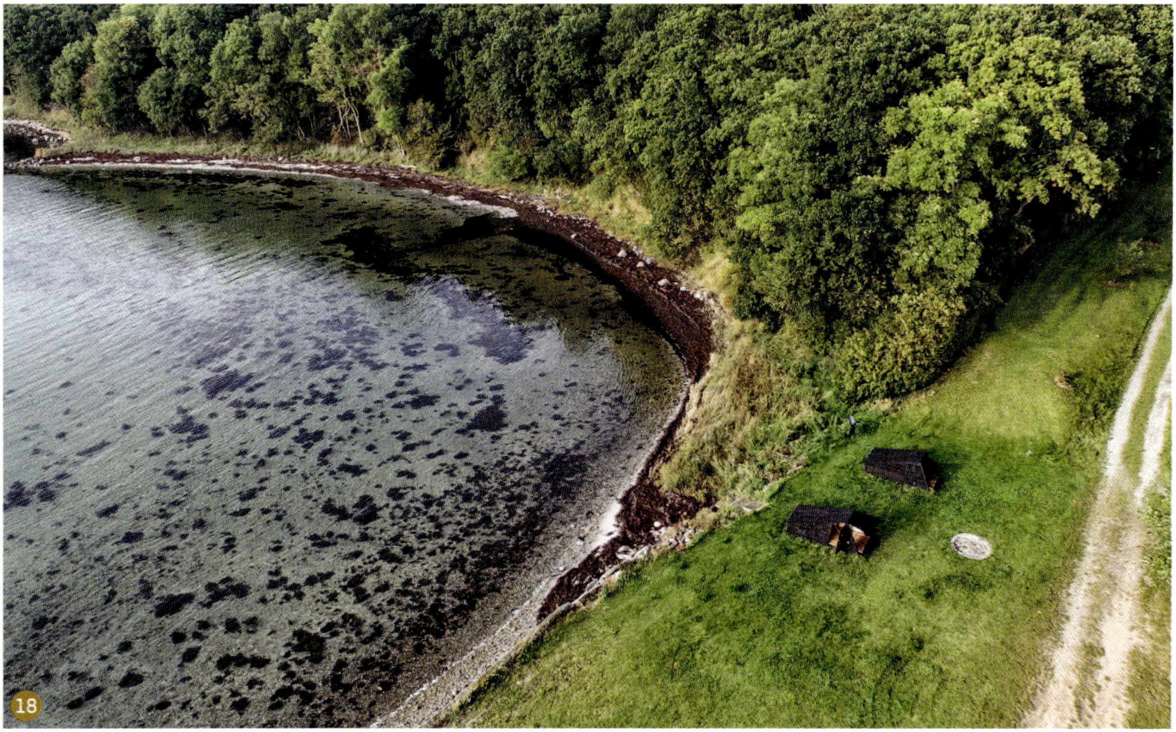

STRÄNDE & INSELN

1 TØRRESØ STRAND

Schmaler Sandstrand in Stadtnähe zum Schwimmen, Windsurfen und Angeln. Anders als die meisten anderen Strände der Gegend hat dieser keine Sanddünen, sondern liegt an einer Straße, was praktisch ist, falls man Ausrüstung an den Strand tragen muss.

→ An der Nordküste Fünens, nördlich von Otterup an der R162.

5 Min., 55.5985, 10.3850

2 FLYVESANDET STRAND

Beliebter Familienstrand an der Nordküste Fünens, westlich von Tørresø (siehe 1) und nordwestlich von Otterup. Der Strand ist flach abfallend und für Kinder sicher. Klettern Sie in die Dünen und sehen Sie den Wind- und Kite-Surfern zu.

→ Von Agernæs dem Flyvesandsvej Richtung Westen bis zum Ende der Straße folgen. Der Strand liegt neben dem Campingplatz.

10 Min., 55.6220, 10.2979

3 ENEBÆRODDE

Die Landzunge, 6 km lang und zwischen 20 m und 750 m breit, ist Naturschutzgebiet mit reicher Tier- und Pflanzenwelt. Enebær bedeutet „Wachholder", und den gibt es hier im Überfluss. Man sieht außerdem Kreuzottern und Eidechsen und hat einen exzellenten Blick über den Odense-Fjord, der Vogelschutzgebiet ist.

→ Von Hasmark (östlich von der R162) den Strandvejen bis zur Küste, parken. Zu Fuß den Halshusene Richtung Südosten die Küste entlang, dann über den Damm nach Enebærodde.

90 Min., 55.5218, 10.5531

4 DREJØ

Idyllische, kleine Insel mitten im südfünischen Archipel, 4,26 km² und an der breitesten Stelle 2 km. Hübsches Dorf mit Fachwerkhäusern, Sandstrände und eine Fährfahrt durch den malerischen Svendborgsund.

→ Fähre M/F Højestene ab Svendborg (55.0575, 10.6144), +45 6223 3080. www.svendborg-havn.dk/højestene,

75 Min., 54.9708, 10.4190

5 SKARØ

Kleine Insel des südfünischen Archipels in der Mündung des Svendborgsunds. Nur 1,97 km lang, die man locker zu Fuß oder mit dem Rad erkunden kann. Salzwiesen mit zahlreichen Vögeln und unberührte Sandstrände.

→ Wird von derselben Fähre angefahren wie Drejø (siehe 4).

35 Min., 55.0054, 10.4651

6 KAJAKTOUR

Erkunden Sie die 55 Inseln des südfünischen Archipels mit dem Kajak. Anfänger bleiben in Ufernähe, wer etwas mehr Erfahrung hat, kann zwischen den Inseln hin und her fahren. Kajaks und Zubehör leiht man bei Nicus Nature, wo man auch Sicherheitstipps und Hilfe bei der Planung einer passenden Route bekommt. Wer mehrere Tage unterwegs ist, kann in Küstenhütten übernachten (siehe 18).

→ Nicus Nature befindet sich in Svendborg in Hafennähe. Kullinggade 2, 5700 Svendborg, +45 40 418982. www.nicusnature.com

55.0569, 10.6126

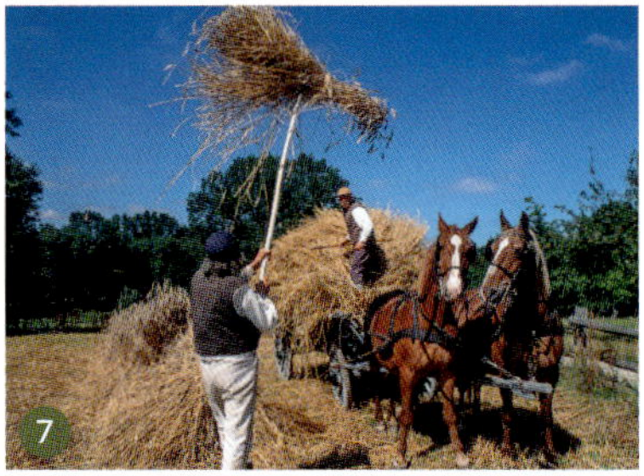

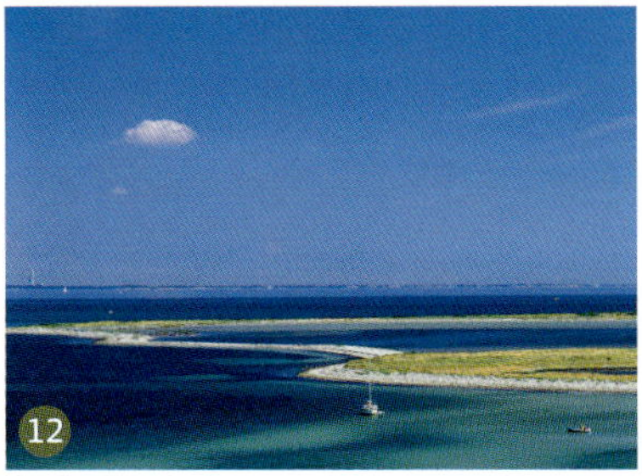

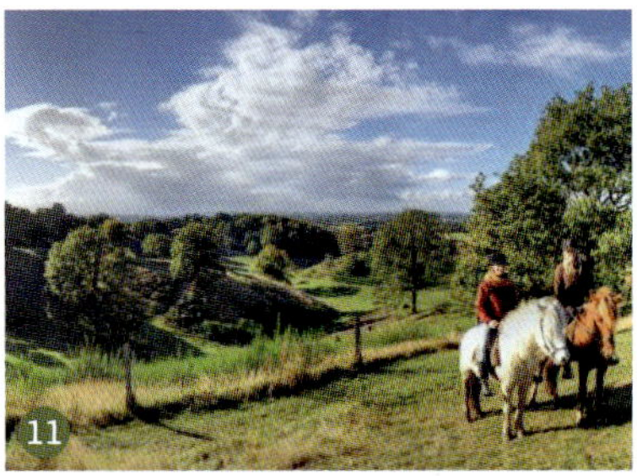

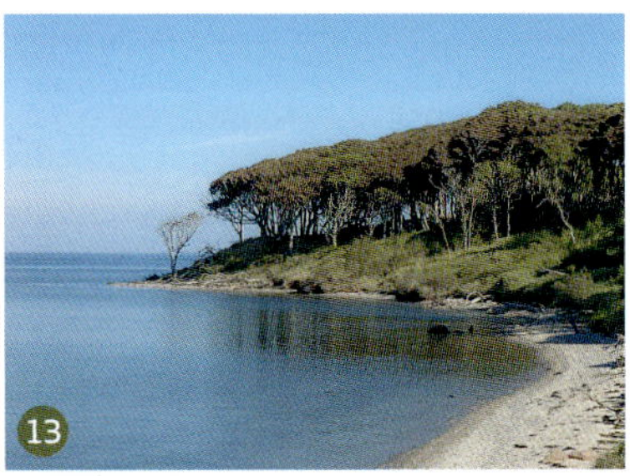

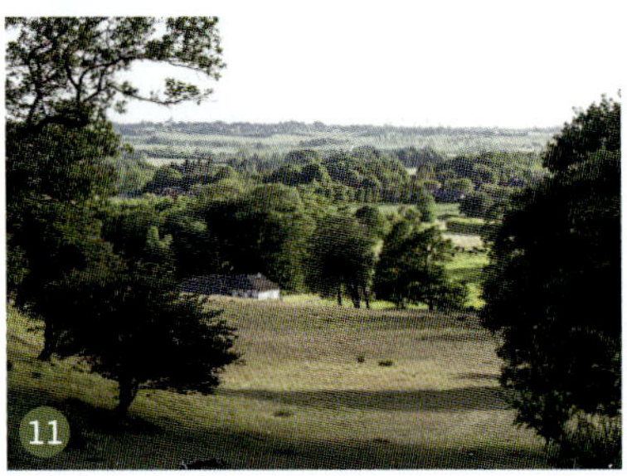

KULTUR & GESCHICHTE

7 DEN FYNSKE LANDSBY

Faszinierendes Freilichtmuseum mit Gebäuden aus dem 18. und 19. Jahrhundert. Das Land wird so verwaltet und bewirtschaftet wie in den 1850ern, auf den Weiden grasen alte Pferde- und Rinderrassen, und im Dorf verrichten Statisten in traditionellen Kleidern tägliche Arbeiten, wie z. B. Kühe melken und Brot backen.

→ Ca. 2 km nördlich von der Ausfahrt 50 auf der E20, Sejerskovvej 20, 5260 Odense S, +45 65 514601. www.museum.odense.dk

55.3665, 10.3852

8 NORDFYNS-MUSEUM

Schönes regionales Museum mit archäologischen Funden aus Nordfünen, hauptsächlich aus der Wikingerzeit. Außerdem gibt es eine Ausstellung über die Geologie der Insel Æbelø (siehe 13).

→ Das Museum befindet sich in Bogense, in Hafennähe. Vestergade 16, 5400 Bogense, +45 64811884, www.nordfynsmuseum.dk

55.5649, 10.0861

9 GLAVENDRUPSTENEN

Spektakulärer Runenstein mit der längsten Inschrift (210 Runen) Dänemarks. Errichtet ca. 900 von Ragnhild, in Gedenken an ihren Mann Alle. Er ist Teil einer der längsten erhaltenen Schiffssetzungen in Dänemark (60 m lang, 12 m breit). Die Inschrift endet mit einem Fluch.

→ Der Stein liegt in einem Waldstück, 0,5 km nördlich von Glavendrup (55.5053, 10.2945) an der Straße Stenager. Der Eingang befindet sich links.

55.5090, 10.2973

10 MÅRHØJ JÆTTESTUE

Größtes Ganggrab aus der Bronzezeit auf Fünen und sehr gut erhalten. Bringen Sie eine Taschenlampe oder, noch besser, ein paar Kerzen mit, da es im Innern sehr dunkel ist. Faszinierend, aber auch ein bisschen gruselig.

→ Von Martofte auf der R315 für 500 m Richtung Norden und die erste rechts. Nach ca. 800 m sieht man 280 m weiter links mitten auf dem Feld den Hügel.

5 Min., 55.5588, 10.6621

NATUR & TIERWELT

11 SVANNINGE BAKKER

Die Hügel von Svanninge sind Ende der letzten Eiszeit entstanden und seit der Steinzeit besiedelt. Ursprünglich bewaldet, doch im Lauf der Zeit haben die Bewohner alle Bäume gefällt. Jetzt Teil eines Naturschutzprojekts. Toller Blick über Südfünen und das südfünische Inselmeer.

→ Östlich von Svanninge (an der R329).

20 Min., 55.1273, 10.2504

12 HINDSHOLM

Die Halbinsel Hindsholm ragt in den Kattegat. Idyllische Mischung aus kleinen Dörfern, weißen Sandstränden, sanften Hügeln und rauen Weiten. Fyns Hoved ist der nördlichste Punkt Fünens. Die vielen Bruchsteinmauern entstanden 1810, nachdem sieben Bauern in Nordskov sich darauf geeinigt hatten, das Land so aufzuteilen, dass jeder ein Stück im Norden und ein Stück im Süden bekam. Im Zweiten Weltkrieg bauten die Deutschen hier viele Verteidigungsanlagen, um den Eingang zur Meerenge zu bewachen, deren Überreste man bis heute sieht.

→ Die R315 von Kerteminde Richtung Nordosten führt über die Halbinsel bis zum Parkplatz für Fyns Hoved.

55.6137, 10.5948

13 ÆBELØ

Schöne unbewohnte Insel im Kattegat vor Fünens Nordküste, Naturschutzgebiet mit Damwild und Mufflons. Die Insel ist 2,09 km² groß, und man kann durchs Wasser hinüber waten. Starten Sie in Jersore, gehen Sie den Lindøhoved zur Küste (1,5 km), waten Sie von dort nach Æbelø Holm und weiter über die Nehrung Brådet nach Æbelø (4 km). Tragen Sie alte Schuhe und berücksichtigen Sie die Gezeiten.

→ Æbelø liegt vor der Nordküste Fünens, ca. 8 km nordöstlich von Bogense (R162).

1 Std., 55.6405, 10.1764

14 NATURSCHULE ÅLØKKESTEDET

Öffentliches Bildungszentrum. Hier kann man Kanus leihen und auf den Seen herumpaddeln, am Lagerfeuer kochen und in Wanderhütten übernachten.

→ Östlich von Rolfsted an der R301. Hudevad Byvej 20, 5792 Årslev, +45 63 750990. www.oversoeogland.dk

55.3166, 10.5414

SCHNAPS

15 AQUAVITAE SYDFYN

Kleine Destillerie für Obstbrände aus hiesigen Äpfeln, Birnen, Kirschen und Pflaumen. Gönnen Sie sich einen Aperitif fürs Strandpicknick.

→ 5 km östlich von Svendborg: Skårupørevej 22, 5881 Skårup, +45 61 368183. www.aquavitaesydfyn.dk k

55.0798, 10.6965

WILD ÜBERNACHTEN

16 VERLEIH VON PFERD UND WAGEN

Erkunden Sie die Wege Fünens auf einer mehrtägigen Tour mit dem Planwagen. Vorkenntnisse sind nicht erforderlich, und bevor es losgeht, wird man eingewiesen. Die Wagen sind wie Zirkuswagen eingerichtet, mit Schlafkojen für 4 Personen und Kochmöglichkeit.

→ Skårup liegt an der R163, östlich von Svendborg. Holmdrup Huse 3, 5881 Skårup, +45 62 231825, www.hestevognsferie.com

55.0733, 10.6742

17 SARUP TELTPLADS

Einfacher Campingplatz in schöner, einsamer Umgebung mit Blick auf Wildblumenwiesen. Neben dem Platz für 2–3 Zelte gibt es eine offene Wanderhütte, eine Komposttoilette und fließend Wasser. Bei schlechtem Wetter kann man auf dem Heuboden schlafen.

→ Von Haarby auf der R323 Richtung Westen. Die erste links (Kirkenmarken, 2,2 km). Auf den letzten 400 m macht die Straße eine Rechtskurve und wird zum Søbrovej. Der Campingplatz liegt rechts. Søbrovej 12, Sarup, 5683 Haarby, +45 51 328837. www.portenisarup.dk

55.2094, 10.0862

18 SCHUTZHÜTTEN

Netzwerk einzigartiger Wanderhütten an den Küsten des südfünischen Inselmeers. Jedes Shelter ist so designt, dass es sich harmonisch in die Landschaft einfügt. Manche stehen einzeln, andere in Grüppchen. Manche können im Voraus gebucht werden, bei anderen heißt es: Wer zuerst kommt, malt zuerst. Weitere Informationen und sämtliche Standorte findet man auf der Website. Die Koordinaten beziehen sich auf die beiden Shelter in Elsehoved Strand (insgesamt 9 Schlafplätze). Reservierung bei Ingrid & Michael Dissing unter +45 20 267838.

→ Von Oure auf der R163 für 1,8 km Richtung Südosten bis zur Kreuzung. Geradeaus weiter auf den Elsehovedvej und weiter bis zum Strand (2,5 km). Vom Parkplatz 100 m Richtung Norden. www.bookenshelter.dk

5 Min., 55.1055, 10.7717

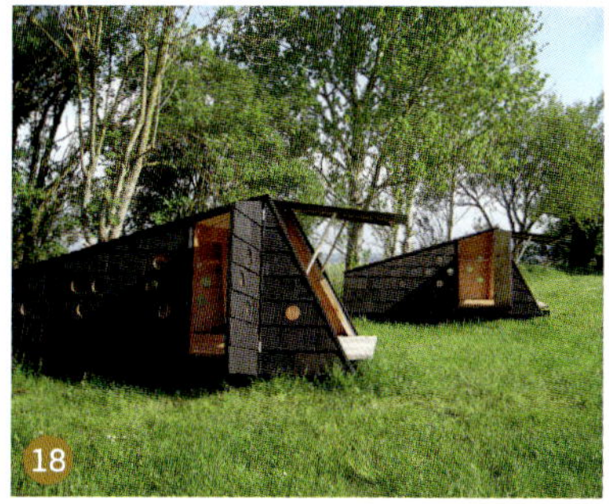

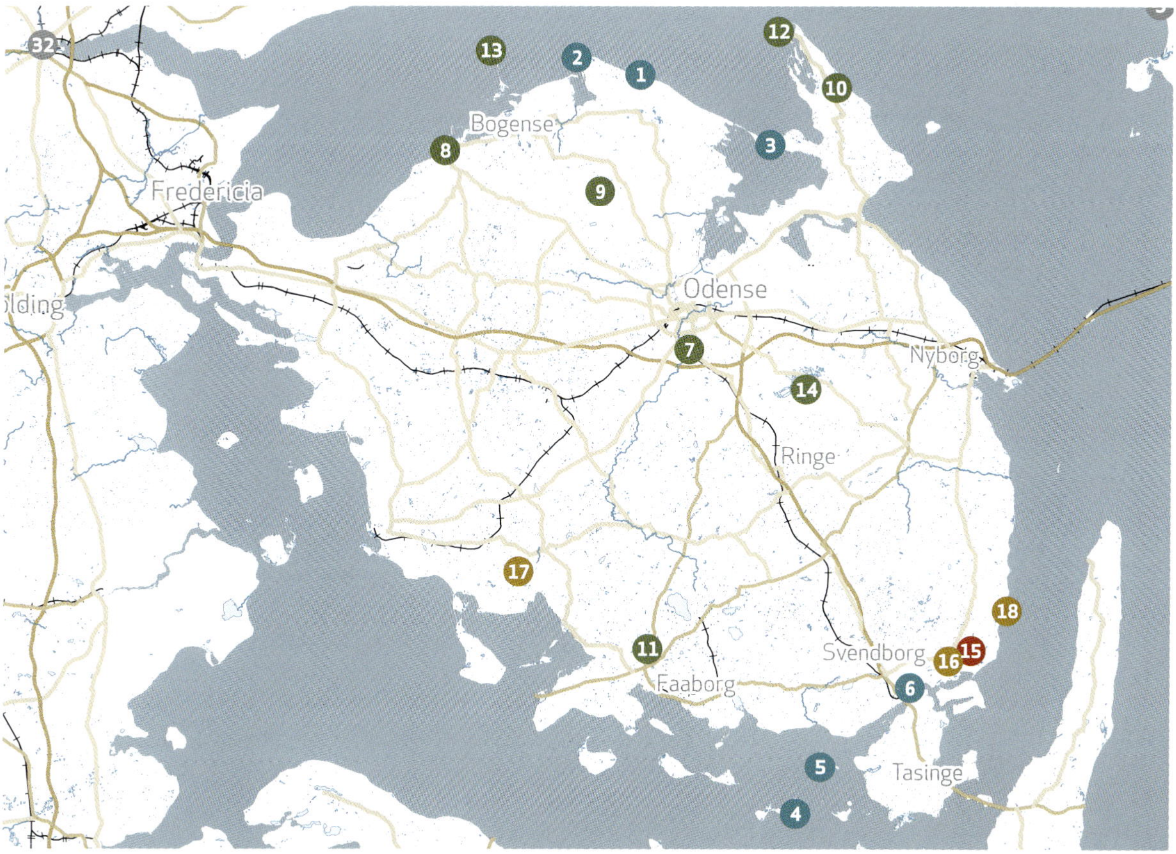

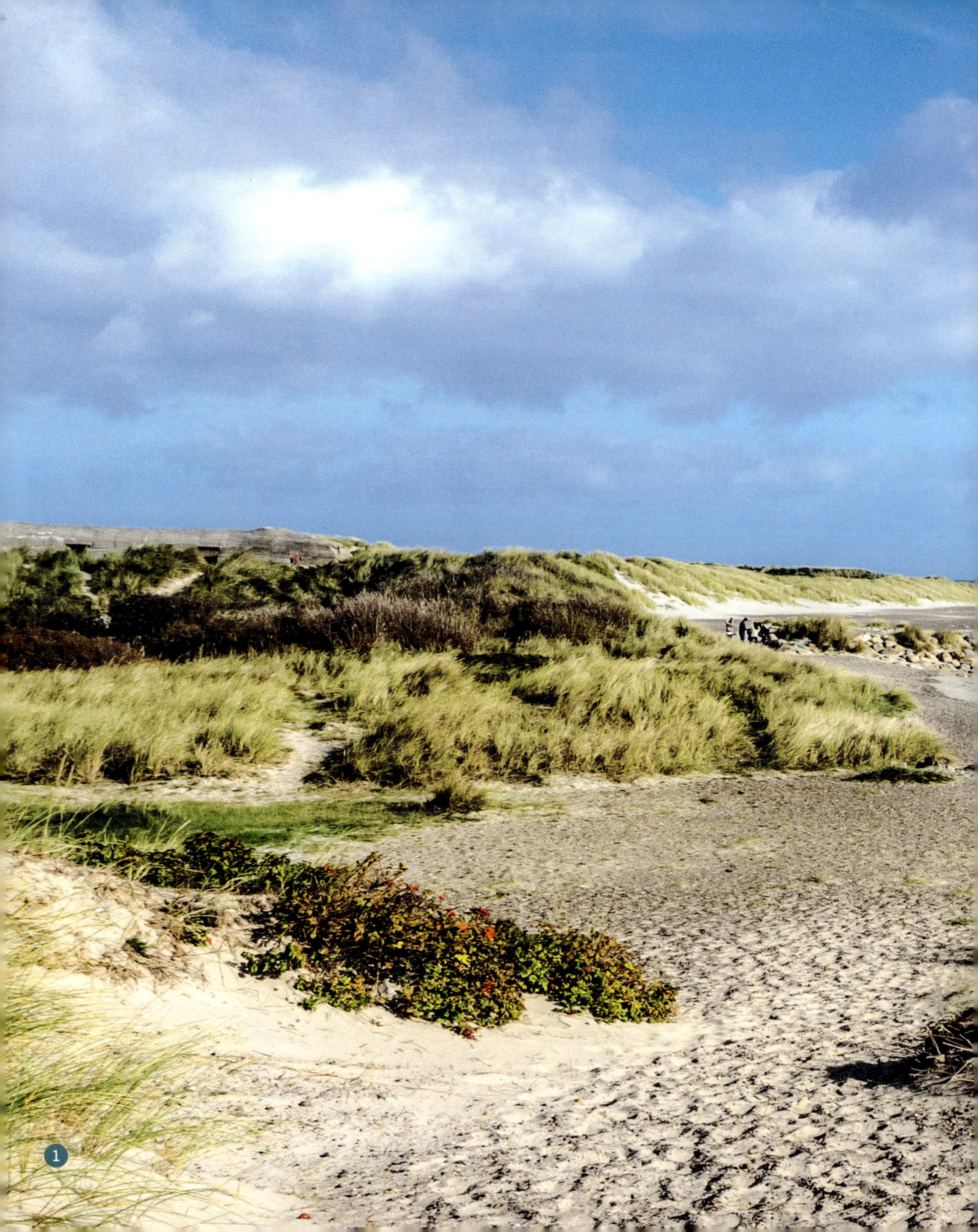
1

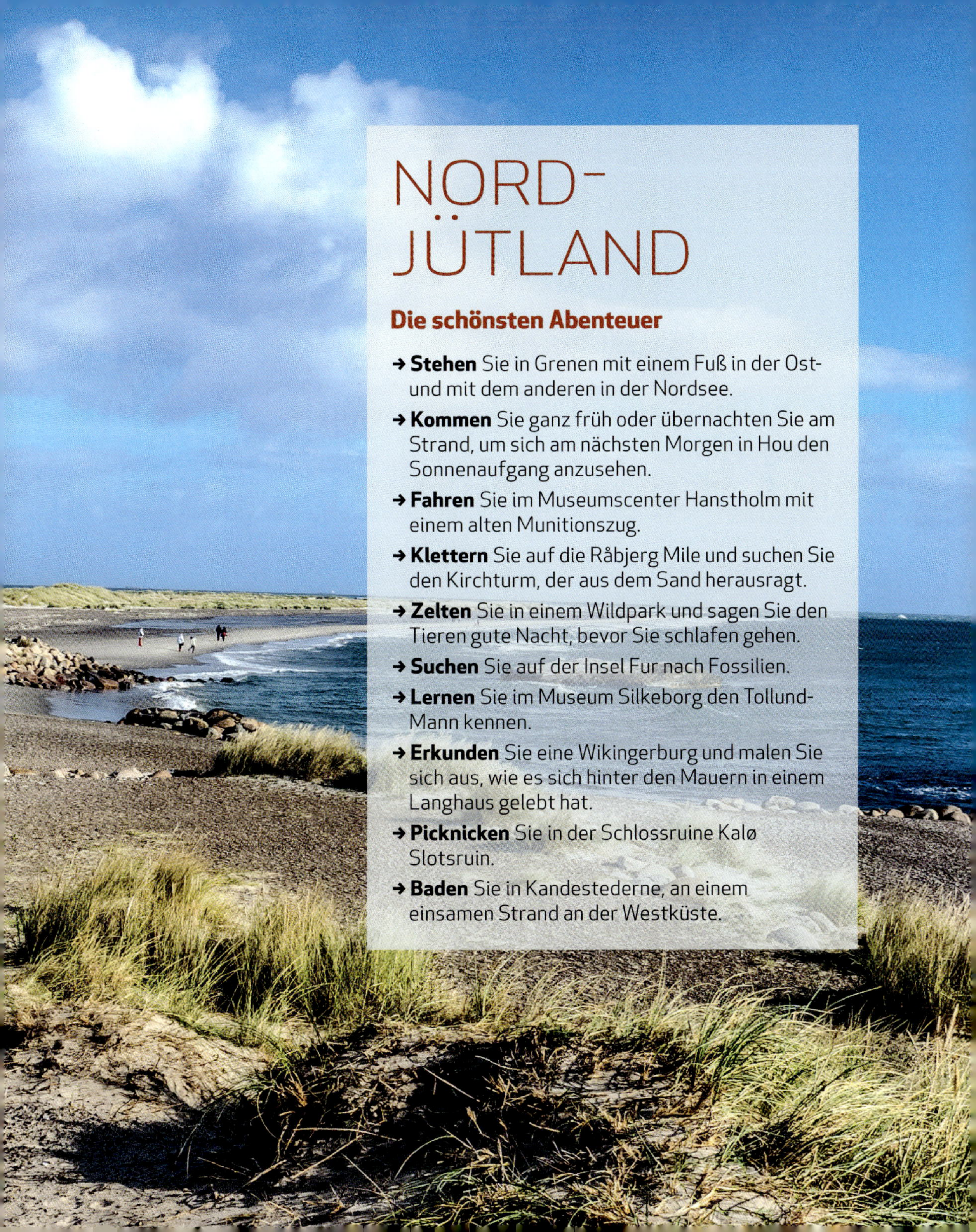

NORD-JÜTLAND

Die schönsten Abenteuer

- **Stehen** Sie in Grenen mit einem Fuß in der Ost- und mit dem anderen in der Nordsee.
- **Kommen** Sie ganz früh oder übernachten Sie am Strand, um sich am nächsten Morgen in Hou den Sonnenaufgang anzusehen.
- **Fahren** Sie im Museumscenter Hanstholm mit einem alten Munitionszug.
- **Klettern** Sie auf die Råbjerg Mile und suchen Sie den Kirchturm, der aus dem Sand herausragt.
- **Zelten** Sie in einem Wildpark und sagen Sie den Tieren gute Nacht, bevor Sie schlafen gehen.
- **Suchen** Sie auf der Insel Fur nach Fossilien.
- **Lernen** Sie im Museum Silkeborg den Tollund-Mann kennen.
- **Erkunden** Sie eine Wikingerburg und malen Sie sich aus, wie es sich hinter den Mauern in einem Langhaus gelebt hat.
- **Picknicken** Sie in der Schlossruine Kalø Slotsruin.
- **Baden** Sie in Kandestederne, an einem einsamen Strand an der Westküste.

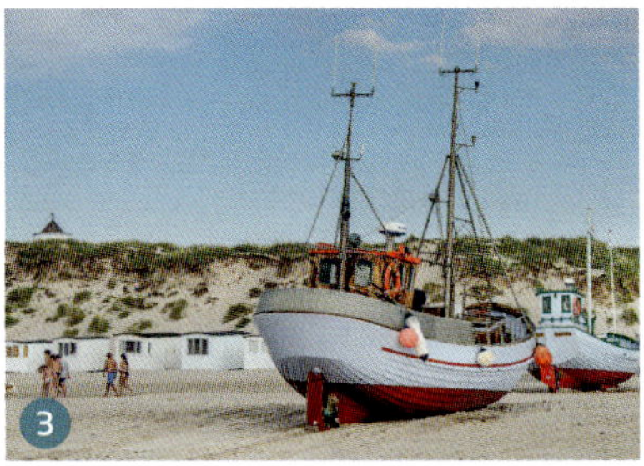

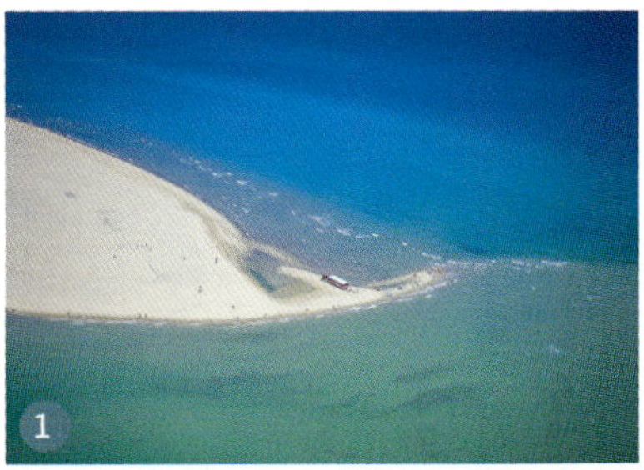

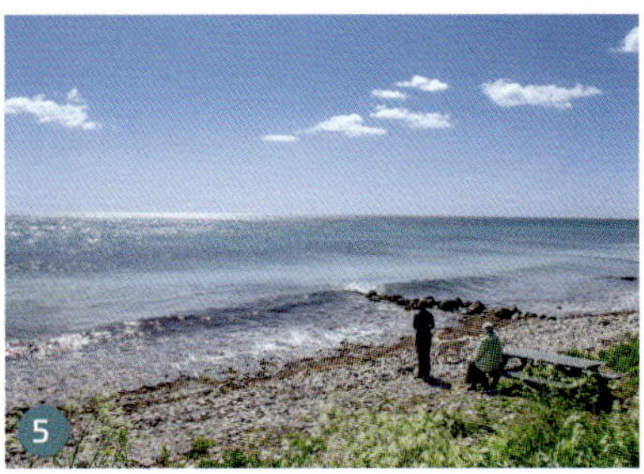

Wenn Sie zufällig am 24. Juni an einem der vielen Strände Jütlands sind, wird man Sie wahrscheinlich zu einem ausgelassenen Mittsommernachtsfeuer einladen. An diesem Abend wird Sankt Hans Aften gefeiert, zu Ehren von Johannes dem Täufer, der laut christlichem Kalender genau 6 Monate vor Jesus geboren wurde. Der Brauch ist jedoch schon wesentlich älter und gründet auf einem heidnischen Sommersonnenwende-Ritual, bei dem Feuer angezündet wurde, um Hexen zu vertreiben. Manches Feuer ist auch heute noch mit einer Hexenfigur geschmückt.

Für die Dänen, laut einer Umfrage der Vereinten Nationen das glücklichste Volk der Welt, ist das ein echter „Hygge"-Moment, ein Wort, das Ihnen oft begegnen wird, wenn Sie durch Dänemark reisen. Es lässt sich nur schwer übersetzen und bezieht sich auf eine spezielle Art von Gemütlichkeit, wie man sie beispielsweise im Kreise seiner Lieben findet, bei gutem Essen und Trinken und Kerzenschein.

Jütland erstreckt sich von der deutschen Grenze bis zur Nordspitze Dänemarks, wo sich Ost- und Nordsee treffen. Hier, wo die Wellen der Meerengen Kattegat (Ostsee) und Skagerrak (Nordsee) über einer schmalen Sandbank zusammenstoßen, kämpfen zwei starke Strömungen eine ewige Schlacht. Sehen Sie sich das Spektakel vom Ufer aus an, einen Fuß in jedem Meer.

Dieses Kapitel widmet sich der nördlichen Hälfte Jütlands mit seinen vielen weißen Sandstränden, Dünen und Wikingerrelikten. Wenn der Wind für Wellen sorgt, brechen Sie früh morgens zu einem der nördlichen Strände auf und suchen Sie nach Bernsteinen, die Sie vor Ort zu einem Schmuckstück verarbeiten lassen können – ein ganz besonderes Souvenir.

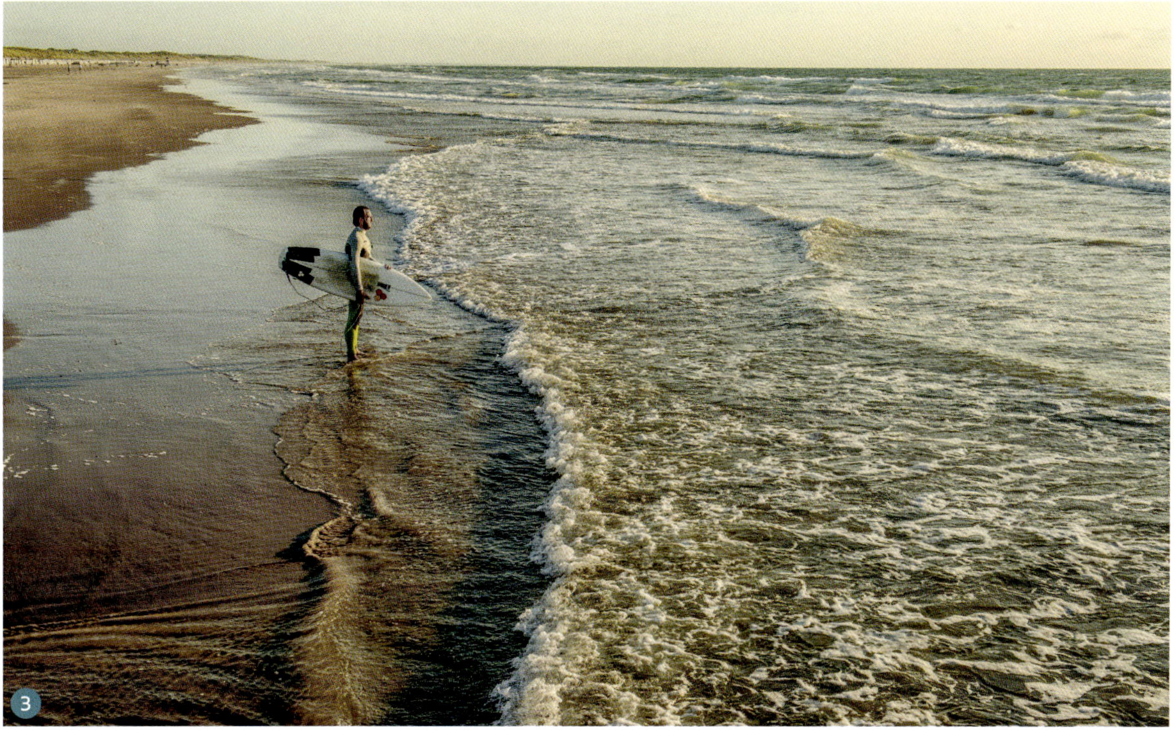

STRÄNDE

1 GRENEN

Dänemarks nördlichster Punkt an der Spitze einer Sandbank, wo sich Kattegat und Skagerrak treffen. Baden ist an dieser gefährlichen Stelle verboten, aber das Aufeinandertreffen der beiden Meere ist ein spektakulärer Anblick, und man kann mit je einem Fuß in jedem stehen, während man der Schlacht der Wellen zusieht. Der dänische Name dieser Sandbank, Grenen, bedeutet „Ast" und bezieht sich auf ihre Form. Man kann entweder zu Fuß gehen oder lässt sich von einem Traktor auf einem Heuwagen ziehen, der am Parkplatz abfährt.

→ Von Skagen (57.7248, 10.5972) auf der R40 für 3 km Richtung Nordosten. Grenen liegt ca. 1 km vom Parkplatz.

30 Min., 57.7446, 10.6531

2 HIRSHOLMENE

Hauptinsel von insgesamt 6 im Kattegat, 7 km nordöstlich von Frederikshavn und seit 1938 Naturschutzgebiet. Es gibt einen bemannten Leuchtturm und ein Besucherzentrum mit Informationen über die vielfältige Pflanzen- und Vogelwelt der Insel. Besuchen Sie den versteckten, von einem Riff geschützten, feinen weißen Sandstrand Præstebugten an der Nordküste mit Blick auf die benachbarte Insel Græsholm. Vielleicht leisten Ihnen beim Schwimmen ein paar Robben Gesellschaft.

→ Regelmäßige Fähre von Frederikshavn (57.4364, 10.5389). Fahrpläne und Tickets unter: +45 29 801438. www.seadog.dk

57.4844, 10.6230

3 LØKKEN

Großer Strand am Skagerrak mit feinem weißen Sand, Dünen und Fischerbooten. Bei 10 km Länge findet jeder ein ruhiges Plätzchen, oder man schlendert am Strand entlang und sieht sich die vielen Bunker an, die die Deutschen hier im Zweiten Weltkrieg gebaut haben. Wenn der Tag zu Ende geht, winden die Fischer ihre Boote an den Strand, und oft bekommt man dort frischen Fisch, den man am Strand grillen kann, während man sich den Sonnenuntergang ansieht.

→ 40 km nordwestlich von Aalborg an der R55.

15 Min., 57.3710, 9.7029

4 BLÅVAND STRAND

Schöner, flach abfallender Nordseestrand, ideal für kleine Kinder. Für die ruhigen Bedingungen ist das Horns Rev verantwortlich, eine Sandbank, die sich 40 km ins Meer erstreckt. Bei Wind bieten die Dünen Schutz oder die vielen Bunker – Relikte von Hitlers Atlantikwall. Nach einem Sturm ist die beste Zeit, um Bernsteine zu finden – fossiles Baumharz, das aus der Ostsee hierher treibt und von den Wellen an Land gespült wird. Schon die Wikinger trugen Bernsteinamulette und tauschten sie auf ihren Eroberungszügen.

→ 30 km nordwestlich von Esbjerg. Von Billum auf der R431 bis zum Ende der Straße, kurz hinter Oksby (55.5481, 8.1139).

55.5482, 8.1139

5 HOU STRAND

Sandstrand an der Ostküste, nördlich vom charmanten Fischerhafen Hou. Kommen Sie früh und bringen Sie Frühstück mit, um sich am Strand den spektakulären Sonnenaufgang anzusehen. Vom Hafen fährt eine Fähre zu den Inseln Tunø und Samsø.

→ Hou liegt 10 km südöstlich von Odder an der R445, der Strand erstreckt sich nördlich vom Hafen.

55.9270, 10.2577

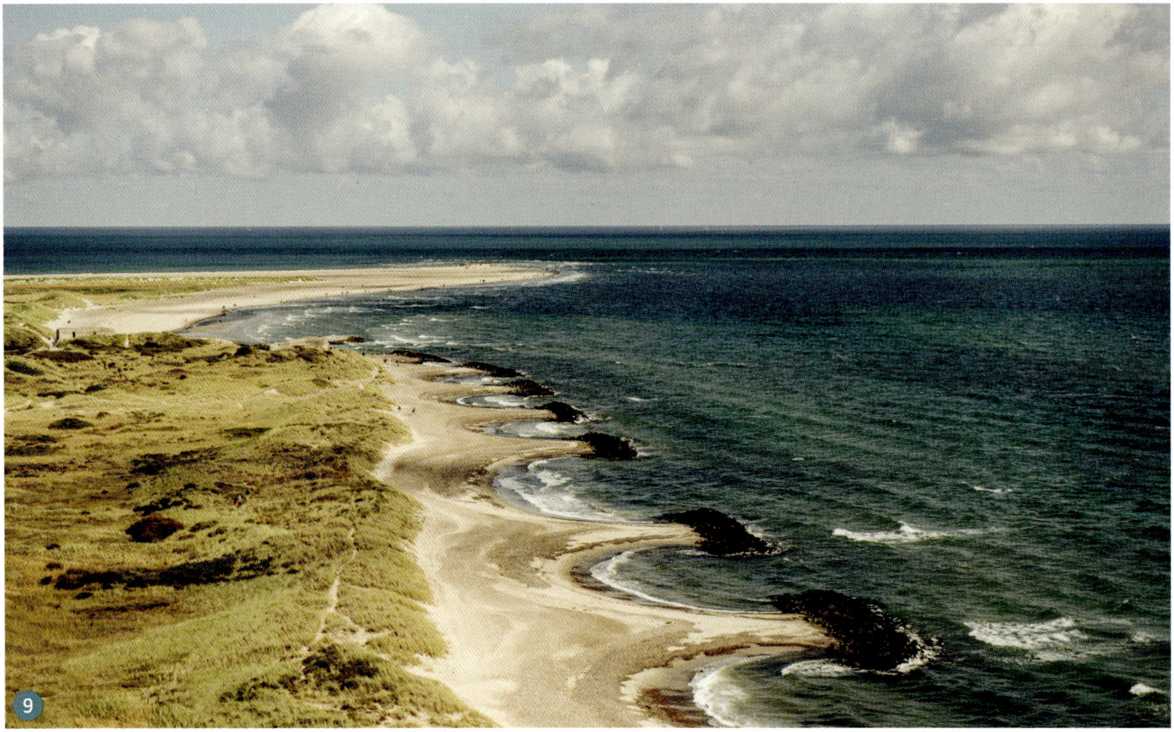

9

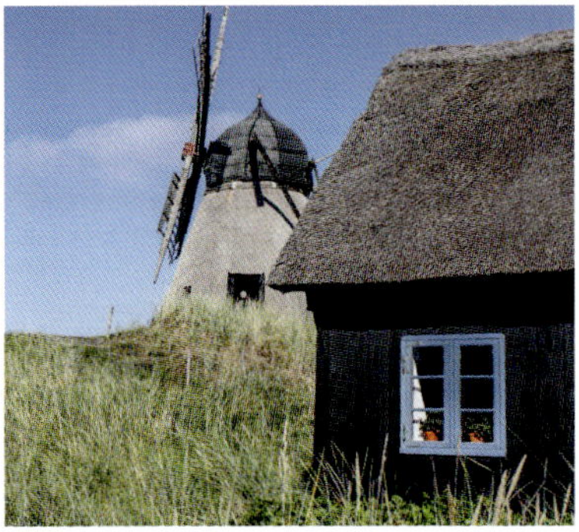

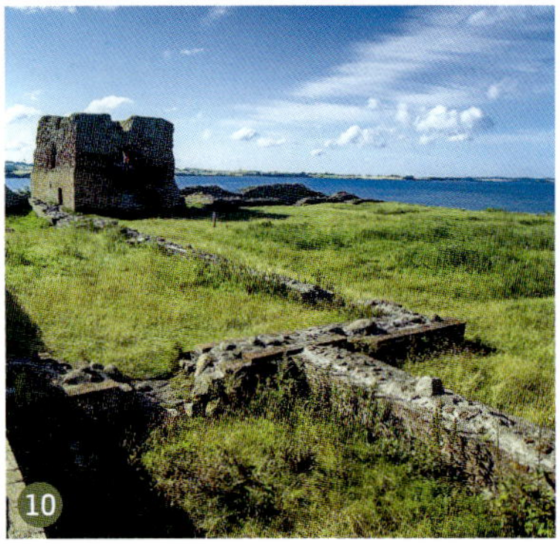

10

6 KANDESTEDERNE

Breiter, mit dem Auto befahrbarer, 20 km langer Sandstrand vor hohen, klippenartigen Dünen an der Westküste der Halbinsel Skagen Odde. Beliebt bei FKKlern. Von den Dünen herrlicher Blick übers Meer.

➜ An der R40, 13 km vor Skagen, beim Kreisel links (ausgeschildert).

57.6622, 10.3790

7 HIRTSHALS

Nordseestrand neben dem Hafen von Hirtshals. Nach einem Sturm findet man zwischen dem Treibholz jede Menge Seetang, in dem sich oft Bernsteine verstecken. Bedenken Sie, dass er nicht immer auffällig gelb ist, sondern manchmal auch dunkler. Kommen Sie früh, die Konkurrenz ist groß.

➜ Hirtshals liegt 60 km nördlich von Aalborg an der E39. Der Strand verläuft östlich von der Stadt.

57.5911, 9.9922

8 SKAGEN NORDSTRAND

Strand direkt westlich von Grenen (siehe 1) am Skagerrak. Wegen der starken Strömung und Wellen nicht zum Schwimmen geeignet, aber wundervoll für ein Picknick, das man sich im nahen Skagen besorgen kann.

➜ 1,5 km nordöstlich von Skagen an der R40. Entweder in Skagen parken und die Küste entlanggehen oder parken wie für Grenen und die Küste zurück Richtung Skagen (Osten) gehen.

20 Min., 57.7328, 10.6240

9 SKAGEN SØNDERSTRAND

Strand direkt östlich von Grenen (siehe 1), der sich entlang der Ostküste der Halbinsel Skagen Odde am Kattegat bis Højen erstreckt. Geschützter als der Strand am Skagerrak und zum Baden geeignet.

➜ Vom Kreisverkehr an der R40 im Zentrum von Skagen (57.7219, 10.5750) dem Buttervej bis zum Parkplatz am Ende der Straße folgen oder wie für Grenen parken (siehe 1) und die 2 km um die Sandbank laufen.

57.7435, 10.5614

KULTUR & GESCHICHTE

10 KALØ SLOTSRUIN

Eine von Dänemarks größten und besterhaltenen Schlossruinen, erbaut 1313 vom dänischen König Erik VI. Menved. Sie liegt auf einer kleinen Insel und ist durch einen gepflasterten Damm mit dem Festland verbunden. Gustaf I. Wasa, der spätere König von Schweden, wurde hier einst gefangen gehalten.

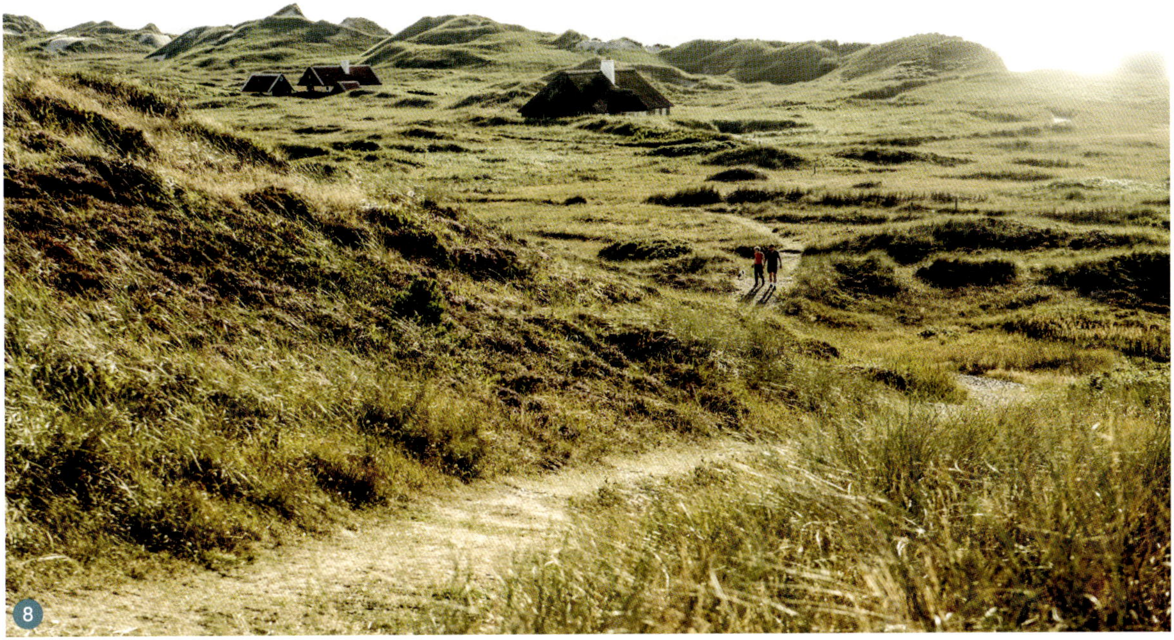

➔ In der Bucht Kalø Vig, 30 km nordöstlich von Aarhus: Molsvej 31, 8410 Rønde.
56.2746, 10.4666

11 MUSEUMSCENTER HANSTHOLM

Wenn man an Dänemarks Küste unterwegs ist, kann man nicht umhin, die flächendeckenden Verteidigungsanlagen zu bemerken, die die Deutschen hier im Zweiten Weltkrieg erbaut haben. Im Museum in Hanstholm erfahren Sie mehr über den dänischen Abschnitt von Hitlers Atlantikwall. Kinder lieben die Fahrt mit dem alten Munitionszug.

➔ In Hanstholm, 90 km westlich von Aalborg: Molevej 29, 7730 Hanstholm, +45 97 961736. www.museumscenterhanstholm.dk
57.1207, 8.6170

12 REBILD BAKKER

1912 erwarb eine Gruppe von Dänen, die in die USA ausgewandert waren, dänisches Weideland, um einen öffentlichen Raum zum Andenken an die Auswanderer zu schaffen. Jetzt ist es ein schöner Nationalpark, in dem die Rebild-Stiftung jedes Jahr den amerikanischen Unabhängigkeitstag feiert.

➔ Der Park liegt westlich vom Ortszentrum, 30 km südlich von Aalborg, im Osten der E49. Das Büro der Stiftung befindet sich ganz in der Nähe des Parks, und man bekommt dort weitere Informationen zu Veranstaltungen: Rebildselskabet, Rebildvej 29, Rebild, 9520, Skørping. www.rebildfesten.dk
56.8367, 9.8353

13 WALKIEFER HALS

Ein Tor aus den riesigen Kieferknochen eines Blauwals. Das Original stammte von einem Kapitän aus der Stadt und wurde 1953 von einem Lkw zerstört. Die jetzigen Knochen waren 1955 ein Geschenk des norwegischen Reeders Lars Christensen und stammen von einem ca. 30 m langen Blauwal.

➔ Der Kiefer befindet sich auf der Westseite vom Marktplatz (Torvet) in Hals. Wenn man von der R541 kommt, direkt an der Straße zur Fähre.
56.9946, 10.3059

14 TROLDKIRKEN

Steinzeitdolmen auf einem langen Hügel, umgeben von 47 Hinkelsteinen. Laut Legende soll ein Troll, der vom Läuten der Kirchenglocken im Dorf genervt war, einen großen Felsbrocken auf die Kirche geworfen haben. Doch er traf daneben, und statt die Kirche zu zerstören, bildet der Stein jetzt das Dach dieser „Trollkirche".

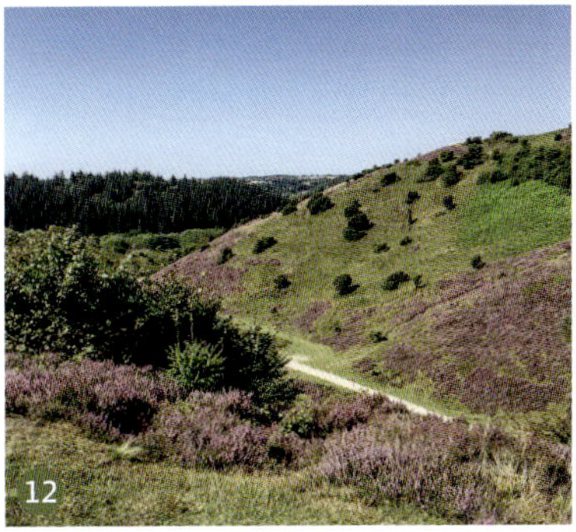

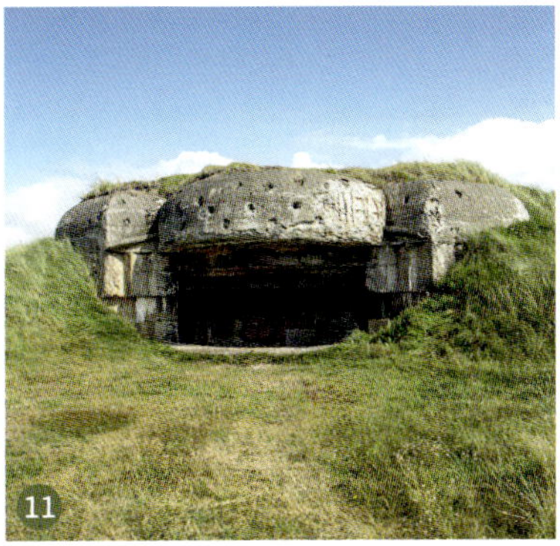

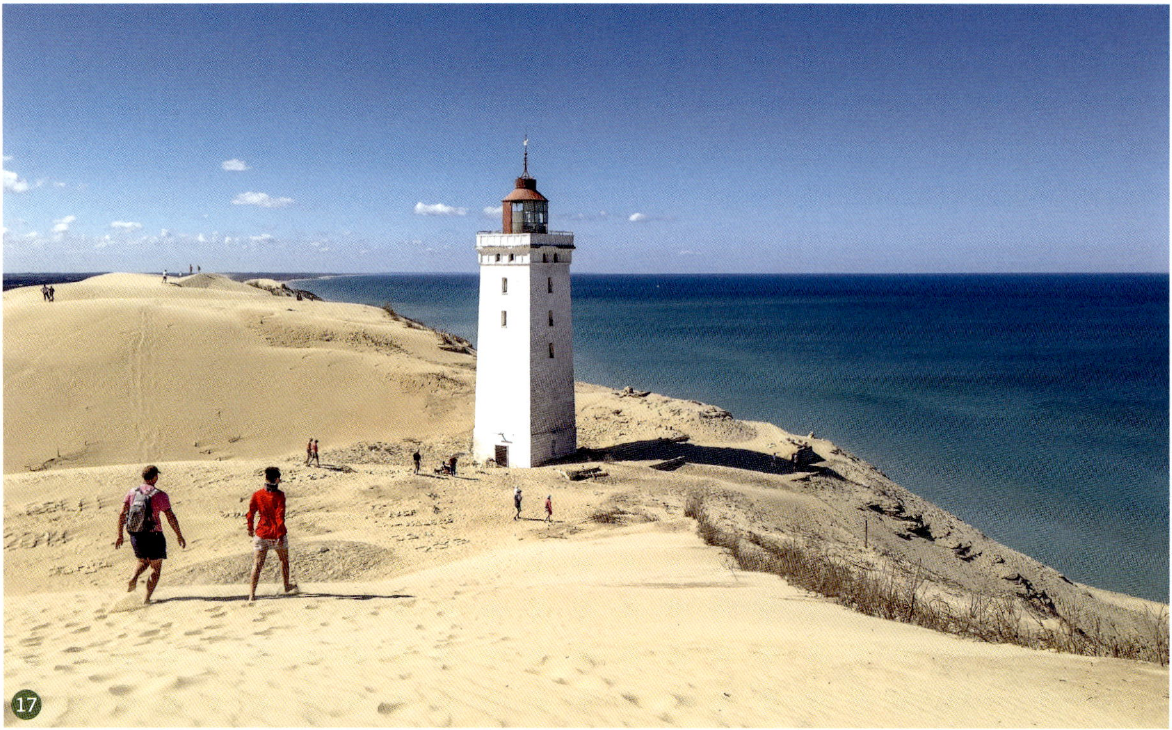

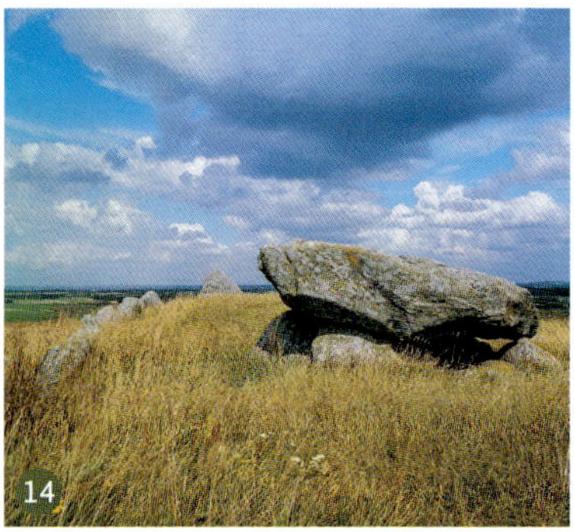

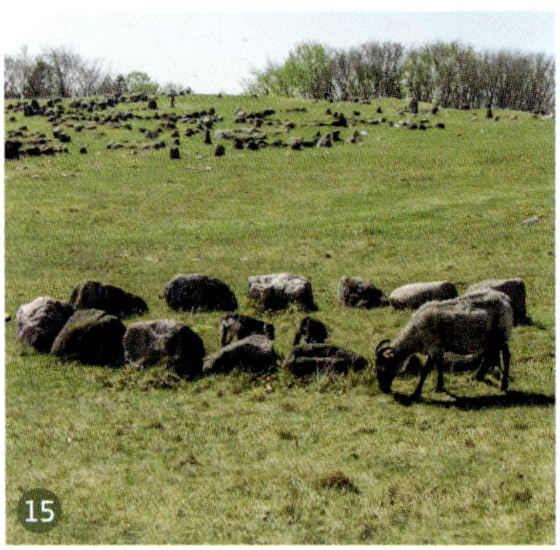

➔ In Sønderholm auf dem Nibevej Richtung Osten die Stadt verlassen und die erste links (Troldkirkevej). Der Dolmen liegt nach 600 m links.

57.0083, 9.7509

15 LINDHOLM HØJE

Was auf den ersten Blick aussieht wie ein Geröllfeld ist in Wahrheit ein Friedhof, der von der nordischen Eisenzeit (im 5. Jahrhundert) bis zur Wikingerzeit (ca.1050) genutzt wurde. Bei näherem Hinsehen erkennt man Muster in den Steinen, die schiffsförmig angeordnet sind. Über 700 Gräber gibt es hier und im benachbarte Museum alle Informationen dazu.

➔ Lindholm liegt an der R55 am Stadtrand von Norresundby, am gegenüberliegenden Østerå-Ufer von Aalborg. Lindholm Høje Museet, Vendilavej 11, 9400 Nørresundby, +45 99 317400 www.nordmus.dk

57.0782, 9.9101

16 SKOVSNOGEN ARTLAND

Verrückter Skulpturengarten im Wald. Die erste Skulptur – eine riesige Holzschlange, durch die man hindurchkriechen kann – wurde um weitere 50 von verschiedenen Künstlern erweitert. Freier Eintritt, ganzjährig Veranstaltungen.

➔ Von Skarrild (55.9781, 8.8975) an der R439, auf dem Sdr Ommevej 15 km Richtung Süden, dann links auf den Døvlingvej. Nach 140 m kommt ein Parkplatz und der Eingang zum Wald auf der nördlichen Straßenseite. Døvlingvej, 6933 Kibæ, +45 30 258658. www.skovsnogen.dk

55.9229, 8.9079

17 LEUCHTTURM RUBJERG KNUDE

1900 auf einer Klippe erbaut. Durch die Küstenerosion von ca. 1 m pro Jahr ist der Leuchtturm jetzt im Flugsand der Nordsee vergraben. Schauen Sie vorbei, bevor er ganz verschwunden ist.

➔ Von Lønstrup (57.4738, 9.7975), westlich von Hjørring, auf dem Strandvejen Richtung Süden, dann auf den Rubjergvej für ca. 2,5 km bis zum Parkplatz rechts der Straße. Parken und dem 1,3 km langen Weg zum Leuchtturm folgen.

20 Min., 57.4489, 9.7744

18 AGGERSBORG

Größte aller Wikingerburgen in Dänemark. Das genaue Alter ist schwer zu bestimmen, da sie auf einem Dorf aus der Eisenzeit errichtet wurde. Wahrscheinlich wurde sie zu

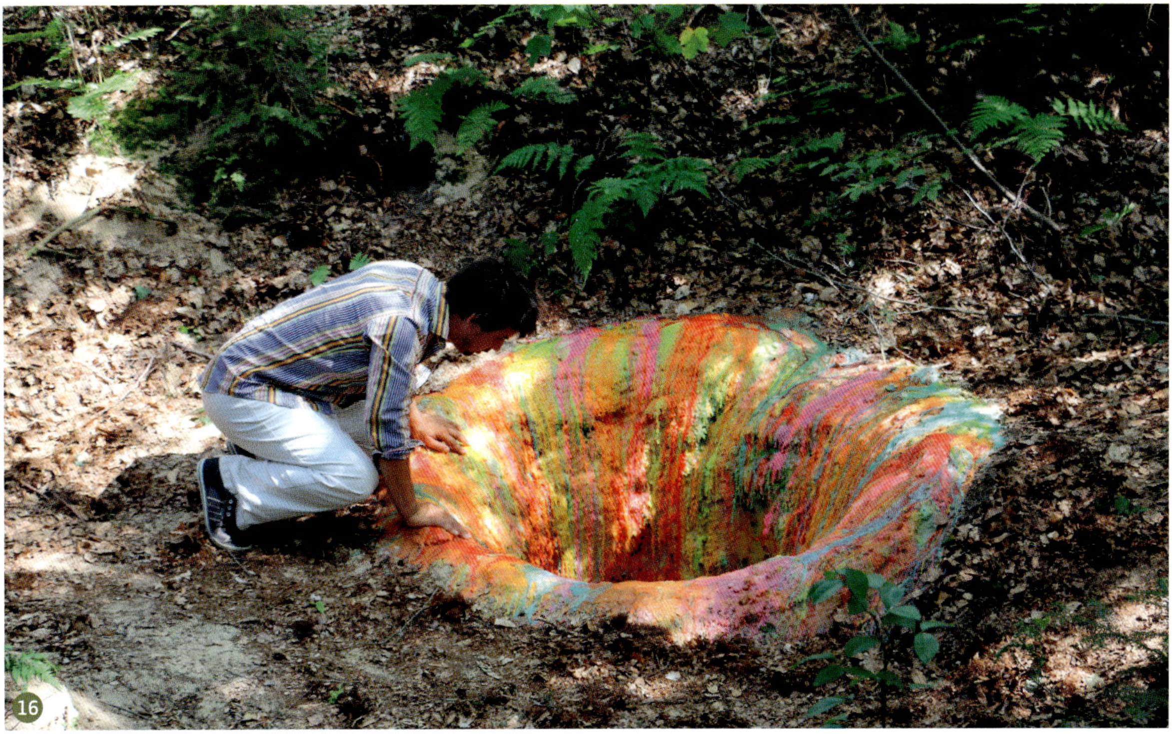

16

Zeiten der Könige Harald Blauzahn und Sven Gabelbart (ca. 980) errichtet.

➔ Ecke Thorupvej und Aggersborgvej, 1,7 km südwestlich von Aggersund, an der R29.

56.9954, 9.2549

19 FYRKAT

Wikingerburg von 980. Neben der Festung gibt es außerdem ein rekonstruiertes Langhaus und ein Besucherzentrum, wo man mehr über den Alltag der Wikinger erfährt.

➔ Von Hobro auf dem Fyrkatvej Richtung Südwesten. Das Besucherzentrum ist links ausgeschildert. Die Burg liegt 1 km weiter links. Viking Center Fyrkat, Fyrkatvej 37B, 9500 Hobro, +45 99 824175. www.nordmus.dk

56.6232, 9.7705

20 RUNENSTEINE VON JELLING

Zwei große Runensteine aus dem 10. Jahrhundert. Der erste wurde von König Gorm dem Alten in Gedenken an seine Frau Thyra errichtet, der zweite vom Sohn des Königs, Harald Blauzahn, in Gedenken an seine Eltern. Der Stein huldigt auch Haralds Unterwerfung Dänemarks und Norwegens und der Bekehrung der Dänen zum Christentum. Außerdem befinden sich hier die beiden größte Grabhügel Dänemarks, errichtet über Gräbern aus der Bronzezeit. Unter einem davon liegt eine 354 m lange Schiffssetzung begraben.

➔ Die Grabhügel befinden sich im Ortszentrum von Jelling (R442) im Stationsvej (am gegenüberliegenden Ende vom Bahnhof), südlich der Kirche.

55.7560, 9.4193

21 MUSEUM SILKEBORG

Ehemaliges Gutshaus, jetzt ein archäologisches Museum mit dem Schwerpunkt Eisenzeit. Absolutes Highlight ist der Tollund-Mann. Er wurde 1950 in einem Torfmoor entdeckt und war so gut erhalten, dass die Archäologen ihn zunächst für ein frisches Mordopfer hielten. Der mumifizierte Mann lebte noch vor der Eisenzeit und wurde vermutlich bei einem Ritual geopfert.

➔ Das Museum liegt im Ortszentrum von Silkeborg: Hovedgårdsvej 7, 8600 Silkeborg, +45 86 821499. www.museumsilkeborg.dk

56.1690, 9.5531

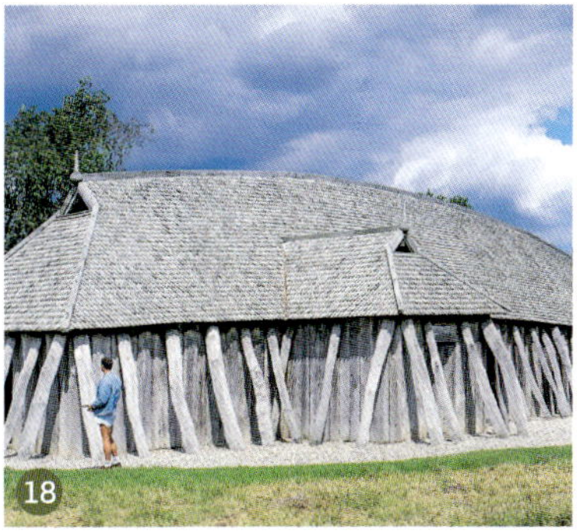

18

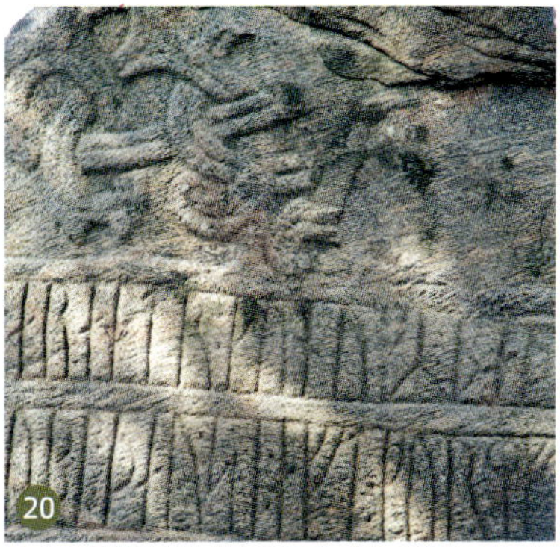

20

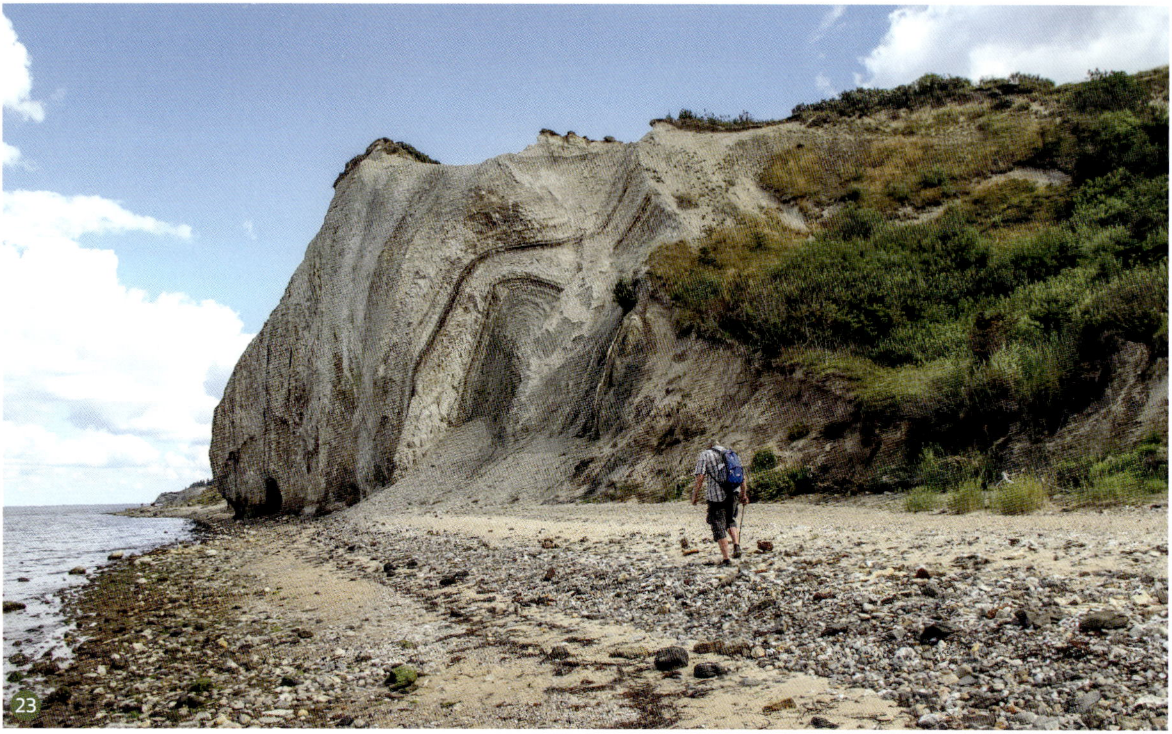

23

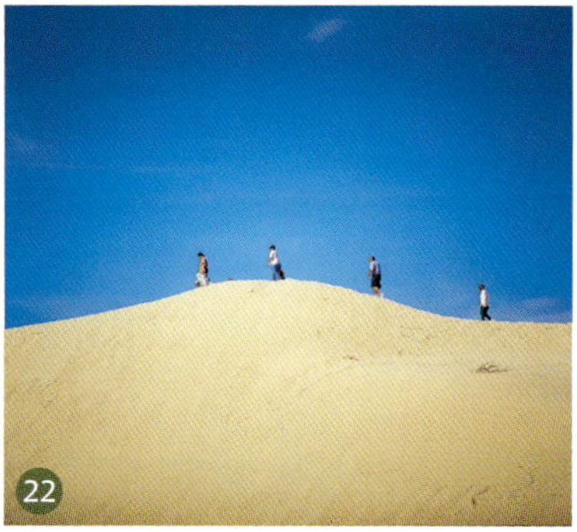

22

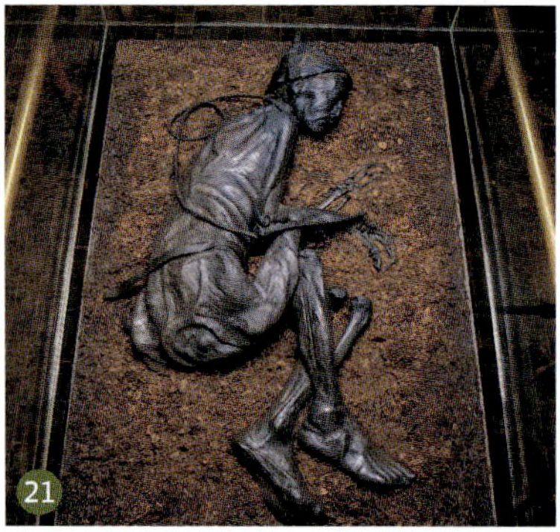

21

NATUR & TIERWELT

22 RÅBJERG MILE

Größte Wanderdüne Nordeuropas. Sie bedeckt eine Fläche von ca. 1 km², ist bis zu 40 m hoch und legt bis zu 18 m pro Jahr zurück. Während andere Dünen der Region befestigt wurden, steht die Råbjerg Mile unter Naturschutz. Derzeit ist sie dabei, eine Kirche zu verschlingen, von der nur noch der Turm aus dem Sand herausragt.

→ Auf der R40 Richtung Skagen und kurz vor Hulsig links. Nach 3 km wieder links und parken, weitere 500 m zu Fuß durch die Dünen.

57.6482, 10.4060

23 FUR

Wunderschöne, 22 km² große Insel im Limfjord vor der Nordspitze der Halbinsel Salling mit weniger als 900 ständigen Bewohnern. Berühmt für ihre Moler-Ablagerungen und die damit verbundenen eindrucksvollen Fossilien. Moler wird industriell als Filterstoff, Füllstoff und Absorbtionsmittel genutzt, zum Beispiel in Katzenstreu. Besuchen Sie das Inselmuseum, um sich Tipps für die Fossiliensuche unter den spektakulären Klippen zu holen.

→ Fähre ab Branden am nördlichen Ende der R551. Fur Museum: Nederby 28, 7884 Fur, +45 975 93411. www.museumsalling.dk

56.8264, 9.0190

24 ROLD SKOV

Größter und ältester Wald Dänemarks, in dem angeblich Trolle und andere mysteriöse Waldwesen hausen. Es gibt diverse Wanderwege durch die 8.000 ha mit knorrigen Kiefern und Buchen.

→ Nördlich von Rold an der R535, 7,5 km östlich der Abfahrt 33 von der E45. Weitere Informationen auf: www.roldskov.info

56.7967, 9.8557

25 LILLE VILDMOSE

Größtes Hochmoor Westeuropas, das Einzige in Dänemark und Naturschutzgebiet. Im Besucherzentrum gibt es eine interaktive Ausstellung über die Entstehung der Landschaft und ihre einzigartige Flora und Fauna.

→ 1,5 km südlich von Dokkedal an der R541. Das Besucherzentrum liegt 2,5 km weiter westlich im Birkesøvej. Lille Vildmosecentret, Birkesøvej, 9280 Storvorde. www.lifelillevildmose.dk

56.8716, 10.2218

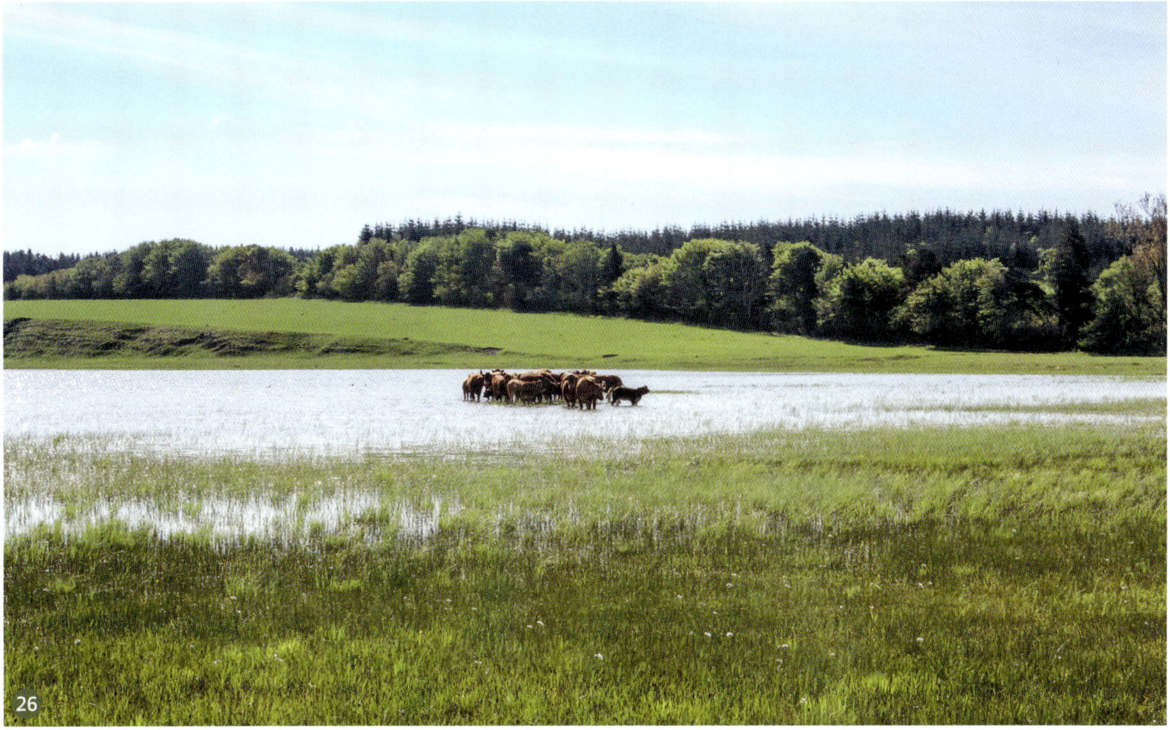

26 NATIONALPARK THY

Mit 244 km² größter und ältester Nationalpark Dänemarks. Informationen, Fahrrad- und Wanderkarten gibt es im Besucherzentrum.

→ Von Sundby R571 Richtung Westen bis zum Stenbjerg Landingsplads am Strand, ganz am Ende der Straße: Stenbjergvej 120, 7752 Snedsted, +45 22 221666.
www.nationalparkthy.dk
56.9298, 8.3382

27 HIMMELBJERGET

Mit 147 m einer der höchsten Punkte Dänemarks, aber laut Geologen kein „echter Hügel", weil er nicht an allen Seiten gleichmäßig abgerundet ist, sondern ein „falscher", entstanden am Ende der letzten Eiszeiten. Auf seinem Gipfel steht ein Turm in Gedenken an die Verfassung, die König Friedrich VII. 1849 unterzeichnete und die das Land zu einer konstitutionellen Monarchie mit Parlament machte. Tolle Aussicht und schön für ein Picknick.

→ Von der R52 in Rodelund Richtung Osten auf die R445. Nach 13 km links auf die R461 und für 2,5 km Richtung Norden bis zum Parkplatz am Ende der Straße. Von hier führt ein 500 m langer ausgeschilderter Weg zum Aussichtsturm.
56.1056, 9.6837

28 SAMSØ LABYRINTEN

Größter Irrgarten der Welt (und als solcher im Guinnessbuch der Rekorde verzeichnet), auf einer Fläche von unglaublichen 6 ha mit über 50.000 Büschen und Bäumen. Wahrscheinlich begegnen Sie unterwegs diversen Waldtieren. Riesenspaß für die ganze Familie.

→ Vom Ortszentrum Nordby auf der Insel Samsø den Issehoved für 10 km Richtung Norden. Issehoved 1, 8305 Samsø, +45 86 596659.
www.samsolabyrinten.com
55.9724, 10.5539

KULINARISCHES

29 SKAGEN BRYGHUS

Nördlichste Brauerei Dänemarks und gleichzeitig Restaurant und Musiklokal mit regelmäßigen Veranstaltungen und Führungen. Genau das Richtige nach einem Tag am Strand.

→ In der Nähe der Kirche. Kirkevej 10, 9990 Skagen, +45 98 450050.
www.skagenbryghus.dk
57.7222, 10.5836

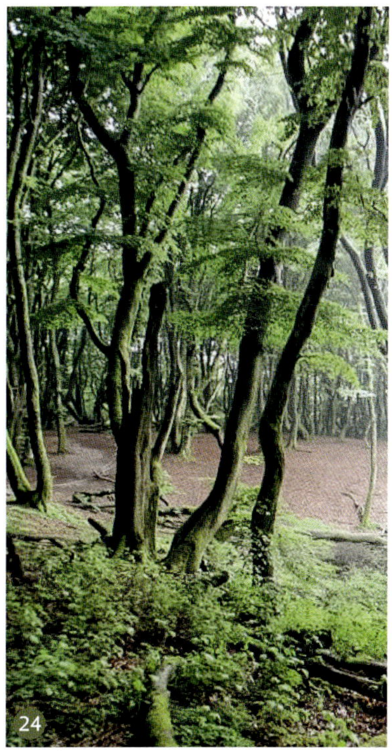

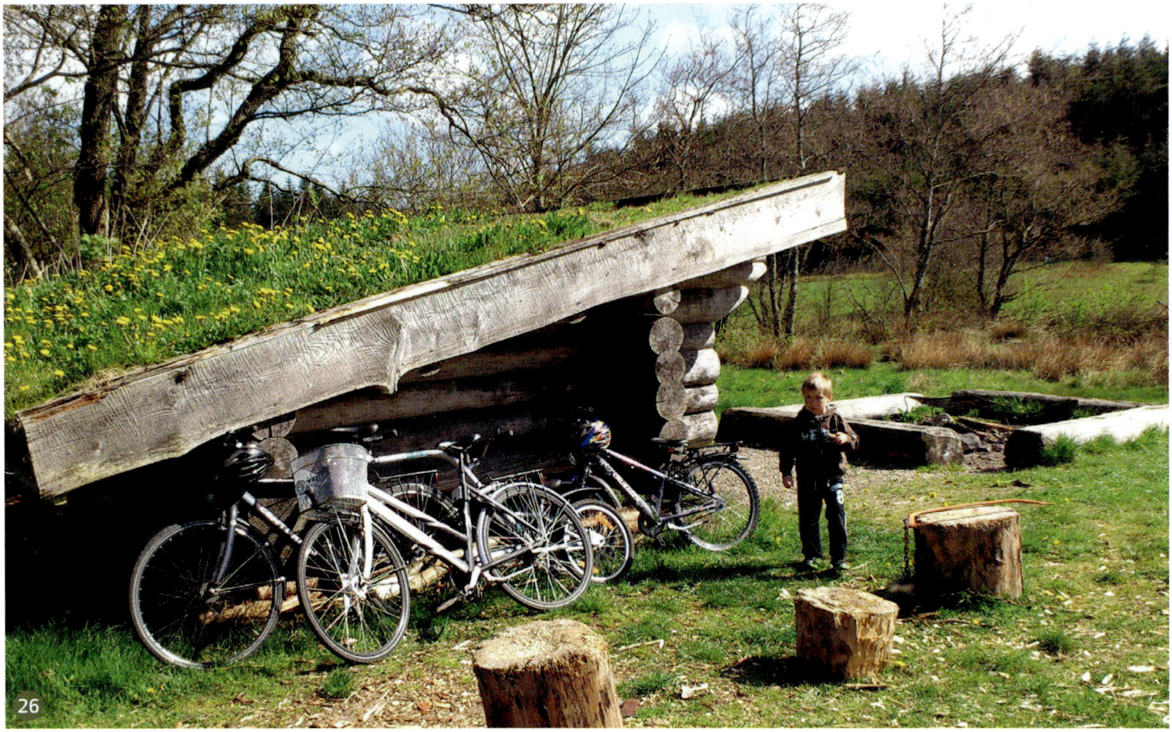

26

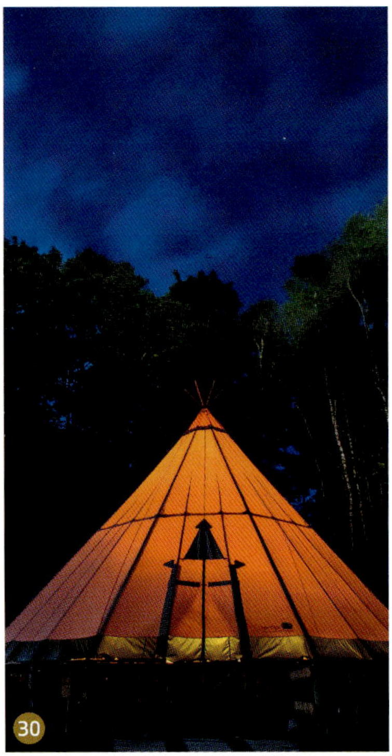

30

ÜBERNACHTEN

30 SCANDINAVISK DYREPARK DJURSLAND

Verbringen Sie eine Nacht in einem samischen Lavvu (Zelt) mitten in einem Wildpark, wo nachts Wölfe heulen, Bären brüllen und Adler rufen. Nachdem die Tagesgäste fort sind, führt man Sie herum, um den Tieren gute Nacht zu sagen, dann – sind Sie ganz allein. Fantastisches Familienabenteuer.

→ Von Grenaa für 23 km auf der R15 Richtung Südwesten, dann rechts auf den Drammelstrupvej bis nach Pederstrup, dort links auf den Nødagervej. Die erste rechts, gleich hinter dem Dorf, führt zum Tierpark: Skandinavisk Dyrepark, Nødagervej 67b, 8560 Kolind, +45 86 391333. www.skandinaviskdyrepark.dk

56.3462, 10.6589

31 BUNKEN STRAND CAMPING

Großer Campingplatz am Kattegat mit direktem Zugang zu Wald und Strand. Perfekter Ausgangsort, um die Halbinsel Skagen Odde zu erkunden, zu Fuß oder mit dem Fahrrad. Camping oder – Glamping! In einer Jurte direkt am Strand oder in den Dünen mit Blick aufs Meer.

→ Ca. 18 km von Skagen, südlich von Hulsig an der R40. Ålbækvej 288, 9982 Ålbæk, +45 98 487180. bunkenstrandcamping.dk

57.6443, 10.4622

32 DEN GAMLE ARREST

Altes Gefängnis, dessen alte Zellen in gemütliche kleine Zimmer verwandelt wurden. Außerdem gibt es ein Café und im Kerker einen Kunsthandwerksmarkt.

→ Gegenüber vom Dom zu Ribe. Torvet 11, 6760 Ribe, +45 75 423700. www.dengamlearrest.dk

55.3277, 8.7620

33 URLAUB AUF DEM BAUERNHOF

Bio-Michbauernhof mit stylischem B&B. Kinder lieben es, die Kühe zu füttern und zu melken.

→ 5 km westlich von Lemvig. Houdamvej 7, 7620 Lemvig, +45 97 836041. www.houdam.dk

56.5424, 8.2113

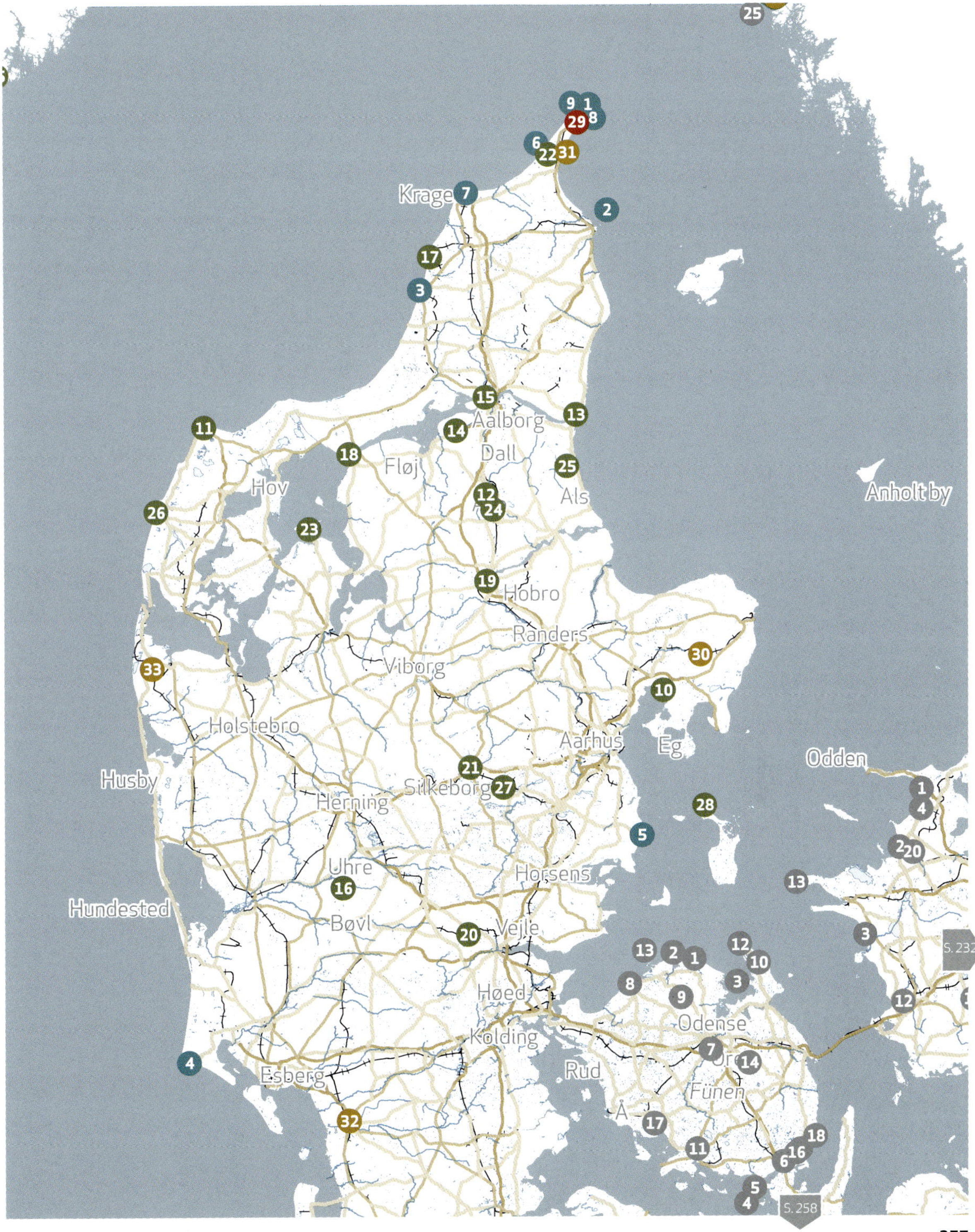
Krage
Aalborg
Dall
Fløj
Hov
Als
Anholt by
Hobro
Randers
Viborg
Holstebro
Aarhus
Eg
Odden
Husby
Silkeborg
Herning
Uhre
Horsens
Hundested
Bøvl
Vejle
Høed
Odense
Kolding
Rud
Fünen
Å
Esberg
S. 232
S. 258

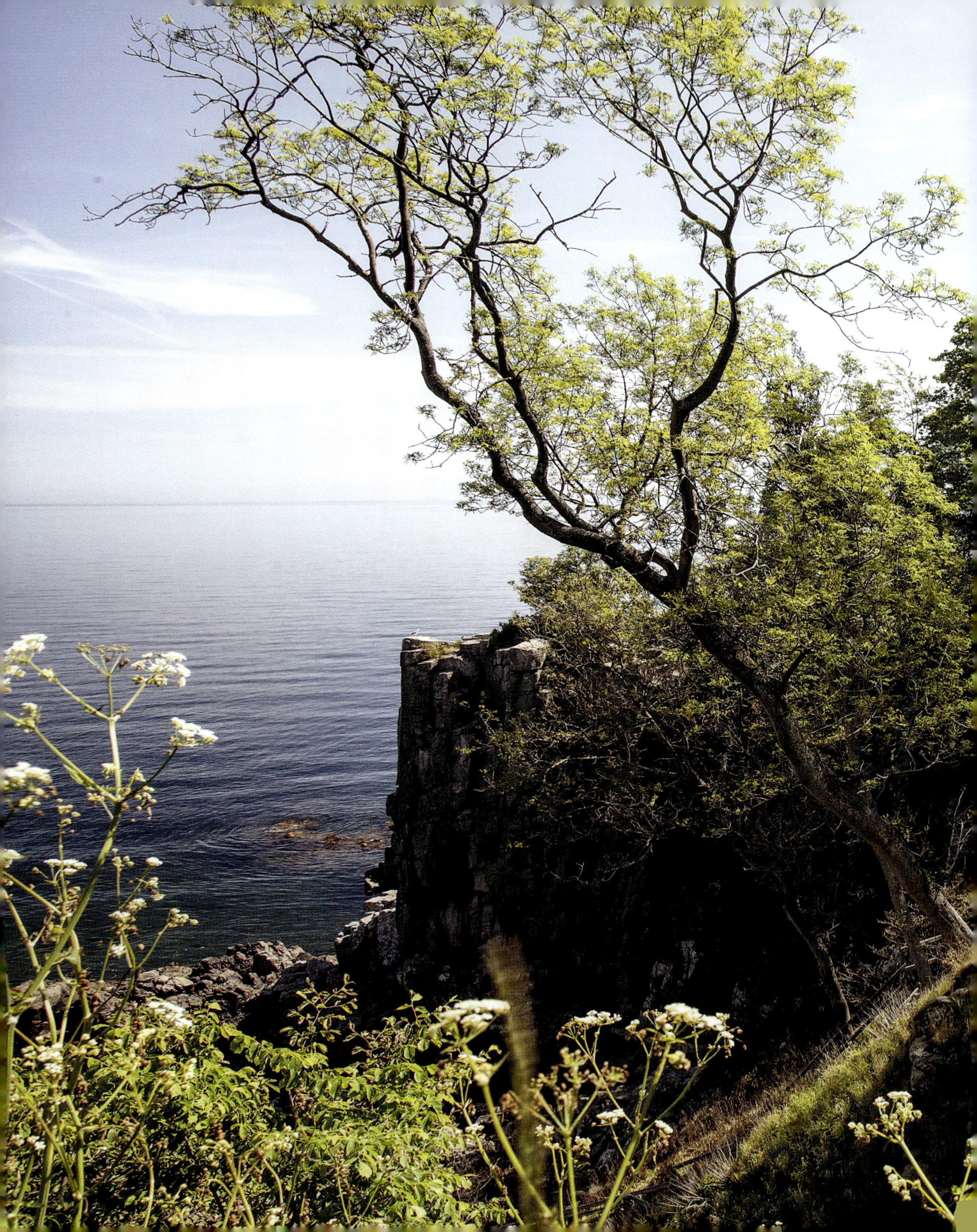

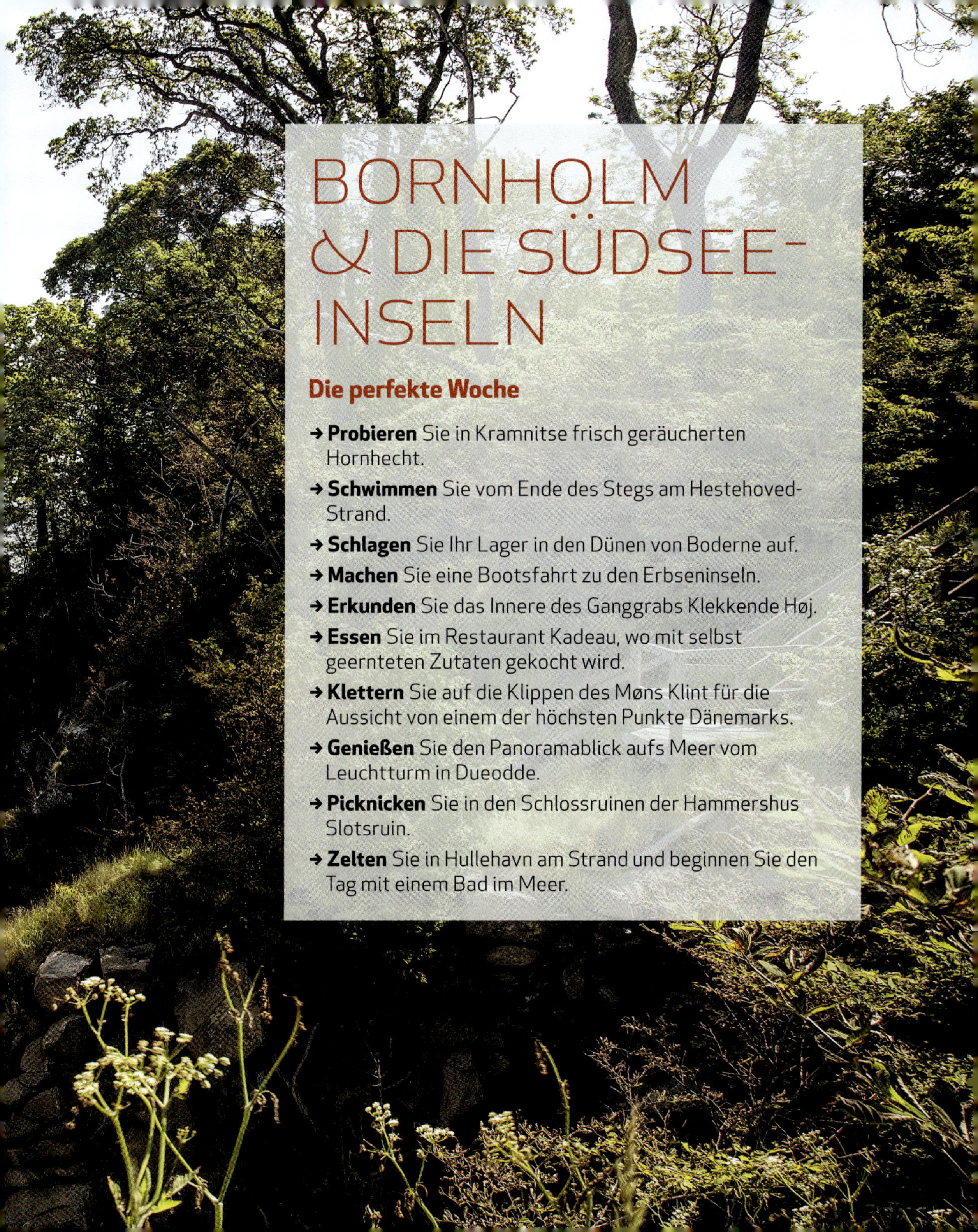

BORNHOLM & DIE SÜDSEE-INSELN

Die perfekte Woche

- → **Probieren** Sie in Kramnitse frisch geräucherten Hornhecht.
- → **Schwimmen** Sie vom Ende des Stegs am Hestehoved-Strand.
- → **Schlagen** Sie Ihr Lager in den Dünen von Boderne auf.
- → **Machen** Sie eine Bootsfahrt zu den Erbseninseln.
- → **Erkunden** Sie das Innere des Ganggrabs Klekkende Høj.
- → **Essen** Sie im Restaurant Kadeau, wo mit selbst geernteten Zutaten gekocht wird.
- → **Klettern** Sie auf die Klippen des Møns Klint für die Aussicht von einem der höchsten Punkte Dänemarks.
- → **Genießen** Sie den Panoramablick aufs Meer vom Leuchtturm in Dueodde.
- → **Picknicken** Sie in den Schlossruinen der Hammershus Slotsruin.
- → **Zelten** Sie in Hullehavn am Strand und beginnen Sie den Tag mit einem Bad im Meer.

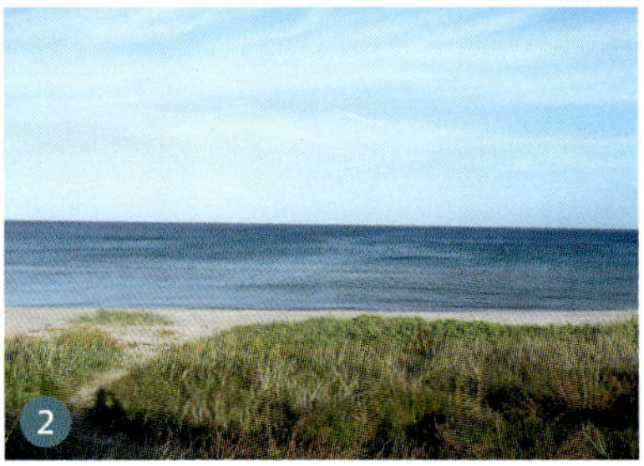

2

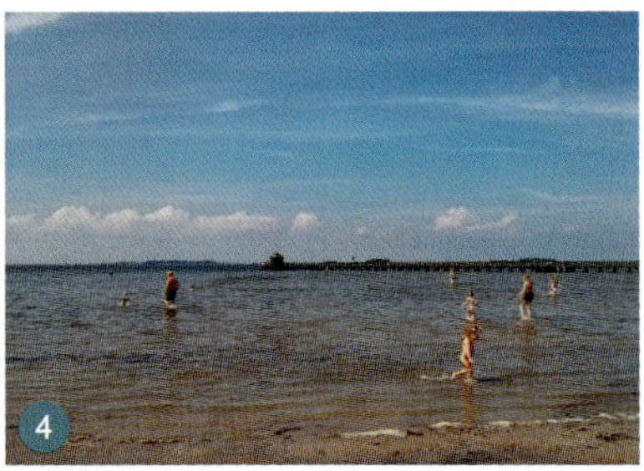

4

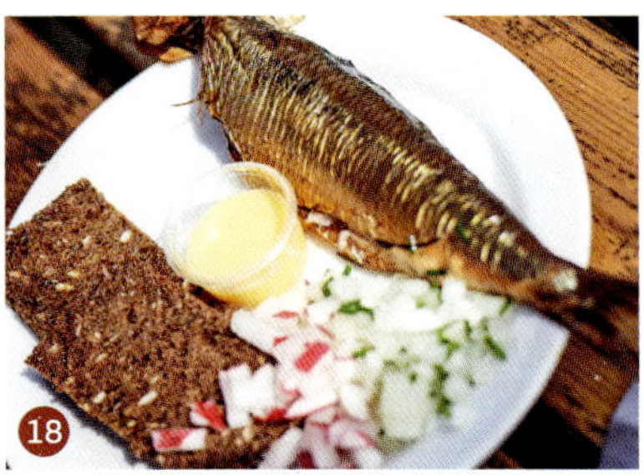

18

Wenn man mit dem Fahrrad auf Bornholm unterwegs ist, kann man kaum glauben, dass eine kleine Insel von gerade mal 588 km² so eine vielfältige Landschaft hat. Das Netzwerk aus Straßen, Gassen und Pfaden, die fast parallel zur 158 km langen Küste verlaufen, führen an vielen atemberaubend schönen Locations vorbei. Wandeln Sie durch tiefe, bewaldete Täler mit Wasserfällen, besuchen Sie alte Schlossruinen und baden Sie an Stränden, deren Sand so fein ist, dass er einst für Sanduhren verwendet wurde.

In dieser geschichtsträchtigen Region gibt es außerdem zahlreiche archäologische und paläontologische Funde. Vor hundert Millionen Jahren verlor ein Dinosaurier namens Dromaeosaurus auf der Insel einen Zahn, der im Jahr 2000 von einem jungen Mädchen gefunden wurde. Paläontologen sind immer noch auf der Suche nach weiteren Saurier-Überresten.

Neben Bornholm umfasst dieses Kapitel auch die Inseln Ærø, Langeland, Lolland, Falster und Møn. Bornholm liegt in der Ostsee, etwa 120 km östlich von Kopenhagen und nur 37 km südlich von Schweden. Tatsächlich gelangt man auch am besten mit der Fähre aus den schwedischen Städten Ystad und Simrishamn in Österlen (siehe S. 178) hier hin. Die anderen Inseln sind alle durch Brücken miteinander verbunden. Sie liegen direkt vor der Südküste von Seeland (siehe S. 232) bzw. Fünen (siehe S. 240) und sind gut mit dem Auto erreichbar.

Jedenfalls ist der nächste schöne Strand nie weit, egal auf welcher der Inseln man sich gerade befindet. Besonders Bornholm ist für seine Küche bekannt, und nach einem Tag an der frischen Luft sollte man unbedingt die hiesige Delikatesse Sol over Gudhejm (geräuchertes Heringsfilet auf Roggenbrot) probieren.

Abseits der Küste bietet ein Museumsbesuch auf der Insel Ærø faszinierende Einblicke in das Leben auf einer typisch dänischen Insel, bevor es schnelle Fähren und Brücken gab. Und wenn Sie in Bornholms Døndalen-Tal genug von Rehen und Bussarden haben, können Sie versuchen, die 150 Baumarten zu identifizieren, die hier gepflanzt wurden, und dann weiter dem Pfad zu Dänemarks höchstem Wasserfall folgen.

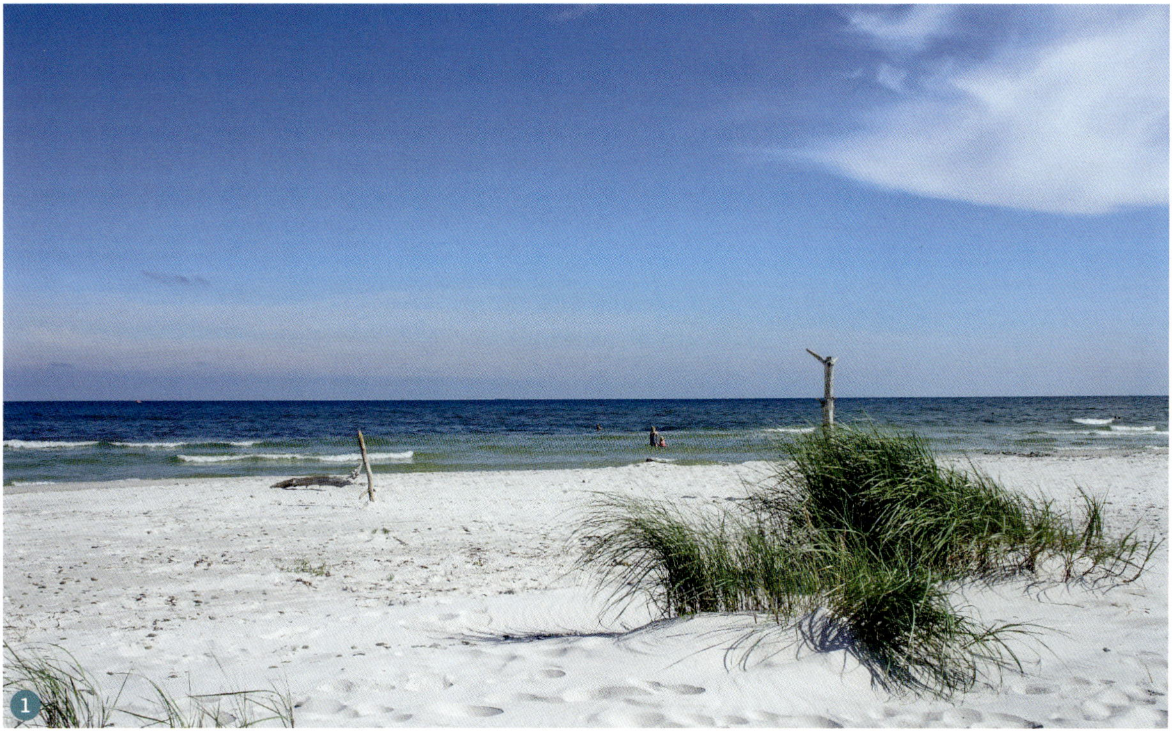

STRÄNDE

1 DUEODDE, BORNHOLM

Wunderschöner Strand mit feinem, weißen Sand. Die Dünen hinter dem naturgeschützten Strand wurden zur Befestigung mit Kiefern und Gräsern bepflanzt. Wenn Sie Glück haben, ist der Leuchtturm von Dueodde geöffnet, von dem man eine herrliche Aussicht hat. Schön zum Schwimmen – zwischen den Sandbänken ist das Wasser auch in Ufernähe tief. Außerdem gibt es zwei halbfertige Kriegsbunker: Die deutschen Soldaten wurden 1941 nach Norwegen abkommandiert, bevor der Bau beendet war.

→ Dueodde Strand liegt an der Südspitze Bornholms.

15 Min., 54.9871, 15.0755

2 MARIELYST STRAND, FALSTER

Typisch dänischer Sandstrand mit ruhigem, flachem Wasser und Dünen, die an windigen Tagen Schutz bieten. Im Sommer gibt es am Strand Rettungsschwimmer, sodass es gerade für kleine Kinder nochmal sicherer ist.

→ An der Ostküste von Falster, südlich von Marielyst.

10 Min., 54.6893, 11.9696

3 KRAMNITSE, LOLLAND

Langer Sandstrand, an den oft Seetang und Strandgut gespült werden. Schöne Wellen, daher beliebt bei Surfern. Diverse Campingplätze in der Umgebung. Deiche und Pumpen (darunter auch die stärkste Pumpstation Nordeuropas) schützen das flache Inland vor Überflutungen. Vom 21.–24. Juli findet im Hafen das Hornhecht-Fest statt.

→ 8 km langer Strandabschnitt vom Lilleholm Kanal (nördlich von Kramnitse) bis Rødbyhavn an Lollands Westküste.

10 Min., 54.7037, 11.2582

4 HESTEHOVED STRAND, LOLLAND

Herrlicher Sandstrand am Nakskov-Fjord mit besonders ruhigem und flachem Wasser. Das Gebiet um den Strand ist wegen seiner Vogelvielfalt ein Natura-2000-Schutzgebiet. Wer schwimmen will, tut dies vom 190 m langen Badesteg.

→ 2 km westlich von Nakskov, vom Ortszentrum über die Strandpromenade zu erreichen.

5 Min., 54.8325, 11.0896

5 RISTINGE STRAND

Feiner Sand und Dünen – einer der besten Strände auf Langeland, an dem man locker den ganzen Tag verbringen kann. Am Ende des 8 km langen Strands gibt es 30 m hohe Klippen, wo man gut nach Fossilien suchen kann.

→ Südlich von Ristinge.

5 Min., 54.8163, 10.6383

6 BODERNE, BORNHOLM

Sandstrand mit wilden Dünen, in denen man immer ein geschütztes Plätzchen findet. Beliebt bei FKKlern.

→ An Bornholms Westküste, südlich vom Hafen in Boderne, wo man parken kann und den besten Zugang zum Strand hat.

10 Min., 55.0229, 14.9064

KULTUR & GESCHICHTE

7 HAMMERSHUS SLOTSRUIN, BORNHOLM

Überreste einer großen, bedeutenden Mittelalterburg, die 1200 erbaut wurde, um Bornholm zu verteidigen. Seit sie 1745 aufgegeben wurde, haben sich die Einheimischen hier mit Baumaterial versorgt, und so ist sie nach und nach verfallen. Die Ruine liegt auf einer Klippe mit fantastischer Aussicht. Kinder lieben die informative Ausstellung im alten Burghof, u. a. mit (sehr schweren) Rüstungen, die man anprobieren darf. Bringen Sie ein Picknick mit.

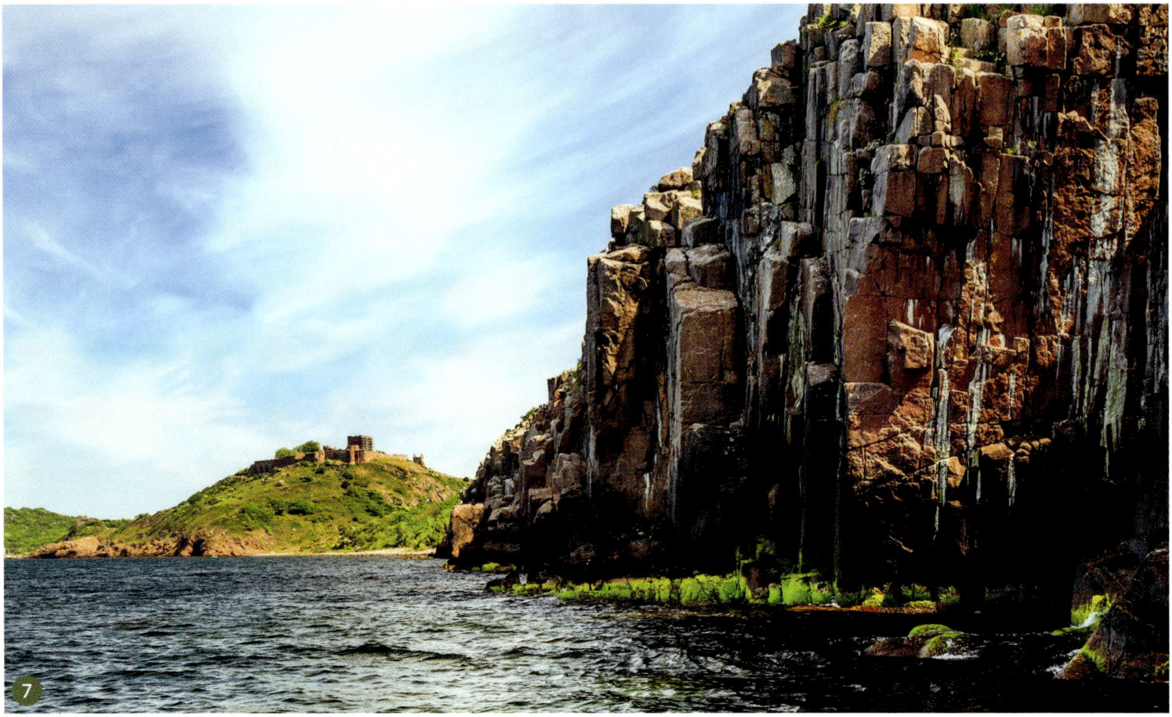

7

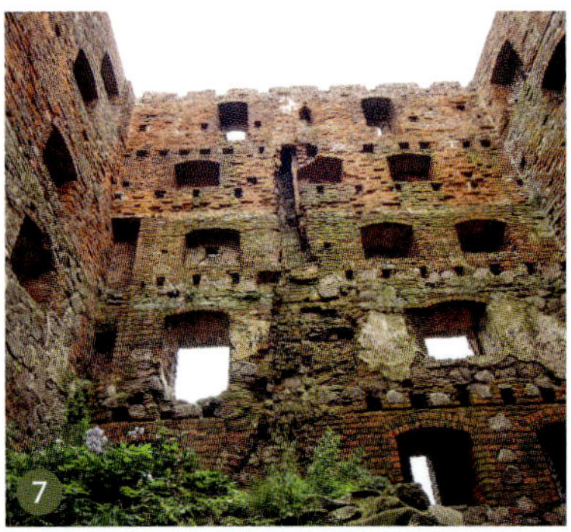

7

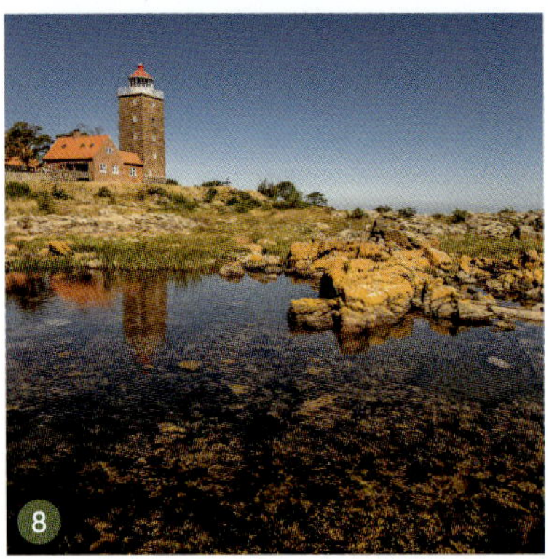

8

→ Die Burg liegt 4 km südlich von Bornholms Nordspitze an der Westküste. Von der R159 auf den Slotsslyngvej Richtung Norden.

5 Min., 55.2713, 14.7554

8 ERTHOLMENE

Christiansø und Frederiksø, 20 km nordöstlich von Svaneke (Bornholm), werden zusammen die Erbseninseln (Ertholmene) genannt. Seit 1684 dienen sie als Dänemarks östlichster militärischer Außenposten, mit entsprechenden Befestigungen. Nehmen Sie ein Fernglas mit, um Vögel zu beobachten.

→ Fähre von Allinge und Gudhjem (beides Bornholm) nach Christiansø (20 km). Fährpläne und Fahrkarten unter: +45 56 485176. www.bornholmexpress.dk

50 Min., 55.3207, 15.1859

9 MADSEBAKKE FELSRITZUNGEN, BORNHOLM

Dänemarks größtes Feld mit (außerordentlich gut erkennbaren) Felsritzungen aus der späten Bronzezeit. Einer der Steine ist mit 14 Schiffen, 5 Radkreuzen, 5 Fußabdrücken und vielen Schälchen verziert.

→ Von Sandvig (ganz im Norden von Bornholm) auf dem Strandvejen für ca. 1,2 km Richtung Süden. Kurz hinter der Statoil-Tankstelle rechts auf den Stadionsvej. Bis zum Ende fahren und parken, die letzten 150 m zu Fuß. Madsebakke liegt links.

15 Min., 55.2819, 14.7888

10 GRØNSALEN, MØN

Größter Langdolmen Dänemarks: satte 100 m lang und 10 m breit und umgeben von 134 Randsteinen. Die Form weist darauf hin, dass er aus der Jungsteinzeit stammt. Schon allein wegen seiner Größe beeindruckend. Der sagenhafte König Grøn Jæger soll hier neben seiner Frau Fane begraben sein.

→ Von Store Damme im Südwesten der Insel Møn auf dem Fanefjord Kirkevej Richtung Süden. Nach ca. 2 km kommt rechts ein Parkplatz. Auf der gegenüberliegenden Straßenseite führt ein 100 m langer Weg zu der Grabstätte (rechts).

10 Min., 54.8964, 12.1519

11 KLEKKENDE HØJ, MØN

Faszinierendes Megalithgrab, ca. 4.500 Jahre alt. Eins von über 100 auf der Insel und das am besten erhaltene, mit zwei parallelen Zugängen in den großen Erdhügel. Drinnen gibt es elektrisches Licht, damit man sich umsehen kann. Die seltene Gelegenheit, eine Grabstätte aus der Jungsteinzeit zu betreten.

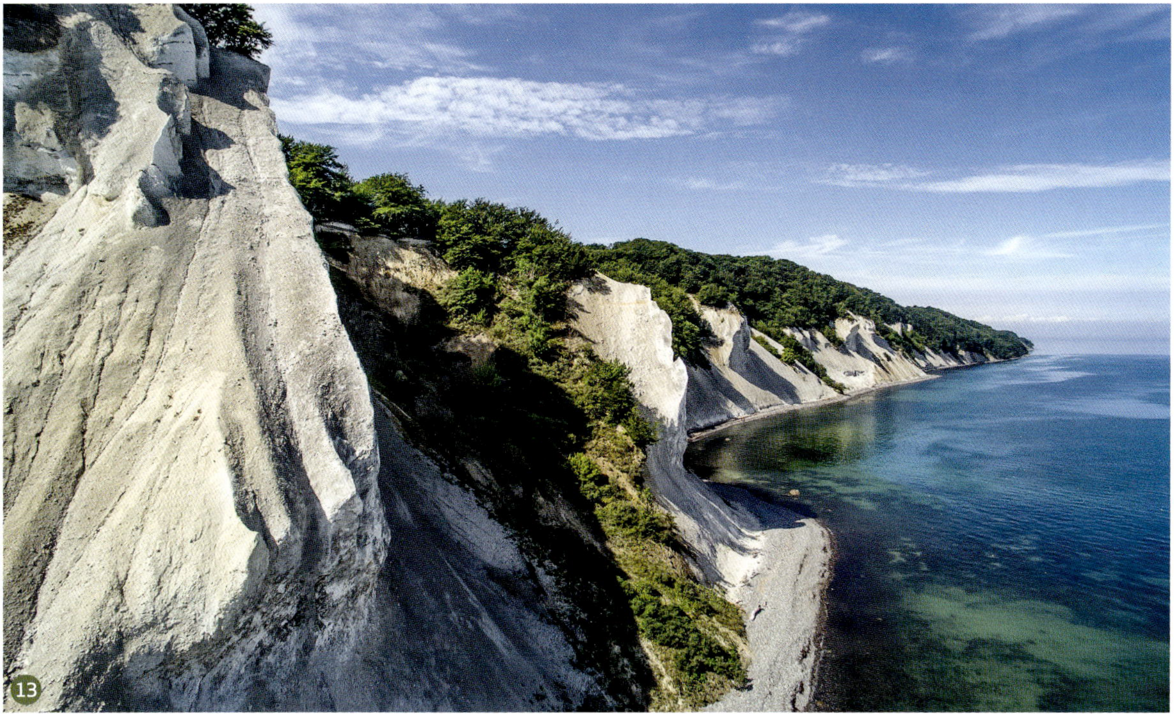

➜ Von Røddinge (nördlich von Askeby) im Südwesten der Insel Møn auf dem Røddingevej ca. 1 km Richtung Süden, dann links auf den Klekkendevej. Nach ca. 40 m (und kurz vor einem kleinen Wäldchen auf der linken Seite) dem Weg Richtung Süden über das Feld folgen (ca. 250 m).

5 Min., 54.9362, 12.1642

12 ÆRØSKØBING BYMUSEUM, ÆRØ

Kulturhistorische Ausstellung ganz alltäglicher Gegenstände veranschaulichen das Leben auf einer kleinen dänischen Insel. Außerdem gibt es eine Trachtensammlung, und Kinder werden von den alten Spielzeugen fasziniert sein.

➜ Das Museum liegt im Ortszentrum von Ærøskøbing an der Ostküste der Insel Ærø. Informationen über die Fähre nach Ærø von Fydnshav (Jütland), Svendborg (Fünen) und Faaborg (Fünen) unter www.aeroe-ferry.dk. Ærøskøbing Bymuseum, Brogade 3, 5970 Ærøskøbing, +45 62 522950. www.arremus.dk www.arremus.dk

54.8889, 10.4123

NATUR & TIERWELT

13 MØNS KLINT

Höchste Steilküste Dänemarks mit fantastischer Aussicht und zahlreichen seltenen Pflanzen. Hinter den Klippen liegen bewaldete Hänge mit Tümpeln und Weideland, am Strand darunter kann man Fossilien finden. Vom geologischen Museum führt ein Weg über die Klippen oder am Strand entlang.

➜ Ausgangspunkt ist das GeoCenter an der R287, östlich von Magleby auf der Insel Møn. Die Klippen liegen nördlich davon und können über den Strand erreicht werden. GeoCenter Møns Klint, Stengårdsvej 8, 4791 Borre, +45 55 863600. www.moensklint.dk

15 Min., 54.9841, 12.5437

14 HAMMEREN, BORNHOLM

Die Nordspitze der Insel, genannt Hammeren, ist der einzige Ort Dänemarks (neben Ertholmene, siehe 8) mit reinem Granitfelsen. Von den Klippen hat man einen wundervollen Blick auf Ostsee und Küste. Und es gibt einen Süßwassersee, in dem man baden kann.

➜ Ausgangspunkt für einen Rundgang um die Nordspitze Bornholms ist Sandvig. Von dort folgt man dem Küstenweg Richtung Norden und weiter die Westküste entlang bis zur Burgruine Hammerhus, bevor man Richtung Osten quer über die Insel nach Sandvig zurückkehrt. Insgesamt ca. 14 km.

3 Std., 55.2989, 14.7732

15 DØNDALEN, BORNHOLM

Malerisches Tal, ein Stück landeinwärts hinter der Nordküste, mit Dänemarks größtem Wasserfall Døndaleåen, der aus einer Höhe von 20 m herabstürzt. Im Frühling ist das bewaldete Tal mit einem Teppich aus Anemonen und Bärlauch bedeckt. Außerdem gab es hier zahlreiche archäologische Funde wie Grabhügel, Stätten zur Feuerbestattung und ein Schwert in einer Holzscheide. Der Wald ist eine Mischung aus über 150 verschiedenen Laubbäumen, darunter auch die seltene Elsbeeren (Sorbus torminalis), und wurde 1916 von einem Bauern aus der Gegend gepflanzt. Der höchste Punkt im Tal liegt in Amtmandssten und kann über eine Treppe erreicht werden – ein guter Platz, um Rehe und Bussarde zu beobachten. Horchen Sie auf den Gesang der Nachtigall.

➜ An der R158, etwa auf der Hälfte zwischen Tejn und Gudhjem, befindet sich ein Parkplatz (55.2267, 14.8845). Von hier führen diverse ausgeschilderte Wanderwege durchs Tal.

55.2272, 14.8846

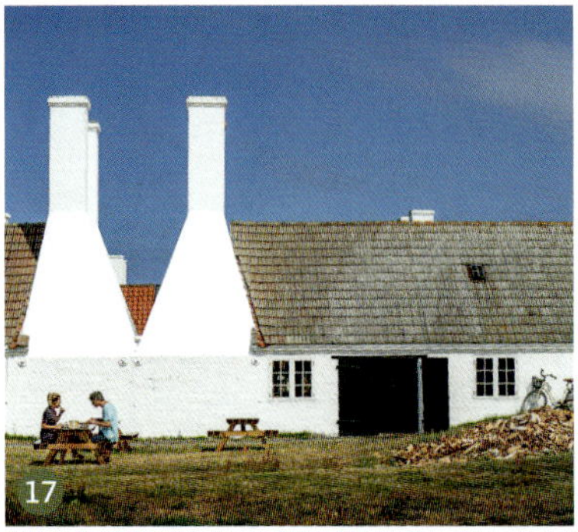

17

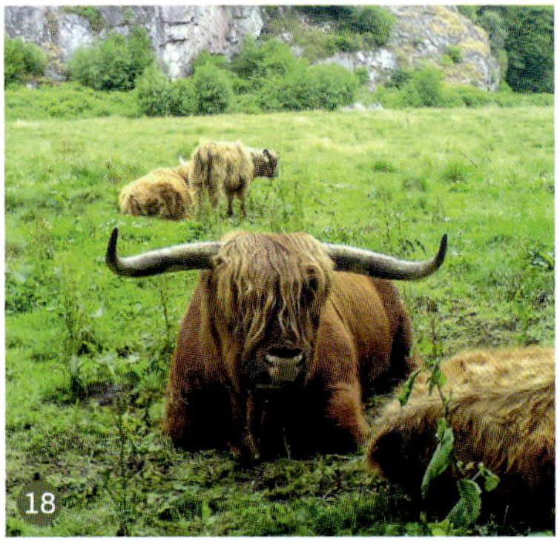

18

16 EKKODALEN, BORNHOLM

Mit 12 km das längste Spalttal Dänemarks. Ursprünglich hieß es nur Kodalen (Ko bedeutet „Kuh“ und Dalen „Tal“), doch irgendwann wurde Ek hinzugefügt, und es wurde zum „Echo-Tal“. Angesichts der Akustik durch die steilen Felswände ein passender Name.

➜ Von Aakirkeby auf dem Almindingsvej 4 km Richtung Norden, dann links in den Ekkodalsvejen zum Besucherzentrum mit Parkplatz und Café. Ekkodalsvejen 5, 3720 Aakirkeby, +45 56 970060. www.ekkodalshuset.dk

55.1076, 14.8988

FAHRRADTOUREN

17 BORNHOLM CYCLING

Erkunden Sie Bornholm mit dem Fahrrad. Ein 102 km langer Küstenweg führt über Klippen, durch sanfte Hügel mit knallgelben Rapsfeldern und vorbei an weißen Sandstränden. Ein Abenteuer für die ganze Familie!

➜ Fahrradverleih: Bornholms Cykeludlejning, Nordre Kystvej 5, 3700 Rönne, +45 56 951359, www.bornholms-cykeludlejning.dk Informationen zum „Rund um Bornholm“-Event Ende August unter www.cykelbornholmrundt.dk/

55.1021, 14.6916

KULINARISCHES

18 HASLE RØGERI (SMOKERY), BORNHOLM

Hier wird der Hering für die Bornholmer Spezialität Sol over Gudhejm über offenem Feuer geräuchert. Sie besteht aus Heringsfilet auf Roggenbrot mit Radieschen, Dill, etwas Salz und rohem Eigelb on top. Das Räuchern von Fisch hat Tradition, und viele der alten Fischerhäuschen haben noch die typischen, nach unten pyramidenförmigen Schornsteine.

➜ Ca. 11 km nördlich von Rønne an Bornholms Westküste. Søndre Bæk 20, 3790 Hasle, +45 56 962002. www.hasleroegeri.dk

55.1798, 14.7032

19 RESTAURANT KADEAU, BORNHOLM

Sehr besonderes Restaurant in ruhiger Lage an Bornholms Westküste. Sämtliche Zutaten, von Fisch bis Fallobst, stammen aus der Region. Die Gerichte werden mit frischen Kräutern und Beeren und nach traditionellen Methoden zubereitet.

➜ Ca. 7,5 km nordwestlich vom südlichsten Punkt Bornholms. Baunevej 18, 3720 Aakirkeby, +45 56 978250. www.kadeau.dk

55.0046, 14.9691

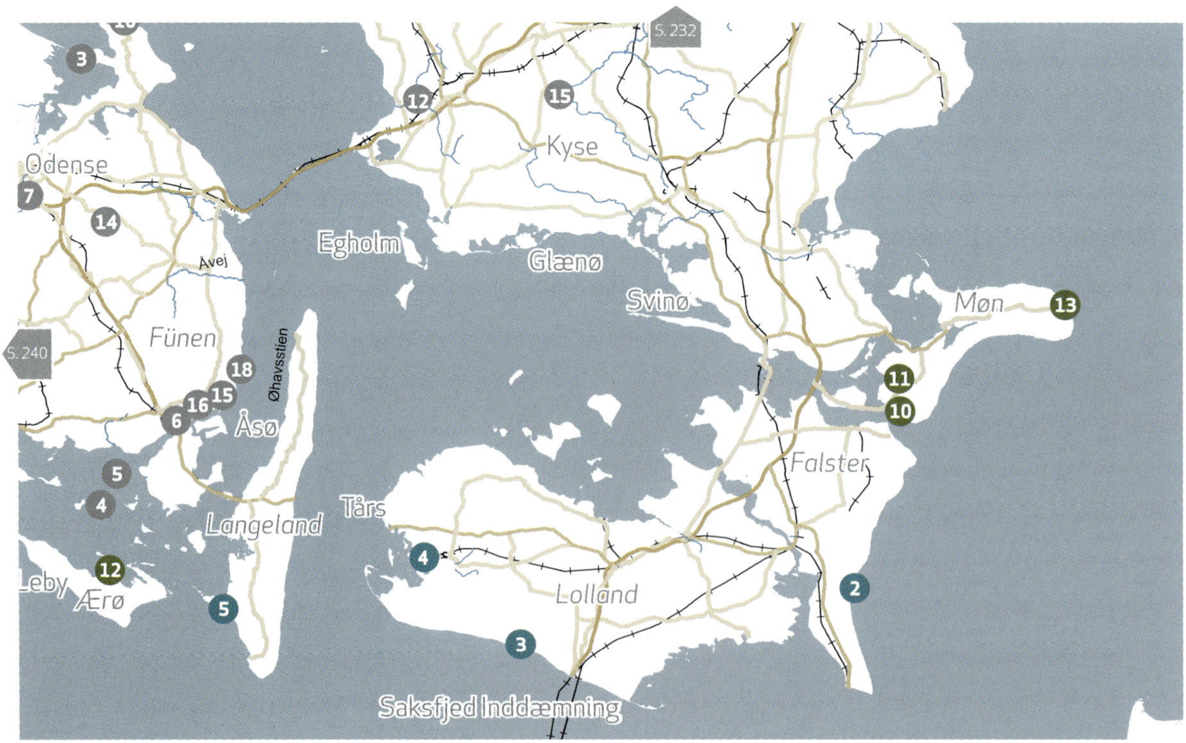

ÜBERNACHTEN

20 STAMMERSHALLE BADEHOTEL

Traditionelles dänisches Kurhotel an der Felsenküste, erbaut 1911. Sehr empfehlenswertes Restaurant. Nehmen Sie vor dem Abendessen ein Bad im Meer.

➔ 2,5 km südlich von Tejn an Bornholms Ostküste. Søndre Strandvej 128, 3760 Gudhjem, +45 56 484210.
www.stammershalle-badehotel.dk

55.2394, 14.8660

21 GREEN SOLUTION HOUSE, BORNHOLM

Öko-Hotel, das die neuesten Technologien anwendet und Vorreiter für noch neuere ist. Beim Bau wurden nur recycelte oder biologisch abbaubare Materialien verwendet, z. B. auch Glas und Steine des Hotels, das vorher hier stand. Abwasser wird mit Algen gereinigt, um Strom zu erzeugen. Auch die Küche verwendet Zutaten aus nachhaltiger Quelle und verleiht klassischen Gerichten einen modernen Touch.

➔ An der Küstenstraße südlich von Rønne (Bornholm). Strandvejen 79, 3700 Rønne +45 56 951913. www.greensolutionhouse.dk

55.0852, 14.7103

22 HULLEHAVN CAMPING, BORNHOLM

Baumreicher Campingplatz an der Ostküste, direkt am Meer. Schön zum Schwimmen, und auf den Felsen am Strand gibt es ein Sprungbrett.

➔ An der Ostküste Bornhoms, südlich von Svaneke: Sydskovvej 9, 3740 Svaneke, +45 56 496363. www.hullehavn.dk

55.1308, 15.1507

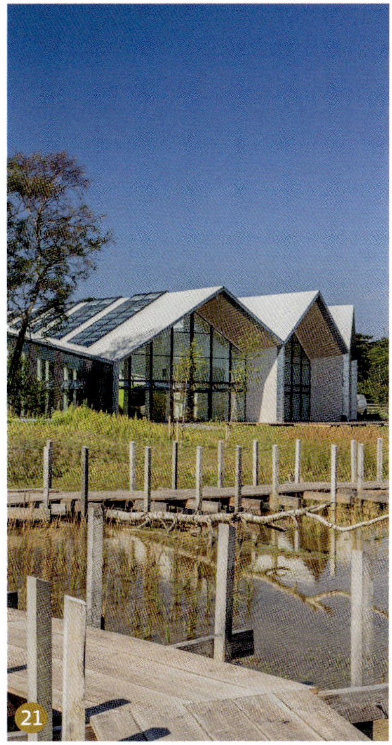

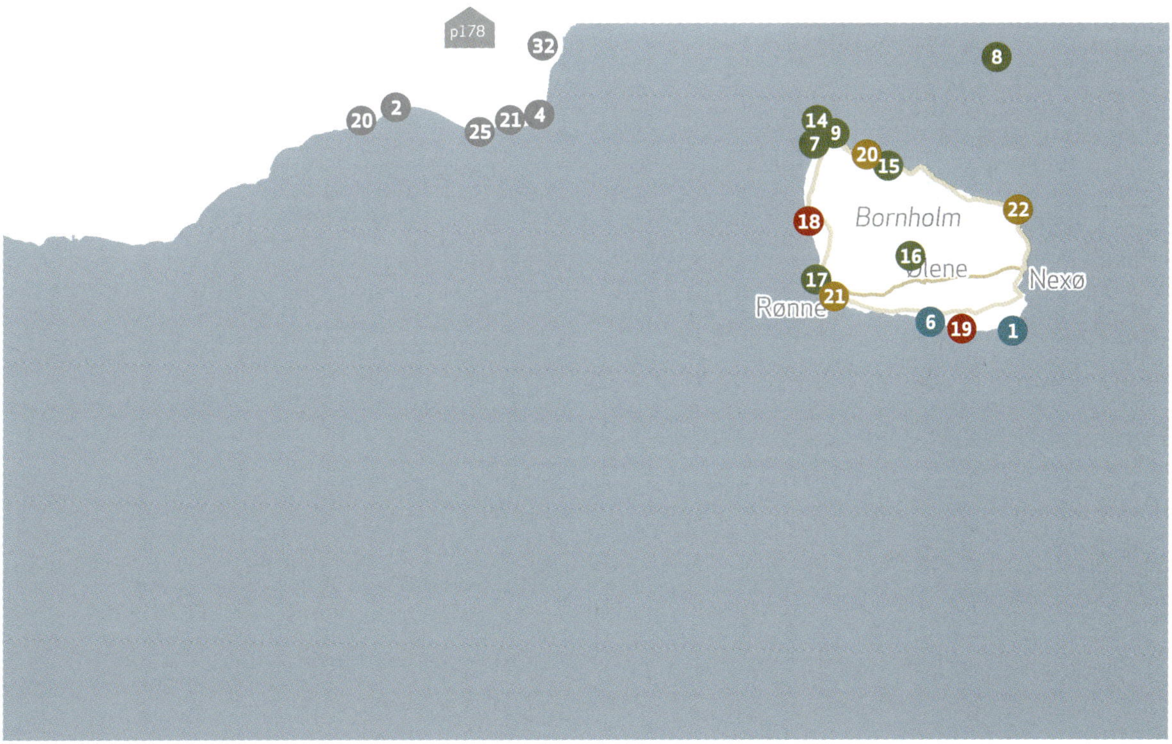

Karten & Literatur

Norwegen

Karten & Literatur

Norway – The Northern Playground von W. Cecil Slingsby. Über die Erstbesteigungen des britischen Bergsteigers, der als Vater des norwegischen Alpinismus gilt.

Nordeca (Nordeca.com) veröffentlicht eine Vielzahl norwegischer Karten, darunter auch die Turkart-Reihe für Outdoor-Aktivitäten.

Entdecke die Lofoten – fantastischer Reiseführer von Kristin Folsland Olsen.

Websites

Miljodirektoratet.no/en/ – Website der norwegischen Umweltbehörde mit Broschüren über Nationalparks und das Jedermannsrecht.

English.dnt.no – Website des norwegischen Wandervereins (DNT) mit Informationen (auf Englisch) zu Sicherheit und Unterkunft in abgelegenen Bergregionen.

Schweden

Karten & Literatur

A Year in Lapland – Guest of the Reindeer Herders von Hugh Beach. Faszinierende Einsichten eines jungen amerikanischen Anthropologen, der in den 1970ern bei den Samen in Schwedisch-Lappland gelebt hat und dann Anfang des 21. Jahrhunderts noch einmal zurückgekehrt ist.

Fishing in Utopia von Andrew Brown. Bericht eines Journalisten, der wegen der Liebe in den 1970ern nach Schweden gezogen ist und, nachdem er lange Zeit wieder in Großbritannien gelebt hat, nach Schweden zurückkehrt und über die Veränderungen in der schwedischen Gesellschaft sinniert.

Calazo.se veröffentlicht Führer und Karten für Outdoor-Aktivitäten in Schweden, manche davon auch auf Englisch.

Lantmateriet.se ist die staatliche schwedische Landvermessungsbehörde, die auch Karten für Outdoor-Aktivitäten herausgibt.

Websites

Swedishepa.se – Website der schwedischen Umweltbehörde mit Informationen über Nationalparks und Jedermannsrecht.

Fjallsakerhetsradet.se/eng/ – die schwedische Bergwacht bietet Informationen (auf Englisch) zu Sicherheit und Unterkunft in abgelegenen Regionen.

Island

Karten & Literatur

Lesen Sie alles von Halldór Laxness und die Isländersagas.

Mál og Menning macht isländische Karten.

Websites

Road.is – Reisetipps für die besonderen Straßenbedingungen in Island.

Safetravel.is – Reisetipps für Berge und Wildnis von der isländischen Bergrettung.

Ust.is/the-environment-agency-of-iceland/ – Informationen über Nationalparks, Wild Camping und Jedermannsrecht.

Dänemark

Karten & Literatur

Hygg Hygg Hurra! Glücklich wie die Dänen von Helen Russell. Humorvolle, aufschlussreiche Beobachtungen über die heutige dänische Kultur von einer englischen Journalistin, die mit ihrem Mann nach Dänemark gezogen ist und dort eine Familie gegründet hat.

Nordisk Korthandel bringt Karten von Dänemark heraus.

Websites

Eng.naturstyrelsen.dk/experience-nature/ – die Website der dänischen Naturbehörde mit Informationen über das Jedermannsrecht und einer interaktiven Karte mit Wild-Campinggebieten und Wanderhütten.

Scandinavian Outdoor Group

Skandinavien ist bekannt für seine ausgezeichneten Outdoor-Marken, von denen viele bei der Produktion größten Wert auf Nachhaltigkeit und Ethik legen. Wir freuen uns über die Kooperation mit der Scandinavian Outdoor Group (SOG), ein Zusammenschluss von über 50 skandinavischen Outdoor-Firmen, die gemeinsam Gutes tun wollen.

66 North - 8848 Altitude – Aclima – Alfa – Amundsen – Bergans - Blå Band – Cintamani – Craft – Dale – Devold – Didriksons – Drytech – Ecco – Exel – Fjällräven – Haglöfs – Helsport – Hestra – Hilleberg – Houdini – Icebug - Isbjörn of Sweden – Ivanhoe – Klättermusen – Kupilka - Light My Fire – Lundhags - Mora of Sweden - Nokian - Norröna - Northern Playground - Peak Performance - Point 65 – Polyver – Primus - Reima Oy – Röjk – Sätila – Seger – Silva – SKHOOP - Skogstad Sport – Tenson – Tentipi – Thule – Trangia – Tretorn – Ulvang – Viking – Walkstool – Wildo - Woolpower

SCANDINAVIAN OUTDOOR GROUP

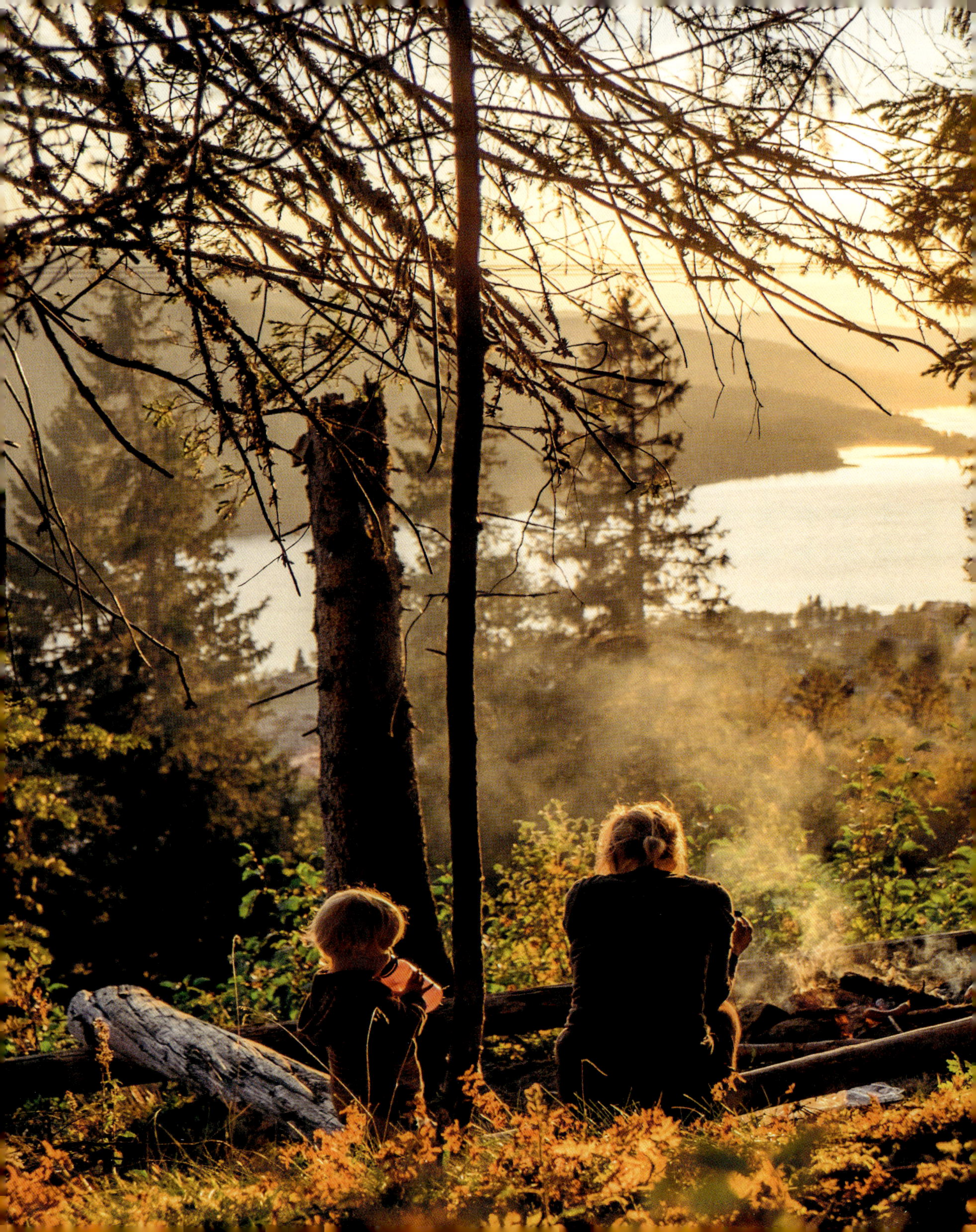

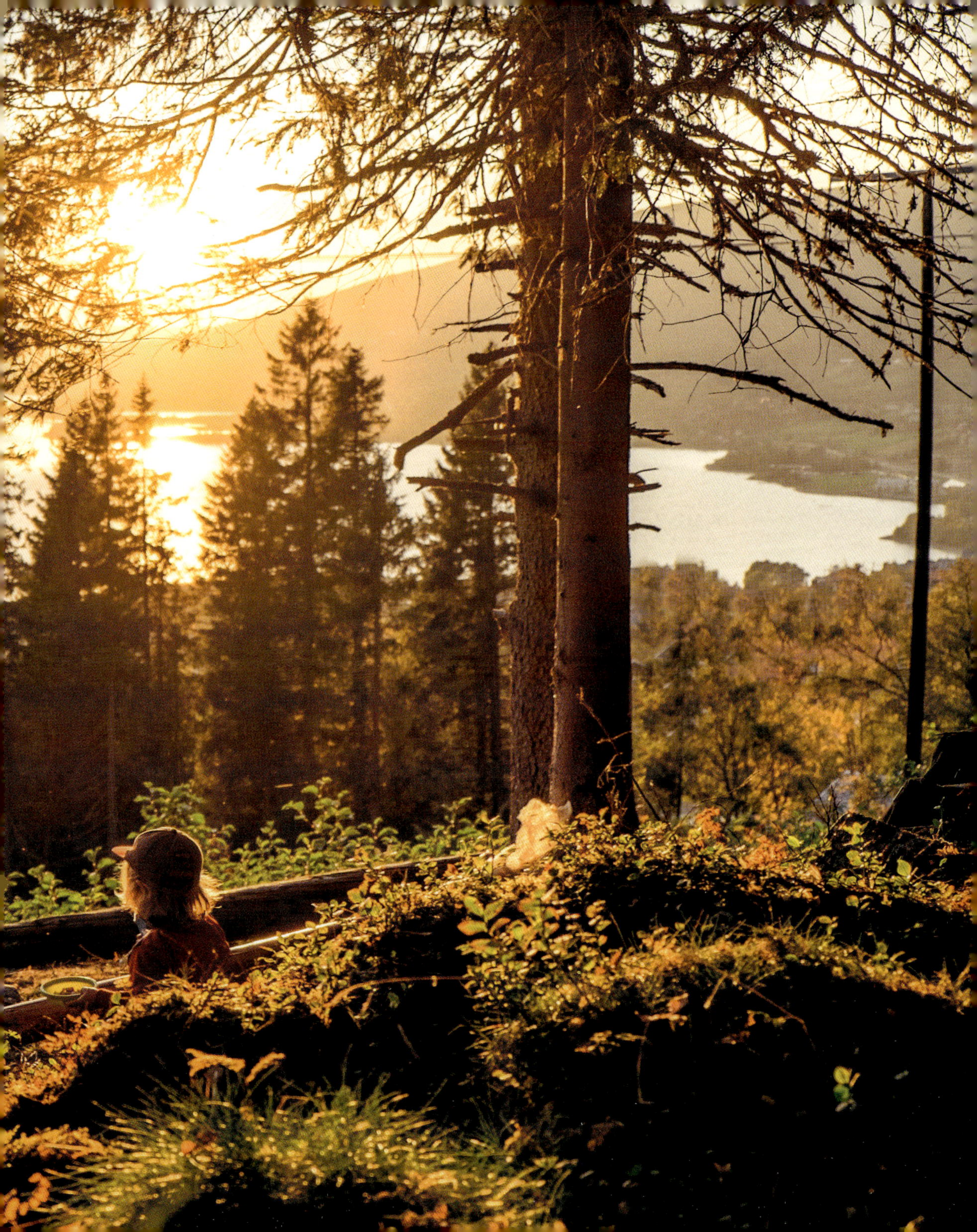

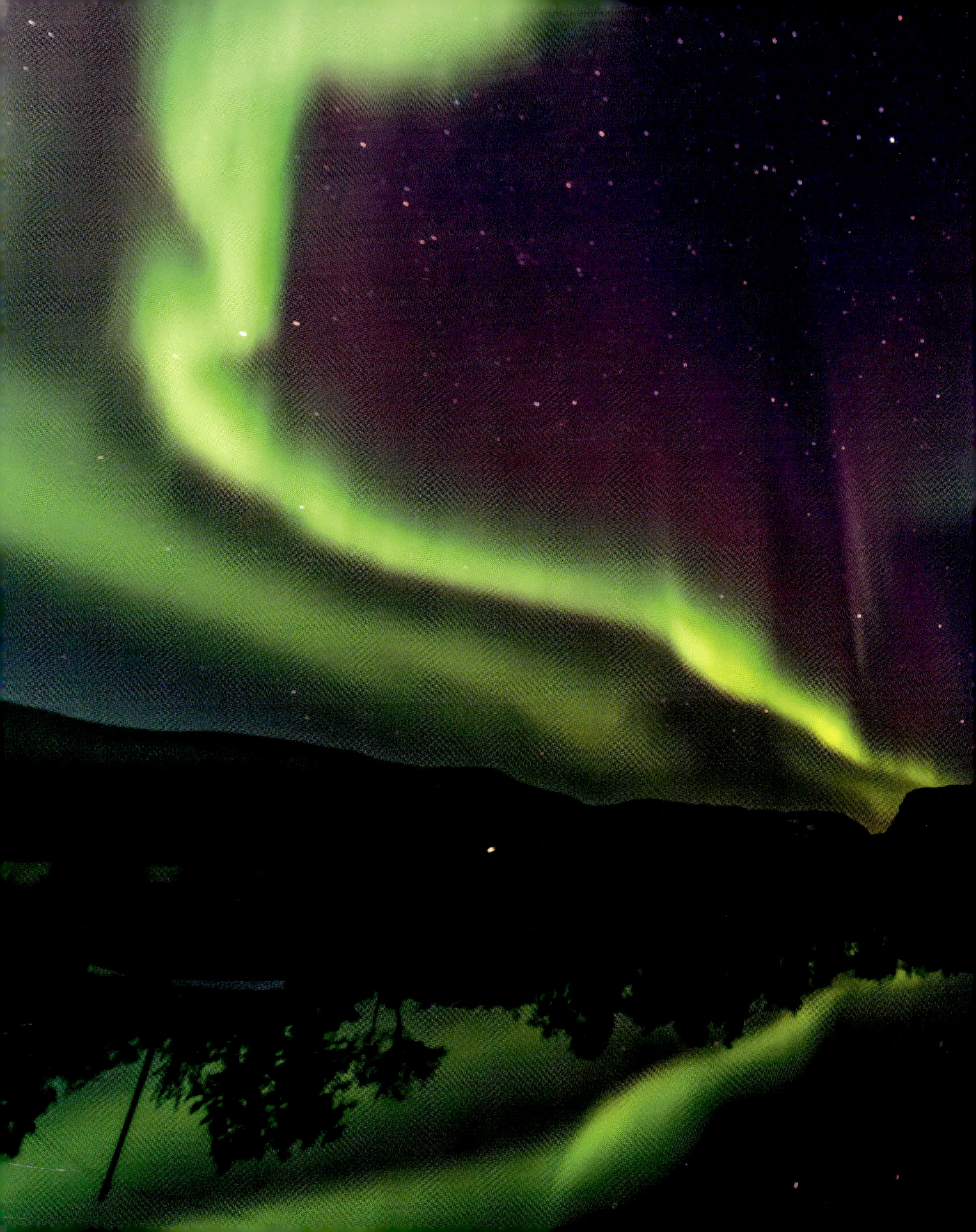

Wild Guide Skandinavien
(Schweden, Norwegen, Dänemark und Island)
Schwimmen, Campen, Kanufahren in Europas größter Wildnis

Haffmans & Tolkemitt
2. Auflage, Juli 2023
ISBN 9 78 3 942048 74 3

Die englische Originalausgabe ist 2016 unter dem Titel „Wild Guide Scandinavia" bei WildThings Publishing Ltd., Bath, erschienen.

Text
Ben Love

Fotos
Ben Love und s. rechts

Redaktion
Candida Frith-Macdonald, Anna Kruger

Design und Layout
Oliver Mann, Marcus Freeman, Tania Pascoe

Proofreading
Georgia Laval

Lektorat der deutschen Ausgabe
Katharina Theml, Büro Z, Wiesbaden

Satz
Linn Kleeberg

Druck & Bindung
Balto Print, Vilnius

www.haffmans-tolkemitt.de
www.wildund.cool

wildundcool
#wildundcool

Bildnachweis / Copyright: Alle Fotos © Ben Love außer Cover von Kristin Folsland Olsen; Cover Rückseite von RooM / Alamy; Cover Klappen von CH Innovation Norway, Ulrich Latzenhofer; Nic Leisster S. 1, 2, links oben, 11, 14, 16, 18, 30, 36; Anne CN S. 4; age fotostock / Alamy, Lars Erik Niia S. 7 links Mitte; Ørjan Bertelsen S. 7 links unten; Christine Baglo / Destinasjon Røros S. 7 rechts oben; Colorline S. 7, 2. rechts; Visit Flam / Morten Rakke S. 7, 3. rechts; Rolf Dybvik S. 7 rechts unten; Mia Stålnackie S. 8 links oben; Inlandsbanan S. 8, 2. links; Darren Hamilton S. 8, 3. links; Markus Sjöberg S. 8 links unten; Gisela Norén S. 8, 2. rechts; Gisela Norén S. 8, 2. rechts; Flink Chruikshank / www.swecoastimages.se 3. rechts; Per-Olof Forsberg S. 8 rechts unten; Michele Tameni S. 9 links oben, S. 9 links unten; Visit West Fjords S. 9, 2. links; NorthIceland.is S. 9, 3. links; Visit Denmark S. 9 rechts oben & 3. rechts & rechts unten; LUMO Architects S. 9 2. rechts; Babs Lindmann S. 10; Kristin Folsland Olsen S. 20; Håkan Vargas S. 20; JamesVenimore S. 24; CHvisitnorway.com S. 34; Dave Stamboulis / Alamy S. 28; NORWEGEN Kristin Folsland Olsen S. 40-48 wenn nicht anders angegeben; Babs Lindmann S. 38; Lofoten Turlag S. 47 oben; Arnstein Ronning S. 46 oben; Harvey Barrison S. 46 Mitte; Kent Wang S. 45 oben; Rune Jensen S. 50, 52 unten; David Fuller S. 52 oben; Sophie Rhodes S. 52 Mitte, 54 Mitte, 56 unten, 58 Mitte; Pål Jakobsen S. 53, 54 oben; Kjetil Janson S. 54 unten; Ingerid Fjeld S. 55 oben; June Sollund S. 55 Mitte, 58 oben; Narvik Mountain Guides S. 55 unten; Njalasouka Adventures S. 56 oben & Mitte, 58 unten. Vladislav Bezrukov S. 60; M. Prinke S. 62 unten; Guillaume Baviere S. 62 oben; Bruno Jargot S. 62 Mitte; Tobias Ven Der Elst S. 63; Ester Westerveid S. 64 oben; Lars Juh S. 64 unten; Martijn Munneke S. 64 middle; Manu el Loco oben & Mitte; Gregor Klar S. 65 unten; Frode Ramone S. 66 oben; Peter Abrahamsen S. 66 unten; Jukuab Albert S. 66 Mitte; Tero Laakso S. 67 oben, 70 unten; Ole-Henning Svendsen S. 67 Mitte; Oyvind Solstad S. 67 unten; David Gonzalez S. 68 oben; Karen Leigre S. 68 unten; Lars Tiede S. 68 Mitte; Goos Griffioen S. 69 oben; Morten Knutsen S. 69 unten; Paul Horsefield S. 70, 4.; David Raecke S. 70, 3.; Galante Brigitte S. 70 oben; Daniele Zanoni S. 70, 2.; Ingrid Eide S. 80, 85 oben; Marit Eggen / Destinasjon Røros S. 82 oben; Destinasjon Røros S. 82 Mitte, 85 Mitte & unten, 86, 2.; Katrine Loraas S. 82; TomGustavsen / Destinasjon Røros S. 83, 86, 3., 86 4.; Henning Klokkerasen S. 84 oben; Robert Andes S. 84 Mitte & unten; Terje Rakke / Destinasjon Røros S. 86 oben; Christ Stret S. 72; Leo Seta S. 74 oben; Erik Eskedal S. 74 unten; Bosc d'Anjou S.74 Mitte; Guillaume Baviere S. 75; Frode Ramone S. 76 oben & Mitte, 77 oben; Ingvild Høie S. 76 unten; Guyon Moree S. 77 unten; Hendry 670 S. 77 Mitte; Audun Ågre S. 78 unten; Cathrine Dokken S. 78, 3.; Erik Eskedal S. 78, 2.; Nick78 S. 78 oben; Valbjoer S. 79; Visit Flam / Kyrre Wangen S. 98; Kelp S. 99; Tarje Lavik S. 93 unten; Signe Karin S. 90 unten; Tore Amblie S. 93 oben, 94 unten; Cordyph S. 92 oben & Mitte; Mararie S. 90 oben; Ross Graham S. 92 unten; Jarkko Laine S. 93 Mitte; Harvey Barrison S. 95 oben; Konstantin Malanchev S. 95; Visit Flam / Morten Rakke S. 88, 90 Mitte; Kenny Louie S. 94 oben; Enrico Razzetti S. 94 Mitte; Randi Hausken S. 91; Konstantin Malanchev 95 unten; Marius Arnesen S. 96; Adam Read / Visit Sørlandet S. 102 Mitte, 102 unten, 106 oben; TerjeRakke / Nissedal Kommune S. 104 alle; Johan Wildhagen / Visitnorway S. 100; H. Sørvig / Visit Sørlandet S. 102 oben, 105 Mitte & unten; Peder Austrud / Visit Sørlandet S. 103; Visit Sørlandet S. 106 Mitte; Rolf Dybvik S. 105 oben; Næs Eisenhüttenmuseum S. 106 unten; SCHWEDEN Mia Stålnackie S. 110, 112 Mitte, 118 open; Johan Svensson S. 112 oben; Mattias Johannson S. 112 unten; Emma Graméus S. 114 unten; Anette Andersson / STF S. 114 oben, 116 oben, 117 oben, 118, 2.; Anders Bergwall S. 115 unten; Toni Franz S. 116 unten, 117 unten; 118 unten; Jenny Engström S. 118, 3.; Dilettantiquity S. 118, 2.; Johan Fredriksson S. 120; M. Moers S. 122 unten; Magnus Johansson S. 122 oben; Håkan Vargas S. 122 Mitte; Sverker Berggren S. 123, 127 oben; Mr Think Tank 124 oben; Mr Rojan S. 124 unten; Ingemar Mars S. 125 oben; Tommy Andersson S. 125 unten; Inlandsbanan S. 126 oben, 127 unten, 128, 3.; Anders Ohlund S. 126 unten; Ane Lagerqvist S. 128 unten; Ricardo Gisbert S. 128 oben; Tero Laakso S. 128, 2.; Darren Hamlin S. 130-139 soweit nicht ander angegeben; Klara Burreau S. 136 unten; Markus Sjöberg S. 140, 146 oben; Hardo Muller S. 142 unten, 145 oben; Maria Lundkvist S. 142 Mitte & oben, 144, 146 Mitte & unten; Carolina Hillerdal S. 143; Mannaminne S. 145 unten; Inka Gurung S. 150 unten, 153 Mitte; Lucy Barratt S. 153 oben; Vansbro Aventyr S. 154 oben; Falu-Gruva S. 155 unten; Per Wålstedt S. 157 oben; Gisela Norén S. 158-163 alle; Elin Fransson S. 163 Mitte, 167 Mitte; Johan Fredriksson S. 164 Mitte; Vaxholms Stad S. 164 unten; Bengt Nyman S. 165 unten; Peter Söderqvist S. 165 oben; Kennisland S. 165 Mitte; Dabjam S. 166 oben; Marvenstein S. 166 Mitte; Gustaf Von Dewall S. 166 unten; Ulrika Ingermarsdotter S. 167 unten; Staffan Tjulander S. 167 oben; Tommie Hansen S. 168 oben & 3.; Carles Tomas S. 168, 2.; Henrik Ahlén S. 168 unten; James Venimore S. 170, 174 oben, 175 oben & unten, 176 oben; Camilla Johansson / www.swecoastimages.se S. 172 alle, 175 Mitte, 176, 2. & unten; Hjälmen Averater S. 173; Lisa Johansson / www.swecoastimages.se S. 174 unten; Ana Engblom / www.swecoastimages.se S. 174 Mitte; Petra Jedborg / www.swecoastimages.se S. 176 Mitte; Claes Göran Ström / www. swcoastimages.se S. 176, 3.; Susanne Nilsson S. 180 Mitte; ISLAND Sara Yeomans S. 220, 2.; Michele Tameni S. 217, 218 oben, 219 Mitte & unten, Por los caminos de Malaga S. 216 Mitte; Viti Quiv S. 218 unten; NorthIceland.is S. 216 unten, 219 oben; Myvatn Naturebad S. 214; 216 oben; Pixabay S. 218 Mitte; MóðirJörð S. 220 unten; Brian Gratwicke S. 220, 3.; Andrea Schaffer S. 220, 4.; Pietro Valocchi S. 220 oben; Humarhofnin S.228 unten; Randulffs-Sjóhús S. 227 unten, 228 oben & Mitte; Pall Asgeirsson S. 222, 224 unten, 225, 229 rechts; Michele Tameni S. 224 oben, 226 alle; Andrés Porras S. 227 oben; Silfurberg S. 229 links; James Brooks S. 224; Brian Gratwicke S. 227 Mitte; Olgeir Andresson S. 200; Sonja Pieper S. 196 unten; Michele Tameni S. 190, 192 Mitte, 193, 195 oben, 197 unten, 199 unten, 198, 201 oben; Islas S. 200 Mitte; Þorsteinn Gunnarsson S.196 oben; Peter Collins S. 192 oben, 194 oben; Pall Gislason S. 202, 2.; Zuc123 S. 194 unten; Andres Porras S. 188; Guillaume Baviere S. 201 unten; Secret Lagoon S. 197 oben; Vera & Jean Christophe S. 192 unten; Hotel Glymur S. 202, 4., Þrír Frakkar S. 202 unten; Thomas Quine S. 202, 3.; Glymur Matito S. 199; Olgeir Andresson S. 195 Mitte, 200 unten; Martin Lopatka S. 197 Mitte; Peggy S S. 194 Mitte; Chris 73 S. 199 oben; Laugarvatn- Fontana S. 195 unten; Visit South Iceland S. 202, 2.; Matito S. 199 Mitte; Visit Westfjords S. 204, 206 oben, 208-209 alle, 210 oben & Mitte, 211 oben & Mitte, 212, 3. & 5.; Lónkot Rural Resort S. 212, 2.; Umweltbehörde Island S. 212, 4.; Díana Jóhannsdóttir S. 210 unten; Lysuhólslaug S. 206 Mitte; NorthIceland.is S. 211 unten; E. Guðmundsdóttir S. 207; Valdimar Halldorsson S. 206 unten; DÄNEMARK Sagnlandet Lejre S. 236 oben, 237 oben; Central Hotel S. 238 oben; Visit East Denmark S. 235; Lisa Risager S. 232, 234 oben; Antony Stanley S. 236 unten; Visit Nord Sjaelland S. 234 Mitte; Fuglebjerggaard S. 238, 3.; Hunter Desportes S. 234 unten, 238, 2.;Visit Denmark S. 238 unten; Visit Denmark / Niclas Jessen S. 230; Thomas Rahbek S. 236 Mitte; Visit Denmark / Reiner Büchtmann S. 237 Mitte; Visit Denmark / Jan Winther S. 237 unten; LUMO Architects S. 240, 243; Vera Green S. 242 Mitte, 244, 3. & 4., 245; Visit Denmark / Bert Wiklund S. 244 2.; Visit Denmark / Kim Wyon S. 244 unten; Odense Bys Museer S. 244 oben; Horse and Prairie Wagon Hire S. 242 unten; Visit Nordfyn S. 242 oben; Bo Bredal Immersen S. 255 oben, 256 oben; Rebild S. 251 Mitte; Visit Nordjylland S. 252 oben, 253 Mitte; Morten Jensen S. 251 unten; Visit Denmark / Robert Lacy S. 248 oben; Visit Denmark / Cees Van Roeden S. 253 unten; Skagen Turistbureau S. 250 Mitte; Visit Denmark / Mette Johnsen S. 250 oben; S. 251 oben, S. 249; Destination Djursland S. 250 unten; René Schmidt S. 253 oben; Eric Gross S. 246, David Huang S. 248 unten; Visit Denmark / Thomas Nykrog S. 248 Mitte, S. 254 Mitte; Visit Denmark / John Sommer S. 252 Mitte, S. 254 unten; Rene Sylvestersen S. 254 oben; Per43per S. 255 unten; Nordjyllands Historiske Museum S. 252 unten; Scandinavian Wildlife Park S. 256 unten; Marcel Huisman S. 261; Lars Plougmann S. 260 oben & Mitte; Visit Denmark / Niclas Jessen S. 260 unten; Visit Denmark / Kim Wyon S. 258; Visit Denmark / Niclas Jessen S. 264 oben; Svaneke Eleleven S. 262 unten; Jacob Botter S. 264 unten; Justine Høegh S. 265; Tomasz Prechlewski S. 262 top; Visit Denmark / Niels Thye S. 262 oben; Nils Natorp S. 263; Babs Lindmann S. 268; Gisela Norén S. 271; Visit Westfjords S. 266. Karten von © OpenStreetMap.

Dank: Ich möchte mich bei den vielen Menschen bedanken, die mich bei meinen Reisen durch Skandinavien unterstützt haben – bei Pernilla Abrahamsson & Kollegen bei Amesto Translations, Inka Gurung, James Venimore, Peter & Siv Persson, Toni Franz, Emma Lundgren, Roger & Clare Sell, Betty Johannesson, Katrín Magnúsdóttir, Marie Mills, Pauline Love, Ebbe Love, Lucy Barratt, Benjamin Barratt, Isabel Barrat, Nathan Carter, Jerry Engström, Annika Hansson, Michele Tameni und all jenen, die mir großzügigerweise ihre Fotos zur Verfügung gestellt haben.